lonely planet

Argentinien

Isabel Albiston, Ray Bartlett, Christine Gilbert, Victoria Gill, Diego Jemio, Sorrel Moseley-Williams, Rachel Tolosa Paz, Federico Perelmuter, Madelaine Triebe

INHALT

Reiseplanung

Reiseziele

Les Eclaireurs (S. 448)

Asado (S. 44)

Perito-Moreno-Gletscher (S. 421)

Praktisches

Storybook

Iruya (S. 194)

WILLKOMMEN IN ARGENTINIEN

Als Argentinien 2022 Fußballweltmeister wurde, schien die ganze Welt zu feiern (aber vielleicht hörte es sich auch nur so an bei der Riesenparty in Buenos Aires). Hier wird alles schnell zur Leidenschaft, und ehe man sich versieht, feuert man Argentinien an, auch wenn es gegen die eigene Mannschaft geht. Mich begeistert dieses Land, in dem Hunde Fußball-Shirts tragen und Siebzigjährige die ganze Nacht hindurch Tango tanzen. Die reiche Kultur ist hier immer allgegenwärtig – und dann kommen auch noch die unglaublichen Wunder der Natur hinzu. Ganz besonders liebe ich den Nordwesten der Anden. Das Leben in Argentinien ist zwar manchmal eine Herausforderung, doch am besten meistert man die Absurditäten des Alltags mit Humor und Freundlichkeit. Sobald ich in der Ankunftshalle des Flughafens dem argentinischen Redeschwall begegne, fühle ich mich wie zu Hause.

Mein schönstes Erlebnis war eine Wanderung am Fluss entlang vor der Kulisse farbenprächtiger Berge – auf dem Weg von **Iruya** nach **San Isidro** (S. 194). Unterwegs war kein Mensch zu sehen, nur Esel und Kondore.

Isabel Albiston

@isabel_albiston

Isabel hat fünf Jahre in Buenos Aires gelebt und kehrt immer wieder gern dorthin zurück.

LIEBLINGSPLÄTZE

Hier schlägt für unsere Autorinnen und Autoren das Herz Argentiniens.

ANTONIA BACIGALUPA ALBAUM/500PX ©

Das Gletscherwasser aus den Anden fließt in den **Lago Nahuel Huapi** (S. 352), dessen Wasser durch den Río Limay weiterbefördert wird, der sich durch die patagonische Steppe windet und schließlich in den Atlantik mündet. Der Limay wird oft übersehen, aber ich bin immer wieder erstaunt über seine Schönheit. Das klare Gletscherwasser sorgt manchmal für eine türkisgrüne Färbung und einen tollen Kontrast zur Steppe.

Rachel Tolosa Paz

@racheltolosapaz

Rachel ist Autorin und Fotografin – und hat hier über die Landesküche geschrieben.

FOTO 4440/SHUTTERSTOCK ©

Ich habe schon viele Orte auf der Welt gesehen, aber nichts lässt sich mit **Patagonien** (S. 390) vergleichen. Die hohen Anden und der Duft der Kiefern in Epuyén, die Wildpferde von Santa Cruz und das kobaltblaue Meer mit Cabo Raso, meinem absoluten Lieblingsort – all dies erinnert mich daran, was mir wirklich viel bedeutet: dramatische Landschaften, Pferde und Argentinien.

Madelaine Triebe

@mymaddytravel

Madelaine liebt Pferde – und ganz besonders Argentinien und Brasilien.

Volcán Galán ist eines der faszinierendsten Ziele in Argentinien. Acht Stunden braucht man bis zum Krater, 4500 m über dem Meeresspiegel. Unterwegs dorthin sieht man Flamingos, Lagunen und den durchsichtigsten Himmel, der mir je begegnet ist. Hier, in Puna (S. 184), erlebt man eine unwirtliche und erhabene Landschaft, die ihresgleichen sucht.

HEMIS/ALAMY STOCK PHOTO ©

Diego Jemio

@djemio

Diego ist Reiseautor und begeisterter Theatergänger.

Mendoza (S. 256) ist für mich ein magischer Ort, denn hier beginnt die Geschichte des argentinischen Weinbaus. Als Sommelière liebe ich die unzähligen Bodegas. Darüber hinaus sind die Anden mit ihren Ausläufern und Flüssen ein Tummelplatz für alle Outdoor-Begeisterten, die hier reiten, raften und Ski fahren.

ERIK COX PHOTOGRAPHY/SHUTTERSTOCK ©

Sorrel Moseley-Williams

@sorrelita

Sorrel schreibt über Gastronomie, Reisen und Wein.

Moisés Ville (S. 504) ist die älteste jüdische Siedlung im ländlichen Argentinien. Die Gründung russischer Emigranten aus dem 20. Jh. gilt als „südamerikanisches Jerusalem"; bis heute ist sie eine der größten jüdischen Gemeinden weltweit.

GERARDO C.LERNER/SHUTTERSTOCK ©

Federico Perelmuter

Twitter @cementeriocc; Instagram @gorpcore.gaucho

Federico lebt in Buenos Aires und hat sich auf Geschichte, Kultur und Politik spezialisiert.

GEERT SMET/SHUTTERSTOCK ©

Córdoba und die Sierren (S. 214) sind wunderbar: Bergbaustädte, reizvolle Stauseen und jugendliche Ortschaften. Alles reist zu den Iguazú-Fällen, doch der Rest der Region hat eben soviel zu bieten, vor allem, was Naturschönheiten betrifft.

Ray Bartlett

@kaisoradotcom

Der Tangotänzer, Erzähler und Reiseführer-Autor hat an fast 100 Lonely Planets mitgearbeitet. Sein nächster Roman spielt in Argentinien.

PAULINELEGAY/GETTY IMAGES ©

Macht man sich erst einmal auf den Weg nach **Epecuén** (S. 318), verwandelt sich die Welt. Autos und Motorräder passieren Salzseen, in denen Flamingos brüten. Im alten Art-déco-Schlachthof hört man heute nur noch Vogelstimmen. Die Ruinen erinnern an die vielen tragischen Ereignisse in der Geschichte diese Landes.

Christine Gilbert

@see_christine_run

Die gebürtige Texanerin lebt heute in Buenos Aires. Sie ist Reiseführer-Autorin, Journalistin und Zirkusartistin.

STEVE BARZE/SHUTTERSTOCK ©

Die Städte in **Tierra del Fuego** (S. 440) und die dortigen Anden sind mit nichts auf der Welt zu vergleichen. Müsste ich dort aber ein einzelnes Ziel wählen, wären es die *estancias* entlang der Ruta 3 – und das erstaunliche Wrack der *Desdemona*. Hier werden Reichtum und Niedergang so deutlich vor Augen geführt wie selten.

Victoria Gill

@vis4victoria

Victoria schreibt Reiseführer und Blogs, vor allem über den Süden Südamerikas.

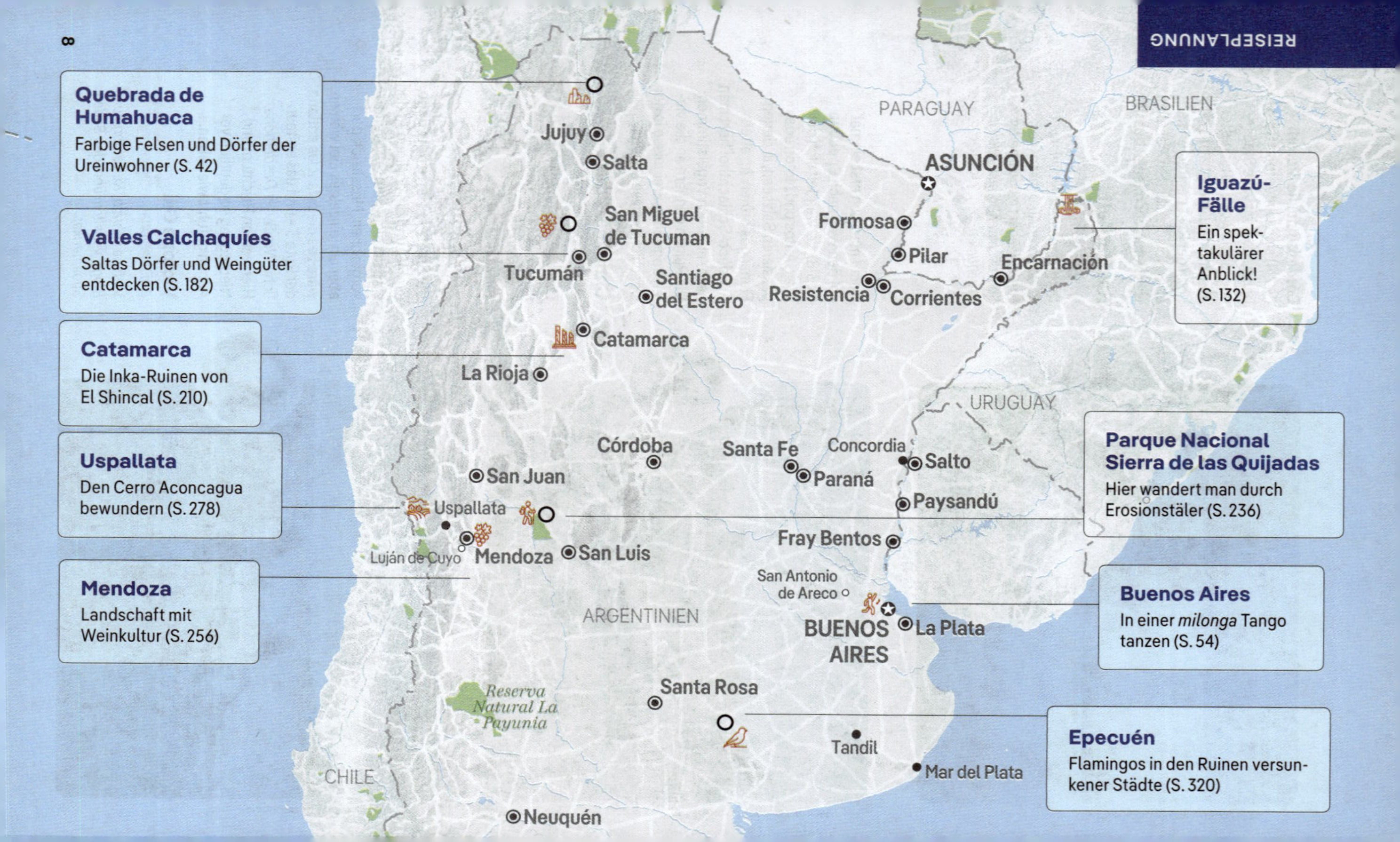

Quebrada de Humahuaca
Farbige Felsen und Dörfer der Ureinwohner (S. 42)

Valles Calchaquíes
Saltas Dörfer und Weingüter entdecken (S. 182)

Catamarca
Die Inka-Ruinen von El Shincal (S. 210)

Uspallata
Den Cerro Aconcagua bewundern (S. 278)

Mendoza
Landschaft mit Weinkultur (S. 256)

Iguazú-Fälle
Ein spektakulärer Anblick! (S. 132)

Parque Nacional Sierra de las Quijadas
Hier wandert man durch Erosionstäler (S. 236)

Buenos Aires
In einer *milonga* Tango tanzen (S. 54)

Epecuén
Flamingos in den Ruinen versunkener Städte (S. 320)

PARAGUAY
BRASILIEN
ASUNCIÓN
Jujuy
Salta
San Miguel de Tucuman
Tucumán
Formosa
Pilar
Encarnación
Santiago del Estero
Resistencia
Corrientes
Catamarca
La Rioja
URUGUAY
Córdoba
Santa Fe
Concordia
Salto
Paraná
San Juan
Paysandú
Uspallata
Fray Bentos
Luján de Cuyo
Mendoza
San Luis
San Antonio de Areco
ARGENTINIEN
BUENOS AIRES
La Plata
Santa Rosa
Reserva Natural La Payunia
Tandil
CHILE
Mar del Plata
Neuquén

Bariloche
Den Cerro Las Buitreras erwandern (S. 350)

Puerto Madryn
Gut zur Beobachtung von Walen (S. 396)

Parque Nacional Los Glaciares
Weltberühmt: der Gletscher Perito Moreno (S. 350)

Anden in Feuerland
Eine Gletscherwanderung durch Landschaften aus Eis (S. 456)

Beagle-Kanal
Die Tierwelt der subpolaren Zone kennenlernen (S. 448)

de los Andes
Bariloche
El Bolsón
Esquel
Área Natural Protegida Meseta de Somuncurá
Viedma
Puerto Madryn
Rawson
Lago Colhué Huapi
CHILE
Lago Cardiel
El Chaltén
Lago Viedma
El Calafate
Río Gallegos
Stanley
Punta Arenas
CHILE
ARGENTINIEN
Ushuaia

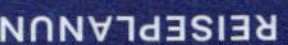

NATUR-WUNDER

Argentinien ist ein Land der Superlative, wo alles in der Natur in Supergröße daherkommt. Entlang der westlichen Grenze erreichen die Anden ihre höchste Höhe mit dem Cerro Aconcagua (6962 m), dem höchsten Gipfel der südlichen Hemisphäre. Die donnernden Iguazú-Wasserfälle an der nordöstlichen Grenze sind das weltgrößte Wasserfall-System. Im Süden knirscht der Gletscher Perito Moreno, einer der dynamischsten zugänglichen Gletscher der Welt. Die Vielfalt der argentinischen Natur ist etwas, das man gesehen haben sollte.

Río de la Plata

An seiner Mündung ist der Río de la Plata 220 km breit, und damit der breiteste Fluss der Welt – außer er gilt als Meeresarm.

Unesco-Naturerbe

Argentinien hat fünf Naturstätten auf der Unesco-Welterbe-Liste, darunter die Iguazú-Fälle und der Los Glaciares Nationalpark.

Öko-Regionen

Argentinien ist das acht-größte Land der Welt, mit 3.800 km zwischen dem subtropischen Norden und dem subarktischen Süden. Seine Geografie umfasst 18 verschiedene Ökoregionen.

VON LINKS NACH RECHTS GERARDO C.LERNER/SHUTTERSTOCK ©, GCOLES/GETTY IMAGES ©, ICYS/GETTY IMAGES ©

Gletscher Perito Moreno (S. 421)

NATÜRLICHE GEGEBENHEITEN

Bestaune eins der größten argentinischen Naturwunder, den majestätischen ❶ **Gletscher Perito Moreno** (S. 421) in El Calafate.

Die ❷ **Iguazú-Wasserfälle** (S. 132) mit Regenbögen und Laufstegen in Misiones sind atemberaubend.

Mach einen Treck durch die Gletscher, Eishöhlen und die blauen und grünen Lagunen der ⓭ **Feuerländischen Anden** (S. 456) über Ushuaia.

Wandere durch die spektakulär erodierten Canyons und ausgetrockneten Täler der ❹ **Sierra de las Quijadas** (S. 236) in San Luis.

Bestaune die Mondlandschaft im ❺ **Valle de la Luna** (S. 297) im Parque Nacional Ischigualasto in San Juan, und vergleiche sie mit den Felsformationen im nahe gelegenen Parque Nacional Talampaya in La Rioja.

IN DER WILDNIS

Die riesige Größe Argentiniens mit der langen Küstenlinie und den weiträumigen Berglandschaften bewirkt Vielfältigkeit, sowohl landschaftlich als auch für Flora und Fauna und Wildbeobachtungs-Möglichkeiten, von Pinguinen über Walbeobachtung bis Guanako-Sichtung. Einem Projekt zur Wiederansiedlung von Jaguaren in den argentinischen Feuchtgebieten gelang es, acht Katzen in den Corrientes auszusetzen. 2022 konnten Kameras die Geburt von Jaguar-Jungen in der Wildnis dokumentieren.

VON LINKS NACH RECHTS: ALEKSANDRA KOSSOWSKA/SHUTTERSTOCK ©, STEFANO BUTTAFOCO/SHUTTERSTOCK ©, KYLIE NICHOLSON/SHUTTERSTOCK ©

Parque Nacional Iberá

Diese sumpfige Gegend in Corrientes beheimatet viele Wildtier-Arten, wie Sumpfhirsch, Wasserschwein und Kaiman, dazu viele eingewanderte Vogelarten.

Kameltiere

Herden von wilden Guanakos leben am Fuß der Anden und in den Ebenen Patagoniens. Vikunjas findet man in den nordwestlichen Hochgebirgs-Regionen Argentiniens.

Tierwelt der Küsten

Im Süden solltest du Ausschau halten nach Meerestieren wie Magellan-Pinguinen, Seelöwen, Seebären, See-Elefanten, Orkas und Walen.

Wasserschwein, Parque Nacional Iberá (S. 140)

DIE SCHÖNSTEN TIERERLEBNISSE

❶ **Playa Las Canteras** (S. 398), nahe Puerto Madryn, kann man nur ein paar Meter vom Ufer Südliche Glattwale aus dem Wasser springen sehen.

Das Wasserschwein, größtes Nagetier der Welt, lebt in den Feuchtgebieten des ❷ **Parque Nacional Iberá** (S. 140) in Corrientes.

In der überirdischen Landschaft von ❸ **Cerro Las Buitreras** (S. 360) nahe Bariloche glaubst du mit dem Kondor zu fliegen.

Eine von Argentiniens größten Flamingo-Kolonien befindet sich am salzigen ❹ **Lago Epecuén** (S. 469) in der Provinz Buenos Aires.

Die maritime Tierwelt der Inseln und subpolaren Gewässer des ❺ **Beagle-Kanals** (S. 448) in Feuerland erlebt man beim Wandern.

URBANE FREUDEN

Argentiniens Städte bieten eine reiche Auswahl an Museen und Galerien. Der Einfluss europäischer Immigration wird sichtbar in der Architektur nach italienischen und französischen Vorbildern in den Gebäuden, die im frühen 20. Jahrhundert während des Wirtschafts-Booms gebaut wurden, sowie in den eleganten Old-Time-Cafés, die perfekt zum Leute-Beobachten sind. In den Parks und Plazas der Städte kannst du Hunde-Ausführer beobachten und Familien mit Freunden, die Mate-Tee trinken.

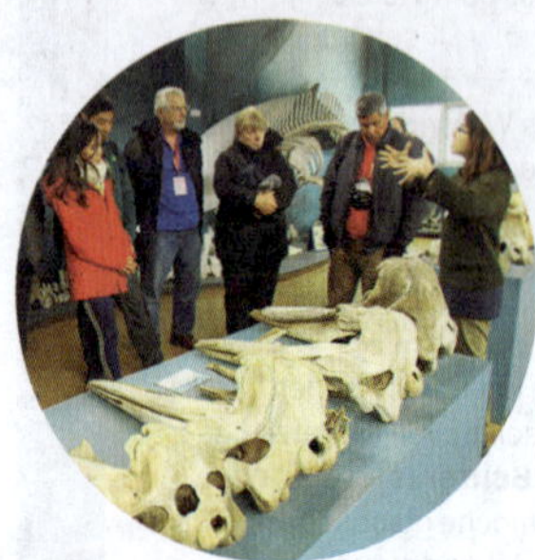

Museumstouren

In vielen Museen kann man sachkundige Führer buchen. Eine offizielle Gebühr wird nicht erhoben; der Kunde entscheidet, wie viel er bezahlen möchte.

Das weiße Kopftuch

Das Emblem der Menschenrechts-Organisation Mütter der Plaza de Mayo sieht man auf Plazas in ganz Argentinien.

Straßenkunst

In Argentiniens Städten kann man die pulsierende Straßenkunst des Landes kennenlernen, inklusive Werken von Martín Ron und El Marian.

Museo de La Plata (S. 327)

CITY-ERLEBNISSE

Ein beeindruckendes naturhistorisches Museum ist das ❶ **Museo de La Plata** (S. 327), mit Sammlungen von Fossilien, wie dem Riesen-Faultier, und ägyptischen Grabschätzen.

Bestaune die Architektur des ❷ **Palacio Barolo** (S. 76) in Buenos Aires, die durch Alighieris *Göttliche Komödie* inspiriert wurde.

In Salta kannst du im ❸ **Museo de Arqueología de Alta Montaña** (S. 176) die Mumie eines von drei Kindern sehen, die in einem Inka-Ritual starben.

Besuche das ❹ **Museo Paleontológico Egidio Feruglio** (S. 407) in Trelew, das eine wichtige Dinosaurier-Sammlung beherbergt.

Im Wein-Museum ❺ **La Enoteca** (S. 264) in Mendoza kann man auf einer Verkostungs-Tour alles über die Wein-Kultur lernen.

FOLKLORE

Die argentinische Folklore ist personifiziert im immer noch aktuellen Icon des Gaucho, des nomadischen Cowboys, der vom Zähmen wilder Pferde lebte. Heute sind Gaucho-Traditionen Teil des Lebens in ländlichen Gemeinden, besonders in den Pampas und in Teilen von Patagonien. Daneben beinhaltet argentinisches Brauchtum eine vitale Volksmusik-Szene, die besonders aktiv im Nordwesten ist. Weitere Traditionen leben fort in den Geschichten, der Musik und der Kunst der indigenen Gemeinschaften.

VON LINKS NACH RECHTS: ANIBAL TREJO/SHUTTERSTOCK ©, PETRAPIEDRA/SHUTTERSTOCK ©, SUNSINGER/SHUTTERSTOCK ©

Feria de Mataderos

Ein von März bis Dezember wöchentlicher Folklore-Jahrmarkt in Buenos Aires, mit Pferde- und Reiter-Shows, Kunstgewerbe, Musik und Tanzen.

Musik & Tanz

Zu Argentiniens *música folclórica* (Volksmusik) gehört *Zamba*, ein Genre mit einem traditionellen Tanz, zu dem das Wedeln mit einem Taschentuch gehört.

Andiner Nordwesten

In Nordwest-Argentinien drückt sich traditionelle Spiritualität in kulturellen Praktiken und künstlerischen Darstellungen aus, wie das Tragen von Karnevals-Masken, die heilige Tiere repräsentieren.

Gaucho, San Antonio de Areco (S. 304)

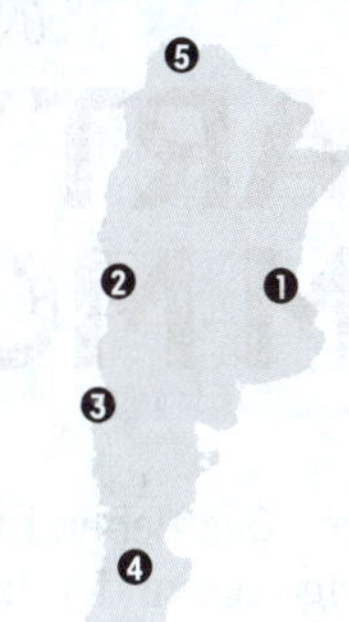

FOLKLORE MITERLEBEN

Beobachte eine *doma india* (Pferdeflüstern)-Demonstration und probiere Volkstanz in der ❶ **Estancia El Ombú de Areco** (S. 305) in San Antonio de Areco.

Auf der Hacienda ❷ **El Viejo Manzano** (S. 285) erlebst du per Reit-Expedition mit Gaucho Nino Masi die weltberühmte Weinregion Valle de Uco.

Nimm teil am ❸ **Trabún** (S. 377), einem Festival in San Martín de los Andes, wo chilenische und argentinische indigene Gemeinschaften zu Musik und Tanz zusammenkommen.

Verbringe eine Woche zum Arbeiten auf einer ❹ **Patagonischen Estancia** (S. 470), mit Reiten und Kennenlernen der Schaffarmer-Kultur.

Erfahre die lebendige Kultur in den indigenen Dörfern der ❺ **Quebrada de Humahuaca** (S. 42) während des Karnevals.

PARTY BIS ZUM MORGEN

Argentiniens Nachtleben ist legendär, vom Tango in einer *Milonga* bis zu den Bars und Clubs. Die Menschen strömen in die Vergnügungsviertel, wo die Straßen gesäumt sind mit Bars, die Craftbier, Cocktails und heimischen Wein anbieten, bevor dann ab circa 2 Uhr die Clubs übernehmen. Und die Städte sind nicht die einzigen Party-Spots. Überall im Land findet man ländliche *peñas* (Folk-Musik-Veranstaltungsorte), Restaurants und Bars, die bis spät in der Nacht geöffnet sind.

Tango jenseits von Buenos Aires

Für Anfänger empfehlen sich die *Milongas* (Tango-Locations) von Córdoba, die zu den einladendsten gehören. Auch in Rosario gibt es eine Reihe von *Milongas*.

Mitternachts-Snack

Argentiniens *heladerías* (Eisdielen) haben oft bis nach Mitternacht geöffnet. Ein Eis in der Waffel ist die perfekte Einlage für eine heiße Sommernacht.

Theater

Buenos Aires hat eine lebendige Theater-Szene, inklusive voller Programme des *teatro alternativo* (unabhängige Szene) mit Bühnen in stimmungsvollen Kunsthallen und Lagerhäusern.

La Casona del Molino, Salta (S. 179)

DIE NÄCHTE FEIERN

Zum „Anheizen" trinken die Einheimischen gern Fernet und Cola, und ziehen dann durch die Bars und Clubs von ❶ **Córdobas** Güemes-Distrikt (S. 225).

Besuche eine Outdoor-Nacht-Show des Zirkus Circo del Aire in ❷ **Villa Gesell** (S. 340), wo sein jährliches Sommerprogramm startet.

Schau, wie Tango in den Straßen getanzt wird, wo er entstanden ist, und wage dich auch selbst auf die Tanzfläche in einer traditionellen *Milonga* in ❸ **Buenos Aires** (S. 56).

Auf den ❹ **Salta** *peñas* (Folklore-Clubs) (S. 179) gibt es die beste *música folclórica* des Landes und die traditionellen Tänze.

Entdecke die Restaurants und Bars vom Calle Arístides (S. 264) in ❺ **Mendoza**, wo die Party überschwappt auf die Straßen.

KUNST-HANDWERK

Wer Lama-Wolldecken und handgewebte Ponchos mag sowie Ledertaschen und Silber-Schmuck, sollte Platz im Koffer einkalkulieren. Im ganzen Land stellen Argentiniens Kunsthandwerker hochwertige Textilien und Artefakte her. Auf jeden Fall lohnt es sich, einen Sonntag durch den Handwerks- und Antiquitätenmarkt Feria de San Telmo in Buenos Aires zu stöbern. Auch wenn du nichts kaufst, unterhalten dich Tango-Tänzer und andere Straßenkünstler.

Lederwaren

Argentinien besitzt eine lange Tradition im Herstellen von Qualitäts-*marroquinería*, handgefertigten Lederstücken wie Gürtel, Taschen und Brieftaschen sowie verschiedenem Gaucho-Zubehör.

Ponchos

Im Juli, wenn Catamarca die Fiesta del Poncho feiert, füllen die Straßen sich mit Handwerker-Ständen, die feine handgewebte Tuniken verkaufen.

Fair Trade

Suche Handwerker-Genossenschaften oder Läden, die den lokalen Handwerkern faire Preise zahlen (*comercio justo*), oder kaufe direkt bei den Handwerkern an ihren Marktständen.

GUTES KUNSTHANDWERK

Messer, Schmuck oder *mate*-Zubehör kauft man in den Silberschmied-Werkstätten in ❶ **San Antonio de Areco** (S. 304) in den Pampas.

Mach einen Töpfer-Kurs in der Städtischen Keramik- und Töpferwerkstatt im ❷ **Reserva Pinar del Norte** (S. 340) in Villa Gesell.

In Tafí del Valle in Tucumán gibt es einen ❸ **Rundgang der Kunsthandwerker** (S. 203), der in den Werkstätten handgefertigte Textilien und Keramik zeigt.

In ❹ **Belén** (S. 211) in Catamarca zeigen Textil-Handwerker in ihren Werkstätten das traditionelle Herstellen von Ponchos und Decken – vom Lama-Fell bis zum fertigen Produkt.

Verbringe einen Tag in ❺ **El Bolsón** (S. 361) auf der Feria Artesanal unterhalb des märchenhaften Gipfels des Cerro Piltriquitrón.

ARCHÄOLOGISCHE WUNDER

Faszinierende Relikte alter Kulturen sind in den ausgegrabenen Ruinen früherer Siedlungen zu sehen, wie die umfangreichen Überreste der Ciudad Sagrada de Quilmes in Tucumán. Die Stätten haben empfehlenswerte Museen, die Hintergrund-Informationen liefern und von den örtlichen indigenen Kommunen gemanagt werden. Woanders bieten lokale Führer Ausflüge zu Höhlenmalereien und zeigen Steine, die zum Markieren der Jahreszeiten dienten. Archäologische Museen beherbergen alte Werkzeuge, Textilien und Keramik.

Höhlenmalereien

Argentiniens frühe Völker hinterließen etliche beeindruckende Höhlenmalereien, insbesondere die Hand-Abdrucke in der Cueva de Las Manos Pintadas.

Das Inka-Reich

Um das späte 15. Jahrhundert reichte das Inka-Reich von Tawantinsuyu von Kolumbien bis nach Nordwest-Argentinien, mit der südlichsten Spitze in Mendoza.

Keramik

Tonobjekte, die an archäologischen Stätten gefunden wurden, wie zeremonielle Pfeifen und Trinkgefäße, geben Einblick in die Kulturen.

Ciudad Sagrada de Quilmes (S. 204)

ALTEN KULTUREN NAHEKOMMEN

Mach dich auf ins dünn besiedelte Inland-Patagonien und bestaune die Felsmalereien in der ❶ **Cueva de Las Manos Pintadas** (S. 434), die über 10.000 Jahre alt sein sollen.

Besuche die Überreste der Inka-Stadt ❷ **El Shincal de Quimivil** (S. 210), mit Sonne und Mond gewidmeten Tempeln, in der Nähe von Londres in Catamarca.

Bestaune das Sonnen-durchtränkte Mauerwerk der Ruinen der ❸ **Jesuiten- Missionen** (S. 146) in Misiones.

Entdecke die Ruinen der Stadt ❹ **Ciudad Sagrada de Quilmes** (S. 204) in Tucumán, in der Calchaquí-Indianer sich im 17. Jh. verschanzten.

Im ❺ **Pueblo Perdido de la Quebrada** (S. 207), am Stadtrand von Catamarca, kann man die Reste einer Siedlung der Aguada-Kultur besuchen.

EPISCHE STRASSEN

Überland-Reisen durch Argentinien ist ein Abenteuer, ob mit Auto, Bus, Fahrrad, Pferd oder zu Fuß. Das Ziel ist nicht so wichtig, da man sich durch spannende Landschaften bewegt. Die sich allmählich verändernde Szenerie gibt einen Eindruck von der überwältigenden Geografie, und man kommt durch ländliche Dörfer, in denen man einen Blick in das tägliche Leben erhaschen kann. Plus, es gibt jede Menge Wildtiere zu beobachten. Also rüste deine Playlists auf, downloade Karten und starte.

VON LINKS NACH RECHTDS: KAVRAM/SHUTTERSTOCK ©, GUAXINIM/SHUTTERSTOCK ©, SAIKOSP/SHUTTERSTOCK ©

Ruta Nacional 40

Dieser Highway verläuft parallel zu den Anden, von Jujuy im Norden, bis in den Süden nach Santa Cruz und passiert spektakuläre Berg-Szenerien.

Argentinien per Fahrrad

Viele Highways haben wenig Verkehr und ermöglichen einzigartige Abenteuer auf zwei Rädern. Von Ort zu Ort sollte man allerdings große Entfernungen einplanen.

Die Motorrad-Tagebücher

1952 starteten Ernesto ‚Che' Guevara und Alberto Granado in Buenos Aires und stoppten in Miramar und Bariloche, bevor sie nach Chile weiterfuhren.

Ruta de los Siete Lagos (S. 378)

DIE SCHÖNSTEN AUTOTOUREN

Zugang zum Parque Provincial Aconcagua und dem höchsten Gipfel der südlichen Hemisphäre: über den ❶ **Uspallata Pass** (S. 278) in Mendoza.

Erlebe die Schönheit von sieben Seen und aufragenden Gipfeln auf einer Auto- oder Fahrradtour entlang der ❷ **Ruta de los Siete Lagos** (S. 378).

Vorbei an gewaltigen Vulkanen und grasenden Vikunjas auf der ❸ **Ruta Los Seismiles** (S. 209) durch Catamarca an die chilenische Grenze.

Der ❹ **Circuito Chico** (S. 356) in Bariloche, per Fahrrad, Auto oder Wandern, ist eine Kostprobe für Nord- Patagonien.

BestauneCardon-Kakteen in Salta und stoppe in Hochland -Weingütern in den ❺ **Valles Calchaquíes** (S. 182).

STÄDTE & REGIONEN

Entdecke dein Sehnsuchtsziel!

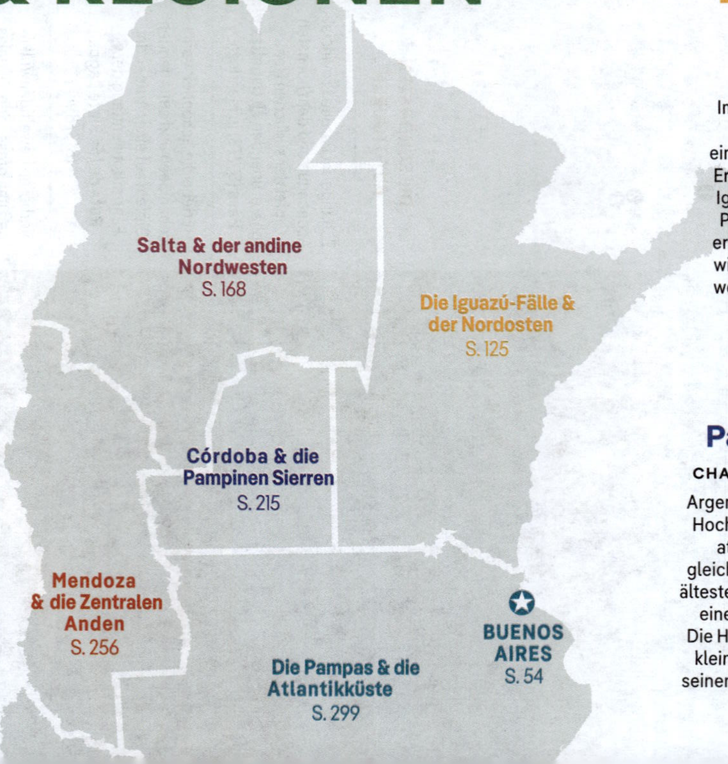

Salta & der andine Nordwesten

BERGE, INDIGENE KULTUR UND FOLKLORE

Die Kultur des argentinischen Nordwestens wird in der Folk-Musik erlebbar, im Tanz, in der aromatischen Regionalküche, in der Kleidung und im Karneval, der indigene und spanische Traditionen verbindet. Inmitten der farbigen, sonnendurchglühten Bergwelt mit ihren Kakteen liegen die Ruinen von Inka-Städten.

S. 168

Mendoza & die Zentralen Anden

WEINLAND IN DEN ANDEN

Weinkennern ist Mendoza als international führendes Anbaugebiet des Malbec ein Begriff. Vieles dreht sich hier um die Trauben, doch auch jenseits der *bodegas* bietet das Land allerlei: Klettern, Reiten und Wildwasser-Raften sind ebenso möglich wie das Skifahren im Winter.

S. 256

Die Iguazú-Fälle & der Nordosten

WASSERFÄLLE UND VIELE WILDE TIERE

Im Urwald an der nordöstlichsten Ecke des Landes verbirgt sich eines der größten Naturwunder der Erde: die donnernden Wasser von Iguazú. Ganz in der Nähe liegt der Parque Nacional Iberá mit seiner erstaunlichen Tierwelt. Die Region wird also geprägt von bemerkenswerter Natur – und von Ruinen aus der Zeit der Jesuitenmission.

S. 125

Córdoba & die Pampinen Sierren

CHARMANTE STUDENTENSTADT

Argentiniens zweitgrößte Stadt ist ein Hochschulstandort und demzufolge attraktiv für junge Leute – und gleichzeitig findet man hier einige der ältesten Gebäude des Landes, darunter eine Jesuitenkirche aus dem 17. Jh. Die Hügel im Umland sind übersät mit kleinen Städtchen, von denen jedes seinen ganz eigenen Charakter besitzt.

S. 215

Salta & der andine Nordwesten S. 168
Die Iguazú-Fälle & der Nordosten S. 125
Córdoba & die Pampinen Sierren S. 215
Mendoza & die Zentralen Anden S. 256
Die Pampas & die Atlantikküste S. 299
BUENOS AIRES S. 54

Die Pampas & die Atlantikküste

GAUCHO-LAND, ESTANCIAS UND KÜSTENWÄLDER

Die Provinz Buenos Aires besteht aus fruchtbarem Grasland, über das einst die Gauchos zogen. In den *estancias* ist die landwirtschaftliche Tradition noch sehr lebendig. Inzwischen sind die Städte der Region echte kulturelle Zentren mit beachtlicher Architektur. Im Sommer füllen sich die Strände am Atlantik mit Urlaubern.

S. 299

Bariloche & das Seengebiet

ATEMBERAUBENDE LANDSCHAFTEN UND SPEKTAKULÄRE AUTOTOUREN

Mit seinen bewaldeten Bergen und Seen, die vom Gletscherwasser gespeist werden, lockt Bariloche Wanderer, Kletterer und Skifahrer an, die diese Kulisse zu schätzen wissen. In Neuquén kommen noch Pinot Noirs und Dinosaurier-Fußabdrücke hinzu. Kein Wunder also, dass die Region auf der Liste vieler Reisender ganz weit oben steht.

S. 344

Bariloche & das Seengebiet
S. 344

Patagonien
S. 391

Tierra del Fuego
S. 440

estancias

Patagonien

ZERKLÜFTETE GIPFEL, GLETSCHER UND MEERESTIERE

Das weitläufige Südpatagonien ist karg, öde – und wunderschön. Im Osten kann man Wale und Pinguine beobachten, im Westen den Gletscher Perito Moreno bestaunen, durch die Wildnis wandern und dabei die eindrucksvolle Natur hautnah erleben.

S. 391

Buenos Aires

HÖCHST LEBENDIGE KULTURSZENE

Argentiniens Hauptstadt ist eine verführerische Mischung aus kulturellem Reichtum und purem Vergnügen. Ob man sich nun für Literatur interessiert oder für *fútbol*, für Tango oder Architektur, Politik oder Street Art oder einfach nur für ein köstliches Steak: Hier kommen alle auf ihre Kosten!

S. 54

Tierra del Fuego (Feuerland)

DAS SÜDLICHE ENDE DER WELT

Der Archipel am südlichen Zipfel Argentiniens besteht aus Inseln im Wind mit reicher Meerestierwelt, schneebedeckten Bergen und Gletschern. Die am Ende der Welt gelegene Stadt Ushuaia lock mit köstlichen Fischgerichten; von hier aus kann man in die Antarktis aufbrechen.

S. 440

SUNSINGER/SHUTTERSTOCK ©

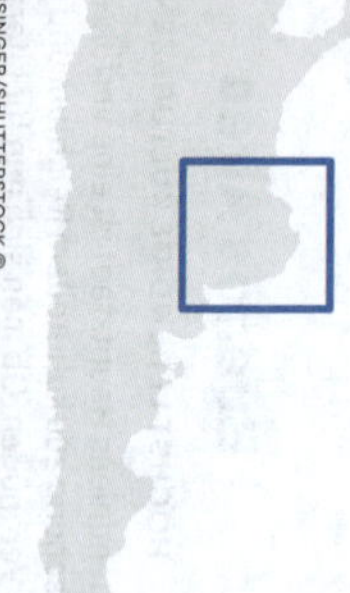

San Antonio de Areco (S. 304)

REISEROUTEN

Highlights im Osten

Dauer: 5 Tage **Entfernung:** 1161 km

Buenos Aires ist hier die Star-Attraktion, aber wenn man sich außerhalb der Stadt umsieht, wird man bezaubernde Landstädtchen entdecken, die frische Luft, schönes Kunsthandwerk und hohe Lebensqualität vorweisen können. Die Route quert die Pampas und trifft schließlich auf die Hot Spots an der Küste.

1

BUENOS AIRES ⏱ 2 TAGE

Man könnte ein Leben in **Buenos Aires** (S. 54) verbringen und immer noch Neues entdecken. In zwei Tagen hat man Zeit, um Plaza de Mayo und San Telmo zu erkunden, den Cementerio de la Recoleta (Foto) zu sehen, die Läden in Palermo anzuschauen, in einem exzellenten Restaurant zu dinieren und in einer *Milonga* (Tango-Tanzsaal) Tango zu tanzen.

🚗 *1½ Stunden*

2

SAN ANTONIO DE ARECO ⏱ 1 TAG

Die Pampa-Stadt **San Antonio de Areco** (S. 304) kann in einem Tagesausflug von Buenos Aires aus besucht werden, aber eine Übernachtung auf einer *Estancia* (Ranch) lohnt sich, um das Landleben kennenzulernen: Vormittags reiten, in der Stadt die Silberschmied-Werkstätten besuchen und in Old-Time-Bars mit den *Gauchos* (Cowboys) abhängen.

🚗 *5 Stunden*

3

TANDIL ⏱ ½ TAG

Unterwegs zur Küste stoppe in **Tandil** (S. 312) zum Wandern in den Hügeln und für eine Verkostung der berühmten Käse und Salamis, die in Scheiben auf Holzbrettchen als *Picada* serviert werden. Dann kannst du aus einem Sessellift über den Pinienwald von Cerro El Centinela in den Bäumen spazieren und den sich bietenden Panoramablick genießen.

🚗 *2¼ Stunden*

San Nicolas
Paraná
Venado Tuerto
Pergamino
URUGUAY
Zarate
Campana
San Antonio de Areco 2
1 Std. 30 min.
San Isidro
Tigre
30 min.
1 BUENOS AIRES
Mercedes
Luján
MONTEVIDEO
La Plata
START
Lincoln
Chivilcoy
Salado
Lobos
Punta Indio
San Miguel Del Monte
Nueve de Julio
5 h
Chascomus
Pehuajo
Las Flores
Bolivar
Casalins
Dolores
San Clemente Del Tuyu
Pirovano
Miranda
Mar de Ajo
Azul
Maipu
Olavarría
2 Std. 45 min.
Pinamar
Carhue
Coronel Vidal
Tandil 3
Villa Gesell
1 Std. 30 min.
Coronel Suárez
2 Std. 15 min.
Darregueira
Napaleofu
Juarez
Balcarce
Mar del Plata 4
Parque Provincial Ernesto Tornquist
Tornquist
Yraizoz
1 Std. 30 min.
Tres Arroyos
Bahía Blanca 5
Coronel Dorrego
5 Std. 30 min.
Energía
Necochea
Atlantischer Ozean
Punta Alta
Balneario Claromeco
ZIEL
Colorado
Pedro Luro
0 200 km

4

MAR DEL PLATA – 1 TAG

Es ist nicht nur der berühmte Sandstrand, **Mar del Plata** (S. 334) bietet auch Museen, interessante Architektur sowie Craftbier und Meeresfrüchte. Plane auch Zeit ein, um das nahe gelegene Seelöwen-Reservat zu besuchen.

5¼ Stunden

***Abstecher**: Von Tandil nimm die Küstenstraße über Villa Gesell, wo man durch bewaldete Dünen wandern und den Zirkus besuchen kann. 7 Stunden.*

5

BAHÍA BLANCA ½ TAG

Die Hafenstadt **Bahía Blanca** (S. 319) besitzt Museen über die Seefahrts- und Immigrationsgeschichte der Stadt – eines davon in einem ehemaligen Kraftwerk mit dem Ruf, von paranormalen Aktivitäten heimgesucht zu werden.

***Abstecher**: Im Parque Provincial Ernesto Tornquist kann man zum fensterförmigen Cerro de la Ventana wandern oder zu den nahe gelegenen Wasserfällen. 5 Stunden.*

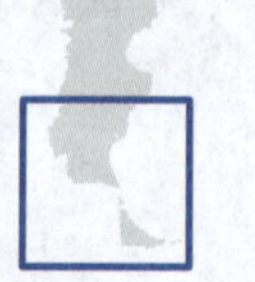

Ushuaia (S. 446)

REISEROUTEN

Sehenswerter Süden

Dauer: 4 Tage **Entfernung:** 992 km

Argentiniens äußerster Süden ist eine windgepeitschte Region von atemberaubender Schönheit. Auf der äußersten Südspitze des Landes kann man unter Pinguinen herumlaufen und Gletscher-Wandern, bevor man sich zum Bergwandern in die Region der südlichen Anden aufmacht und sich vom Gletscher Perito Moreno überwältigen lässt.

1

RIO GRANDE ½ TAG

Der erste Stopp auf der Reise zum Ende der Welt ist **Río Grande** (S. 412), die Stadt in der nördlichen Tierra del Fuego hat eine blühende Kulturszene ebenso wie Museen, und auf Küstenwanderungen kann man Vögel beobachten. Reitsport-Zentren bieten die Möglichkeit an, die Gegend zu Pferd zu erkunden oder eine Polostunde zu nehmen.

1 Stunde 20 Minuten

2

TOLHUIN ½ TAG

Die unauffällige Stadt **Tolhuin** (S. 471) am bewaldeten Ufer des Lago Fagnano (Foto), ist das spirituelle Herz Feuerlands. Hier kann man aufs Wasser hinausfahren in einem Kajak, dann Hausmannskost in einer Blockhütte probieren, gefolgt von einem lokalen Craftbier.

1½ Stunden

***Abstecher**: Erkundung der Feuerland-Anden auf einer Wanderung zwischen Lago Escondido und Lago Fagnano. 3 Stunden.*

3

USHUAIA 1 TAG

Die spektakulär gelegene Stadt **Ushuaia** (S. 446) ist das Tor zur Antarktis. Von hier startest du zum Gletscher-Wandern und erkundest die schneebedeckten Berge, Täler und Seen des Tierra del Fuego Nationalpark. Ushuaia bietet ebenfalls eine Reihe Museen sowie mit die besten Meeresfrüchte des Landes.

1¼ Stunden

***Abstecher**: Beobachte die subpolare Fauna auf einer Bootstour durch den Archipel des Beagle-Kanals. 3 Stunden*

4

EL CALAFATE 1 TAG

In **El Calafate** (S. 419) findet man eine von Argentiniens Top-Attraktionen, den sich langsam bewegenden Gletscher Perito Moreno. Neben seinem berühmten Gletscher ist El Calafate auch bekannt für Bergwanderungen und Reiten auf patagonischen *estancias* (Ranch).

5 Stunden

***Abstecher**: Nehme an einer geführten Tour in den Parque Nacional de los Glaciares teil, um den Gletscher Perito Moreno zu bestaunen; alternativ kann man den Bus nehmen oder mit dem Wagen dorthin fahren. 4 Stunden.*

5

EL CHALTÉN 1 TAG

Hauptgrund für einen Besuch der kleinen Stadt **El Chaltén** (S. 429) ist das Erlebnis der schneebedeckten, zerklüfteten Berggipfel rings um den Ort. Es gibt Wanderstrecken von gemütlichen Spaziergängen bis zu Extrem-Trecks. In der Nähe befindet sich der höchste Berg der patagonischen Anden, die spitzen Granit-Gipfel des Cerro Fitz Roy (3375 m, Foto).

JOSE DE JESUS CHURION DEL/SHUTTERSTOCK ©

San Carlos de Bariloche (S. 350)

REISEROUTEN

Quer durchs Land zu den Zentralen Anden

Dauer: 7 Tage **Entfernung:** 2070 km

Nord-Patagonien bietet einige von Argentiniens häufigsten Ansichtskarten-Motiven, inklusive der Berge und Seen von Bariloche. Auf zu den Highlights, wie Walbeobachtung, Weinverkostung und Wandern.

1

PUERTO MADRYN 1 TAG

Das Patagonien-Abenteuer beginnt in **Puerto Madryn** (S. 396) mit Wildtier-Beobachtungen und Meeresfrüchten frisch vom Schiff. Von den nahen Stränden sieht man Südliche Glattwale, die hier von Juni bis Mitte-Dezember ihre Jungen aufziehen.

7 Stunden

***Abstecher**: Puerto Madryn ist das Tor zum Natur-Reservat der Halbinsel Valdés, wo Guanakos, Nandus, Pinguine, Seelöwen und See-Elefanten leben.*

2

ESQUEL 1 TAG

In Patagoniens Wildem Westen bietet die Stadt **Esquel** (S. 408) Off-Pisten-Skilaufen und Snowboarding im Winter, und im Sommer Wanderungen im Wald. Auf dem Weg zu den Pisten und Trails bieten Straßenverkäufer an ihren Ständen lokale Käse- und Brotsorten an.

2 Stunden

***Abstecher**: Eine Fahrt mit der La Trochita Eisenbahn von Esquel nach Nahuelpan, mit Blick über die rollende Steppe von Nord-Chubut. 3 Stunden.*

3

EL BOLSÓN ½ TAG

Ein epischer Ort für einen Halt ist **El Bolsón** (S. 361), etwa auf halber Strecke zwischen Esquel und Bariloche. Hier kannst du auf dem Hippie-Markt Kunsthandwerk kaufen und Bio-Produkte aus dem benachbarten Tal sowie Craftbier trinken. Wer mehr Zeit (und auch mehr Kondition) hat, kann die Wanderroute von Cajón del Azul laufen.

2 Stunden.

4 BARILOCHE ⏱2 TAGE

Bariloche (S. 350) am Ufer des Lago Nahuel Huapi (Foto) ist das ganze Jahr hindurch schön und gleichermaßen beliebt bei Argentiniern und Touristen. Einen Eindruck von den Bergen und Seen der Region bekommt man auf der Rundfahrt des Circuito Chico.

5 Stunden

***Abstecher**: Die Ruta de los Siete Lagos (7-Seen-Route) zwischen Villa la Angostura und San Martín de los Andes. ⏱3 Stunden.*

5 NEUQUÉN ⏱1 TAG

Die größte Stadt Patagoniens ist **Neuquén** (S. 381) am Zusammenfluss der Flüsse Limay und Neuquén. Es gibt eine Reihe Galerien und Museen sowie nahebei Dinosaurier-Fundstellen. In Bodegas, weniger als eine Fahrtstunde von der Stadt entfernt, kann man Pinot Noir probieren. Nachts lassen sich im Observatorium die Sterne am Wüstenhimmel bestaunen.

1¼ Stunden

6 MENDOZA ⏱1½ TAGE

Zusätzlich zu seinen Weltklasse-Weinen und der kulinarischen Szene ist **Mendoza** (S. 262) das Tor zu Abenteuern mit Wildwasser-Rafting, Bergsteigen und Reiten in den Anden. Wein-Enthusiasten sollten sich im Herzland des Malbec-Weins Luján de Cuyo, südlich von Mendoza, stationieren.

***Abstecher**: Ein Verkostungs-Nachmittag in den Weingütern von Valle de Uco. ⏱4 Stunden.*

REISEROUTEN

Andiner Nordwesten

Dauer: 5 Tage **Entfernung:** 1075 km

Dieser Andenstraßen-Trip führt durch die farbenfrohen, mit Kakteen übersäten Landschaften der Nordwest-Provinzen San Juan, La Rioja, Catamarca, Salta und Jujuy, mit Unterbrechungen an alten Felsformationen, Inka-Ruinen, in der eleganten Stadt Salta und Hochland-Weingütern in Cafayate.

Parque Provincial Ischigualasto (S. 296)

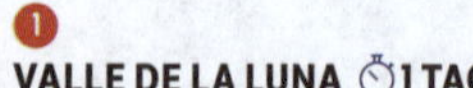

1

VALLE DE LA LUNA 1 TAG

Das Wüstental **Parque Provincial Ischigualasto** (S. 296) in der Provinz San Juan ist auch bekannt als Valle de la Luna (Mond-Tal). Buche eine geführte Wanderung durch die Felsformationen aus rotem Sandstein, vulkanischer Asche und Tonerde.

2½ Stunden

***Abstecher:** Verbinde einen Ausflug nach Ischigualasto mit einer Tour durch die Canyons im Parque Nacional Talampaya. 4 Stunden.*

2

CHILECITO ½ TAG

Die frühere Bergbau-Stadt **Chilecito** (S. 213) in der Provinz La Rioja liegt vor dem Panorama der schneebedeckten Gipfel der Sierra de Famatina. Die aufgegebenen Stationen der Minen-Seilbahn (Foto) sind jetzt Museen. Nicht weit davon entfernt kann man ein ungewöhnliches Phänomen sehen: den Zusammenfluss von zwei Flüssen mit unterschiedlicher Farbe.

3 Stunden

3

BELÉN ½ TAG

Belén (S. 211) in der Provinz Catamarca ist ein Zentrum für Weber-Kunsthandwerker. In der Nähe liegen die Inka-Ruinen von Shincal de Quimivil mit Berggipfel-Tempeln für Sonne und Mond.

3½ Stunden

***Abstecher:** Eine Fahrt auf der Ruta de Adobe nach Fiambalá. Dort kannst du in heißen Quellen relaxen und auf Sandboards die Dünen hinunter fahren. . 7 Stunden*

Reserva Nacional de Fauna Andina Eduardo Avaroa
Abra Pampa
ZIEL
Toconao
Reserva Nacional Los Flamencos
CHILE
Reserva Nacional Los Flamencos
Cerro de Siete Colores
6 Tilcara
1 Std. 30 min.
San Pedro
San Antonio de los Cobres
Jujuy
3 Std.
Salar De Pocitos
General Guemes
Salta
5
Cerrillos
Salado
Cachi
3 Std.
Molinos
Rosario De La Frontera
Cafayate
4
Antofagasta De La Sierra
Trancas
Ciudad Sagrada de Quilmes
50 min.
San Miguel de Tucuman
Tucumán
3 Std. 30 min.
Dulce
Termas De Río Hondo
Fiambalá
3 Belén
2 Std. 30 min.
Tinogasta
Lavalle
3 Std.
Catamarca
Frias
Chumbicha
Parque Nacional Talampaya & Ischigualasto
2 Chilecito
45 min.
La Rioja
Totoralejos
2 Std. 30 min.
Patquia
Huaco
1 Valley de la Luna
Punta Del Agua
Chamical
START
San Agustin Del Valle Fertil
Serrezuela
Tucunuco
Mogna
Villa De Soto
Talacasto
0 — 100 km

4

CAFAYATE 1 TAG

In der rauen Landschaft der Valles Calchaquíes, ist **Cafayate** (S. 183) eine malerische und entspannte Stadt. Hier kann man die Hochland-Kellereien besuchen, die Malbec und den berühmten Torrontés produzieren. Im Museo de la Vid y El Vino kann man sich über die Weinproduktion informieren.

3 Stunden

Abstecher: *Zur Ruine einer Prä-Inka-Siedlung in der Ciudad Sagrada de Quilmes. 3 Stunden.*

5

SALTA 1 TAG

Die größte Attraktion von **Salta** (S. 174) befindet sich im Museo de Arqueología de Alta Montaña, wo die Mumien von drei Inka-Kindern zu sehen sind, die in den Hoch-Anden gefunden wurden. Danach kann man zum Cerro San Bernardo wandern (oder die Kabinenbahn nehmen), und in einer der *peñas* (Volksmusikclub) eine Vorstellung von einigen der besten Volksmusiker Argentiniens besuchen.

3 Stunden

6

TILCARA 1 TAG

Das Dorf **Tilcara** (S. 186) ist eine ideale Basis für die Erkundung der Berge und indigenen Dörfer im Quebrada de Humahuaca in Jujuy (Foto). Wandere zum nahe gelegenen Wasserfall, besuche ein Bergfotografie-Museum und genieße die Aussicht vom Pucará.

Abstecher: *Zähle die Farben des Cerro de Siete Colores in Purmamarca und mache ein Foto-Shooting an den Salinas Grandes. 5 Stunden.*

RPBAIAO/SHUTTERSTOCK ©

Parque Nacional Iberá (S. 140)

REISEROUTEN

Nord-Nord-Ost

Dauer: 4 Tage **Entfernung:** 1546 km

Dieser feuchtheiße Trip führt zu verschiedenen Sehenswürdigkeiten im Nordosten Argentiniens. Verlasse die urbane Umgebung der Provinzhauptstadt Córdoba und wende dich nach Norden. Vorbei an alten Jesuiten-Missionen, entdeckst du eine Welt von tierreichen Feuchtgebieten und eindrucksvollen Wasserfällen im Dschungel.

1 CÓRDOBA ⏱ 1 TAG

Beginne den Nordost-Trip in Córdoba (S. 220), Argentiniens zweitgrößter Stadt. Hier kann man Museen und Kunstgalerien sowie alte Jesuiten-Missionen (Foto) besuchen. Abends Tango in einer *milonga*, oder schließe dich Studenten an zu einer Fernet-und-Cola-betriebenen Nacht im Stadtviertel Güemes.

🚗 *4½ Stunden*

Abstecher*: Ausflug zum ehemaligen Haus von Che Guevara in Alta Gracia in den Hügeln von Córdoba.. ⏱ 4 Stunden.*

2 SANTA FE ⏱ ½ TAG

Unterwegs nach Norden, stoppe in der Provinzhauptstadt Santa Fe (S. 162), besuche das Kolonialzeit-Franziskaner-Kloster, und triff deine Wahl unter den Museen der Stadt.

🚗 *9 Stunden*

Abstecher*: Der Parque Nacional El Palmar in Entre Ríos, wo unter Palmen die putzigen Wasserschweine leben, ist spektakulär und lohnt jede Anstrengung. ⏱ 9 Stunden.*

3

PARQUE NACIONAL IBERÁ 1 TAG

Ein Muss für Naturliebhaber ist ein Ausflug zu den Feuchtgebieten des Parque Nacional Iberá (S. 140), einem der besten Orte in Südamerika, um die Tierwelt zu beobachten. In den flachen Seen und Lagunen (*esteros*) von Iberá leben Kaimane, Wasserschweine, Sumpfhirsche, Brüllaffen, Otter und die außergewöhnliche Fülle von ca. 350 Vogelarten.

1½ Stunden

4

POSADAS ½ TAG

Die Stadt Posadas (S. 145) in Misiones lohnt eine Unterbrechung, um die Ruinen der Jesuiten-Mission aus dem 17. Jahrhundert zu sehen. Die sonnengetränkten Reste sind bemerkenswert für ihr ornamentales Steinmetzwerk.

5 Stunden

Abstecher*: Das San Ignacio Miní in San Ignacio ist die besterhaltene Station der Jesuiten-Missions-Ära. 3 Stunden.*

5

IGUAZÚ-FÄLLE 1 TAG

An der Grenze zwischen Argentinien und Brasilien, stürzt sich der Río Iguazú in einer Serie von Kaskaden, den Iguazú Fällen, (S. 132) über Basaltklippen. Dieses donnernde Spektakel kann auf der argentinischen Seite von Dschungelpfaden und aus Brasilien von Aussichtsplattformen betrachtet werden. Du wirst überwältigt sein – und selbstverständlich auch nass gespritzt.

BESTE REISEZEIT

Fahre nach Süden im Sommer, in den Norden im Winter und nach Buenos Aires im Frühling und Herbst.

Die beste Reisezeit für Argentinien hängt ab vom Reiseziel. In Buenos Aires ist der Sommer heiß und schwül, aber es gibt etliche Festivals und Events. Januar ist der betriebsamste Monat an der Küste, da argentinische Familien gerne Strandurlaub machen. Der Sommer ist ebenfalls die Hauptsaison für den Süden, Patagonien. Dezember und Januar sind die besten Monate, um den Aconcagua zu besteigen. Allerdings bringen die Sommermonate Regen in die Nordwest-Anden.

Frühling und Herbst sind allgemein eine geniale Zeit, um Argentinien zu besuchen, da dann im größten Teil des Landes die Temperaturen angenehm warm sind. Die Herbstfarben sind besonders schön in Bariloche. Später Frühling, Winter und früher Herbst sind die besten Zeiten für die Nordwest-Anden und die Iguazú-Fälle. Im späten Juni markiert die Ankunft des Winterschnees den Start der Skisaison in Bariloche und Mendoza.

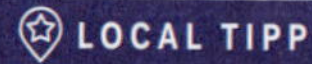

SEPTEMBER IN SALTA

Fernando Montaño hat ein Hostel in Salta City. *@allnortehostel*

Frühling ist die schönste Zeit in Salta. Der Winter ist trocken, und alles ist braun, aber im September fängt die Natur an sich zu erneuern, und es wird grün. Tagsüber ist das Wetter gut zum Wandern und Radfahren – um 20 °C bis 25 °C. Mit meinen Hunden laufe ich gerne nach La Tienda in der Nähe von San Lorenzo, wo ich dann mit einem Kaffee in der Sonne sitze und die Aussicht genieße.

Día de la Pachamama

LINKS: JAVIER ETCHEVERRY/ALAMY STOCK PHOTO © RECHTS AUSSEN: LILI RAJUEL/SHUTTERSTOCK ©

ZONDA

Der Winter in den Provinzen San Juan und La Rioja ist die Zeit des *Zonda:* ein heißer, trockener Fallwind aus den Anden, der Erde und Staub mitführt, die Sicht verschlechtert und dramatische Temperatur-Anstiege verursacht.

Reisewetter

JANUAR	FEBRUAR	MÄRZ	APRIL	MAI	JUNI
Ø-Tagestemp. maximal: **20 °C – 28 °C**	Ø-Tagestemp. maximal: **20 °C – 27 °C**	Ø-Tagestemp. maximal: **18 °C – 24 °C**	Ø-Tagestemp. maximal: **15 °C – 21 °C**	Ø-Tagestemp. maximal: **12 °C – 17 °C**	Ø-Tagestemp. maximal: **9 °C – 15 °C**
Regentage: **5**	Regentage: **6**	Regentage: **6**	Regentage: **7**	Regentage: **5**	Regentage: **6**

EL NIÑO

Dieser Wetter-Effekt verursacht in Argentinien Temperaturanstieg und stärkeren Regen als normal. Er wird angetrieben von der Oberflächen-Erwärmung des Zentral- und Ost-Pazifik und dauert zwischen neun und 12 Monaten.

Argentiniens größte Festivals

Festival Nacional del Folklore Im Januar startet der kulturelle Kalender Argentiniens mit dem Cosquín Folk Festival in der Nähe von Córdoba, dem größten Volksmusik-Event des Landes. **Januar**

Carnaval de Humahuaca (S. 192) Karneval wird im Februar und März in ganz Argentinien gefeiert, mit Tanztruppen, Bands und Paraden. In den Festivitäten der Quebrada de Humahuaca fließen indigene und spanische Traditionen zusammen. **Februar**

Tango BA Festival y Mundial (S. 109) Im August kommen Tänzer aus der ganzen Welt in Buenos Aires zusammen, um das Tango-Festival und den World Cup im Tanz-Wettstreit zu begehen, das weltweit wichtigste Tango-Event. **August**

Fiesta de la Tradición (S. 307) Im November reiten Gauchos in die Pampas-Stadt San Antonio de Areco zu Reiter-Wettkämpfen. Die Luft ist angefüllt mit dem Rauch der Barbecues. **November**

Besondere Versammlungen

Fiesta Nacional de Trekking Im März kommen zahlreiche Outdoor-Enthusiasten in El Chaltén in Patagonien zusammen zum Felsenklettern und Wettkämpfen im Holzfällen. **März**

Guardia Bajo las Estrellas (S. 179) Tausende *Gauchos* aus dem Norden kommen zu Pferde in Salta zusammen, um den Unabhängigkeits-Helden General Güemes an seinem Todestag im Juni zu ehren. **Juni**

Fiesta del Invierno Das magischste Event im Feuerland-Winter-Festival, im Juli, ist die Bajada de Antorchas (Fackel-Abstieg) die Hänge des Cerro Castor hinunter. **Juli**

Día de la Pachamama (S. 202) Am 1. August begeht man in der ganzen Nordwest-Anden-Region den Tag der Mutter Erde mit Darreichungen von Speisen und Kocablättern. Die Tradition gibt es in Jujuy und in Teilen von Salta und Tucumán. **August**

LOCAL TIPP

FRÜHSOMMER IN BUENOS AIRES

Patricio Santos ist Spanischlehrer in Buenos Aires. *@pattonk_santos*

Meine liebste Jahreszeit ist der späte November, wenn die Jacaranda blüht. Wir fahren zum Campen nach Chascomús; wir bringen Fleisch für ein *Asado* mit. Aus meiner Kindheit kann ich mich an den Geruch des Regens im frühen Dezember erinnern: Das Schuljahr war zu Ende und Weihnachten in Sicht. Im Januar fuhren wir an die Küste, und ich rannte am Strand und tauchte meine Zehen ins Wasser.

Palermo (S. 60)

IM REGENSCHATTEN

Die östliche Küstenlinie in Patagonien ist eine trockene Regenschatten-Zone. Dieser Effekt entsteht, wenn Luftmassen beim Überqueren der Hohen Anden ihre Feuchtigkeit verlieren.

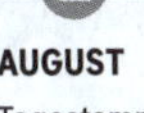 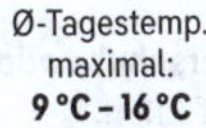   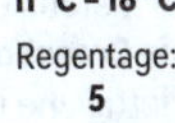

JULI	AUGUST	SEPTEMBER	OKTOBER	NOVEMBER	DEZEMBER
Ø-Tagestemp. maximal: **8 °C – 14 °C**	Ø-Tagestemp. maximal: **9 °C – 16 °C**	Ø-Tagestemp. maximal: **11 °C – 18 °C**	Ø-Tagestemp. maximal: **14 °C – 21 °C**	Ø-Tagestemp. maximal: **16 °C – 24 °C**	Ø-Tagestemp. maximal: **19 °C – 27 °C**
Regentage: **6**	Regentage: **5**	Regentage: **5**	Regentage: **8**	Regentage: **6**	Regentage: **6**

LINKS: JAM TRAVELS/SHUTTERSTOCK ©; FAR RIGHT: CINEMATIC/ALAMY STOCK PHOTO ©

Cerro Fitz Roy (S. 432)

BESTENS VORBEREITET AUF ARGENTINIEN

Nützliches zum Vorbereiten und Einstimmen

Kleidung

Wanderschuhe für die Trails in Patagonien.
Winddichte Jacke: wichtig für den Süden.
Ein Bufftuch oder Bandana zum Wandern oder Reiten.
Hut, Sonnenschutz und Sonnenbrille sind in den Anden ganzjährig notwendig.
Regenschirm: nützlich in Buenos Aires, wo es immer mal regnen kann.
Casual: Tanktops und Shorts gehen in den meisten Situationen.
Zum Ausgehen auch etwas Schickes mitnehmen.
Tanzschuhe: Am besten geeignet für Tango sind Schuhe mit Leder- oder Wildledersohlen. Highheels für Frauen sind beliebt, aber nicht Bedingung.
Bequeme Wanderschuhe oder Sneaker sind wärmstens empfohlen.
Eine Crossbody- oder Gürteltasche für die Brieftasche und wichtige Dokumente.

Etikette

Freunde begrüßen und verabschieden sich mit einem Kuss auf die Wange. In einer Gruppe grüße jede Person einzeln.

Zum Busfahren reihe dich in die Schlange ein, und biete bei Bedarf deinen Sitz an.

Benutze den Namen Islas Malvinas anstelle Falkland Islands. Sei sensibel mit diesem Thema; besser du erwähnst es gar nicht.

LESEN

Fiktionen (Jorge Luis Borges; 1944) berühmte Anthologie fantastischer Kurzgeschichten über Träume, Labyrinthe und geheimnisvolle Welten.

Der Tunnel (Ernesto Sabato; 1948) herausragender existenzialistischer Roman des berühmten argentinischen Schriftstellers.

Der Kuss der Spinnenfrau (Manuel Puig; 1976) Roman über zwei Gefängnisinsassen, die gegen Langeweile alte Hollywood-Filme erzählen.

Hopscotch (Julio Cortázar; 1963) das verrückte Meisterwerk des berühmten Autors, ein kraftvoller Anti-Roman.

Sprechen

Das gesprochene Spanisch ist durchsetzt von sogenannten *lunfardo-Wörtern,* ein Dialekt mit Ausdrücken italienischer Herkunft. Den Einfluss italienischer Immigranten kann man auch in der Kommunikation mit Hand-Gesten erkennen.

‚Boludo/a' Idiot.

‚Bondi' oder **‚Colectivo'** Bus.

‚Buena onda' Jemand der /die cool ist. ‚*¿Qué onda?*' bedeutet ‚Was ist los?'

‚Chabón' ‚Chabona' Kerl / Typ oder Mädchen.

‚Chamuyero/a' Jemand, der nett, aber nicht besonders wahrheitsliebend ist, auch als Verb (‚*chamuyar*').

‚Che' Ausruf (‚Hey!') für Kumpel oder Freund.

‚Chorro/a' Dieb.

‚Dale' Je nach Betonung entweder „Ja, OK" oder „Komm, beeil dich".

‚Escabiar' Alkohol trinken.

‚Fiaca' ein Gefühl der Trägheit (‚*¡Qué fiaca!*'), oder „Ich habe keine Lust" (‚*Tengo fiaca.*')

‚Guita' or **‚Plata'** Geld.

‚Macanudo/a' freundliche Bezeichnung für eine Person/ Situation, die einem gefällt.

‚Morfar' essen. ‚*Morfi*' bedeutet Essen.

‚Mufa' oder **‚Yeta'** nennt man jemanden, der Pech bringt, zum Beispiel jemand, der während eines Fußballspiels genau dann kommt, wenn die gegnerische Mannschaft ein Tor erzielt.

‚Posta' Genau richtig.

‚Qué hacés?' oder **‚Cómo andás?'** ‚Wie geht es dir?'

‚Quilombo' ein heilloses Durcheinander.

‚Trucho' Fake.

‚Zapardo/a' beschreibt jemanden, der sich unmöglich benimmt.

ANSCHAUEN

In ihren Augen (Juan José Campanella; 2009, Foto) Ein pensionierter Gerichtsbeamter schreibt über einen Mordfall, mit dem er 25 Jahre zuvor befasst war.

Die offizielle Geschichte (Luis Puenzo; 1985). Eine Frau erkennt die Verwicklung ihrer Familie in die Militär-Diktatur.

Nine Queens (Fabián Belinsky; 2000) Zwei Gauner schwindeln sich durch Buenos Aires in einem Film voll Humor.

Die Frau ohne Kopf (Lucrecia Martel; 2008) Verstörender Film über eine Frau, die nach einem Autounfall versucht herauszufinden, was passiert ist.

REINHÖREN

Piano Bar (Charly García; 1984) Das dritte Album des Vaters des argentinischen Rock ist voll fesselnden, respektlosen Texten und kreativen Melodien.

Estaciones Porteñas (Daniel Barenboim, Rodolfo Mederes und Héctor Console; 1996). Ein Tango für jede Jahreszeit in Buenos Aires von Astor Piazzolla.

Corazón Valiente (Gilda; 1995) Dieses Cumbia-Album, erschienen im Jahr vor Gildas Tod bei einem Auto-Unfall, enthält die Hits ‚Fuiste' und ‚Paisaje'.

Mar Dulce (Bajofondo; 2007) kombiniert Elektronik mit Genres aus der Río de la Plata Region, inklusive Tango, *candombe, murga* und *milonga.*

Cerro de los Siete Colores (S. 191)

REISEPLANER

QUEBRADA DE HUMAHUACA

In der Provinz Jujuy im Nordwesten der argentinischen Anden liegt das ausgetrocknete Tal Quebrada de Humahuaca. Hier schimmern Berge und Felsen vor blauem Himmel und unter gleißender Sonne in unzähligen Farben. Im Tal reihen sich mehrere Dörfer aneinander, in denen indigene Kultur und Traditionen noch lebendig sind.

Geografie

Die Quebrada de Humahuaca ist eine malerische Schlucht, die sich als enges Tal am Rio Grande von der bolivianischen Grenze 155 km Richtung Süden bis zu dem Dörfchen Volcán erstreckt. Das Tal war über 10 000 Jahre lang, auch in der Zeit der Inka, eine wichtige Handelsroute. Angesichts der kulturellen Besonderheit der Quebrada de Humahuaca wurde sie zum Unesco Welterbe erklärt.

Indigene Kultur

Indigene Kultur spiegelt sich in Kleidung und anderen Textilien, Architektur, Musik und Essen, aber auch in Spiritualität und Traditionen der Menschen wider.

Festivals & Events

Der Carnaval de Humahuaca (S. 192) ist eines der faszinierendsten Feste Argentiniens. Tiermasken offenbaren traditionelle Glaubensinhalte des Volkes der Quebrada. Am Día de la Pachamama (1. August) feiern die Gemeinden Feste zu Ehren der Pachamama (Mutter Erde); Kakaoblätter, Tabak und heimische Nahrungsmittel werden als Opfergaben in ein Erdloch gelegt.

Landschaftsbild

Die verschiedenen Farben der Landschaft rühren von komplexen geologischen Prozessen her, die über Millionen von Jahren abgelaufen sind, darunter tektonische Verschiebungen, Erosion und Ablagerung von

AKTIVITÄTEN IN DER QUEBRADA DE HUMAHUACA

Lama-Trekking
Ein Lama trägt auf der Wanderung durch die Berge das Gepäck.

Wandern
Wandern zu Wasserfällen und durch Felsenschluchten oder mit einem Guide zu alten Felsmalereien.

Reiten
Ein Pferd vor Ort mieten und Ausritte in und um Tilcara unternehmen.

Fotografieren
Die Farben der Hänge der Serranía de Hornocal sind ausgesprochen eindrucksvolle Fotomotive.

Shoppen
Im Tal bieten einheimische Kunstgewerbler Stoffe aus den Anden, darunter Decken, Schals und Ponchos aus Lamawolle.

Birdwatching
Kondore kreisen über Iruya, und Kolibris schwirren in Tilcara umher.

Sedimenten. Die Auswirkungen sind auf dem Cerro de los Siete Colores (der Berg der sieben Farben) in Purmamarca und in den Bergen der Serranía de Hornocal bei Humahuaca zu sehen. Unweit der Quebrada trifft man auf die Salinas Grandes (Salzebenen).

Flora & Fauna

Die Landschaft der Quebrada ist übersät mit Cardón-Kakteen (*pachycereus pringlei*) und Johannisbrotbäumen. An Flüssen und Bächen rascheln die Blätter der Weiden im Wind. Im Botanischen Garten der Pucará de Tilcara finden sich einheimische Pflanzenarten. In größeren Höhen grasen Vikunjas, die man manchmal auch auf der Fahrt von Humahuaca zur Serranía de Hornocal erspähen kann.

Lokale Spezialitäten

Leckerbissen der Quebrada sind Mais, Lamafleischgerichte, Quinoa-Salate und Suppen, Kartoffeln aus den Anden und Tortillas (Fladenbrot) mit verschiedenen Füllungen. Es gibt ein paar Weingüter; empfehlenswert ist der Wein von Pachamanka in der Humahuaca und La Picadita in Tilcara.

Handgefertigte Puppen, Jujuy (S. 195)

ÜBERNACHTEN

Tilcara
Tilcara am südlichen Ende der Quebrada eignet sich gut zum Übernachten, denn hier gibt es einige Boutique-Hotels, familiengerechte Hütten, Campingplätze, Gästehäuser und Hostels. Restaurants und Nachtszene florieren, sodass dies ein idealer Ausgangpunkt für die Erkundung der Region ist.

Purmamarca
Purmamarca ist wegen seines Cerro de los Siete Colores bekannt und darüber hinaus ein hübsches Dörfchen mit einem großen Kunstgewerbemarkt auf dem zentralen Dorfplatz. Es gibt hier einige Hotels und Lodges, aber die meisten sind recht teuer.

Humahuaca
Der größte Ort in der Quebrada ist Humahuaca. Hier findet sich eine lebhafte Szene traditioneller Folkmusik. Humahuaca hat mehrere Hostels und einen Markt mit frischen Produkten. Somit ist der Ort ideal für preisbewusste Urlauber.

Iruya
In dieses indigene Dorf gelangt man über eine lange, holprige Straße, die über einen spektakulären Bergpass führt. Die Busfahrt dorthin dauert mindestens vier Stunden, sodass man auf jeden Fall im Dorf übernachten muss. Es gibt ein gutes Hotel und Gästehaus, und die Einheimischen vermieten auch Zimmer in ihren Häusern. Alternativ gibt es die Möglichkeit, ins benachbarte Dorf San Isidro (das noch kleiner und entlegener ist als Iruya) zu wandern und dort zu übernachten.

VON LINKS NACH RECHTS: GUADALUPE POLITO/SHUTTERSTOCK ©, GABRIELDOME/GETTY IMAGES ©, T PHOTOGRAPHY/SHUTTERSTOCK ©

Asado

ESSEN WIE DIE LOCALS

Argentinien ist für sein Rindfleisch berühmt, aber außer Steak gibt es auch viele andere kulinarische Highlights.

Die argentinische Küche spiegelt die verschiedenen geografischen Gegebenheiten, indigenen Kulturen und die Einwanderungsgeschichte wider. Die Spezialitäten hängen von der Gegend (Meeresfrüchte an der Küste, Lamafleisch in den Anden) und den kulturellen Traditionen ab. Die vielen Italiener, die im späten 19. und frühen 20. Jahrhundert nach Argentinien einwanderten, brachten ihre kulinarischen Traditionen mit, sodass Pasta und Pizza sehr verbreitet sind. Außerdem gibt es *medialunas* (Hörnchen oder Croissants), die zweifelsohne durch die französischen Einwanderer ins Land kamen. Empanadas sollen aus der spanischen Region Galizien mitgebracht worden sein. Dennoch bleibt das alles beherrschende Nahrungsmittel der argentinischen Küche das Rindfleisch aus den Pampas, das auf der *parrilla* über einer offenen Flamme gegrillt wird. Bei einem abendlichen Sommerspaziergang ist die Luft oft erfüllt von Rauch und gegrilltem Fleisch.

Asados

In Argentinien ist das Grillen von Fleisch auf einer *parrilla* ein wichtiges Ritual, das als *asado* (Grillfeier) bekannt ist. Schon die Auswahl der Fleischstücke bis zum Anzünden und Beaufsichtigen des kohle- oder holzbefeuerten Grills wird vom Grillmeister (dem *asador* oder der *asadora*) sehr ernst genommen. Die Wahl, welche Fleischstücke wo auf der *parrilla* platziert werden, hat sich zu einer Kunstform entwickelt. Traditionellerweise beginnt ein *asado* mit *chorizo*

Die besten Gerichte des Landes

STEAK
Großzügige Rindfleischstücke, die auf der *parrilla* zur Perfektion gegrillt werden.

EMPANADAS
Pikante Teigtaschen, gefüllt mit Rind, Schinken, Käse oder Hähnchenfleisch.

CHORIPÁN
Grillwürstchen, das in einem knusprigen Brötchen serviert wird.

PIZZA
Die argentinische Pizza ist dick, teigig und mit reichlich Käse bedeckt.

(Schweinewürstchen) und *morcilla* (Blutwurst), gefolgt von Fleischteilen, die gegrillt auf einem Holzbrett zum Aufschneiden an den Tisch gebracht werden. Da die Fleischstücke im Laufe des Abends qualitativimmer hochwertiger werden, sollte man nicht zu viel Salate und Brot essen und Vorsicht walten lassen, wenn am frühen Abend eine *picada* (eine Aufschnitt- und Käseplatte) serviert wird. Vielleicht gibt es auch *chimichurri*, eine Soße aus Petersilie, Knoblauch und Öl, als Würze für *choripán*.

Regionale Küche

Wer durch Argentinien reist, kann überall regionale Spezialitäten probieren. In den Anden im Nordwesten werden Gerichte mit Lamafleisch und Quinoa gereicht. Die besten Empanadas des Landes gibt es in Salta und Tucumán. In La Rioja, San Juan und Mendoza sollte man nach *chivito* (junger Ziege) fragen, und Patagonien ist für sein Lamm bekannt. Im Nordosten essen die Menschen Flussfische wie Goldbrasse und *surubí*. Natürlich ist besonders die Küstenregion ideal für Meeresfrüchte, darunter Königskrabben in Ushuaia und gemischte Meeresfrüchteplatten in Puerto Madryn.

Empanadas

Der italienische Einfluss

In kleinen Läden gibt es frische Pasta und Ravioli, und in Eisdielen italienisches Eis. Das ist besonders in Rosario der Fall, wo viele Menschen von italienischen Einwanderern abstammen. Allerdings ist die dicke, teigige argentinische Pizza deutlich anders als die dünnkrustige italienische. Eine weitere italienische Spezialität ist der Fernet Branca, ein Kräuterdigestif, der in Argentinien mit Cola und Eis getrunken wird.

KULINARISCHE FESTE

Fiesta Nacional de Asado (Februar) Bei diesem Fest in Cholila in Chubut isst man sich an gegrilltem Rind und Lamm satt.

Fiesta Nacional del Lúpulo (S. 365, Februar) Bei diesem Musikfestival in El Bolsón fließt zur Hopfenernte literweise Bier.

Fiesta de la Vendimia (März, Foto) Die Weinlese wird bei dieser Fiesta in allen Weinregionen des Landes, darunter in Mendoza, Salta and Neuquén, gefeiert.

Fiesta Nacional de Chocolate (Ostern) In Bariloche wird bei diesem süßen Festival unter anderem die wohl längste Schokolade der Welt hergestellt.

Bariloche a la Carta (Oktober) Eine Woche festlich schlemmen mit den gastronomischen Spezialitäten Patagoniens.

Fiesta Nacional del Chivito (November) Bei diesem Volksfest in Chos Malal in Neuquén werden Ziegen gegrillt.

PATAGONISCHES LAMM
Mageres, zartes Fleisch von Weidelämmern, lecker vom Grill.

LOCRO
Herzhafter Wintereintopf mit Mais, Bohnen, Kürbis und Fleisch.

MILANESA
Großes, flaches, paniertes Rinder- oder Hähnchenschnitzel.

ÑOQUIS
Traditionellerweise werden sie am 29. eines Monats gegessen (direkt vor dem Zahltag).

Lokale Spezialitäten

Pikante Snacks

Fainá Fladenbrot aus Kichererbsen, das es in Pizzerias gibt; in der Regel liegt es oben auf einem Stück Pizza.
Humita Gericht aus den Anden, das aus gewürztem Mais zubereitet ist.
Picada Große Aufschnittplatten (gekochter Schinken, Salami und *bondiola*) plus Käse und Oliven.
Sandwiches de Miga Diese dünnen, krustenfreien Sandwiches werden in Bäckereien verkauft.
Maní Erdnüsse in Bars; werden meist zu den Getränken an den Tisch gebracht.
Morcilla Blutwurst.

Süßes

Dulce de Leche Milch-Karamell-Aufstrich; oft in Gebäck oder Kuchen verarbeitet oder zu Nachtischen gereicht.
Alfajor Gebäck, gefüllt mit *dulce de leche* und mit Schokolade oder Baiser überzogen.
Helado Das argentinische Eis nach italienischer Art gehört zur besten Eiscreme der Welt.
Medialuna Croissants; süß *(de manteca)* oder pikant *(de grasa)*.

Alfajor

Facturas Süße Teigtaschen mit Vanillecreme und Marmelade oder mit *dulce de leche*.
Dulce de Membrillo Quittengelee, das oft zu Käse gegessen wird.
Milhojas „Tausend Blätter“: Dessert aus luftigem Blätterteig, Sahne und *dulce de leche*.

Stücke vom Rind

Bife de Chorizo Filet; dick und saftig.
Bife de Costilla T-Bone Steak.
Bife de Lomo Lendchen.
Cuadril Rumpsteak; dick.
Ojo de Bife Ribeye-Steak.
Tira de Asado Querrippe.
Vacío Flankensteak; faserig, lecker.

GESCHMACKS-ERLEBNISSE

Alma Yagan (S. 459) In Puerto Almanza veranstaltet Diana Méndez Kochvorführungen und ein Meeresfrüchtefest.
Casa Cassis (S. 359) In seinem Gartenlokal in Bariloche bietet Küchenchef China Müller ein grandioses Esserlebnis.
Época de Quesos (S. 316) Im Epoca in Tandil sollte man auf der Veranda Käse und Aufschnitt essen, bevor man dann drinnen die Regale durchstöbert.
Roux (S. 89) Das Roux in Buenos Aires serviert Gerichte mit Zutaten aus dem ganzen Land, darunter Spanferkel aus Ranchos.
Zonda (S. 275) In diesem Restaurant auf dem Weingut Bodega Lagarde in Mendoza ist Essen ein praxisorientiertes Erlebnis mit Gemüseernte, Kochen und anschließender Verkostung eines Degustationsmenüs.

SAISONALE KÜCHE

FRÜHLING

Die beste Zeit des Jahres für Seehecht and patagonisches Lamm. Frische Frühlingsgemüse sind Spinat, Spargel, Blattsalat und Artischocken. Sehr lecker sind die Erdbeeren aus Santa Fe und die Pfirsiche aus Mendoza.

SOMMER

Es gibt Wassermelonen aus Tucumán und Melonen aus San Juan, aber auch Kirschen, Pflaumen, Tomaten und Blaubeeren. Familien versammeln sich an Weihnachten um den Grill, um ihre *asados* zu zelebrieren.

HERBST

Im März ist Weinlese in den Weinanbaugebieten des Landes. Im Spätherbst sind Pilze, Kartoffeln, Süßkartoffeln, Möhren, Zwiebeln und Kürbisse die idealen Zutaten für gesunde Suppen.

WINTER

Als Auftakt zum Winter gibt es am 25. Mai *locro* (Eintopf), um der Revolution von 1810 zu gedenken. Für die Saison sind Zitrusfrüchte typisch – Zitronen aus Tucumán, Orangen aus Corrientes und Grapefruits aus Misiones.

Mate aus der Thermoskanne

WIE MAN ... Mate trinkt

Für die Argentinier ist das Trinken von *mate* ein fester Bestandteil des Alltags, aber für Außenstehende ist es ein erklärungsbedürftiger Brauch. Zunächst ist der Name selbst verwirrend: *Mate* steht sowohl für die Kalebasse als auch für den bitteren Tee darin. Dann gibt es recht komplizierte Zubereitungsschritte und Trinkrituale (durch einen Metallstrohhalm mit eigenem Sieb) und nicht zuletzt die Feinheiten beim gemeinsamen Trinken des Tees mit Freunden (unendlich viele Fettnäpfchen). Und der Geschmack? Na ja, man muss sich dran gewöhnen. Lies diese Tipps, um alle Geheimnisse des Tees zu ergründen.

Die Ausstattung für Mate

Als Erstes braucht man ein *mate*, eine hohle Trinkkalebasse, die traditionellerweise aus Kürbis besteht, und in der sich die *yerba* befinden, die Blätter einer Pflanze, die im Nordosten Argentiniens heimisch ist. Zudem braucht man eine *bombilla*, einen Metallstrohhalm mit einem Sieb am unteren Ende, und eine Thermoskanne mit heißem Wasser.

Mate zubereiten

Das Wasser wird auf 75 bis 80 °C erhitzt, darf aber nicht kochen (argentinische Wasserkocher haben eine Temperatureinstellung für *mate*). Fülle etwas *yerba* in den *mate* und schüttle ihn, um etwas Staub aus den Blättern zu entfernen. Führe die *bombilla* in die *yerba*-Blätter, sodass das Sieb fast am Boden des *mate* schwebt und die Öffnung oben ist. Manche Leute fügen noch Zucker zu den *yerba*-Blättern hinzu.

Mate trinken

Mit dem *mate* in einer Hand und der Thermoskanne in der anderen gießt man nun heißes Wasser in die Kalebasse. Getrunken wird durch die *bombilla*. Die Thermoskanne nicht weit wegstellen, denn man füllt solange nach, wie man möchte. Der erste Aufguss ist der stärkste.

Wann trinkt man Mate?

Viele Argentinier starten mit *mate* in den Tag, aber es ist genauso verbreitet, ihn am Nachmittag zu trinken, vielleicht zu einer *merienda* (frühabendlicher Snack) aus Keksen.

GEMEINSAM MATE GENIESSEN

Wenn man in einer Gruppe *mate* trinkt, ist einer dafür verantwortlich, alle zu bedienen (der *cebador*). Derjenige trinkt zuerst selbst (es gilt als höflich, selbst den stärksten Aufguss zu nehmen) und gibt den *mate* dann nacheinander an jeden in der Gruppe. Man sollte die Kalebasse leer trinken (ganz vorsichtig und ohne lautes Schlürfen), bevor man sie dann wortlos an den *Cebador* zurück gibt. Mit dem Wörtchen „gracias" deutet man an, dass man nichts mehr trinken möchte.

MOCHILAOSABATICO/SHUTTERSTOCK ©, GEGENÜBER: CAIO PEDERNEIRAS/SHUTTERSTOCK ©

Bariloche (S. 350)

OUTDOOR-ERLEBNISSE

Die wilden Flüsse, dampfenden Dschungel, schneebedeckten Berge und weiten Ebenen Argentiniens können auf verschiedenste Weise erkundet werden: Wanderungen oder Extremsport - alles ist möglich.

Außerhalb der Städte findet man Platz ohne Ende. Flächenmäßig ist Argentinien das achtgrößte Land der Welt und bietet Landschaften, die dazu einladen, erkundet zu werden, sei es zu Fuß, per Rad, auf dem Rücken der Pferde oder aus der Luft. Argentinien hat eine lange Tradition in puncto Outdoor-Erlebnisse: Die Inka legten ihre Wege entlang existierender Pfade an, die Gauchos ritten durch die Pampas, und der Unabhängigkeitsheld José de San Martín führte seine Truppen 1817 über die Anden.

WANDERN

Argentiniens schöne und abwechslungsreiche Landschaften sind von Wanderwegen durchzogen. Es gibt im Nordwesten Wandermöglichkeiten auf alten Inkapfaden durch die Anden, Tageswanderungen durch den Dschungel an den Iguazú-Fällen im Nordosten bis hin zu mehrtägigen Touren durch die Seenlandschaft von Bariloche und bei San Martín de los Andes. Weiter südlich ist El Bolsón ein guter Ausgangspunkt für Wanderungen durch die nahe gelegenen Wälder und am Lago Puelo entlang. Die Berge von Córdoba sind auch ideal zum Wandern. In Buenos Aires trifft man bei einem Spaziergang in der am Wasser gelegenen Reserva Ecológica auf Natur.

Richtige Bergsteiger können die Höhen von Mendoza und San Juan erklimmen, oder auch eine Expedition hinauf auf den Aconcagua, den höchsten Berg der südlichen Hemisphäre, unternehmen.

Dann gibt es noch die Wanderungen durch die bemerkenswerte Landschaft des Parque Nacional Los Glaciares und am Bergmassiv Fitz Roy bei El Chaltén. Wer Herausforderungen und Nervenkitzel sucht, macht

Große Abenteuer

KLETTERN
Erklimme den **Cerro Aconcagua** (S. 279) in Mendoza und genieße die Ausblicke vom höchsten Gipfel der Südhalbkugel.

MOUNTAINBIKEN
Mach eine sechstägige Mountainbiketour rund um den **Volcán Domuyo** (S. 389) in Neuquén mit Zwischenstopp an der Laguna Varvarco Tapia.

PARAGLIDEN
Schwebe bei einem Tandemflug über den grünen Yungas-Wäldern vor den Toren der Stadt **Tucumán** (S. 204).

FAMILIENABENTEUER

Etwas über unser Universum erfahren im Planetario **Galileo Galilei** (S. 64) und tobe dich danach im Parque Tres de Febrero in Buenos Aires aus.
Lauf durch den Dinosaurierwald im **Parque Nahuelito** (S. 357) in Bariloche.
Schau dir die Regenbögen an, werde pitschnass und lausche den donnernden Iguazú-Fällen (S. 132) in Misiones.
Halt nach Walen Ausschau, wie sie vor den Stränden bei **Puerto Madryn** (S. 396) aus dem Wasser auftauchen.
Mach Fotos in den **Salinas Grandes** (S. 191) in Jujuy, wo man mit der Perspektive so spielen kann, dass es aussieht, als wenn ein Familienmitglied die anderen in der offenen Hand balanciert.
Geh reiten und schau den Pferdeflüsterern auf der **Estancia El Ombú de Areco** (S. 305) in den Pampas zu.

Gletschertouren bei Ushuaia, wo man über Eis wandern und Eishöhlen sehen kann.

REITEN

Argentinien dürfte wohl das beste Land für Ausflüge zu Pferde sein. Pferde sind hier gut gepflegt und gut erzogen. Zudem ist Reiten Teil einer langen Tradition, die in der Kultur der Gauchos verwurzelt ist: Sie fingen und zähmten wilde Pferde, die von den Spaniern freigelassen worden waren. *Estancias* (Ranches) auf dem Lande bieten Unterkunft und Reitausflüge, aber auch Einblicke in das traditionelle Landleben.

Pferdetrekking ist eine idyllische Art und Weise, die Berge von Tucumán, das Weideland der Pampas, die Ebenen Patagoniens, die Berge von Mendoza oder der Córdoba Sierras zu erkunden. Viele Veranstalter bieten Pauschalpakete mit Picknicks und Weinverkostungen an malerischen Orten, aber wer genug Erfahrung mit Pferden hat, kann ein Pferd ausleihen und alleine losreiten, etwa ab Tafí del Valle in Tucumán. In San Martín de los Andes kann man sogar durch die verschneiten Berge reiten.

MEHR AKTIVITÄTEN

Siehe Karte auf Seite 50

Ushuaia (S. 446)

SKIFAHREN & SNOWBOARDEN

In den Bergen Argentiniens lässt sich hervorragend Skifahren und Snowboarden, denn es gibt viel guten Schnee und sonniges Wetter. Die wichtigsten Skigebiete liegen in Mendoza, Bariloche und Ushuaia.

Las Leñas in Mendoza bietet in der Regel die besten Schneeverhältnisse und längsten Abfahrten, allerdings sind die Ausblicke weiter südlich schöner, besonders am Cerro Catedral bei Bariloche und Cerro Chapelco bei San Martín de los Andes. In Patagonien ist El Hoyo bei Esquel eins der besten Skigebiete des Landes mit gutem Pulverschnee. In Ushuaia stürmt man die Pisten am Cerro Castor, dem einzigen vollwertigen Skigebiet so weit im Süden.

GLETSCHERWANDERN
Los geht's auf die Gletscher rund um Ushuaia! Hier steht ein anstrengender Aufstieg auf den **Cerro Alvear** (S. 457) an.

LUFTAKROBATIK
Leg dir Gurtzeug an und tanze an den Wänden eines ehemaligen Bahnhofsgebäudes in **La Plata** (S. 326).

KAJAKFAHREN
Paddeln auf den Seen von Bariloche! Am besten geht's an der Playa Sin Viento auf dem **Lago Moreno** (S. 353).

WILLDWASSER-RAFTING
Adrenalin pur: in den Anden auf einem Floß durch die Stromschnellen bei **Potrerillos** (S. 277) in Mendoza.

ACTION AREAS

Wo die besten Outdoor-Aktivitäten Argentiniens zu finden sind.

Reiten

1 San Antonio de Areco (S. 304)
2 Tandil (S. 312)
3 Valle de Uco (S. 280)
4 Bariloche (S. 350)
5 San Martín de los Andes (S. 370)
6 Santa Cruz (S. 419)
7 Río Grande (S. 412)

Extremsport

1 Den Cerro Aconcagua besteigen (S. 279)
2 Aerial Dance in La Plata (S. 328)
3 Raften bei Potrerillos (S. 277)
4 Mountainbiken am Volcán Domuyo (S. 389)
5 Gletscherwanderungen nahe Ushuaia (S. 278)
6 Paragliding in Tucumán (S. 204)
7 Tierschneefahren in Esquel (S. 410)

Tiere in freier Wildbahn

1. Seelöwen in Mar del Plata (S. 344)
2. Wildkatzen auf der Península Hiroki (S. 384)
3. Tiere der Yungas in Tucumán (S. 200)
4. Orcas vor der Península Valdés (S. 399)
5. Pinguine auf der Isla Martillo (S. 448)
6. Vicuñas in Catamarca (S. 205)
7. Flamingos in Epecuén (S. 321)

Weinberge & Weingüter

1. Luján de Cuyo (S. 270)
2. Valles Calchaquíes (S. 182)
3. Chapadmalal (S. 341)
4. Neuquén (S. 381)
5. Mendoza (S. 256)
6. San Juan (S. 294)
7. Valle de Uco (S. 280)

Nationalparks

1. Parque Nacional Los Glaciares (S. 421)
2. Parque Nacional Talampaya (S. 213)
3. Parque Nacional Sierra de las Quijadas (S. 236)
4. Parque Nacional Iberá (S. 140)
5. Parque Nacional Nahuel Huapi (S. 359)
6. Parque Nacional Lanín (S. 377)
7. Parque Nacional Tierra del Fuego (S. 450)

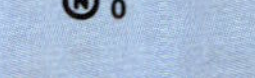

ARGENTINIEN

REISEZIELE

In jeder Region starten wir mit dem perfekten Standort, um die Umgebung zu erkunden. Entdecke einzigartige Erlebnisse, Tipps unserer Autor:innen und Expert:innen, Hintergründe und Empfehlungen.

Traditionelle Decken, Jujuy (S. 195)

Buenos Aires

FASZINIERENDE UND LEBENDIGE KULTURSZENE

Argentiniens Metropole ist die meistbesuchte Stadt Lateinamerikas. Zu entdecken gibt es ein riesiges künstlerisches und gastronomisches Angebot und viele Stadtviertel.

Buenos Aires, gegründet 1580 durch Juan de Garay, ist es gelungen, alte Traditionen und charmante Ecken früherer Jahre zu bewahren. Sein Hafen diente als Einfallstor für Waren und Menschen aus aller Welt, die kamen, um das Land zu bevölkern.

Eine der Hauptattraktionen, die Millionen Touristen anzieht, ist der Tango, der aus der Fusion verschiedener Kulturen hervorging. Musik und Tanzform sind in der Stadt sehr lebendig, zu finden in jeder *milonga* (wo Tango getanzt wird), bei professionellen Shows, die tolle Tänzer präsentieren, und Konzerten, die zeigen, dass eine neue Musikergeneration das Genre belebt. Während des Aufenthalts wird man wahrscheinlich Tangounterricht nehmen oder den Caminito besuchen, die farbenfrohe Gasse in La Boca.

Tango ist nur eine Facette von Buenos Aires' Kulturszene. Die Stadt verfügt über mehr als 380 Buchhandlungen, 287 Theater, 160 Museen und eine Reihe architektonischer Wunder, die Klassizismus, Jugendstil und Art déco verbinden und den europäischen Einfluss auf die Stadt widerspiegeln. In den letzten Jahren ist eine faszinierende Gastro-Szene entstanden, vor allem in Palermo und Puerto Madero. Es mangelt nicht an *parrillas*, um das berühmte Fleisch des Landes zu probieren, daneben finden sich Lokale, die Argentiniens klassische Naturprodukte mit Küchen aus aller Welt kombinieren.

Auf dem berühmten Cementerio de la Recoleta kann man das Grab von Eva Perón besuchen, in La Bombonera (das Stadion von Boca Juniors) Fußballleidenschaft erleben, vielerorts Märkte und historische Cafés durchstöbern.

Obwohl es eine geschäftige Metropole ist, bietet Buenos Aires Grünflächen, die sich zu Fuß oder mit dem Fahrrad erkunden lassen. Die Reserva Ecológica Costanera Sur und der Parque Tres de Febrero locken mit frischer Luft und einem entspannten Picknick – nicht verpassen!

Faszinierend und lebendig hinterlässt Buenos Aires bei Besuchenden eine unauslöschliche Spur. Man verliebt sich unweigerlich in diese Stadt.

DIE WICHTIGSTEN ZIELE

PALERMO
Nachtleben, Parks, Restaurants und Geschäfte.
S. 60

CENTRO HISTÓRICO
Innenstadt und Ort der Monumente.
S. 72

RECOLETA & RETIRO
Voller Geschichte, Museen und Architektur. **S. 84**

Oben: La Boca (S. 104); Links: Markt, San Telmo (S. 94)

SAN TELMO
Altes Viertel und Antiquitätenschnäppchen.
S. 94

LA BOCA
Berühmt für seine bunten Häuser, Tango und Caminito.
S. 104

PUERTO MADERO
Der perfekte Spaziergang am Fluss.
S. 114

Erste Orientierung

Das historische Zentrum ist der Ausgangspunkt, um die Architektur und die europäischen Einflüsse zu bewundern. Obwohl es eine große Stadt ist, kommt man im Zentrum von Buenos Aires zu Fuß oder mit der U-Bahn verkehrstechnisch gut zurecht.

VOM/ZUM FLUGHAFEN
Der Ministro Pistarini International Airport liegt in Ezeiza (40 Min. vom Stadtzentrum). Der Shuttledienst Tienda León kann am Flughafen gebucht werden und hält in Puerto Madero. Bus 8 fährt zur Plaza de Mayo, dem Stadtzentrum.

ZU FUSS
Die Stadtviertel von Buenos Aires lassen sich am besten zu Fuß erkunden. Die Gehwege können etwas holprig sein, also Vorsicht! Abends sollte man auf der Straße gut auf sein Mobiltelefon aufpassen.

Teatro Colón
ABASTO
TRIBUNALES
MICROCENTRO
LA CITY
ONCE
Plaza de Mayo
Palacio del Congreso
Cementeria de la Recoleta
Puerto Madero
S. 114
Centro Histórico
S. 72
ALMAGRO
CABALLITO
BALVANERA
CONGRESO
MONTSERRAT
Reserva Ecológica Costanera Sur
Mercado de San Telmo
CONSTITUCIÓN
San Telmo
S. 94
PUERTO MADERO
SAN CRISTÓBAL
Museo Histórico Nacional
BARRACAS
Canal Sur
BOEDO
LA BOCA
PARQUE PATRICIOS
La Boca
S. 104
CHACABUCO PARK
Caminito

TAXI & FAHRDIENSTE

Die Zahl der Taxis ist in Buenos Aires in den letzten Jahren deutlich zurückgegangen. Grund ist die starke Nutzung von Uber und Cabify. Manchmal sind die Tarife für Taxi und App gleich hoch.

ÖFFENTLICHER NAHVERKEHR

Das U-Bahnnetz von Buenos Aires erreicht die hauptsächlichen Touristenattraktionen, außer San Telmo und La Boca. *Colectivos* (Busse) sind ebenfalls eine gute Option. Um das öffentliche Nahverkehrssystem zu nutzen, muss man an einer U-Bahnstation eine SUBE-Karte kaufen.

Perfekte Tage

Der Tag beginnt in einem alten Café, gefolgt von einer Tour durch die traditionellsten und schönsten Alleen der Stadt. Später genießt man die Abendattraktionen einer Stadt, die für ihre lebendige Kulturszene bekannt ist.

T PHOTOGRAPHY/SHUTTERSTOCK ©

Teatro Colón (S. 77)

Tag 1

Morgens

- Los geht's an der **Plaza de Mayo** (S. 73), Schauplatz der wichtigsten historischen Ereignisse des Landes. Nach einem Besuch der **Casa Rosada** (S. 73) geht es auf der Avenida de Mayo nach Westen. Für die Mittagspause empfiehlt sich das historische **Café Tortoni** (S. 76), das älteste Café der Stadt.

Mittags

- Buenos Aires von oben betrachten bei einer Führung im von der *Göttlichen Komödie* inspirierten **Palacio Barolo** (S. 76). Den **Congreso de la Nación Argentina** (S. 78) erkunden und einen Kaffee im Theaterdistrikt an der **Avenida Corrientes** (S. 79) genießen.

Abends

- Den Tag mit einer Dinner-Show im **Tango Porteño** (S. 81) beschließen, wenige Schritte vom **Teatro Colón** (S. 77) und Obelisco.

UNTEN: NIARKRAD/SHUTTERSTOCK ©, NATURSPORTS/SHUTTERSTOCK ©, GIMAS/SHUTTERSTOCK ©

... nicht verpassen

Am Fluss spazieren gehen, ein *fútbol*-Spiel und einen Markt in einem Arbeiterviertel besuchen.

SPAZIERGANG DURCH PALERMO

Mit 370 ha ist der **Parque Tres de Febrero** mit seinen Seen und Plätzen der größte der Stadt.

ZUM FÚTBOL GEHEN

Fußball ist eine große Leidenschaft der Argentinier. Im Stadion fiebert man für seine Mannschaft.

SONNTAGSMARKT IN SAN TELMO

An der Defensa, der berühmten Kopfsteinpflasterstraße, stehen viele Verkäufer mit Kunsthandwerk, Leder und Antiquitäten.

Tag 2

Morgens

- Am Anfang steht ein Besuch des **Ateneo Grand Splendid** (S. 86); eine der schönsten Buchhandlungen weltweit. Es folgt ein Bummel über die **Avenida Alvear** (S. 89) mit ihren Villen. Einen Happen zu essen gibt es im **La Biela** (S. 85), wo Autoren wie Jorge Luis Borges und Adolfo Bioy Casares verkehrten.

Mittags

- Eine Führung auf dem **Cementerio de la Recoleta** (S. 88), auf dem große Persönlichkeiten, etwa Eva Perón, ruhen. Anschließend ein Bummel über die **Plaza Francia** (S. 89) mit ihrer Handwerksmesse und ein Besuch des **Museo Nacional de Bellas Artes** (S. 87).

Abends

- Der Tag endet mit Abendessen und Spaziergang durch **Puerto Madero** (S. 114).

Tag 3

Morgens

- Start ist am **Caminito** (S. 108), eine Straße mit bunten Häusern, die an die Wohnsituation der ersten Einwanderer erinnern. Beim Lunch in einem der kleinen Restaurants kann man Tangotänzern zusehen. Dann folgt der Besuche des **Museo Benito Quinquela Martín** (S. 106). Danach geht es auf der Calle Dr del Valle Ibarlucea zur Bombonera, dem Stadion der Boca Juniors. Dort liegt auch das **Museo de la Pasión Boquense** (S. 107).

Mittags

- **El Zanjón de Granados** (S. 96) in San Telmo bietet eine Reise in die Vergangenheit von Buenos Aires. In einem der ältesten Viertel der Stadt gibt es Tunnel.

Abends

- In Palermo, einer Gegend voller Bars und Restaurants, steht eine **Weinverkostung** (S. 67) an.

SUNSET IN PUERTO MADERO

Den richtigen Ort für den Sonnenuntergang finden. Einer könnte **El Puente de la Mujer** sein.

TANZEN LERNEN IM TANGO-KURS

Die *milongas* bieten Optionen tagsüber und abends. **La Viruta** zählt zu den bekanntesten in der Stadt.

BESUCH IM THEATERDISTRIKT

Theater, Läden, Pizzerien: An der Avenida Corrientes, zwischen Callao und 9 de Julio, ist viel los.

SHOPPEN IN PALERMO SOHO

Dutzende lokale Marken und gute Restaurants rund um Calle Gurruchaga.

Palermo

NACHTLEBEN, PARKS, RESTAURANTS UND GESCHÄFTE

Palermo ist das größte Viertel der Stadt. Seit den 1990er-Jahren haben sich Umwelt und Stadtbild verändert. Nachtleben, Cafés und Restaurants begannen die Massen anzuziehen. Dank dieser Transformation haben einige Blocks Namen wie Palermo Soho und Palermo Hollywood erhalten. Parque Tres de Febrero (auch Los Bosques de Palermo), und der Jardín Botánico sind tolle Grünflächen. Das Viertel hat auch eine große Vielfalt an Museen und Architekturstilen von der Casa Chorizo (Standardhaus) bis zur Villa. Trotz aller Veränderungen konnte Palermo etwas vom alten Buenos Aires bewahren.

TOP TIPP

Palermo hat viel Kultur und eine fantastische Gastronomie zu bieten, am besten lässt man es ruhig angehen. Um den Stadtteil kennenzulernen, besucht man Parks und Museen möglichst früh am Tag (vielleicht mit dem Fahrrad). Das Leben in Palermo Soho und Hollywood beginnt nachmittags und endet spät in der Nacht.

Parque Tres de Febrero (Los Bosques de Palermo, S. 66)

Tierra Santa

JERUSALEM IN BUENOS AIRES

Tierra Santa in Costanera Norte ist der einzige Religions-Themenpark des Landes. Der spätere Papst Franziskus eröffnete ihn 1999, als er noch nicht so berühmt war und alle ihn als Jorge Bergoglio kannten. Die Anlage, die allein oder bei einer Führung besichtigt werden kann, bietet eine Tour von der Krippe über das letzte Abendmahl und den Kreuzweg bis zur Klagemauer; kurz gesagt an die Orte, an denen Jesus sich vor 2000 Jahren aufgehalten hat. Das Setting ist etwas kitschig, aber dennoch eine Hommage an die Religion. Nur am Wochenende und an Feiertagen geöffnet.

Hipódromo Argentino de Palermo

Tierra Santa

Hipódromo Argentino de Palermo

SPANNENDE PFERDERENNEN ERLEBEN

Der Eintritt zum Hipódromo Argentino de Palermo ist frei, der Besuch lohnt sich allein wegen der schönen Eingangsportale, Fassaden und Kronleuchterkomposition. Und wenn man schon einen Fuß auf die wohl bedeutendste Rennstrecke Lateinamerikas gesetzt hat, warum nicht gleich ein paar Pesos auf eins der Pferde setzen? Montags werden, mit Ausnahme von Feiertagen, das ganze Jahr über Rennen ausgetragen, weitere Rennen sind an wechselnden Wochentagen angesetzt. In der Anlage gibt es mehrere Restaurants. Veranstaltungen wie Messen und Konzerte werden das ganze Jahr über in den Hallen organisiert. Weitere Informationen siehe Website.

MALBA

LATEINAMERIKANISCHE MODERNE KUNST

2001 förderte der Philantrop, Geschäftsmann und Sammler Eduardo Costantini die Eröffnung des Museo de Arte Latinoamericano de Buenos Aires (MALBA). In kurzer Zeit wurde das Haus zu einer Referenz für die Kunst der Stadt und der Region. Die Sammlung umfasst über 220 Werke lateinamerikanischer Kunst, z.B. von Frida Kahlo, Diego Rivera und Tarsila do Amaral, sowie von Argentiniern wie Xul Solar, Emilio Pettoruti und Antonio Berni. Das Museum ist täglich außer dienstags geöffnet. Es gibt eine Cafeteria und ein Restaurant.

PALERMO
Hipódromo Argentino de Palermo
Museo Sívori
LAS CAÑITAS
Parque Tres de Febrero
Campo Argentina de Polo
Estación Ministro Carranza
Ministro Carranza
PALERMO
Palermo
Estación Palermo
La Rural
Museo Evita
Plaza Italia
Jardín Botánico Carlos Thays
Palermo Hollywood
PALERMO HOLLYWOOD
PALERMO SOHO
Scalabrini Ortiz
Plaza Palermo Viejo
Palermo Soho
Perón Perón
Malabia
Av del Libertador
Av Dorrego
Av Figueroa Alcorta
Av Infanta Isabel
Av Pedro Montt
Av Iraola
Av Sarmiento
Colombia
República de la India
JM Gutierrez
Arce
Ortega Y Gasset
Av Báez
Av Luis María Campos
Savio
Av Cabildo
Zapata
Av Int Bullrich
Sinclair
Juan Seguí
Demaría
Av Cerviño
Juncal
Beruti
Av Santa Fe
Av Dorrego
Arévalo
Dr Emilio Ravignani
Ángel Justiniano Carranza
Guatemala
Soler
Fitz Roy
Humboldt
Av Juan B Justo
Costa Rica
El Salvador
Nicaragua
Bonpland
JSM de Oro
Darregueyra
Uriarte
Jorge Luis Borges
Gurruchaga
Charcas
Malabia
Av Scalabrini Ortiz
Paraguay
Salguero
Nicaragua
Soler
Guatemala
Godoy Cruz
Honduras
El Salvador
Gurruchaga
Armenia
Niceto Vega
Av Córdoba
Thames
Serrano
Av Juan B Justo
Costa Rica
Aráoz
J Álvarez
Soler
Acevedo
Malabia
José Antonio Cabrera
El Salvador
Av Medrano
Salguero
Honduras
Gorriti
Lerma
Jufré
Castillo
Loyola
Gurrachaga
Aguirre
Lavalleja
Av Córdoba
Estado de Palestina
Gascón
Acuña Figueroa
José Antonio Cabrera
Av Scalabrini Ortiz
Aráoz
J Álvarez
Juan Ramírez de Velasco
Malabia
Av Estado de Israel
Lavalle
Guardia Vieja
Av Corrientes

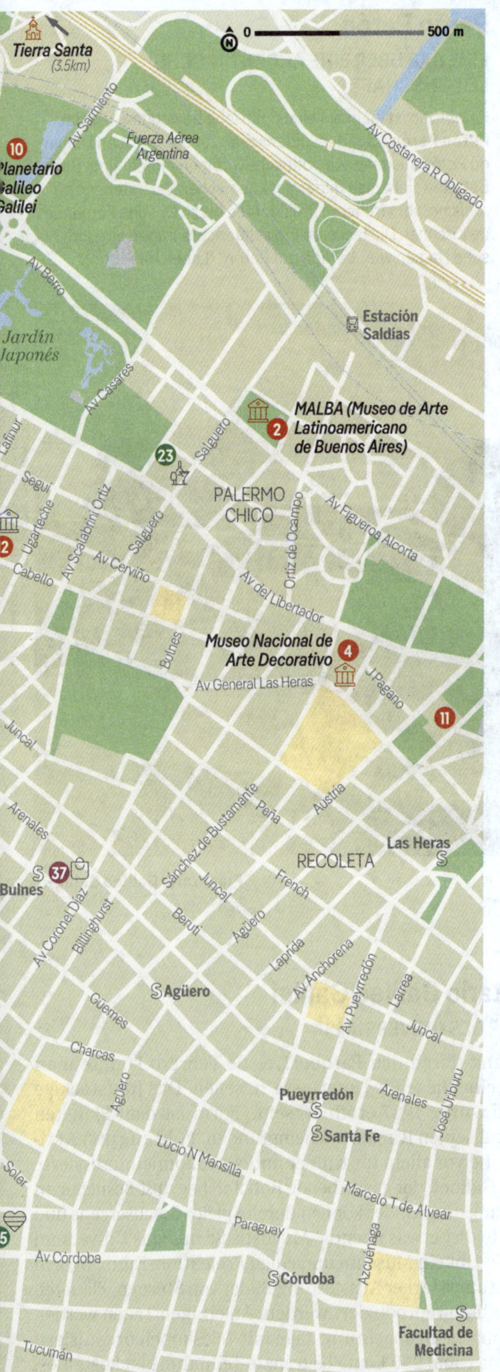

TOP-SEHENSWÜRDIGKEITEN
1 Hipódromo Argentino de Palermo
2 MALBA (Museo de Arte Latinoamericano de Buenos Aires)
3 Museo Evita
4 Museo Nacional de Arte Decorativo
5 Museo Sívori
6 Palermo Hollywood
7 Palermo Soho
8 Parque Tres de Febrero
9 Perón Perón
10 Planetario Galileo Galilei

SEHENSWERTES
11 Biblioteca Nacional
12 La Colorada
13 La Malbequería

AKTIVITÄTEN, KURSE & TOUREN
14 Bar de Fondo

ÜBERNACHTEN
15 Duque Hotel
16 Jardín Escondido
17 Selina Palermo

ESSEN
18 Gran Dabbang
19 La Pescadorita
20 Picsa
21 Rapanui

AUSGEHEN & FEIERN
22 Amores Tintos
23 Casa Cavia
24 Club 69
25 Feliza Arcoiris
26 Maricafé
27 Peuteo
28 Rheo
29 Tres monos
30 Varela Varelita

UNTERHALTUNG
31 Bebop
32 Congo Cultural Club
33 La Viruta

SHOPPEN
34 Borges 1975
35 Dain Usina Cultural
36 Eterna Cadencia
37 Librería Santa Fe
38 Libros del Pasaje

Museo Evita

Perón Perón

EINE BAR ÜBER EINE ARGENTINISCHE LEIDENSCHAFT

Peronismo ist mehr als eine politische Bewegung. Die Bar **Perón Perón** trägt der Leidenschaft für die von Juan Domingo Perón ausgehende politische Strömung Rechnung. Beim Betreten sieht man Bilder der klassischen Vertreter des *peronismo*, vom früheren Präsidenten bis zu Cristina Fernández de Kirchner. Die leckeren Fleischgerichte tragen allegorische Namen wie „La vida por Perón" (Leben für Perón).

Planetario Galileo Galilei

Museo Evita

DIE EINFLUSSREICHSTE FRAU DES LANDES

Eva Perón war eine Frau, die in der argentinischen Geschichte Liebe und Hass gleichermaßen hervorrief. Heute noch stehen sich p*eronismo* und *anti-peronismo* feindlich gegenüber und spielen eine große Rolle. Das Museo Evita feiert die First Lady, die ihr Leben als Schauspielerin begann und zu einer der einflussreichsten Gestalten des Landes wurde. Zu sehen sind ihre Kleider, Gegenstände und familiären Erinnerungsstücke. Die Führung ist kurz (kürzer als 1 Std.). Im Innenhof des großen Hauses gibt es eine Bar und ein Restaurant. Eintritt und Führungen sind kostenlos. Montags ist das Museum geschlossen.

Planetario Galileo Galilei

WUNDER DES UNIVERSUMS

Beim Gang durch den Parque Tres de Febrero könnte man meinen, eine fliegende Untertasse zu sehen. Das fünfstöckige Gebäude wurde 1967 eröffnet, seine Form ist dem Planeten Saturn mit seinen Ringen nachempfunden. Führung und Aktivitäten sind vor allem für Kinder und Astronomieinteressierte gedacht. Galibot, der gastgebende Roboter, begrüßt Besucher an der Eingangstür. Kinder können durch Spiele, Touchscreens und Virtual Reality etwas über die Milchstraße und das Universum lernen. Es gibt ein Museum und einen Projektionsraum, in dem dank leistungsstarker Ausstattung Bilder von Sternen, Planeten und Satelliten reproduziert werden. An einigen Tagen werden astronomische Beobachtungstage mit Teleskopen organisiert. Die auf maximal 250 Leute begrenzte Teilnahme ist kostenlos.

JEFFREY ISAAC GREENBERG 17+/ALAMY STOCK PHOTO ©

Museo Sívori

Museo Sívori

ARGENTINISCHE KUNST UND EIN SCHÖNER GARTEN

Es gibt mehrere Gründe für den Besuch dieses Museums: Es besitzt eine der besten Sammlungen argentinischer Kunst, es wurde kürzlich neu gestaltet, und das Gebäude hat einen schönen Garten. Das Museum verfügt über einen Nachlass von etwa 4000 Werken aus dem 20. und 21. Jh. In seiner Dauerausstellung ragen besonders die Arbeiten u. a. von Antonio Berni, Emilio Pettoruti und Lucio Fontana heraus. Die Buntglasfenster in den Ausstellungsräumen des Museums sind interaktiv und laden Besucher ein, sich etwas genauer mit der Sammlung auseinanderzusetzen. Es gibt eine Bar und ein Restaurant.

Palermo Soho & Palermo Hollywood

DIE GEGEND, DIE ALLES HAT

Palermo hat zahlreiche inoffizielle Namen. In den letzten 20 Jahren, sind zwei davon berühmt geworden: Palermo Hollywood und Palermo Soho. Ersterer verweist auf die vielen Filmproduzenten und TV-Kanäle, die sich dort angesiedelt haben. Palermo Soho zeichnet sich durch Handwerksmärkte und Kleidung lokaler Designer in renovierten *casas chorizo* aus. An der Calle Gurruchaga gibt es Dutzende Bekleidungsgeschäfte. Einige sind Filialen bekannter Marken, andere kleine Läden lokaler Marken wie Las Pepas und Las Oreiro der berühmten Schauspielerin Natalia Oreiro. Das Nachtleben konzentriert sich rund um Plaza Serrano und Plaza Armenia mit vielen Brauereien und Bars. In der Calle Thames verdichtet sich der vielfältige Geist des Viertels: Es gibt Steakhäuser, asiatische und arabische Restaurants und verschiedenste Bars. In Palermo Soho und Palermo Hollywood verläuft das Nachtleben eher hektisch; Restaurants und Modeläden öffnen gewöhnlich ab Mittag. Die beiden Gebiete grenzen aneinander, getrennt durch die Avenida Juan B. Justo, sind leicht zu Fuß zu durchstreifen.

Parque Tres de Febrero

DIE GRÜNE LUNGE DER STADT

Los Bosques de Palermo nennen die Einheimischen diese Abfolge von Parks, Gärten, Rosengärten und dem neuen Ecoparque, einem ehemaligen Zoo, der zum Umweltzentrum wurde. Auf 370 ha stechen drei Anlagen hervor: Jardín Japonés, Jardín Botánico und El Rosedal (blüht von Oktober bis Mai). Der Erstgenannte wurde Mitte der 1960er-Jahre zum Besuch des späteren japanischen Kaisers Akihito und seiner Frau Michiko angelegt. Ein zauberhafter Spaziergang führt über kleine Wege, vorbei an Bonsais, Azaleen, Kokedamas, Orchideen und Steinlaternen. Am besten geht man unter der Woche dorthin. Der Jardín Botánico (Eintritt frei) beherbergt 900 Arten und 2000 Baumarten. Obwohl er an einer viel befahrenen Straße liegt, ist er eine Ruheoase der Stadt. Der Rosengarten präsentiert Tausende Rosen 93 verschiedener Sorten auf 4 ha. Die dortige weiße Brücke zählt zu den fotografischen Highlights.

Parque Tres de Febrero

Museo Nacional de Arte Decorativo

FESTLICHE SCHÖNHEIT

Das Erbe dieses Museums (Mi–So; frei) ist ebenso wertvoll wie sein prächtiges Gebäude, das der Aristokratenfamilie Errázuriz Alvear gehörte. Die Lobby, der Wintergarten, das Büro und die Zimmer sind im Louis-seize-Stil eingerichtet. Das Museum besitzt ein umfangreiches Erbe, u.a. römische Skulpturen und zeitgenössisches Tafelsilber. Zwei der Prunkstücke sind ein Ölgemälde von El Greco und eine Skulptur von Auguste Rodin. Am Eingang gibt es eine Bar und das Restaurant Croque Madame mit guten Kuchen und Kaffee.

Museo Nacional de Arte Decorativo

Animales salvajes

MEHR IN PALERMO

Eintauchen in die Welt des Malbec

DEN VORZEIGEWEIN VERKOSTEN

Die Weinproduktion in Argentinien hat eine lange und bewegte Geschichte. Historiker vermuten, dass die ersten Weingärten zwischen 1569 und 1589 angelegt wurden. Am Ende des 19. Jh. erblühte der Weinbau, mit Mendoza und San Juan als Kerngebiet; nach und nach wurde er auf andere Regionen ausgedehnt. In 18 der 23 Provinzen wird heute Wein produziert. Obwohl die Rebsorte ursprünglich aus Frankreich stammt, wird der argentinische Malbec mittlerweile als einer der weltweit besten gefeiert, der einen einzigartigen Charakter und internationale Auszeichnungen vorzuweisen hat. Chardonnay und Torrontés heimsen ebenfalls großes Lob und Anerkennung ein, obwohl Argentinier weniger Weißwein trinken als ihre europäische Konsumenten.

In Palermo huldigt **La Malbequería** dem Wein, insbesondere dem Malbec. Das Weinhaus mit Restaurant bietet Verkostungen, kombiniert mit Käse oder Empanadas. Ein sachkundiger Sommelier führt durch die Weinprobe und gibt

HISTORISCHE MONUMENTE

Torso
Fast 4 m hohe Skulptur von Fernando Botero. Der kolumbianische Künstler hat sie selbst gestiftet.

Sarmiento
Hommage an den Vater der öffentlichen Bildung, Domingo Faustino Sarmiento, geschaffen von Auguste Rodin.

Fuente Riqueza Agropecuaria Argentina
Das Monument aus Carraramarmor, Bronze und Stein schuf Gustav Adolf Bredow. Es wurde von der deutschen Regierung gestiftet.

Caperucita Roja
Rotkäppchen bzw. Caperucita Roja steht als Marmordenkmal in Buenos Aires. Die Skulptur des Franzosen Juan Mario Carlus ist eine Hommage an das klassische Kindermärchen und wurde 1937 während eines Argentinienbesuchs des Künstlers eingeweiht.

Animales salvajes
Zwei eindrucksvolle Löwen bewachen Los Bosques de Palermo an der Plaza Holanda.

ÜBERNACHTEN IN PALERMO

Selina Palermo
Gutes Design, komfortable Einzel- und Mehrbettzimmer. $

Duque Hotel
Romantische Atmosphäre in einem alten, renovierten Haus. Es gibt ein kleines Schwimmbecken und ein Spa. $$$

Jardín Escondido
Fünf-Sterne-Hotel mit ländlichem Flair und Garten im Zentrum von Palermo. $$$

LGBTIQ+-BARS IN PALERMO

Club 69
Seit über 20 Jahren eine der am längsten bestehenden Partys der Community. Samstags und manchmal donnerstags in der Niceto-Disco mit Funk und Discomusik.

Peuteo
Lokal mit Musik und Drinks, das üblicherweise Drag-Shows veranstaltet.

Feliza Arcoiris
Der Kulturclub hat eine spielerische Seite mit Videospielen, Gesprächen und Konzerten.

Maricafé
Café und Bar sowie LGBTIQ+-Buchhandlung. Kuchen mit Regenbogenfüllung.

Rheo
Nachtclub mit Signature-Drinks. Meistens läuft Popmusik.

JERSEAN GOLATT/LONELY PLANET ©

Don Julio

einen intensiven Einblick in verschiedene Regionen und die Charakteristika jedes argentinischen Terroirs. Diese Erklärungen befassen sich eingehend mit den Weinanbaugebieten des Landes mit Schwerpunkt auf Mendoza. Mendoza ist die größte und bedeutendste Weinbauregion in Argentinien, mehr als 70 % der Weinerzeugung entfallen auf die Provinz Mendoza. Die Verkostung ist unterhaltsam und entspannt; es bleibt genügend Zeit für Fragen über die Geschichte des Weins und Empfehlungen für die besten Labels, die in Betracht zu ziehen sind. Darüber hinaus stellt der Sommelier eine Karte bereit, um das Verständnis für die Weinproduktion des Landes zu vertiefen.

Weinproben finden üblicherweise am Nachmittag statt und beginnen um 16 Uhr. Auch wer keine Weinspezialist ist, geht am Ende mit größerem Verständnis für Wein und dem nötigen Werkzeug, um sich besser in der weiten Welt des Weines zurechtzufinden. Wer zum Abendessen bleibt, kann La Malbequería oder **Lo de Jesús** ansteuern, beide mit der gleichen Speisekarte. Zu finden sind dort köstliche Optionen wie Burrata mit Prosciutto, *choripán* (Sandwich mit gegrillter Chorizo-Wurst), Fleisch-Empanadas und saftiges *bife de lomo*. Ein herausragendes Gericht ist das Chorizo-Steak (400 g), 21 Tage gereift und über rotem und weißem Quebracho gegrillt, ei-

ESSEN IN PALERMO

Gran Dabbang
Das unscheinbare Lokal serviert Essen, das auf der Verbindung asiatischer und lateinamerikanischer Aromen basiert. **$$$**

Picsa
Empanadas und Pizzas, gebacken auf einem Holzfeuer auf argentinische Art. **$$**

La Pescadorita
Spezialisiert auf Fisch und Meeresfrüchte. Die Paella ist Spitze! **$$$**

nem Holz, das für seine Härte und Beständigkeit bekannt ist. Eins steht fest: Die Gäste haben eine vielfältige Weinauswahl; auf der Karte stehen 400 Weinmarken, darunter 100 Malbecs. Wenn man durch die Gänge und an den Regalen vorbeigeht, möchte man gleich mehrere Flaschen mitnehmen.

Zusätzlich zu La Malbequería gibt es in der Stadt zahllose auf Wein fokussierte Bars, z. B. **La Cava Jufré**, **Aldo's**, **Cru Deli Wine**, **Vina** und **Amores Tintos**. Prost!

Tango an seinem Geburtsort erleben

LA VIRUTA TANGO CLUB

Alle Stadtviertel von Buenos Aires haben eins gemeinsam: eine *milonga*. La Viruta zählt zu den populärsten; hier lernen viele Einheimische und Fremde tanzen. Die Aktivitäten beginnen um 18 Uhr. Es gibt Kurse, Training und andere mit dem Tango verbundene Aktivitäten wie Seminare und Konzerte. Wer schon Unterricht hatte oder gar Experte ist, sollte besser erst abends hingehen. Der Laden gehört dem Tänzer und Unternehmer Horacio Godoy, der gewöhnlich mit Cecilia Troncoso das Tanzbein schwingt. Auf der Website Hoy Milonga (hoy-milonga.com) finden sich täglich Updates mit Informationen über *milongas* und Kurse in der ganzen Stadt.

Palermo Old Style

EIN KAFFEE BEI VARELA VARELITA

Wenn man über Palermo Soho und Palermo Hollywood spricht, ist das Wort trendy zwar Klischee, aber wahr. Das Café ist genau das Gegenteil, vielleicht eine Art Rückzugsort, an dem Palermo noch ein traditionelles Viertel ist. Die Bar hat ein unkonventionelles, intellektuelles Flair. Die Wände sind mit alten Filmplakaten dekoriert. Die Speisekarte ist, wie könnte es anders sein, klassisch. Das große *sánguche de milanesa* (ein Sandwich, bestehend aus einer Art Baguette, das halbiert und mit einem Kalbsschnitzel belegt wird) zählt zu den Favoriten der Kundschaft. Weitere Spezialitäten sind z. B. das Sandwich mit rohem Schinken und Kaffee (keine Kaffeespezialitäten erwarten, denn die gibt es nicht). Eine der Anekdoten über das Lokal: Carlos „Chacho" Álvarez, ein berühmter Nachbar, kam während seiner Zeit als Vizepräsident Argentiniens regelmäßig hierher – fast, als wäre es sein Büro. Das Café hat praktisch den ganzen Tag geöffnet (7–2 Uhr), aber die besten Zeiten sind während des Frühstücks und wenn der Nachmittag in den Abend übergeht und die Stammgäste die ersten Drinks bestellen. Palermo verändert sich. **Varela Varelita** ist seit fast 70 Jahren stets gleich geblieben.

FLEISCH ESSEN IN PALERMO

Don Julio
Verdientermaßen das vielleicht berühmteste Steakhaus der Stadt. Einen Tisch zu ergattern ist schwierig. **$$$**

La Carnicería
Das kleine Lokal ist auf Rauchfleisch spezialisiert. Die Atmosphäre ist informell. **$$$**

Hierro
Argentinische Grillklassiker, 30 Tage gereiftes Fleisch und Wagyu: modernes Ambiente und Chill-out-Musik. **$$**

Niño Gordo
Seit Kurzem ein Klassiker für junge Leute in Palermo. Der Grill vereint asiatische und argentinische Aromen. **$$**

Club Eros
Ein Club mit vernünftigen Preisen, der den alten Geist des Viertels bewahrt. **$**

AUSGEHEN IN PALERMO

Tres monos
Klein, mit Punk-Ästhetik und vielen farbigen Lichtern. Die Drinks haben internationale Preise gewonnen.

Casa Cavia
Ein schönes altes Haus, das gediegene Drinks anbietet. Es ist auch ein Restaurant.

Amores Tintos
Als Weinladen gestartet und zur Wein- und Gin-Bar mutiert. Die Tische auf dem Gehweg sind ideal für den Sommer.

Die britische Ecke

DAS EINZIGARTIGE GEBÄUDE LA COLORADA

An der Ecke Cabello und República Árabe Siria steht ein Gebäude, das aussieht, als gehöre es zu einer anderen Stadt, einem anderen Land und einem anderen Kontinent. **La Colorada** hat seinen Namen von den unverputzten roten Backsteinen. Der britische Ingenieur Regis Pigeon entwarf das Gebäude im Stil des englischen Klassizismus 1911 (in Boston steht ein identisches, ebenfalls von ihm entworfenes Haus). Zur Zeit der Entstehung galt es als innovativ, nicht nur wegen Farbe und Design, sondern auch wegen der Materialien. Statt Beton wurden Eisenträger verbaut. Das Baumaterial kam exklusiv aus England. Anfangs wurde das Gebäude für die Belegschaft der in britischem Besitz befindlichen Eisenbahngesellschaften genutzt, schließlich ab Mitte der 1950er-Jahre als Wohnhaus. Die beste Zeit für einen Besuch ist am Vormittag oder bei Sonnenuntergang, wenn das Sonnenlicht das Rot der Backsteine verstärkt.

Sexy Schokolade

DIE GENÜSSE VON RAPANUI

Das Schokoladengeschäft **Rapanui** hat seinen Ursprung in Bariloche, eröffnete aber bald Filialen im ganzen Land. Bei einem Spaziergang durch Palermo gilt ein einfacher Rat: Man besorgt sich eine dieser herrlichen Schokoladenkreationen (der Milchschokoladenriegel mit Pistazien, Salz und Karamell schmeckt großartig) und setzt den Weg zum nächsten Ziel fort. Schokoladenfrappé und Käsekuchen sind weitere Spezialitäten. Die Atmosphäre ist entspannt und rustikal mit vielen Pflanzen, ideal für alle, die den Laden als Arbeitsplatz nutzen wollen. Die Adresse ist Malabia 2014, aber es gibt noch weitere Niederlassungen in der Stadt.

La Colorada

BUCHLÄDEN IN PALERMO

Libros del Pasaje
Retro-Style mit einer Cafeteria und einen Innenhof, ideal zum stillen Lesen.

Eterna Cadencia
Das Ambiente ist einladend; auf der Terrasse werden regelmäßig Bücher präsentiert.

Dain Usina Cultural
Mehr als nur eine Buchhandlung; organisiert das ganze Jahr über kulturelle Aktivitäten und hat eine hübsche Terrasse, um die Sonne zu genießen.

Borges 1975
Buchladenatmosphäre, aber es gibt auch einen Ausstellungssaal, Vorträge und Workshops.

Librería Santa Fe
Gut sortierter Laden im Alto Palermo, einer der größten Einkaufspassagen der Stadt.

LIVEMUSIK IN PALERMO

Bebop
Jazzclub mit schwacher Beleuchtung, exzellentem Sound und guter Weinkarte. Lokale und internationale Künstler.

Bar de Fondo
Konzerte in einem alten Haus mit alternativem Spirit. Vielfältige Agenda und gute Atmosphäre.

Congo Cultural Club
Hier können die Gäste etwas trinken, Indie-Musik hören und im Sommer den schönen Garten genießen.

STREETART-BUMMEL

Buenos Aires besitzt eine der aktivsten Streetart-Bewegungen Lateinamerikas. Straßenkünstler betrachten die Stadt als tollen Arbeitsplatz, hauptsächlich, weil die Gesetze hier flexibler sind als in anderen Ländern. Die Stadt hat sogar großformatige Werke in Auftrag gegeben. Visit Buenos Aires schlägt einen schönen Spaziergang nördlich des Stadtzentrums vor, z. B. in Coghlan, Villa Urquiza, Colegiales und Palermo. Die Streetart-Szene dort ist lebendig mit großen Namen.

Das Wandbild ❶ **Mujer cargando casa** (Frau, die ein Haus trägt) des Australiers Fintan Magee an der Calle El Salvador 5715 erzählt die Geschichte des einst besetzten Ortes. Der Künstler spielt in seinem Werk mit Elementen der Baukonstruktion. Er wirft auch einen kritischen Blick auf das Wohnungswesen der Stadt. Von hier geht es auf der Bonpland und dann rechts in die Costa Rica. Am Haus Costa Rica 5514 hat Cabaio, ein Künstler des Kollektivs Vomito Attack, eine großartige ❷ **Schablonenarbeit** hinterlassen. Dann geht es nach Süden auf der Humboldt und Cabrera bis zur Malabia und Córdoba. Dort, an der Grenze zu Villa Crespo, ist ein riesiges ❸ **Wandbild einer Hydra** von Spock und Lean Frizzera zu sehen, dem Alter Ego von Félix Rebote aus Madrid. Die ❹ **Post Street Bar** (Thames 1885) zeigt eine Dauerausstellung urbaner Kunst (täglich zu besichtigen). Auf der Speisekarte stehen Burger, Pizza, klassische und Signature-Cocktails. Einen Besuch wert ist auch die ❺ **Russel Passage** in Palermo Soho voller Streetart.

Free Walks Buenos Aires und Graffiti Mundo organisieren ebenfalls Streetart-Spaziergänge in Buenos Aires.

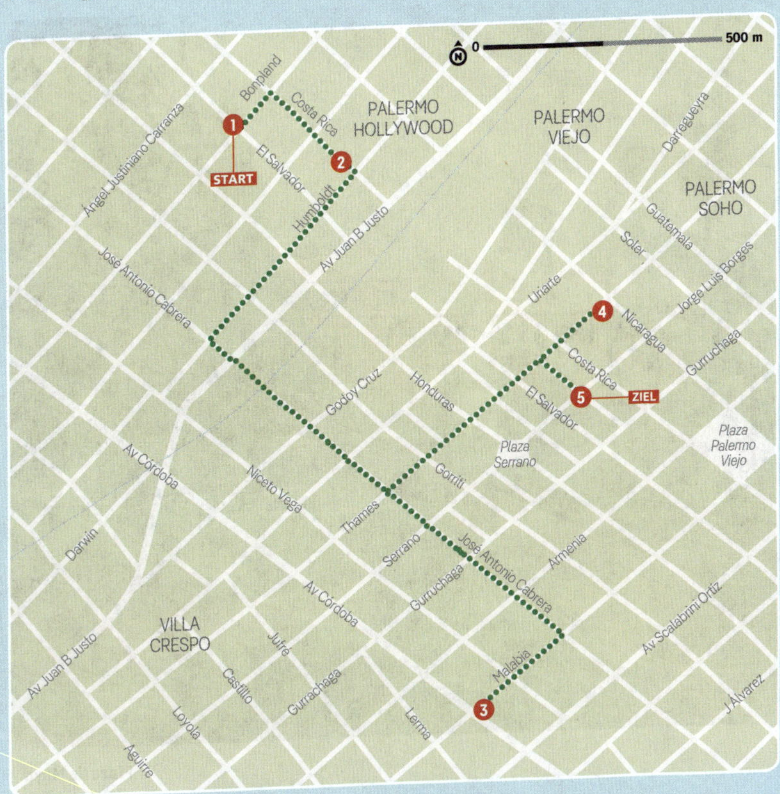

Centro Histórico

INNENSTADT UND ORT DER MONUMENTE

San Nicolás, Balvanera und Montserrat bilden das Gebiet, das die *porteños* als „Innenstadt" bezeichnen. Plaza de Mayo ist die zentrale Bühne, auf der sich historische Ereignisse abspielten. Cabildo, Catedral Metropolitana und Casa Rosada (Regierungsitz) liegen in der Nähe. Fast hundert Gebäude von kultureller und architektonischer Bedeutung sind in diesem Bereich zu finden. Weitere Sehenswürdigkeiten sind das Teatro Colón und der Obelisco. Die Avenida de Mayo, der erste Boulevard der Stadt, und die Avenida Corrientes sind sehr lebendig und mit vielen Restaurants. In diesem Viertel gibt es Bars, Theater und ein architektonisches Erbe, das die Identität der Stadt prägt.

TOP TIPP

Das 1858 eröffnete El Tortoni ist das älteste Café der Stadt, viele Persönlichkeiten des Landes haben an den Tischen gesessen. Heute gehört es zu den meistbesuchten Orten in der Innenstadt. Die Servicekräfte empfehlen, zwischen 8 und 10 Uhr zu kommen, um Warteschlangen zu vermeiden. Geöffnet ist es bis 22 Uhr.

Plaza de Mayo

Cabildo

DER BEGINN DER UNABHÄNGIGKEIT

Der Cabildo war Schauplatz der Revolución de Mayo (1810). Das Ereignis markiert eine Serie von Ereignissen, die zur argentinischen Unabhängigkeit sechs Jahre später führte. Das Museum zeichnet die Kolonialzeit und die revolutionäre Entwicklung nach, die ihr ein Ende setzte. In den Sälen sind Alltagsgegenstände der Zeit, Waffen, Möbel und Kunstwerke zu sehen. Die Geschichte wird mit Hilfe moderner technischer Mittel wie Augmented Reality (erweiterte Realität) und 3D erzählt.

Cabildo

Casa Rosada

AUF EVITAS BALKON

Der Regierungssitz steht auf den Resten der alten Stadtbefestigung. Er ist ein Mix architektonischer Stile und im Verlauf der Geschichte wechselnder Bauweisen. An Wochenenden und Feiertagen kann man die Casa von 10 bis 18 Uhr kostenlos besichtigen (Registrierung unter visitas.casarosada.gob.ar). Die Führung dauert etwa eine Stunde, zu sehen gibt es Patios, Säle, das Büro des Präsidenten und den berühmten Balkon, auf dem Eva Perón ihre Reden hielt. Nicht unbedingt besuchenswert ist der Salón Eva Perón, in dem persönliche Gegenstände von ihr aufbewahrt werden.

Casa Rosada

Plaza de Mayo

DER BERÜHMTESTE PLATZ

Dies ist der Startpunkt, um das Stadtzentrum kennenzulernen, mit der **Pirámide de Mayo** und dem **Monumento al General Manuel Belgrano** als zentralen Bauwerken. Der Name ist ein Tribut an die Revolución de Mayo (1810), die von hier ausging und den Startschuss für die Unabhängigkeit des Landes gab. Unter den Bäumen auf dem Platz ist ein ganz besonderer – ein Olivenbaum, den Papst Franziskus (bürgerlicher Name Jorge Bergoglio) als Erzbischof von Buenos Aires pflanzte. Die angrenzenden Gebäude zählen zu den bedeutendsten der Stadt. Jeden Donnerstag um 15.30 Uhr ist hier die *ronda* der Madres de Plaza de Mayo zu sehen. Die Mütter tragen ein weißes Kopftuch, das bekannte Symbol, das sie aus Trauer und Protest tragen. Sie fordern seit dem 30. April 1977, dass das spurlose Verschwinden ihrer Kinder während der letzten Militärdiktatur endlich aufgeklärt wird

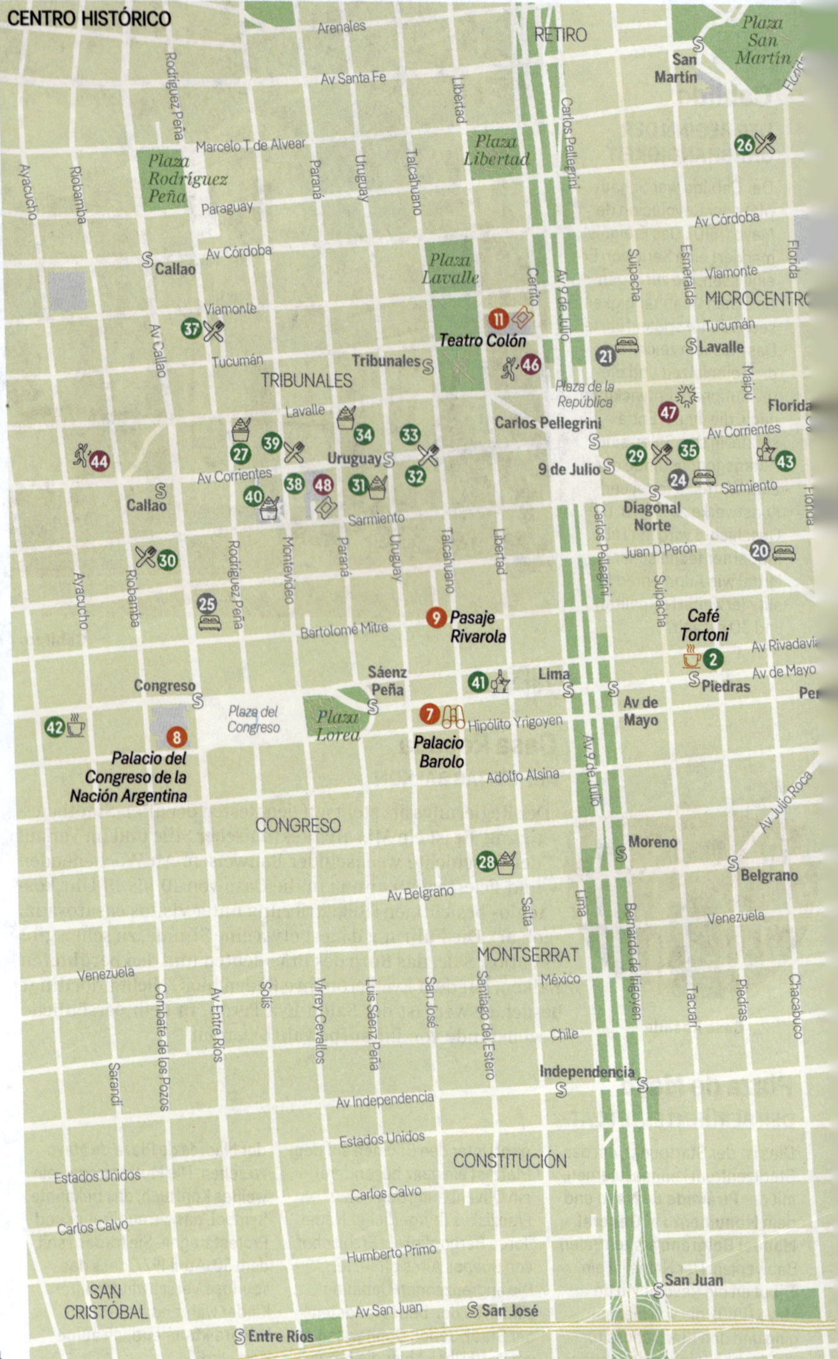
CENTRO HISTÓRICO
RETIRO
Plaza San Martín
San Martín
Arenales
Av Santa Fe
Rodríguez Peña
Marcelo T de Alvear
Plaza Rodríguez Peña
Paraguay
Plaza Libertad
Libertad
Carlos Pellegrini
Ayacucho
Riobamba
Paraná
Uruguay
Talcahuano
Av Córdoba
Callao
Plaza Lavalle
Viamonte
Cerrito
Av 9 de Julio
Suipacha
Esmeralda
Florida
MICROCENTRO
Tucumán
Lavalle
Av Callao
Teatro Colón
Tribunales
TRIBUNALES
Plaza de la República
Maipú
Carlos Pellegrini
Florida
Av Corrientes
Uruguay
9 de Julio
Sarmiento
Diagonal Norte
Juan D Perón
Rodríguez Peña
Montevideo
Bartolomé Mitre
Pasaje Rivarola
Café Tortoni
Av Rivadavia
Av de Mayo
Piedras
Sáenz Peña
Lima
Av de Mayo
Congreso
Plaza del Congreso
Plaza Lorea
Hipólito Yrigoyen
Palacio Barolo
Palacio del Congreso de la Nación Argentina
Adolfo Alsina
Av Julio Roca
CONGRESO
Moreno
Belgrano
Av Belgrano
Salta
Lima
Bernardo de Irigoyen
Venezuela
MONTSERRAT
México
Venezuela
Combate de los Pozos
Av Entre Ríos
Solís
Virrey Cevallos
Luis Sáenz Peña
San José
Santiago del Estero
Tacuarí
Piedras
Chacabuco
Chile
Sarandí
Independencia
Av Independencia
Estados Unidos
CONSTITUCIÓN
Estados Unidos
Carlos Calvo
Carlos Calvo
Humberto Primo
San Juan
SAN CRISTÓBAL
Av San Juan
San José
Entre Ríos
2
7
8
9
11
20
21
24
25
26
27
28
29
30
31
32
33
34
35
37
38
39
40
41
42
43
44
46
47
48

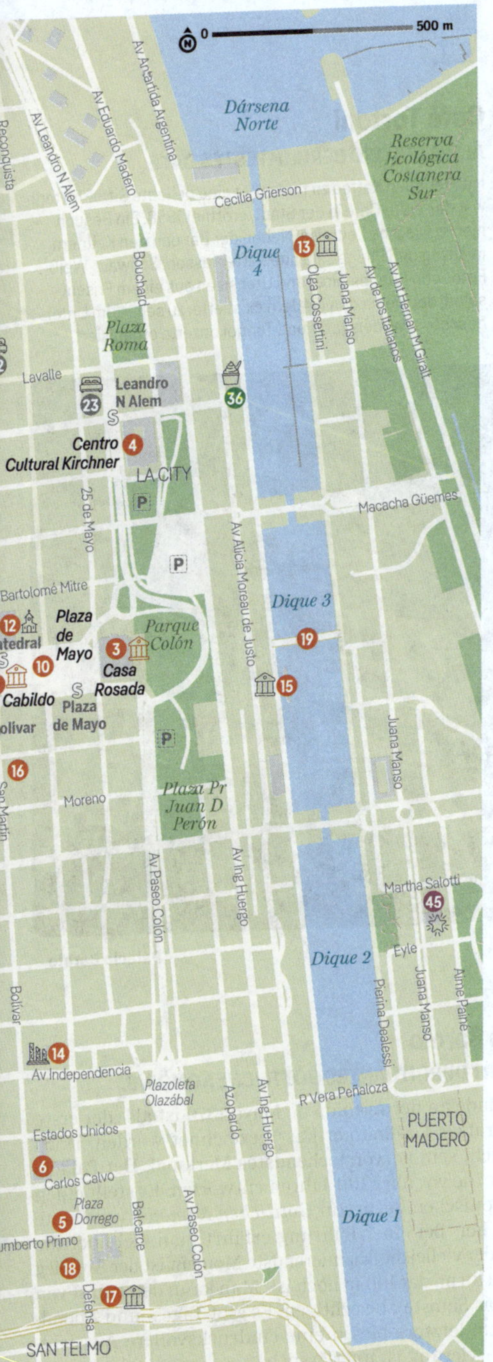

TOP-SEHENSWÜRDIGKEITEN

1 Cabildo
2 Café Tortoni
3 Casa Rosada
4 Centro Cultural Kirchner
5 Feria de San Telmo
6 Mercado de San Telmo
7 Palacio Barolo
8 Palacio del Congreso de la Nación Argentina
9 Pasaje Rivarola
10 Plaza de Mayo
11 Teatro Colón

SEHENSWERTES

12 Catedral Metropolitana de Buenos Aires
13 Colección de Arte Amalia Lacroze de Fortabat
14 El Zanjón de Granados
15 Fragata Sarmiento
16 Librería Ávila
17 Museo de Arte Moderno de Buenos Aires
18 Pasaje de la Defensa
19 Puente de la Mujer

ÜBERNACHTEN

20 725 Continental Hotel
21 Buenos Aires Marriott
22 Che Juan Hostel
23 Hotel Jousten
24 Hotel NH Latino Buenos Aires
25 Savoy Hotel

ESSEN

26 Boca de Toro Club
27 Cadore
28 Chungo
29 Confitería La Ideal
30 El Tropezón
31 Freddo
32 Güerrín
33 La Americana
34 La Giralda
35 Las Cuartetas
siehe 33 Los Inmortales
36 Lucciano's
37 Parrilla Peña
38 Pepito
39 Sattva
40 Scannapieco

AUSGEHEN & FEIERN

41 36 Billares
42 Café de los Angelitos
siehe 15 Puerto Rico
43 Paulín

UNTERHALTUNG

44 El Beso
siehe 35 Opera Theater
45 Rojo Tango
46 Tango Porteño
47 Teatro Gran Rex
48 Teatro San Martín

Café Tortoni

Café Tortoni

ÄLTESTES UND BERÜHMTESTES CAFÉ

Mit Freunden Kaffee zu trinken ist eine beliebte Sitte. Tortoni war das erste Café in der Stadt, eröffnet 1858. Ein Besuch hier ist wie eine Zeitreise. Neben der Bar und den Kellnern in Anzug und Fliege sind alte Kaffeetassen, Schwarz-Weiß-Fotos von Buenos Aires und Utensilien aus einem Friseursalon, der hier in den 1940ern existierte, zu sehen. Im Untergeschoss werden Jazz- und Tangokonzerte organisiert.

Palacio Barolo

Centro Cultural Kirchner

SCHÖNES POSTAMT

Das prachtvolle Gebäude war einst der Hauptsitz des Zentralen Postamts. Dann stand es lange Jahre leer. 2015 wurde es restauriert und als Kulturzentrum wiedereröffnet, benannt nach dem früheren Präsidenten Néstor Kirchner. Der zentrale Balkon schaut diagonal auf die Casa Rosada, denn – so heißt es – die Arbeit des Postmeisters war seinerzeit ebenso unentbehrlich wie die des Präsidenten. Von Donnerstag bis Sonntag gibt es jeweils um 14.30 und um 16 Uhr Führungen durch das Gebäude. Neben Ausstellungen stehen auch Konzerte und Lesungen auf dem Programm. Der Eintritt ist kostenlos.

Palacio Barolo

INSPIRIERT DURCH DANTES *GÖTTLICHE KOMÖDIE*

Das Gebäude an der Avenida de Mayo 1370 ist als „der erste Wolkenkratzer Lateinamerikas" bezeichnet worden. Doch das ist nicht sein hervorstechendstes Merkmal. Der Palacio Barolo wurde vor über 100 Jahren entworfen. Er stellt einen architektonischen Bezug zur *Göttlichen Komödie* von Dante Alighieri her. Bei einer Führung erfährt man viel über die Historie, der vielleicht faszinierendste Moment ist der Aufstieg im Leuchtturm, der 100 m hoch ist. Man kann den Palast von Montag bis Samstag besichtigen. Es gibt Tages- und Abendführungen, letztere bieten eine eindrucksvollere Aussicht. Eine Reservierung ist unerlässlich.

Teatro Colón

DAS EINDRUCKSVOLLSTE THEATER DES LANDES

Der italienische Tenor Luciano Pavarotti sagte einmal: „Das Teatro Colón hat einen sehr großen Makel: Die Akustik ist perfekt. Man stelle sich vor, was das für einen Sänger bedeutet. Auch der kleinste Fehler ist sofort zu hören." Das Teatro Colón ist ein Gebäude, auf das die Stadt Buenos Aires stolz sein kann. Schönheit und Luxus des Opernhauses erzählen auch die Geschichte eines Landes, das zur Zeit des Theaterbaus eines der reichsten der Welt war. Führungen gibt es von Montag bis Sonntag ab 10 Uhr, alle 15 Minuten auf Spanisch, weniger häufig auf Englisch und Portugiesisch. Es ist auch eine Zeitreise in das Buenos Aires des späten 19. und frühen 20. Jhs. Die herrlichen Buntglasfenster, Ornamente und der Salón Dorado stechen hervor. Tickets für die Führung und natürlich für Konzerte und Opernaufführungen können vorab gekauft werden. Eine ausgezeichnete Ergänzung ist ein Besuch im **Colón Fábrica** (S. 109), dem Kulissen- und Kostümlager des Teatro Colón, das in La Boca liegt.

Teatro Colón

KUPPELN

Die Glaskuppel des Teatro Colón ist ein großartiges Werk. Raúl Soldi malte sie in den 1960er Jahren aus. In der Innenstadt von Buenos Aires (Balvanera, San Nicolás und Montserrat) haben viele Gebäude schöne Kuppeln. Das architektonische Element wurde im späten 19. und frühen 20. Jh. eingesetzt, um Ecken zu markieren und Unterscheidungen zu kennzeichnen. Green Eat ist eine Restaurantkette, die nicht gleich ins Auge fällt. Doch im 1. Stock einer ihrer Filialen, Florida 102, hat man einen guten Blick auf einige der Kuppeln in der Innenstadt.

Palacio del Congreso de la Nación Argentina

NATIONALES HISTORISCHES WAHRZEICHEN

Der Palacio del Congreso de la Nación Argentina ist eins der eindrucksvollsten Gebäude im historischen Zentrum von Buenos Aires. Es ist der Sitz der Legislative Argentiniens. Die große zentrale Kuppel und die Skulpturen von Lola Mora, einer der großen Künstlerinnen des Landes, ziehen die Aufmerksamkeit auf sich. Es lohnt sich, an der kostenlosen Führung durch die Haupträume des Gebäudes teilzunehmen, die während der Woche angeboten wird; zu sehen sind u.a. der **Salón de los Pasos Perdidos** und der **Recinto de la Cámara de Diputados**. Nicht alle Bereiche des Gebäudes können besichtigt werden. Die Führung dauert eine Stunde, Teilnehmer müssen sich vorab registrieren. Auf der **Plaza del Congreso** vor dem Parlament stehen allegorische Skulpturen und eine Monumentalversion von Auguste Rodins **Der Denker**. Sie wurde 1907 eingeweiht und in der Originalform der berühmten Plastik gegossen.

Palacio del Congreso de la Nación Argentina

Pasaje Rivarola

PERFEKTE SYMMETRIE

Der volle Name der Straße lautet **Pasaje Dr Rodolfo Rivarola**. Sie verbindet die Calle Juan Domingo Perón und Bartolomé Mitre, parallel zu Talcahuano und Uruguay. Die Passage wird von acht Gebäuden in perfekter Symmetrie gesäumt. Sie stehen einander gegenüber wie ein Spiegel. Die Häuser (Mitte 1920er-Jahre) erinnern mit ihren Kuppeln an die engen Straßen von Paris. Zu dieser Zeit galt es als schick, französische Architektur zu kopieren.

Disneys *Die Schöne und das Biest*, Teatro Ópera

MEHR IM CENTRO HISTÓRICO

Theater an der Avenida Corrientes

NACHTLEBEN UND THEATERDISTRIKT

Buenos Aires hat 300 registrierte Theater, einschließlich der kommerziellen, unabhängigen und staatlichen Bühnen. Viele Theatergebäude sind ausgezeichnete Beispiele des Art déco. Zu den berühmtesten zählen das **Teatro Gran Rex**, wenige Schritte vom Obelisken entfernt, und – auf der anderen Straßenseite – das **Teatro Ópera**, inspiriert vom Pariser Kino Le Grand Rex. Die Theater- und Kunstszene der Stadt ist zweifellos die lebendigste in Lateinamerika. An der Avenida Corrientes, besonders zwischen Callao und Maipú, gibt es viele Theater und Restaurants. Das Angebot reicht von Stand-up bis zu Dramen. Tickets für Stücke argentinischer und internationaler Autoren gibt es zu erschwinglichen Preisen, wobei die Karten in staatlichen Bühnen oft günstiger sind als in den kommerziellen.

An der Avenida Corrientes 1530 bietet das Teatro San Martín ein umfangreiches Theater-, Kino- und Tanzprogramm. Im **Paseo La Plaza** gibt es sogar fünf Theater. Kürzlich hat das Kultur- und Geschäftszentrum einen Foodcourt eröffnet.

DIE BESTEN PIZZERIEN

Güerrín
Vielleicht die beliebteste Pizzeria der Stadt. Zwei Einwanderer aus Genua eröffneten sie in den 1930er-Jahren, als der Obelisk noch nicht vollendet war. Es gibt Pizzas mit richtig viel Käse. Eventuell muss man anstehen.

Banchero
In La Boca gegründet, in der Innenstadt berühmt geworden. Hausspezialität ist die *fugazzeta* mit Mozzarella und Zwiebeln.

Las Cuartetas
Das Restaurant neben dem Teatro Ópera ist auf Pizza mit Tomaten und Anchovis spezialisiert.

Los Inmortales
Gegründet in den 1950er Jahren. Neapolitanische Pizza mit Tomatenscheiben und Knoblauch ist die Spezialität.

La Americana
Ein Klassiker der Stadt. Neben Pizza gibt es auch Fleischempanadas.

ESSEN IM CENTRO HISTÓRICO

Parrilla Peña
Ausgezeichnete Fleischqualität in zwangloser Atmosphäre. Die gebratenen Empanadas sind eine prima Vorspeise. $$

Confitería La Ideal
Historische Bar mit Restaurant. Ausgezeichnete Konditorei; serviert saftiges *bife de chorizo*. $$

Boca de Toro Club
Liegt im Untergeschoss eines Hotels. Serviert spanisch inspirierte Tapas und Cocktails in intimer Atmosphäre. $$

DAS BESTE EIS

Cadore
Alle Auszeichnungen, die es im Lauf der Zeit erhielt, hat es zu Recht bekommen. Das *dulce de leche* ist himmlisch gut.

Chungo
Seit über 40 Jahren gibt es das Lokal mit seinem Angebot an Eis und Kaffee. Die Sorten wechseln saisonal.

Lucciano's
Die Firma entstand in Mar del Plata und zog vor ein paar Jahren nach Buenos Aires um. Die Ice-Pops wurden mit Preisen ausgezeichnet.

Scannapieco
Das Scannapieco existiert bereits seit 1938. Großartiges Pistazieneis!

Freddo
Italienische Zuwanderer gründeten die Firma. Die Spezialität: *dulce de leche tentación.*

JEFFREY GREENBERG/UNIVERSAL IMAGES GROUP VIA GETTY IMAGES ©

Librería de Ávila

Theater ist in der Stadt beliebt: Alle von Teenagern und jungen Erwachsenen bis hin zu älteren Paaren genießen die verschiedenen Bühnenangebote. Das **Festival Internacional de Buenos Aires** (FIBA) im Februar bringt herausragende Werke aus aller Welt auf die zahlreichen Bühnen in der Stadt.

Ein Stück Stadtgeschichte

EIN BESUCH IN DER LIBRERÍA DE ÁVILA

Buenos Aires hat weltweit die meisten Buchhandlungen pro Kopf. An der Avenida Corrientes sind Dutzende Buchläden bis nach 22 Uhr geöffnet. Das historische Zentrum, nahe der Plaza de Mayo, besitzt eine einzigartige Buchhandlung. Die Librería de Ávila ist die älteste der Stadt (1785). Die beiden Etagen beherbergen auf einer Fläche von 400 m² rund 150 000 Bücher. Auch wenn er mehrfach von der Schließung bedroht war, gehört der Laden weiter zum kulturellen Vermächtnis der Stadt. Er wurde 1785 erbaut, als Buenos Aires 205 Jahre alt war. Miguel Ávila, der aktuelle Besitzer, der seine Kunden persönlich bedient, erzählt, dass das Gebäude schon einmal von einer Hamburger-Kette aufgekauft werden sollte.

ESSEN IM CENTRO HISTÓRICO

Pepito
Klassischer Holzkohlengrill in einer Ecke des Theaterdistrikts. **$$**

El Tropezón
Das historische Lokal entstand 1869, mit Gerichten wie *porteño* und spanischer Küche. **$$$**

Sattva
Leckere vegetarische Gerichte zu vernünftigen Preisen. **$**

Der Laden verkauft vor allem antiquarische Bücher und besitzt einige sehr alte Bände, die Ávila stolz präsentiert. Zu den Prunkstücken zählen Erstausgaben der Bücher von Autoren wie Jorge Luis Borges, Julio Cortázar und Manuel Puig sowie eine alte Ausgabe der Kinderzeitschrift *Billiken*. Es ist eine Freude, sich mit Miguel zu unterhalten, der gerne alle Fragen beantwortet. Viele Kunden sind junge Leute. Auf der anderen Straßenseite ist das Colegio Nacional de Buenos Aires, eine der wichtigsten Schulen des Landes, die viele bedeutende Persönlichkeiten Argentiniens besucht haben.

Die Kunst des Tango

EINE REISE ZU DEN URSPRÜNGEN DER MUSIK

Wenige Meter vom Obelisco und dem Teatro Colón entfernt, belebt die Show Tango Porteño die 1940er-Jahre neu, eine der glorreichsten Dekaden der Musik von Buenos Aires. Der Veranstaltungsraum war früher ein Kino. Mehr als 20 Personen präsentieren auf der Bühne einige entscheidenden Momente in der Geschichte der Musikgattung. Technisch und in Sachen Ausdrucksstärke bewegen sich die Musiker und Tänzer auf hohem Niveau. Während der Show erklingen Stücke berühmter Tango-Orchester wie Canaro, Fresedo, De Caro, Gobbi, Biagi, De Angelis, Di Sarli, D'Arienzo, Lomuto, D'Agostino und natürlich Troilo und Pugliese.

Dort ist auch Raum für die wegweisende Musik von Astor Piazzolla, dem heute vielleicht meistgespielten Tangomusiker der Welt. Ähnliche Shows, die sich auf den Bühnentango konzentrieren, werden in anderen Teilen der Stadt angeboten. Diese Aufführungen heben besonders die Sinnlichkeit und die akrobatischen Fertigkeiten der Tänzer hervor. In den *milongas* wird dagegen ein sehr viel intimerer und engerer

DER GROSSE WETTBEWERB

Obgleich Tango das ganze Jahr über in der Stadt präsent ist, gibt es einen besonderen Monat für Fans dieser Musik. Im August wird die Weltmeisterschaft im Tangotanzen ausgetragen. Es gibt zwei Kategorien: Gesellschaftstanz und Bühnentanz. Mehr zum **Tango** siehe S. 519.

DIE KUNST, JEMANDEN ZUM TANZ ZU BITTEN

Wer zu einer *milonga* geht, sollte einige der lokalen Codes kennen, z.B. *cabeceo*. Was ist das? Eine leichte Kopfbewegung in Richtung der Person, die man zum Tanz auffordern will. Die Geste tritt an die Stelle einer direkten Annäherung. Das läuft so ab: Man wählt eine Person, mit der man tanzen möchte. Wenn man die Aufmerksamkeit gewonnen hat und sich die Blicke treffen, ist es Zeit zu nicken. Wird der Augenkontakt aufrechterhalten, ist die Einladung akzeptiert, und man kann auf die Person zugehen. Schaut sie weg, ist das eine Ablehnung, und man beginnt mit einer neuen Suche.

ÜBERNACHTEN IM CENTRO HISTÓRICO

Hotel Jousten
Das historische Gebäude aus den 1920er-Jahren, wenige Meter von der Casa Rosada, bietet vollen Komfort. **$$**

Che Juan Hostel
Einzel- und Mehrbettzimmer mit jugendlicher Atmosphäre. Die Zimmer sind nach Prominenten benannt, z.B. Lionel Messi. **$**

725 Continental Hotel
Ausgezeichnete Lage unweit vom Obelisken und der berühmten Calle Florida entfernt. Swimmingpool im Freien. **$$**

Tanzstil praktiziert, der allerdings weniger spektakulär ist. Die Preise variieren, je nachdem, ob man nur die Show sehen will oder sich für das VIP-Erlebnis mit Dinner und Abholung am Hotel entscheidet. Man kann am selben Standort Tangokurse besuchen. Der Unterricht beginnt um 19.30 Uhr vor der Show, und die Lehrer tanzen später in der Vorstellung. Sie vermitteln Grundlagen, die Armhaltung und wie man sich auf der Tanzfläche bewegt. Am Ende enthalten die Teilnehmer ein Zertifikat.

HISTORISCHE CAFÉS & BARS

Puerto Rico
Klassisches Café mit Spezialitäten wie *medialunas* (Croissants) und *dulce de leche*.

La Giralda
Im Theaterdistrikt. Die Churros mit Schokolade sind berühmt.

Café de los Angelitos
Sänger Carlos Gardel war regelmäßig Gast im Café, das Tango-Shows organisiert.

36 Billares
1894 eröffnet als Stätte für Poeten und Intellektuelle. Diesen Geist hat es bewahrt. Bis spät in die Nacht kann man Billard spielen.

Paulín
Bar für Büroangestellte, berühmt für ihre Sandwiches.

Wo Papst Franziskus als Erzbischof die Messe las

DIE GESCHICHTEN DER CATEDRAL METROPOLITANA

Die wichtigste katholische Kirche der Stadt besitzt fünf Schiffe und eine über 40 m hohe große Kuppel. Dort befindet sich das Mausoleum für General José de San Martín, einer Schlüsselfigur der argentinischen Unabhängigkeitserklärung. Die Werke entlang der Via Crucis stammen von dem Italiener Francesco Domenighini. Abgesehen von ihrem Status als Nationales Historisches Wahrzeichen besitzt die Kathedrale für Katholiken eine zusätzliche Attraktion. An diesem Ort diente Jorge Bergoglio als Erzbischof von Buenos Aires, bis er am 19. März 2013 Papst Franziskus wurde. Beim Betreten des Geländes gibt es Audioguides für die Führung „Del Cardenal Bergoglio al Papa Francisco“. Die Kathedrale bietet auch Führungen und Audioführungen an, die verschiedene Aspekte abdecken, etwa die Geschichte der Kirche und ihre Bedeutung für die Geschichte des Landes, z. B. das Mausoleum von San Martín. Bemerkenswert ist der venezianische Mosaikboden, der 2600 m² groß ist. Auch der prächtige goldene Altar ist beachtenswert.

Milonguero-Style Milonga Dance

EINE ENGE UMARMUNG

Die Stadt ist voller Tangoshows für jeden Geldbeutel. Oft ist die Choreografie spektakulär und erweckt die Aufmerksamkeit von Einheimischen und Touristen. Doch es gibt eine andere Art Tango zu tanzen mit der intimsten Umarmung und weit entfernt von jeder Show. El Beso ist eine traditionelle *milonga,* die von Montag bis Sonntag geöffnet hat. Dort haben *milongas* je nach Organisatoren verschiedene Namen, aber alle haben denselben Veranstaltungsort. Im Gegensatz zu den großen Shows ist der *Milonguero*-Stil intimer und enger. Viele Paare tanzen auf einer Stelle (gegen den Uhrzeigersinn). So eine *milonga* ist ein faszinierendes Erlebnis, egal ob man Tango tanzen lernen oder nur zusehen möchte.

ÜBERNACHTEN IM CENTRO HISTÓRICO

Hotel NH Latino Buenos Aires
Große und komfortable Zimmer unweit vom Obelisk und der Avenida Corrientes. **$$$**

Savoy Hotel
Tolles Hotel in einem neobarocken Gebäude in der Nähe vom Congreso Nacional. **$$**

Buenos Aires Marriott
Fünf-Sterne-Hotel mit beheiztem Schwimmbecken und Blick auf den Obelisco. **$$$**

Mausoleum für General José de San Martín, Catedral Metropolitana

Recoleta & Retiro

VOLLER GESCHICHTE, MUSEEN UND ARCHITEKTUR

Früher befanden sich hier die nördlichen Außenbezirke, heute gibt es hier die meisten Sehenswürdigkeiten. Die großen Häuser und Paläste wurden Ende 19./Anfang des 20. Jhs. erbaut, als die reichen Familien wegen der Epidemien hierher zogen. Der Cementerio de la Recoleta mit dem Grab von Eva Perón, die Villen rund um die Plaza General San Martín und das Museo Nacional de Bellas Artes sind einige der Attraktionen. Ein weiteres Highlight ist die Buchhandlung Ateneo Grand Splendid, sie ist die größte Südamerikas. Die Gegend hat auch ein quirliges Nachtleben mit Lokalen, Bars und Cafés. Willkommen im elegantesten Teil dieser Stadt.

TOP TIPP

Auf dem Cementerio de la Recoleta drängeln sich die Touristen. Angebotene Hilfe von Fremden vermeiden, die einem „das Beste und weniger Bekanntes" zeigen wollen. Free Walks Buenos Aires organisiert täglich um 15.30 Uhr eine zweistündige Führung. Man bezahlt die Eintrittsgebühr und hält dann nach dem Guide Ausschau, der normalerweise in Orange gekleidet ist.

Cementerio de la Recoleta (S. 88)

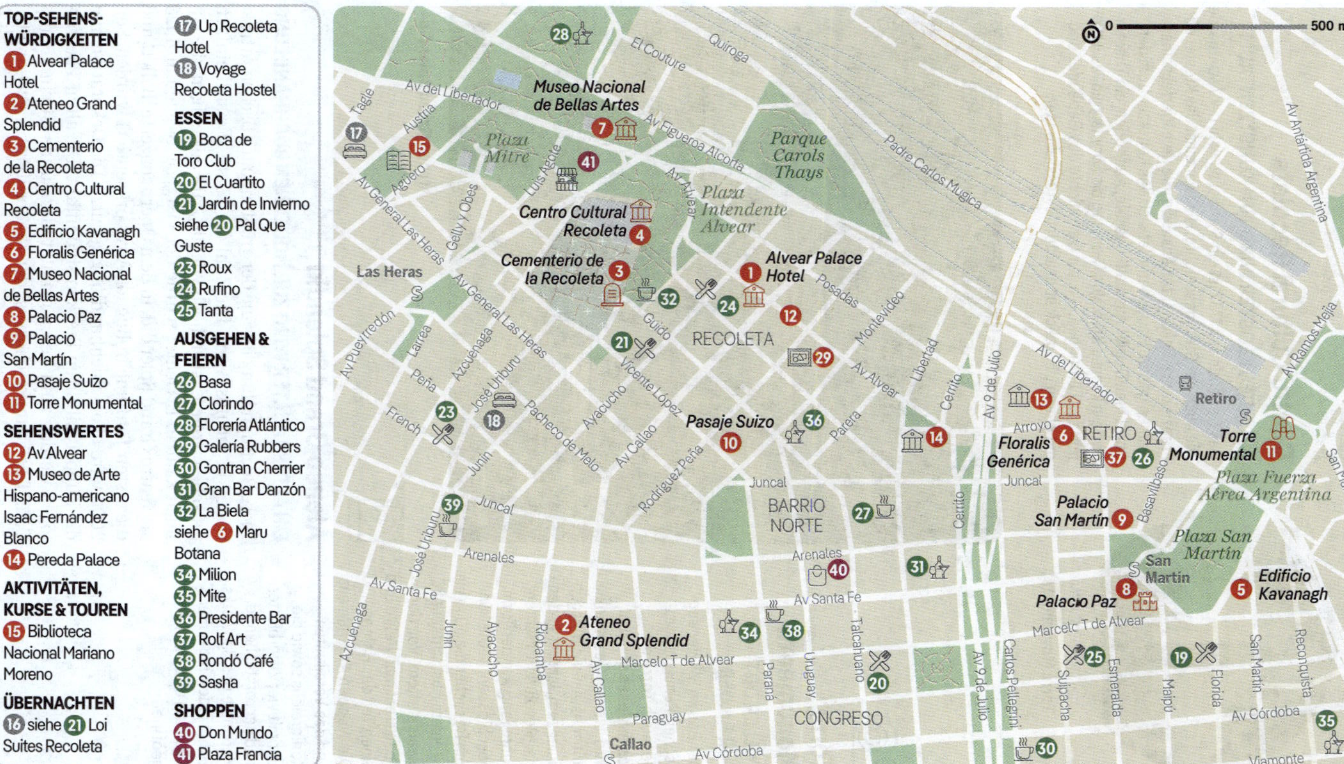

TOP-SEHENSWÜRDIGKEITEN
1 Alvear Palace Hotel
2 Ateneo Grand Splendid
3 Cementerio de la Recoleta
4 Centro Cultural Recoleta
5 Edificio Kavanagh
6 Floralis Genérica
7 Museo Nacional de Bellas Artes
8 Palacio Paz
9 Palacio San Martín
10 Pasaje Suizo
11 Torre Monumental

SEHENSWERTES
12 Av Alvear
13 Museo de Arte Hispano-americano Isaac Fernández Blanco
14 Pereda Palace

AKTIVITÄTEN, KURSE & TOUREN
15 Biblioteca Nacional Mariano Moreno

ÜBERNACHTEN
16 siehe 21 Loi Suites Recoleta
17 Up Recoleta Hotel
18 Voyage Recoleta Hostel

ESSEN
19 Boca de Toro Club
20 El Cuartito
21 Jardín de Invierno
siehe 20 Pal Que Guste
23 Roux
24 Rufino
25 Tanta

AUSGEHEN & FEIERN
26 Basa
27 Clorindo
28 Florería Atlántico
29 Galería Rubbers
30 Gontran Cherrier
31 Gran Bar Danzón
32 La Biela
siehe 6 Maru Botana
34 Milion
35 Mite
36 Presidente Bar
37 Rolf Art
38 Rondó Café
39 Sasha

SHOPPEN
40 Don Mundo
41 Plaza Francia

Torre Monumental

Centro Cultural Recoleta

EIN ALTES KLOSTER WIRD ZUM KUNSTZENTRUM

Das Gebäude von 1732 ist ein Symbol sowohl der Avantgarde wie auch der Stadtgeschichte. Hier war einst das Kloster der Franziskaner-Rekollekten ansässig, die dem Viertel seinen Namen gaben. Heute befindet sich das Kulturzentrum der Stadt hier. Es gibt Ausstellungssäle, Auditorien, ein Theater und ein kleines Kino. Von Dienstag bis Sonntag gibt es nachmittags Führungen, u.a. zur Geschichte des Gebäudes und mit einem Überblick über aktuelle Ausstellungen.

Torre Monumental

TOLLER ORT FÜR BILDER

Der Bau im Stil der englischen Renaissance, der auch **Torre de los Ingleses** genannt wird, war ein Geschenk britischstämmiger Argentinier zum Jahrestag der Mai-Revolution. Mehrere Jahre lang war der Turm geschlossen, heute können Besucher die 60 m bis zu einem Aussichtspunkt hinaufklettern. Von dort oben sieht man Retiro und einen Teil des Hafens. Die Wappen Argentiniens und des Vereinigten Königreichs sowie die Uhr mit vier Zifferblätter sind hervorstechende Merkmale des Bauwerks. Es hat jeden Tag außer Dienstag und Sonntag geöffnet.

Ateneo Grand Splendid

Ateneo Grand Splendid

EIN ALTES THEATER WIRD ZUR MODERNEN BUCHHANDLUNG

Diese Buchhandlung ist eine der größten touristischen Attraktionen in Buenos Aires. Die Zahl der Leute, die sich einfach umsehen wollen, ist so hoch wie die Zahl derjenigen, die ein Buch kaufen. Errichtet wurde der viergeschossige Bau 1923 als Teatro Grand Splendid, in dem Opernkonzerte, Ballett und die ersten Tonfilme in Buenos Aires präsentiert wurden. Seit 2000 wird er als Buchhandlung genutzt. Die Dekoration und die Kuppel mit ihren Fresken sind intakt. Die alten Theaterlogen werden zum Lesen genutzt, die Bühne ist ein kleines Café. Das Untergeschoss ist der Kinderliteratur gewidmet.

Pasaje Suizo

CHARMANTE GASSE

Das Klischee setzt Buenos Aires mit Paris gleich. Diese charmante Gasse wird jedoch Schweizer Passage genannt (oder Pasaje del Correo), sie wurde vom italienischen Architekten Felipe Restano erbaut – Mix der Kulturen à la Argentina! Gedacht war das Gebäude als Wohnraum für Ein-Eltern-Familien, inzwischen sind die Wohnungen in Bars und Restaurants umgewandelt. Highlight ist **Aramburu**, eins der am häufigsten prämierten Restaurants im Land. Es weist Teile der Originalkonstruktion auf wie Eisenbeschläge, Türen und Baldachine.

Floralis Genérica

Floralis Genérica

KUNST UNTER DEM HIMMEL

Zweifellos ist der Obelisk das berühmteste Monument in Buenos Aires, aber die moderne Stadt hat eine weitere Ikone: **Floralis Genérica**, die Edelstahlskulptur einer Blume, das Werk des Architekten Eduardo Catalano. Die sechs Blütenblätter, die aussehen wie die Abdeckung einer Flugzeugtragfläche, sind beweglich. Dank eines hydraulischen Systems und fotoelektrischer Zellen schließen sie sich abends und öffnen sich während des Tages. Das Monument erhebt sich aus einem Wasserbecken in einem Park auf halbem Weg zwischen Museo Nacional de Bellas Artes und MALBA.

Museo Nacional de Bellas Artes

Museo Nacional de Bellas Artes

DIE GRÖSSTE SAMMLUNG ARGENTINISCHER KUNST

Das Museum besitzt die umfangreichste Sammlung argentinischer Kunst und ist eins der eindrucksvollsten in Lateinamerika. Es liegt an der Avenida Libertador mit anderen eleganten Gebäuden. Zahlreiche Werke stammen aus dem 19. und frühen 20. Jh. Die Museumsleitung fügt der Dauerausstellung immer wieder neue Stücke aus der umfangreichen Sammlung hinzu. Neben Werken von Gauguin, El Greco und Picasso können Besucher 200 Jahre argentinische Kunst besichtigen. Cándido López, Antonio Berni und Xul Solar sind einige der Highlights. Das Haus hat jeden Tag außer montags geöffnet, der Eintritt ist frei. Am Wochenende kommt man am besten vormittags, wenn es noch nicht so voll ist.

Cementerio de la Recoleta

DIE GESCHICHTE DER STADT ERKUNDEN

Besucher können mit Hilfe der Gräber auf dem Cementario durch die letzten 200 Jahre der Geschichte Argentiniens reisen und die eindrucksvollen Mausoleen bewundern. Der erste öffentliche Friedhof der Stadt wurde 1822 eingeweiht und zählt mit Peré Lachaise und Montparnasse (Paris) zu den meistbesuchten Friedhöfen weltweit. Mehr als 20 argentinische Präsidenten sind hier begraben, ebenso Berühmtheiten wie Victoria Ocampo, Luis Federico Leloir, Adolfo Bioy Casares und Blanca Podestá. Faszinierend sind die Pracht einiger Mausoleen und die breite Vielfalt der architektonischen Stilrichtungen von Art déco, Jugendstil, Barock bis Neugotik. Um den Friedhof ranken sich Geistergeschichten, Mythen und Legenden wie die einer jungen Frau, die lebendig begraben worden sein soll. Die Guides erzählen sie normalerweise taktvoll, und es lohnt sich, an einer Führung teilzunehmen, damit man nichts verpasst. Highlight ist natürlich das Grab von Eva Perón.

EVITAS GRAB FINDEN

Der Cementerio de la Recoleta hat 4780 Grabgewölbe. Einige liegen an engen Seitengängen und sind nicht leicht zu finden, weil es am Eingang keinen Übersichtsplan gibt. Viele Leute gehen direkt zum berühmtesten, dem Grab von Eva Perón, 200 m links vom Haupteingang. Die First Lady (1946–52) kämpfte für Arbeiterrechte und das Frauenstimmrecht. Die Gruft der Familie Duarte – ihr Mädchenname – ist relativ schlicht ausgefallen, aber die einzige, an der immer frische Blumen stehen. Guides erläutern die langwierige Reise ihres Leichnams bis zum Erreichen des Friedhofs; dort ruht er 8 m unter der Erde, um ihn vor Vandalismus zu schützen.

JAVIER CATANO GONZALEZ/SHUTTERSTOCK ©

Cementerio de la Recoleta

Plaza Francia: Kunsthandwerkermarkt

EIN GEMÄCHLICHER WOCHENENDAUSFLUG

Der Markt auf der Plaza Francia vereint am Wochenende ab 11 Uhr Kunstgewerbler und Kunsthandwerker. Der nach Frankreich benannte Platz wurde anlässlich des 100-jährigen Jubiläums der Revolución de Mayo angelegt und wird von Skulpturen umgeben. Es ist auch sehr beliebt bei jungen Leuten, die den Tag hier verbringen und in der Sonne *mate* trinken. An den Ständen werden Glas-, Silber- und Lederwaren verkauft, außerdem gibt es kleine Imbissbuden. Besucher können Kunsthandwerk kaufen und das „Freilufttheater" genießen. Den ganzen Tag über sind die Straßen, die über den Platz führen, voller Straßenkünstler – Musiker, Jongleure, Pantomimen, Clowns, Puppenspieler und lebenden Statuen. Der Platz liegt in Laufweite von Recoletas Hauptattraktionen, z. B. dem Friedhof und dem Museo Nacional de Bellas Artes. Neben dem Markt in San Telmo zählt er zu den bedeutendsten der Stadt und bietet eine ausgezeichnete Gelegenheit, den Tag im Freien zu verbringen.

Die aristokratischste Straße der Stadt

ZAUBERHAFTER SPAZIERGANG ENTLANG DER AVENIDA ALVEAR

Initiiert 1885 durch Bürgermeister Torcuato de Alvear, zählt diese Straße zu den elegantesten der Stadt. Einige aristokratische Wohnsitze existieren noch, z. B. der Palast Ortiz Basualdo (französische Botschaft). Auch einige internationale Markenboutiquen gibt es hier, trotz der argentinischen Wirtschaftskrise – die Zeiten sind nun einmal nicht mehr so glänzend wie einst. Alle großen Wohnhäuser dienen heute anderen Zwecken bis auf eins. In der Avenida Alvear 1683 befindet sich die Hume-Residenz – als einzige ist sie noch bewohnt. Sie ist mysteriös, denn es ist nicht bekannt, wer darin lebt. Die Einheimischen nennen das Gebäude wegen der eklektischen Fassade Draculas Haus. In der Avenida Alvear zeigt sich der bedeutenden Einfluss des französischen Akademismus in Buenos Aires. In der Nähe, an der Calle Arroyo 1130, steht der **Pereda-Palast**, in dem die brasilianische Botschaft untergebracht ist. Das opulente Wohnhaus der Familie Unzué ist gegenwärtig die Zentrale des Jockey Clubs. Ein Bummel durch diese Straßen von Buenos Aires lassen Erinnerungen an Paris aufkommen.

WO ES EINEN KAFFEE GIBT

Maru Botana
Die Konditorin ist eine Berühmtheit auch aufgrund zahlreicher TV-Shows. Spezialität ist der Schichtkuchen *rogel* mit viel *dulce de leche*.

Rondó Café
Die Kaffeespezialtäten sind stadtbekannt. Der Flat White zählt zu den beliebtesten.

Gontran Cherrier
In einem Wintergarten bietet das Lokal französisches Gebäck mit einem Hauch Belle époque.

Clorindo
Verstecktes Café zu Ehren des berühmten Architekten Clorindo Testa.

Sasha
Das Lokal ist auf Kuchen spezialisiert. Am bekanntesten ist der Brownie mit Nutella.

ESSEN IN RECOLETA & RETIRO

El Cuartito
Hier geht es immer lebhaft zu. Die Pizza *fugazzeta* ist am beliebtesten. **$**

Roux
Haute cuisine, zubereitet mit Zutaten aus dem ganzen Land. Das Spanferkel ist eine knusprige Delikatesse. **$$$**

Pal que guste
Leckeres Essen aus dem Norden in einem ländlichen Ambiente zu vernünftigen Preisen. Mit Folkloreshows. **$**

HEMIS/ALAMY STOCK PHOTO ©

Palacio Paz

PRAKTISCHES

Den QR-Code scannen und mehr über den Palacio San Martín erfahren.

TOP-SEHENSWÜRDIGKEITEN

Villen & Paläste

In Retiro und Recoleta stehen viele der prächtigen Paläste, charakteristischen Gebäude und Villen von Buenos Aires. Auf der Plaza San Martín und in der Avenida Alvear gibt es davon sehr viele. Diese Bauten spiegeln die Geschichte der Stadt wider. Einige wurden in Hotels umgewandelt, andere sind nun Botschafts- oder Firmensitze und Museen. Viele wurden nach französischem Vorbild erbaut und entstanden gegen Ende des 19. und am Anfang des 20. Jhs., als Argentinien ein wohlhabendes Land war.

NICHT VERPASSEN

- Palacio Paz
- Palacio San Martín
- Edificio Kavanagh
- Alvear Palace Hotel
- Four Seasons Hotel Buenos Aires

Palacio Paz

Das herrschaftliche Wohnhaus an der Plaza San Martín zählt zu den luxuriösesten in der Stadt. Es gehörte José C. Paz, Geschäftsmann, Diplomat und eine der wichtigsten Figuren im Argentinien des 19. Jhs. Gegenwärtig ist hier der Círculo Militar, eine Offiziersvereinigung, untergebracht. Durch diese Flure zu laufen, ist wie eine Rückkehr in die Belle Époque, allerdings in Buenos Aires. Der französische Einfluss ist überall im Gebäude zu sehen; es hat 140 Zimmer, und erinnert an den Chantilly-Palast und die Seitenfront des Louvre zur Seine. Alle Materialien wurden aus Europa hierher gebracht, wie es damals üblich war. Die Marmorböden, -treppen und -säulen stammen aus Italien und Spanien, die Buntglasfenster sind französisch, und das Eichenparkett kommt aus Slawonien. Die eindrucksvollsten Räume des Hauses sind der Ballsaal, die gotischen Galerien und die Ehrenhalle. Führungen (nur auf Spanisch) gibt es dienstags, donnerstags und freitags. Eine Reservierung ist unerlässlich und erfolgt per Mail an reservaspalaciopaz@gmail.com.

Eine andere Art, das Herrenhaus zu besichtigen, ist ein Besuch im **Croque Madame Palacio Paz**. Zum Lokal gehört eine Cafeteria im Innenhof und ein Restaurant in einem Saal des alten Hauses.

Palacio San Martín

Diese Villa gehörte einstmals der Familie Anchorena. Sie wird vom argentinischen Außenministerium für festliche Empfänge genutzt. Die Wintergärten, Schmiedearbeiten und die herrlichen Details des Beaux-Arts-Stils stechen bei einer Besichtigung hervor, ebenso wie die wunderschönen Gärten. Außerdem beherbergt das Gebäude eine eindrucksvolle Sammlung argentinischer Kunst. Karten für eine Führung zu ergattern ist schwierig, denn die Teilnehmerzahl ist begrenzt. Um sich dafür anzumelden, muss man sich auf der Website turnos-palacio.mrecic.gov.ar/palacio (auf Spanisch) registrieren. Oder man muss sich damit begnügen, das Haus von außen anzusehen.

Edificio Kavanagh

Dieser Wohnblock an der Plaza San Martín war bei seiner Einweihung 1936 einer der ersten Wolkenkratzer in Buenos Aires. Die Esplanade des Platzes bietet einen außergewöhnlichen Blick auf den rationalistischen und Art-déco-Baustil, der zum Wahrzeichen der modernen Architektur in der Stadt wurde. Das Gebäude kann nicht besichtigt werden, allerdings bietet die städtische Touristeninformation eine Audiotour, u. a. mit Erläuterungen zur Geschichte des Gebäudes an. Sehr interessant ist die Liebesgeschichte zwischen Corina Kavanagh, die den Auftrag zum Bau erteilte, und dem Sohn der Familie Anchorena (siehe Palacio San Martín).

Alvear Palace Hotel

Das Hotel wurde 1932 eröffnet und hatte die Hotels im Paris der Belle Époque zum Vorbild. In der langen Hotelgeschichte beherbergte es Präsidenten, Prinzen, Könige und große Stars, die die luxuriöse Ausstattung und die Möbel im Louis-quinze-Stil zu schätzen wussten. Es werden zwar keine Führungen organisiert, aber die Atmosphäre lässt sich mit einem Gang durch die imponierende zentrale Wandelhalle erleben, die einem Ozeandampfer nachempfunden ist. Beispielsweise kann man in einer der Bars etwas trinken oder auch den Nachmittagstee genießen.

IKONISCHE DACHTERRASSENBAR

Von der Rooftop-Bar im Alvear Palace Hotel kann man den Sonnenuntergang sehen. Sie liegt in der 11. Etage und bietet leichte Mahlzeiten und typische Drinks. Geöffnet ist sie nur von Mittwoch bis Sonntag, eine Reservierung ist erforderlich. Ein kleines Gourmet-*choripán* und der Malibulísima (weißer Rum, Malibú, Limette, Zucker) sind es wert.

TOP TIPPS

- Manche Paläste und Villen sind an bestimmten Tagen zu besichtigen (siehe Websites).
- Touristen besuchen meist tagsüber die Gegend rund um die Plaza San Martín. Abends sollte man das Gebiet meiden.
- Am Wochenende lässt sich der Besuch der Paläste und Villen mit dem Markt auf der Plaza Francia kombinieren.
- In der Calle Junin und Calle Vicente Lopez gibt es viele Bars, Brauereien und Restaurants. Die Atmosphäre ist entspannt, es gibt für jeden Geschmack etwas.

DIE BESTEN KUNSTGALERIEN

Rolf Art
Rolf Art engagiert sich seit mehr als einem Jahrzehnt für Fotografie und ihre Grenzbereiche, unterstützt die Produktion und Förderung redaktioneller und audiovisueller Projekte und leistet Recherche- und Archivarbeit in Zusammenhang mit moderner Kunst.

Galería Rubbers
Die Galerie zeigt seit über 65 Jahren moderne und zeitgenössische argentinische Kunst und hat ein scharfes Auge für aufstrebende Talente entwickelt.

Mite
Mit jugendlichem Geist präsentiert Mite verschiedene Ausstellungen, die Malerei, Zeichnung Fotografie , Skulptur, Performance, Video und Installation umfassen; zudem widmet man sich auf unabhängige und autonome Weise der Verbreitung neuer und etablierter Kunst.

Biblioteca Nacional

Die wichtigste Bibliothek der Stadt

BÜCHER, AUSSICHT UND GUTE GETRÄNKE

Dieser Betonbau wurde im Stil des Brutalismus erbaut, einer seiner Schöpfer war Clorindo Testa, eine der prominentesten Gestalten Lateinamerikas. Er beherbergt knapp 1 Mio. Bände und eine große Sammlung mit Sprachaufnahmen. Das Museo del Libro y de la Lengua, eröffnet 2006, ist im selben Gebäude untergebracht. Der Besuch in jedem der neun Lesesäle der Biblioteca Nacional lohnt sich. Der Saal im 5. Stockwerk ist besonders empfehlenswert: Die großen Fenster sorgen für viel natürliches Licht und bieten eine bemerkenswerte Aussicht auf Recoleta. Der Einlass erfordert ein wenig Geduld, denn am Eingang müssen die Besucher sich ausweisen und benötigen zudem eine Zulassungskarte, um Bücher bestellen zu dürfen. Trotzdem ist das Erlebnis den Aufwand wert. Angrenzend an den Eingang an der Calle Agüero befindet sich Invernadero, ein Gin- und Tapasclub in einem zauberhaften Wintergarten. Inmitten von Büchern einen Drink zu genießen, ist eine wunderbare Auszeit.

ESSEN IN RECOLETA & RETIRO

Rufino
Klassische argentinische Grillgerichte mit Gourmet-Akzenten. Ein Highlight ist das Rib-eye-Steak (750 g). **$$$**

Tanta
Peruanisches Essen mit dem Siegel von Gastón Acurio, einem der berühmtesten Küchenchefs des Landes. **$$**

Jardín de Invierno
Gerichte aus Argentinien und aller Welt in der üppigen Gartenanlage eines Fünf-Sterne-Hotels. **$$$**

Leidenschaft für Karten & Globen

WO DIE WELT SCHÖNER ERSCHEINT

Don Mundos Slogan lautet „Die Welt hat es verdient, hübscher auszusehen", und dem wird es in jedem Fall gerecht. Das einzigartige Geschäft ist in der Stadt beispiellos und widmet sich dem Verkauf von Globen. Einige seiner Produkte zeigen die klassischen geografischen Unterteilungen, während andere eine originelle Gestaltung aufweisen. Im Angebot sind beleuchtete Globen, auf denen die Comicfigur Mafalda zu sehen ist, und solche mit bemerkenswerten Zeichnungen der argentinischen Flora und Fauna. Wer den Laden besucht, mag in Versuchung kommen, einen Globus mit nach Haus zu nehmen, obwohl es nicht sehr praktisch ist, ihn mit sich herumzutragen.

Das Lokal der Schriftsteller

EIN KAFFEE MIT DEM GROSSEN BORGES

Es ist die berühmteste Bar in Recoleta, die mit am häufigsten von Touristen frequentiert wird. An der Eingangstür steht ein Tisch mit zwei Skulpturen seiner berühmtesten Kunden: Adolfo Bioy Casares und Jorge Luis Borges. Die Schriftsteller verbrachten viele Stunden an ihrem Tisch, ebenso wie Julio Cortázar. Viele ihrer Geschichten wurden durch dises typische *Porteño*-Café inspiriert. Der Saal fasst 400 Leute, die Wände sind mit Fahrzeugteilen dekoriert. Außerdem gibt es Fotos von bedeutenden Motorsportlern. Die Karte enthält argentinische Klassiker wie *bife de chorizo, sánguches* und eine große Vielfalt an Kaffee. Vor dem Rausgehen das Souvenir nicht vergessen: ein Foto am Tisch von Borges und Bioy.

Florería Atlántico

DIE BESTEN COCKTAILBARS

Florería Atlántico
Die berühmteste Kneipe in Buenos Aires. Aushängeschild ist der Negroni Balestrini mit argentinischem Gin und einem Hauch *yerba mate*.

Gran Bar Danzón
Viele große Barkeeper des Landes haben den Laden durchlaufen. Er hat eine ellenlange Cocktailkarte und über 350 Weine.

Presidente Bar
Kleines Hotel, das in einen Cocktailclub umgewandelt wurde. Der Zombie in Buenos Aires ist ein Mix verschiedener Rumsorten und wird in einem dem Obelisk nachempfundenen Gefäß serviert.

Basa
Minimalistisch eingerichteter Laden im Untergeschoss mit großer Bar.

Milion
Drinks und Tapas in einem schönen, alten Haus.

ÜBERNACHTEN IN RECOLETA & RETIRO

Loi Suites Recoleta
Mehrbett- und Einzelzimmer. Manchmal wird in den Gemeinschaftsräumen Livemusik gespielt. **$$$**

Loi Suites Recoleta
Das Boutiquehotel hat einen Wintergarten und ein Restaurant, plus Fitnessraum und beheiztes Schwimmbecken. **$$$**

Up Recoleta Hotel
Komfort vom Feinsten in der Nähe der berühmten Attraktionen in Recoleta und Palermo. **$$**

San Telmo

ALTES VIERTEL UND ANTIQUITÄTENSCHNÄPPCHEN

Das Ambiente von San Telmo ist unkonventionell und nostalgisch. Dieses Viertel gehört zu den ältesten der Stadt. Straßen mit Kopfsteinpflaster, alte Häuser und charmante Innenhöfe sind gut erhalten. Der Reiz wird durch die Bars, Restaurants und Antiquitätenläden noch erhöht. Seit 1970 ist die Plaza Dorrego das Zentrum einer Veranstaltung – der wichtigsten Antiquitätenmesse der Stadt (jeden So). Dabei lassen sich Läden (v.a. in der Calle Defensa), Imbissstände und Grünanlagen besuchen. In der Plaza Dorrego finden sich viele Straßenkünstler ein, und auch der Tango scheint allgegenwärtig zu sein.

TOP TIPP

Der San-Telmo-Markt (So 10–17 Uhr) ist bei Einheimischen und Touristen gleichermaßen beliebt. Gegen 14 Uhr ist am meisten los; am besten geht man vormittags, sobald er geöffnet hat. Die Straßen haben Kopfsteinpflaster, also möglichst bequeme Schuhe tragen und High Heels meiden.

Feria de San Telmo **(S. 97)**

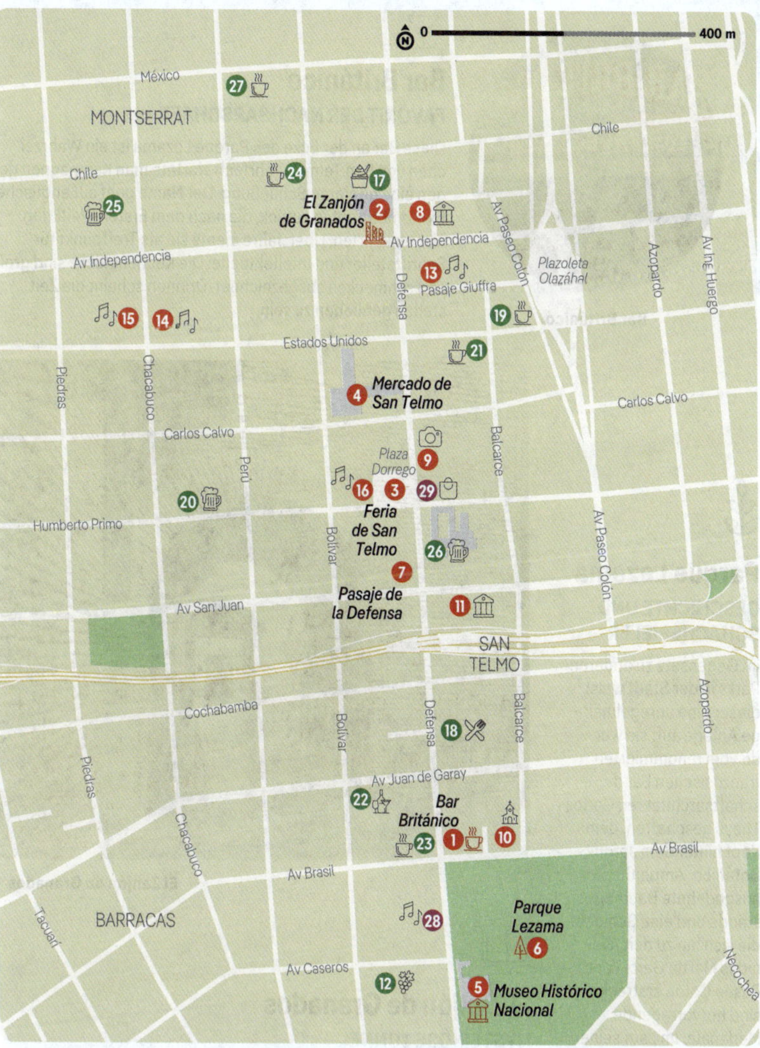

TOP-SEHENSWÜRDIGKEITEN
1 Bar Británico
2 El Zanjón de Granados
3 Feria de San Telmo
4 Mercado de San Telmo
5 Museo Histórico Nacional
6 Parque Lezama
7 Pasaje de la Defensa

SEHENSWERTES
8 Casa Mínima
9 Galería Solar de French
10 Iglesia Ortodoxa Rusa de la Santísima Trinidad
11 Museo de Arte Moderno de Buenos Aires
12 Vina San Telmo

AKTIVITÄTEN, KURSE & TOUREN
13 La Scala de San Telmo
14 Pista Urbana
15 Teatro Margarita Xirgu
16 Todo Mundo

ESSEN
17 La Casa del Dulce de Leche
18 Pulpería Quilapán

AUSGEHEN & FEIERN
19 Bar Sur
20 Bierlife
21 Café Rivas
22 Doppelgänger Bar
23 El Hipopótamo
24 La Poesía
25 La Puerta Roja
26 Margal
27 Punto Café

UNTERHALTUNG
28 Centro Cultural Torquato Tasso

SHOPPEN
29 Taller Pallarols

Bar Británico

Bar Británico

FAVORIT DER NACHBARSCHAFT

Diese Bar an der Ecke des Parque Lezama ist ein Wahrzeichen von San Telmo; mehrfach startete man Kampagnen gegen eine geplante Schließung. Der Name geht auf englische Ex-Kombattanten zurück, die nach dem Ersten Weltkrieg hier einkehrten. Über Jahre diente sie als Treffpunkt für Schriftsteller und Intellektuelle. Die Kuchenstücke sind groß und schmecken ausgezeichnet. Drinnen scheint die Zeit stehen geblieben zu sein.

Parque Lezama

GESCHICHTE UND SCHACHSPIELER

Im Gegensatz zu anderen Parks in der Stadt weist dieser eine unregelmäßige Anlage auf; sie wurde vom renommierten französischen Landschaftsarchitekten Carlos Thays geschaffen, dem Kopf hinter dem Jardín Botánico. Amphitheater, ausgedehnte Baumbestände und eine Schlucht, die sich hin zu den Avenidas Martín García und Paseo Colón erstreckt, sind hervorragende Merkmale. Im Lauf seiner Geschichte diente der Park als Sklavenmarkt; einige Historiker meinen, dies sei der Ort der ursprünglichen Stadtgründung. Schachbretter sind in der Nordwestecke des Parks neben dem Theater zu finden.

El Zanjón de Granados

El Zanjón de Granados

MYSTERIÖSE TUNNEL

In den 1980er-Jahren erwarb der Geschäftsmann Jorge Eckstein die Immobilie, um sie in ein Restaurant umzuwandeln. Bei Baubeginnt entdeckte man auf dem Grundstück eine Reihe unterirdischer Gänge, durch die das Regenwasser in den Río de la Plata abfloss. Das Restaurantprojekt wurde gestrichen, statt dessen entstand die wichtigste archäologische Ausgrabungsstätte der Stadt. Auf einer Führung ist es möglich, die Tunnel zu besuchen und durch die hier gefundenen Exponate etwas über die Vergangenheit der Stadt zu erfahren. Sie dauert eine Stunde, manchmal führt Jorge selbst – dann kann sie allerdings etwas länger dauern, denn er weiß unzählige Geschichten zu erzählen.

Pasaje de la Defensa

CHARMANTES ALTES BÜRGERHAUS

Wer wissen möchte, wie einst ein Herrenhaus in San Telmo ausgesehen hat, muss dieses Gebäude besichtigen. Es hat zwei Etagen, eine zentrale Wandelhalle und große Patios; es gehörte der angesehenen Familie Ezeiza. Seit Anfang der 1980er-Jahre dient es als Galerie, die Antiquitäten, Kleidung und Gemälde verkauft. Es macht großen Spaß, über die schachbrettartigen Fliesen zu gehen, an der Zisterne anzuhalten und die Details an den Kieferndächern zu betrachten.

Pasaje de la Defensa

Casa Mínima

RÄTSELHAFTES ÜBER EIN HISTORISCHES HAUS

Die Frontfassade dieses Hauses ist nur etwas mehr als 2 m lang und gibt Rätsel auf. Was verbirgt sich hinter diesen schmalen Mauern und wer wohnte einst hier? Antworten auf diese Fragen finden sich auf der gut einstündigen Führung: In dem Wohnhaus werden Originalmaterialien aus dem 18. Jh. aufbewahrt, die Wände sind terrakottafarben. Es werden einige Schauermärchen erzählt, man spricht von angeblichen Geistererscheinungen in diesem Haus. Außerdem gibt es obskure Geschichten über Sklaven, die in jener Zeit in Buenos Aires lebten.

Feria de San Telmo

Feria de San Telmo

KUNSTHANDWERK, ANTIQUITÄTEN UND STRASSENKÜNSTLER

Sich einen Sonntag lang im Sonnenschein auf der Feria de San Telmo zu aalen, ist ein beliebtes Freizeitvergnügen bei Einheimischen und Besuchern. Das pulsierende Zentrum liegt an der Calle Defensa, an der mehr als 300 Antiquitätenhändler ihre Stände aufbauen. Beginnend bei der Defensa und Yrigoyen (Plaza de Mayo) in Richtung Plaza Dorrego erstrecken sich die Stände. Während diese rund um den Platz vor allem antiquarische Schätze darbieten, präsentieren andere Lederwaren, Silber und Holzarbeiten neben Artefakten und Kleidung. Das Umfeld der Plaza verwandelt sich in eine dynamische Szenerie mit vielen Restaurants, die Plätze im Freien anbieten. Dazu entfaltet sich ein bezauberndes Spektakel mit Straßenkünstlern – Musiker, lebende Statuen und, natürlich, Tangotänzer.

Mercado de San Telmo

ANTIQUITÄTEN UND GOURMETTREFF

Der faszinierende Markt wurde 1897 fertiggestellt, um die neue Welle europäischer Einwanderer mit Lebensmitteln zu versorgen. Mit der Zeit eröffneten auch Antiquitätenläden neben Gemüseständen und Metzgereien. 2022 ließ die Stadtverwaltung das Gebäude gemäß der Originalentwürfe restaurieren; Balken, Bögen und Metallsäulen wurden aus Deutschland importiert. Das Dach mit der großen Kuppel besteht aus Metallblech und Glas. Auch heute gibt es noch Antiquitätenläden und gastronomische Betriebe, darunter argentinische und französische Restaurants und Spezialitätencafés. **Mundo Beat**, betrieben von Besitzer Beto, verkauft kuriose Vintage-Objekte, Kitsch und Vinylplatten. Im **Coffee Town** bekommt man einen guten Kaffee.

Mercado de San Telmo

Taller Pallarols

BUENOS AIRES' ANGESEHENSTER GOLDSCHMIED

Juan Carlos Pallarols ist der berühmteste Goldschmied des Landes. Seit 1983, nach dem Ende der Militärdiktatur, hat er für jedes argentinische Staatsoberhaupt den Präsidentenstab angefertigt. Seine Arbeiten genießen weltweit Anerkennung. Prominente wie Lady Di, Melanie Griffith, Madonna und Tom Hanks haben bei ihm eingekauft. Die Werkstatt des berühmten Künstlers liegt in der Calle Defensa. Man kann sie besichtigen und einige seiner älteren und aktuellen Stücke zu sehen. Die meisten bestehen aus Silber. Es ist eine Freude, bei der Textur jeder ziselierten Rose oder Silbermedaille zu verweilen. Seine Gemälde sind ebenfalls ausgestellt. Die Werkstatt hat montags bis samstags von 9 bis 17 Uhr geöffnet.

Museo Histórico Nacional

DER BERÜHMTE SÄBEL VON JOSÉ DE SAN MARTÍN

Das Museum ist in dem prächtigen Herrenhaus im Parque Lezama untergebracht. Es beherbergt Gegenstände und Bilder der revolutionären Ereignisse, die den Weg zur argentinischen Unabhängigkeit ebneten. Zu sehen sind Objekte wie das Tintenfass, das für die Unterschrift der Unabhängigkeitserklärung in der Provinz Tucumán verwendet wurde. Ausgestellt sind persönliche Gegenstände, die Manuel Belgrano und Martín Miguel de Güemes – bedeutende Persönlichkeiten der argentinischen Geschichte – gehörten. Das Herzstück ist zweifellos José de San Martíns berühmter Säbel – ein Symbol der Freiheit; diese Waffe trug der berühmte südamerikanische Unabhängigkeitskämpfer auf seinen Feldzügen. Es ist eine schöne, schlichte Waffe ohne Vergoldungen, Arabesken oder sonstige teure Accessoires, die zu jener Zeit beliebt waren. Abgesehen von der Dauerausstellung Tiempo de Revolución zeigt das Museum wechselnde Ausstellungen zu Themen wie Musik und Fußball. Von Mittwoch bis Sonntag bietet das Museum freien Eintritt und Führungen.

Museo Histórico Nacional

EIN BILD MIT MAFALDA

Das Museo Histórico Nacional organisiert regelmäßig Ausstellungen zu typisch argentinischen Themen. Ein paar Blocks entfernt befindet sich eine Statue der Mafalda. Wenn man die Calle Defensa zur Chile hinunterläuft, sieht man vermutlich Leute, die für ein Foto anstehen. Auf einer einfache Bank sieht man die sitzende Skulptur der bekannten Comicfigur Mafalda. Ihr Schöpfer, der Zeichner Quino (Joaquín Salvador Lavado Tejón), wurde in Mendoza geboren, lebte später aber in San Telmo. Die Statue schuf der Künstler Pablo Irrgang und ist eine Hommage an dieses liebenswerte, neugierige und altkluge Mädchen, das die Eigenheiten der Argentinier auf die Schippe nimmt.

DIE BESTEN COCKTAIL- & WEINBARS

Doppelgänger Bar
Seit über 15 Jahren in San Telmo ansässig, ist die Doppelgänger Bar ein Paradies für Mixologen. Die Spezialität sind Negroni- und Martinivarianten, aber es gibt auch eine umfassende Auswahl an Getränken und Snacks.

Vina San Telmo
Über 100 verschiedene Weine können hier probiert werden. Die Bar organisiert auch Blindverkostungen.

Bierlife
In einem alten Herrenhaus bietet Bierlife 70 unterschiedliche Biere und Gerichte an. Der weitläufige Garten ist perfekt für Sommerabende.

La Puerta Roja
Die Bar bietet Bier, Drinks und eine nette Atmosphäre. Oft kommen hier Leute zusammen, um Fußball zu gucken.

Margal
Craftbier ist das Aushängeschild dieses Lokals mit großer Terrasse.

TRAVELBUENOSAIRES ©

Iglesia Ortodoxa Rusa de la Santísima Trinidad

MEHR IN SAN TELMO

Ein Stück Russland in San Telmo

EINE MÄRCHENHAFTE KIRCHE AM PARQUE LEZAMA

Wer den Parque Lezama an der Calle Brasil besucht, wird von den blauen Zwiebelhauben einer Kirche mitten in Buenos Aires fasziniert sein. Die Iglesia Ortodoxa Rusa de la Santísima Trinidad wurde 1904 geweiht. Der russische Architekt Michail Preobraschenski entwarf das Projekt, später nahm Alejandro Christophersen, bekannt als Schöpfer des Palacio San Martín in Retiro, Änderungen vor. Im Innern erstaunen die Buntglasfenster und besonders die gerahmten Gemälde. Einige stammen von renommierten Künstlern wie Michail Nesterow und Wiktor Wasnezow, die in den Kathedralen von Kiew und St. Petersburg arbeiteten.

In Sachen Religionsfreiheit war Argentinien ein Vorreiter in Lateinamerika. Zum Beispiel war es das erste südamerikanische Land mit einem nicht-katholischen christlichen Gotteshaus. Die Kirche ist ein Zeichen dieser Offenheit. Besichtigungen sind nur an einem Sonntag im Monat möglich (Reservierungen: info@iglesiarusa.org.ar). Eine andere Möglichkeit ist der Besuch einer Messe am Sonntagmorgen.

ESSEN IN SAN TELMO

Café San Juan
Preisgekröntes Restaurant mit spanisch inspirierten Tapas und Gerichten aus hochwertigen lokalen Zutaten. **$$$**

The Pizza Only True Love
Eine Vielfalt an Pizzas, Pasta aus Biomehl und Sauerteig und eine Cocktailbar. **$$**

El Federal
Der Lebensmittelladen existiert seit 1864; Spezialitäten sind Wurstwaren und Käse. **$$**

Die berühmten Schirme

GALERIE MIT REICHER GESCHICHTE

Die Galería Solar de French ist aus zweierlei Gründen berühmt. Die Einkaufspassage mit einem Dutzend bunter Schirme wurde zu einem der fotogensten Motive in San Telmo. Der andere Aspekt ist historisch: Hier lebte Domingo French, eine der Schlüsselfiguren der Mairevolution. Die Geschäfte sind klein, präsentieren aber Originaldesigns. Traveller werden das Angebot im **Indochina** zu schätzen wissen, ein Laden, der sich auf Kleidung und Artikel für Touristen spezialisiert hat. Das Viertel inspiriert die San Telmo Collection, u. a. mit Mützen, Sweater und T-Shirts.

Den süßen Zahn zufriedenstellen

LEIDENSCHAFT FÜR DULCE DE LECHE

Auf zwei Dinge sind die Argentinier besonders stolz: Fußball und *dulce de leche.* La Casa del Dulce de Leche feiert diese Leidenschaft mit großen Töpfen voll klassischem *dulce de leche* und Varianten mit Schokolade, Rum, Bananen und Kaffee. Der Laden verkauft auch Liköre, Schokolade *(alfajores* und *dulce de leche)* – ideal für Leute, die Süßes mögen. Ähnliche Läden in der Nachbarschaft sind u. a. **La Vaca Lechera** und **Doña Magdalena**. Alle Eiscafés in der Stadt bieten ebenfalls *dulce de leche* in verschiedenen Versionen.

La Casa del Dulce de Leche

JEFFREY GREENBERG/UNIVERSAL IMAGES GROUP VIA GETTY IMAGES ©

DER BESTE KAFFEE IN SAN TELMO

Punto Café
Kaffeespezialitäten und Gebäck. Flat Mahal mit Schokolade, Ingwer und Sesam probieren.

Café Rivas
Schöne Bar mit Restaurant; guter Kaffee in einer charakteristischen Ecke von San Telmo.

La Poesía
Die Bar hat eine literarische Vergangenheit; es finden Lesungen und Buchpräsentationen statt.

Bar Sur
Außer Kaffee bietet die Bar jeden Abend Tango-Shows.

El Hipopótamo
Cider ist die Spezialität dieser alten spanischen Bar.

ESSEN IN SAN TELMO

La Brigada
Ein klassischer Grill, wo das Fleisch so zart ist, dass man es mit dem Löffel schneiden könnte. **$$$**

Pirilo
Eine klassische Pizzeria, die von Einheimischen frequentiert wird. **$**

Hierbabuena
Das Konzept ist als „bewusste Küche“ definiert. Serviert werden Gerichte mit saisonalen Biozutaten. **$$**

LIEBLINGSPLÄTZE IN SAN TELMO

María Belén Martínez, Fremdenführerin, bietet mit La Bicicleta Naranja Fahrradtouren in San Telmo an. *@belu.tour.travel*

Shabu Shabu
Das Restaurant im Mercado de San Telmo ist bekannt für Ramen und Sushi. Man kommt in eine 2D-Comic-Bar, wenn man die Treppe raufgeht. Man bestellt sich etwas und fühlt sich wie in einem Comic.

Atis Bar
Von außen wirkt die Bar nichtssagend. Beim Betreten befindet man sich in einem alten Kloster von 1890 mit Balkonen und großen Sälen.

Galería del Viejo Hotel
In einem alten Hotel sind heute Ateliers für Künstler, Designer und Antiquitätenhändler ansässig.

Souvenirs, San Telmo

Kunst in einer alten Tabakfabrik

EIN MUSEUM FÜR MODERNE KUNST

Von seinen Anfängen Mitte der 1950er-Jahre führte das Museum ein Wanderleben. Selbst Journalisten nannten es „Geistermuseum“, weil es mehrfach den Standort wechselte. Bis schließlich 2018 das Museo de Arte Moderno de Buenos Aires expandierte und in einem alten Gebäude von 1918, das einer englischen Tabakfirma gehört hatte, wiedereröffnet wurde. An der oberen Fassade des Gebäudes ist noch die Zahl 43 zu erkennen; das war der Name einer bekannten argentinischen Zigarettenmarke. Das Museum besitzt eine Fläche von über 1500 m^2; es gibt Ausstellungsräume, eine Bibliothek, pädagogische Workshops und eine Cafeteria mit großen Tischen. Durch die großen Fenster scheint viel natürliches Licht in die Räume. Zu sehen sind Wanderausstellungen, mit Focus zeitgenössische Künstler. Das Museum dokumentiert argentinische Kunst von den 1920er-Jahren bis in die Gegenwart; die

ÜBERNACHTEN IN SAN TELMO

Circus Hostel & Hotel
Bietet einfache und komfortable Einzel- und Mehrbettzimmer. Draußen gibt es einen kleinen Jacuzzi. **$**

L'Adresse Hôtel Boutique
Ein altes restauriertes Haus mit romantischer Atmosphäre und nur 15 Zimmern. **$$**

Patios de San Telmo
Früheres Mietshaus, das in ein Boutiquehotel umgewandelt wurde. Organisiert auch kulturelle Aktivitäten. **$$$**

Sammlungen präsentieren argentinische Beiträge zur moderne Kunst aus den 1940er-Jahren bis heute. Jeden Tag außer Dienstag – dann hat das Museum geschlossen – wird um 16 Uhr eine Führung angeboten.

Genau wie in alten Zeiten

BAR UND RESTAURANT MIT LÄNDLICHEM FLAIR

Die *pulperías* in der argentinischen Pampa dienten als Gasthäuser, Wegstationen und Gemischtwarenhandlungen. In ihrer Geschichte wurde die Pulpería Quilapán unterschiedlich genutzt: als Kolonialhaus, Mietshaus, chemische Reinigung und Zentrale einer Stiftung. Ein französisches Paar baute sie zur *pulpería* um mit der Absicht, die ursprüngliche Form des Hauses zu bewahren. Im historischen Zentrum von San Telmo gelegen, bildet sie eine Brücke zwischen Stadt und Land. Sie verfügt über einen großen Patio, Garten, Zisterne und Objekte, die aus längst vergangenen Zeiten stammen, z. B. Gemälde, Weinkrüge in der Form eines Pinguins und alte Kühlschränke mit Holztüren. Hier kann man nicht nur Tango- und Folkloredarbietungen genießen, sondern in nachbarschaftlicher Atmosphäre auch saftige, langsam geschmorte Fleischgerichte und altmodische Drinks probieren. Auch sollte man sein Glück beim **Juego del Sapo** zu versuchen. Zudem sollte man die ungewöhnlichen Preisnachlässe nutzen — z. B. 20 % Ermäßigung, wenn es regnet.

Schirme, Galería Solar de French (S. 101)

LIVEMUSIK HÖREN

Centro Cultural Torquato Tasso
Bietet Shows von Mittwoch bis Sonntag. Der Schwerpunkt liegt auf Tango, aber es gibt auch Folklorekonzerte.

Pista Urbana
Zahlreiche Shows, hauptsächlich Tango und Folklore. Die Atmosphäre ist intim und heimelig.

Teatro Margarita Xirgu
Indie Music für ein junges Publikum, manchmal auch Theater und Kunst. Im selben Gebäude befindet sich Casal de Cataluña, ein ausgezeichnetes spanisches Restaurant.

Todo Mundo
An der Plaza Dorrego. Tägliche Shows: Rock, Tango, Salsa, Jazz, Reggae, Folklore und Ska.

La Scala de San Telmo
Das Kulturzentrum ist in einem alten Herrenhaus untergebracht. Großes Show-Programm.

ÜBERNACHTEN IN SAN TELMO

Viajero Hostel Buenos Aires
Einzel- und Mehrbettzimmer. Hat ein Schwimmbecken und organisiert auch Barbecues auf der Terrasse. **$**

Carlos Gardel Hostel
Einfaches Hotel mit Tango-Thema. Nur Einzelzimmer. **$**

Anselmo Buenos Aires
Kleines Boutiquehotel, das von der Hilton-Gruppe gemanagt wird. Strategisch gelegen an der Plaza Dorrego. **$$$**

La Boca

BERÜHMT FÜR SEINE BUNTEN HÄUSER, TANGO UND CAMINITO

La Boca hat mit seinen Werften, Fabriken und dem Hafen die wirtschaftliche Entwicklung der Stadt vorangebracht. Aber hier haben auch große Künstler gelebt und gearbeitet, z. B. die Maler Benito Quinquela Martín und Fortunato Lacámera. Das Viertel war ein Rückzugsort für Anarchisten und die soziale Rebellion im späten 19. Jh. Die Mietshäuser, in denen einst Einwanderer wohnten, sind typisch für dieses Viertel. Einige sind bei einer Tour durch den Caminito zu besichtigen. Für die Leidenschaft der Menschen für den Fußball steht Boca Juniors, einer der berühmtesten Clubs auf dem Kontinent.

TOP TIPP

Caminito ist eines der belebtesten Viertel. Für Fotos ohne Menschenmassen muss man vor 11 Uhr kommen, noch vor den Touristenbussen. Das touristische Gebiet rund um Caminito ist tagsüber sicher. Man kann hier herumlaufen, die Restaurants, Museen und Souvenirläden besuchen. Vorsicht ist rund um das Boca Juniors Stadion geboten.

La Boca

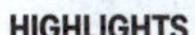

HIGHLIGHTS
1 Caminito
2 Museo Benito Quinquela Martín

SEHENSWERTES
3 Barro
4 Fundación Proa
5 Munar
6 Munar
7 Museo de la Pasión Boquense
8 Museo del Conventillo Marjan Grum
9 Usina del Arte

ESSEN
10 Banchero
11 El Estaño 1880
12 El Gran Paraíso
13 El Obrero
14 El Samovar de Rasputín
15 La Glorieta de Quique
16 Las Gemelas

AUSGEHEN & FEIERN
17 1905 Bar
18 Bar Roma
19 Café Bar de los Artistas
20 La Buena Medida
21 Lo del Diego

UNTERHALTUNG
22 Colón Fábrica

SHOPPEN
23 Almacén Porteño
siehe 4 Jofre Art Gallery
siehe 4 Solo Boca

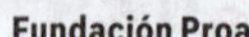
Fundación Proa

Fundación Proa

MODERNE KUNST UND TOLLER BLICK

Ein altes, italienisch anmutendes Haus von 1895 wurde in ein modernes Kulturzentrum umgewandelt, das sich den künstlerischen Bewegungen des 20. und 21. Jhs. widmet. Es organisiert temporäre Ausstellungen von Fotografie, Design und Video, Kurse, Konzerte und Konferenzen. Das Gebäude umfasst drei Etagen, vier Ausstellungsräume mit ausgezeichneter natürlicher Beleuchtung und eine Buchhandlung. Im obersten Stock ist ein Restaurant mit einer Terrasse, die einen Rundumblick auf den Caminito ermöglicht.

Lo del Diego

DIE BAR EINER LEGENDE

Diego Armando Maradona zählt zu La Bocas Lieblingssöhnen. Anfang der 1980er-Jahre war er bei Boca Juniors unter Vertrag, Mitte der 1990er-Jahre kehrte er als Weltstar zurück und spielte wieder für die Farben seines früheren Clubs. Der Fußballlegende ist eine Bar gewidmet, in der sich alles um Maradona dreht. Es gibt gigantische Fotos, man kann Trikots der Clubs erwerben, für die er einst gespielt hat – mit seiner Nummer – und die beiden Statuen von Diego betrachten. In Argentinien wird er quasi als Gott verehrt. Es gibt auch Gläser, Becher und andere Souvenirs.

Museo Benito Quinquela Martín

Museo Benito Quinquela Martín

DER GROSSE KÜNSTLER DES HAFENS

Benito Quinquela Martín war nicht nur ein außergewöhnlicher Künstler, der La Boca zum zentralen Thema seines Werks machte. Er war auch der Schöpfer der Caminito-Promenade. In seinem Zuhause und Atelier kann man etwas über dessen Leben und Arbeit erfahren, aber auch über die Eigenarten des Viertels. Es gibt eine Sammlung mit über 300 Werken, darunter Stiche, Zeichnungen und große Gemälde. Es lohnt sich, bei den ungewöhnlichen Szenen seiner Gemälde zu verweilen mit den Arbeitern und Schiffen, die er porträtiert hat. Nicht die Terrasse mit tollem Blick auf das Viertel verpassen! Das Museum ist dienstags bis sonntags von 11.15 bis 18 Uhr geöffnet.

Museo de la Pasión Boquense

EINE GESCHICHTE DER LEIDENSCHAFT

Boca Juniors ist, neben River Plate, der berühmteste Club des Landes. Das Museum im Stadion präsentiert ehemalige Spieler, zahlreiche Trikots, die großen Idole, die Meisterschaftstrophäen und die Begründer des Vereins. Natürlich ist Diego Armando Maradona, einem der größten Idole der Clubgeschichte, eine eigene Abteilung gewidmet. Es gibt 360-Grad-Videos, die die Begeisterung zeigt, die dort an Spieltagen herrscht. Die Führung ist kurz – etwa eine halbe Stunde –, leider gehört der Zugang zum Spielfeld oder den Umkleidekabinen nicht mehr dazu.

Museo de la Pasión Boquense

El Obrero

El Obrero

DAS RESTAURANT, IN DEM CLINTON KEINEN TISCH BEKAM

El Obrero wurde 1954 als Restaurant für Hafenarbeiter eröffnet. Heute ist es ein Zeugnis für die Geschichte des Viertels. Bill Clinton wollte einmal rein, musste aber gehen, weil er keinen Tisch bekam; der Besitzer sagte, dass er die sitzenden Gäste nicht hinauswerfen könne. Hausspezialitäten sind *bife de chorizo*, spanisches Omelette und gebratene Calamari. Die Wände sind voller Fußballtrikots und Fotos von berühmten Gästen. Geöffnet montags bis samstags ab 20 Uhr.

Museo del Conventillo Marjan Grum

DIE GESCHICHTE DER EINWANDERER IN ARGENTINIEN

Marjan Grums Geschichte ist stellvertretend für die Migrationsgeschichte von La Boca. Der Slowene flüchtete vor dem Zweiten Weltkrieg nach Argentinien, entschied sich zu bleiben und richtete in einem alten Mietshaus ein Kunstatelier ein. Heute teilt der Ort die Geschichte der Einwanderer, die in dieses Viertel kamen – Grum leistete hervorragende Arbeit bei der Restaurierung des Gebäudes –, und präsentiert Stücke, die er geschaffen hat, oft aus Eisen und anderen ausrangierten Materialien. Marjan und dessen Frau Beatriz repräsentieren lebendige Geschichte; es lohnt, sich mit ihnen zu unterhalten. Das Haus hat täglich von 11 bis 14.30 Uhr geöffnet.

Caminito

BUENOS AIRES' BERÜHMTESTE FARBENFROHE STRASSE

Der Künstler Quinquela Martín (1890–1977) gab den Anstoß, eine vergessene Gasse in La Boca in einen bunten, freudigen Ort zu verwandeln, der die Geschichte des Viertels erzählen sollte. Inzwischen ist es einer der fantastischsten Attraktionen der Stadt. Die gut 100 m lange Straße wird von farbenfrohen Mietshäusern gesäumt, in denen einst italienische Immigranten lebten; ein Besuch ist wie eine Reise durch die Geschichte der Stadt. Wer sich in die Details dieser Häuser und ihrer Geschichte vertieft, kann leicht Stunden damit verbringen, eine umgebaute Mietskaserne zu erkunden, die heute ein Restaurant, eine Kunstgalerie oder ein Souvenirladen ist. Auf der La Feria de Caminito sieht man Tango-Sänger und -Tänzer sowie Künstler, die mit Leder, Holz, Metall, Stoff, Keramik und *fileteado* – einem dekorativen Kunststil, der im späten 19. Jh. in Buenos Aires entstand – arbeiten. Vor der Calle Pedro de Mendoza 1800 steht eine Skulptur als Tribut an Quinquela Martín. Die Statue zeigt ihn in Arbeitskleidung und mit Werkzeug.

EIN BILD MIT MESSI

Das Aussehen der mythischen Ecke Caminito und Calle Magallanes 837 wurde kürzlich verändert. Auf Initiative einer Gruppe von Unternehmern wurde eine Statue von Lionel Messi auf dem Balkon eines *alfajores*-Ladens aufgestellt. Der Spieler hebt den Weltcup in die Höhe, den Argentinien bei der WM 2022 in Katar gewann. Das Werk ist aus 48 Teilen zusammengesetzt, die mit 15 3D-Druckern erzeugt wurden. Um ein Foto machen zu können, geht man in die 1. Etage des Ladens, wo Messi freudestrahlend mit der Trophäe steht. Man muss hier übrigens nichts kaufen.

TRAVELBUENOSAIRES ©

Caminito

Usina del Arte

Usina del Arte

KULTURZENTRUM IM ALTEN KRAFTWERK

Früher ein Kraftwerk, heute Kulturzentrum: Das Gebäude ist ein Entwurf des Italieners Giovanni Chiogna, den die prächtigen Paläste und Schlösser der florentinischen Renaissance inspirierten. Bei einer Führung sieht man Halbkreisbögen, den Glockenturm, schmiedeeiserne Balkone und einen Brückenkran, die aus dieser Zeit stammen. Das 15 000 m² große Gelände vereint Künste, Musik, Kinderaktivitäten und Events und ist einer der Schauplätze des **Tango BA Festival y Mundial** (Führungen Di–Fr 17 Uhr, Sa & So 12.30 & 17 Uhr).

Colón Fábrica

HINTER DEN KULISSEN

Das Teatro Colón zu besichtigen oder eine Vorstellung zu erleben, ist eine außergewöhnliche Erfahrung in Buenos Aires. Wie entstehen die Bühnenaufbauten? Welche Arbeit steckt hinter den großartigen Kostümen? Ein Besuch der Colón Fábrica, untergebracht in einer ehemaligen französischen Eisenhütte nur wenige Blocks vom Caminito, gibt einige Antworten. Dort können Besucher in Eigenregie oder bei einer Führung die großartigen Produktionen besichtigen, die aus den Werkstätten einer der wenigen Theaterfabriken der Welt hervorgehen. Guides wie Verónica leiten die Gäste, vermitteln Hintergrundwissen zu Kostümen, zu Bühnenbauten und zur Bühnentechnik. In den Fluren fühlt man sich wie in den fantastischen Welten von *Hamlet*, *Turandot*, *Aida* und anderen Opern. Auf einem Bildschirm wird für jedes Stück ein kurzes Video von einer Theateraufführung gezeigt. Colón Fábrica hat von Freitag bis Sonntag und an Feiertagen von 12 bis 18 Uhr geöffnet. Führungen müssen im Voraus gebucht werden.

MEINE LIEBLINGS-BRÜCKE

Bárbara Duarte ist selbstständige Fremdenführerin in Buenos Aires.

Einer meiner Lieblingsplätze in La Boca ist die **Puente Transbordador Nicolás Avellaneda**. Diese Ikone der Stadt wurde 1914 eingeweiht. Während ihrer Blütezeit ermöglichte sie täglich den Transport von 17000 Arbeitern zu den Fabriken und Lagerhallen in La Boca und Avellaneda und zurück. In den 1990er-Jahren gab es unter Präsident Carlos Menem, den Versuch, sie zu verschrotten. Glücklicherweise konnten die Einwohner und einige Institutionen dies verhindern. Heute ist die Schwebefähre nur am Wochenende in Betrieb (kostenlos).

Puente Transbordador Nicolás Avellaneda

MEHR IN LA BOCA

Tango wie in alten Zeiten

DIE ALTEN SÄNGER VON LOS LAURELES ENTDECKEN

Am Eingang steht eine mit Kreide beschriebene Tafel mit der Aufschrift: „Los Laureles. Bar und Restaurant. Seit 1893." Aber dieses Lokal ist weit mehr. Es liegt nicht in La Boca, sondern in Barracas, aber es lohnt sich, etwas weiter in den Süden der Stadt vorzudringen, dorthin, wo die Zeit stillzustehen scheint. Das Restaurant ist über die Jahre immer populärer geworden, denn es bietet Gelegenheit, den Tango einer anderen Ära zu erleben. Extravagante Shows mit akrobatischen Tänzen oder sinnlichen Inszenierungen sucht man hier vergebens. An Donnerstagen gibt es eine *Peña de cantores,* bei der ältere Tangosänger zusammenkommen, um vergangene Zeiten aufleben zu lassen, begleitet von Musikern. Tangounterricht gibt es jeden Mittwoch um 20 Uhr, der Freitag ist Bands und *milongas* vorbehalten. Im Restaurant herrscht eine zwangslose Atmosphäre, die Gerichte haben eine hohe Qualität. Serviert werden Klassiker der Buenos-Aires-Küche, u. a. *bife de chorizo*, Pasta und *milanesa* (Rinderschnitzel). Im

CHORIPÁN PROBIEREN IN LA BOCA

La Glorieta de Quique
Choripanes und *Lomito*-Sandwiches sind Spezialitäten; der *parrillero* serviert sie in den Farben von Boca Juniors. $

El Samovar de Rasputín
Einige von Argentiniens größten Rockstars waren schon hier. Die *choripanes* kommen in großzügigen Portionen. $

Las Gemelas
Der Grill und der Tisch stehen direkt an den Straße. Der *choripán* ist köstlich. $

Los Laureles ist es üblich, sich mit den Leuten am Tisch zu unterhalten und eine einladende Atmosphäre der Tango-Kameradschaft zu erzeugen. Wer einmal dort war, wird wahrscheinlich immer wieder hierher kommen.

Eine Bar, die einem Museum gleicht

BAR ROMA, EIN WAHRZEICHEN VON LA BOCA

Buenos Aires besitzt eine tiefe Zuneigung zu historischen Bars. Die Einwohner schätzen die Gelegenheit, einen Kaffee an Orten zu genießen, die Charakter und eine gewisse Historie haben. Wer die Schwingtüren zur Bar Roma (Calle Olavarría 409) aufstößt, wird augenblicklich in die Vergangenheit versetzt die Bar ist eine Ikone in La Boca. Ursprünglich war hier ein Lebensmittel- und Getränkehandel, das Nebengebäude eines Feinkostgeschäfts. Später wurde es zu dem Café, das die Einheimischen und Touristen täglich besuchen können. Der Boden ist mit schwarzen und weißen Fliesen ausgelegt, unverputzte Ziegel zieren die Wände. Es erinnert an ein Antiquitätengeschäft mit alten Werbeplakaten für Reifen, Salben und Softdrinks sowie Boca-Juniors-Wimpel. Im Lauf der Zeit haben die großen Persönlichkeiten des Viertels, darunter der Maler Benito Quinquela Martín und der Musiker Juan de Dios Filiberto, das Lokal frequentiert. Die Bar wurde 1905 eröffnet. Es fällt einem schwer, sich La Boca ohne dieses Lokal vorzustellen. Am besten setzt man sich an einen Fenstertisch und genießt die Aussicht auf die Avenidas Brown und Olavarría. Die Bar öffnet um 7 Uhr (Sa 8 Uhr).

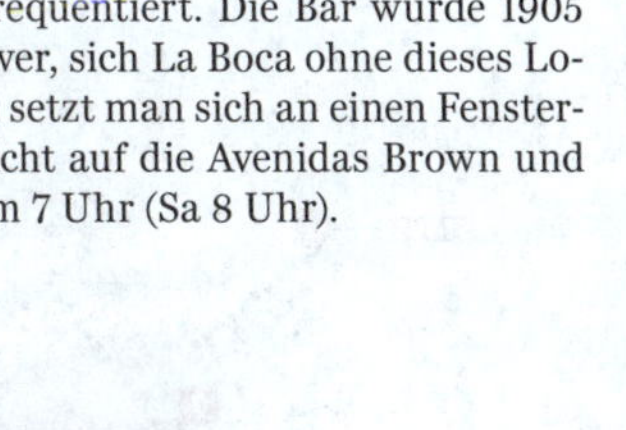

SOUVENIRSHOPS

Almacén Porteño
Im Angebot sind *alfajores*, argentinische Weine und eine große Auswahl an *dulce de leche*.

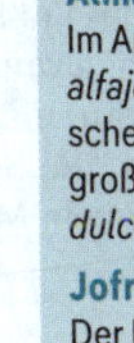

Jofre Art Gallery
Der Laden gehört dem Künstler Roberto Jofré. Er verkauft seine Gemälde, Kissen, Becher und Taschen, mit Motiven aus dem Viertel.

Solo Boca
Auf der Suche nach einem T-Shirt von Boca Juniors? Hier ist der richtige Ort. Der Laden hat eine riesige Auswahl an Souvenirs, z.B. Kopien der Trophäen, die Boca Juniors gewonnen hat, und Erinnerungen an Diego Armando Maradona.

Bar Roma

KAFFEETRINKEN IN LA BOCA

La Buena Medida
Das Lokal wurde 1905 gegründet, im selben Jahr wie Boca Juniors, und es bewahrt noch den Geist dieser Zeit. $

1905 Bar
Im Stadion gelegen. Ideal für ein Getränk nach einem Besuch des Museo de la Pasión Boquense. $$

Café Bar de los Artistas
Die Bar im Caminito ruft die Vergangenheit von Malern und Musikern wach. Häufig Livemusik. $

URBANE KUNST ERKUNDEN

Um die schönste Straßenkunst in La Boca zu entdecken, beginnt man mit 1 **Bienvenidos a La Boca**, 1999 von lokalen Künstlern geschaffen, die von Omar Néstor Gasparini koordiniert wurden. Die Arbeit, eine Alltagsszene von Einwanderern in diesem Viertel, wurde auf einer Konstruktion aus Balkonen, Metallblechen und Türen eines alten Mietshauses installiert.

Nach Süden geht es zu den 2 **Martín-Ron-Wandmalereien** in der Calle Martín Rodríguez. Der nächste obligatorische Halt – wir sind schließlich in Argentinien – ist 3 **San Diego del barrio de La Boca**, ein Tribut an Fußballlegende Diego Armando Maradona von Alfredo Segatori. Weiter südlich, ganz nah am Fluss, sind die 4 **Sandsilos**, die Segatori zu Ehren von Benito Quinquela Martin schuf, dem berühmtesten Künstler des Viertels. Der nächste Halt ist 5 **Caminito** – einer der meistfotografierten Orte der Welt. Hier kann man nicht nur bunte Häuser betrachten, sondern auch das außergewöhnliche Werk jener Künstler und Kunsthandwerker, die die Wandmalereien schufen. Noch weiter südlich, fast an der Grenze zu Avellaneda in der Provinz Buenos Aires, ist 6 **El regreso de Quinquela** ein weiteres Werk, das dem größten Künstler des Viertels auf einem 2000 m² großen Wandgemälde Tribut zollt.

Die Tour endet am 7 **Pasaje Lanín** – einer der attraktivsten Straßen mit urbaner Kunst. Auf Initiative von Marino Santa María wurden die Fassaden von 35 Häusern mit verschiedenen Techniken und Materialien wie *venecitas* verziert.

Buenos Aires Fútbol Tour

ARGENTINISCHE FUSSBALLVERRÜCKTHEIT

Die Buenos Aires Fútbol Tour, organisiert von Tangol Tours, bietet die Gelegenheit, Spiele von Clubs der obersten Spielklasse im Boca-Juniors-Stadion zu besuchen, auch bedeutende Partien. Zum Service gehören der Transport und die Betreuung während des Spiels; auch auf die Sicherheit der Teilnehmer wird geachtet. Angeboten werden auch Führungen durch die Museen von Boca Juniors und River Plate. Ein Stadionbesuch wird zu einem unvergesslichen Erlebnis. Es gibt einige Dinge, die in Argentinien ganz selbstverständlich sind, die aber für Auswärtige ungewöhnlich sind. Zum Beispiel gehen nur die Anhänger der Heimmannschaft ins Stadion. Warum? Es würde sonst zu gewalttätigen Ausschreitungen kommen. Die Geräuschkulisse ist wirklich ohrenbetäubend und voller Energie, die das Ganze in ein einzigartiges Spektakel verwandelt. Es gibt ein weiteres Element im argentinischen Fußball: die Art der Beleidigungen. Sie können urkomisch und voller Originalität sein. Sie richten sich gegen Spieler, Gegner, Trainer und Schiedsrichter. Vor jedem Stadion gibt es Stände, wo man beispielsweise ein *choripán* (eine Art Bratwurst-Semmel) bekommen kann. Eine Tour lässt sich online buchen, Spieldaten und Verfügbarkeiten kann man ebenfalls checken. Der Preis variiert von Spiel zu Spiel. Es gibt auch die Option, Spiele der internationalen Wettbewerbe – Copa Libertadores de América und Copa Sudamericana – mit argentinischer Beteiligung zu sehen.

Boca Juniors' Stadion

DIE BESTEN KUNSTGALERIEN

Barro
Die Galerie mit aktueller Kunst liegt in einem renovierten Industriegebäude. Sie kuratiert Jahresausstellungen und unterstützt kreative Künstler. Es gibt auch einen Laden mit Taschen, Drucken usw.

Munar
Munar ist in einer früheren Gummifabrik am Flussufer untergebracht. In der Galerie finden Ausstellungen statt. Zudem werden den einheimischen Künstlern Ateliers zur Verfügung gestellt.

Marco
Das Museum liegt in einem historischen Jugendstilgebäude. Es präsentiert Arbeiten zeitgenössischer Künstler.

ESSEN IN LA BOCA

El Gran Paraíso
Das Restaurant, das auf Fleischgerichte spezialisiert ist, befindet sich in einem alten Mietshaus im Caminito. **$$**

El Estaño 1880
Lokal mit einer alten Zinntheke und einem charakteristischen Wandbild. Spezialität ist Pasta mit Meeresfrüchten. **$$**

Banchero
Die Pizzeria mit mehreren Filialen in der Stadt stammt aus La Boca. Spezialität ist die Pizza *fugazza*. **$**

Puerto Madero

DER PERFEKTE SPAZIERGANG AM FLUSS

Ende des 19. Jhs. entstand mit Puerto Madero neben La Boca ein zweiter Hafen. Einige Zeit später wurden die Anlagen wieder aufgegeben, weil sie veraltet und für die neuen Frachtschiffe ungeeignet waren. In den frühen 1990er-Jahren wurde das Gebiet restauriert, es entstand das modernste Viertel der Stadt mit einer gehobenen Gastronomie. Viele Straßen tragen die Namen bedeutender Frauen der argentinischen Geschichte. Der Stadtteil ist auch Standort des Museums Colección de Arte Amalia Lacroze de Fortabat und der Reserva Ecológica Costanera Sur, der größten Grünfläche (350 ha) der Stadt.

TOP TIPP

In Puerto Madero gibt es tolle Aussichtspunkte, um den Sonnenuntergang über dem Río de la Plata zu sehen. Der Puente de la Mujer ist ideal zum Fotografieren und um den Abend zu genießen. Eine weitere Option ist die Crystal Sky Bar, eine Cocktailbar im 32. Stock mit Blick auf das Stadtgebiet und die Reserva Ecológica Costanera Sur.

Puerto Madero

TOP-SEHENSWÜRDIGKEITEN

1 Buque Museo Fragata ARA Presidente Sarmiento
2 Colección de Arte Amalia Lacroze de Fortabat
3 Crystal Bar
4 Fuente Monumental Las Nereidas
5 Monumento al Tango
6 Puente de la Mujer
7 Reserva Ecológica Costanera Sur

SEHENSWERTES

8 Museo de Calcos Ernesto de La Cárcova
9 Pabellón de las Bellas Artes UCA
10 Parque Mujeres Argentinas

AKTIVITÄTEN, KURSE & TOUREN

11 Rojo Tango

SCHLAFEN

siehe 3 Alvear Icon Hotel
12 Believe Madero Hotel
13 Madero Urbano Studios

ESSEN

14 Amarra
15 Cabaña Las Lilas
16 La Cabaña
17 Osaka
18 Raíz Plant Mood

AUSGEHEN

19 Alberto's Lobby Bar
20 Croque Madame
21 La Panera Rosa
siehe 12 Library Lounge
22 Lobo Café
23 Negroni
24 Ol'Days Coffee & Deli
25 Peñon del Águila
26 Tiendas Naturales
27 Vince
28 White Bar

SHOPPEN

29 Havanna
30 I Central Market
31 I Love Gifts
32 Marignan
33 Walmer

SAIKO3P/SHUTTERSTOCK ©

Buque Museo Fragata ARA Presidente Sarmiento

Buque Museo Fragata ARA Presidente Sarmiento

MUSEUMSSCHIFF UND REISE IN DIE VERGANGENHEIT

Die Fragata Sarmiento trat als Segelschulschiff der argentinischen Marine 1899 ihre Jungfernreise an und ist heute ein Museumsschiff, das im Hafenbecken III in Puerto Madero liegt. Der Name huldigt Präsident Domingo Sarmiento, der 1872 die erste Marineschule begründete. Bei einer Führung erfahren Teilnehmer viel über die Geschichte des Schiffes und des Landes. Auch der Maschinenraum, die Unterkünfte und die Innendecks können besichtigt werden (Do & Fr 13–19 Uhr, Sa & So 10–19 Uhr).

Museo de la Inmigración

ARGENTINISCHE GESCHICHTE IM IMMIGRANTENHOTEL

Einwanderung, vor allem aus Europa, Asien und Afrika, spielte eine grundlegende Rolle für die Entwicklung des Landes. Nach Daten aus dem Jahr 1914 war jeder dritte Einwohner Ausländer. Das Museum befindet sich dort, wo das Hotel de los Inmigrantes von 1911 bis 1953 neu angekommene Migranten begrüßte. Die Räume sind großzügig, kenntnisreiche Guides erläutern die verschiedenen Stationen der Migration anhand von Fotos und Objekten. Viele suchen die Informationsstellen auf, um zu erfahren, wann und mit welchem Schiff ihre Verwandten ankamen. Das Museum ist dienstags bis sonntags von 11 bis 18 Uhr geöffnet.

Puente de la Mujer

ELEGANTE UND IKONISCHE BRÜCKE

Seit ihrer Einweihung 2001 ist diese Brücke ein sehr beliebtes Postkartenmotiv von Puerto Madero und Buenos Aires, auch wenn der Obelisk weiter den ersten Platz behauptet. Die drehbare Fußgängerbrücke öffnet sich, um Segelbooten auf der Fahrt durch die Hafenbecken den Weg frei zu machen, ist aber nur selten in Betrieb. Beim Besuch in Puerto Madero bietet es sich an, die vier Hafenbecken zu erkunden, die durch Brücken miteinander verbunden sind. Beim Betrachten der Puente de la Mujer stellt sich die Frage: Worauf bezieht sich die Form, die ihr Santiago Calatrava gegeben hat? Der spanische Architekt erklärte, es sei die Synthese eines Tango tanzenden Paares. Um das zu erkennen, braucht man allerdings einiges an Fantasie. Kürzlich wurde der Holzboden durch einen aus recyceltem Plastik ersetzt. An den Wochenenden beleben viele Straßenkünstler die Brücke.

Colección de Arte Amalia Lacroze de Fortabat

ARGENTINISCHE UND WELTKUNST

Das Museum ist bei einem Spaziergang entlang der Hafenbecken in Puerto Madero leicht zu übersehen. Es birgt die außergewöhnliche Kunstsammlung von Amalia Lacroze de Fortabat, einer 2012 verstorbenen Geschäftsfrau. Werke berühmter Künstler wie Andy Warhol, Gustav Klimt, Auguste Rodin und Salvador Dalí sind in den weitläufigen Sälen mit natürlichem Licht und Blick auf den Fluss ausgestellt. Doch der aufregendste Pavillon ist der argentinischen Kunst des 19. und 20. Jhs. gewidmet. Die Werke spiegeln letztlich Weltsicht und Anliegen ihrer Schöpfer wider (Do–So 12–20 Uhr).

Colección de Arte Amalia Lacroze de Fortabat

Fuente Monumental Las Nereidas

OBEN RECHTS: TRAVELBUENOSAIRES ©; UNTEN LINKS: STEFAN LAMBAUER/SHUTTERSTOCK ©

Fuente Monumental Las Nereidas

UMSTRITTENE STATUE

Lola Mora war eine bedeutende argentinische Bilderhauerin. Dieses Werk, das von der Geburt der Göttin Venus erzählt, wurde ursprünglich zur Verschönerung der Plaza de Mayo in Auftrag gegeben. Doch die nackten Figuren empörten viele Gläubige, da sie vor der Kathedrale aufgestellt waren. Daraufhin wurde der Brunnen entfernt, heute befindet er sich an der Costanera Sur. Ende der 1910er-Jahre lag das Gebiet in den Außenbezirken der Stadt. Es ist ein außergewöhnliches Kunstwerk, angefertigt aus Carrara-Marmor im üppigen Barockstil.

Crystal Bar

EINDRUCKSVOLLE AUSBLICKE AUF DIE UMGEBUNG

Die Bar im 32. Stock des Alvear Icon Hotel offeriert eine einzigartige Aussicht auf Puerto Madero und die Stadt. Man muss nicht im Hotel wohnen, um hier Gast zu sein, aber pro Person wird eine Mindestbestellung verlangt. Der Panoramablick ist eindrucksvoll, besonders abends. Alle Wände sind verglast, sodass die Lichter der Hafenbecken, des Puente de la Mujer, die Stadtlandschaft, der Río de la Plata und die Costanera Sur Ecological Reserve zu sehen sind. Auf der Karte stehen klassische und Signature-Cocktails, Appetizer, Sushi und Ceviche. Zudem gibt es einige traditionelle Gerichte wie Chorizo mit Paprika und Fleischempanadas.

Reserva Ecológica Costanera Sur

SPAZIERGANG IN DER BRISE DES FLUSSES

Am Flussufer entlanggehen, an einem Foodtruck einen Happen essen und die Reserva Ecológica Costanera Sur besuchen – das sind beliebte Freizeitaktivitäten der *porteños.* Das 350 ha große Naturschutzgebiet besitzt die größte Artenvielfalt in der Stadt mit etwa 575 Pflanzenarten. Es gibt zwei Zugänge, einen an der Calle Brasil, den anderen an der Viamonte, beide liegen etwa 2 km voneinander entfernt. Hat man den Eingang passiert, heißt es: tief einatmen und den Pfaden zu Fuß oder per Fahrrad folgen, um für ein paar Minuten dem Lärm der Stadt zu entkommen. Die Sechs-Wege-Route ist unkompliziert und führt zum Fluss; dort eröffnet sich ein Postkartenblick auf den Río de la Plata. In der Ferne sind oft große Frachter sowie Segelboote zu sehen, die aus den Jachtclubs im Norden auslaufen. Im Reservat ist Platz für Picknicks, an den Eingängen gibt es Imbissstände. Von Dienstag bis Freitag wird es jeweils um 11 Uhr eine Führung angeboten und zusätzlich monatlich ein Abendspaziergang bei Vollmond. An Regentagen bleibt das Reservat geschlossen.

VÖGEL BEOBACHTEN

Wer gerne Vögel beobachtet, ist in der Reserva Ecológica Costanera Sur genau richtig. Das Naturschutzgebiet ist zu einem bedeutenden Gebiet zum Schutz der Vögel erklärt worden. Über 350 Vogelarten sind hier zu sehen, vornehmlich Schwäne, Enten und viele andere Vögel. Ein Bummel auf den Wegen oder der Avenida Giralt, die an die Laguna de los Coipos angrenzt, ist ideal für die Beobachtung. **Buenos Días Birding** organisiert fachkundige Besuche des Reservats und anderer Orte im Land.

Reserva Ecológica Costanera Sur

Yacht Club Argentino

Monumento al Tango

TRIBUT AN DIE MUSIK VON BUENOS AIRES

Das Monumento al Tango steht stolz an der Kreuzung von Azucena Villaflor und Avenida de los Italianos. Die Skulptur aus Edelstahl ist 3,50 m hoch, ist 2 t schwer und steht auf einem 1,70 m hohen Sockel. Entworfen von der Bildhauerin Estela Trebiño und dem Ingenieur Alejandro Coria erinnert die abstrakte Figur an ein Bandoneon, *das* Instrument der Tangomusik. Das Werk soll die Essenz von Musik und Tanz des Tango in einem einzigen Objekt erfassen. Während der Einweihung 2007 wurde das Monumento al Tango in einer großartigen Prozession hierher transportiert, begleitet von leidenschaftlichen Tango-Fans.

Postales de Buenos Aires

DIE STADT VOM HAFEN AUS

Um die Stadt vom Boot aus kennenzulernen, bietet sich die kurze, aber angenehme Tour namens Postales de Buenos Aires an. Sie startet jede Stunde von der Dársena Norte in Puerto Madero und dauert etwa 40 Minuten, es gibt allerdings keinen Guide. Eine Stimme vom Band zählt die charakteristischen Gebäude im Norden und Süden der Stadt auf, die vom Fluss aus zu sehen sind, beispielsweise das Museo de la Inmigración, der elegante Bau des Yacht Club Argentino, die Reserva Ecológica Costanera Sur und die Wolkenkratzer im neueren Teil des Viertels. Sturla Viajes organisiert die Touren, die um 11 Uhr starten; die vielleicht schönste ist die letzte um 17.40 Uhr, bei der vom Boot der Sonnenuntergang zu sehen ist. Der Veranstalter organisiert auch Ausflüge zu den Inseln im Tigre-Delta und andere Bootsausflüge. Start ist an der Cecilia Grierson 400, Ecke Juana Manso.

DIE BESTEN RESTAURANTS IN PUERTO MADERO

Osaka
Fusion aus japanischer und peruanischer Küche. **$$$**

Amarra
Die besten Köche des Landes stehen reihum am Herd. Das Menü gilt drei Wochen. Danach wechselt der Küchenchef und mit ihm die Karte. **$$$**

La Cabaña
Traditioneller argentinischer Grill. Spezialität ist „gran baby beef". **$$$**

Cabaña Las Lilas
Ausgezeichnete Fleischgerichte in diesem traditionellen argentinisch-brasilianischen Restaurant mit mehrfach prämiertem Küchenchef. **$$$**

Raíz Plant Mood
Gemütliches Lokal mit internationaler Küche auf Pflanzenbasis. **$$**

TRAVELBUENOSAIRES © OPPOSITE PAGE: STEVENS FRÉMONT/GETTY IMAGES ©

Cabaña Las Lilas

MEHR IN PUERTO MADERO

Luxus & Leidenschaft des Tango

SHOW IM FÜNF-STERNE-HOTEL

2005 erfolgte der Startschuss für diese Tango-Show im Faena Hotel, einem der exklusivsten Veranstaltungsräume der Stadt. Die Produktion mit herrlichen Kostümen, eindrucksvoller Choreografie und der Musik des Rojo Tango Quintetts ist eine Hommage an die Cabaret-Atmosphäre des frühen 20. Jhs. . Die Show deckt einen Großteil der Tango-Geschichte ab, von den 1920er-Jahren bis zur Avantgarde-Ära von Astor Piazzolla, einer Schlüsselfigur des modernen Tangos. Herausragender Star der Show ist der Tänzer Carlos Copello, eine Legende des Ensembles Tango Argentino. Im Unterschied zu anderen Shows in der Stadt bietet diese eine intime Nähe zum Geschehen. Vorne sitzt man ganz nahe bei den Künstlern und Tänzern.

Darüber hinaus erzeugt das Orchester auf der linken Seite klare, frische Klänge mit großartigen Tango-Klassikern aus verschiedenen Epochen. Zum Schluss wird „Adiós Nonino" gespielt, das wunderbare Stück von Astor Piazzolla, der es

EINEN KAFFEE TRINKEN IN PUERTO MADERO

Vince
Brunch namens „Nonno Mico" für vier Leute mit süßen Rezepten aus Argentinien und Italien.

Croque Madame
Gebäck, Brownies und Croissants und eine gute Auswahl an Tee und Kaffee.

La Panera Rosa
Nonstop Essen und Kaffee mit Blick auf den Fluss. Große Auswahl an Toast und Gebäck.

nach dem Tod seines Vaters komponiert, der liebevoll Nonino genannt wurde. Die Show beginnt um 22 Uhr; oder man entscheidet sich für das Paket mit Dinner ab 20 Uhr, im Anschluss folgt die Vorstellung. Zum Menü gehören eine Vorspeise, Hauptgericht, Dessert, Champagner und Weine von argentinischen Winzern. Die Show findet jeden Tag statt. Eine Reservierung ist erforderlich.

Kunst in einem alten Hafengebäude

AUSSTELLUNGEN AM FLUSSUFER

Die Universidad Católica Argentina (UCA) gibt es seit 1958. Der Hauptsitz der Institution in Puerto Madero widmet sich der Literatur, der Musik und künstlerischen Experimenten. Der Veranstaltungsraum mit Backsteinwänden und gusseisernen Stahlträgern liegt an einem der ehemaligen Frachtdocks des alten Hafens. Besucher können Ausstellungen, u. a. Malerei, Bildhauerei, Fotografie und audiovisuelle Projektionen besuchen. Präsentiert werden private Sammlungen, Museumsstücke und Kunstwerke verschiedener Künstler.

Das **Pabellón de las Bellas Artes UCA** ist ebenfalls ein Zentrum für Gestaltung und Forschung zu den Bereichen Geschichte, Wissenschaft, Literatur, Musik, Film, Kommunikation, Werbung und Journalismus. Der Kulturzentrum ist Dienstag bis Sonntag von 11 bis 19 Uhr geöffnet (Eintritt frei).

Tango, Faena Hotel

BARS IN PUERTO MADERO

Alberto's Lobby Bar
Die Bar im Fünf-Sterne-Hotel serviert großartige Drinks.

Negroni
Auf der Karte stehen Burger, Sushi und klassische Getränke. Gelegentlich legen DJs auf.

White Bar
Elegante Hotelbar mit einer Terrasse, um den Blick auf Puerto Madero zu genießen.

Library Lounge
Cocktails und Live-Shows in einem intimen Ambiente mit vielen Ledersofas und Büchern.

Peñón del Águila
Schwimmende Bar mit Blick auf den Puente de la Mujer mit jugendlicher Atmosphäre. Viele Craftbiere.

EINEN KAFFEE TRINKEN IN PUERTO MADERO

Ol'Days Coffee & Deli
Kleine Karte mit köstlichen Optionen sowie Kaffee und Tee.

Lobo Café
Kaffee und Kuchen. Unbedingt den *rogel* mit *dulce de leche* und das italienische Baiser probieren.

Tiendas Naturales
Naturprodukte und eine große Auswahl an Tee und Kaffee.

SHOPPEN IN PUERTO MADERO

Marignan
Bekannte argentinische Marke für Schuhe und Sandalen, überwiegend aus Leder.

Walmer
Viele Deko-Artikel, oft mit minimalistischem Design.

I Central Market
Der Feinkost-Selbstbedienungsladen ist eine wahre Freude für angehende Gourmets. Mit Restaurant.

I Love Gifts
Ein Souvenirladen mit Fußballtrikots und Mafalda-Artikeln; die berühmte Comicfigur schuf der argentinische Zeichner Quino (Joaquín Lavado).

Havanna
Klassische Marke für *alfajores* und andere süße Köstlichkeiten.

Frauen, die Geschichte schrieben

SPAZIERGANG IM PARQUE MUJERES ARGENTINAS

Bei einem genaueren Blick auf die Straßen von Puerto Madero zeigt sich ein faszinierendes Muster – jede ist nach einer außergewöhnlichen Frau benannt. Es war eine Entscheidung der Stadtverwaltung, an bedeutende weibliche Persönlichkeiten des Landes zu erinnern. Dieser Park zollt jenen Frauen Tribut, die Wegweisendes geleistet haben. Die moderne Anlage besteht aus einem zentralen Platz und mehreren Ebenen in unterschiedlichen Höhen, als wäre man in einem Theater. Dadurch ergibt sich eine herrliche Aussicht auf die Umgebung.

Mehr als 4000 Jahre Kunstgeschichte

MUSEUM MIT EINDRUCKSVOLLEM ERBE

Ernesto de la Cárcova war ein herausragender Künstler und Kulturmanager. Beispielsweise gründete er die Escuela Superior de Bellas Artes. Die Räume des Museo de Calcos Ernesto de La Cárcova, unweit der Reserva Ecológica Costanera Sur gelegen, präsentieren eine Sammlung von Skulpturen (originale Gipsreproduktionen) von Meisterwerken u. a. ägyptischer, griechischer, römischer und mittelamerikanischer Kunst, die im Louvre in Paris, im British Museum in London und dem Nationalmuseum für Anthropologie in Mexiko ausgestellt sind. Es ist eine Reise durch eine über 4000-jährige Geschichte der Kunst. Ein Raum ist Ernesto de la Cárcovas eigenem Werk gewidmet. Durch den Garten zu bummeln und sich einige Skulpturen anzusehen ist eine große Freude. Das Museum hat von Dienstag bis Sonntag geöffnet.

ÜBERNACHTEN IN PUERTO MADERO

Believe Madero Hotel
Zwangloses Hotel mit modernem Design an der Grenze zwischen San Telmo und Puerto Madero. **$$**

Madero Urbano Studios
Gute Lage unweit der Attraktionen in dieser Gegend; geräumige Zimmer. **$$**

Alvear Icon Hotel
Fünf-Sterne-Hotel mit Bblick auf Stadt und Fluss. Die Rooftop-Bar ist ein Highlight. **$$$**

Puerto Madero

NIDO HUEBL/SHUTTERSTOCK ©

Oben: Iguazú-Wasserfälle (S. 132); Rechts: Hirsch im Parque Nacional Iberá (S. 140)

DIE WICHTIGSTEN ZIELE

IGUAZÚ
Wasserfälle, die man einfach gesehen haben muss.
S. 130

PARQUE NACIONAL IBERÁ
Faszinierende Wildtierbeobachtungen.
S. 140

CORRIENTES
Wunderschöne Stadt am Fluss.
S. 148

Die Iguazú-Fälle & der Nordosten

WASSERFÄLLE, WILDTIERE UND NATURWUNDER

Die Iguazú-Fälle sind nur eines von vielen grandiosen Naturschauspielen, weswegen man diese Region bereisen sollte.

Die majestätischen Iguazú-Wasserfälle stellen mit ihrer atemberaubenden Umgebung die Niagarafälle in Nordamerika weit in den Schatten. Viele steigen in Buenos Aires in einen Nachtbus ein und kommen am frühen Morgen hier an, um sich aus verschlafenen Augen das gepriesene Naturwunder anzusehen und sogleich wieder zurückzufahren. Schade, denn so verpassen sie einige der anderen Juwelen der Gegend, für die es sich Zeit zu nehmen lohnt. Der riesige Parque Nacional Iberá zum Beispiel ist eines der besten Gebiete im ganzen Land, um Wildtiere aus nächster Nähe zu beobachten, darunter auch das putzige Wasserschwein (in Argentinien als *carpincho* bekannt), das man unbedingt gesehen haben sollte. Die Chance bzw. die Gewissheit, dort auch Kaimane und eine Vielzahl von Vögeln zu sehen, macht den Park zu einem Muss. Sehenswert sind auch die faszinierenden Ruinen der ehemaligen Jesuitenmissionen, deren verfallende Gemäuer und Bögen von der einstigen Größe und Macht der Kirche zeugen. Die Flüsse im Osten und Süden laden zum Angeln, Bootfahren und Wandern ein. Neben der reichen Fauna gibt es aber auch herrliche, pulsierende Städte mit fantastischem Essen, tollem Nachtleben und entspannteren Vibes als in Buenos Aires.

CONCORDIA
Stadt im Nordosten der Region Entre Ríos (Rio Paraná und Rio Uruguay), mit langer Fischereitraditon.
S. 156

SANTA FE
Jung und pulsierend.
S. 162

Erste Orientierung

Flüsse markieren die Grenzen dieser Region und prägen das Gebiet. Eine der Provinzen trägt sogar genau diesen Namen: Entre Ríos: „zwischen den Flüssen“. Wir haben einige der schönsten Orte herausgesucht, die es zu erkunden gilt.

Corrientes, S. 148
Diese entspannte, hübsche Stadt ist eines der vielen Juwelen des Río Paraná und wartet mit einer wunderschönen, goldsandigen *costanera* (Strandpromenade), eleganten Gebäuden und tollen Restaurants auf.

Iguazú-Fälle, S. 132
Der unumgängliche Höhepunkt dieser Gegend, mit atemberaubenden Aussichten auf eine der größten und beeindruckendsten Naturattraktionen mit leuchtenden Regenbögen, tosenden Katarakten und Menschenmassen auf beiden Seiten der Wasserfälle.

Parque Nacional Iberá, S. 140
Ein riesiges Feuchtgebiet, das eine unglaubliche Tierwelt beheimatet, darunter wieder angesiedelte Jaguare, andere Großkatzen, seltene Hirsche, unzählige Kaimane und die stets drolligen Wasserschweine.

Santa Fe, S. 162

Eine reizvolle Stadt mit einer beliebten *costanera*, einer schönen Skyline, einem ausgezeichneten Nachtleben und einer köstlichen Küche.

Concordia, S. 156

Eine Grenzstadt an den Ufern des Río Uruguay, mit Camping am Flussufer, Wildtierbeobachtung und Zugang über die uruguayische Grenze zum benachbarten Salto.

MIT DEM AUTO

Selberfahren ist kein Problem, die Straßen sind meist eben und in besserem Zustand als viele lateinamerikanische Straßen. Allerdings gibt es nur wenige Autovermietungen, die Fahrten über die argentinische Grenze hinaus erlauben.

MIT DEM FLUGZEUG

Man verpasst zwar die zauberhaften Gefilde zwischen Buenos Aires und den Iguazú-Fällen, aber es ist unbestreitbar der schnellste Weg, um hin und zurück zu kommen. Auch die Inlandsflüge sind recht günstig und die jeweiligen Ziele werden häufig angeflogen.

MIT DEM BUS

Langsamer als ein Flugzeug, aber mit der Möglichkeit, anzuhalten und Selfies mit den Wasserschweinen zu machen. Manche Flugreisende fahren mit dem Bus zurück und machen in Iberá und anderswo halt.

Perfekte Tage

Die Wasserfälle präsentieren sich von argentinischer bzw. brasilianischer Seite her sehr unterschiedlich. Unbedingt ein paar zusätzliche Tage einplanen, um nach Iberá zu kommen und die Jesuitenmissionen zu sehen.

ANGELA MEIER/SHUTTERSTOCK ©

Iguazú-Fälle (S. 132)

Ein Tag rund um die Wasserfälle

- Es dreht sich alles um die Stadt Foz do Iguaçu (*foz* bedeutet Wasserfälle auf Portugiesisch). Man kann die unglaublichen Fälle auf der argentinischen Seite erleben, noch spektakulärer aber ist der Blick über die Kante auf der **brasilianischen Seite** (S. 134), während sich Millionen von Litern Wasser ergießen. Da wird selbst denjenigen, die nicht unter Höhenangst leiden, schwindelig. Man wird einen Regenschirm brauchen, vielleicht auch einen Poncho, aber vor allem kommt man aus dem Staunen nicht raus. Wenn die brasilianische Seite nicht möglich ist, keine Sorge! Der Wow-Effekt stellt sich auf beiden Seiten wie von selbst ein.

- Die **argentinische Seite** (S. 132) lockt mit einem wahrem Naturpfad, der zu einem schönen Aussichtspunkt führt und auf seine eigene Art und Weise wunderschön ist.

UNTEN: SERGIO SCHNITZLER/SHUTTERSTOCK ©, OSABEE/SHUTTERSTOCK ©, LUIS WAR/SHUTTERSTOCK ©

Beste Reisezeit

Frieren wird man nicht, aber im Winter können die Abende kühl sein. Im Sommer ist es schwül und es gibt viele Mücken.

JANUAR

Ein Besuch zu Neujahr ist immer ein Erlebnis, auch wenn einige Restaurants und Museen wegen der Feiertage geschlossen sind.

FEBRUAR

Karneval (S. 134) ist eine tolle Zeit, um in Brasilien bzw. in Foz zu sein. Manchmal findet er im März statt, je nach dem wie Ostern fällt.

MAI

Das Fenartec-Festival in **Foz do Iguaçu** (S. 134) feiert die Vielfalt. Obwohl es hier Herbst ist, verfärben sich die Blätter nicht.

Drei Tage zum Herumreisen

- Den ersten Tag sollte man in **Iguazú** (S. 130) verbringen, um dann am zweiten Tag auf die andere Seite zu wechseln. In **Foz do Iguaçu** (S. 134) gibt es einige tolle Clubs und Bars, die man gerne besuchen kann.

- Wer gerne shoppen geht, sollte nach **Paraguay** (S. 134) fahren, wo man einfach alles findet – von Kleidung bis hin zu Musikinstrumenten. Stattdessen kann man auch den **Güirá Oga** (S. 135) auf der argentinischen Seite besuchen oder den **Parque das Aves** (S. 136) auf der brasilianischen Seite, wo man gerettete Tiere wie Tapire und Großkatzen oder Vögel wie Tukane zu sehen bekommt.

Länger als eine Woche

- Man verbringt einen Tag sowohl auf der brasilianischen als auch auf der argentinischen Seite der Wasserfälle und fährt dann nach **Posadas** (S. 146), um die herrlichen Ruinen der Jesuitenmissionen zu besuchen, nach denen die Provinz benannt ist.

- Für den **Parque Nacional Iberá** (S. 140) sollte man so viele Tage wie möglich einplanen. Er ist am besten über die Kleinstadt **Colonia Carlos Pellegrini (CCP)** (S. 140) zu erreichen. Dort sind zahlreiche Wasserschweine zu sehen, Dutzende, wenn nicht Hunderte von Kaimanen, und mit ein wenig Glück auch Affen, gefährdete Hirsche, Große Ameisenbären oder auch den schwer zu fassenden Jaguar.

JUNI

Der Winter beginnt und bringt kältere, kühle Nächte mit sich. In dieser Zeit treffen die Zugvögel ein.

JULI

Bierselig geht es auf dem **Festival de la Cerveza** (Bierfest) in Santa Fe zu.

OKTOBER

Die Tage werden wärmer, die Luftfeuchtigkeit steigt und die Sonne scheint: Die Trockenzeit kündigt sich an.

DEZEMBER

Es ist heiß und schwül. Wenn man Weihnachten in Badehose und Bikini verbringen möchte, ist man hier genau richtig.

Iguazú

Nichts ist so majestätisch, so schön und so beeindruckend wie Iguazú. Wer in dieser Gegend herumreist, kommt an diesen Wasserfällen einfach nicht vorbei. An einem klaren Tag, wenn die Sonne scheint, bilden sich wunderschöne Regenbögen über den Katarakten. Angesichts dieser Naturgewalten wirkt der Mensch unbedeutend und klein. Egal, ob man sich auf die argentinische oder brasilianische Seite begibt, man wird von dem kraftvollen Getose und der Schönheit des Ganzen überwältigt sein. Aber auch nach der eindrucksvollen Besichtigung gibt es zu beiden Seiten der Wasserfälle noch viel zu sehen.

UNTERWEGS VOR ORT

Sowohl Foz als auch Puerto sind leicht zu Fuß erkundbar und für längere Fahrten gibt es Taxis. Ein Auto mit Fahrer für die Fahrt über die Grenze zu mieten, ist oft am bequemsten. Der Zugang zu den Wasserfällen ist eingeschränkt. Man parkt an den Eingangstoren und fährt dann mit Bus oder Bahn zu den Fällen. Man kann auch mit dem Boot flussaufwärts zu den Wasserfällen fahren.

TOP TIPP

Wer nicht vom Sprühnebel durchnässt werden will, sollte einen Regenschirm oder besser noch einen wasserdichten Poncho dabei haben. Für die Fotokamera braucht es einen speziellen Objektivschutz aus Neopren, innen weich und außen wasserresistent.

UNDIVIDED/SHUTTERSTOCK ©. OPPOSITE PAGE: FÁBIO FERREIRA/GETTY IMAGES ©

Touriboot, Iguazú-Fälle (S. 132)

SEHENSWERTES
1 Foz do Iguaçu
2 Garganta del Diablo
3 Güirá Oga
4 Hito Tres Fronteras
5 Parque das Aves

AKTIVITÄTEN, KURSE & TOUREN
6 Salto Arrechea
7 Salto Macuco

SCHLAFEN
8 Casa 24 Puerto Iguazu
siehe 8 Hotel Itavera
9 Hotel Mirante
10 Pousada Sonho Meu Foz

ESSEN
11 City Bar – Iguazú
siehe 9 Gaúcho

AUSGEHEN & FEIERN
12 Authentic Bar
siehe 12 Deux Coffee
13 Sudakas

Puerto Iguazú intensiv erleben

Eine staubige, erlebnisreiche Grenztstadt

Es gibt nur einen Grund, warum Puerto Iguazú existiert: um die Besucher der Wasserfälle zu versorgen. Die Stadt ist klein und touristisch, aber auf ihre eigene Art unterhaltsam. Die meisten Aktivitäten finden im kleinen Ortskern in der Nähe des Flusses statt; dort gibt es viele Restaurants, Cafés und Bars. Ein kleiner Kreisverkehr markiert die Kreuzung vierer Straßen: Misiones, San Martín, Perito Moreno und Av. Brasil. Wenn man der Brasil bergauf folgt, findet sich eine Vielzahl von Lokalen. Es überrascht nicht, dass hier sehr gerne Caipirinha getrunken wird, eine brasilianische Spezialität, auf Basis von *cachaça* (Zuckerrohr-

Caipirinha

R.M. NUNES/SHUTTERSTOCK ©, OPPOSITE PAGE: RUDIERNST/SHUTTERSTOCK ©

PRAKTISCHE HINWEISE

QR-Code scannen, um Preise und Öffnungszeiten abzurufen.

TOP-SEHENSWÜRDIGKEIT

Iguazú-Wasserfälle

Die Iguazú-Wasserfälle, eines der Neuen Sieben Weltwunder, sind genauso spektakulär wie die Bilder in Broschüren und Magazinen. Es handelt sich hierbei um mehrere atemberaubenden Katarakte, die der Iguazú kurz vor seiner Mündung in den Paraná bildet. Ihre rohe Kraft ist unvergleichlich, und hier nass zu werden ist eine Wonne!

NICHT VERPASSEN

- Garganta del Diablo (Arg.)
- Garganta do Diabo (Bras.)
- Observatorio de aves Daniel Somay
- Tren Turístico Parque Nacional Iguazú
- Parque das Aves
- Mirante da Garganta do Diabo
- Salto Santa Maria

Garganta del Diablo

Kaum ein Anblick auf der Welt ist so umwerfend wie der Blick über die Garganta del Diablo („Teufelsschlund"). Die Reaktionen reichen von Schreien und Kreischen bis hin zum nachdenklichen Sinnieren darüber, wie klein und zerbrechlich das menschliche Dasein ist. Die Fälle haben einfach etwas Überwältigendes an sich; ihre Kraft ist so gewaltig, dass man nur staunen kann. Ungefähr die Hälfte des Flusses wird in die Katarakte geleitet, die etwa 90 m breit und fast genauso hoch sind. An ihrem höchsten Punkt beträgt die stürzende Wassermenge bis zu 10 500 m³ pro Sekunde, etwa viermal so viel wie beim Niagara. Die Menge schwankt je nach Flusspegel, aber selbst an den trockensten Tagen bietet sich hier ein unglaublicher Anblick. Egal, ob auf der argentinischen Seite von oben betrachtet oder auf der brasilianischen Seite direkt in Frontalansicht, die Wassermassen sind einfach atemberaubend. Auf der brasilianischen Seite sollte man unbedingt mit dem gläsernen Aufzug fahren, um die Fälle aus der Vogelperspektive zu erleben.

Die Natur

Die Nationalparks zu beiden Seiten des Iguazú sind vor allem für ihre gleichnamigen Wasserfälle bekannt, sie sind aber auch noch in anderer Hinsicht beeindruckend. Die geschützten Dschungelgebiete beheimaten eine großartige und vielfältige Tierwelt; einige Arten sind nirgendwo sonst auf der Welt zu finden. Man sieht in freier Wildbahn Tiere wie Nasenbären, die manchmal sehr zutraulich wirken. Doch Vorsicht! Nicht ärgern oder füttern, denn ein Biss könnte Tollwut übertragen bzw. eine Impfung notwendig machen! Vögel, insbesondere Tukane, sind dafür bekannt, dass sie auf den Käfigen des Parque das Aves landen, um die eingesperrten Vögel zu provozieren oder auch um an Futter zu gelangen. Die beste Zeit für auf Tierbeobachtungen sind die frühen Morgenstunden.

Die Schaugehege

Auf beiden Seiten des Flusses gibt es hervorragende Rettungszentren, die über den Wildtierschmuggel aufklären und Tiere und Vögel beherbergen, die – aus welchen Gründen auch immer – noch nicht ausgewildert werden können. Im Parque das Aves kann man sich über die Auswirkungen des Wildtierhandels informieren und einige der schönsten Vögel der Region sowie viele andere Arten, z. B. Flamingos, sehen, die nicht in der Iguazú-Region, sondern irgendwo in Argentinien heimisch sind, z. B. in Miramar (S. 229).

Wanderwege

Auch wenn die Wasserfälle alle anderen Sehenswürdigkeiten in den Schatten stellen, gibt es eine Reihe von schönen Wanderwegen durch die dichten Wälder des Parks, von denen einige zu den Wasserfällen führen, andere zu Punkten entlang des Flusses und wieder andere mitten in den Dschungel hinein. Das Erstaunliche ist, dass man hier oft ganz für sich allein ist, denn viele Leute besuchen nur die Fälle, bevor sie zurück zum Flughafen fahren. Je nachdem, wie viel Zeit man hat, kann man auch den **Salto Macuco** auf der brasilianischen Seite (inkl. Holzsteg) oder den **Salto Arrechea** auf der argentischen Seite erkunden.

Ringelschwanznasenbär, Iguazú-Wasserfälle

AN EINEM TAG

Wer unbedingt beide Seiten der Wasserfälle an einem Tag besichtigen will, muss frühstmöglich aufbrechen, um der oder die Erste zu sein, denn der Ticketschalter öffnet um 8 Uhr. Die argentinische Seite nimmt fast den ganzen Vormittag in Anspruch; dann geht's mit dem Fahrer über die Grenze (13–17 Uhr).

TOP TIPPS

- Um möglichst wenige Menschen und viele Tiere zu sehen, musst du sehr früh dran sein.
- Wildtiere weder füttern noch stören!
- Zum Wandern Mückenschutzmittel auftragen.
- Poncho oder Regenschirm mitnehmen.
- Zum Fotografieren baucht es einen Objektivschutz aus Neopren für die Kamera (gegen Sprühnebel).
- Für beide Seiten eine Stunde einplanen (oder auch mehr).
- Die Fahrt über die Grenze vorher buchen, vor Ort ist das Funknetz oft instabil.
- Sunrise-Touren sind spektakulär, Regenbögen sind dann eher selten.

GRENZÜBERGANG

Der Grenzübertritt klappt manchmal reibungslos, er kann aber aufgrund des scheinbar endlosen Verkehrs auch sehr zermürbend sein. Am schnellsten geht es, wenn man mit dem Auto zur Grenze gefahren wird, dort aussteigt, zu Fuß weitergeht und auf der anderen Seite auf ein Auto wartet, das man gebucht hat. Mit dem Taxi geht es schneller als mit dem Mietwagen, denn Taxis haben eine eigene Fahrspur, mit der sich längere Staus umgehen lassen. Man benötigt einen Reisepass und, wenn man mit Kindern reist, die Dokumente beider Elternteile. Wer von Argentinien nach Paraguay möchte, muss eine Malaria-Impfung nachweisen können; dies wird allerdings nur selten kontrolliert.

Hito Tres Fronteras

schnaps), die auch bei uns schon lange bekannt ist. Hier kann man zu Mittag essen, ein Gebäck oder ein Getränk zu sich nehmen und dann weiter auf der San Martín bis zur Bootsrampe von Paraguay laufen. Am Fluss schweift der Blickt direkt über die Grenze nach Brasilien hinüber, auf der linken Seite liegt Paraguay.

Dreiländerblick gefällig? Möglich ist das im **Hito Tres Fronteras**, einem kleinen Park mit einem Denkmal, das das Dreiländereck markiert. Eigentlich aber liegt der Schnittpunkt in der Mitte des Flusses; man kann also nicht wirklich einen Fuß in drei Länder zugleich setzen. Nur schauen, das geht, und und ein Selfie machen ist auch kein Problem. Und ja, nur nicht wundern: Es gibt einen **Hito Tres Fronteras in Paraguay** und einen **Marco das Três Fronteiras in Brasilien**. Die abendliche Lichtshow hier zieht oft Menschenmassen an.

Ausgehen und feiern in Foz

Brasiliens Foz do Iguaçu

Auf der brasilianischen Seite der Wasserfälle liegt eine größere Stadt, in der es mehr zu sehen und zu unternehmen gibt als in ihrem argentinischen Pendant. Das liegt zum Teil an der Wirtschaftslage: Der argentinischen Wirtschaft geht es

ÜBERNACHTEN UND ESSEN IN PUERTO IGUAZÚ

Casa 24 Puerto Iguazu
Ein bequemer Ort für Busreisende, mit einem Pool, einer *parrilla* und aufmerksamem Personal. **$$**

Hotel Itavera
Ein einfaches, sauberes und zentral gelegenes Hotel, mit kostenlosem Frühstück und heißem Wasser für *mate*. **$**

City Bar – Iguazú
Ein Fusionsrestaurant mit einer großen Auswahl an Fleisch, Seafood, Krabben und 2-für-1-*Caipirinha*-Specials. **$$**

schlecht, der brasilianischen besser. Daher gibt es hier auch mehr gehobene Cafés, feine Restaurants und Partys. Zunächst einmal kann man sich am Büfett im **Gaúcho**, einer *churrascaria*, so richtig schön satt essen. Oft gibt es auch Livemusik und manchmal wird getanzt. Von dort aus kann man auf der Av. Argentina, einer der Hauptstraßen, in die Stadt gehen. Wenn es noch früh am Abend ist, kann man sich im **Deux Coffee** die Zeit vertreiben und sich mit Kaffee für die kommende Nacht stärken. Die Barszene hier ist jung und lebendig, die Musik ist bunt gemischt, und das Einzige, was schwierig ist, sich bei dem Geräuschpegel unterhalten zu wollen. **Sudakas** ist sehr beliebt und füllt sich nach Mitternacht. Eine gehobene Cocktail-Szene wartet ein paar Blocks weiter in der **Authentic Bar**, die hauptsächlich von unter 30-Jährigen besucht wird und über einen angrenzenden Tattoo-Salon verfügt. Wenn man mit einem Totenkopf-Tattoo aufwacht, ist der auf jeden Fall *authentisch*.

Die Tierauffangstation Güirá Oga

WO WILDTIERE HERZLICH AUFGENOMMEN WERDEN

Das **Güirá Oga** (auf Guaraní „Haus der Vögel") befindet sich auf dem Weg zu den Wasserfällen auf der argentinischen Seite; hier gibt es die Möglichkeit, Wildtiere aus nächster Nähe zu sehen, die man sonst eher nicht zu Gesicht bekommt, obwohl viele von ihnen direkt im Park leben. Es handelt sich um eine privat geführte Rehabilitations- und Auswilderungseinrichtung, die sich hauptsächlich der Rettung von Wildtieren widmet, die dem illegalen Wildtierhandel zum Opfer gefallen sind oder verletzt wurden (z. B. von Fahrzeugen angefahren).

EINEN FAHRER ANHEUERN

Manche Hotels bieten einen günstigen „Gruppentarif", doch urplötzlich wird behauptet, die anderen Fahrgäste hätten spontan abgesagt, sodass man die Rechnung für das gesamte Taxi allein bezahlen muss. Bevor man bucht, sollte man sich die Preisliste zeigen lassen; denn es gibt Fixtarife. Sollte keine Liste vorhanden sein, besser woanders buchen, z. B. bei:

Diego Daniel Aguirre *(WhatsApp: +54 9 3757 43-0235)* mit Sitz in Puerto Iguazú kann gebucht werden für Besuche auf beiden Seiten der Wasserfälle sowie für Fahrten nach Paraguay, Flughafentransfers usw.

Willian Colman *(WhatsApp: +55 45 8807-9367)* mit Sitz in Foz do Iguaçu bietet ähnliche Fahrten an.

Tukan (S. 136)

ÜBERNACHTEN UND ESSEN IN FOZ DO IGUAÇU

Pousada Sonho Meu Foz
Eine herrliche *pousada* mit großem Pool, Gemeinschaftsküche, Grill und Sonnenterrasse. $$

Hotel Mirante
Hervorragendes Angebot, wenn man sich ein Business-Hotel mit Frühstück und Swimmingpool wünscht. $

Deux Coffee
Nicht nur guter Kaffee, sondern auch leckere Sandwiches, Snacks und Süßigkeiten. $

PARQUE DAS AVES

Auf der brasilianischen Seite der Fälle befindet sich der **Parque das Aves**, eine Volière, in der – ähnlich wie in **Güirá Oga** – verletzte und abgegebene Vögel aus dem Wildtierhandel gepflegt werden, insbesondere solche, die aus dem Atlantischen Regenwald stammen. Zu den Einrichtungen des Parks gehören große, begehbare Volièren für Arten wie Aras, in denen man direkt mit den frei laufenden Vögeln interagieren kann. Man kann sich über den Vogelhandel informieren, die Geschichte des Parks kennenlernen, der 1994 eröffnet wurde, und natürlich zahlreiche Vögel sehen. Flamingos, Tukane, Kasuare und eine Vielzahl von bunten Papageien sind nur einige der vielen Exemplare in den Freigehegen. Und wie bereits an anderer Stelle erwähnt, lassen sich auch Tukane und andere Arten hinter dem Maschendraht beobachten.

LUCILA PELLETTIERI GLOBAL PRESS/ALAMY STOCK PHOTO © GEGENÜBERLIEGENDE SEITE: SPLIT SECOND STOCK/GETTY IMAGES ©

Blauer Ara, Güirá Oga

Das Ziel ist es, die Tiere wieder in die Wildnis zu entlassen, aber auch denjenigen, die nicht gleich ausgewildert werden können, einen Unterschlupf zu bieten. Letztlich sollen alle in Gefangenschaft gezüchteten Arten wieder freigelassen werden. Das ist eine anspruchsvolle Aufgabe und viele Touristen haben keine oder nur wenig Ahnung, wie oft Arten von der illegalen Jagd oder dem Wildtierhandel betroffen sind.

Bei einem Besuch fährt man mit einem traktorgezogenen Wagen zum Macuco Center, wo man Informationen über das Projekt, die Geschichte und die Ziele erhält. Von dort aus führen etliche Dschungelpfade durch die Anlage, die sowohl der Rettung und dem Schutz der Tiere als auch der Präsentation für die Besucher dient. Der Bestand variiert je nachdem, welche Tiere gerade betreut werden. Zu besichtigen sind zahlreiche Säugetierarten, darunter Ameisenbären, Tapire, Ozelots, Pumas, Affen und sogar Jaguare. Unter den Vögeln gibt es zahlreiche Papageienarten, aber auch seltene Guane, Kanincheneulen, Habichte, Falken und andere. Es gibt sogar eine Abteilung für Spinnen und Schmetterlinge.

Rund um Iguazú

Jenseits der Grenze, in Paraguay, locken tolle Einkaufsmöglichkeiten; dort wollen aber auch ehemalige Jesuitenmissionen entdeckt werden.

Die Wasserfälle sind der Grund, warum man den langen Weg auf sich genommen hat. Nach Argentinien und Brasilien folgt dann ein Abstecher nach Paraguay. Ciudad del Este ist ein wahrer Multikulti-Schmelztiegel, wobei die meisten zum Shoppen hierher kommen – von Musikinstrumenten über Kleidung und Schuhe bis hin zu unechten Designertaschen usw. bekommt man hier fast alles. Die großen Einkaufszentren heißen praktischerweise „China" und „Paris", damit klar ist, ob man nach preiswerten asiatischen oder unechten europäischen Artikeln stöbern kann. Darüber hinaus gibt es die ehemalige Jesuitenmissionen, die einen Besuch wert sind.

San Ignacio Miní, Jesuitenreduktionen der Guaraní (S. 139)

UNTERWEGS VOR ORT

Mit Bussen kommt man in die größeren Städte. Um zu den Ruinen der paraguayischen Jesuiten zu gelangen, muss man eine Tour organisieren oder, wenn man keinen Mietwagen hat, einen Privatchauffeur anheuern.

TOP TIPP

Vor allem nachts sollte man in Ciudad del Este auf der Hut sein. Von den drei Grenzstädten ist sie die gefährlichste.

GRENZ-SICHERHEIT

Der Grenzübertritt ist hier relativ einfach, wenn nicht sogar kinderleicht. Wer zum Beispiel von Brasilien nach Paraguay fährt, kann einfach an der offenen Landesgrenze durchfahren. Bei der Ein- und Rückreise von Argentinien nach/von Brasilien muss man man Papiere vorweisen, aber in keinem der drei Länder werden die Pässe abgestempelt. Trotzdem können sich die Einreisebedingungen aufgrund aktueller Ereignisse ändern. Man sollte deshalb alle für die Einreise nötigen Papiere, Impfnachweise und Dokumente dabeihaben.

ARTERRA PICTURE LIBRARY/ALAMY STOCK PHOTO ©

Ciudad del Este

Ciudad del Este

AB IGUAZÚ: **1 STD.**

Eine berüchtigte Grenzstadt

Ciudad del Este ist nicht jedermanns Sache, aber die Stadt ist als Einkaufszentrum bekannt, und je nach Lust und Laune sollte man sich den einen oder anderen Laden ansehen. Es gibt zwei riesige Einkaufszentren, Shopping Paris und Shopping China: Das eine Kaufhaus ist mehr auf asiatische Elektronik und andere Dinge aus Korea und Japan ausgerichtet, das andere ist eher europäisch und bietet Kleidung, Mode, Parfüms usw., die aus Europa importiert werden (zumindest steht das so auf dem Etikett). Eine gewisse Skepsis ist durchaus angebracht, denn zahlreiche gefälschte Markenartikel werden hier verkauft. Manch einen stört das nicht weiter, vor allem weil die Waren wesentlich billiger sind. So oder so ist die Grenzstadt ganz im Osten Paraguays ein Dorado für Schnäppchenjäger – aber leider auch eine Stadt mit extrem hoher Kriminalität.

ÜBERNACHTEN UND ESSEN IN CIUDAD DEL ESTE

Hotel Casino Acaray
Eine der exklusivsten Optionen in Este, mit Pools, Komfortzimmern und sogar einem hauseigenen Casino! **$$$**

Hotel Sur Brasil
Eine Budgetoption, jedoch mit eigenen Parkplätzen, inklusive Frühstück und mit zuvorkommendem Service. **$**

Ravello Ristorante
Eine der besten italienischen Adressen in Este, mit romantischem Ambiente und gedämpftem Licht. **$$**

Dreiländerregion

AB IGUAZÚ: **3–4 STD.**

Die Jesuitenreduktion der Guaraní

Die Guaraní-Missionen sind ein Oberbegriff für die vielen Jesuitenreduktionen, die in den 1700er-Jahren entlang des heutigen Dreiländerecks Paraguay, Brasilien und Argentinien errichtet wurden. Zweifellos schleppten diese Missionare verheerende Krankheiten ein, die bis heute nicht ganz ausgerottet sind. Diese Bauten zeugen von einer längst vergangenen Zeit, als die Kirche noch allmächtig war. Interessanterweise hatten diese Missionen die Aufgabe, die indigenen Stämme vor Menschenhändlern zu schützen. In den Händen der Jesuiten zum Christentum zu konvertieren, war oft das kleinere Übel, denn Sklavenschiffe und Plünderer waren in den Dschungeln oft auf der Suche nach frischem „Menschenmaterial", das sie versklaven konnten.

San Ignacio Miní, Jesuitenreduktionen der Guaraní

KEINE SCHWEINE

Vielleicht erblickt man ein Wildwechselschild, auf dem ein Halsbandpekari abgebildet ist. Oder man sieht mit etwas Glück eine ganzes Rudel, das die Straße überquert. Diese Nabelschweine werden oft mit Wildschweinen verwechselt, sind aber eine eigene wissenschaftliche Familie. Eine Schwadron Pekaris kann man vielleicht schon von Weitem riechen, bevor man sie überhaupt sieht: Sie markieren ihr Territorium, indem sie aus ihrer Rückendrüse ein stechendes Sekret freisetzen, was ihnen den Spitznamen „Moschusschwein" oder auch „Stinktierschwein" eingebracht hat. Wohlgemerkt: Es sind keine Schweine!

Parque Nacional Iberá

UNTERWEGS VOR ORT

Die meisten Straßen sind unbefestigt und obwohl sie mit einem normalen Auto befahrbar sind, benötigt man bei starkem Regen ein Fahrzeug mit Allradantrieb. Manchmal sind die Wege unpassierbar, vor allem in Nord-Süd-Richtung zwischen Colonia Carlos Pellegrini und Posadas. Hotels informieren über die aktuellen Straßenverhältnissen. Wer vom Süden her via Mercedes auf einer unbefestigter Straße anreist, muss mit einer 90- bis 120-minütigen Fahrt nach Colonia Carlos Pellegrini rechnen. Achtung: Unterwegs heißt es, langsam fahren und auf Tiere achten!

TOP TIPP

Vielleicht möchte man die Lagune nicht aufsuchen, vor allem, wenn man auf dem Weg dorthin bereits Wasserschweine und einige Vögel gesehen hat. Allerdings zeigen sich auf einer Tour Flussotter, Dutzende, wenn nicht Hunderte von Kaimanen und seltene Sumpfhirsche.

Wer nach Argentinien reist, um das größte Nagetier der Welt, das Wasserschwein (in Argentinien *carpincho* genannt) zu sehen, ist hier goldrichtig. Man sieht sie hier überall: beim Wildwechsel, auf der Straße liegend, neben Bauernhöfen und Feldern, sich im Dreck suhlend und beim genüsslichen Grasen (was sie am liebsten tun!). Aber der Parque Nacional Iberá hat noch viel mehr zu bieten. Er ist der sechstgrößte Nationalpark Argentiniens und weist viele Lebensräume auf, die von Sümpfen und Feuchtgebieten über dichte Wälder bis hin zu trockenen Ebenen reichen, ebenso eine große Artenvielfalt. Hier sind einige der wunderbaren Wildtiere heimisch: der Große Ameisenbär, der Nandu und neuerdings auch wieder der Jaguar. Die Wildnis von Iberá ist – wenn auch nicht so spektakulär wie die Iguazú-Fälle – in vielerlei Hinsicht besuchenswert.

BUTEO/SHUTTERSTOCK ©

Capybaras oder Wasserschweine

Mit Capybaras herumtollen

Das weltweit größte Nagetier

Wasserschweine haben etwas an sich, das selbst das Herz des größten Nagetierhassers zum Schmelzen bringt. Vielleicht liegt es an ihrem allzeit entspannten Gesichtsausdruck. Oder vielleicht auch daran, dass sie sich mit allen anderen Tieren – von Schildkröten über Enten, Katzen und Hunde – gut vertragen. Was auch immer der Grund sein mag, wir Menschen könnten eine Menge von diesen friedliebenden Riesenratten lernen. Für viele ist die Chance, ein Wasserschwein in freier Wildbahn zu sehen, der Höhepunkt einer Argentinienreise. Wenn man eine Tour durch die Lagune von Iberá (S. 143) macht, kann man Dutzende von ihnen in den Sümpfen und Marschen beobachten, wo sie nach allen Regeln der Kunst faulenzen oder Gras fressen.

Einem Wildtier zu nahezukommen, ist zwar nie ratsam, aber Wasserschweine bilden hier eine Ausnahme, denn sie sind ziemlich zutraulich, solange man sich langsam und leise bewegt. Sie sind bemerkenswert sanftmütig und wenn sie sich doch einmal bedrängt fühlen, trollen sie sich höchstwahrscheinlich davon und mampfen dann wieder fröhlich ihr Gras. Ja, es gibt Geschichten, in denen Menschen diese liebenswerten Geschöpfe sogar *streicheln*, aber dazu müssen

IM PARQUE NACIONAL IBERÁ

Luciana Belén Cariaga *(Instagram: @lucianabelen74)* gibt Tipps für einen Parkbesuch.

Rund um die Lagune gibt es Waldwege, die sich gut zum Wandern eignen. Unbedingt ein Fernglas und eine Kamera mitnehmen. Zu sehen gibt es viele Tierarten, Sumpfhirsche, Kaimane, Wasserschweine, Schwarze Brüllaffen, Füchse und heimische Vogelarten. Mit etwas Glück sieht man vielleicht einen Großen Ameisenbären oder einen Jaguar.

Nicht vergessen: Insektenschutzmittel, Sonnenschutz, bequeme Kleidung und Regenstiefel sind ein Muss, denn das Wetter ist oft sehr wechselhaft.

ÜBERNACHTEN IN COLONIA CARLOS PELLEGRINI

Hospedaje San Cayetano
Ein mitten im Grünen gelegenes Hideaway mit Pool; Zimmer mit schattigen Veranden, zentral gelegen. **$$**

Casa Santa Ana del Iberá
Tolles Anwesen mit großem Pool direkt an der Lagune. Gastfreundliches Personal und köstliches Essen. **$$$**

Casa de Esteros
Dieses schöne Haus gegenüber von CCP liegt in der Nähe eines Aussichtsturms. **$$$**

KAIMANE ÜBER KAIMANE!

Wer jemals über den Ausdruck „krokodilverseuchte Gewässer" geschmunzelt hat und dachte, das sei der Stoff, wie man ihn aus Hollywood kennt, wird nach einem Besuch in Iberá anders darüber denken. In den flachen Lagunen wimmelt es von Kaimanen, die mit dem Amerikanischen Krokodil verwandt sind. Hier gibt es zwei Arten: den Brillenkaiman *(Caiman yacare)* und den selteneren Breitschnauzenkaiman *(Caiman latirostris)*. Sie unterscheiden sich an der Stirn; letztere haben auch eine viel breitere Schnauze. Obwohl nur die größten dieser Tiere eine Gefahr für den Menschen darstellen, ist mit ihnen nicht zu spaßen. Weder Kinder noch kleinere Haustiere sollten zu nah ans Wasser!

LORENA SAMPONI/SHUTTERSTOCK © GEGENÜBERLIEGENDE SEITE: A. VIDUETSKY/SHUTTERSTOCK ©

Parque Nacional Iberá

sie über mehrere Wochen oder Monate „gezähmt" werden; am besten sollte man solche Annäherungsversuche unterlassen. Ein Selfie mit einem Wasserschwein ein paar Meter entfernt ist problemlos. Allerdings sollte man niemals einem Jungtier zu nahe kommen, denn das Muttertier würde aggressiv reagieren. Und die Zähne eines Wasserschweins sind messerscharf!

Ein wahres Vogelparadies

Artenvielfalt bedeutet Reichtum

Dieser Park ist ein Eldorado für Vogelbeobachter, die hier eine Vielzahl von weltweit einzigartigen Vögeln beobachten können. Zwei Gründe machen ihn so spektakulär: die Vielfalt der Lebensräume und die Leichtigkeit, mit der man sich vielen Vögeln nähern kann.

Aus irgendeinem Grund scheinen die Vögel im **Parque Nacional Iberá** so gelassen zu sein wie die Wasserschweine. Sogar die Reiher, die normalerweise sehr scheu sind, lassen die Lagunenboote relativ nahe herankommen. Einige Arten,

ESSEN IN COLONIA CARLOS PELLEGRINI (CCP)

Los Amigos
Einfaches Lokal, das hauptsächlich italienische und argentinische Gerichte anbietet; bis spät geöffnet. **$**

Don Marcos
Rustikales Restaurant direkt am Ortseingang, das herzhafte und sättigende Mahlzeiten serviert. **$$**

Despensa y Carnicería La Familia
Gut für Rucksacktouristen: Hier gibt es Fleisch und andere Grundnahrungsmittel. **$**

wie die fröhlichen Mantelkardinäle, betteln förmlich darum, fotografiert zu werden. In den Ebenen, die an den Park grenzen, kann man oft sehr nahe heranfahren - von Rallen bis zu Nandus. Sogar der kuriose Wimpeltyrann scheint sich nicht allzu sehr an vorbeifahrenden Jeeps zu stören, aus denen ein Teleobjektiv ragt.

Auf einer Lagunentour sind Rallen, Reiher, Störche, Enten, Kiebitze und Wasservögel ebenso unbekümmert, ganz zu schweigen von den sonstigen Wildtieren wie Wasserschweinen, Kaimanen und Hirschen. Die Pampas sind weitläufig und spektakulär, mit einer Vielzahl von Lerchen, Bobolinks, Grasmücken, Sperlingen, Falken, Präriekauzen und Nandus. Auf den Waldwegen gibt es u. a. Trogone, Grasmücken, Kardinäle und Eulen. Am besten plant man mindestens vier Stunden oder besser einen ganzen Tag für eine Safari ein, vor allem weil in der Morgen- und Abenddämmerung andere Arten zu sehen sind als am Tag. Nachts sind Tagschläfer, Europäische Ziegenmelker, Eulen und Nachtschwalben aktiv.

Auf dem Sendero Carayá

Ein Wunderland, in dem es von Wildtieren wimmelt

Oft wird angenommen, dass Iberá zu sumpfig zum Wandern ist, aber es gibt eine Vielzahl von spannenden Pfaden, die durch großartige Wild- und Vogelhabitate führen. Einer der besten ist der **Sendero Carayá** (Carayá-Pfad), der sich gegenüber dem Informationszentrum befindet. Der 30-minütige Weg durch Weideland, Wald und Sumpf ist leicht und bietet die Möglichkeit, eine Vielzahl von Tieren und Vögeln zu beobachten, allen voran natürlich Wasserschweine, die man oft dabei beobachten kann, wie sie durch die Gegend pirschen und alles fressen, was sie finden können. Kaimane gibt es im Sumpf zuhauf, aber mit etwas Glück kann man auch Affen sehen, die sich von Ast zu Ast hangeln. Die abwechslungsreiche Vegetation beherbergt eine Vielzahl von Vogel- und Insektenarten. Es ist ein toller Weg für kleine Kinder, denn er ist nicht zu lang und es gibt unterwegs viel zu sehen.

Graukardinal

WUNDERSCHÖNE SCHMETTERLINGE

Im Parque Nacional Iberá leben wunderschöne Schmetterlinge. Einige kommen von weit her und bleiben entweder die ganze Saison über hier oder machen auf ihrer Wanderroute einen Zwischenstopp, so zum Beispiel:

Indischer Monarch
Wird aufgrund seines getigerten Musters oft mit einem Monarchfalter verwechselt.

Brasilianischer Schmetterling
Seine transparenten Flügel sind einzigartig und wunderschön.

Guava-Skipper, auch „Blutfleck" genannt
Ein dunkler Schmetterling mit jeweils einem markanten roten Fleck auf beiden Schultern.

Rund um den P. N. Iberá

Diese Region ist beeindruckend groß und besticht durch ihre faszinierende Geschichte und unvergleichliche Naturattraktionen.

UNTERWEGS VOR ORT

Die Asphaltstraßen sind in gutem Zustand, zu den größeren Zielen fahren auch Busse. Um in die abgelegeneren Gebiete zu gelangen, braucht man einen Privattransport oder eine geführte Tour. Der Park ist mit öffentlichen Verkehrsmitteln nicht erreichbar.

TOP TIPP

Die Straßen hier sind mangelhaft. Der Asphalt ist holprig und unbefestigte Straßen können an einem Tag gut befahrbar sein und nach einem Regenschauer schlammig werden.

Die weiten Prärien muten fast afrikanisch an: mit so weiten monotonen Steppen, dass sie sich nach einer Stunde Fahrt durch die Ebene kaum verändern. Eukalyptus- und Kiefernwälder wiederum sind groß genug, dass man aus ihrem Holz ganze Städte bauen könnte. Dann wieder stößt man auf Lagunen und Feuchtgebiete mit weltweit einzigartigen Vogelarten. Es ist eine schöne Eintönigkeit, die hie und da von Dörfern und Städten unterbrochen wird. Die Provinz Misiones heißt nicht umsonst so: Die Jesuitenruinen hier gehören zu den großartigsten ihrer Art in Südamerika, selbst wenn sie verfallen sind. Und Orte wie der Parque Nacional Mburucuyá, das kleinere Pendant zu Iberá, wollen erkundet werden.

EEFJE VAROSSIEAU/SHUTTERSTOCK ©

Parque Nacional Mburucuyá

Rufous Hornero oder Rosttöpfer

DER EINFACHE HORNERO

Wer mit offenen Augen durch die Gegend fährt, dem fallen sicher einem Bienenstock ähnliche, fußballgroße Lehmkugeln auf. Sie sind häufig zu sehen an Zaunpfählen, Straßenschildern, auf Stromleitungen und auf Ästen. Es sind die Nester des Rosttöpfers *(Furnarius rufusa)*. Er ist eine Art der Familie der Töpfervögel. Das Erscheinungsbild des Rosttöpfers ist unscheinbar: Mit seiner rostbraunen Farbe ist er gut getarnt. Dafür fällt das Nest sofort ins Auge, das aus Lehm und Pflanzenfasern besteht und bis zu 5 kg schwer ist. Oft sieht man diese Vögel, die wegen ihres Gesangs beliebt sind, in die kleine Öffnung des Nestes hineinfliegen, um ihre Jungen zu füttern.

Parque Nacional Mburucuyá

AB PARQUE NACIONAL IBERÁ: **1 STD.**

Das kleinere Pendant zu Iberá

Mburucuyá ist ein hübsches kleines Juwel, das zwischen Iberá im Osten und Corrientes im Westen liegt. Das Reservat befindet sich auf beiden Seiten eines Sumpfes in den Auen des Río Fragosa. Auch hier lassen sich viele der Tierarten beobachten, die es in Iberá gibt. Selbstverständlich auch Wasserschweine. Jedoch ist das Terrain trockener als in weiten Teilen von Iberá, und man findet hier saprophyte Pflanzen (z. B. Pilze), hohe Palmen und anderes Wunderwerk der Natur – und das alles innerhalb einer zweistündigen Fahrt ab Corrientes. Vorausgesetzt, man ist bereit, früh aufzustehen und spät ins Hotel zurückzukehren, ist alles an einem Tag machbar. Der **Sendero Yatay** (7 km) ist der beliebteste Wanderweg und führt zu einem Aussichtsturm bei der Mündung des Santa Lucía. Der **Che Rhoga** ist kürzer (4 km). Neben der bekannten Tierwelt kann man hier auch den Großen Grauen Spießhirsch sehen. Die Anreise ist ohne Mietwagen schwierig, da es keine öffentlichen Verkehrsmittel gibt. Das bedeutet aber auch, dass in dem Park wahrscheinlich nur wenige Besucher anzutreffen sind.

ÜBERNACHTEN UND ESSEN IN POSADAS

Julio Cesar Hotel
Ein stattliches Hotel im Stadtzentrum mit einem tollen Frühstück, Parkplätzen und einem Pool auf dem Dach. $$

La Querencia Restaurante
Ein Mischung aus *parilla* und italienischem Lokal mit steifen Tischdecken und aufmerksamen Kellnern mit Weste. $$

Bolivar Café
Eine saubere Adresse direkt am Platz mit ausgezeichnetem Kaffee, Medialunas, Gebäck, Snacks und Sandwiches. $

POSADAS, DER YACYRETÁ-DAMM & PARAGUAY

Der große Río Paraná trennt Argentinien von Paraguay, eine natürliche Grenze, die sich über 480 km von Resistencia bis nach Puerto Iguazú erstreckt. Die einzige Großstadt inmitten der Region ist Posadas, eine ruhige Stadt mit einem schönen zentralen Platz, feinen Restaurants und etlichen Hotels. Man kann über eine Brücke nach Paraguay hinüberfahren. Flussabwärts liegt der **Staudamm Yacyretá**, dessen Bau ökologisch umstritten ist, außerdem mussten etwa 40 000 Menschen ihr Zuhause verlassen. Unter anderem sollen die Ergebnisse einer Volkszählung gefälscht worden sein, um Entschädigungszahlungen zu reduzieren.

ALFREDO CERRA/SHUTTERSTOCK ©

Parque Nacional Iberá

Die Jesuitenreduktionen und ihre Mission

AB PARQUE NACIONAL IBERÁ: **3–8 STD.**

Dem Einfluss der Jesuiten auf der Spur

Man könnte sagen, dass die Jesuiten einen höheren Auftrag hatten, um in Misiones diese „Bekehrungszentren" errichten, aber das würde den Kern der Sache wohl verfehlen. Aber Spaß beiseite: Diese Region, Guaraní, erstreckte sich einst über ein riesiges Gebiet, das heute zu Brasilien, Argentinien und Paraguay gehört. Die Jesuiten trafen im 17. Jh. ein, um die „verlorenen Seelen" zu retten. Viele Indigene ließen sich zum Christentum bekehren, aber oft nur, um vor Sklavenhändlern geschützt sein. Trotzdem wurden die Jesuitenreduktionen häufig überfallen und die indigenen Menschen wurden verschleppt, um auf den Sklavenmärkten verkauft zu werden. Und die Orte, die die Jesuiten kolonisierten, brachten neben der „Erlösung" auch den Tod durch eingeschleppte Krankheiten. Wie überall auf dem amerikanischen Kontinent wurde die indigene Bevölkerung dadurch reduziert; viele Missionen wurden daraufhin aufgegeben.

AUF ZU EINER LAGUNENTOUR!

Eine Bootssafari in Iberá ist ein Muss. Sie beginnt direkt am ❶ **Steg**, am besten nachdem man sich am Vortag einen Tierexperten bzw. einen Guide organisiert hat. Wenn man nicht das ganze Boot für sich allein gemietet hat, dann muss man möglicherweise auf andere Teilnehmer warten. Auch muss man das richtige Armband für den Parkeintritt besorgt haben, bevor man an Bord geht. Von der Anlegestelle aus geht die Fahrt parallel zum Damm hinaus, vorbei an der ❷ **Bailey Bridge**. Dann die Hand hochhalten, damit die Parkangestellten das besagte Armband sehen können. Von dort geht es unter der Brücke hindurch zu den Kaimanen auf einer ❸ **kleinen Halbinsel**, wo sie sich im seichteren (und damit wärmeren) Wasser versammeln. Meistens sind sie hier klein, weniger als einen Meter lang, aber vielleicht hat man Glück und erblickt auch ein größeres Exemplar. Wenn man weiter in die Lagune vordringt, dann heißt es Ausschau halten nach Reihern, Lappentauchern, Kormoranen und Rohrdommeln, die sich häufig in dem Schilfbereich aufhalten. Im Südosten der Lagune gibt es eine ❹ **Rinne** mit großen Kaimanen und zahlreichen Wasserschweinen, die hier scheinbar in friedlicher Eintracht leben. Mit etwas Glück lassen sich auch Sumpfhirsche, Schlangen, Leguane und exotische Vogelarten sehen. Ungefähr in der Mitte der ❺ **Lagune** halten sich oftmals Flussotter, Kormorane und Schildkröten auf.

UNTERWEGS VOR ORT

Corrientes ist leicht mit dem Bus oder per Flugzeug erreichbar. Den Rest des Weges kann man mit dem Taxi zurücklegen. Die Stadt lässt sich gut zu Fuß erkunden. Die engen Straßen sind zum Autofahren kein Vergnügen.

TOP TIPP

Wenn man die Möglichkeit hat, den Karneval in Corrientes zu besuchen, dann nichts wie hin! Es ist ein großes farbenfrohes Fest mit Kostümen und ausgelassener Stimmung. Eine Unterkunft sollte man schon Monate im Voraus reservieren oder aber man fährt von Resistencia aus nach Corrientes.

Corrientes

Diese bezaubernde Stadt liegt am östlichen Ufer des breiten Río Paraná, ein Großteil des Handels wird auf dem Fluss abgewickelt. Trotz der etwa 350 000 Einwohner gibt es in dieser Provinzhauptstadt ruhige Avenidas, einen schönen Strand, ausgezeichnete Restaurants, schicke Hotels und es herrscht ein gewisses Kleinstadtflair. Bekannt ist die Stadt für ihren Karneval, einer der größten in Argentinien. Außerdem wir hier gerne geangelt bzw. finden auch Fischerturniere statt. Am gegenüberliegenden Ufer, der Westseite des Flusses liegt die Stadt Resistencia, ein guter Ausgangspunkt für die Erkundung der Region. In den vielen Parks sind Wandgemälde und Denkmäler historischer Persönlichkeiten zu sehen, die herrlichen Jacarandas und andere exotische Bäume und Büsche bestimmen im Frühling und Sommer die schöne Szenerie.

TOP-SEHENSWÜRDIGKEITEN

1 Costanera
2 Museo Arqueológico y Antropológico
3 Museo de Ciencias Naturales
4 Museo Provincial de Bellas Artes

SCHLAFEN

siehe 2 DonSuites
5 La Alondra Casa de Huéspedes
6 Turismo Hotel Casino

ESSEN

7 Cristóbal Café
8 Ginger

AUSGHEN & FEIERN

9 Jaiteva Flotante
10 Le Vieux
11 Martha de Bianchetti
12 Monk's Speakeasy Bar

NELSON GONZALEZ/ALAMY STOCK PHOTO ©

Río Paraná

An der Costanera relaxen

Wo die Flusslandschaft am schönsten ist

Der Río Paraná ist einer der größten Flüsse der Welt und steht dem Amazonas, dem Mississippi, der Donau, dem Gelben Fluss und dem Nil in nichts nach. Der Fluss diente im Laufe der Geschichte des Landes als Hauptkorridor für den Handel und bietet auch heute noch unglaubliche Ausblicke auf vorbeiziehende Frachtschiffe, Vergnügungsboote, Segel- und Fischerboote und sogar Kajaks, SUPs und Kanus. Viele Leute setzen sich mit einem *mate* auf ein Strandtuch und beobachten das Geschehen auf dem Fluss und genießen dabei den Sonnenschein. Angesichts der Aussicht, der Boote und des goldenen Sandes ist es nicht verwunderlich, dass die *costanera* als die schönste in ganz Argentinien gilt. Ein 5 km langer Spazierweg entlang der Küste eignet sich perfekt zum Joggen, Laufen, Radfahren oder Spazierengehen mit dem *perrito* (Hund).

Das Westufer ist auch ideal, um den Sonnenuntergang zu beobachten, mit einem wunderschönen Himmel als Hintergrund für die beleuchtete Hängebrücke. Dort sieht man auch viele Leute, die ihre Angelruten auswerfen, um Flussfische wie Goldmakrele, Surubí und Pacú zu fangen. Diese Fische werden dann mit Maniok und Limetten gegrillt. Wer was

TÜCKISCHE GEWÄSSER

Ja, im Río Paraná gibt es Piranhas und eine Vielzahl anderer Fische. Piranhas kommen sogar auf den Teller. Entgegen dem gängigen Mythos ist es unwahrscheinlich, dass man von einem wilden Schwarm in Sekundenschnelle bis auf die Knochen abgenagt wird, aber hin und wieder kommt es zu Piranha-Angriffen, und in einigen Fällen gab es Tote. Am besten vermeidet man es in Gewässern mit viel Schilf, Seerosen und anderen Wasserpflanzen zu schwimmen, denn dort halten sich diese räuberischen Fische häufig auf. Während der Brutzeit sind sie angriffslustiger. Vor dem Tauchen sollte man sich bei den Einheimischen erkundigen, ob es etwas zu beachten gibt – ob Schlangen, Kaimane oder Piranhas. Vorsicht ist besser als Nachsicht!

ÜBERNACHTEN IN CORRIENTES

Turismo Hotel Casino
Ein schickes, nobles Hotel in der Nähe der *costanera*, mit (na klar!) einem angeschlossenen Casino. **$$$**

La Alondra Casa de Huéspedes
Ein Boutiqehotel mit tollen Außenpool, einem Restaurant und freundlichem Service. **$$$**

DonSuites
Das Don liegt nahe der *costanera* und hat einen Pool; moderne Zimmer mit Kühlschrank und Mikrowelle. **$$**

TEATRO JUAN DE VERA

Dieses atemberaubende Belle-Epoque-Gebäude, das liebevoll als „Kulturtempel von Corrientes" bezeichnet wird, sollte unbedingt besucht werden, selbst wenn es keine Vorstellung gibt. Die roten Samtsitze, die Kronleuchter, die dreifachen Balkone und das wunderschöne Kuppelgemälde sind es wert, dort vorbeizuschauen. Einfach an der Theaterkasse fragen, ob es möglich ist, einen kurzen Blick in den Zuschauerraum zu werfen. Andernfalls kann man sich natürlich auch ein Ticket für eine Aufführung besorgen, um so das stilvolle Ambiente erleben zu können.

Karneval in Corrientes

vom Angeln versteht, sollte es selbst einmal versuchen. Übrigens: Eine zweite Brücke ist derzeit in Planung, sodass das Aussehen der Landschaft in naher Zukunft verändert wird.

Museocultural

Auf zu den vielen Museen in Corrientes!

Corrientes ist nicht nur ein schöner Ort, um auf den Fluss zu schauen, sondern man kann in den vielen Museen, die meist in schönen alten Gebäuden untergebracht sind, auch etwas über die Geschichte und Kunst der Stadt erfahren. Ein Besuchermagnet ist das **Museo Arqueológico y Antropológico** in der Casa Martinez, einem wunderschönen Gebäude, das Mitte des 18. Jhs. errichtet wurde. Die Sammlung ist nicht sehr groß, aber bei einer Führung kann man sich ein besse-

ESSEN IN CORRIENTES

Martha de Bianchetti
Eine geradezu sensationelle Konditorei mitten im Zentrum; mit Eisdiele und Coffeeshop. **$**

Ginger
Ginger bietet alles von Sushi bis zu Pizzaspezialitäten, nur wenige Schritte von der *costanera*. Echt gut! **$$**

Cristóbal Café
Zum Mittagessen und Abendessen mit Livemusik in der Nähe der *costanera*. Burger, Pizzas, Tacos usw. **$$**

res Bild von der präkolumbischen Zeit, insbesondere der Kultur der Guaraní machen. Wer sich nicht für Geschichte und Anthropologie interessiert, sollte die Sammlung im **Museo de Ciencias Naturales** besichtigen, u. a. mit Nachbildungen einiger ausgestorbener Arten, die einstmals die argentinischen Hochebenen durchstreiften.

Hinter Glasvitrinen befinden sich präparierte Nandus, Füchse, Wasserschweine, Maras, Guanakos sowie Schmetterlinge und Spinnen. Es ist eine gute Möglichkeit, etwas über die in Argentinien heimische Tierwelt zu erfahren.

Das **Museo Provincial de Bellas Artes** befindet sich in der Gouverneursresidenz Dr. Juan Ramón Vidal und beherbergt eine schöne Sammlung und Wechselausstellungen lokaler und nationaler Maler, Bildhauer sowie Volkskunst.

Im Karnevalsrausch

Eine ausgelassene feucht-fröhliche Zeit

Corrientes ist zwar nicht Río, aber der alljährliche Karneval, der wohl größte in Argentinien, ist ein tolles Mega-Event. An den vier Wochenenden vor Ostern wird die *costanera* für die große Parade gesperrt: spärlich bekleidete Tänzerinnen und Tänzer, Kostüme mit Federschmuck, die so groß sind, dass ein Maya-König vor Neid erblassen würde, Festwagen in allen Formen und Größen, lautstarke Bands, die marschieren und Lieder singen, und jede Menge Glitter, Glitzer, Getränke und Tänze.

Im Amphitheater und im Corsódromo Nolo Alías finden Juryshows statt, bei denen die Teilnehmer um die Prämierungen des Jahres wetteifern. Natürlich werden ein König und eine Königin gekrönt, aber es gibt auch Auszeichnungen in verschiedenen Kategorien, z. B. für die beste Kindergruppe, die beste individuelle Darbietung, das beste Musical usw. Die Stadt scheut keine Kosten, um das bunte Spektakel auszurichten, das von Menschen aus dem ganzen Land – und aus aller Welt – besucht wird, und wer farbenfrohe Shows und Tanz mag, wird nicht enttäuscht sein.

Karneval in Corrientes

DIE BESTEN BARS IN CORRIENTES

Die Cocktailbar-Szene am Flussufer von Corrientes ist überraschend vielfältig und unterhaltsam, ob nun in einem Lokal mit Blick auf das Wasser oder in einer intimeren Bar im Stadtzentrum. Die meisten Cocktails werden an die Tische gebracht; es gibt nicht viele Bars, in denen man am Tresen sitzt.

Monk's Speakeasy Bar
Ein schummriges, oft überfülltes Lokal mit einer guten Auswahl an klassischen und kreativen Cocktails. Die Drinks sind sehr gut, das Essen eher Durchschnitt.

Le Vieux
Ein nettes Lokal unter freiem Himmel mit vielen Tischen, oft mit Livemusik und einem Patio zum Tanzen.

Jaiteva Flotante
Näher am Wasser, ohne nass zu werden, geht nicht. Auf dieser schwimmenden Plattform gibt es Essen, Bier und Cocktails.

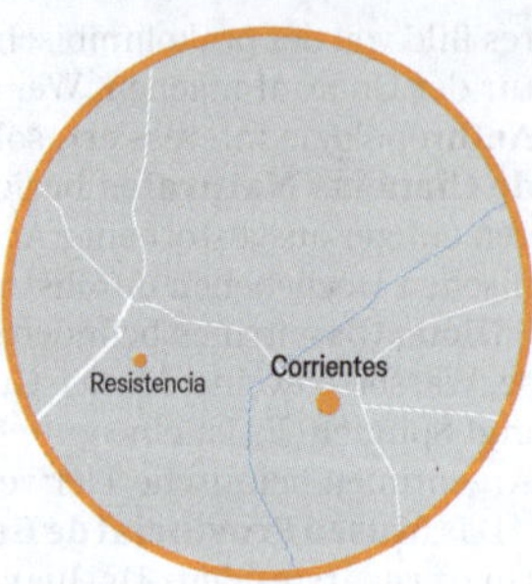

Rund um Corrientes

Corrientes ist nur ein Teil dieser zauberhaften Region, in der es auch andere Städte, Naturwunder, Abenteuersport und eine herrliche Fauna gibt.

UNTERWEGS VOR ORT

Resistencia ist leicht zu Fuß erkundbar, für das Stadtgebiet benötigt man jedoch ein Taxi. *Collectivos* und Busse fahren auch zu größeren Destinationen.

Jenseits von Corrientes ist Resistencia, die Hauptstadt der Nachbarprovinz Chaco, die erste Destination. Diese Stadt ist architektonisch zwar nicht ganz so attraktiv wie das stolze Corrientes, aber sie hat ihren eigenen Charme und macht die eher schlichten Gebäude mit etlichen interessanten Skulpturen wett; es gibt sogar ein halbjährliches Skulpturen-Event mit großem Zulauf aus dem ganzen Land. Das Stadtzentrum ist klein und sicher, und sobald die Bars geöffnet sind, entfaltet sich ein reges Nachtleben. Schwer zu sagen, auf welcher Seite des Flusses es nun schöner ist, aber wer genügend Zeit mitbringt, wird froh sein, beide Städte besucht zu haben.

Chaco

PAULO HOEPER/GETTY IMAGES ©

Resistencia

Resistencia

AB CORRIENTES: **30 MIN.**

Plazas, Gebete & Menschen

Die Plaza 25 de Mayo, der Hauptplatz von Resistencia, ist die Hauptsehenswürdigkeit dieses Industrie- und Handelszentrums. Architektonisch kann sie allerdings nicht mit ihrer Nachbarstadt Corrientes und deren *costanera* mithalten. Argentinische Städte haben oft kein Zentrum, aber hier hat man das Gefühl, dass die Stadt um den alten Ortskern herum natürlich gewachsen ist. Die Plaza 25 de Mayo weist schöne schattige Bäume und eine Kathedrale auf; und wenn die Jacarandas blühen, ist es wunderschön. Skulpturen (S. 154) liegen verstreut im gesamten Stadtgebiet und haben Resistencia den Beinamen *ciudad de las esculturas* (Stadt der Skulpturen) eingetragen.

Außerhalb der Kathedrale (Catedral de San Fernando Rey) finden sich Beispiele für diese Kunstwerke, wie z. B. die an Pi-

TOP TIPP

Die Garagen hier schließen oft nachts; wer früh am Morgen abreisen muss, sollte sichergehen, dass sie dann geöffnet sind.

DIE BESTEN BARS IN RESISTENCIA

Innerhalb und außerhalb der Stadt gibt es etliche tolle Bars und Cafés, viele nur wenige Schritte von der Plaza 25 de Mayo entfernt.

Eleven Rooftop
Nur ein paar Blocks von der Plaza 25 de Mayo entfernt ist diese hippe Rooftop-Bar sehr beliebt.

Nanas Suena Bien!
Von Hand gemixte Cocktails, gutes Essen und Backsteinambiente für ein junges Publikum zwischen 20 und 30.

Olegario Café
Man fühlt sich wie in einem italienischen Dorf, mit Männern, die draußen zu jeder Tageszeit Kaffee oder Wein trinken.

ÜBERNACHTEN UND ESSEN IN RESISTENCIA

Niyat Urban Hotel
Ein schickes, modernes Hotel mit kostenlosem Frühstück, direkt an der Plaza. **$$**

Hotel Diamante
Ein einfaches, sauberes Business-Hotel mit kostenlosen Parkplätzen, Frühstück inbegriffen. **$$**

Coco's Resto
Relativ protzig, jedoch bietet dieses Lokal feinstes, meist italienisches Essen und freundlichen Service. **$$**

MUSEO DEL HOMBRE CHAQUEÑO

Wer keine Lust auf einen Stadtrundgang hat, sollte das „Museum des Chaco-Mannes" besuchen, eine kleine, aber interessante Sammlung, die die Siedlungsgeschichte des Chaco bis zur Gegenwart erzählt. Es gibt hier drei Schwerpunkte: die Ureinwohner des Chaco, die „Criollos", die Mischung aus Einheimischen und europäischen Kolonisten, und dann die „Gringos", die mit einer Migrationswelle vor allem ab dem 19. Jh. hier angekommen sind. Es gibt Keramikexponate, Musikinstrumente, Dioramen und Ausstellungen. Die 4. Etage ist der Mythologie gewidmet. Die meisten Beschriftungen sind zwar auf Spanisch, aber einige Museumsmitarbeiter können ein wenig Englisch.

casso erinnernde Statue, die links vom Eingang steht. Weitere Skulpturen befinden sich in Parks und in den Straßen, z. B. vor der wellenförmigen Casa de las Culturas, die einen Radiosender, eine Kunstgalerie und ein Auditorium beherbergt, wo oft Ausstellungen oder Aufführungen stattfinden. Andere wichtige Gebäude, wie die Banco de la Nación Argentina, verleihen dem malerischen Platz einen Hauch von Grandezza.

Die Stadt der Skulpturen

Ein Open-Air-Kunstmuseum mit 650 Objekten

Nicht viele Städte von der Größe Resistencias können sich damit rühmen, mehr als 650 Skulpturen in den Straßen, Wegen, Parks und Plätzen vorzuweisen. Dank des alle zwei Jahre stattfindenden Skulpturenfestivals sind hier zahlreiche Kunstwerke zu finden.

Jedes Jahr im Juli lädt die Stadt Bildhauer ein, ihre Kreationen im Parque Intercultural der Stadt zu präsentieren. Die Werke werden dann im gesamten Stadtgebiet aufgestellt, sodass die Anzahl an Plastiken alljährlich steigt. Es ist ein aufregendes Ereignis, aber auch wenn man nicht wegen des Festivals hierherkommt, kann man die Straßen und Wege mit den Standbildern bestaunen.

Auch wenn einige Statuen, wie die inmitten der Plaza 25 de Mayo in Resistencia, an berühmte historische Persönlichkeiten erinnern, wird man feststellen, dass viele, wenn nicht sogar die meisten, avantgardistisch, skurril, interessant und lustig sind. Repliken von Michelangelos David, seltsame kugelförmige Gebilde und abstrahierte Menschengestalten sind auf einem Rundgang zu entdecken.

Im Museum kann man mehr über dieses Festival und die alljährlich ausgestellten Kunstwerke erfahren. Dort sind auch weitere Informationen erhältlich, zudem liegt eine Broschüre aus, in der die Standorte der Skulpturen in der ganzen Stadt verzeichnet sind. Außerdem soll es auch eine Resistencia CulturApp geben, die der Orientierung dient (zum Zeitpunkt der Recherche war sie allerdings noch nicht abrufbar).

ARTERRA PICTURE LIBRARY/ALAMY STOCK PHOTO ©

Fischverkauf am Straßenrand in der Nähe von Resistencia

Concordia

Concordia ist eine schöne Grenzstadt flussabwärts des riesigen Stausees, der durch den Salto-Grande-Staudamm auf der anderen Seite des Río Uruguay entstanden ist. Hier kann man Tagesausflüge über die Grenze machen, in den Thermen entspannen, baden, essen gehen und einige schöne Parks und Landschaften besuchen. Wer will, kann am Fluss zelten oder auch angeln, und wer sich lange genug dort aufhält, erblickt bestimmt auch Wasserschweine. Mit ein bisschen mehr Zeit lassen sich auch die etwas schaurigen Burgruinen erkunden. Die Stadt ist ein idealer Ausgangspunkt für Ausflüge, z. B. zum Parque Nacional El Palmar oder nach Salto in Uruguay.

TOP TIPP

Eine Fahrt nach Salto sollte man außerhalb des Berufsverkehrs einplanen, sonst riskiert man lange Wartezeiten. Früher fuhr man nach Uruguay, um billig einzukaufen. Doch die Zeiten haben sich geändert: Heute kommen die Uruguayer nach Concordia.

UNTERWEGS VOR ORT

Die Innenstadt von Concordia ist ziemlich klein und ist in einer Stunde zu Fuß zu erkunden. Um zu den Thermalbädern oder zu den Campingplätzen zu gelangen, braucht man ein Auto. Alternativ nimmt man Bus 2 oder ein Taxi.

SEHENSWERTES
1 Castillo San Carlos
AKTIVITÄTEN, KURSE & TOUREN
2 Termas Concordia
3 Termas y Parque Acuático del Ayuí
SCHLAFEN
4 Camping la Tortuga Alegre
5 Campingplatz Las Palmeras
6 Florentina 'El Origen'
7 Hotel Salto Grande
8 Posada Bamby's

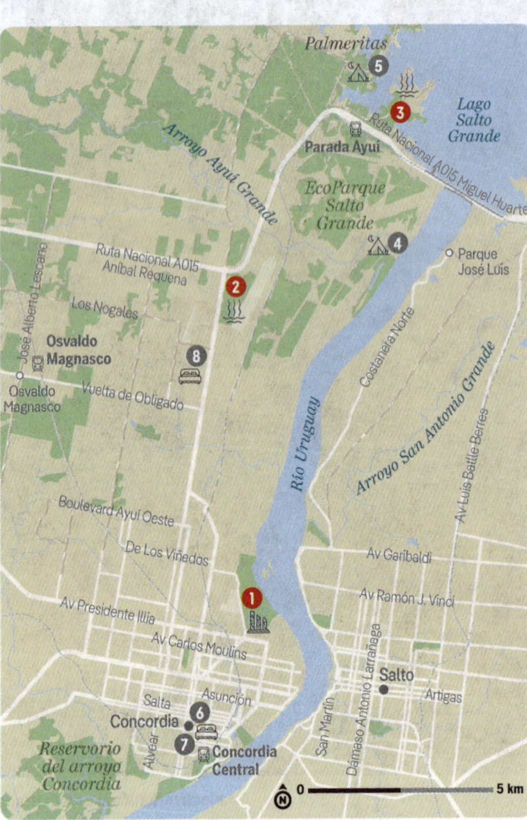

Parque Nacional El Palmar

Rein ins heiße Wasser

Badewonnen in den erholsamen Thermen

Es gibt nichts Besseres als ein heißes Bad, aber noch schöner ist dieses Wellness-Erlebnis in den verschiedenen Thermalbädern rund um Concordia; nicht weit entfernt befinden sich die **Termas Concordia**, ein Vergnügungspark, der viel mehr zu bieten hat als nur ein Bad im heißen Wasser. Es gibt verschiedene Pools, die zwischen 40 und 44 °C warm sind, sowie Hängebrücken in den Baumkronen, Spazierwege und Picknickplätze. Die ganze Familie kann sich hier vergnügen, und die Wasserwacht sorgt für Sicherheit.

Auch im nahe gelegenen **Termas y Parque Acuático del Ayuí** kann man in wohltemperierten Gewässern plantschen und schwimmen. Hier liegt der Schwerpunkt eher auf dem Badevergnügen. Eine Vielzahl von verschiedenen Spas, Pools und Unterwassersitzen ermöglicht es, im heißen Wasser zu sitzen, zu baden oder sich auch massieren zu lassen. Für Kinder gibt es viele seichte Becken, um sicher zu baden. In jedem Becken kann man stehen. Die Attraktionen außerhalb des Bades sind Tiere: Einige Pfauen sind hier zu Hause, und es ist nicht ungewöhnlich, eine Herde Wasserschweine zu sehen, die sich auf der Flussseite des Geländes tummelt.

WELTKLASSE-ANGELN

Zum Angeln sollte man sich einige Tage Zeit nehmen oder gleich mehrere Wochen bleiben. Die Gewässer des Río Uruguay und der kleineren Nebenflüsse bieten fantastische Angelmöglichkeiten. Je nach Pegelstand kann der Fluss sehr steinig oder sehr seicht sein, aber ein guter Guide wird die richtigen Stellen kennen, an denen man seinen Köder auswerfen kann. Das als „La Zona" bekannte Gebiet flussabwärts vom Staudamm ist nur mit einem Guide und nur an bestimmten Tagen zugänglich. In den Gewässern tummeln sich riesige Goldmakrelen. Mit etwas Glück beißt vielleicht solch ein großer Bursche an …

ÜBERNACHTEN UND ESSEN IN CONCORDIA

Posada Bamby's
Leckere Mahlzeiten (Frühstück gratis, Abendessen extra) und ein Feel-at-home-Flair in diesem preiswerten Hotel. **$**

Hotel Salto Grande
Eine stattliche Option im Stadtzentrum, mit Tischen im Freien, sauberen Zimmern und freundlichem Service. **$$**

Florentina 'El Origen'
Schickes Café mit Kaffeespezialitäten: Latte, Espresso und Eiskaffee. Außerdem Gebäck und Sandwiches. **$$**

Beide Thermen verfügen über ein Restaurant, und nach dem Essen kann man natürlich erneut ein heißes Bad in den Schwimmbecken nehmen.

Unheimliche verlassene Ruinen

Das mysteriöse Castillo San Carlos

Die Jesuiten waren nicht die Einzigen, die Gebäude errichteten und diese dann schließlich aufgaben. Auch wohlhabende Leute taten das. Das **Castillo San Carlos** ist ein seltsames Anwesen, das 1888 von Éduard Demanchy, einem französischen Industriellen, gegründet wurde. Das Baumaterial wurde mit großem Aufwand aus Europa importiert. Zu dieser Zeit gab es nirgendwo sonst in der Region Annehmlichkeiten wie beheizte Fußböden, fließendes Wasser oder eine zentrale Gasbeleuchtung. Trotz des Reichtums und der hohen Kosten wurde das Haus nur drei Jahre lang bewohnt, bevor die Demanchys es Hals über Kopf verließen. Die Gründe ihres Verschwindens sind bis heute ungeklärt. In diesem verlassenen Gebäude ist schon einiges passiert, darunter auch eine Notlandung von keinem Geringeren als dem berühmten französischen Kurier und Romanautor Antoine de Saint-Exupéry, der sich hier eine Zeit lang aufhielt, vermutlich bis sein Flugzeug wieder repariert worden war. Im Park steht eine große **Statue des Kleinen Prinzen**. Das Gebäude wurde außerdem schon als Obstgeschäft, Salzfabrik und als Kerzenladen genutzt.

Heute liegt es wunderschön über dem Wasser. Mehrere Rundgänge führen durch die prächtige Burgruine, ausgeschildert mit Infotafeln zur Geschichte. Ein kleiner Museumsraum beherbergt Papiere, Dokumente, Fotos und eine Nachbildung von Sant-Exupérys Flugzeug. Um von Concordia aus dorthin zu gelangen, nimmt man den Bus 2 und steigt am Eingang aus. Von dort aus ist es nur ein kurzer Spaziergang durch die Rasenflächen und Gärten, um das Gebäude zu erreichen.

UNTER DEN CAPYBARAS

Wenn man am frühen Morgen den Sonnenaufgang inmitten eines Rudels zahmer Wasserschweine erleben möchte, sollte man nahe am Wasser zelten. Wie bei jedem Gewässer sollte man auch hier reichlich Mückenschutzmittel mitnehmen! Es ist einfach wunderschön die Morgensonne am Ufer eines ruhigen Flusses zu genießen, während man das Wasser für einen Kaffee aufsetzt.

Camping Las Palmeras
Ein schöner Familiencampingplatz mit Sandstrand und Einrichtungen, Grillplätzen und Duschen (im Freien).

Camping la Tortuga Alegre
Ein Platz, der bei Anglern beliebt ist; mit Strandzugang und Bootsanlegern.

Castillo San Carlos

EINE TOUR DURCH DEN PARQUE NACIONAL EL PALMAR

Diese Tour beginnt dort, wo alle anderen auch starten: am Eingangstor. Aber man sollte sich Zeit für das ❶ **Besucherzentrum** nehmen, denn die freundlichen Mitarbeiter geben tagesaktuelle Tipps, Karten und einige Vorschriften für den Aufenthalt im Park. Unbedingt einzuhalten ist das Tempolimit von 40 km/h (zum Schutz der Schildkröten, Schlangen, Eidechsen, Nagetiere und Wasserschweine).

Von dort aus fährt man 6,5 km bis zu einem Kreisverkehr, an dem man rechts in Richtung ❷ **Yatay Trail** abbiegt – ein 500 m langer Rundwanderweg, der teilweise von Palmen gesäumt wird. Dann geht es weiter zum ❸ **Sendero La Glorieta**, der nach 900 m durch den Wald und am Flussufer entlang zum Parkplatz zurückführt, mit schönem Blick auf die Palmen.

Danach fährt man zurück zum Kreisverkehr und biegt rechts ab Richtung Gewässer. Dann, gut 9 km vom Eingang entfernt, zweigt man erneut rechts ab. Wenn man wandern möchte, sollte man links vom Parkplatz nach dem wunderschönen, 4 km langen ❹ **Pastizal Trail** Ausschau halten. Dieser spektakuläre Wanderweg führt zum Río Palmar. Wer nicht wandern möchte, fährt einfach weiter und stößt schon bald auf einen kürzeren Weg, den 350 m langen ❺ **Arroyo del Palmar Trail**, ebenfalls mit Flussblick. Im Anschluss geht die Fahrt zurück, an der Hauptstraße heißt es rechts abbiegen und folgt ihr bis zum Campingplatz mit ❻ **Einrichtungen und Souvenirladen**. Hier kann man auch ein kleines Bad im ❼ **Río Uruguay** wagen.

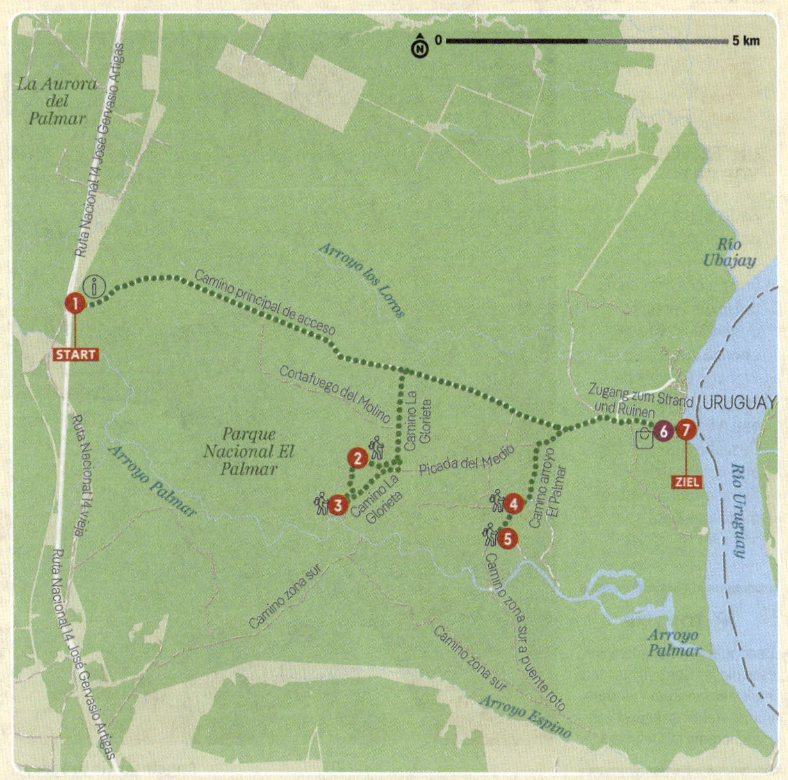

Rund um Concordia

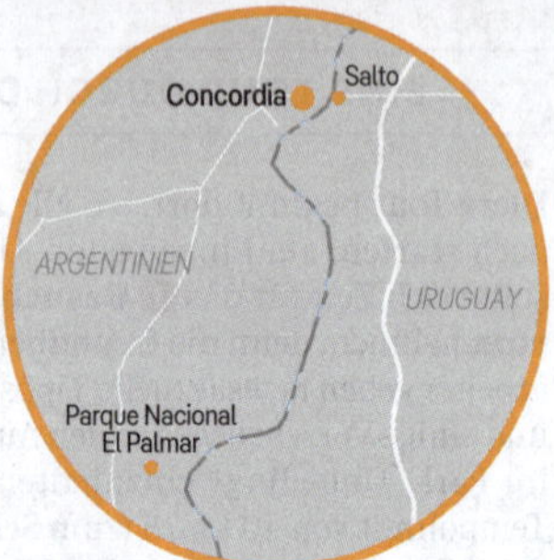

Der Staudamm, die Grenze und einige großartige Parks sind lohnenswerte Ziele in der Region.

Eines der größten Wasserkraftwerke der Region trennt Uruguay von Argentinien, jenseits des Flusses liegt die schöne Stadt Salto, die im Rahmen eines Tagesausflugs gut zu erkunden ist. Im Süden lockt der Parque Nacional El Palmar („Palmenpark"). Einst dominierten Yatay-Palmen die Landschaft auf Tausenden von Quadratkilometern, aber als die Viehzucht aufkam und Eukalyptusbäume angepflanzt wurden, schrumpften die Palmenbestände dramatisch. Hier liegt eines der wenigen Gebiete, an denen man den Lebensraum – und seine Fauna – noch so erleben kann, wie er einstmals war.

UNTERWEGS VOR ORT

Salto ist eine Stadt, die man gut zu Fuß erkunden kann; Busse und *colectivos* verkehren in die verschiedenen Stadtviertel, ebenso viele Taxis. Wer von Concordia kommt, sollte besser einen Fahrer buchen. Das ist relativ günstig und verschafft mehr Flexibilität für weitere mögliche Ziele.

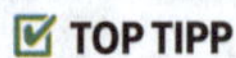

TOP TIPP

Besonders im Sommer kann es in dieser Gegend brütend heiß werden. Zum Wandern immer viel Wasser und Sonnencreme mitnehmen!

LARRY LARSEN/ALAMY STOCK PHOTO ©

Angeln im Río Uruguay

REISEGRAF.CH/ALAMY STOCK PHOTO ©

Wasserkraftwerk in Salto

Salto

AB CONCORDIA: **1 STD. (+GRENZSTAU)**

Über die Grenze nach Uruguay

Salto mit seiner Kolonialarchitektur, seinen schicken Malls und seinen ruhigen Angelplätzen eignet sich gut für einen schönen Tagesausflug. Von Concordia aus fährt man an den Termas vorbei und überquert das Wasserkraftwerk Salto Grande (auch ein lohnenswertes Ausflugsziel; es ist riesig und der Kontrast zwischen dem flussaufwärts und flussabwärts gelegenen Teil ist beeindruckend!). Sehenswert ist auch die Plaza de los 33 Orientales, der malerischste Platz der Stadt: Sauber, grün und mit seinen Springbrunnen und modernen öffentlichen Toiletten ist er ein echtes Highlight. Man kann sich irgendwo einen *mate* kaufen und ihn in aller Ruhe trinken, einen Tisch in einem Café an der Plaza suchen oder die wunderschöne Parroquia Nuestra Señora del Carmen besuchen, die die Plaza überragt. Von dort aus ist es ein bequemer Spaziergang zum Fluss, von dem aus man zu jeder Jahreszeit einen Blick auf die breite Wasserstraße hat.

Der Wasserstand der Fluss schwankt häufig im Jahresverlauf. Manchmal, z. B. nach starken Regenfällen in Brasilien, kann der Fluss sogar einige der umliegenden Straßen überfluten. Aber die meiste Zeit fließt er eher träge dahin. Wie überall entlang des Río Uruguay kann man auf friedlich grasende Wasserschweine treffen. Nördlich der Stadt befindet sich der Parque Indígena, ein Ort für Veranstaltungen, Feste und Turniere. Wenn man eine Angel dabei hat, fährt man nach Norden zu den Cuevas de San Antonio, einer Ansammlung von Meeresgrotten und einem der besten Angelplätze in Salto. Achtung: Angelschein nicht vergessen!

LOGIEREN & ESSEN IN SALTO

Salto hat gute Hotels und feine Restaurants sowie preiswertes Streetfood rund um den Hauptplatz.

Salto Hotel & Casino
Ein gehobenes Lokal direkt am Platz, mit herrlichem Blick von den oberen Etagen und dem Dachpool auf die Kathedrale. **$$$**

Hotel Español Salto
Ein legeres Hotel mit schönen Gemeinschaftsbereichen, sauberen Zimmern und kostenlosem Frühstück; die Plaza und der Fluss liegen in der Nähe. **$$**

La Trattoria
Nomen est omen: Hier darf man erwarten, dass die italienischen Pastagerichte ausgezeichnet schmecken – und das tun sie auch! **$$**

Cavern
Ein stilvolles Lokal ein paar Blocks vom Hauptplatz entfernt, mit Burgern, Pommes frites, Tostadas und vielen Drinks. **$$**

Santa Fe

UNTERWEGS VOR ORT

Das Labyrinth der engen, oft einspurigen Straßen von Santa Fe kann für Autofahrer stressig sein, auch das Parken ist kompliziert. Einfacher ist es, ein Taxi oder den Bus zu nehmen. Mitfahrgelegenheiten gibt es auch. Es ist überhaupt eine schöne Stadt zum Spazierengehen.

TOP TIPP

Trotz ihrer Größe und der Tatsache, dass die Stadt in der Vergangenheit vier Bahnhöfe hatte, wird sie derzeit nicht von Zügen angefahren. Man kannt höchstens mit dem Zug von Buenos Aires nach Rosario fahren und dann den Rest der Strecke mit dem Bus zurücklegen.

Von allen großen Städten am Río Paraná bietet Santa Fe de la Vera Cruz den schönsten Mix aus Größe, Kultur, Schönheit und dem gewissen Etwas, das sie zu jeder Jahreszeit besuchenswert macht. Die schönen Brücken, die ruhige *costanera*, die Architektur, die Fußgängerzone und die Restaurants sorgen dafür, dass für jeden etwas dabei ist; und obwohl sie die viertgrößte Stadt des Landes ist, herrscht hier ein nettes Kleinstadtflair. Ein Tunnel unter dem Paraná führt nach Paraná-Stadt hinüber, sodass man leicht auf die andere Seite gelangt. Hier kann man gut essen und trinken, durch die belebten Avenidas flanieren und die Häuserfassaden bewundern oder auch bei Sonnenuntergang einen *mate* mit Freunden an der *costanera* teilen.

Plaza der Drei Kulturen, Santa Fe

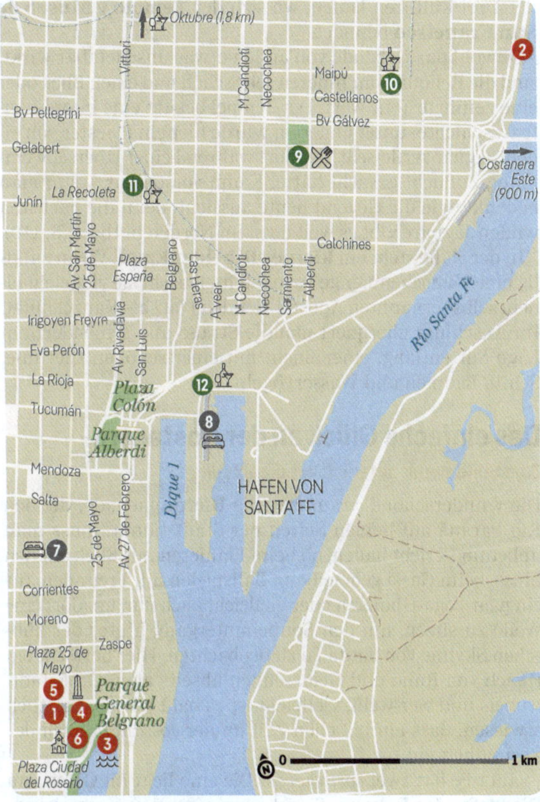

SEHENSWERTES
1 Casa de la Gobierno
2 Costanera
3 Lago Sur
4 Monumento a la Biblia
5 Plaza 25 de Mayo
6 Templo y Museo de San Francisco

SCHLAFEN
7 House Park Boutique Hotel
8 Los Silos

ESSEN
9 Paladar Negro

AUSGEHEN & FEIERN
10 Barrio Latino Cocktail Club
11 Insert Coin
12 One Six Roof Bar

Plazas, Kathedralen & Architektur

Die Plaza 25 de Mayo besichtigen

Wie so viele andere argentinische Städte hat auch Santa Fe eine **Plaza 25 de Mayo**, sie ist ein idealer Ausgangspunkt für die Erkundung der Stadt. Man kann hier auch leicht einen Nachmittag – oder einen ganzen Tag – verbringen, um sich die imposanten Gebäude anzusehen, die belebte Straße zu überqueren und die Aussicht entlang der Uferpromenade zu genießen. Der absolute Blickfang ist die **Casa del Gobierno** mit ihrer beeindruckenden Fassade und ihrer schönen griechisch-römischen Architektur. Die anderen Gebäude rund um den Platz sind beinahe genauso prächtig. Von dort aus kann man in südöstlicher Richtung zum hübschen Platz

ÜBERNACHTEN UND ESSEN IN SANTA FE

Los Silos
Das schicke, an ein Casino angrenzende Hotel im Industry-Stil bietet einen schönen Blick auf das Wasser. $$$

House Park Boutique Hotel
Ein sauberer, freundlicher Ort in der Nähe der Plazas, mit ausgezeichnetem Frühstück und hilfsbereitem Personal. $$

Paladar Negro
Abwechslungsreiche Hauptgerichte, mit leckeren Cocktails und einem schönen Blick auf den Park. $$

MEIN FAVORIT: SANTA FE

Ray Bartlett, Autor

Santa Fe hat es mir in vielerlei Hinsicht angetan. Ich liebe Städte, die an einem Fluss liegen. Und der Paraná ist ein toller Fluss. Mit einem *mate* in der Hand den Sonnenuntergang an der *costanera* von Santa Fe zu beobachten, fühlte sich so herrlich argentinisch an! Santa Fe hat eine wunderschöne Architektur und ist eine Großstadt, aber im Vergleich zu anderen großen Städten empfindet man sie eher wie eine nette Kleinstadt. Mir gefällt auch, dass sie groß genug ist, um einen anständigen Cocktail zu trinken und mehr als nur italienisches Essen zu bekommen. Und die Tatsache, dass sich hier die Universität befindet, verleiht dem Ort auch ein lebhaftes, jugendliches Flair.

der Drei Kulturen laufen, wo sich der **Templo y Museo de San Francisco** befindet.

Obwohl das Gebäude von außen etwas unscheinbar wirkt, sind die Reliquien im Inneren sehr schön und einen Blick oder eine geführte Tour wert. Der Tempel besitzt eine interessante Geschichte; unter anderem wurde hier ein Priester von einem Jaguar zerfleischt, der dort während einer Überschwemmung Zuflucht gesucht hatte. Kaum vorstellbar, wenn man bedenkt, wie die Gegend heute aussieht, denn die nächsten wilden Jaguare gibt es weit oben im Norden in Iberá (S. 140).

In der Nähe steht ein **kleines Bibeldenkmal**. Wenn zufällig eine Menschenmenge davor steht, lauscht sie vielleicht einem selbst ernannten Apostel, der den Platz als Kanzel nutzt. Im Anschluss überquert mandie Straße und schlendert am Lago Sur entlang, einer Bucht mit einer schönen Uferlinie, Schilf, Bäumen und Wasservögeln.

Das einfache Glück an der Costanera

Zum Sundowner mit Blick auf die Skyline

Die wunderschöne *costanera*, die Uferpromenade, die den Río Paraná auf beiden Seiten der Stadt säumt, muss man unbedingt erlebt haben, ob beim Flanieren mit Blick auf den Fluss, beim Gassi gehen, beim Ballspielen mit Freunden, für ein paar Yoga-Übungen oder vielleicht auch nur, um dort eine Weile zu sitzen, um den Sonnenuntergang hinter der hübschen Skyline von Santa Fe zu beobachten. Hier herrscht ein Hauch von Ruhe und Gelassenheit abseits allen Großstadttrubels und wer weiß, vielleicht ist es bald wissenschaftlich erwiesen, dass ein bisschen Zeit an der *costanera* auch der Gesundheit gut tut.

Santa Fe hat zwei *costaneras*: Die eine liegt im Osten, am **Westufer des Paraná**. Sie ist am einfachsten zu erreichen, wenn man in der Stadt wohnt, und ideal für Frühaufsteher. Hier kann man den Sonnenaufgang über dem so früh noch nebelverhangenen Fluss genießen. Die östliche Uferpromenade, die **Costanera Este**, die über eine beeindruckende Hängebrücke zu erreichen ist, ist der beliebteste Sunset-Treffpunkt mit Blick Richtung Westen. Man überquert die Brücke und biegt dann links ab, um nördlich der Brücke zu laufen. Dort findet man ein breites Ufer mit vielen Parkplätzen und grünem Rasen, einigen Picknickplätzen und Toiletten. Es gibt auch ein paar Strandbars, falls man Lust auf ein Bier oder einen Cocktail hat. Nach Einbruch der Dunkelheit ist der Ort genauso schön, vor allem wenn sich die zahllosen Lichter der Großstadt im träge dahinfließenden Wasser des majestätischen Paraná spiegeln.

DIE BESTEN BARS IN SANTA FE

One Six Roof Bar
Hier gibt es kreative Cocktails und einen Blick von oben auf die Stadt, der zu jeder Tageszeit spektakulär ist.

Barrio Latino Cocktail Club
Ein großartiger Ort, um zu entspannen und mit einem Drink in der Hand den besten Jazz der Stadt zu genießen.

Oktubre
Eine der Bars mit einem Billardtisch, in der es abends Livemusik gibt.

Rund um Santa Fe

Lebhafte Städte, bedeutende historische Denkmäler, interessante Ruinen und ein großer, schöner Fluss, der alles dominiert.

Am Río Paraná liegen einige große Städte und auch die Ruinen von Cayastá. Cayastá war der ursprüngliche Standort der Stadt Santa Fe de la Vera Cruz, die heute etwa 75 km entfernt liegt. Die Städte, die an dem Fluss liegen, haben alle ihre ganz speziellen Eigenheiten. Rosario, die größte Stadt von allen, ist reich an Geschichte und architektonischer Schönheit, während das friedliche Paraná ruhige Straßen und eine wunderbare Gastroszene hat. Dazwischen liegen weite Viehweiden, eine wunderschöne Vogelwelt und der Río Paraná, der nie weit entfernt ist.

UNTERWEGS VOR ORT

Busse und *colectivos* verkehren in alle Richtungen. Um einen Tagesausflug nach Cayastá zu machen, sollte man den Bus recht früh nehmen. Von/nach Paraná verkehren regelmäßig Busse.

TOP TIPP

Das Einschlagen von Autoscheiben kommt in Rosario leider ziemlich häufig vor. Deshalb sollten Autofahrer nach Möglichkeit auf Parkplätzen abseits der Straße parken.

Monumento Histórico Nacional a la Bandera (S. 167)

DIE RUINEN VON CAYASTÁ

Cayastá, auch bekannt als Santa Fe La Vieja, liegt etwa 75 km nördlich von Santa Fe am Ufer des Río Javier. Cayastá war der ursprüngliche Standort von Santa Fe, und obwohl ein Großteil der ursprünglichen Stadt leider im Fluss versunken ist, gibt es hier noch einige Ruinen zu sehen, darunter die Iglesia de San Francisco, in der fast 100 Gräber entdeckt worden sind. Sie sind umzäunt, die Gebeine wurden durch gut gemachte Repliken ersetzt. Viele der Gräber sind mit Namen versehen. Es gibt ein Museum, ein paar andere Ruinen und einen Souvenirladen. Ganz in der Nähe liegt das kleine Städtchen Cayastá.

Restaurant in Rosario

Paraná

AB SANTA FE: **40 MIN.**

Santa Fes kreative Zwillingsstadt

Der Tunnel unter dem Río Paraná verbindet Santa Fe mit der Stadt Paraná: Sie ist kleiner als ihr Pendant auf der anderen Seite des Flusses. Die Hauptstadt der Provinz Entre Ríos („Zwischen den Flüssen"). Paraná mit seiner hübschen *costanera* und einigen ruhigen Plätze bietet sich für einen Tagesausflug von Santa Fe an. Im Museo y Mercado Provincial de Artesanías werden Kunstgegenstände, Schuhe, Hüte, Stoffe und Holzspielzeug ausgestellt, die es teilweise auch zu kaufen gibt. Das Verkaufspersonal erläutert die komplizierten Prozesse, die für die Herstellung von Souvenirs nötig sind.

Im Museo Histórico de Entre Ríos werden die Besucher über die kurzlebige Republik Entre Ríos informiert, die 1820–1821 existierte. Man erhält einen Eindruck von den Turbulenzen jener Zeit, in der Argentinien politisch ein ziemlich zerrissenes

ÜBERNACHTEN UND ESSEN RUND UM SANTA FE

Roberta Rosa de Fontana Suites
Einfache Spaziergänge zur *costanera*, zu Restaurants und Bars. **$$**

Hotel Coé Verá
Einladendes, sauberes Motel mit kostenlosem Frühstück. **$$**

Ristorante Giovani
Wahrscheinlich das beste Restaurant in Paraná mit großer Dessert-Auswahl. **$$$**

Gebilde war und der heutigen Republik nur wenig ähnelte. Von 1853 bis 1861 war Paraná die Hauptstadt der Confederación Argentina (Argentinischen Konföderation); Buenos Aires, damals ein unabhängiger Staat, gehörte nicht dazu und trat erst später bei.

Lust auf ein Sonnenbad? Dann sollte man die beiden Strände der Stadt, die Playa Municipal westlich des Ruderclubs Paraná oder die schönere Playa del Thompson, die etwa 1 km östlich hinter dem Hafen liegt, besuchen. Beide Strände laden zum Baden oder zum süßen Nichtstun am Wasser ein, auch wenn es nicht viele schattige Plätze gibt. Der letztgenannte Strand verfügt über einen Klettergarten für Kinder und einen anständigen Swimmingpool.

Rosario

AB SANTA FE: **2 STD.**

Geburtsstadt berühmter Argentinier

Rosario ist mit über 1 Mio. Einwohner die drittgrößte Stadt Argentiniens. Leider macht sie seit geraumer Zeit wegen der ausufernden Drogenkriminalität und einem Bandenkrieg Schlagzeilen. Daher sollte man hier etwas vorsichtiger sein als in anderen Städten des Landes. Trotz allem lohnt sich Rosario für einen Tagesausflug.

Berühmt ist die Stadt vor allem als Geburtsstadt zweier argentinischer Größen: Ernesto „Che" Guevara, Arzt und Revolutionär, und Lionel Messi, Fußballstar und Weltmeister (wahrscheinlich sieht man hier mehr Menschen die argentinische Farben tragen als irgendwo sonst im Land).

Die *costanera* wurde neu belebt: Hippe Brauhäuser und Restaurants ersetzen verfallene Lagerhäuser. Die *rosarinos*, so werden die Einwohner der Stadt genannt, sind so herzlich und gastfreundlich wie überall in Argentinien.

Rio Paraná, Rosaria

HOMMAGE AN DIE FLAGGE

Nichts ist symbolträchtiger als die argentinische Nationalflagge. Überall im Land findet man Menschen, die weiß-blau gekleidet sind. Der Entwurf der Nationalflagge stammt von General Manuel Belgrano, der hier in Rosario in einer Krypta unter dem **Monumento Histórico Nacional a la Bandera** ruht. Das mit Gedenktafeln ausgeschmückte Flaggendenkmal wird von einem Obelisken gekrönt und wird stets von Passanten fotografiert. Man kann mit dem Aufzug zur Aussichtsplattform hinauffahren und die schöne Aussicht auf den Paraná genießen. Egal, ob man den leidenschaftlichen Patriotismus der Argentinier versteht oder nicht, der Obelisk ist eine wichtige Sehenswürdigkeit in Rosario.

Salta & der andine Nordwesten

BERGE, INDIGENE KULTUR UND VOLKSMUSIK

Von Kakteen bewachsen und unter der Sonne verdorrt – die Landschaften des andinen Nordwestens.

Der andine Nordwesten ist eine Region überwältigender Naturwunder mit Lebensräumen, die sich mit der Höhenlage verändern. Von Nebelwald bedeckte Berge der Yungas gehen in die vielfarbigen Felsen- und Kakteenlandschaften der *precordillera* (Vorgebirge) über, oberhalb erstrecken sich die Hochebenen und schimmernden Seen der Puna. In jeder Höhe sind Wildtiere heimisch: Pumas, Guanakos und Vikunjas, Flamingos und Andenkondore.

Die Menschen der Region respektieren die Kraft der Natur und des Landes. In den Bergen werden *apachetas* (Steinaltäre) zum Dank an die Pachamama (Erdmutter) und als Bitte um ihren Schutz aufgestellt. Im Nordwesten ist häufig die Wiphala zu sehen, deren sieben Farben die indigenen Völker der südamerikanischen Anden repräsentieren.

Reisende können die Andenkultur in Gestalt einer nuancenreichen Küche und einer pulsierenden Volksmusikszene erleben. Von der Casa de la Independencia in Tucumán bis hin zur Ausstellung von Inka-Mumien in Salta sind die Städte des Nordwestens reich an Geschichte und Kultur und bieten darüber hinaus gute Gelegenheiten, die besten Empanadas des Landes zu probieren und in einer *peña* (Veranstaltung für Volksmusik) der *música folklórica* zu lauschen. Der Nordwesten ist auch für Handwerkskünste bekannt, zu denen handgewebte Ponchos gehören; diesem Kleidungsstück ist sogar ein eigenes Fest in Catamarca gewidmet.

DIE WICHTIGSTEN ZIELE

SALTA
Volksmusik und Wein.
S. 174

TILCARA
Stadt in der Quebrada de Humahuaca.
S. 186

TUCUMÁN
Geschichtsträchtige Stadt in den Bergen.
S. 197

CATAMARCA
Das Tor zu den Anden.
S. 205

Links: Parque Nacional Los Cardones (S. 181); Oben: Parque Nacional Talampaya (S. 213)

Erste Orientierung

Der Nordwesten Argentiniens besteht aus weitläufigen Berglandschaften, die gut von Straßen erschlossen werden: ideal für Reisen mit dem Auto, mit dem Bus oder per Fahrrad. Die Entfernungen sind beträchtlich, also sollte man sorgfältig planen. Und die Kamera bleibt am besten immer in Griffweite.

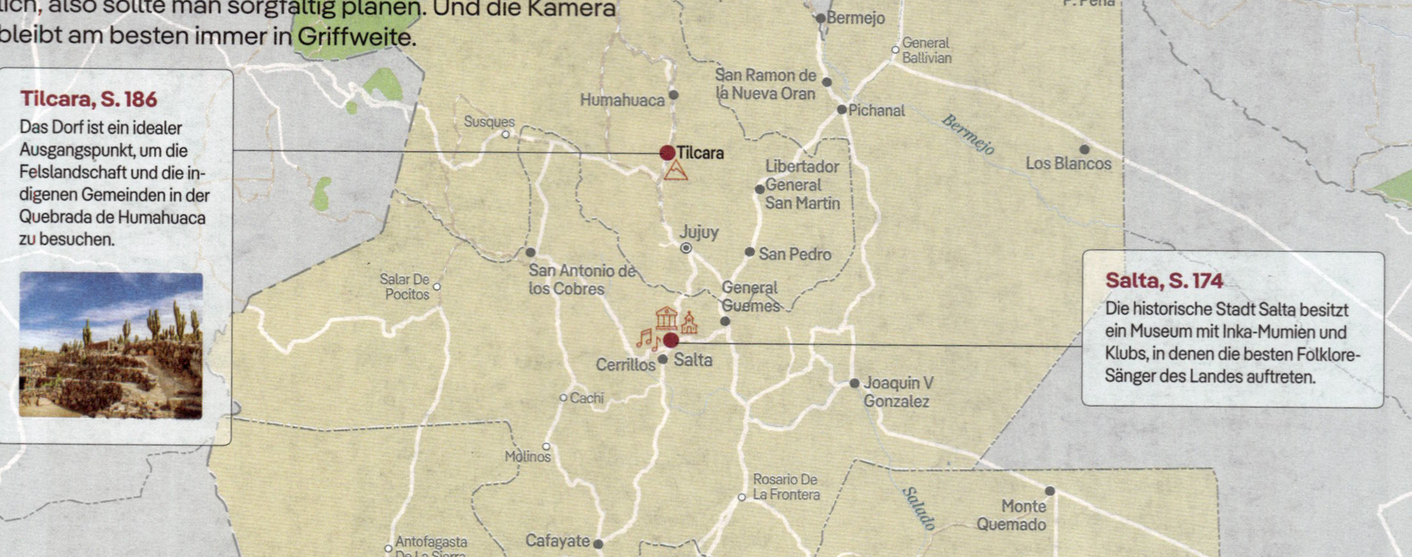

Tilcara, S. 186

Das Dorf ist ein idealer Ausgangspunkt, um die Felslandschaft und die indigenen Gemeinden in der Quebrada de Humahuaca zu besuchen.

Salta, S. 174

Die historische Stadt Salta besitzt ein Museum mit Inka-Mumien und Klubs, in denen die besten Folklore-Sänger des Landes auftreten.

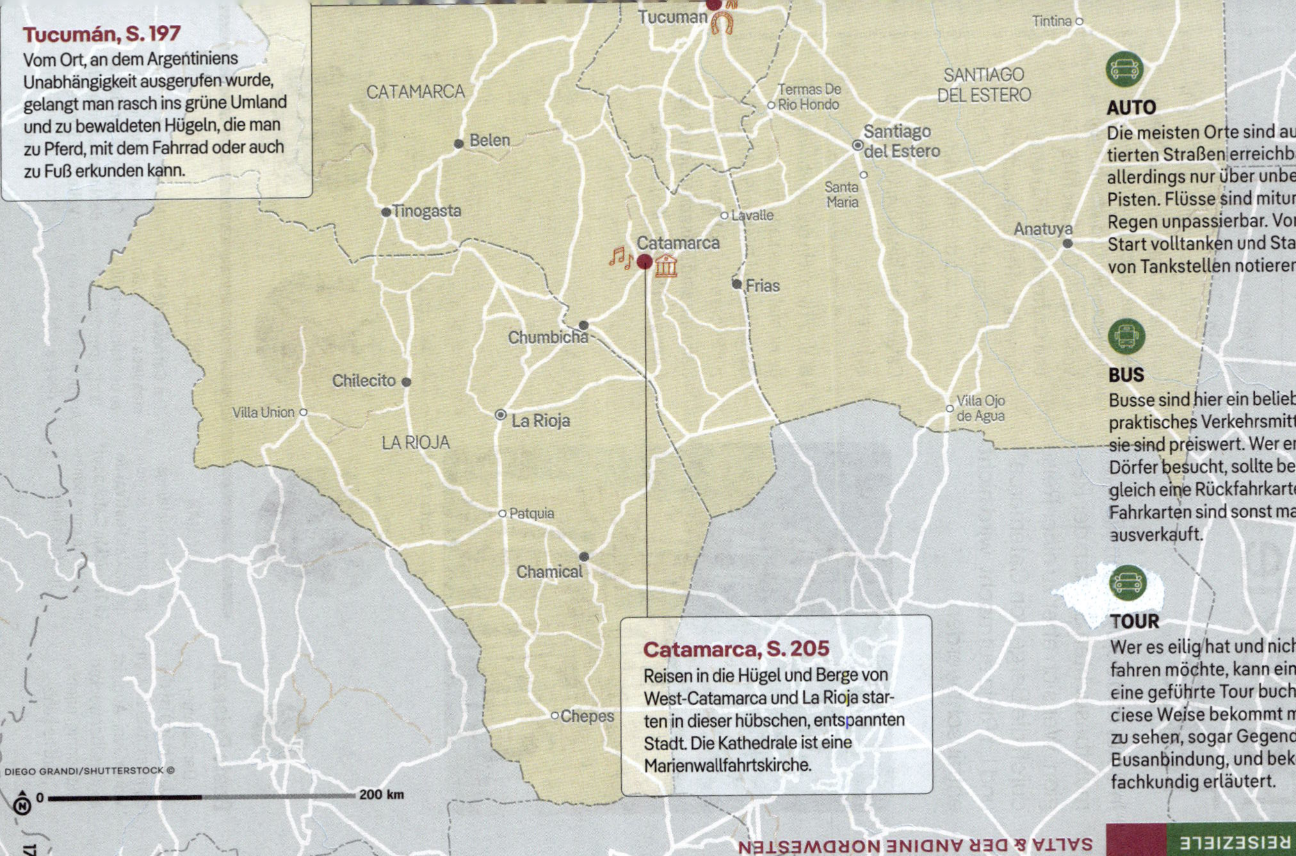

DIEGO GRANDI/SHUTTERSTOCK ©

Tucumán, S. 197
Vom Ort, an dem Argentiniens Unabhängigkeit ausgerufen wurde, gelangt man rasch ins grüne Umland und zu bewaldeten Hügeln, die man zu Pferd, mit dem Fahrrad oder auch zu Fuß erkunden kann.

Catamarca, S. 205
Reisen in die Hügel und Berge von West-Catamarca und La Rioja starten in dieser hübschen, entspannten Stadt. Die Kathedrale ist eine Marienwallfahrtskirche.

AUTO

Die meisten Orte sind auf asphaltierten Straßen erreichbar, einige allerdings nur über unbefestigte Pisten. Flüsse sind mitunter nach Regen unpassierbar. Vor dem Start volltanken und Standorte von Tankstellen notieren!

BUS

Busse sind hier ein beliebtes und praktisches Verkehrsmittel, und sie sind preiswert. Wer entlegene Dörfer besucht, sollte besser gleich eine Rückfahrkarte nehmen; Fahrkarten sind sonst manchmal ausverkauft.

TOUR

Wer es eilig hat und nicht selbst fahren möchte, kann einfach eine geführte Tour buchen. Auf diese Weise bekommt man viel zu sehen, sogar Gegenden ohne Busanbindung, und bekommt alles fachkundig erläutert.

Perfekte Tage

In Salta und Jujuy liegen die meistbesuchten Stätten der Region. Wer sich aber zu einer Reise durch die Berge von Catamarca und La Rioja aufmacht, wird nicht enttäuscht werden.

ANJELOU/SHUTTERSTOCK ©

Salta (S. 174)

Wenig Zeit

- Wer nur ein paar Tage im Nordwesten verbringen kann, sollte unter den indigenen Dörfern und Landschaften der **Quebrada de Humahuaca** (S. 186) oder den Umgebungen und Weinbergen von Salta (S. 174), **Cachi** (S. 181) und **Cafayate** (S. 183) eine Auswahl treffen, aber auch die Transportmittel prüfen: Die Orte der Quebrada de Humahuaca sind mit Bussen, die Gegenden um Cafayate am besten mit dem Auto zu bereisen.

- Von Tilcara in der Quebrada de Humahuaca kann man zur **Garganta del Diablo** (S. 187) und zur **Pucará** (S. 188) wandern, bei Cafayate sind Felsmalereien in der **Cueva del Suri** (S. 183) zu sehen.

UNTEN: SIMON MAYER/SHUTTERSTOCK ©, MARCELO AGUILAR LOPEZ/SHUTTERSTOCK ©, ALE GRUTTA FOTO/SHUTTERSTOCK ©

Beste Reisezeit

Der Sommer (Jan.–März) ist die regenreichste Zeit, im Winter (Juni–Aug.) ist es tagsüber trocken und sonnig, nachts wird es kühl.

JANUAR

Zum Veranstaltungsprogramm der Region gehört das **Festival de la Tradición Calchaquí** in Cachi mit einer Bühne für Volksmusik.

FEBRUAR

Der **Carnaval de Humahuaca** (S. 192) zählt zu den faszinierendsten Karnevalsfesten Argentiniens, die Feiern dauern acht Tage.

APRIL

Nach Ostern kommen Pilgerreisende nach Catamarca zur **Fiesta de Nuestra Señora del Valle** (S. 213) mit einer Prozession durch die Stadt.

Eine Woche im Nordwesten

- Nach einem Tag in **Tucumán** (S. 197) kann eine Fahrt in die Berge von **Tafí del Valle** (S. 202) zum Wandern und Reiten folgen.

- Die Weiterfahrt nach Norden führt nach **Cafayate** (S. 183), auf dem Weg liegen **Amaiche del Valle** (S. 201) und **Quilmes** (S. 204). Ein Tag vergeht mit einem Besuch der Weinberge, die Weiterreise führt durch die **Quebrada de Cafayate** (S. 185) nach Salta.

- Nach ein oder zwei Tagen in der Stadt geht es in nördlicher Richtung nach **Tilcara** (S. 186). Von dort sind mehrere Tagesausflüge möglich: nach **Purmamarca** (S. 191) und zu den **Salinas Grandes** (S. 191) oder nach **Humahuaca** (S. 186) und zur **Serranía de Hornocal** (S. 193).

Zehn Tage Zeit

- Von **Tilcara** (S. 186) führt die Reise nördlich ins Dorf **Iruya** (S. 194) zu langen Wanderungen. Von **Humahuaca** (S. 186) geht es südwärts nach **Salta** (S. 174).

- Durch den **Parque Nacional Los Cardones** führt der Weg nach **Cachi** (S. 181) und auf einer holprigen Straße nach **Cafayate** (S. 183) und zu einigen Bodegas.

- Nach Süden verläuft die Ruta 40 über **Quilmes** (S. 204) zur Kleinstadt **Belén** (S. 211) und zu den nahen Ruinen von **El Shincal** (S. 210).

- Die **Ruta del Adobe** (S. 211) führt nach **Fiambalá** (S. 211), die Weiterreise verläuft auf der **Ruta Los Seismiles** (S. 209) bis zur chilenischen Grenze.

JUNi

Gauchos versammeln sich in Salta zur **Guardia bajo las Estrellas** (S. 179) zu Ehren des Generals Güemes, eines Helden des Freiheitskampfes.

JULi

Zu den Winterveranstaltungen gehören die **Fiesta Nacional del Poncho** (S. 213) in Catamarca und Feiern zum Unabhängigkeitstag in Tucumán.

AUGUST

Am 1. August finden in Andengemeinden Zeremonien zur Feier und zum Dank an die Erdmutter am **Día de la Pachamama** (S. 202) statt.

OkTOBER

In Iruya wird das Festival zu Ehren der **Nuestra Señora del Rosario** mit Volksmusik, Tanz und Reiterumzügen gefeiert.

Salta

UNTERWEGS VOR ORT

Das Stadtzentrum von Salta ist klein, Orientierung und Fußwege sind leicht und sicher. Für Fahrten in Stadtbussen ist eine Tarjeta SAETA nötig, die am Flughafen und in Kiosken zu kaufen ist. Am Busbahnhof nahe dem Parque San Martín gibt es Busverbindungen, u.a. nach Jujuy und Tucumán. Täglich fahren Busse nach Cafayate und Cachi, jedoch nicht zwischen beiden Orten. Es gibt mehrere Mietwagenfirmen; eine gute Option ist Alto Valle (altovallerentacar.com.ar).

Ihr Beiname *la Linda* (die Hübsche) weist Salta treffend als kultivierte Großstadt voller historischer Bauten aus, zu denen eine große Zahl von Kirchen gehört. Außerdem gibt es mehrere interessante Museen, darunter die Attraktion der Stadt, das Museo de Arqueología de Alta Montaña. Hier sind die Mumien dreier Kinder zu sehen, deren Tod mit einer religiösen Zeremonie der Inka in Verbindung steht.

In Salta vergehen leicht mehrere Stunden beim Schlendern durch die Straßen und Wandern über nahe bewaldete Hügel, beim Nippen am Kaffee oder Bier in den Straßenlokalen. Die Stadt besitzt eine lebhafte Kulturszene, bei der Kunst und Musik im Mittelpunkt stehen. In den *peñas* der Stadt, in denen auch Essen serviert wird, ist die *música folclórica* zu hören. Denkt man sich einen Malbec oder Torrontés aus den heimischen Weinbergen dazu, verwundert es nicht, dass Gäste hier gern länger bleiben.

TOP TIPP

Salta Free Tour bietet Spaziergänge durchs Stadtzentrum an (Mo–Fr 10 Uhr span., 18 Uhr Engl.). Der Treffpunkt befindet sich vor der Kathedrale (Plaza 9 de Julio). Reservieren ist nicht nötig, die Touren fallen bei Regen manchmal aus. Guides erhalten ein Trinkgeld.

Catedral Basilica de Salta (S. 179)

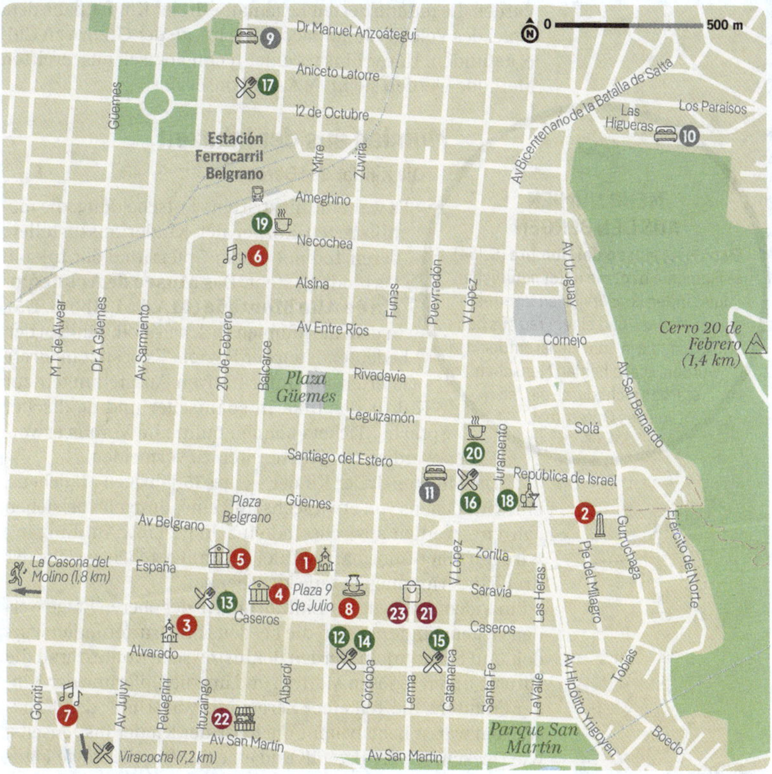

SEHENSWERTES
1 Catedral Basílica de Salta
2 Güemes Monument
3 Iglesia de la Merced
4 Museo de Arqueología de Alta Montaña
5 Museo Güemes

AKTIVITÄTEN, KURSE & TOUREN
6 La Vieja Estación
7 Paseo de los Poetas
8 Punto de Diseño

SCHLAFEN
9 All Norte Hostel
10 Kkala Hotel Boutique
11 La Candela

ESSEN
12 Aires Caseros
13 Alfajores Hidálgo
14 Doña Salta
15 El Charrúa
16 El Charrúa
17 In Bocca al Lupo

AUSGEHEN & FEIERN
18 Antares Salta
19 Café del Tiempo
20 Café Tucán
siehe 8 Pacha Wine

SHOPPEN
siehe 21 Björk
21 El Camino
22 Mercado San Miguel
23 Una Tienda Con Propósito

Die Kinder vom Llullaillaco

Eine Stätte religiöser Rituale

Im späten 15. Jh. umfasste das Inkareich die westlichen Gebiete des heutigen Jujuy und Salta. Die hohen Gipfel der Anden galten als heilige Stätten und wurden zu religiösen Zeremonien aufgesucht, darunter die Opferung von Kindern als Gabe an die Götter. Die ausgewählten Kinder nahmen zunächst an der *capacocha* teil, einer bedeutenden Zeremonie mit zahlreichen Pilgern in der Inka-Hauptstadt Cusco, bevor sie die Reise zum Berggipfel antraten. 1999 wurden die mumifizierten Leichname dreier Kinder nahe dem Gipfel des Volcán Llullaillaco (6739 m), an der Grenze zu Chile, gefunden. Unter Einsatz einer technologisch ausgereiften Methode werden sie im MAAM konserviert.

MEHR MUMIEN AUS DEN BERGEN

Das kleine **Museo del Hombre** (S. 154) in Fiambalá birgt die unter natürlichen Umständen konservierten Überreste eines Mannes und einer Frau aus der Inkazeit, die in Loro Huasi entdeckt wurden. Diese beiden Menschen starben nicht durch ein religiöses Opferritual.

Mumien aus der Inkazeit

Die Kinder des Berges

Es war eine umstrittene Entscheidung, die mumifizierten Körper der Kinder auszustellen, deren Tod mit einem Opferritual der Inka in Verbindung steht. Das **Museo de Arqueología de Alta Montaña (MAAM**, Abb. S. 175), in dem die Mumien zu sehen sind, zählt zu den bedeutendsten der Region. Es besitzt mehrere Galerien mit informativen Ausstellungen zur Kultur der Inka in spanischer und englischer Sprache. Tickets können online im Voraus erworben werden, um Wartezeiten zu vermeiden.

Die Mumien dreier Kinder – eines 15-jährigen Mädchens, eines Mädchens von etwa sechs und eines Jungen von sieben Jahren – werden abwechselnd einzeln gezeigt. Am Eingang wird auf einer Informationstafel bekanntgegeben, welche der drei Kindermumien gerade zu sehen ist.

Ein Videofilm dient zur Einführung, in der oberen Etage werden Gegenstände gezeigt, die bei den Kindern gefunden wurden. Auf Schautafeln werden der historische Kontext und die Rituale und religiösen Motive rund um die Opferung der Kinder erläutert, die Teil einer Zeremonie war. Unter den Fundstücken waren Beigaben für die Reise der Kinder ins Jenseits, wie Decken, ein Trinkgefäß und eine Stofftasche sowie Figuren von Tieren und Menschen und Miniaturen von Gegenständen des gemeinsamen Gebrauchs. Besonders sehenswert sind die Bergschuhe, die auf Wanderungen getragen wurden.

Ein so naher Blick auf eine sterbliche Hülle ist eine berührende Erfahrung. Das geflochtene Haar und die Kleidung der Kinder sind perfekt erhalten.

In der unteren Etage zeigt die Ausstellung *Reina del Cerro* (Königin des Berges) die Mumie eines Mädchens, die in den 1920er-Jahren in den Bergen von Chuscha in Cafayate gefunden wurde; es wird berichtet, wie die Mumie, aus einer privaten Sammlung in Buenos Aires geborgen, nach Salta kam.

ÜBERNACHTEN IN SALTA

All Norte Hostel
Gut geführtes Hostel in einem alten Haus mit einer Küche und einem prachtvollen Garten. **$**

La Candela
Ein Hotel wie eine Villa mit einem Hofgarten, einem Pool und Zimmern mit Hartholzböden. **$$**

Kkala Hotel Boutique
In einem gut situierten Viertel gelegen, bietet das Hotel private Whirlpoolterrassen mit Stadtblick. **$$$**

Convento San Bernardo

DIE HISTORISCHEN BAUWERKE VON SALTA ENTDECKEN

Der Spaziergang beginnt an der Plaza 9 de Julio im Herzen des Stadtzentrums. Nach dem Besuch der Ausstellung im 1 **Museo de Arte Contemporáneo (MAC)** führt der Weg zur rosafarbenen 2 **Catedral Basílica de Salta**, die östlich vom Hauptportal über einen Innenhof mit Lavendelkübeln zugänglich ist. Zwei Stunden sollten für die Ausstellungen im 3 **Museo de Arqueología de Alta Montaña** (S. 176) eingeplant werden. 1912 ist das anspruchsvolle 4 **Centro Cultural América** für einen elitären Club entstanden. Innen sind Fliesenböden und schmuckvolle Türöffnungen in den Räumen der 1. Etage zu sehen, wo heute Kunstwerke gezeigt werden. Von der Treppe ergibt sich ein Blick auf Buntglasfenster und in den Ballsaal der 2. Etage. An der Plaza steht der 5 **Cabildo** (Rathaus; 18. Jh.), heute das Museo Histórico del Norte. Im Innern sind präkolumbische Keramiken zu sehen, vom Balkon der 1. Etage bietet sich eine Aussicht über den Platz. In östlicher Richtung verläuft die Calle Caseros (S. 178). Das 6 **Museo Casa de Uriburu** befindet sich im einstigen Wohnhaus der Familie Uriburu; José Evaristo Uriburu war von 1895 bis 1898 Präsident von Argentinien. Das Adobe-Gebäude (18. Jh.) mit einem Innenhof ist typisch für die damalige Zeit. An der nächsten Ecke steht die 7 **Iglesia San Franscisco**. Auf einer Führung (mit Eintrittskarte) ist der Glockenturm (54 m) mit einem Blick über die Stadt zu besichtigen. Weiter östlich kann das 8 **Convento San Bernardo**, ein Karmeliterinnenkloster des 16. Jhs., von außen bewundert werden. Sehenswert ist das geschnitzte Portal (18. Jh.).

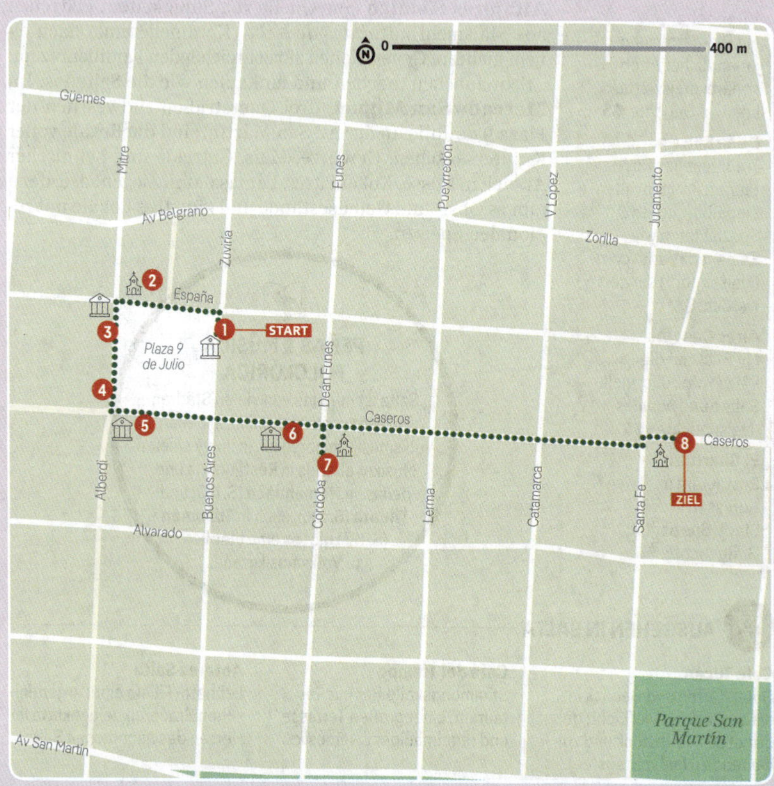

MEHR IN SALTA

Boutiquenbummel an der Calle Caseros

Ein Bummel durch die Geschäfte von Salta

Gesäumt von Cafés und Boutiquen, die in einige der ältesten Häuser Saltas eingezogen sind, ist die Calle Caseros eine Einkaufsstraße und Quelle örtlicher Spezialitäten. Eine Querstraße östlich der Plaza 9 de Julio bietet **Pacha Wine** Erzeugnisse aus Salta an, u.a. Weine, Gewürze, Bier und Gin von kleinen Manufakturen. Falls die Zeit für die Weinberge der Valles Calchaquí (S. 182) nicht reicht, ist hier eine Weinprobe möglich. In derselben Galerie werden im **Punto de Diseño** die Arbeiten von sechs heimischen Designern verkauft.

Besonders schön sind die Kaktuslampen aus Keramik. Eine Querstraße östlich findet man **Una Tienda Con Propósito** („Ein Geschäft mit Anliegen") mit Decken, Taschen und Kleidungsstücken von indigenen Gemeinschaften. In der nächsten Querstraße bietet **El Camino** die aus Uruguay stammenden *mates* (Trinkgefäße aus Flaschenkürbis) an, die in Salta aus Leder und Alpakawolle hergestellt werden.

Nebenan findet man bei **Björk** witzige Taschen mit Kaktusdruck und vieles mehr. Eine weitere Querstraße östlich ist **Alfajores Hidálgo** eine Quelle von Süßigkeiten: Plätzchen aus Maismehl mit *dulce de leche* (Karamellcreme) nach einem mehrere Generationen zurückreichenden Familienrezept.

Schnäppchen machen und einkaufen wie die Salteños: Im **Mercado San Miguel**, drei Querstraßen südwestlich der Plaza 9 de Julio an der Av. San Martín, sind die Regale voller Kräutersäckchen, Gewürze, Mais, Getreide und heimischer Arzneien, Nüsse, Kokablätter, Lamasalami, Ziegenkäse, dazu gibt es Obst- und Gemüsestände und günstige Lokale mit regionalen Speisen.

DIE BESTEN RESTAURANTS IN SALTA

In Bocca al Lupo
Ein kleiner Pizzaladen mit Pizzas in neapolitanischem Stil. **$**

Viracocha
Mit Biergarten und jugendlicher Atmosphäre; preiswerte, kreative Gerichte. **$$**

Doña Salta
Traditionelles Restaurant in einem alten Ziegelbau, in dem Spezialitäten wie Empanadas und *locro* (Maiseintopf) serviert werden. **$$**

Aires Caseros
Mit Blick auf die Plaza 9 de Julio; viele Salate und *humitas* (Maisgerichte). **$$**

El Charrúa
Restaurant mit zwei Adressen in der Stadt. Spezialität: Grillgerichte. **$$**

PEÑAS & MÚSICA FOLCLÓRICA

Salta ist nur eine von vielen Städten im Nordwestargentinien, in denen Volksmusik zu hören ist. In Jujuy spielen Musiker abends in Restaurants und *peñas*, in **Humahuaca** (S. 193) und **Tilcara** (S. 186), auch in **Tucumán** (S. 197) gibt es eine etablierte Volksmusikszene.

AUSGEHEN IN SALTA

Café Tucán
Guter Kaffee und Gebäck in einem Café mit viel Licht; geöffnet zum Frühstück und zur *merienda* (Nachmittagstee).

Café del Tiempo
Stimmungsvolle Bar mit Restaurant, einer großen Terrasse und regelmäßiger Livemusik.

Antares Salta
Lebhafte Filiale einer argentinischen Brauereikneipenkette im Herzen des nächtlichen Salta.

AA WORLD TRAVEL LIBRARY/ALAMY STOCK PHOTO ©

La Vieja Estación

Ein Kämpfer für die Unabhängigkeit: General Güemes

Anführer der Gauchoarmee

Für geschichtlich Interessierte ist das Museum zum Gedenken an Martín Miguel de Güemes sehenswert. Das **Museo Güemes** im einstigen Wohnhaus der Familie erzählt die Lebensgeschichte des in Salta gebürtigen Generals durch Hologramme und kreative audiovisuelle Ausstellungen. Güemes führte während des Unabhängigkeitskrieges (1810–1818) eine Armee von *Gauchos* in die Schlacht gegen Truppen der Königstreuen. Eine audiovisuelle Tour bietet eine patriotische Nacherzählung der Ereignisse mit englischen Untertiteln.

Ein Highlight sind die Tonfiguren im Innenhof zu Ehren der ländlichen Bevölkerung, die ihr Land mit improvisierten Waffen verteidigte.

Im Osten der Stadt steht das **Güemes-Denkmal**, an dem sich im Juni Tausende berittene Gauchos während der Guardia Bajo las Estrellas versammeln. Die Überreste des Generals Güemes ruhen in der **Catedral Basílica de Salta**.

Eine Nacht in Salta

Volksmusik und Tanz

Salta ist berühmt für die *música folclórica* (Volksmusik). Am besten lässt sich die heimische Musik in einer *peña* (Club oder Treffpunkt) kennenlernen; dort kommen Menschen zum Musizieren, Essen und Tanzen zusammen (jede Stilvariante der Volksmusik wird von traditionellen Tänzen begleitet).

Wer nicht selbst tanzen möchte, kann in **La Casona del Molino**, einem alten Herrenhaus mit Tischen in einem Patio, den Musikern lauschen (Mo geschl.). Obwohl am Tourismus orientiert, ist es ein klassisches Musikerlebnis in Salta. Die Tische sind schnell besetzt! Eine traditionelle *peña* ist auch **La Vieja Estación** mit abendlichen Musik- und Tanzshows in einem stimmungsvollen Speisesaal (mit Online-Reservierung).

KUNST & MUSIK IN SALTA

Alejandro Calatayud, in Salta geboren, gibt persönliche Tipps.

Paseo de los Poetas
Die Straße ist voller moderner Bars, in denen unterschiedliche Musik zu hören ist. Ein Freund von mir organisiert offene Musikabende in einer Garagenbar. Die Musiker spielen häufig Jazz, Blues und Soul, aber in einem Stil, der von der traditionellen Volksmusik beeinflusst ist, und auf heimischen Instrumenten.

Iglesia de la Merced
Ihrem hohen gotischen Gewölbe verdankt diese Kirche ihre hervorragende Akustik. Hier finden auch Konzerte mit dem Orquesta Sinfónica de Salta statt.

Museum im Weinberg
Wer eine Tour bei **Bodega Colomé** bei Molinos bucht, kann das **James-Turrell-Museum** besuchen. Für mich liegt die Kunst in den Schatten, die von den Formen hervorgerufen werden.

Rund um Salta

UNTERWEGS VOR ORT

Eine beliebte Entdeckungstour durch die Valles Calchaquíes ist eine Fahrt im Leihwagen von Salta mit Übernachtungen in Cachi und Cafayate. Busfahrten sind von Salta nach Cachi oder Cafayate, nicht aber zwischen beiden Orten, möglich. In Cafayate gibt es Möglichkeiten, Fahrräder zu leihen. Eine leichte Fahrt führt über den befestigten Abschnitt der Ruta 40 von Cafayate nach Quilmes (S. 204) und das nahe Amaiche del Valle (S. 201).

TOP TIPP

Reisende ohne Auto können in Cafayate übernachten, dort liegen Bodegas in leicht (zu Fuß oder per Rad) erreichbarer Nähe vom Stadtzentrum.

Die Umgebung von Salta bietet Möglichkeiten für lange Roadtrips durch spektakuläre Landschaften mit Kaktushainen und Felsformationen.

Im Süden von Salta liegen die Valles Calchaquíes mit rauen Landschaften, Adobe-Dörfern und Weinbergen. Die RN 68 windet sich durch die glühend roten Felsen der Quebrada de Cafayate und nähert sich der Stadt Cafayate, die mit Weingütern und einem befestigten Highway einen Kontrast zu den entlegeneren Siedlungen wie Angastaco oder Molinos bildet. Cachi, von Salta auf einer spektakulären Route zugänglich, die den Parque Nacional Los Cardones durchquert, ist ein reizvolles Ziel für einen Aufenthalt über Nacht.

Der *Puna*-Ort San Antonio de los Cobres ist auf einem Tagesausflug von Salta in einer Fahrt im „Wolkenzug" erreichbar.

Parque Nacional Los Cardones

FOOTAGEMEDIA/SHUTTERSTOCK ©

Cachi

Cachi

AB SALTA: **4½ STD.**

Eine Fahrt durch Kakteenwüsten

Etwa 4–5 Autostunden von Salta, ist Cachi auf einer spektakulären Route durch den **Parque Nacional Los Cardones** zu erreichen; der Park ist nach der vorherrschenden Pflanzenart, dem Cardón-Kaktus, benannt.

Von El Carril schlängelt sich die RP 33 am Flussufer entlang und durchquert ansteigend einen Wald, der allmählich vor trockenen, offenen Ebenen zurückweicht und den Blick auf ferne Berggipfel freigibt. Die Straße ist teilweise unbefestigt und weist scharfe Biegungen auf. Sie steigt zum **Cuesta del Obispo** (3457 m) an, dort markiert der Aussichtspunkt **Piedra del Molino** den Beginn des Parque Nacional Los Cardones. Von dort ist die kleine Kapelle San Rafael und ein weites Bergpanorama zu sehen. Der nächste Straßenabschnitt führt durch das **Valle Encantado**. Hier gibt es mehrere Aussichtspunkte und kurze Wanderwege, darunter der **Mirador Ojo del Condor** und der Informationspfad **Secretos del Cardonal**, der auf 200 m durch Kakteenhaine führt.

Bald ist die bezaubernde Adobe-Stadt **Cachi** erreicht, ein charmanter Übernachtungsort. An der baumbestandenen Plaza 9 de Julio steht die schöne **Iglesia San José** mit einem

BEGEGNUNGEN IN CACHI

3 km nördlich der Plaza 9 de Julio von Cachi befindet sich eine seltsame UFO-Landerampe, auch **Ovnipuerto** (UFO-Hafen) genannt. Mit einer Fläche von vier Häuserblocks ist der Ovnipuerto eine beachtliche Anlage; sie umfasst die Konturen von zwölf Sternen verschiedener Größe, die mit Steinen markiert sind. Der größte Stern misst 48 m im Durchmesser und hat 36 Spitzen.

Offiziell *Estrella de la Esperanza* (Stern der Hoffnung) genannt, ist es ein Werk des Schweizer Künstlers Werner Jaisli. 2008 gab Jaisli an, zwei 12 m und 15 m große UFOs an der Stelle gesehen zu haben. Die Außerirdischen beauftragten ihn, einen großen Stern zu schaffen. Daraufhin machte er sich an die Arbeit.

ÜBERNACHTEN IN CACHI

Viracocha Art Hostel
Freundliche Unterkunft im Zentrum mit Etagenbetten in farbenfrohen Schlafsälen sowie separaten Zimmern. **$**

Hostería Villa Cardón
Die Pension ist in einem hellen, minimalistischen Stil ausgestattet. Hilfsbereite Inhaber, exzellentes Frühstück. **$$**

El Cortijo
Stilvolles Boutiquehotel mit cremefarbener Möblierung, Deckenbalken; mit Landschaftspark und Pool. **$$$**

Ruta 40

WEINE AUS SALTA

In den Valles Calchaquíes schaffen steinige und sandige Böden, ein trockenes Klima, beständige Sonneneinstrahlung und ein großes Temperaturgefälle zwischen heißen Tagen und kühlen Nächten ideale Bedingungen für den Weinbau. In dieser Region hat es Weingüter gegeben, seit Jesuitenpriester im 18. Jh. die ersten Reben pflanzten; ein Jahrhundert später wurden Rebsorten der französischen Malbec- und Tannat-Trauben in der Region eingeführt. Das typische Erzeugnis Saltas ist aber der Torrontés aus einer Rebsorte, die manche für heimisch im Nordwesten Argentiniens halten (ihr Ursprung ist umstritten). Im März wird die **Vendimia** (Weinernte) mit Volkstänzen gefeiert.

Tonnengewölbe und Beichtstuhl aus dem Holz des Cardón-Kaktus. Nahebei zeigt das **Museo Arqueológico** heimische Keramik und archäologische Fundstücke; es gibt Broschüren mit englischsprachigen Bezeichnungen. Faszinierend sind die zwei Seiten eines Felsblocks mit Petroglyphen menschlicher und katzenartiger Darstellungen. Ein Spaziergang führt über den Fluss zum **Hügelfriedhof** mit Blick auf Schneeberge.

Eine längere Wanderung führt von Cachi 10 km weit durch das Tal zum kleinen Ort **Cachi Adentro**. Der Rückweg kann links an der Kirche vorbei auf der Straße nach Las Trancas entlangführen. Von dort windet sich die Straße über das Dorf La Aguada zurück nach Cachi.

Valles Calchaquíes

AB SALTA: 4½ STD.

Die Bodegas an der Weinroute von Cachi nach Cafayate

Inmitten der spektakulären Szenerie der Andenausläufer, 200 km südlich von Salta, liegen die Weinberge der Valles Calchaquíes, sie zählen zu den höchstgelegenen der Welt. Die Bodegas (Weingüter) in und um Cachi und Cafayate gehören zur Ruta del Vino. Für das trockene, gemäßigte Klima sind der Torrontés und andere Sorten wie Malbec, Tannat und Syrah perfekt geeignet.

ESSEN IN CACHI

Viracocha Restaurant
Bar und Restaurant mit typischer Andenküche, die Gerichte sind preiswert und gut. $

El Zapallo
Regionale Speisen und Grillgerichte, u.a. von Lamm und Ziege, zubereitet auf der *parrilla* (Grill) am Straßenrand $$

Oliver
An der Plaza 9 de Julio werden im Restaurant mit Weinbar Pizzas und typische heimische Gerichte serviert. $$

Der Straßenabschnitt zwischen Cachi und San Carlos ist unbefestigt und schwierig zu befahren; am besten Ortskundige zum Straßenzustand befragen – und mindestens fünf Stunden (mit Pausen) für die Fahrt von Cachi nach Cafayate einplanen.

Bodega Puna, 8 km östlich von Cachi in einer Höhe von 2600 m gelegen, bringt ausgezeichnete Reben der Sorten Malbec Reserve und Torrontés hervor. Mittagsmahlzeiten, Weinproben oder kostenlose Führungen können reserviert werden. Von Cachi führt die sandige Ruta 40 südwärts nach 77 km zur Bodega el Cese, einem Weingut mit Geschäft in malerischer Umgebung; Proben und kurze Führungen sind kostenlos. Eine lohnende Zwischenstation ist Angastaco mit Gelegenheiten zum Mittagessen am hübschen Dorfplatz. Von dort passiert die Ruta 40 südlich auf Cafayate zu die zerklüfteten Felsformationen der Quebrada de las Flechas. Am Mirador Monumento Natural Angastaco öffnet sich ein Panoramablick.

Kurz vor den Ortschaften von San Carlos, 130 km südlich von Cachi, wird die Ruta 40 zu einer befestigten Straße. Im Norden von Cafayate führt eine Abzweigung zum exklusiven Weingut Piattelli. Führungen durch die hochmoderne Produktionsanlage, Weinproben oder Mittagsmahlzeiten können gebucht werden. Falls die Zeit nur für ein Weingut reicht, ist dieses eine gute Wahl. Die Finca las Nubes liegt besonders schön nahe dem Río Colorado (S. 184), 5 km südwestlich von Cafayate, und bietet ein Proben- und Tourenprogramm. Von Cafayate ist es eine leichte Radtour zu Piattelli und zur Finca las Nubes; im Ort gibt es Möglichkeiten, Räder zu leihen.

Nahe der Plaza San Martín von Cafayate finden sich die Bodegas (hier: Weinhandlungen und Verkostungsräume) mehrerer Weingüter, u. a. die Bodega Nanni, ein Ökoweingut in Familienbesitz, und El Porvenir des Önologen Paco Puga. Beide bieten Verkostungen an.

Das Museo de la Vid y el Vino von Cafayate zeigt Darstellungen mit englischen und spanischen Erläuterungen zur Geschichte des Weinbaus in der Region. Das Highlight ist eine fantasievolle Ausstellung zum Lebenszyklus der Reben in den Valles Calchaquíes in Form von Gedichten.

Cafayate

AB SALTA: **3 STD.**

Höhlenkunst & Wasserfälle

5 km westlich von Cafayate (15 Min. im Auto oder 25 Min. mit dem Rad) sind zwei interessante Stätten in Begleitung von Guides der indigenen Diaguita-Gemeinde zu sehen. Zunächst am Straßenrand auf die Wegweiser zur Cueva del Suri achten; von dort führt ein Guide zu einer Höhle mit deutlich wahrnehmbarer Energie, ehemals Unterschlupf und Vorrats-

DIE BESTEN RESTAURANTS IN CAFAYATE

Finca las Nubes
In den Gärten der Finca finden sich schattige Plätze zum Mittagessen oder Imbiss (Empanadas, Salate und Käseplatten) aus heimischen Zutaten. **$$**

Piattelli
Probiermenüs zur Mittagszeit mit passenden Weinen und Grillgerichte an Wochenenden können auf dem Weingut im Voraus gebucht werden. **$$$**

Bad Brothers Wine Experience
In Cafayate selbst (nicht auf dem Weingut) gibt es bei Bad Brothers ein kleines Menü mit hauseigenen Weinen; nach Reservierung. **$$$**

La Despensa
Ausgezeichnete regionale Gerichte und *picadas* (Tischgerichte), begleitet von Musikern. **$$**

Pacha
Anspruchsvolles, modernes Restaurant mit kreativen Gerichten aus heimischen Zutaten, dazu tadellose Desserts. **$$$**

ÜBERNACHTEN IN CAFAYATE

Rusty-K Hostal
Gut geführtes Hostel mit behaglichen Zimmern, Terrakottafliesen und einem Innenhof mit Weinreben. **$**

Portal del Santo
Das schicke weiße Hotel bietet geräumige, gut ausgestattete Zimmer an einem hübschen Pool. **$$**

Killa
Zentral gelegenes und geschmackvoll eingerichtetes Boutiquehotel; Zimmer mit Blick auf Garten und Pool. **$$**

KOKABLÄTTER KAUEN

Seit Jahrtausenden gehört es zur Kultur der Andenvölker, Kokablätter zu kauen. Der Kokastrauch ist sogar eine der ältesten Kulturpflanzen Südamerikas.

Der Besitz kleiner Mengen unverarbeiteter Kokablätter ist im Nordwesten Argentiniens legal, Tüten mit Kokablättern und -bonbons sind in Läden und an Marktständen überall in Salta und Jujuy zu kaufen. Ein paar Blätter (in die Wange schieben, nicht schlucken) oder Kokabonbons haben eine mild anregende Wirkung, die auch gegen Höhenkrankheit hilft. Aus den Blättern kann ein Tee zubereitet werden.

Kokablätter finden auch in bestimmten spirituellen Praktiken Verwendung, darunter Zeremonien zu Ehren der Pachamama (Erdmutter).

EDITH POLVERINI/GETTY IMAGES ©

Viadukt Polvorilla

raum, zu wunderbaren Felsmalereien und behauenen Steinen zur Gestirnsbeobachtung.

Weniger als 1 km südlich, nahe beim Eingang zur Finca las Nubes, liegt der Startpunkt für Wanderungen am Río Colorado. Hier bietet die indigene Gemeinde Führungen an (Alleingänge ohne Guide sind nicht erlaubt). Sieben Wasserfälle liegen auf dem Weg; die 5 km lange Wanderung zum dritten Wasserfall dauert mit Rückweg 1½ Std., die vollen 9 km zu allen sieben Fällen dauern 3 Std. Am leichtesten ist die Wanderung im Winter, wenn die Wasserstände niedrig sind.

Puna de los Andes

AB SALTA: **3 STD.**

Zug in die Wolken

Einer der beliebtesten Ausflüge von Salta ist eine Fahrt im Tren a las Nubes („Wolkenzug"), obwohl der größte Teil der Fahrt heute im Bus zurückgelegt wird. Der Tagesausflug beginnt ab Salta mit einer Busfahrt nach El Alfarcito zum Frühstück und setzt sich durch die vielfarbigen Landschaften der Quebrada de las Cuevas zum Puna-Ort San Antonio de los Cobres (3775 m) fort, einer typischen Siedlung des Andenhochlands mit einer Steinkirche. Dort besteigen Passagiere den Zug zur 22 km langen Fahrt zum imposanten Polvorilla-Viadukt, der einen Wüstencanyon in einer Höhe von 4220 m überspannt. Sauerstoffgaben stehen bereit, falls Mitreisende mit der Höhenluft zu kämpfen haben. Die Plätze sind schnell ausgebucht!

WEINGÜTER IM NORDWESTEN

Die Weingüter von Salta sind die bekanntesten der Region, doch gibt es namhafte Weinerzeuger auch in **Catamarca** (S. 205), **La Rioja** (S. 213) und sogar in der Quebrada de Humahuaca in **Jujuy** (S. 195).

DIE QUEBRADA DE CAFAYATE ENTDECKEN

Zu den eindrucksvollsten Reiserouten Argentiniens gehört die Straße von Salta nach Cafayate. Die Strecke folgt der RN 68, die sich durch die Quebrada de Cafayate windet, eine spektakuläre Landschaft aus vielfarbigem Sandstein und Felsformationen, die der Río de las Conchas geformt hat.

Auf der Fahrt von Salta nach Süden verändert sich die Szenerie beim Passieren des Ortes 1 **Talapampa**. Nach 12 km führt eine Abzweigung nach 2 **Alemania**, dessen Name an die deutschen Bauarbeiter erinnert, die von 1916 bis 1920 beim Eisenbahnbau arbeiteten. Die Bahnstrecke war zwischen Alemania und Salta bis 1971 in Betrieb; heute stehen die meisten Bauten leer. Die alte Bahnstation und eine Brücke sind eine kurze Pause wert.

Die RN 68 führt 35 km weiter zur 3 **Garganta del Diablo**, der „Teufelsschlund" ist eine Schlucht im roten Fels, die durchwandert werden kann. 1 km südlich liegt 4 **El Anfiteatro**, ein weiter Felseinschnitt mit ausgezeichneter Akustik. Nach weiteren 10 km wird 5 **El Sapo** erreicht, ein Fels in der Form einer Kröte. Die Straße schlängelt sich 7 km weiter bis zur Tienda la Yesera. Nahebei liegt der Startpunkt des 6 **Sendero los Estratos**, einer 30-minütigen Wanderung zu Felsen, deren Sedimentschichten eine Farbpalette von tiefem Ocker bis zu zartem Grün zeigen. 11 km entfernt liegt 7 **Los Colorados**; hier sind die Farben der Berge genauer zu sehen. Die Felsformationen sind in der Abenddämmerung besonders schön, wenn sie im Licht der untergehenden Sonne glühen. Nach weiteren 12 km kommen die Sanddünen von 8 **Los Médanos** in Sicht, dann geht die Fahrt weiter nach 9 **Cafayate**.

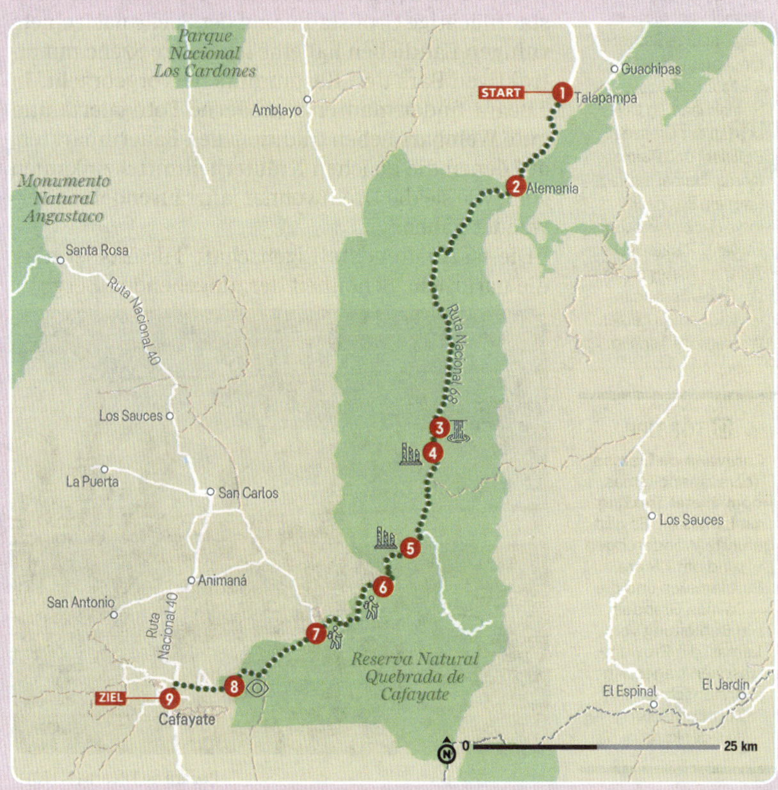

Tilcara

UNTERWEGS VOR ORT

Tilcara ist leicht zu Fuß zu erkunden. Es lässt sich auch auf dem Pferderücken durchqueren; die Touristeninformation gibt Auskünfte. Am Busbahnhof gibt es regelmäßige Busverbindungen nach San Salvador de Jujuy, Humahuaca, La Quiaca (an der Grenze zu Bolivien) und Purmarmarca. Einmal am Tag fährt ein Bus nach Iruya (Tickets vorab kaufen!). Parken ist im Zentrum kostenpflichtig; Gebührensammler sind an den gelben Westen zu erkennen.

TOP TIPP

Caravana de Llamas (caravanadellamas.com) bietet Trekking mit Lamas an. Es gibt geführte Wanderungen rund um Tilcara, Purmamarca und die Salinas Grandes in Begleitung von Lamas, die Provianttaschen tragen. An Sonnenschutz und Kopfbedeckung denken.

Mit rund 6000 Einwohnern ist Tilcara eine lebhafte kleine Stadt und ideale Basis zum Erkunden der außergewöhnlichen Landschaften der nahen Quebrada de Humahuaca. Der Ort wurde nach den Tilcara benannt, einer Volksgruppe, die den Omaguacas-Gemeinden der Quebrada angehörte; die rekonstruierten Überreste ihrer hochgelegenen Festung, der Pucará, können südlich des heutigen Tilcara besichtigt werden.

Das Nebeneinander einer traditionellen Lebensweise der indigenen Kultur und der Einflüsse durch stadtflüchtige Großstädter auf der Suche nach einem ruhigen Landleben hat eine lebendige Szene mit attraktiven Bars und Restaurants hervorgebracht. In Tilcara findet man eine moderne Fotogalerie und gute Weinbars neben traditionellen Bauernmärkten, auf denen die gleichen Kräuterheilmittel zu kaufen sind, wie sie die Ureinwohner jahrtausendelang verwendet haben.

Die faszinierendste Eigenschaft Tilcaras ist aber die natürliche Schönheit der umgebenden Berge.

Pucará de Tilcara (S. 188)

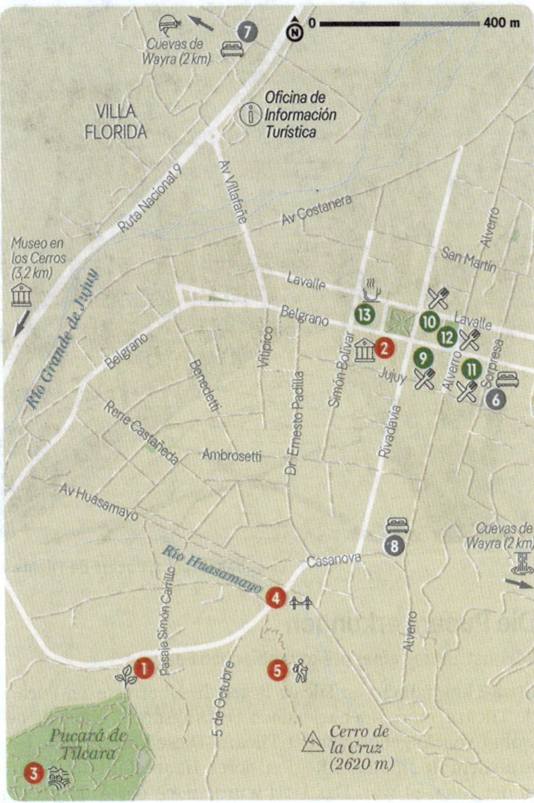

SEHENSWERTES
1 Botanischer Garten
2 Museo Arqueológico
3 Pucará de Tilcara
4 Eisenbahnbrücke

AKTIVITÄTEN, KURSE & TOUREN
5 Cerro de la Cruz

SCHLAFEN
6 Antigua Tilcara
7 La Calabaza
8 Patio Alto

ESSEN
9 Bien Me Sabe
10 El Nuevo Progreso
11 La Chacana
12 La Picadita

AUSGEHEN & FEIERN
13 La Ekeka

Wanderung zur Garganta del Diablo

Wasserfallwanderung

Eine der beliebtesten Wanderungen führt von Tilcara zur **Garganta del Diablo** („Teufelsschlund") mit einem Wasserfall 4 km östlich von Tilcara an einem markierten Pfad (6 km mit dem Auto). An der Eingangshütte führt ein steiler, schmaler Weg zum Fluss und Wasserfall hinunter, der zwischen schroffen Felsen herabstürzt. Schwimmen ist nicht erlaubt. Hier sind Einheimische anzutreffen, die Reitausflüge zum Eingang der Fälle anbieten.

Die Stätte wird von der indigenen Kommune Ayllu Mama Qolla verwaltet, die auch geführte Wanderungen zu den nahen **Cuevas de Wayra** anbietet. Die Wanderung dauert zwei bis drei Stunden und führt auf dem Weg zu den Höhlen, in den Vulkanfelsen durch Erosion entstanden, an mehreren archäologischen Stätten vorbei. Die Touristeninformation von Tilcara vermittelt Kontakte zu heimischen Guides.

Garganta del Diablo

GUT ESSEN IN TILCARA

La Ekeka
Ein Café in einem Buchladen, in dem neben Lesestoff auch Kaffee, Sandwiches und Kuchen zu bekommen sind. **$**

Bien Me Sabe
Hausgemachte Pastagerichte, wie auch Pizzas und Nachspeisen, sind die Spezialitäten dieses behaglichen Restaurants. **$$**

La Picadita
Eine Bar mit einer guten Auswahl heimischer Weine und aromatischer Gerichte wie *pastel de llama* (Lamahackfleisch mit Kartoffelbrei). **$$**

La Chacana
Exzellente Salate sowie typische regionale Gerichte, die drinnen und draußen serviert werden. **$$**

El Nuevo Progreso
In künstlerischer Atmosphäre werden einfallsreich zubereitete Gerichte, z.B. mit Lamafleisch oder Gourmetsalate, serviert. **$$$**

Eisenbahnbrücke, Pucará de Tilcara

Die Pucará erkunden

Rekonstruktion einer präkolumbischen Festung

Etwa 2 km südlich von Tilcara liegen die Überreste der Pucará de Tilcara, eines hochgelegenen Festungsdorfs, ehemals bewohnt von Angehörigen der Tilcara. Diese Volksgruppe lebte ab dem 10. Jh. in der Region, deren Hauptstadt die Pucará in der Inkazeit war. Das Dorf wurde nach der Ankunft der Spanier im späten 16. Jh. verlassen.

Das Quechua-Wort *pucará* bedeutet zwar Festung, doch gibt es keine Verteidigungsbauten im Dorf. Vom Marktplatz Tilcaras führt ein angenehmer Spaziergang über eine fotogene **Eisenbahnbrücke** (25 Min.) zur Pucará. Jenseits der Brücke liegt der Wanderweg zum **Cerro de la Cruz**; die Aussicht vom Gipfel ist im Abendlicht besonders schön.

Auf dem Gelände der Pucará liegt ein **botanischer Garten**. Die **piedra campana** ist ein vulkanischer Stein, der beim Beklopfen Glockentöne von sich gibt. Ein markierter Pfad führt durch die Ruinen, darunter Häuser, ein Friedhof und ein ritueller Platz der Inka. Die Art und Weise wie die Pucará in den 1950er-Jahren rekonstruiert wurde entspricht nicht der historischen Bauweise, sie vermittelt aber eine vage Vorstellung davon.

ÜBERNACHTEN IN TILCARA

La Calabaza
Auf dem Gelände steht eine Hütte mit zwei Zimmern (ideal für Familien), außerdem gibt es ein separates Doppelzimmer. **$**

Antigua Tilcara
Eine rotes Adobe-Bauwerk mit gut ausgestatteten Zimmern, einem geräumigen Cafébereich und einer Gästeküche. **$$**

Patio Alto
Das stilvolle Hotel hat Zimmer mit farbenprächtigen Bodenfliesen und einem hervorragenden Frühstück. **$$**

An der Stelle des Dorfplatzes erhebt sich ein reichlich unangemessenes Denkmal für die Entdecker der Stätte mit irrigen und anstößigen Hinweisen auf ein sogenanntes *pueblo muerto* („totes/verschwundenes Volk“) in der Quebrada.

An der Plaza Prado in Tilcara steht das **Museo Arqueológico** mit Keramik- und Schmuckfunden aus der Pucará und anderen Orten der Quebrada.

Fotografien im Museo en los Cerros

Wanderung zum Bergmuseum

Das **Museo en los Cerros** (MEC) ist eine Fotogalerie in einem schönen Adobe-Bauwerk, malerisch auf einem Berg gelegen. 4½ km südwestlich von Tilcara, ist es leicht zu Fuß, im Auto oder auf dem Pferderücken (oder wahlweise im Taxi bergauf und auf dem Rückweg zu Fuß) erreichbar.

In den Galerieräumen werden die Arbeiten mehrerer argentinischer Fotografen gezeigt. Ein Saal ist dem verstorbenen heimischen Musiker Ricardo Vilca gewidmet, seine Musik ist über Kopfhörer zu hören. Es gibt eine behagliche Bibliothek voller Bildbände.

Museo en los Cerros

VANESSA PINTO FERREIRA/SHUTTERSTOCK ©

DIE QUEBRADA DE HUMAHUACA

Isabel Albiston, Autorin

Manchmal fühlt es sich so an, als ob die Berge der Anden im nordwestlichen Argentinien, im nördlichen Chile und südlichen Bolivien über ein Magnetfeld verfügten, von dem ich von Zeit zu Zeit angezogen werde. Nie würde ich der Landschaft und Kultur dieser Region überdrüssig werden. Keine Gegend ist so einzigartig wie die Quebrada de Humahuaca, die von Magie durchdrungen scheint. Sie ist zu spüren beim Glühen der Berge im abendlichen Sonnenlicht, beim Anblick der Kolibris, die aus einem Bach trinken, und beim Betrachten des Sternenhimmels. Nimmt man die nuancenreichsten Gerichte Argentiniens, begleitet von heimischem Wein und den Darbietungen talentierter Volksmusikanten dazu, kommt die Quebrada de Humahuaca der Vollkommenheit ziemlich nahe.

Rund um Tilcara

UNTERWEGS VOR ORT

Der Busbahnhof von San Salvador de Jujuy liegt 7 km östlich des Stadtzentrums; er ist gut ausgestattet, u.a. mit einer Touristeninformation. Für die Stadtbusse ist eine SUBE-Karte nötig (eine aus Buenos Aires ist auch gültig), erhältlich am Busbahnhof. Flüge nach Buenos Aires, Mendoza und Córdoba starten vom Flughafen Jujuy, 30 km südöstlich der Stadt. Von Jujuy fahren Busse nordwärts auf der Ruta 9 durch die Quebrada de Humahuaca nach Tilcara, Humahuaca und La Quiaca (Grenze zu Bolivien). Busse verbinden Tilcara mit Purmamarca und Iruya. Die Salinas Grandes sind mit dem Mietwagen oder auf einer Tour von Purmamarca oder Tilcara zu erreichen. Die Straße von Humahuaca nach Iruya ist nach starkem Regen unpassierbar.

Tilcara ist umgeben von der Bergwelt der Quebrada de Humahuaca. Im Osten der Provinz Jujuy liegen die Nebelwälder der Yungas.

Tilcara befindet sich in zentraler Lage in der Quebrada de Humahuaca, fast in der Mitte der Provinz Jujuy. Von der Provinzhauptstadt San Salvador de Jujuy führt die RN 9 durch den Wald der Yungas und erreicht die Quebrada, eine Welterbestätte der Unesco. Hier wurden Sedimentschichten zu spektakulären farbenreichen Formationen aufgefaltet. In der Quebrada verstreut liegen indigene Dörfer mit Kunsthandwerksmärkten, Adobe-Kirchen und Wanderrouten.

2023 traten die indigenen Gemeinschaften von Jujuy mit Protesten an die Öffentlichkeit, um auf die Verletzung ihrer Rechte, Angriffe gegen indigene Aktivisten und den Rassismus in der Provinz aufmerksam zu machen.

BUCHPETZER/SHUTTERSTOCK ©

Cerro de los Siete Colores

MATYAS REHAK/SHUTTERSTOCK ©

Purmamarca

Purmamarca

AB TILCARA: **30 MIN.**

Farbenspiele der Natur am Cerro de los Siete Colores

Das Dorf Purmamarca, 3 km westlich der Ruta 9, liegt am Fuß des Cerro de los Siete Colores („Berg der sieben Farben") mit seinen exakt gezeichneten Sedimentschichten. Die 30-minütige Busfahrt ist ein Tagesausflug von Tilcara. Taxis und Touren starten in Purmamarca zu den Salinas Grandes.

Der Charme Purmamarcas zieht einen stetigen Strom von Gästen auf der Suche nach Fotomotiven und Mitbringseln an. Auf dem Dorfplatz gibt es einen betriebsamen Kunsthandwerksmarkt; die leuchtenden Farben der Gewebe sind unwiderstehlich. An der Plaza liegt auch die Iglesia Santa Rosa de Lima; vor der Kirche aus dem 17. Jh. steht ein uralter Algarrobobaum.

Verschiedene Blickwinkel ergeben sich auf dem 3 km langen Wanderweg Paseo los Colorados, der um den Berg führt (auf Hinweisschilder achten).

TOP TIPP

Tagsüber kann die Sonneneinstrahlung glühend sein; nachts fallen die Temperaturen beträchtlich.

LITHIUMABBAU IN DEN SALINAS GRANDES

2023 errichteten Angehörige indigener Kommunen der Quebrada de Humahuaca Straßenblockaden aus Protest gegen Pläne, in den **Salinas Grandes** und der **Laguna de Guayatayoc** Lithium abzubauen. Nach ihrer Überzeugung stellt der Abbau eine Bedrohung für die Wasserressourcen und die spirituelle Verehrung von Pachamama (Erdmutter) dar. Der Protest richtete sich auch gegen staatliche Reformen, die die Landrechte der indigenen Gemeinschaften unterminierten. Die Provinzregierung von Jujuy hat bereits Ausschreibungen zu mehreren Abbauvorhaben an eine Anzahl internationaler Firmen vergeben.

ESSEN & ÜBERNACHTEN IN PURMAMARCA

La Casa del Sol
Eine farbenfrohe Bar, in der Pizzas, Empanadas, Salate und Eintöpfe serviert werden; mit Livemusik. **$**

Los Colorados
In den berühmten Berg Purmamarcas hineingebaut, haben diese Adobe-Hütten im Boutiquestil eine tolle Lage. **$$**

Huaira Huasi
Am Ortsrand gelegen, bietet die Lodge herrliche Ausblicke über das Tal; mit heimischen Stoffen dekorierte Zimmer. **$$**

CARNAVAL DE HUMAHUACA

Im Februar oder März wird in den Orten der Quebrada der Carnaval de Humahuaca begangen, der zu den faszinierendsten Karnevalsfeiern Argentiniens gehört. Es ist ein lebhafter Mix aus indigenen Traditionen und katholischen Bräuchen mit Tänzen und Umzügen. Der Karneval beginnt mit dem Ausgraben einer Teufelsfigur an jener Stelle, an der sie ein Jahr zuvor vergraben worden war. Der Teufel geht dann durch die Straßen, klopft an den Haustüren, bittet um Essen und fordert die Leute zum Mitfeiern auf. Weniger eine Verkörperung des Bösen, ist der Teufel eine Figur, die zum Vergnügen verführen will. Schließlich wird der Teufel erneut begraben und somit das Ende der lärmenden Feiern markiert.

MAJORITY WORLD/UNIVERSAL IMAGES GROUP VIA GETTY IMAGES ©

Feier in Humahuaca

Salinas Grandes

AB TILCARA: **1½ STD.**

Die Salzebene entdecken

Die blendend helle Salztonebene in den Grenzen der Provinzen Salta und Jujuy ist von der Quebrada de Humahuaca am besten auf der RN 52 von Jujuy über Purmamarca zu erreichen. Es ist ein Tagesausflug von Tilcara (ca. 1½ Autostd.) oder Purmamarca (Mietwagen, Taxi oder Tour).

Westlich von Purmamarca steigt die befestigte RN 52 durch die Berge auf eine Höhe von 4170 m an (es gibt einige Haarnadelkurven), bevor sie bergabwärts auf 3350 m zu den **Salinas Grandes** führt.

Besucher betreten die Salzwüste mit einem Guide der indigenen Kooperative, unter deren Verwaltung sie steht. Sie werden auf dem Parkplatz registriert und bei der Fahrt auf die verkrustete weiße Ebene von diesem Guide begleitet. Von Bergen umstanden, war die 525 km² große Fläche einstmals von einem See bedeckt. Eine Sonnenbrille bietet Schutz vor dem gleißenden Licht.
Auf der Führung werden Pausen zum Fotografieren eingelegt. Zu sehen sind auch **piletones**, künstlich angelegte Wasserbecken zur Salzgewinnung, und das **Ojo de Salar**, ein natürliches Wasserloch in der rissigen Salzoberfläche.

ÜBERNACHTEN IN HUMAHUACA

La Humahuacasa
Exzellentes Hostel mit Schlafsälen sowie privaten Zimmern an einem hellen Patio; es gibt eine Gästeküche. $

Inti Sayana
Preiswerte Zimmer mit eigenen Bädern sowie Schlafsäle; Frühstück ist inbegriffen. $

Tikay Humahuaca Refugio de Tierras
Apartments für Selbstversorger am Ortsrand mit Blick auf die Berge. $$

Humahuaca

AB TILCARA: **45 MIN.**

Geschichte & Volksmusik in der Quebrada

Die größte Stadt in der Quebrada, Humahuaca, ist für ihre Volksmusik und Karnevalsfeiern bekannt (S. 42). Kopfsteinpflaster, eine verschlafene Plaza und ein Bauernmarkt strahlen eine ländliche Atmosphäre aus. Ein Tagesausflug von Tilcara (45 Min. mit dem Bus) in die Stadt lässt sich mit einem Besuch der Serranía de Hornocal verbinden. Wer eine Fahrt nach Iruya (S. 194) plant, kann über Nacht in Humahuaca bleiben.

An der Plaza Sargento Gómez ragt das imposante Monumento a los Héroes de la Independencia zum Gedenken an die aus Humahuaca stammenden Mitkämpfer im Unabhängigkeitskrieg (1810–1818) auf. 1926 wurde es von Ernesto Soto Avendaño entworfen, aber erst 1950 fertiggestellt. Beim Hinaufsteigen sind die Figuren besser zu sehen. Soto Avendaño hielt die Gesichtszüge der einfachen Menschen in seiner Darstellung der *gauchos norteños* fest, die im Nordwesten des Landes kämpften; in der Szene sind auch Frauen dargestellt, darunter eine mit einem Säugling auf dem Rücken. Nahebei steht die Torre Santa Bárbara, der verbliebene Rest einer Jesuitenkapelle (1695). Der Turm stand an der Stelle des Denkmals, wurde aber auf Rädern um 0,5 m pro Tag verschoben, um dem neuen Werk von Avendaño Platz zu machen.

Auf der Plaza sollte man den Cabildo aus den 1940er-Jahren im Auge behalten; mittags tritt eine Figur des San Francisco Solano aus dem Glockenturm hervor. Nahebei gibt es bei Manos Andinas Decken und Tücher aus fairem Handel zu kaufen.

Ein Stadtblick ergibt sich von den Felsen von Peñas Blancas: über die Brücke am östlichen Ende der Calle Salta und dann 2 km die Straße entlang.

Serranía de Hornocal

AB TILCARA: **1½ STD.**

Zauberhafte Zackenlinien

Die farbenprächtigen gezackten „Felszähne" der **Serranía de Hornocal** gehören zu den eindrucksvollsten Szenerien der Quebrada de Humahuaca. Die Berge sind von einem Aussichtspunkt 25 km (50 Automin. auf einer unbefestigten Straße) östlich von Humahuaca zu sehen. Am Busbahnhof von Humahuaca werden Sammelfahrten in Geländewagen angeboten; wer selbst fahren will, sollte sich zuvor über den Straßenzustand informieren.

Auf einem langen Roadtrip hinauf zum Hornocal-Aussichtspunkt (4350 m) lassen sich Vikunjas sehen. Das Hornocal-Gebirge ist am späten Nachmittag am schönsten, wenn die im Westen stehende Sonne herrliche Farbtöne hervorbringt.

TOURISTENBAHN MIT SOLARANTRIEB

Die Reparaturarbeiten an der Eisenbahnstrecke, die einstmals durch die Quebrada de Humahuaca verlief, sind abgeschlossen. Seit Kurzem fährt hier der erste solarbetriebene Touristenzug Lateinamerikas. Den Anfang macht der 46 km lange Abschnitt von Volcán nach Humahuaca mit Haltestellen in Tumbaya, Purmamarca, Maimará und Tilcara, dessen Betrieb im Dezember 2023 eingeweiht wurde. In Zukunft sollen Solarzüge nordwärts bis nach La Quiaca, an der Grenze zu Bolivien, fahren. Die einstige Bahnstrecke von San Salvador de Jujuy nach La Quaica wurde 1908 eröffnet, ihr Betrieb aber 1993 eingestellt.

ESSEN & FEIERN IN HUMAHUACA

Aisito
Gemütliches Restaurant mit heimischen Spezialitäten, z. B. Lamafleisch und Quinoa, aber auch Empanadas und Pizzas. **$**

Pachamanka
Kreative Variationen traditioneller regionaler Gerichte, Weine aus nahen Bodegas und Livemusik. **$$**

Humahuagica
Die lebhafte Bar an der Calle Buenos Aires gibt heimischen Volksmusikern regelmäßig eine Bühne. **$**

Uquía

AB TILCARA: 1½ STD.

Bewaffnete Engel & farbige Berge

Abseits der Ruta 9 gelegen, ist das Dorf Uquía leicht im Bus oder Auto von Tilcara (30 Min.) oder Humahuaca (15 Min.) zu erreichen. Die Dorfkirche aus dem 17. Jh. besitzt Gemälde, die *ángeles arcabuceros*, Engel mit Hakenbüchsen, darstellen.

Von Uquía ist eine Wanderung (3 Std.; nur mit einheimischem Guide) zur Quebrada de las Señoritas möglich, einer faszinierenden Berglandschaft aus roten, weißen und schwarzen Felsen mit Canyons und Höhlen.

Danach bietet sich ein Essen bei Cerro Las Señoritas an; die Gerichte entstehen an Ort und Stelle mit Zutaten aus dem eigenen Garten.

Iruya

AB TILCARA: 4 STD.

Wanderung durch atemberaubende Landschaften

Auf einem Felsvorsprung hoch über dem Fluss, umgeben von einer weiten Berglandschaft, über der Kondore schweben, liegt das reizende indigene Dorf Iruya, vier Stunden mit dem Bus von Tilcara entfernt; häufiger fahren Busse von Humahuaca (3 Std.). Von der Abzweigung der Ruta 9, 25 km nördlich von Humahuaca, steigt eine unbefestigte Straße bis in 4000 m Höhe zu einem Bergpass an der Grenze der Provinzen Jujuy und Salta an. Dort windet sich die Straße durch ein spektakuläres Tal, bis die hübsche gelb-blaue Kirche von Iruya in Sicht kommt.

Von Iruya führt eine wunderbare, 8 km lange Wanderung (Hinweg 2 Std.) in das Nachbardorf San Isidro. Von der Plaza in Iruya führt eine Straße am Parkplatz vorbei ins Tal

MUSIK AUF DEM ROADTRIP DURCH DEN NORDWESTEN

Luna Tucumana
Eine Ode von Atahualpa Yupanqui an den Mond von Tucumán, der über den Bergen von Tafí leuchtet.

El Carnavalito (El Humahuaqueño)
Klassischer Karnevalsgesang, der sinnbildlich für die Quebrada de Humahuaca steht.

Viva Jujuy
Ein Lobgesang der Folkloregruppe Los Tekis auf ihre Heimat.

El Diablo de Humahuaca
Ein Lied der Band Los Huayra aus Salta über den Teufel des Carnaval de Humahuaca.

Zamba Para Olvidarte
Eine *zamba* über eine verlorene Liebe von Daniel Toro aus Salta.

WÄLDER DER YUNGAS

In den Bergen von Tucumán ähnelt die Vegetation der von Jujuy in gleicher Höhe. Flora und Fauna der Yungas sind in der **Reserva Experimental Horco Molle** (S. 200) zu erkunden, dann können nahe Waldwanderwege begangen werden.

ESSEN & ÜBERNACHTEN IN IRUYA

Las Cachis
Restaurant am Hauptplatz von Iruya mit einfachen, aber köstlichen typischen Gerichten der heimischen Küche. $

Hostal Milmahuasi
Gastfreundliche Pension mit behaglichen Zimmern und einer fabelhaften Terrasse mit Blick auf die Berge. $

Hotel Iruya
Am höchsten Punkt des Dorfes bietet das Boutiquehotel hübsch eingerichtete Zimmer mit TV und Heizung. $$

GUILLERMO CAFFARINI/SHUTTERSTOCK ©

Iruya

hinunter. Dort verläuft der Pfad nach links am Fluss entlang und durchquert ihn an mehreren Stellen (Trittsteine sind günstig platziert) – eine friedliche Wanderung unter offenem Himmel (mit Sonnenhut) vor einer Bergkulisse in Rot-, Grün- und Goldtönen mit grasenden Eseln. Der Pfad steigt Richtung San Isidro an, in das lebhafte Dorf führen Stufen hinauf. In mehreren Läden gibt es Wasser und kleine Speisen zu kaufen. Bei Teresa können Gäste Empanadas auf einer Terrasse genießen und vielleicht der Volksmusik lauschen.

Kürzere Spazierwege in Iruya führen nach 15 Minuten zum Mirador de la Cruz hinauf oder steiler ansteigend zum Mirador del Cóndor am östlichen Flussufer. Nachmittags ist die beste Zeit, um nach Kondoren auszuschauen.

Jujuy

AB TILCARA: 1½ STD.

Marktbummel & Stadtspaziergänge

San Salvador de Jujuy ist eine Stadt mit jugendlicher Atmosphäre, die mit indigenen Traditionen, nicht aber touristischen Reizen beeindruckt; 1½ Stunden per Auto oder Bus südlich von Tilcara und gut zwei Stunden nördlich von Salta. Der Flughafen von Jujuy liegt am nächsten zur Quebrada de Humahuaca.

INKA-STRASSEN IN DER QUEBRADA

Von der Unesco als Welterbestätte anerkannt, bezeichnet der Camino del Inca oder Inka-Weg (Qhapaq Ñan) ein etwa 30 000 km langes Wegenetz von Inka-Straßen durch die Anden. An manchen Orten nutzten die Inka bestehende Pfade beim Bau von Wegen durch extremes Terrain. Es verband ein Gebiet von Kolumbien bis in den Nordwesten Argentiniens, wo es durch Jujuy, Salta, Tucumán, Catamarca, La Rioja, San Juan und Mendoza führt.

Abschnitte des Camino del Inca führen durch die Quebrada de Humahuaca. Ein Anschluss an den Wanderweg ergibt sich im entlegenen Dorf **Santa Ana** im Süden der Serranía de Hornocal (S. 193); von dort führt eine Wanderung in den Yungas-Wald des Valle Grande.

ESSEN, FEIERN & ÜBERNACHTEN IN SAN SALVADOR DE JUJUY

Madre Tierra
Vegetarisches Café mit Bäckerei, in der mit Vollkornmehl aus eigener Mühle gebacken wird; mit einem begrünten Patio. $

Casa Tomada
Unkonventioneller Veranstaltungsraum mit Bar und vegetarischem Café; regelmäßig Livemusik oder Workshops. $

El Arribo
Elegantes Hotel in Familienbesitz mit einem Garten im Innenhof und Pool, großen Zimmern und zentraler Lage. $$

DIE BESTEN SPEZIALITÄTEN VON JUJUY

Tortillas rellenas
Gefüllte Tortilla-Wraps, auf dem Holzkohlengrill am Straßenrand gegart, z.B. *caprese* (Käse, Tomate und Basilikum). Zu finden in Tilcara und Purmamarca.

Quinoa
Mit diesem Pseudogetreide werden Empanadas gefüllt; es ist auch eine Zutat in Suppen und Salaten.

Papas andinas
Kleine, mehrfarbige Kartoffeln mit einem nussartigen, erdigen Aroma.

Llama
Verschiedene Gerichte werden mit Lamafleisch zubereitet.

Humita en chala
Geriebener Mais wird mit Zwiebeln und Gewürzen vermischt, in ein Maisblatt (*chala*) gehüllt und gedämpft.

YUYOENELESPACIO/SHUTTERSTOCK ©

Parque Nacional Calilegua

Startpunkt ist der makellose Mercado Central 6 de Agosto, hier werden Kaffeespezialitäten, Smoothies aus frischem Obst und würzige Gebäckstücke verkauft. An der Plaza Belgrano steht die Kathedrale aus dem 18. Jh. mit einer vergoldeten barocken Kanzel. Zu einer Pause bei einem Bier bieten sich Terrassen mit Blick über den Platz an.

Ein schönes Gelände zum Spazierengehen oder Radfahren ist der Parque Xibi Xibi, der sich rund 2 km weit an beiden Flussufern erstreckt.

Lebendigen Nebelwald entdecken

Parque Nacional Calilegua

Der Osten von Jujuy ist eine humide subtropische Zone mit Beständen von Nebelwald. Ihren Mittelpunkt bildet der artenreiche Parque Nacional Calilegua, der sich bis zur Bergkette der Serranía de Calilegua erstreckt. Mit dem Mietwagen ist der Park auf einem Tagesausflug von San Salvador de Jujuy (1¾ Std.) zu erreichen; von Tilcara sind es drei Stunden. Alternativ kann eine Tour gebucht werden.

Tucumán

Die Stadt San Miguel de Tucumán ist im ganzen Land als der Ort berühmt, wo am 9. Juli 1816 die Unabhängigkeit Argentiniens von Spanien erklärt wurde. Die Casa de la Independencia, in der der Kongress zusammentrat, ist ein Museum und Hauptanziehungspunkt für Schulkinder und argentinische Familien.

Tucumán besitzt eine anarchische Atmosphäre; im Stadtzentrum tobt der Straßenverkehr laut und chaotisch. Die Temperaturen sind im Sommer brütend heiß, an Winternachmittagen jedoch angenehm warm, wenn in den Straßen die Früchte der Orangenbäume leuchten. Im ganzen Jahr wird eine nachmittägliche Siesta eingehalten. Im Westen von Tucumán findet man im grünen Viertel Yerba Buena noble Restaurants und Countryclubs. Dahinter erheben sich die bewaldeten Berge der Yungas.

In Tucumán gibt es eine lebendige Volksmusiktradition, die in den *peñas* der Stadt gepflegt wird. Sie ist der Geburtsort der Sängerin Mercedes Sosa, deren Elternhaus heute ein Museum ist.

Casa de la Independencia

Der Saal der Zusammenkunft

Für alle Argentinier hat die **Casa de la Independencia** (Mo geschl.) in Tucumán die größte Anziehungskraft. Das Museum ist der Unabhängigkeitserklärung vom 9. Juli 1816 gewidmet. Nur der Saal, in dem der Kongress von Tucumán zusammenkam, blieb im Original erhalten.

Im ersten Raum vermitteln Ausstellungen ein Bild vom kolonialzeitlichen Tucumán; zwei Holzportale, 1903 bei Abbrucharbeiten vor der Zerstörung bewahrt, sind zu sehen. Mit den Porträts der Kongressteilnehmer ist **La Sala de la Jura** verziert, in der die Unabhängigkeitserklärung vollzogen wurde. Ursprünglich waren es zwei Räume in einem Familienwohnhaus; eine Adobe-Wand wurde eingerissen, um die Versammlung aufzunehmen.

Draußen im Hof sind zwei Bronzereliefs von Lola Mora, einer Künstlerin aus Tucumán, zu sehen, die die Revolution vom 25. Mai 1810 in Buenos Aires und die Unterzeichnung der Unabhängigkeitserklärung von 1816 darstellen. María Remedios

UNTERWEGS VOR ORT

Die meisten Stadtbusse können mit einer Tarjeta Ciudadana benutzt werden, erhältlich an Kiosken und am Busbahnhof. Über Fahrtstrecken und -zeiten informiert die Tucubondi-App, Fahrpläne gibt es auch in der Touristinfo. Die Linien 118, 102 und 100 verbinden das Zentrum von Tucumán mit Yerba Buena, Bus 100 fährt weiter nach Horco Molle, Bus 118 führt zum Cerro San Javier hinauf. Busse verbinden Tucumán auch mit Tafí del Valle, Salta, Cafayate, Jujuy, Catamarca und La Rioja.

TOP TIPP

Tucumán gilt als die Heimat der besten Empanadas Argentiniens. Empanadas aus Salta werden mit Oliven, Kartoffeln und Fleisch gemacht, während die *empanadas tucumanas* mit Rindfleisch, Zwiebeln und Ei zubereitet werden.

TUCUMÁN

SEHENSWERTES
1 Casa de Gobierno
2 Casa de la Independencia siehe 1 Casa Padilla
3 Catedral Metropolitana
4 Cristo Benedicto Statue
5 Federación Económica siehe 10 Jardín Botánico
6 Museo Folclórico
7 Museo Mercedes Sosa
8 Parque Sierra San Javier

AKTIVITÄTEN, KURSE & TOUREN
9 El Cardon
10 Reserva Experimental Horco Molle
11 Sendero Funicular
12 Sendero Puerta del Cielo

SCHLAFEN
13 Casa de las Palmeras
14 Hotel Bicentenario
15 The Point

ESSEN
16 Baltazar
17 El Portal
18 Il Postino
19 Il Postino
20 Los Hornos

UNTERHALTUNG
21 La Casa de Yamil
22 Peña La 9

del Valle war eine schwarze Frau, die auf den Schlachtfeldern von Salta und Tucumán im Unabhängigkeitskrieg (1810–1818) kämpfte und von General Manuel Belgrano in den Rang einer *capitana* erhoben wurde. Später wurde sie verwundet, von Royalisten gefangen genommen und misshandelt. Mehrmals von Hinrichtung bedroht, überlebte sie den Krieg und kehrte nach Buenos Aires zurück. Um ihre Anerkennung und ihre Pensionsansprüche musste sie noch einmal kämpfen.

2021 waren Künstler aufgerufen, Porträts von Remedios del Valle zu schaffen. Eine digitale Kopie eines der preisgekrönten Beiträge ist in der Casa de la Independencia zu sehen.

Abends finden **Ton- und Lichtshows** zur Geschichte der Unabhängigkeit Argentiniens statt; Karten gibt es tagsüber für denselben Abend.

Auf der Plaza Independencia

Der zentrale Platz von Tucumán

An der **Plaza Independencia** stehen einige interessante Bauten: an der südwestlichen Ecke die **Catedral Metropolitana**, ein klassizistischer Bau mit einem Giebeldreieck, in dem der Auszug aus Ägypten dargestellt ist. In westlicher Richtung liegt in der Avenida 24 de Septiembre das **Museo Folclórico**; Ausstellungen zeigen Handwerkszeug der Gauchos sowie Musikinstrumente, darunter eine *charango* (Saiteninstrument) aus Gürteltierpanzern. In der **Casa Padilla** aus dem 19. Jh. wird eine chinesische Porzellansammlung gezeigt. Nebenan steht die **Casa de Gobierno** mit einer imposanten Fassade, in der sich ein französischer Barockstil mit italienischen und Jugendstilelementen mischt. Am nördlichen Rand des Platzes beherbergt ein Bauwerk in französischem Stil den **Jockey-Club** der Stadt. In der **Federación Económica** lohnen schöne Fliesen einen Blick.

Das Elternhaus einer verehrten Sängerin

Museo Mercedes Sosa

Mercedes Sosa (1935–2009) war eine der meist verehrten Sängerinnen Argentiniens mit einer unverwechselbaren, kraftvollen Stimme. Das kleine Wohnhaus der Familie Sosa von 1880, in dem Mercedes aufwuchs, ist heute ein Museum, dass der Gesangskünstlerin gewidmet ist.

Zu den Ausstellungen gehören Familienfotografien und Postkarten sowie Erläuterungen (auf Spanisch) zu wichtigen Lebensereignissen Sosas. In den 1960er-Jahren gehörte sie der musikalischen und literarischen Bewegung des Nuevo Canción an. In der Zeit der Militärdiktatur (1976–1983) wurden

DIE BESTEN RESTAURANTS IN TUCUMÁN

El Portal
Ein schlichtes Restaurant im Stadtzentrum, mit Tischen auch im Freien; regionale Speisen und Grillgerichte. **$**

Il Postino
Pizza- und Pastarestaurant mit Filialen in den Straßen Junín und Córdoba im Stadtzentrum. **$$**

Baltazar
Das zeitgemäße Café mit Bar und Restaurant in Yerba Buena hat eine große, sonnige Terrasse. **$$**

Los Hornos
Empanadas werden in diesem Lokal in Yerba Buena im Lehmofen gebacken. **$$**

FOLK-MUSIK IN TUCUMÁN

La Casa de Yamil
Diese *peña* veranstaltet regelmäßig Auftritte von Volksmusikern, u.a. Konzerte am Sonntagnachmittag.

Peña La 9
Lebhafte *peña* mit einem jungen Publikum und Auftritten von Volkssängerinnen und -sängern.

El Cardon
Regionale Gerichte – darunter Empanadas – werden hier von traditionellen Klängen und Tänzen begleitet.

Sosa und ihre Musiker bei einem Bühnenauftritt in La Plata von der Polizei verhaftet; in den Jahren danach lebte sie im Exil in Europa, 1983 kehrte sie nach Argentinien zurück. Video-Aufnahmen zeigen Sosa bei einem Auftritt in dem Schlafzimmer, das sie als Kind mit ihren Eltern teilte.

Vor dem Museum stellen Straßenkunstwerke Sosa beim Spielen einer *bombo legüero* und mit ihrem Freund und Mitstreiter Charly García dar.

Flora & Fauna am Cerro San Javier

Urwaldwildnis und Spaziergänge

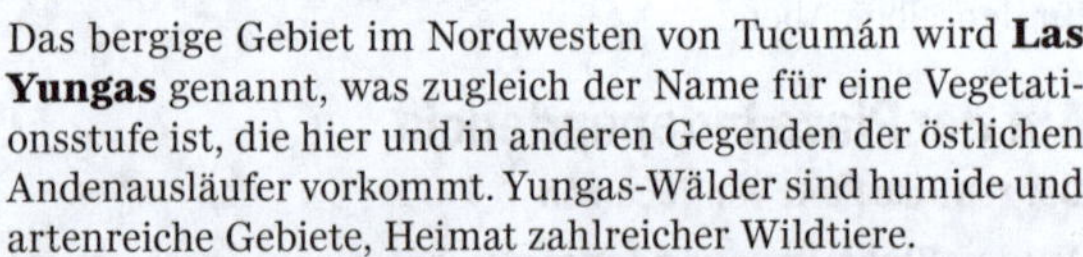

Das bergige Gebiet im Nordwesten von Tucumán wird **Las Yungas** genannt, was zugleich der Name für eine Vegetationsstufe ist, die hier und in anderen Gegenden der östlichen Andenausläufer vorkommt. Yungas-Wälder sind humide und artenreiche Gebiete, Heimat zahlreicher Wildtiere.

Der Lebensraum der Yungas kann in der **Reserva Experimental Horco Molle**, am westlichen Rand von Yerba Buena, erkundet werden. In der Auffangstation für heimische Wildtiere des Schutzgebiets werden gerettete Säugetiere und Vögel gesund gepflegt und wenn möglich in die Wildnis entlassen. Auf einer geführten Tour sind Tapire, Ameisenbären, Aras, Tukane, Pumas und andere heimische Wildkatzenarten neben weiteren Tieren zu sehen. Spaziergänge sind im ausgedehnten **Jardín Botánico** des Schutzgebiets möglich.

Vom Horco Molle ist es ein 1½ km langer Weg westlich vom Startpunkt mehrerer Wanderwege durch die Wälder des **Parque Sierra San Javier**. Der **Sendero Funicular** ist ein 2½ km langer und gerader Pfad entlang einer früheren Standseilbahn. Ein Highlight ist die Überquerung dreier Brücken, von denen der Blick auf das Kronendach in der Tiefe fällt. Kehrt man nach der dritten Brücke um, ist ein Hinweis – direkt vor der ersten Brücke – auf die Abzweigung zum **Sendero Puerta del Cielo** zu sehen. Dieser steile, 2 km lange Pfad führt zum Cerro San Javier hinauf; durch die Bäume reicht die Sicht über Grasflächen bis nach Tucumán.

Von dort führt eine Straße südwärts (bergauf) 2 km weit zur 28 m hohen **Statue des Cristo Benedicto** auf dem Gipfel des Cerro San Javier. In der Abenddämmerung wird die Statue im Rahmen einer Ton- und Lichtshow beleuchtet. Von dort führt die Buslinie 118 zurück nach Tucumán.

YERBA BUENA

Das von vielen Bäumen bestandene Wohnviertel von Yerba Buena dehnt sich im Osten von Tucumán bis zu den Bergen von Las Yungas aus. Mehrere Hotels und Pensionen sind hier ansässig, eine große Zahl hervorragender Cafés, Bars und Restaurants liegen an der Av. Aconquija, der Hauptstraße des Viertels – ein guter Standort für Ausflüge zum Cerro San Javier. Eine angenehme Fahrt im Bus oder Taxi führt von Yerba Buena ins Stadtzentrum. Für die Busfahrt ins Zentrum ist eine Tarjeta Ciudadana nötig (an Kiosken oder am Busbahnhof erhältlich).

ÜBERNACHTEN IN TUCUMÁN

Casa de las Palmeras
Gästezimmer in einem charmanten Wohnhaus in Yerba Buena mit netten Gastgebern und gutem Frühstück. **$**

The Point
Gut ausgestattete und geräumige Apartments zur Selbstversorgung in Innenstadtlage zu angemessenen Preisen. **$$**

Hotel Bicentenario
Hotel im Stadtzentrum mit Swimmingpool auf der Dachterrasse, Sonnendeck und sicheren Parkplätzen. **$$$**

Rund um Tucumán

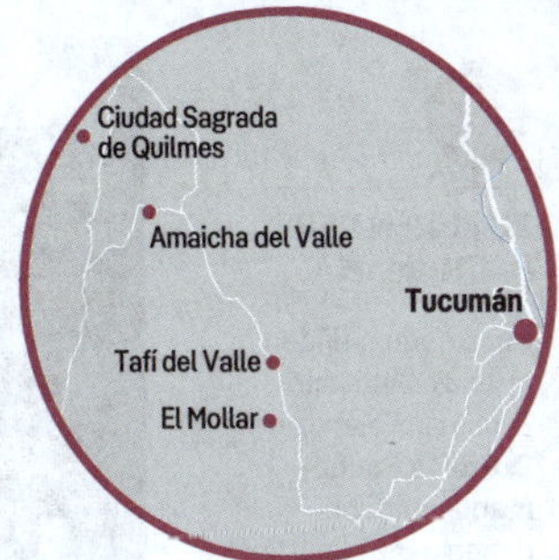

Wanderungen durch Bergwälder, Rundgänge durch die Ruinen von Quilmes: In der Umgebung von Tucumán gibt es viel zu entdecken.

Obwohl die Provinz Tucumán (für argentinische Verhältnisse) relativ klein ist, sind reizvolle Entdeckungstouren möglich, von Reitausflügen durch das Tafí-Tal bis zu Radtouren durch die Berge, dazu kulturelle Anziehungspunkte wie die Ruta del Artesano oder ein Freilichtmuseum voller Menhire.

Außerhalb des Tals von Tafí del Valle liegt die ausgedehnte Ruinenstätte der Ciudad Sagrada de Quilmes, die Überreste einer Stadt, in der Angehörige vom Volk der Diaguita Calchaquíes lebten. Die Stätte liegt oberhalb des Tals auf dem Weg zum nahen Ort Amaiche del Valle mit dem Museo Pachamama, das Skulpturen lokaler Gottheiten zeigt.

UNTERWEGS VOR ORT

Mehrmals täglich fahren Busse von Tucumán nach Tafí del Valle; Autofahrer sollten sich auf steile und kurvenreiche Abschnitte einstellen. Von Tafí verkehren Busse rund um das Tal (Fahrtplan prüfen, um nicht irgendwo zu stranden). Es ist auch möglich, das Tal im Auto, mit dem Rad oder Pferd zu bereisen. Busse von Tafi del Valle nach Cafayate halten in Amaiche del Valle und auf Wunsch an der Abzweigung nach Ciudad Sagrada de Quilmes; dort sind es 5 km zu Fuß (an Trinkwasser und Sonnenschutz denken).

JULIO RICCO/GETTY IMAGES ©

Ciudad Sagrada de Quilmes

☑ TOP TIPP

Tafí del Valle ist ein Ort zum Verweilen (1–2 Nächte) mit schönen Wanderwegen.

ZU EHREN DER PACHAMAMA

Am 1. August finden in Jujuy, Salta und Tucumán Feiern zur **Día de la Pachamama** statt, bei denen der Erdmutter Opfergaben dargebracht werden. Diese bestehen aus Kokablättern, Mais, Tabak oder *chicha* (traditionelles Maisbier) und werden in der Erde vergraben.

Überall in der Region sind *apachetas* zu sehen, kleine Steinaltäre, die zum Dank an die Pachamama und als Bitte um Schutz errichtet wurden; nach altem Brauch stehen sie an gefahrvollen Wegstrecken und auf Berggipfeln.

Im Februar wird in Amaiche del Valle in Tucumán die **Fiesta Nacional de la Pachamama** als eine Art Erntedankfest mit Musik, Umzügen begangen.

IMAGEBROKER.COM GMBH & CO. KG/ALAMY STOCK PHOTO ©

El Mollar

Tafí del Valle

AB TUCUMÁN: 2½ STD.

Am Fluss entlang nach El Mollar

Von Bergen mit sanften Konturen umgeben, liegt das Städtchen Tafí del Valle 110 km von Tucumán entfernt und bietet Gelegenheiten zum Wandern, Radfahren und Reiten. Ein kurzer, leichter Wanderweg steigt zum Mirador Cerro de la Cruz auf.

Längere Wanderungen ergeben sich am westlichen Ufer des Río Tafí, 12 km südwärts von Tafí del Valle nach El Mollar, vorbei an weidenden Pferden und am Angostura-Stausee. Nahe El Mollar führt ein markierter Wanderweg (1 km) zu den archäologischen Überresten von Casas Viejas; dazu gehören alte Tiergehege und zwei große Felsen, die für Zeremonien und astrologische Beobachtungen dienten.

In El Mollar ist die Reserva Arqueológica de los Menhires sehenswert, ein Freilichtmuseum mit 125 Menhiren. Die Granitsteine sind mit Gravuren versehen und rund 2000 Jahre alt; sie tragen Darstellungen von Menschen, Katzen, Lamas und Schlangen. Sie dienten rituellen Bräuchen. Besonders auffallend sind El Blanquito, ein Stein mit zwei eingravierten Gesichtern, und ein benachbarter Steinblock, der eine Schlange mit menschlichem Gesicht zeigt. Von El Mollar fährt ein Bus zurück nach Tafí.

ESSEN & ÜBERNACHTEN IN UND UM TAFÍ DEL VALLE

Rancho de Félix
Das große Restaurant ist eine verlässliche Adresse für regionale Speisen, Grillgerichte und heimische Weine. **$$**

Estancia Los Cuartos
Ein historisches Bauwerk mit viel Charakter, Bergblicken und weidenden Lamas vor der Haustür. **$$**

Estancia Las Carreras
Umgeben von Bergen, 14 km südlich von Tafí liegt diese *estancia* mit eigener Käserei. Es gibt auch Reitausflüge. **$$$**

Kunsthandwerk an der Ruta del Artesano

In heimischen Ateliers entstehen Keramiken, Stoffe oder Schmuckstücke

Die Ruta del Artesano ist ein Fahr- oder Radweg von Tafí del Valle. Am Weg liegen die heimischen Ateliers von etwa 20 Künstlern, aus deren Arbeit Keramiken, Gewebe, Schmuck und Musikinstrumente hervorgehen. Auf der Website von Tucumán Turismo (tucumanturismo.gob.ar) kann eine Karte mit Haltepunkten am 45 km langen Rundweg um das Tal heruntergeladen werden, darunter Ateliers in Tafí del Valle, El Rincón und El Mollar. Auf der Estancia Las Carreras, die es seit 1718 gibt, ist eine Käserei zu besichtigen, außerdem kann man die schöne Aussicht genießen.

Die Ruta del Artesano bietet gute Gelegenheiten, Landschaft und Leute zu sehen und deren Arbeit zu unterstützen.

Amaicha del Valle

AB TUCUMÁN: **4 STD.**

Das Museo Pachamama

Amaicha del Valle, 50 km nördlich von Tafí del Valle, ist die Heimstätte einer Sammlung von Steinskulpturen, die der Künstler Héctor Cruz 1996 zu Ehren der Pachamama schuf. Ein Besuch im Museo Pachamama lässt sich mit einem Ausflug zur archäologischen Stätte von Quilmes (S. 204) verbinden.

Teils Museum, teils Freilichtgalerie, birgt das Museo Pachamama eindrucksvolle großformatige Steinskulpturen, die Hauptfiguren und Gottheiten darstellen. An der Rezeption liegen Broschüren aus, in denen die Bedeutung der einzelnen Werke erläutert wird, die vor einer malerischen Bergkulisse der Valles Calchaquíes stehen.

WEBEREIEN IM WESTLICHEN CATAMARCA

In **Belén** (S. 211) und **Londres** (S. 210) können Weberwerkstätten besichtigt werden; Künstlerinnen und Künstler sind bei der Arbeit an Ponchos und Decken nach traditionellen Herstellungsmethoden zu sehen.

WANDERUNGEN NAHE TAFÍ DEL VALLE

Carla Acosta aus Tucumán beschreibt ihre liebsten Wanderwege.

Molle Solo
Eine wunderschöne ländliche Gegend am Fluss, zu Füßen des Cerro Muños, 8 km südlich von Tafí. Sie ist von Ovejaria aus erreichbar.

Cascada de los Alisos
Dieser Wasserfall ist sehr beliebt, viele Leute kommen von Las Carreras dorthin. Eine Fußweg führt von Santa Cruz an archäologischen Stätten und natürlichen Wasserbecken vorbei. Diesen Weg begeht man am besten mit einem Guide.

Cascada el Rincón
Das ist ein kleinerer Wasserfall, den nicht viele kennen, gelegen im malerischsten Teil des Tals, 20 km südwestlich von Tafí.

ESSEN & ÜBERNACHTEN IN UND UM TAFÍ DEL VALLE

Casa Alpiste Comiste
Liebenswürdiges B&B am Rand von Tafí mit einem hauseigenen Café mit veganen und glutenfreien Angeboten. $

Descanso de las Piedras
Hütten am Fluss in ländlicher Umgebung, mit Hängematten und einem beheizten Pool; großartig für Familien. $

Restaurante el Museo
Eine historische Jesuitenkapelle bildet den stimmungsvollen Rahmen für dieses Mittagsrestaurant. $

Zunächst zeigen die Pflastersteine eine Darstellung der Göttin, die Wasser für die Feldfrüchte spendet. Nahebei steht eine imposante Schamanenfigur. Die Skulptur einer Pachamama-Maske ist eine Opfergabe des Künstlers an die Erdmutter; ihre zwei Seiten repräsentieren den Sonnengott Inti und die Mondgöttin Quilla. Beide tragen katzenartige Kronen, die die Wächter der Götter darstellen. In weiteren Galerien sind Ausstellungen zur Geologie und Kultur der Region mit Nachbildungen früher Behausungen zu sehen. Im Museumsladen werden Decken und heimisches Handwerk verkauft.

Ciudad Sagrada de Quilmes

AB TUCUMÁN: **4½ STD.**

Die Ruinen einer heiligen Stadt entdecken

5 km westlich der Ruta 40 und 75 km nordwestlich von Tafí del Valle, befinden sich die Ruinen der Ciudad Sagrada de Quilmes. Hier sind die Überreste einer einstmals blühenden Stadt zu sehen, Heimat von Angehörigen des Volks der Diaguita Calchaquíes, die auch Quilmes genannt werden.

Startpunkt ist das moderne Museum der Stätte, das über die Geschichte und Kultur der Quilmes informiert. Ausstellungen bieten Erläuterungen (auf Spanisch und Englisch) zu spirituellen und religiösen Praktiken der Quilmes, ihre Anbaumethoden und Alltagstätigkeiten. Die Stadt wurde 1480 von den Inka unterworfen, wobei die Diaguita-Sprache Kakán durch Quechua verdrängt wurde. Das Volk der Quilmes widersetzte sich der spanischen Belagerung 130 Jahre lang, bis es 1665 schließlich unterlag. Im Museum zeigt ein eindringlicher Film den 1300 km langen Marsch bis nach Buenos Aires, zu dem die Spanier die überwältigten Quilmes zwangen.

Als Nächstes zeigt ein heimischer Guide den Besuchern die Stätte (die meisten Guides gehören dem Volk der Diaguita Calchaquíes an). Als Opfer für die Pachamama kann ein Stein am *apacheta* abgelegt werden. Zur Siedlung gehören Verteidigungsbauten und Häuser; hoch am Berghang lagen Behausungen von Soldaten und Schamanen. Sehenswert sind auch die zeremoniellen Mühlsteine. Der markierte Pfad führt bis zur nördlichen *pucará* (Festung) hinauf.

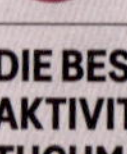

DIE BESTEN AKTIVITÄTEN IN TUCUMÁN

Reiten
Tafí del Valle zu Pferde bei einem geführten Ausritt erkunden (S. 202).

Gleitschirmfliegen
Tandemflug über die Yungas bei Loma Bola am Cerro San Javier.

Wandern
Die Yungas (S. 200) und die Berge rund um Tafí del Valle entdecken.

Mountainbiken
Auf zwei Rädern die besten Strecken im Nordwesten befahren.

Hochseilparcours
Schmale Planken und Seilrutschen im Parque Aéreo Raki.

Kajak-Fahren
Auf dem Stausee Celestino Gelsi in El Cadillal paddeln.

ANDERE ARCHÄOLOGISCHE STÄTTEN

Die ausgedehnte Ruinenstätte der Inkastadt von **El Shincal** (S. 210) liegt nahe Belén in der Provinz Catamarca. Am Stadtrand Catamarcas befinden sich Überreste einer Siedlung der Aguada-Kultur im **Pueblo Perdido de la Quebrada** (S. 207).

Catamarca

San Fernando del Valle de Catamarca ist eine jugendliche und wohlhabende Stadt, in der es sich – vor oder nach einer Reise durch das westliche Umland – gut ein paar Tage aushalten lässt.

Die rosafarbene Kathedrale birgt die Virgen del Valle; zweimal im Jahr wird die Heiligenfigur mit einem neuen handbestickten Gewand bekleidet und auf einer Prozession durch die Stadt getragen. Im Pueblo Perdido de la Quebrada sind Überreste einer Siedlung der Aguada-Kultur zu besichtigen. Keramiken, die an der Stätte gefunden wurden, werden im archäologischen Museum der Stadt gezeigt.

Zur Fiesta Nacional del Poncho im Juli, die mit Kunsthandwerksmärkten, Volksmusikkonzerten und viel Essen im Freien gefeiert wird, sind die Hotels von Catamarca schnell ausgebucht. Spezialitäten wie Weine, Oliven, Käse und Walnüsse werden angeboten.

UNTERWEGS VOR ORT

In Stadtbussen ist eine SUBE-Karte nötig, die an den Kiosken erhältlich ist (SUBE-Karten aus Jujuy und Buenos Aires sind gültig). Zum Pueblo Perdido führt die Buslinie 101 von der Calle Salta zwischen Republica und Esquiú. E-Bikes können ausgeliehen werden. Busse nach La Rioja, Tucumán und Belén starten am Bahnhof im Stadtzentrum.

Virgen del Valle (S. 206)

TOP TIPP

Bici Catamarca bietet einen E-Bike-Verleih und geführte Radtouren durch die Stadt: an der Plaza 25 de Mayo. Eine vorherige Buchung ist telefonisch oder per Whatsapp unter +54 9 3834 50-2844 notwendig. Zu den Haltepunkten der Touren gehört auch der Staudamm am **Lago Lumeal** im Westen der Stadt.

DAS ZENTRUM VON CATAMARCA ENTDECKEN

Viele Sehenswürdigkeiten Catamarcas befinden sich im näheren Umkreis der Plaza 25 de Mayo. Den Anfang macht das 1 **Museo Arqueológico Adán Quiroga** mit einer großen Sammlung von Keramiken aus verschiedenen Zeiten und Gegenden. Besonders sehenswert ist die schwarze Aguada-Keramik, die mit Tiermotiven verziert ist. Südlich des Museums, in der Calle Sarmiento, bieten Straßenstände heimische Produkte an, darunter Olivenöl, Honig, Walnüsse, Gewürze und eine Auswahl von Arzneikräutern. An der Calle Esquiú ist 2 **Burrata Vinoteca y Delicatessen** ein lohnendes Ziel mit einem großen Angebot an Weinen aus Catamarca, Käse- und Salamisorten sowie Zigarren.

Eine Nebenstraße weiter südlich auf der Sarmiento liegt die 3 **Plaza 25 de Mayo** mit einem Reiterstandbild des Freiheitshelden José de San Martín. Auf westlicher Seite des Platz fällt die Fassade der 4 **Catedral Basílica de Nuestra Señora del Valle** (19. Jh.) in leuchtendem Pink auf. Sie birgt die Figur der Virgen del Valle. Beim Betreten des Hauptraumes ist sie von hinten zu sehen. Durch den Seiteneingang der Kathedrale an der Fußgängerstraße ist die Kapelle Camarín de la Virgen zugänglich, sie verfügt über schöne Bodenfliesen, schmuckvolle Zierleisten und Buntglasfenster – dort ist das Gesicht der Marienfigur zu betrachten.

In einer Seitengasse liegt das 5 **Museo de la Virgen del Valle**. Hier sind kunstvolle Marienfiguren ausgestellt. Zweimal im Jahr (2 Wochen nach Ostern und am 8. Dez.) treffen zahlreiche Pilgern in Catamarca ein, um an der Prozession zu Ehren der Jungfrau teilzunehmen.

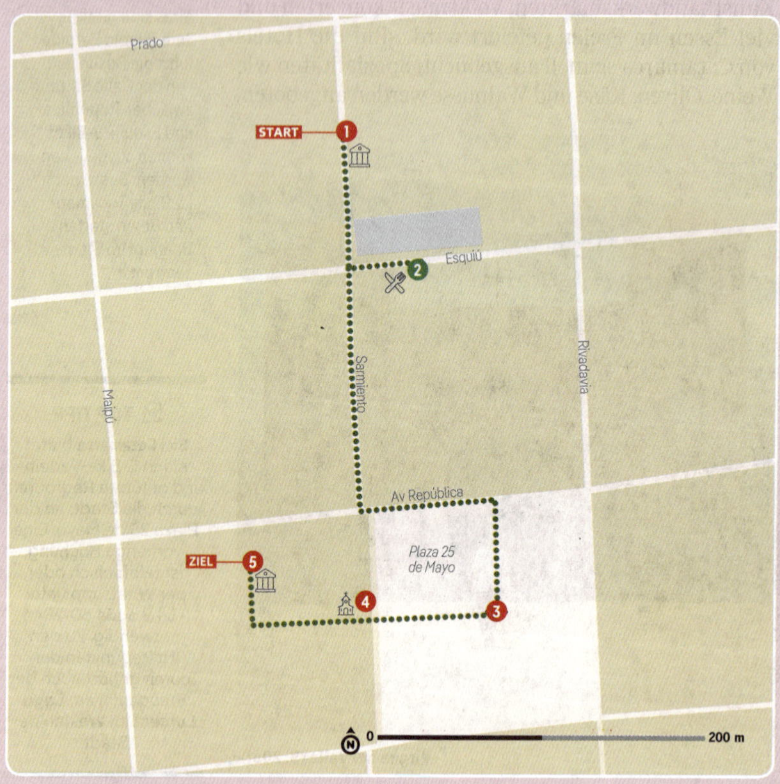

Hochgelegene Ruinen im Pueblo Perdido de la Quebrada

Ruinen am Flussufer

An einem schönen Berghang, überragt von höheren Gipfeln, 6 km westlich der Plaza 25 de Mayo, liegen Reste einer Siedlung der Aguada-Kultur, das **Pueblo Perdido de la Quebrada**. Es befindet sich abseits der Hauptstraße, gegenüber einem hübschen Uferstreifen des **Río el Tala**, an dem Wanderwege entlangführen – ein hübsches Plätzchen für ein Picknick im Schatten der Bäume. Die Straße ist bei Radfahrern beliebt.

Die Ruinenstätte kann bei einer Führung besichtigt werden; zu sehen sind Behausungen mit gebogenen Torwegen, die das Eindringen von Lamas verhindern sollten, Werkstätten, in denen Keramiken und Pfeilspitzen gefunden wurden, und eine Gemeinschaftsküche. Die Siedlung war zwischen 200 und 450 n. Chr. von Angehörigen der Aguada-Kultur bewohnt, sie wurde nicht von den Inka unterworfen. Einer der Götter dieser Kultur war der Jaguar, der auf keramischen Fundstücken dargestellt ist; sie sind im Museo Arqueológico Adán Quiroga ausgestellt. Auf der Anhöhe befindet sich ein zeremonieller Platz; hier markieren Steine die Position der Sommer- und Wintersonnenwende, die den Zeitpunkt der Aussaat und Ernte bestimmten.

Nicht versäumen: Ein kleines Museum wurde im Stil der ursprünglichen Stein- und Adobe-Bauten des Dorfes, jedoch mit modernen Materialien errichtet. Auf Bildern wird das ursprüngliche Aussehen des Dorfes gezeigt.

GUT ESSEN, AUSGEHEN & ÜBERNACHTEN IN CATAMARCA

Bar Richmond
Mit Blick auf die Plaza 25 de Mayo werden exzellente Pizzas serviert. **$$**

Café del Inmigrante
Ein wunderschön restauriertes Haus bildet den eleganten Rahmen für Caffè Latte, Brunch oder Cocktail. **$$**

Café Cacán
Kaffeespezialitäten, Gebäck und *merienda* (Nachmittagstee). **$**

La Guada
Auf einer Tafel stehen die Tagesgerichte, u.a. Grillfleisch. **$$$**

Amérian Catamarca
Ein Haus der Amérian-Hotelkette. **$$**

Rund um Catamarca

UNTERWEGS VOR ORT

Mit dem Auto lassen sich die Provinzen Catamarca und La Rioja am einfachsten bereisen. Hertz ist mit einer Agentur in Catamarca vertreten. Busse verbinden Catamarca und La Rioja, La Rioja und Chilecito, Catamarca und Belén sowie Catamarca und Fiambalá. Keine Busse verkehren von Belén nach Chilecito. Der Parque Nacional Talampaya ist mit dem Bus von Chilecito oder La Rioja erreichbar. Für das westliche Catamarca ist ein Mietwagen am besten geeignet.

TOP TIPP

Während der nachmittäglichen Siesta (13–17 Uhr) sind in ganz Catamarca und La Rioja die Geschäfte geschlossen und die Straßen menschenleer.

Der Westen von Catamarca ist reich an Traditionen und schönen Landschaften, die man nicht so schnell vergisst.

Jenseit der Stadt Catamarca liegen die Provinzen Catamarca und La Rioja, die bis zu den Anden reichen. Hier liegen einige der spektakulärsten Hochlandregionen Argentiniens im Schatten von schneebedeckten über 6000 m hohen Gipfeln.

Es gibt viele historische und kulturelle Stätten zu entdecken, darunter die Inka-Ruinenstadt von El Shincal und Adobe-Kirchen entlang der Straße nach Fiambalá. Vieles ist möglich: Vormittags auf dem Sandboard an Dünenhängen hinabgleiten, nachmittags ins Thermalbad eintauchen.

In Catamarca und La Rioja ist die Reise selbst das Ziel: Die Fahrt südwärts von Tinogasta nach Chilecito ist atemberaubend, wie auch die Route von Chilecito zum Parque Nacional Talampaya über die Cuesta de Miranda.

Ruta Los Seismiles

AUF DER RUTA LOS SEISMILES

Von Fiambalá steigt die gepflasterte Ruta 60 durch Wüsten, Felsen und Hochebenen zum Paso de San Francisco an der Grenze zu Chile auf, eine faszinierende Fahrt. Die Seismiles, nach denen die Route benannt ist, sind die sechs über 6000 m hohen Gipfel, unter ihnen Ojos del Salado (6893 m), der höchste Vulkan der Erde. Für die 200 km lange Rundfahrt sind 5 Std. (und ausreichend Treibstoff) einzuplanen.

Nach 23 km führt eine Abzweigung zum 1 **Cañón del Indio**, in dessen Felswänden nach den Gesichtszügen eines Indios gesucht werden kann. Eine Sandstraße führt zu einem Parkplatz, dann verläuft eine 2 km lange Wanderung durch den Canyon an der Felsformation vorbei. Auf dem Weg sind einige Felsen zu überklettern.

Die Ruta 60 folgt dann dem Fluss, schlängelt sich bald durch die dramatisch geformten roten Felsabhänge der 2 **Quebrada de las Angosturas** (Vorsicht in den Kurven) und dringt dann in die Hochgebirgsebene vor.

Auf dem Weg gibt es ein einziges Hotel, die 3 **Hostería Cortaderas** (S. 211), 95 km von Fiambalá, in deren Restaurant leckere warme Mahlzeiten serviert werden. In der Nacht wirkt der klare, dunkle Sternenhimmel faszinierend.

Von dort passiert die Strecke Feuchtgebiete mit Flamingos und Tundra mit Vikunjas, im Hintergrund ragen die Seismiles auf. Meistens endet die Straße bei 4 **La Gruta**, dem argentinischen Grenzposten, 21 km vor Chile. Der Grenzübergang 5 **San Francisco** ist einmal in der Woche mittwochs geöffnet; wer die Grenze nach Chile überqueren möchte, sollte sich zuvor informieren (argentina.gob.ar).

ABENTEUER IM WILDEN NORDWESTEN

Im Nordwesten von Catamarca, 300 km (5 Autostunden) hinter Belén liegt das Dorf **Antofagasta de la Sierra** in 3320 m Höhe inmitten einer spektakulären Gebirgslandschaft. Wer auf Abenteuer aus ist, findet in diesem Dorf der Puna ein großartiges Ziel für einen Roadtrip. Auf dem Weg sind die Flamingos der **Laguna Blanca**, ferne Vulkane und die Bimssteinfelder von **Campo de Piedra Pomez** zu sehen.

Im Februar werden im Dorf bei der **Feria de la Puna** heimische Handwerkskünste und Traditionen gefeiert.

RODRIGO_FOTOSI/SHUTTERSTOCK ©

Iglesia de San Pedro, Ruta del Adobe

El Shincal

AB CATAMARCA: **3½ STD.**

Ruinen einer Inka-Stadt entdecken

Etwa 7 km westlich von Londres, 3½ Std. mit dem Auto von Catamarca, liegt die Inka-Stadt von El Shincal de Quimivil, eine Stätte mit starker Atmosphäre. In der Blütezeit des Inkareichs (etwa 1430–1580) versammelten sich Menschen hier zu politischen Zusammenkünften, religiösen Ritualen und spirituellen Zeremonien. Die Überreste von Steinbauten können bei Führungen besichtigt werden.

Eine Zeremonienplattform, *ushnu* genannt, liegt in der Mitte eines zentralen Platzes, flankiert von zwei teilweise rekonstruierten *kallankas* (rechteckigen Bauten mit Giebeldächern, einst Versammlungsräume und Töpferwerkstätten). In der Nähe steht ein 400 Jahre alter Kaktus einer Art, die für ihre halluzinogene Wirkung bekannt ist. Am faszinierendsten sind zwei Zeremonialhügel, auf denen Sonnen- und Mondtempel stehen. Vom Mondtempel ergibt sich ein weiter Blick auf bewachsene Berge und unten liegenden Ruinen, die von Lamas durchstreift werden.

Auf dem Gelände zeigt ein Museum ein maßstabgetreues Modell der Anlage und vermittelt viel Wissenswertes über die Inka- und Prä-Inka-Kulturen.

ESSEN & ÜBERNACHTEN IN BELÉN

Ya'Güir
Café mit Büchern zum Schmökern, Tee und Kaffee, Frühstücksvariationen, Sandwiches und andere Snacks. **$**

1900 Resto Bar
Dieses Restaurant mit Blick auf den Platz ist die beste Adresse für Steaks und typisch argentinische Gerichte. **$$**

Hotel Belén
Ein stilvolles Hotel mit modernen Zimmern und einer archäologischen Sammlung in der Lobby. **$$**

Belén

AB CATAMARCA: **4 STD.**

Handwerkskünstlern bei der Arbeit zusehen

In Belén, vier Autostunden von Catamarca, befindet sich die Weberkooperative Arañitas Hilanderas. Die Künstlerinnen und Künstler stellen die einzelnen Arbeitsschritte des Webens vor, vom Waschen und Spinnen der Wolle, dem Färben mit natürlichen Färbemitteln (für die verschiedenen Farbtöne werden u. a. *yerba mate* und Nussschalen verwendet) und dem Weben an traditionellen Webstühlen. Die Arbeiten werden im Laden der Weberei verkauft.

In der Stadt gibt es außerdem handwerklich hergestellte Ponchos bei Rua Chaky. Nahebei bietet Familia Avar Saracho eine Auswahl hochwertiger Stücke, darunter Schuhe, an.

DIE SCHÖNSTEN WILDTIERE DER PUNA

Flamingo
Am See bei Cortaderas an der Ruta Los Seismiles (S. 209) sind sie zu sehen.

Andenfuchs
Er ist u.a. in den Bergen von Fiambalá heimisch.

Vikunja
Sie halten sich in der Nähe des Paso de San Francisco an der Ruta Los Seismiles auf.

Puma
In der Region um Catamarca streifen Andenpumas umher; sie sind sehr scheu.

Ñandú
Vielleicht zeigen sich die Laufvögel in der Gegend um Fiambalá.

Viscacha
Die kaninchenartigen Nager gehören zur Familie der Chinchillas.

Von Tinogasta nach Fiambalá

AB CATAMARCA: **3½ STD.**

Die Kirchen der Ruta del Adobe

Südlich des wüstenhaften Ortes Tinogasta, 3½ Autostunden von Catamarca, ist die RN 60 nach Fiambalá wegen ihrer historischen Adobe-Bauten als Ruta del Adobe bekannt. Auf dicken Mauern aus Lehm und Stroh liegen Dächer aus Zuckerrohr, die von Algarrobo-Balken gestützt werden.

Der erste Haltepunkt ist die Ruine der Capellanía Pituil Viejo im Dorf Copacabana. Die historische Finca la Sala bietet sich für ein Mittagessen an.

Nordwärts setzt sich die Fahrt durch Tinogasta fort, dann auf einem Umweg durch das Dorf El Puesto mit dem Oratorio de los Orquera, einer kleinen Adobe-Kapelle an einem alten Olivenbaum. Das eindrucksvollste Bauwerk an der Route ist die Iglesia de Andacolla – an der Abzweigung vor dem Fluss nach links abbiegen – 2 km nördlich von El Puesto. Am südlichen Ortseingang Fiambalás steht die weiß getünchte Iglesia de San Pedro aus dem Jahr 1770.

Die Mumien von Fiambalá

AB CATAMARCA: **4½ STD.**

Das Museum des mumifizierten Inkapaares

Das kleine regionale Museo del Hombre in Fiambalá zeigt zwei Inka-Mumien, die eines Mannes und die einer Frau, die bei Loro Huasi entdeckt wurden. Gewebte Kleidungsstücke und eine kleine weibliche Figur wurden bei ihnen gefunden. Auch hochwertige Keramik aus der Zeit von 650–850 n. Chr., darunter menschenähnliche Figuren, werden ausgestellt.

ESSEN & ÜBERNACHTEN IN WESTERN CATAMARCA

Casona del Pino
Ein schönes Boutiquehotel in einer alten *casona* in Fiambalá. Beim Frühstück sitzen Gäste gemeinsam an einem Tisch. **$**

Finca la Sala
Historische Finca nahe Tinogasta mit eleganten Zimmern, üppigen Gärten und einem exzellenten Restaurant. **$$**

Hostería Cortaderas
In 3000 m Höhe an der Ruta los Seismiles gelegenes Hotel mit Restaurant; umgeben von einer herrlichen Bergkulisse. **$$**

BERGBAU IN FAMATINA

Die Seilbahn von Chilecito wurde 1904 von einem deutschen Bauunternehmen konstruiert und diente dem Transport von Gold-, Silber- und Kupfererzen von Famatina zur Bahnstation von Chilecito.

Das wertvolle Gestein wurde bei **La Mejicana** auf einer Höhe von 4600 m in Förderwagen geladen, 3500 m höher als Chilecito und fast 40 km davon entfernt. Die Seilbahn wurde 1927 stillgelegt.

Mehrere multinationale Firmen planten die Wiederaufnahme des Bergbaus am Famatina. Die Proteste der einheimischen Bevölkerung verhinderten jedoch diese Pläne. Da der Berg von großer Bedeutung für die Wasserversorgung der Region ist, lautete das Motto des Widerstands: *El Famatina no se toca* („der Famatina wird nicht angerührt").

GUILLERMO CAFFARINI/SHUTTERSTOCK ©

Parque Nacional Talampaya

Sandboarding und heiße Quellen

AB CATAMARCA: **1 STD.**

Spannung und Entspannung am selben Tag

Die herrlichen goldfarbenen Sanddünen, 15 km im Norden von Fiambalá, sind ein ideales Gebiet für Sandboarding (das Brett ähnelt einem Snowboard). Sportler gleiten darauf an den Hängen hoher Sanddünen hinab; das ist auch im Sitzen oder Liegen möglich. Die Duna Mágica liegt östlich von Saujil (die Strecke ist beschildert); in Saujil gibt es mehrere Vermieter von Boards, die auch in den meisten Unterkünften in Fiambalá zu bekommen sind. Die beste Zeit zum Sandboarden ist der Vormittag, bevor der Wind auffrischt. Für die Hinfahrt ist ein Mietwagen nötig.

Entspannung für müde Muskeln versprechen die nahen Termas de Fiambalá. Die Thermalquellen liegen in einer zauberhaften Ecke zwischen Felswänden mit Blick auf die Wüstenebene. Tickets gibt es bei der Touristeninformation an der Plaza Principal von Fiambalá (Ausweis bereithalten), von dort sind es 15 km (20 Min.) mit dem Auto durch die Wüstendünen zu den Thermen. In mehrere Becken ergießt sich 24–48 °C heißes Wasser.

ESSEN & ÜBERNACHTEN IN CHILECITO

El Rancho de Ferrito
Ein Stadtteilrestaurant, in dem sich seit Jahren nichts verändert hat. Zu den Grillgerichten gibt es heimische Weine. **$$**

Borussia
Diese Bar an der Plaza ist hinreißend ausgestattet und hat eine gute Atmosphäre; serviert werden Pizzas und Burger. **$$**

El Viejo Molino
Die Pension wird von herzlichen, hilfsbereiten Gastgebern geführt und hat helle, moderne Zimmer mit Bergblick. **$**

Chilecito

AB CATAMARCA: **4 STD.**

Seilbahnstationen & farbige Flüsse

Von Kakteen bewachsene Felsen und die Kulisse der schneebedeckten Gipfel der Sierra de Famatina umgeben die einstige Bergbausiedlung Chilecito, die neben Weingütern über weitere Sehenswürdigkeiten verfügt. Mit dem Auto sind es vier Stunden von Catamarca.

Als größte Sehenswürdigkeit gilt das Museo de Cablecarril, zu dem die ersten beiden Stationen einer stillgelegten Seilbahn gehören. Bei der Estación 1 wird das ungewöhnliche Bauprojekt dokumentiert. Die Seilbahn wurde im frühen 20. Jh. zum Abtransport von Gold-, Silber- und Kupfererzen aus dem Bergwerk errichtet; zur Ausstellung gehören alte Fotos und Bergarbeiterstiefel. Vor dem Museum sind die rostigen Überreste von Förderwagen zu sehen. 11 km nordöstlich liegt die Estación 2, wo die Motoren und die Maschinerie der dampfbetriebenen Seilbahn gezeigt werden. Die Industriebauten auf dem Berg vor dem Hintergrund der Gebirgskette geben großartige Fotomotive ab.

Von der Estación 2 führt ein Abstecher 5 km weit auf einer Straße zu einem unwirklichen Farbenspiel – zur Unión de los Ríos. Hier trifft das leuchtend gelbe Gewässer des Río Amarillo auf den himmelblauen Río de la Quebrada del Agua Negra (der Name ist irreführend). Schilder weisen auf einen Parkplatz hin, wo in 200 m Entfernung die exakte Stelle liegt, an der sich die Flüsse begegnen.

Parque Nacional Talampaya

AB CATAMARCA: **4 STD.**

Eindrucksvolle Felsformationen

Im **Parque Nacional Talampaya** befinden sich rote Felsformationen und Sandsteinklippen; vier Autostunden von Catamarca entfernt.

Zugang zum Park ist nur im Rahmen einer Führung erlaubt. Am Eingang zum Cañón de Talampaya starten Touren im Bus oder Jeep, die an der grünen Oase des Jardín Botánico und an mehreren dramatisch geformten Felsformationen haltmachen. Es gibt faszinierende Petroglyphen zu sehen, die bis zu 2500 Jahre alt sein sollen. Die Felsritzungen zeigen u.a. Darstellungen von Lamas und eine Gravur, die ein Schamane unter dem Einfluss halluzinogener Drogen hervorgebracht haben soll.

Touren im Geländewagen zu den Felsformationen bei Ciudad Perdida und Cañón Arco Iris starten von einem 14 km südlich gelegenen Eingang. Nächtliche Touren werden bei Vollmond angeboten.

DIE BESTEN FESTE IN CATAMARCA UND LA RIOJA

Feria de la Puna
Lamas stehen im Mittelpunkt bei dieser Feier zu Ehren der traditionellen Andenkultur, die im Februar in Antofagasta de la Sierra begangen wird.

Fiesta de Nuestra Señora del Valle
Zwei Wochen nach Ostern und am 8. Dezember wird die Figur der Virgen de la Valle bei einer Prozession durch die Stadt Catamarca getragen.

Fiesta Nacional del Poncho
Diese Feier des heimischen Handwerks und der Volksmusik findet im Juli in Catamarca statt.

La Chaya
Im Februar liefern sich die Einwohner von La Rioja eine gewaltige Wasserschlacht.

El Tinkunaco
Am 31. Dezember wird in La Rioja der Franziskanerpriester Francisco Solano geehrt, der 1593 zwischen den Diaguitas und spanischen Siedlern vermittelte.

Oben: Catedral Nuestra Señora de la Asunción (S. 222); Rechts: Capilla del Monte (S. 254)

Córdoba & die Pampinen Sierren

LEBENDIG, HERB UND VOLLER CHARME

Die pulsierende Stadt Córdoba stellt ihre Umgebung oft in den Schatten, dabei bietet die gesamte Region eine reiche Auswahl an Aktivitäten, Geschichte und Charme.

Als zweitgrößte Stadt Argentiniens und vermutlich zweitwichtigste nach Buenos Aires bietet Córdoba alle Vorzüge einer Großstadt – herrliche Museen, großartige Restaurants, wundervolle Architektur, ein pulsierendes Nachtleben – und doch herrscht hier in vielerlei Hinsicht ein entspannteres Tempo. Außerhalb der Stadtgrenzen trifft man auf eine erstaunliche Vielfalt.

In weniger als einer Stunde Autofahrt erreicht man felsige Gebirgszüge, in denen der Andenkondor heimisch ist. Kleine Bergarbeitersiedlungen halten noch immer an fast vergessenen Traditionen aus dem vergangenen Jahrhundert fest, und neben Lagunen, Stauseen und Salztonebenen mit unirdischen Mondlandschaften gibt es eine überraschend artenreiche Vogelwelt zu entdecken. Auch ein Besuch des spektakulären Parque Nacional Sierra de las Quijadas lohnt sich: Bei aller Schönheit verströmt er ein überwältigendes Gefühl von Abgeschiedenheit und Ursprünglichkeit. Wer noch nicht das Glück hatte, einen Kondor in den Sierras zu erspähen, sollte in den rostroten Canyons nach diesem imposanten Greifvogel Ausschau halten.

Ruinen von Jesuitenmissionen und verfallenden Hotels warten auf abenteuerlustige Besucher. Bei Einbruch der Dunkelheit geht es zurück nach Córdoba in ein schickes Restaurant, gefolgt von argentinischem Tango oder einer *milonga*.

Diese wunderbare Region kann auf einer Reihe von Tagesausflügen gut erkundet werden, oder man reist ganz einfach immer von Ort zu Ort.

DIE WICHTIGSTEN ZIELE

CÓRDOBA
Argentiniens zweitgrößte Stadt
S. 220

SAN LUIS
Hauptstadt der Provinz San Luis **S. 230**

DIE SIERRAS
Wandern und herrliche Natur
S. 239

Erste Orientierung

Córdoba und Umgebung werden oft links liegen gelassen auf dem Weg nach Tierra del Fuego oder Richtung Norden zu den Iguazú-Fällen, doch zu Unrecht: Die Region hat viel zu bieten.

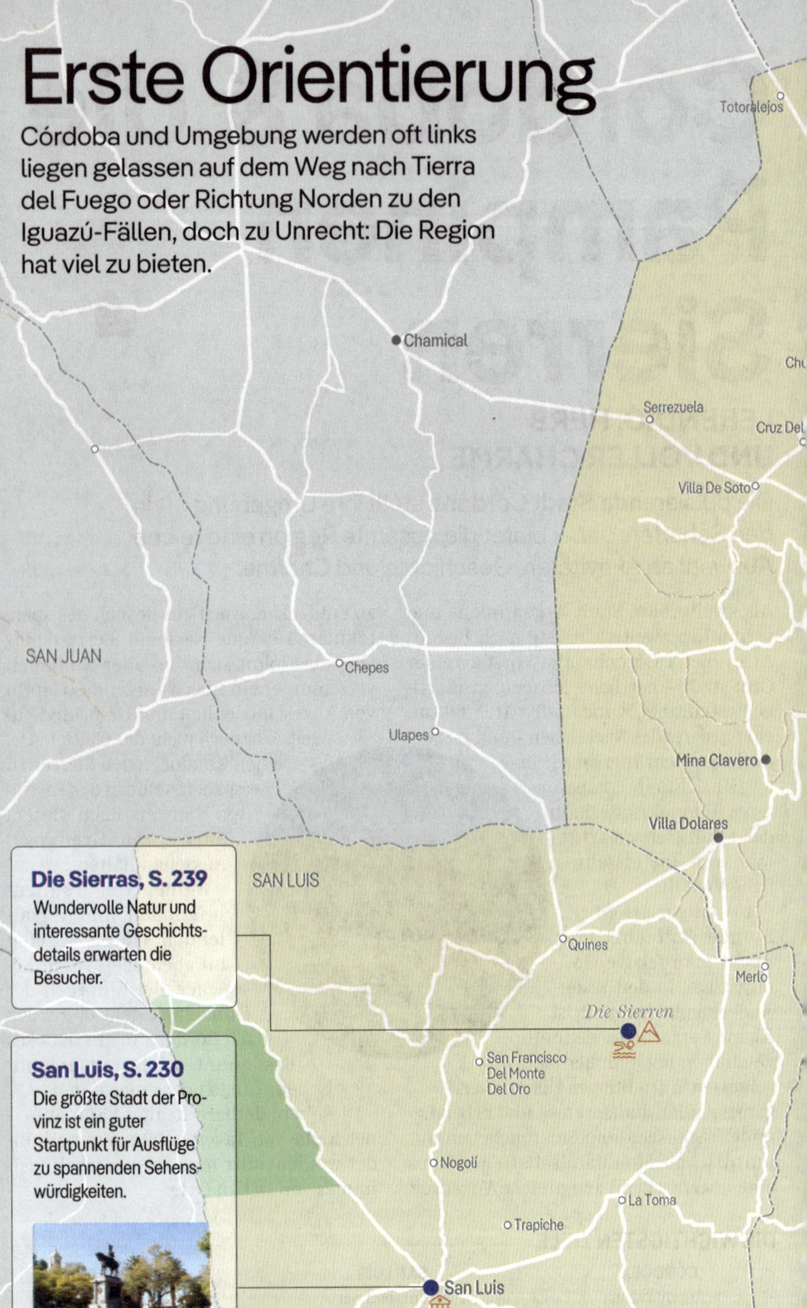

Die Sierras, S. 239

Wundervolle Natur und interessante Geschichtsdetails erwarten die Besucher.

San Luis, S. 230

Die größte Stadt der Provinz ist ein guter Startpunkt für Ausflüge zu spannenden Sehenswürdigkeiten.

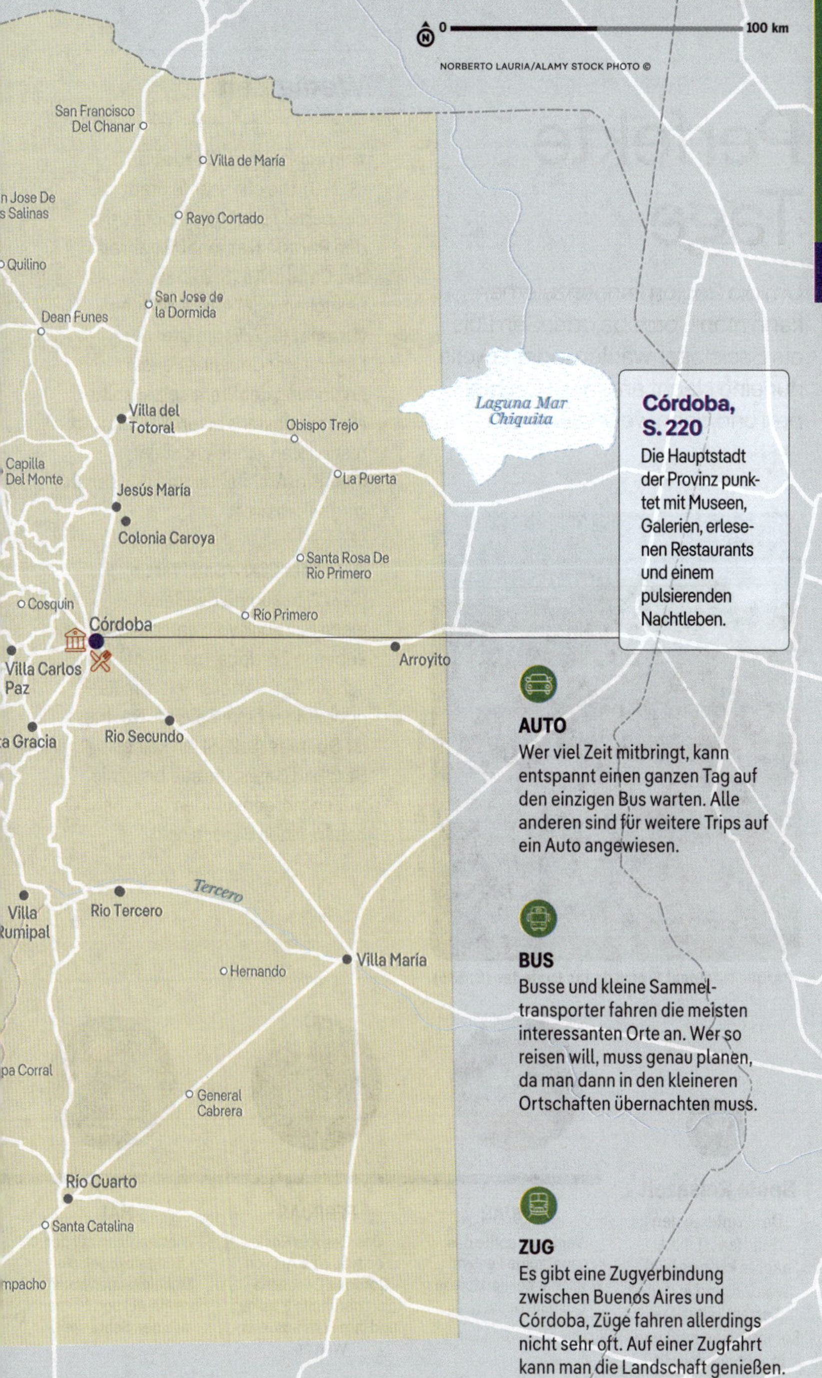

Córdoba, S. 220

Die Hauptstadt der Provinz punktet mit Museen, Galerien, erlesenen Restaurants und einem pulsierenden Nachtleben.

AUTO

Wer viel Zeit mitbringt, kann entspannt einen ganzen Tag auf den einzigen Bus warten. Alle anderen sind für weitere Trips auf ein Auto angewiesen.

BUS

Busse und kleine Sammeltransporter fahren die meisten interessanten Orte an. Wer so reisen will, muss genau planen, da man dann in den kleineren Ortschaften übernachten muss.

ZUG

Es gibt eine Zugverbindung zwischen Buenos Aires und Córdoba, Züge fahren allerdings nicht sehr oft. Auf einer Zugfahrt kann man die Landschaft genießen.

Perfekte Tage

Um die Region kennenzulernen, kann man Córdoba oder San Luis als Basislager wählen, oder jeweils nur eine Nacht an einem Ort bleiben und dann weiterziehen.

GONZALO DE MICEU/SHUTTERSTOCK ©

Parque Nacional Sierra de las Quijadas (S. 236)

Wenig Zeit

- In einem Wort: **Córdoba** (S. 220). Die charmante Stadt ist der perfekte Ausgangspunkt, um den **Parque Nacional Quebrada del Condorito** (S. 242) zu besuchen, oder das mystische **Miramar** (S. 229) am Ufer der Laguna Mar Chiquita. Für die Erkundung der Stadt selbst sollte man mindestens einen Nachmittag reservieren, vielleicht sogar mehrere. Architektur und der Kanal sind sehenswert.

- Auf der **Plaza San Martín** (S. 372) bekommt der Besucher einen Eindruck vom entspannten Leben in Córdoba, man sieht Menschen beim Kartenspielen im Park, oder Kinder beim Spielen. Nachts ist **Güemes** (S. 255) mit seinen Bars und Cafés, die alle bis in die frühen Morgenstunden geöffnet haben, einen Besuch wert.

UNTEN: MOTION SEEKERS/SHUTTERSTOCK ©, ROMAN VOLOSHYN/SHUTTERSTOCK ©, PADNOB/SHUTTERSTOCK ©

Beste Reisezeit

Der Winter in den Städten ist mild, nachts kann es kühl werden, und in den Sierras kälter. Die Sommer sind heiß und manchmal feucht.

JANUAR

Wer kann, sollte das neuntägige Festival Nacional del Folklore in Cosquín besuchen.

FEBRUAR

Das Cosquín Rock Festival, eine Art von Córdoba Coachella, lockt berühmte Musiker und ihre Fans aus aller Welt an.

MAI

Winteranfang auf der Südhalbkugel; die Einheimischen holen ihre Mäntel und Mützen aus den Schränken.

Drei Tage

- Mindestens einen Tag (inkl. Übernachtung) sollte man für **Córdoba** (S. 220) einplanen, um die Stadt zu erkunden. Dann geht es Richtung Westen in die Sierras mit ihren kleinen Dörfern und Städten mit wunderbaren *balnearios* (Bademöglichkeiten) am Fluss, wie **Mina Clavero** (S. 240) oder **La Cumbrecita** (S. 250).

- Von der Stadt aus lohnt sich ein Ausflug nach **San Luis** (S. 230) und in die Salzwüste, außerdem ein Abstecher zur Vogelwelt am Stausee **La Florida** (S. 238) . Dann geht es weiter nach Norden ins mystische **Miramar** (S. 229), wo geisterhafte, verfallende Hotels und Scharen von Flamingos die Besucher erwarten.

Länger Zeit

- Wer mehr als eine Woche bleiben kann, hat den Luxus, **Córdobas** (S. 220) gut erkunden zu können. Danach geht es gemächlich weiter in die Berge mit ihren kleinen Städtchen, die den Reisenden stets etwas etwas anderes zu bieten haben.

- Von **Mina Clavero** (S. 240) und **La Cumbrecita** (S. 250) zu den weniger besuchten Sehenswürdigkeiten **El Volcán** (S. 247) und **La Florida** (S. 238).

- Am besten bleibt man über Nacht (oder zumindest einen ganzen Tag) im wunderbaren **Parque Nacional Sierra de las Quijadas** (S. 236). Mit etwas Glück zeigt sich sogar ein Andenkondor.

JULI
Das Festival Nacional del Tango lockt Tänzer aus dem ganzen Land in Córdobas Städtchen **La Falda** (S. 227).

SEPTEMBER
Bücherwürmer werden sich Mitte September in **Córdoba** für die Feria del Libro begeistern (S. 220).

OKTOBER
Bierfans kommen auf ihre Kosten bei einem der Oktoberfeste, in denen das deutsche Erbe der Region gefeiert wird.

NOVEMBER
Es ist warm und sommerlich, sogar heiß. Am besten einen *mate* mit Freunden schlürfen und den Sonnenschein genießen.

Córdoba

UNTERWEGS VOR ORT

Córdoba hat einen internationalen Flughafen, es gibt Züge und gute Busverbindungen inner- und außerhalb der Stadt. Taxis sind leicht zu bekommen, und weil sich der Fahrpreis nach dem Taxameter richtet, sollte man nicht mehr bezahlen als erwartet. E-Bikes sind mittlerweile eine echte Alternative als Fortbewegungsmittel.

TOP TIPP

Am besten kein Geld am Geldautomaten abheben (oder überhaupt irgendwo in Argentinien). Die Umrechnungskurse sind der reinste Wucher. Besser ist es, sich nach Alternativen umzusehen.

Córdoba liegt inmitten von Argentinien und weit entfernt von Buenos Aires, daher kann Córdoba auch leicht einmal übersehen werden. Doch Argentiniens zweitgrößte Stadt mit ihrer Vielfalt an hippen Sehenswürdigkeiten und pulsierendem Nachtleben ist auf jeden Fall einen Besuch wert. Die Universitäten vor Ort garantieren viele Avantgarde-Projekte.

Was nicht bedeutet, dass die Stadt nicht auch eine stattliche, elegante Seite hat mit ihren breiten Alleen, den Bauten aus der Kolonialzeit, Jesuitenmissionen und Parks. Man kann erlesene Kunst bewundern, hat ein reiches Nahrungsangebot von Street Food bis hin zum Candlelight-Dinner; und in den trendigen Clubs kann man bis zum Sonnenaufgang feiern. Wer genug vom Stadtleben hat, reist weiter zu wundervollen Gebirgslandschaften, staubigen Ebenen und geheimnisumwobenen Lagunen.

SAIKO3P/SHUTTERSTOCK ©

Plaza San Martín

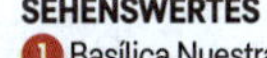

SEHENSWERTES
1 Basílica Nuestra Señora de la Merced
2 Cabildo de Córdoba
3 Cañada
4 Capilla Doméstica Jesuita
5 Catedral Nuestra Señora de la Asunción
6 Cripta Jesuítica
7 Iglesia Compañía de Jesús
8 Manzana Jesuítica
9 Paseo Marqués de Sobremonte
10 Plaza de la Intendencia, Héroes de Malvinas
11 Plaza Italia
siehe 13 Plaza San Martín
siehe 7 UNC Historical Museum

KURSE & TOUREN
12 Caminito Tango
13 Milonga Plaza San Martín
14 Tsunami Tango

SCHLAFEN
15 Aldea Hostel
16 Hotel Everest
17 Windsor Hotel

ESSEN
18 El Solar de Tejeda
19 Oriental Plaza

AUSGEHEN & NACHTLEBEN
20 Bursátil
21 Casa Nostra – La Casa del Mate
22 Club Paraguay
23 Gava
24 Los Infernales
25 Punto y Banco
26 The Journey

Park, Tauben & Papageien

Die wunderschöne Plaza San Martín

Córdoba hat herrliche Parks und Plätze zu bieten, einer der eindrucksvollsten ist die **Plaza San Martín**. Benannt ist der Platz – wie alle Plazas San Martín in Argentinien – nach dem südamerikanischen Unabhängigkeitskämpfer José de San Martín (1778–1850). Die Papageien bauen gigantische Nester

MÖNCHSSITTICHE

Sie sind schwer zu ignorieren, selbst wenn man die Augen schließt. Mönchssittiche sind ebenso laut wie bunt. Kreischend und zankend ziehen sie ihre Kreise und verschwinden dann – trotz ihrer lebhaften Farben – in den Bäumen. Die neongrünen Vögel haben sich so stark vermehrt, dass man sie als Plage empfinden könnte, wenn sie nicht so schön wären. Mönchssittiche gehören zur Familie der Eigentlichen Papageien (Psittacidae). In Argentinien sind sie verbreitet, doch der winterfeste Vogel hat sich mittlerweile bis nach Massachusetts (USA) ausgebreitet.

Catedral Nuestra Señora de la Asunción

in den Bäumen oder zanken sich auf der Bronzestatue von General José de San Martín.

Ein Schmuckstück ist auch die **Catedral Nuestra Señora de la Asunción**, eine von vielen Jesuitenmissionen in der Region und die älteste Kirche Argentiniens, in der seit ihrer Gründung kontinuierlich Gottesdienste stattfanden. 1582 wurde mit ihrem Bau begonnen, doch erst 1706 wurde sie offiziell geweiht. Das Äußere des Gebäudes wirkt streng und stattlich, dafür ist das Innere der Kirche, die Decken und das Dekor spektakulär: kunstvolle, mit Gold überzogende Holzarbeiten, erhabene Gewölbe mit Fresken und Wandmalereien. Es ist ein wundervoller, friedlicher Ort, nicht nur für Gläubige. Nebenan liegt das **Cabildo de Córdoba**, eine Kombination aus Museum und Aufführungsraum. Mit etwas Glück spielt gerade ein Orchester, oder es gibt eine Kunstausstellung zu sehen. In einer ausgedehnten Großstadt ist es oftmals nicht so leicht ein Zentrum auszumachen. Aber in Córdoba fällt es einem nicht allzu schwer – man setzt sich auf eine Bank, schließt die Augen, lauscht den Papageien und stellt sich vor in einer betriebsamen Stadt des frühen 18. Jhs. zu sein.

GUT ESSEN IN CÓRDOBA

El Solar de Tejeda
Abendessen unter freiem Himmel im Schatten der Nuestra Señora de la Asunción. **$$**

Oriental Plaza
Das saubere Schnellrestaurant hat 24 Stunden geöffnet. **$**

Bursátil
Ein schicker Coffeeshop mit großartigem Service, gutem Essen und vernünftigen Preisen. **$$**

Architektur, so weit das Auge reicht

Córdobas Straßen sind ein Museum

Selbst Besuchern, die nur wenig Interesse an Architektur haben, wird es schwerfallen, nicht an jeder Straßenecke stehen zu bleiben und die Gebäude zu bestaunen. Und das betrifft nicht nur die Jesuitenmissionen. Es gibt Plazas, Galerien und öffentliche Gebäude von majestätischer Wucht zu bewundern, kunstvolle Simse und Mauerbrüstungen, Säulen im korinthischen, dorischen oder ionischen Stil und wunderbare Bögen um schlichte Türen. Das und die Tatsache, dass man höchstwahrscheinlich eher Papageien als Tauben zu sehen bekommt, die sich um einen Platz auf den Statuen streiten, machen die Stadt einzigartig.

Neben der **Plaza San Martín** gibt es noch andere sehenswerte Plätze, beispielsweise den **Paseo Marqués de Sobremonte** mit dem neoklassizistischen Justizpalast, einem verspielten Springbrunnen und einem zauberhaften Park, perfekt zum Joggen oder Spazierengehen. Ganz in der Nähe liegt die **Cañada**, ein kanalisierter Bach, der idyllisch durch die Stadt verläuft (leider ist er oft verschmutzt). Nach Überqueren der Cañada gelangt man zur **Plaza Italia**, einem netten Platz, um eine Pause einzulegen und den Straßenmusikanten zu lauschen. Wieder zurück auf der anderen Seite der Cañada stößt man auf die **Plaza de la Intependencia–Héroes de Malvinas** mit dem Denkmal für die Gefallenen des Falklandkriegs, der in Argentinien übrigens Guerra de las Malvinas genannt wird. Der Park lohnt tagsüber einen Besuch, aber nach Einbruch der Dunkelheit sollte man ihn besser meiden.

Cañada

JESUITEN IN CÓRDOBA

Es gibt so viele Jesuitenmissionen in Argentinien, dass eine ganze Provinz nach ihnen benannt wurde: Misiones. Die wichtigsten in der Stadt Córdoba sind:

Manzana Jesuítica (Jesuitenblock)
Museen und religiöse Gebäude, die zum Unesco-Welterbe gehören.

UNC Historisches Museum – Manzana Jesuítica
Museum mit guten Informationen zur Geschichte der Region.

Capilla Doméstica Jesuita
Bekannt für die kunstvolle Kapelle.

Iglesia Compañía de Jesús
In der schmuckvollen Kirche finden noch Gottesdienste statt.

Cripta Jesuítica
Die einst vergessene, heute angemessen schaurige Krypta wurde restauriert.

ÜBERNACHTEN IN CÓRDOBA

Hotel Everest
Das freundliche, preisgünstige Hotel liegt nicht weit von der Plaza San Martín entfernt. **$$**

Aldea Hostel
Ein einladendes, wenn auch schlichtes Hostel. Ohne Frühstück, aber gute Location und Preis, mit *terraza*. **$**

Windsor Hotel
Stattlich und elegant, mit erlesenem Abendessen, einer Bar und einem Dachterrassen-Pool. **$$$**

BESTER TANGO IN CÓRDOBA

Wer das Tanzen wirklich genießen will, kommt um Übungsstunden nicht herum. Die meisten Veranstaltungsorte bieten gratis oder sehr günstig einmalige Anfängerlektionen an, oder man nimmt Gruppen- oder Einzelunterricht, wenn man länger vor Ort ist.

Tsunami Tango
Beliebt für seine *milonga*; es gibt auch andere Tänze wie Bachata.

Milonga Plaza San Martín
Zauberhafte *milonga* im Freien auf der Plaza San Martín.

Caminito Tango
In der Stadtmitte; Unterricht, *practicas* und *milongas* in freundlicher Umgebung.

SHAWN GOLDBERG/SHUTERSTOCK ©, GEGENÜBER: PATOOUU PATO/SHUTERSTOCK ©

Tango, Cordoba

Tango lernen

Niemals fragen: „Darf ich bitten?"

Das klischeehafte Bild von zwei Tangotänzern, die mit einer Rose zwischen den Zähnen durch einen Raum wirbeln , hat mit der Realität nichts zu tun: Tango, oder genauer *Argentinischer* Tango, ist viel mehr als das. Es geht um Gemeinschaft, und Córdoba ist der perfekte Ort, um einzutauchen und diesen fantastischen Tanz kennenzulernen. Liebhaber des Tangos erklären, dass er mehr ist als ein Tanz; er ist eine Sprache. Wie auch immer man ihn nennt, wer in Tanzstimmung ist, sollte seine ersten Schritte im freundlichen **Tsunami Tango** tun. Kurse finden auf jedem Niveau statt, und Anfänger können ein paar Stunden nehmen, ehe sie sich auf eine *milonga* (Tanzparty) wagen. Hier treffen sich Tangotänzer aus allen sozialen Schichten bei umwerfender Tangomusik, oft begleitet von Wein und Snacks (wie wäre es mit Empanadas?). Man könnte fast meinen, zurückversetzt zu sein ins Goldene Zeitalter des Tangos, den 1930er- und 1940er-Jahren, mit

MATE IN CÓRDOBA

Casa Nostra – La Casa del Mate
Eine Boutique, die sich dem geheiligten *yerba* verschrieben hat.

Punto y Banca
Smoke-Shop und Game Store mit einer Auswahl an *mates*, *bombillas* und mehr.

Gava
Handbemalte, hübsche *Mate*-Einzelstücke – das perfekte Mitbringsel.

den schwarz-weiß gekachelten Böden, den eleganten Kleidern und der gedämpften Beleuchtung.

Wer die Tänzer eine Weile beobachtet, wird die *ronda* bemerken, eine kreisförmige Bewegung der Tänzer im Raum. Man sagt, dass sich ein Tangotänzer nicht nur zur Musik und mit dem Partner bewegt, sondern auch den Raum mit „tanzt". Nach drei oder vier Liedern (bekannt als *tanda*) erstarren die Tänzer zur Bewegungslosigkeit, als würde man auf ein Foto blicken. Dann gehen sie von der Tanzfläche und setzen sich, während andere Musik (*cortina* oder „Vorhang") spielt. Sobald eine neue *tanda* beginnt, kann man beobachten, wie Tanzwillige intensiv mögliche Partner ansehen, eine Art Einladung, die man *mirada* nennt. Treffen sich die Blicke, nickt der Anvisierende mit dem Kopf (der *cabeceo*), der Anvisierte erwidert das Nicken, und man bewegt sich Richtung Tanzfläche.

Auf keinen Fall sollte man einfach zu jemanden gehen und fragen: „Darf ich bitten?" Es ist ein absolutes No-Go, da erfahrene Tänzer wissen, dass jemand, der nicht in seine Richtung geblickt hat, schlicht nicht interessiert ist. Einen Tanz durch direktes Fragen erzwingen zu wollen, zeigt, dass man Anfänger ist. Wenn der Blick nicht erwidert wird, sollte man woandershin blicken; irgendwann wird es schon klappen – mit dem Blick, Lächeln und Nicken.

Abtauchen in Córdobas Kneipenwelt

Unterwegs im Güemes Viertel

Córdoba verdankt viel von seinem pulsierenden Lebensgefühl seiner Jugend. Studenten pauken tagsüber, aber abends haben sie hier ihren Spaß. Güemes ist bekannt für seine hippen Bars und Cafés, von denen die meisten – vielleicht sogar alle – bis spätnachts geöffnet sind. Dutzende von Bars bieten ein breites Spektrum, von British Pubs bis hin zu Musik-Clubs. Mitten durch das Viertel fließt die stimmungsvolle Cañada. Im Winter huschen Menschengruppen von Bar zu Bar. Im Sommer dagegen singen und spielen Künstler für wenige Pesos an den Straßenecken.

Fernet und Cola

DIE BESTEN BARS IN GÜEMES

Es gibt Dutzende wundervoller Kneipen, um ein Bier (oder Fernet und Cola!) mit Freunden zu trinken. Hier ein paar Vorschläge, um den Abend zu beginnen. In den meisten Lokalen setzt man sich an einen Tisch und steht nicht am Tresen.

Los Infernales
Ein großes, lautes und preiswertes Lokal mit vielen Tischen und gutem Essen.

The Journey
Eine einzigartige Bar, wo man auch am Tresen stehen und neue Leute kennenlernen kann.

Club Paraguay
Hier treten Künstler und Rockbands vor einem begeisterten Publikum auf .

Rund um Córdoba

Die vielfältige Region rund um Córdoba besteht aus Gebirgszügen, flachen Acker- und Weideland sowie salzhaltigen Lagunen.

UNTERWEGS VOR ORT

Größere Städte wie Miramar erreicht man gut mit öffentlichen Verkehrsmitteln, wer aber die bekannten Pfade verlassen will, braucht ein Auto. Vor allem Vogelkundler werden Wert darauf legen, einen Spontanstop einzulegen, sollten sie einen exotischen Vogel sehen.

TOP TIPP

Ohne Auto sollte man seine Trips gut planen. Wer nicht aufpasst, kann sonst unfreiwillig im Nirgendwo stranden.

Córdoba ist eine gute Ausgangsbasis für herrliche Tagesausflüge. Vogelbeobachter werden die Auswahl an Habitaten lieben, die allesamt nur wenige Stunden voneinander entfernt liegen: Von Berggipfeln geht es hinunter ins Marschland. Geschichtsinteressierte können die kleinen Städte und Dörfer erkunden, und Naturfreunde finden zahlreiche Wanderwege, außerdem wunderbare Bademöglichkeiten. Jesuitenmissionen sind ein weiterer Tourismusmagnet in der Region. Und selbst in den kleineren Städten gibt es eine Tangoszene, wo man tanzen und neue Kontakte knüpfen kann.

EDSEL QUERINI/GETTY IMAGES ©

La Falda

PABLO RODRIGUEZ MERKEL/SHUTTERSTOCK ©

Flamingos, Cordoba

La Falda

AB CÓRDOBA: **90 MIN.**

Sagenumwobenes Tangoland

In einem Tal nordwestlich von Córdoba befindet sich das herrlich verschlafene Städtchen La Falda – das zum alljährlichen Tangofestival im Juli aus dem Dornröschenschlaf erwacht. Denn sobald die Stadt überquillt vor Besuchern, wird überhaupt nicht mehr geschlafen, sondern nur noch getanzt. An allen Ecken kann man dann sehen und hören, wofür Argentinien berühmt ist – den Tango.

Überall in der Stadt finden sich Skulpturen, die den Tango thematisieren; und wer seinen Besuch während des Festivals plant, sollte sein Hotel Monate im Voraus buchen, sonst droht eine 90-minütige Rückfahrt spätnachts in Richtung Córdoba. Beim ersten Festival 1965 trat unter anderem Aníbal Troilo auf; auf nachfolgenden Festivals Osvaldo Pugliese (und viele weitere Berühmtheiten). Heute liest sich die Liste der Tangostars ein bisschen wie das Who's Who des argentinischen Tangos. Trotz aller erdenklichen Probleme, von Tornados über wirtschaftliche Probleme bis hin zu Covid-19, wird das Festival stets weitergeführt und ist Grund genug für einen Abstecher, wenn man Córdoba im Juli besucht.

Für die Wenigen, die mit Tango nichts am Hut haben, gibt es wundervolle Bademöglichkeiten bei den 7 Cascadas, wo Wasserfälle – *cascadas* – Felsen hinunterfallen wie feine Spitzenvorhänge. Auf dem Hauptplatz (der ebenfalls La Falda heißt) ist ein nettes Labyrinth angelegt, an dem Kinder ihren Spaß haben werden, überragt von der zauberhaften Parroquia Santisimo Sacramento Kirche. Das Kircheninnere mit den kunstvollen Buntglasfenstern und einem schönen Altar ist einen Besuch wert.

BERÜHMTE TANGO-KOMPONISTEN

Osvaldo Pugliese
Der vermutlich Größte aus dem Goldenen Zeitalter des Tangos, mit anspruchsvollen Liedern voll Drama und Lyrik.

Aníbal Troilo
Sein Geburtstag am 11. Juli wird im ganzen Land gewürdigt als Nationaler Tag des Bandoneons.

Francisco Canaro
In Uruguay geboren, gelang Canaro der Weg aus der Armut zu internationalem Ruhm als Komponist und Geiger.

Juan d'Arienzo
Der „König des Bea" ist bis heute beliebtes Vorbild der Tangowelt.

Miguel Caló
Einer der Weltbesten des Tangos. Bei *milongas* in aller Welt werden seine Kompositionen gespielt.

TOUR FÜR VOGELBEOBACHTER IN MIRAMAR

Mit dem Fernglas oder einem Zoom-Objektiv macht man sich auf den Weg nach Miramar, das für seine überwältigende Vogelwelt bekannt ist an den Ufern der seltsamen Laguna Mar Chiquita – der „Lagune des kleinen Meeres“. Die Verdunstung sorgt für einen dichten Schleier, selbst an den sonnigsten und klarsten Tagen, und Einheimische berichten von weißen, salzigen Rückständen auf den Windschutzscheiben und Tischplatten. Es ist ein bizarrer Ort, aber Vogelfreunde erwartet hier etwas ganz Besonderes. Die flachen Salzwasser-Uferlinien beherbergen eine Vielfalt an Vogelarten. Das Auto parkt man an der ❶ **Torre Copacabana**, einem baufälligen Backsteinturm, der sich gut eignet als Ausgangspunkt für die Wanderung. Jetzt dauert es nicht mehr lange bis zur ersten Flamingo-Sichtung. Seltsamerweise sind sie hier oft bis zur Brust oder sogar zum Hals im Wasser – ein Verhalten, das bei Vögeln in Flachgewässern oft beobachtet werden kann. Von hier geht es weiter entlang der *costanera* Richtung ❷ **Muelle Playa Central**. Neben Flamingos können auch Rosalöffler und Ibisse, Reiher und andere Watvögel beobachtet werden; und auf der Binnenseite der Straße halten sich häufig Ypecaha-Rallen und Grasmücken auf. Weiter geht es bis zum ❸ **Gran Hotel Viena**, dann wieder landeinwärts auf der Rivadavia. Nun befindet man sich auf Ackerland, hier kann man nach nach Kaninchenkäuzen und Töpfervögeln Ausschau halten. An einer Fünffachkreuzung biegt man scharf rechts ab, und dann erneut rechts auf die ❹ **Sarmiento** Straße bis zu dem ❺ **Marschgebiet** (auch hier lassen sich zahlreiche Vögel beobachten). Im Anschluss geht es wieder zurück ans Ufer des Mar Chiquita.

Miramar

AB CÓRDOBA: **3 STD.**

Ein Geisterhotel

Es gibt vermutlich kein besseres Setting für einen Zombie-Film in der gesamten Córdoba-Region als das Gran Hotel Viena. Das verfallende Gebäude befindet sich an den schaurigen Ufern der Laguna Mar Chiquita, zwischen trostlosen toten Baumstämmen und salzverkrusteten Formationen. Das Innere des Hotels kann nur auf gebuchten Touren besichtigt werden; und auch die finden nur ein paarmal täglich statt, wenn überhaupt – es ist fast so, als würde etwas Böses hier lauern, warten ... Okay, vielleicht nicht ganz so böse, aber es ist ein cooler, schauriger Ort. Die Bauarbeiten begannen 1940, 1945 wurde das Hotel fertiggestellt. Es sollte ein Ort für mit Psoriasis-Patienten werden, aber das Hotel war noch nicht einmal ein Jahr in Betrieb, dann wurde es aufgrund der schwierigen Situation in der Weltpolitik geschlossen. Der einzige Wachmann, der blieb, um an diesem einsamen Ort nach dem Rechten zu sehen, lebte viele Jahre allein in dem abgelegenen Gebäude, bis er – der Legende nach – vergiftet wurde (oder Selbstmord beging). Manche Leute behaupten, sie hätten gesehen, wie er die Gänge durchstreift, oder seine schweren Fußtritte oder das Klirren des Schlüsselbunds gehört.

FLAMINGOS

Für viele Besucher ist die Sichtung von Flamingos eines der Highlights ihres Urlaubs, und wer Miramar besucht, wird sie hier neben vielen anderen Vögeln in großer Schar vorfinden. Für weniger aufmerksame Beobachter ist ein Flamingo nur irgendein Vogel, aber Vogelkundler wird es freuen zu hören, dass hier je nach Jahreszeit bis zu drei unterschiedliche Arten dieses einzigartigen Vogels gesehen werden können – am häufigsten der Chileflamingo, der ganzjährig am See lebt. Aber auch der Anden- und der Jamesflamingo können mit etwas Glück zwischen Juni und August gesichtet werden.

MEHR WISSENSWERTES ÜBER DEN TANGO

Es braucht Jahre der Übung, um Tango wirklich zu erlernen, aber grundsätzlich ist es machbar. Mehr Informationen über diesen faszinierenden argentinischen Tanz findet man in unserem **Tango**-Essay auf S. 519.

ESSEN UND ÜBERNACHTEN IN MIRAMAR

Hotel Comedor Marchetti
Ein Hotel am Wasser mit hübschem Pool, großartiger Uferlinie und leckerem Essen.

Parrilla Marchetti
Restaurant mit großem Büfett und einer guten Auswahl an Gegrilltem.

Renacer
Ein entspanntes und günstiges Lokal an der *costanera*, mit Pommes, Burgern usw.

San Luis

Vom staubigen San Luis aus kann man einige Attraktionen in der Region erkunden. Die Gegend verströmt einen ruhigen Zauber, der sich verstärkt, je länger man bleibt. Gegründet wurde die Arbeiterstadt 1594, dann aber bald darauf verlassen. 1632 erfolgte die Neugründung. Die Stadt blieb jedoch unbedeutend, bis die Eisenbahn gebaut wurde, um die Weinregionen Mendozas zu erschließen – San Luis war ein perfekter Zwischenstopp. Heute ist es die lebendige Hauptstadt der Provinz San Luis mit Industrie, Tourismus und Landwirtschaft. Die Salzproduktion in den nahe gelegenen *salinas* bildet eine weitere Einkommensquelle.

Für Touristen bietet die Stadt mehrere Sehenswürdigkeiten, Museen sowie Restaurants und Bars für ein oder zwei Nächte.

UNTERWEGS VOR ORT

San Luis verfügt über einen kleinen Flughafen, Busse und Kleinbusse fahren in die Stadt. Privattaxis sind die beste Option, um etwas entlegenere Ziele zu erreichen (wie die salinas), wenn man keinen Mietwagen hat.

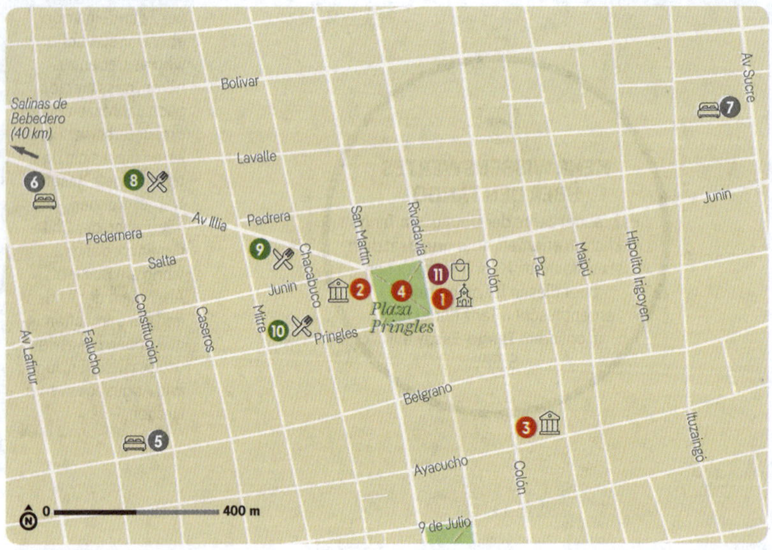

SEHENSWERTES
1 Catedral de San Luis
2 Colegio Nacional Juan Crisóstomo Lafinur
3 Museo Dora Ochoa de Masramón
4 Plaza Pringles
siehe 4 Statue von Colonel Pringles

SCHLAFEN & ESSEN
5 Casa Blanca Hostel
6 Hotel Premium Tower Suites
7 Hotel Punta Lavalle

ESSEN
8 4 Reinas
9 La Rosa
10 Maria Bonita

SHOPPEN
11 Regionales Mercedes
siehe 11 Sant. Catedral

NORBERTO LAURIA/ALAMY STOCK PHOTO ©

Plaza Pringles

Das Museo Dora Ochoa de Masramón entdecken

Naturkunde und mehr

Das Museo Dora Ochoa de Masramón wurde zum Zeitpunkt der Recherchen gerade aufwendig renoviert; eine ideale Alternative an regnerischen Tagen. Das Gebäude gehörte einst Dr. Alberto Arancibia Rodríguez, einem Gouverneur der Provinz San Luis. Den gegenwärtigen Namen trägt das Museum zu Ehren der berühmten Schriftstellerin Dora Ochoa de Masramón. In den Innenräumen findet sich eine Vielfalt an historischen und wissenschaftlichen Objekten, von Mobiliar aus bestimmten Epochen und sonstigen Antiquitäten bis hin zu ausgestopften Tieren und Fossilien, indigenen Artefakten und Werkzeugen. Kunstwerke, Statuen, Textilwaren und sogar Foto-Equipment aus dem frühen 20. Jh. sind ausgestellt – ein interessantes Gebäude mit dekorativen Formarbeiten und wunderbaren Holzböden, das man nach Belieben durchstreifen kann. Eines der beliebtesten Ausstellungsstücke für Kinder ist das riesige Gürteltier mit Krallen von der Größe eines Säbelzahntigerzahns. Die Sammlung zählt über 700 Objekte, von denen viele einzigartig sind in der Region.

Auf der Plaza Pringles

Nichts zum Knabbern

Plaza Pringles (nein, er hat nichts mit der Chips-Marke zu tun) ist der Hauptplatz der Stadt San Luis. Er wirkt ziemlich herrschaftlich, verglichen mit dem übrigen Teil der Arbeiterstadt. Auf dem Hauptplatz befinden sich große, schattenspendende Bäume (bevölkert von zahllosen

TOP TIPP

Wer die Salinas de Bebedero bei Sonnenaufgang besucht, um die Sonnenstrahlen auf den glitzernden Salzformationen einzufangen, sollte vorher die passende Zeit checken, um nicht stundenlang warten zu müssen. In Argentinien gibt es drei Arten von Zwielicht, und nur die letzte bietet genug Licht zum Fotografieren.

ARGENTINISCHER TEAMGEIST

Jeder, der Argentinien bereist, wird es entweder niedlich, komisch oder sogar befremdlich finden, wie teamorientiert die Argentinier sind. Das Weiß und Blau ist praktisch allgegenwärtig. Und natürlich manifestiert es sich beim Teamsport, vor allem beim Fußball, wo es oft hoch hergeht. Wer ein T-Shirt in den falschen Farben trägt, oder Gepäck mit den Farben eines anderen Teams hat, wird das auf jeden Fall zu hören bekommen. Die Leute erzählen, dass sie zum „Team Sommer“ oder „Team Winter“ gehören. Es gibt auch ein „Team Mate“ und „Team Kaffee“ usw. Und selbst im „Team Mate“ gibt es noch die Untergruppierungen „bitter“, „süß“ und „kalt“.

WER WAR CORONEL PRINGLES?

Juan Pascual Pringles war ein hochverehrter Offizier, der 1795 in San Luis geboren wurde und schließlich in den Rang eines Obersts aufstieg, ehe er in einer Schlacht gegen Facundo Quiroga fiel. Er zeichnete sich in einer ganzen Reihe von Kämpfen aus und war auch an der Befreiung Perus beteiligt, ehe er nach Argentinien zurückkehrte, wo er in Buenos Aires in einem brutalen Bürgerkrieg gegen Quiroga kämpfte. Etliche Plazas in Argentinien tragen seinen Namen. In San Luis ist man heute noch stolz auf diesen Sohn der Stadt.

Salinas de Bebedero

Mönchssittichen) und sogar ein paar schöne Palmen. Im Zentrum, gesäumt von Blumen und Bäumen, steht die **Statue von Coronel Pringles** zu Pferd und in Uniform. Das Standbild ist durch einen Zaun geschützt, aber man kann für ein Foto die Kamera ohne Weiteres durch die Stäbe halten. Im Südosten des Parks befindet sich die **Catedral de San Luis**, ein von Wind und Wetter beschädigtes Gebäude mit Doppeltürmen. Der Eingang unterhalb der Türme mit seiner dreieckigen Giebelfläche und den korinthischen Säulen erinnert an ein antikes Bauwerk. Auf dem Altar im Kircheninneren steht eine Statue der Jungfrau Maria, auch überwältigende Deckenmalereien sind zu bewundern. An heißen Sommertagen bietet das Gotteshaus eine angenehme Kühle. Wer möchte, der sollte sich noch in der **Santería Catedral** umsehen – einem Buchladen mit einer reichen Auswahl an Statuen, Kreuzen und Rosenkränzen. Alternativ empfiehlt sich der Laden nebenan: **Regionales Mercedes** mit zahlreichen Souvenirs wie *Mate*-Kalebassen und *bombillas*. Auf der anderen Seite der Plaza befinden sich die niedrigen Gebäude des **Colegio Nacional Juan Crisóstomo Lafinur**. Hier lässt es sich besonders gut aushalten, wenn die Jacaranda-Bäume herrlich blühen.

ESSEN IN SAN LUIS

4 Reinas
Ein schicker Gastropub mit einer guten Auswahl an Weinen und italienischen Essen. $$

La Rosa
Mit Livemusik, Abendessen im Freien, einer ordentlichen Speisekarte und exzellentem Service. Ein Hit! $$

Maria Bonita
Hier gibt es leckeres mexikanisches Essen mit Tacos, Salsas, Quesadillas und *cervezas*. $$

Ein gar nicht so ödes Ödland

Die Salinas de Bebedero

Etwa 45 Autominuten in südwestlicher Richtung von San Luis liegt eine weite Ebene, die einst, vor urdenklichen Zeiten, ein Binnenmeer war, ähnlich wie die Laguna Mar Chiquita in der Provinz Córdoba. Jetzt ist sie völlig ausgetrocknet, und die Salzkonzentration wie bei allen Binnenmeeren aufgrund der Verdunstung sehr hoch. Das Ödland erstreckt sich, so weit das Auge reicht; bei Tageslicht sollte man eine Sonnenbrille tragen. Es ist eine blendend weiße, schneeartige Ebene aus trockenem, kristallisiertem Salz. Zwar ist sie nicht so ausgedehnt wie beispielsweise Guerrero Negro in Mexikos Bundesstaat Baja California, und auch nicht so pittoresk wie die Salztonebenen in den Bergen Boliviens und Perus, aber dennoch beeindruckend mit Salzbergen, die hoch sind wie dreistöckige Häuser und breiter als ein Fußballfeld. Auch das argentinische Militär nutzt die Gegend für Truppenübungen; es ist gut möglich, dass Militärfahrzeuge in diesem Gebiet zu sehen sind.

Am liebsten kommen die Besucher bei Sonnenaufgang, wenn das Licht noch nicht so grell und aufgrund seines Einfallswinkels perfekt ist, um Fotos zu machen, oder auch bei Sonnenuntergang. Wer mit einem Mietwagen anreist, sollte auf die Beschilderung achten, vor allem auf die Warnhinweise, welche Wege gemieden werden sollten. Manchmal sind Gräben lediglich von einer dünnen Salzschicht überzogen. Außerdem wird in weiten Teilen noch immer Salz abgebaut, daher kann man Radladern oder Kipplastern begegnen. Vor allem mit einem kleinen Auto ist also erhöhte Aufmerksamkeit geboten.

SALZ ZUM KONSERVIEREN

In Zeiten, als es noch keine Kühlmöglichkeiten gab, konservierte man Lebensmittel mit Salz. Auch in der argentinischen Wildnis konnte man nicht darauf verzichten. Wer ein Reh erlegt hatte, musste es normalerweise innerhalb von einer Woche Woche verzehrt haben. Wenn es aber fachgerecht eingesalzen wurde, konnte das Fleisch für einen ganzen Winter oder auch länger reichen. Salz war auch ein überlebenswichtiges Antiseptikum, als es noch keine Antibiotika und Impfungen gab.

Catedral de San Luis

ÜBERNACHTEN IN SAN LUIS

Casa Blanca Hostel
Ein günstiges und freundliches Hostel mit Einzelzimmern; hilfsbereite Mitarbeiter. $

Hotel Premium Tower Suites
Eine luxuriösere Unterkunft in guter, zentraler Lage mit einem schicken Dachterrassen-Pool. $$$

Hotel Punta Lavalle
Mittlere Preisklasse, mit Pool, Dining-Bereich und komfortablen Zimmern. $$

Rund um San Luis

Eine weite und wunderbar vielfältige Region wartet jenseits der Stadtgrenzen von San Luis.

UNTERWEGS VOR ORT

Keine Frage, am besten kommt man mit einem Mietwagen vorwärts. Natürlich kann man auch per Bus reisen, aber die Fahrpläne sind oft unzuverlässig. Viele Reisende haben sich schon beschwert, dass sie einen ganzen Tag verloren haben, bis sie einen Bus erwischt haben. Wer kein Auto mieten möchte, sollte im Hotel nach einem Fahrer fragen, der Besucher zu einem festgelegten Preis zum gewünschten Ziel hin- und wieder zurückfährt.

TOP TIPP

Ein Mietwagen ist empfehlenswert, um etliche der Attraktionen zu erreichen, vor allem die abgelegeneren.

San Luis bildet das Zentrum einer vielfältigen Region und ist daher der perfekte Ausgangspunkt für aufregende Tagesausflüge oder auch Trips mit Übernachtung. Die Hauptattraktion ist der überwältigende Parque Nacional Sierra de las Quijadas mit seinen roten Felsformationen, seiner einzigartigen Tierwelt und weitläufigen Canyons, für den man reichlich Zeit einplanen sollte. Aber der Park ist nicht die einzige Sehenswürdigkeit. Die nahe gelegenen Sierras Puntanas haben ebenfalls viel zu bieten: kleine Feriendörfer, schroffe Gipfel mit Andenkondoren, historische Bergarbeitersiedlungen und herrliche Natur.

Parque Nacional Sierra de las Quijadas

HERNAN4429/GETTY IMAGES ©

La Florida (S. 238)

FOTOGRAFIEREN UND SICHERHEIT

Bei einem Stopp auf den gewundenen Straßen sollte man extrem umsichtig sein. Das Auto darf die Fahrbahn nicht blockieren oder die am Straßenrand wachsenden Pflanzen schädigen, da dies die Erosion verstärkt und damit schließlich die Hänge und Straßen zerstört werden. Die Versuchung ist groß, spontan zu halten, um ein Foto zu schießen – aus Sicherheitsgründen besser nur an den dafür vorgesehenen Stellen. Argentinische Autofahrer sind dafür bekannt, dass sie an Stellen überholen, wo sie nicht mit Gegenverkehr rechnen.

La Punta

AB SAN LUIS: **40 MIN.**

Überwältigende Ausblicke

Nicht weit von San Luis im Norden liegt die relativ junge Stadt La Punta. Von hier geht es Richtung Osten in die Berge auf einer gewundenen Straße, die für Leute mit empfindlichem Magen eine Herausforderung sein dürfte. Wer aber Spaß am Achterbahnfahren hat, wird die Fahrt zum Mirador de la Punta genießen, einem Aussichtspunkt an einer Haarnadelkurve, der einen imposanten 270-Grad-Ausblick bietet, inklusive die Städte La Punta und San Luis. An klaren Tagen kann man hier bis zu den Salinas de Bebedero blicken (S. 233). Reisende ohne Auto erreichen den Mirador nur schwer, aber für alle anderen lohnt sich der Ausflug. Ausblicke wie diese erlauben es einem, die Geografie, Geologie und Naturgeschichte in vollem Umfang wahrzunehmen und zu genießen: Vor langer Zeit existierte in der unten liegenden Ebene ein flaches Binnenmeer. Heute ist von dieser weiten, tropischen Sumpflandschaft nur die Salzwüste übrig geblieben, die von diesem Punkt aus die Größe einer Briefmarke hat.

Hat man genug fotografiert und die Aussicht bestaunt, geht es entweder weiter (in Haarnadelkurven) zu dem Städtchen El Volcán, oder zurück nach San Luis.

ÜBERNACHTEN UND ESSEN RUND UM SAN LUIS

Cabaña El Balcón de Trapiche
Zauberhafte Unterkunft mit weitem Bergblick, Pool und freundlichen Gastgebern. **$$$**

Cabañas La Cascada
Rustikale Hütten mit Grillgelegenheiten, einem Pool und Ausblick auf den Fluss El Trapiche. **$$**

Parrilla y Restaurante Los Armenio
Grillfleisch, Burger, leckere Pommes und Pasta gibt es in diesem Lokal in Trapiche. **$$**

SUZANNE LONG/ALAMY STOCK PHOTO ©

PRAKTISCHES

Für weitere Informationen diesen QR-Code scannen.

TOP-SEHENSWÜRDIGKEIT

Parque Nacional Sierra de las Quijadas

Der größte Nationalpark der Region ist spektakulär, mit über 70000 ha Wüste, Canyons, Tälern, Felsen und Tafelbergen. So manche Exemplare von Argentiniens einzigartiger Fauna sind hier heimisch, wie der Andenkondor, der seltsame kleine Pampashase, sowie der noch seltsamere und fantastische Gürtelmull. Pumas, Huftiere, Füchse und Kojoten sind hier ebenfalls anzutreffen.

... NICHT VERPASSEN

- Dinosaurier-Spuren
- Hornillos de Hualtarán
- Potrero de la Aguada
- Las Huellas del Pasado
- Spannende Tierwelt
- Guanakos
- Farallones

Dinosaurier: Fußspuren & Fossilien

Heute ist es nur noch schwer vorstellbar, aber einst war diese unfruchtbare Landschaft ein richtiger *Jurassic Park* – allerdings nicht im Jura, sondern in der Unteren Kreidezeit, als die Andenkondore verblasst wären, denn ein *Pterodaustro* (Flugsaurier) hatte eine Flügelspannweite von beinahe 4 m. Die ersten Fossilien dieser unglaublichen Spezies wurden in den 1950er-Jahren hier entdeckt, und weitere Grabungen ergaben nicht nur Dutzende, sondern Hunderte von Fossilien. Auch Fußspuren gigantischer Sauropoden können auf Wanderungen besichtigt werden. Auf der Tour sollte man nicht nur die bröckelnden Sandsteinfelsen im Blick haben, sondern auch den Boden. Wer weiß, vielleicht macht man zufällig einen spektakulären Fossilienfund!

Hornillos de Hualtarán

Man übersieht sie leicht, doch bereits am Eingang zum Park finden sich spannende Überreste menschlicher Siedlungen in Form von Tonringen, Überreste von Öfen, die von Ureinwohnern für die Zubereitung von Nahrungsmitteln verwendet wurden. Da sich die Potrero de la Aguada als eine zuverlässliche Wasserquelle erwiesen hatte, war eine menschliche Besiedlung trotz der Trockenheit in weiten Teilen des Jahres möglich.

Potrero de la Aguada

Die einzigartige, schöne Gegend besteht aus Schluchten, Wasserläufen und Felsen, die Wind und Wetter zu faszinierenden Gebilden geformt haben. Mit etwas Fantasie lassen sich Formen im Gestein erkennen (die ägyptische Sphinx beispielsweise ...); jedenfalls lassen die geheimnisvoll und mysteriös aussehenden Felsen niemanden unberührt. Interessanterweise ist diese Region größtenteils von Bergland umschlossen, es gibt nur einen Abfluss. Bei heftigem Regen kann sich das Wasser hier tatsächlich für Wochen oder sogar Monate sammeln – der einzige Ort im Park, wo dies vorkommt. Das Wasser lockt Vögel und andere Wildtiere an. Wer hierher kommt, hat gute Chancen, Füchse, Pumas oder auch Guanakos – Lamas stammen von dieser Kamelart ab – zu sehen.

Las Huellas del Pasado

Die Wanderung ist nur mit einem Guide möglich und führt durch eine bezaubernde Landschaft zu einer Stelle mit Dinosaurier-Fußspuren. Es ist ein etwa zweistündiger Rundweg mit moderaten Steigungen. Die Spuren sind deutlich erkennbar im tiefroten Sandstein. Die schiere Größe dieser längst ausgestorbenen Kreaturen ist unglaublich.

Spannende Wildtiere

Doch ausgestorbene Saurier sind nicht die einzige Attraktion, es gibt auch jede Menge lebendes Getier. Neben den anmutigen Guanakos können Halsbandpekari (ein Nabelschwein), Pampashasen (ein größeres Nagetier mit hasenähnlichen Gesichtszügen), das neugierige Viscacha (ein weiteres Nagetier, das entfernt an einen Chinchilla erinnert), und das schöne, vom Aussterben bedrohte Mazama gesichtet werden.

Guanako-Wanderung

Eine der besten Wanderungen (ohne Guide) im Park ist dieser drei- bis vierstündige Rundweg durch überwältigende Landschaften, in denen häufig Guanakos gesichtet werden. Auch jede Menge Vögel lassen sich auf der Tour beobachten, sogar Andenkondore, die am Himmel über dem Wanderer kreisen. Achtung: Ausreichend Trinkwasser mitnehmen!

Wanderung zu den Farallones

Die längste der geführten Standardtouren ist ein vierstündiger Rundweg durchs Tal und über Gipfel. Sie endet nahe der Fallarones, breite Klippen aus erodiertem Sandstein, dazwischen wächst karge Wüstenvegetation. Es ist nicht immer leicht, einen Führer aufzutreiben; deshalb sollte man frühzeitig planen und mindestens einen Tag im Voraus buchen.

GUIDE FINDEN

Die Beschilderung ist meist auf Spanisch, manche Touren dürfen nur mit Führer unternommen werden. Die meisten sprechen nur Spanisch, aber mit einem Übersetzerprogramm, das offline funktioniert, kann man sich behelfen (am Parkeingang gibt es WLAN, später nicht mehr). Im Besucherzentrum gibt es eine Guide-Liste.

TOP TIPPS

- Busfahrpläne checken, um lange Wartezeiten oder ein Festsitzen zu vermeiden.
- Ausreichend Trinkwasser mitnehmen, auch im Winter.
- Ebenso Essen, im Park kann man nicht einkaufen.
- Parkbereich und die nahe gelegenen Aussichtspunkte sind halbwegs behindertengerecht, die Wanderwege nicht.
- Langsam fahren, da Wildtiere – vor allem der Gürtelmull – vielleicht gerade die Straße queren.
- Tipps fürs Fotografieren: Man befindet sich in einer extrem staubigen Gegend, es kann oft sehr windig sein. Deshalb geeignetes Material zur Linsenreinigung mitnehmen.

ZEIT ZUM ANGELN

Angelfreunde interessieren sich vermutlich für das nahe gelegene Wasserreservoir **Represa Saladillo**, einem beliebten Ausflugsziel für Angler aus San Luis. Es ist ein hübscher Fleck, der von Bergen umgeben wird. An Sonnenschutz sollte man unbedingt denken, da es kaum Schatten gibt. Am frühen Morgen ist es ideal, um hier *pejerrey* (Ährenfische) zu fangen. Auch bei Sonnenuntergang kommen Leute hierher. Vogelfreunde können Ausschau halten nach Watvögeln, Enten und Reihern. Feldstecher nicht vergessen!

Papagei

Trapiche

AB SAN LUIS: **40 MIN.**

Ein Florida ohne Landzipfel

Der Stausee La Florida in der Provinz San Luis in den Sierras Puntanas und nahe des Örtchens Trapiche bietet wundervolle Abwechslung nach all den trockenen Ebenen und Wüsten. Selbst bei niedrigem Wasserstand blickt man auf eine ruhige blaue Weite mit Buchten und ein oder zwei Inseln. Wäldchen aus Nadelbäumen säumen einen Teil des Uferbereichs. Vogelfreunde kommen auf ihre Kosten: Neben Watvögeln sind Mönchssittiche, Spechte, Grasmücken, Reiher, Enten und Raubvögel zu sehen. Mit dem Auto kann man den See in weniger als einer Stunde umrunden. Wer über kein Fahrzeug verfügt, kann versuchen, ein Taxi in der Nähe der Bushaltestelle von Trapiche aufzutreiben für eine Rundfahrt oder für einen einen kürzeren Abschnitt.

Interessanterweise war der Damm, der diesen See aufstaut, bereits 1891 angedacht, um die Wasserversorgung des damals noch kleinen, aber wachsenden San Luis sicherzustellen. Doch erst 1953, ein gutes halbes Jahrhundert später, wurde der Damm schließlich fertiggestellt und versorgt heute sowohl San Luis als auch Villa Mercedes.

Sierras de Córdoba

Sie entsprechen nicht unbedingt den klassischen Bergen, die einem beim Gedanken an Argentinien in den Sinn kommen, dennoch lohnt sich eine Erkundungstour durch die reizvollen Sierras, wenn man ohnehin in der Gegend ist. Hier erwarten die Besucher winzige historische Bergarbeitersiedlungen, wunderbare Nationalparks, Spuren längst versunkener Zivilisationen und Serpentinen durch schöne Landschaften, wo man die Tierwelt dieser Region zu sehen bekommt.

Dank der höheren Lage ist es hier selbst in den Sommermonaten kühler. Außerdem finden sich hier einige der besten und schönsten Bademöglichkeiten der Region, beispielsweise an den Flussufern und bei Wasserfällen mit Plätzen zum Sonnenbaden.

JAVIER GHERSI/GETTY IMAGES ©

La Cumbrecita (S. 250)

UNTERWEGS VOR ORT

Wer die Sierras erkunden möchte, braucht ein Auto, wenn man nicht jede Nacht in einer anderen Stadt übernachten will. Längere Tagesausflüge in Kombination mit sonstigen Aktivitäten sind sonst nicht möglich. Demnach bietet sich ein Mietwagen an, um viele Sehenswürdigkeiten zu besuchen und um rechtzeitig zum Abendessen (um 22 Uhr) in San Luis oder Córdoba sein.

TOP TIPP

Die Gipfel sind zwar nicht schneebedeckt, aber in den Bergen kann es richtig kalt werden. Man sollte an warme Kleidung denken, vor allem nach dem Baden im Freien.

DIE BESTEN BALNEARIOS IN MINA CLAVERO

Bei diesen Fluss-Badestellen schwankt der Wasserstand je nach Jahreszeit stark, ebenso wie die Temperaturen. Wie immer in Wassernähe, sollte man auf die Umgebung und Strömungen achten und die Kinder nicht aus den Augen lassen.

Nido del Aguila
Eine sehr malerische Badestelle mit großen Felsen und Aussichtspunkten.

Balneario de Mina Clavero
Ein zentraler Platz mit Brücke und Staumauern, wo das Wasser ausreichend tief ist.

Balneario Las Conanas
Weite Strände und seichtes Wasser, perfekt für Familien.

Balneario Los Elefantes
Bekannt für seine Felsen am Ufer, die an Elefanten erinnern.

PETRENKO ANDRIY/SHUTTERSTOCK ©, GEGENÜBER: NESTOR J. BEREMBLUM/ALAMY STOCK PHOTO ©

Mina Clavero

Ausruhen & Auftanken in Mina Clavero

Ein Refugium in den Bergen

Mina Clavero ist eines von vielen malerischen, altmodischen Städtchen in den Sierras. Ursprünglich war es die Heimat der indigenen Comechingones, von denen Felsmalereien und andere Piktogramme zeugen. Als die Spanier Mitte des 16. Jh. hierherkamen, vermuteten sie lukrative Bodenschätze und begannen mit der Kolonisierung. Im 18. Jh. erwies sich diese Hoffnung schließlich als Trugschluss und der Niedergang der Stadt setzte ein. Heute lockt der gleichnamige Fluss mit wundervollen Badestellen, der Hauptgrund für einen Tagesausflug hierher – raus aus der Hitze und rein ins kühle Nass. Es gibt etliche Bademöglichkeiten, und alle haben ihren eigenen Charakter, mit Strandbereich und malerischen Felsen, Strudeln und Flachgewässer. In den feuchteren Jahreszeiten existiert sogar ein Wasserfall. Der Mina-Clavero-Fluss wurde erst kürzlich in die Liste der sieben schönsten Fließgewässer in Argentinien aufgenommen.

Allerdings sind die Badestellen (*balnearios* genannt) manchmal ziemlich überfüllt , vor allem in den Sommermonaten, wenn die Städter hier Zuflucht vor der Hitze suchen. Wer auf ein idyllisches Bad in ruhigem Gewässer hofft, wird wohl enttäuscht werden. Wer allerdings Spaß an einem Sonnenbad in fröhlich lärmender Gesellschaft, inmitten von *Mate*- und Biertrinkern, Familien mit Sonnenschirmen und spielenden Kindern hat, der ist hier gut aufgehoben. Wenn ein Tagesausflug geplant ist, dann sollte man reichlich Essen und Getränke in den Picknickkorb packen. Dann steht der Entspannung auf Argentinisch nichts mehr im Wege.

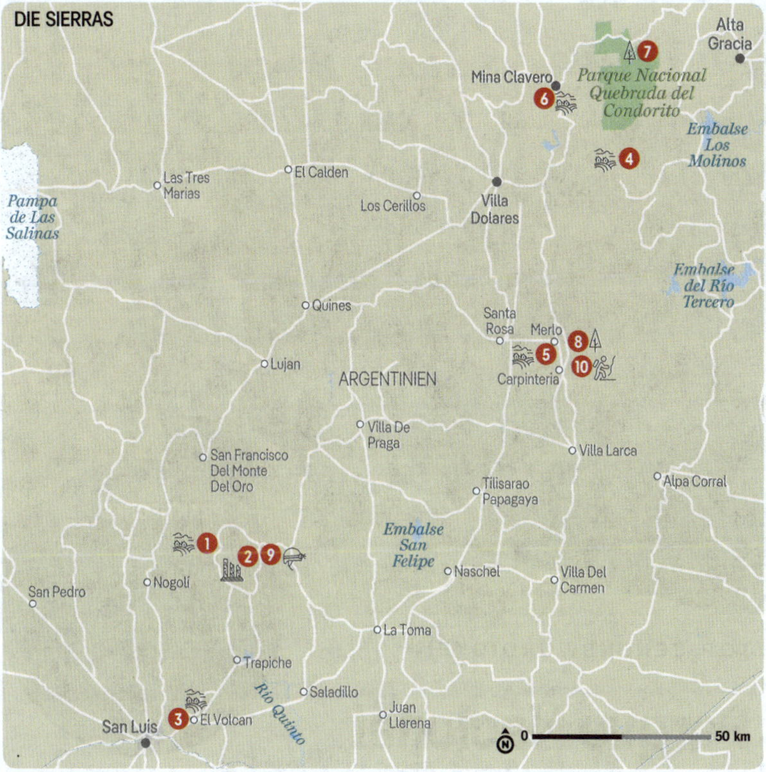

DIE SIERRAS

Alta Gracia
Mina Clavero
Parque Nacional Quebrada del Condorito
Embalse Los Molinos
Pampa de Las Salinas
Las Tres Marias
El Calden
Los Cerillos
Villa Dolares
Embalse del Río Tercero
Quines
Santa Rosa
Merlo
Carpinteria
Lujan
ARGENTINIEN
Villa De Praga
Villa Larca
San Francisco Del Monte Del Oro
Tilisarao Papagaya
Alpa Corral
Embalse San Felipe
Naschel
Villa Del Carmen
Nogolí
San Pedro
La Toma
Trapiche
Saladillo
Río Quinto
Juan Llerena
San Luis
El Volcan
0 — 50 km

SEHENSWERTES
1 La Carolina
2 Casa de Piedra Pintada
3 El Volcán
4 La Cumbrecita
5 Merlo
6 Mina Clavero
7 Parque Nacional Quebrada del Condorito
8 Reserva Natural de Merlo

KURSE & TOUREN
siehe 6 Balneario De Mina Clavero
siehe 3 Balneario La Hoya
siehe 6 Balneario Las Conanas
siehe 6 Balneario Los Elefantes
siehe 1 La Carolina Mines
9 Inti Huasi Cave
siehe 4 La Olla
10 Mirador de los Condores
siehe 6 Nido del Aguila

Ziplining, San Luis (S. 230)

PEDRO SUAREZ/ALAMY STOCK PHOTO ©

PRAKTISCHES

Für weitere Informationen diesen QR-Code scannen.

TOP-SEHENSWÜRDIGKEIT

Parque Nacional Quebrada del Condorito

... NICHT VERPASSEN

- Kondore
- Sendero Secretos Bajo Nuestros Pies
- Sendero a la Quebrada
- La Cascada Escondida
- Centro de Visitantes
- Sendero Río de los Condoritos (nur mit Guide)
- Die Kondorstatue

Die Andenkondore

Wer kein Vogelkundler ist, wird vielleicht alles, was da im Himmel über ihm kreist, für einen Andenkondor halten. Allerdings gibt es hier viele Greifvögel, Bussarde, Falken und Geier. Den Andenkondor erkennt man, u.a. an der Form des Kopfes und an den charakteristischen Schwingen, dafür benötigt man unbedingt ein Fernglas. Für Vogelkundler sind die Unterschiede, beispielsweise zwischen einem Andenkondor und einem Truthahngeier, problemlos zu erkennen. Wie auch immer, Kondore gibt es hier, und mit etwas Glück bekommt man einen zu sehen.

Sendero Secretos Bajo Nuestros Pies

Übersetzt heißt dieser Wanderweg „Das Geheimnis unter unseren Füßen“, und das aus gutem Grund: Der kurze Weg führt zu einem Aussichtspunkt, von dem man auf mehrere große Wasserstellen im Tal blickt, die von einem Bach gespeist werden, der allerdings häufig trockenfällt. Nach Starkregen führt der Bach reichlich Wasser, in der Trockenzeit versammeln

Andenkondor

NICHT NUR KONDORE

Es ist erstaunlich, wie viele Tiere in dieser herrlichen Landschaft heimisch sind. Pumas, Füchse, Rehe, kleinere Nagetiere und Dutzende von Vogelarten leben in diesen grasbewachsenen Hügeln. Wanderer dürfen sich auf einige Wildtiersichtungen freuen, vor allem auf längeren Strecken.

sich die Wildtiere des Parks an den Wasserstellen. Es ist nur ein kurzer Spaziergang vom Besucherzentrum aus und daher gut geeignet für Besucher, die wenig Zeit haben, oder nur kürzere Strecken bewältigen können, beispielsweise Eltern mit Kleinkindern. Große Vorsicht ist auch wegen der steilen Felsklippen geboten!

Sendero a la Quebrada del Condorito

Diese vier- bis fünfstündige Wanderung führt vorbei an Felsen und durch kleine Täler und endet an dem spektakulären Aussichtspunkt, wo man mit etwas Glück Andenkondore sichten kann. Es sind majestätische, wunderschöne Vögel; von hier aus kann man sie vielleicht sogar aus größerer Nähe beobachten. Die Wanderung dauert einen guten halben Tag, also unbedingt ausreichend Trinkwasser mitnehmen.

La Cascada Escondida

Er wird nicht umsonst der „Verborgene Wasserfall“ genannt, denn er liegt versteckt zwischen Felsen und einer Haarnadelkurve. Je nach Jahreszeit ist das Wasser unterhalb des Falls tief genug zum Schwimmen. Die meisten Autofahrer übersehen den Wasserfall. Wer ihn aber bemerkt, ist versucht, anzuhalten und ins kühle Nass zu springen. Manchmal zeigen sich hier auch die scheuen Steißhühner.

Die Kondorstatue

Ein unübersehbarer Wegweiser am Parkeingang ist dieser riesige Kondor aus Metall und Draht. Es handelt sich um einen ikonischen Selfie-Spot; einen kurzen Zwischenstopp für einen Schnappschuss sollte man einplanen.

TOP TIPPS

- Wildtiere bekommt man am besten frühmorgens oder am frühen Abend zu sehen.
- Reichlich Wasser mitnehmen; es gibt hier kein Trinkwasser.
- Selbst an bewölkten Tagen ist die Sonnenstrahlung stark. Hüte tragen und Sunblocker mitnehmen.
- Die Kondore sind in der Regel nur am Himmel zu sehen, begegnet man aber doch einmal einem am Boden, Abstand halten und keinesfalls ihn erschrecken.
- Die besten Aussichtspunkte sind meist am Ende von längeren Wanderwegen zu erwarten. Entsprechend planen.

WARUM ICH DIE SIERRAS LIEBE

Ray Bartlett, Autor

Als ich früher von den „Bergen" Argentiniens hörte, hatte ich immer die Anden vor Augen, mit schneebedeckten Gipfeln, die den Himmel zu berühren schienen. Aber trotz ihrer relativ geringen Höhe haben mich die Sierras überwältigt. Sie sind ein außergewöhnlicher, überraschender Mix aus Felsen, Spalten, Kämmen und Grasland. Hinter einer Haarnadelkurve steht man vielleicht vor einem plätschernden Bach. Nach der nächsten Kurve überrascht man einen Andenkondor, der eilig davonhüpft und einem noch einen vorwurfsvollen Blick zuwirft, weil man ihn beim Fressen gestört hat. Außerdem gibt es kleine Städte und Dörfer. Eine Fahrt mit dem Mietwagen ist absolut empfehlenswert.

La Carolina

MEHR SEHENSWÜRDIGKEITEN IN DEN SIERRAS

Ein uraltes Kunstmuseum

Felsmalereien

Freunde von prähistorischen Felsmalereien sollten die **Casa de Piedra Pintada** besuchen: Auf drei Felswänden sind Figuren, geometrische Formen und Tiere zu erkennen. Von dort blickt man auf einen wunderbar grünen Hang, etwas weiter entfernt sieht man Bauernhäuser, Felder und Wälder. Es ist ein netter Platz für ein Picknick; neben diesen uralten Malereien bzw. Gravuren kann man auch die herrliche Landschaft genießen.

Leider wurde die Stätte auch mit neuzeitlichen Gekritzel „dekoriert", man findet die Namen von Liebenden in die Wände geritzt. Es gibt einen robusten metallenen Steg, um einige der Malereien aus der Nähe betrachten zu können. In den Sommermonaten ist die Stätte von 8 bis 20 Uhr geöffnet (Dezember–März), und im restlichen Jahre von 10 bis 17 Uhr. Ein Guide ist zwar nicht zwingend erforderlich, würde die Besichtigung aber bereichern. Normalerweise findet man jemanden gegen ein kleines Entgelt.

ÜBERNACHTEN IN MINA CLAVERO

Balcon del Río
Ein zauberhafter Fleck mit Blick auf den Fluss; mit Pool und liebenswürdigen Gastgebern. **$$**

Hostel El Viaje Casa Alternativa
Ein unkonventionelles Hostel mit eigenem Zugang zum Strand und Parkplatz. **$**

Apart Hotel Costa Serrana
Wer auf einen schicken Pool und saubere Zimmer mit Kachelböden am Fluss steht, wird hier zufrieden sein. **$$**

Das Haus der Sonne

Auf Höhlenerkundung

Die **Inti-Huasi-Höhle** vor der Kulisse aus Wiesen, Felsblöcken und bizarr geformten Felsformationen wurde vermutlich bereits vor 8000 Jahren bewohnt (Altersbestimmung mittels Radiokarbonmethode). Der Name bedeutet „Haus der Sonne" auf Quechua, ihre Entdeckung wurde in archäologischen Kreisen als Sensation aufgefasst. Lange Zeit wurde angenommen, dass diese Region erst viel später besiedelten worden war. Obwohl sie also auf den ersten Blick bescheiden wirkt, zählt die Höhle zu den wichtigsten archäologiscgen Stätten in Argentinien, da man viel über die Lebensweise der prähistorischen Menschen erfahren konnte. Noch sind viele Geheimnisse der Höhle und deren ehemaliger Bewohner nicht gelöst, doch so manches ist mittlerweile über die frühen Einwohner der Region bekannt. Inti Huasi war die Heimat der Ayampitín, sie hinterließen Hunderte von Objekten wie Pfeilspitzen, Mörser und Werkzeuge aus Knochen, die in Museen in der ganzen Welt ausgestellt sind. Die Höhle ist weitläufig, aber nicht tief. Mit Hilfe von metallenen Stegen ist eine Besichtigung auch für Rollstuhlfahrer möglich. Felsmalereien gibt es nicht, dafür aber leuchtend grüne Farne, die den unteren Teil einiger Wände bedecken. Hier leben heute so manche neue „Bewohner", beispielsweise Spinnen und Tausendfüßler. Und wer nach oben blickt (oder lauscht), wird womöglich Fledermäuse bemerken. In dem kleinen Museum ist die Beschilderung zwar meist auf Spanisch, aber es werden auch viele Fotos und andere interessante Objekte präsentiert. Mehrmals täglich kommen Busse mit Besuchern aus dem nahe gelegenen La Carolina hierher; am besten beim Besucherzentrum nach dem aktuellen Fahrplan fragen.

DIE AYAMPITÍN

In Inti Huasi wurden archäologische Entdeckungen gemacht, die die Vorstellungen über die prähistorischen Besiedlung des amerikanischen Doppelkontinents entscheidend veränderten. Die Ayampitín lebten als Höhlenbewohner, die einzigartige Zeugnisse ihrer Kultur hinterließen. Forscher entdeckten Steinwerkzeuge, Mahlsteine und aufwendig geformte Speerspitzen, aber keine Töpferwaren. Die Entdeckungen in der Höhle widerlegten frühere Theorien über den präkolumbischen Menschen des Kontinents. Das Fehlen von Keramiken wies auf eine Kultur hin, die deutlich älter sein musste als zuvor angenommen.

Geschichtsgrabungen

La Carolina: eine Bergarbeitersiedlung der Inkas

Hoch oben in den Ausläufern des Cerro Tomalasta (2020 m) liegt das Städtchen **La Carolina**, wo die Inka einst Gold fanden. Hier ging es im späten 18. Jh. hoch her, als die Spanier (wortwörtlich) Kapital aus dem Hügel schlugen. Ein regelrechter Goldrausch setzte ein. Aber irgendwann waren die Lagerstätten ausgebeutet und zurück blieb eine Stadt mit den Spuren des Aufschwungs und Niedergangs, wie man sie oftmals in Bergbaustädten findet. Heute ist es ein freundlicher Ort mit historischen Details, einigen netten Restaurants, wunderschöner Landschaft und entspannter Grundstimmung. Die meisten Gebäude sind unglaublich fotogen.

ESSEN IN MINA CLAVERO

Rincón Suizo
Oft ist es hier ziemlich voll. Vom Teehaus blickt man auf den Fluss; gutes schweizerisches Essen. $

Coronado Restaurant
Ein freundliches Lokal mit Plätzen im Freien. Das Essen ist Durchschnitt: italienische Pasta, Pizza und Sandwiches. $$

Restaurant El Viejo Nogal
Mit nettem Garten und Tagesangeboten. Spezialtät des Hauses sind Ravioli. $

Gleich nachdem man die Stadt erreicht hat, hält man beim **Aussichtspunkt**, vor dem Eingangstor mit den metallenen Statuen. Es ist nur ein kurzer Spaziergang die Treppen hinauf zu einem denkwürdigen Ausblick auf das Tal. Dann geht es weiter stadteinwärts zum **Besucherzentrum**, wo man Karten und Antworten auf alle nur möglichen Fragen bekommt (außerdem gibt es hier öffentliche Toiletten, eine echte Erleichterung nach der langen Fahrt!).

Das **Labyrinth** auf einem Hügel nahe beim Museum ist eine witzige Herausforderung für alle, die Spaß an dergleichen haben. Es gibt eine schöne **Steinkirche** von 1732, die mehrfach umgebaut wurde.

Die Hauptattraktion ist ein Besuch der **Minen**. Man benötigt einen Guide, der einen durch die Tunnel in die Schächte leitet, was nicht immer gefahrlos abläuft. Der Klassiker ist es, sich den Kopf an einem Balken anzuschlagen, auch die feuchten Steine können rutschig sein. Für eine Stunde kann man sich also ein bisschen wie Indiana Jones fühlen. Die Touren finden meist auf Spanisch statt, es gibt aber auch Guides, die etwas Englisch können. In den Schächten bekommt man das Gefühl vermittelt, wie hart die Arbeit unter Tage gewesen sein muss. Zudem waren die versklavten Arbeiter großen Gefahren und Verletzungen ausgesetzt.

Auf einer Tour erfährt man viel Wissenswertes über Gold sowie über Mineralien, ebenso über die Geologie der Höhle. In den feuchten Höhlen gibt es Stalaktiten und Stalagmiten zu sehen. Kalkhaltige Tropfsteine wachsen über Tausende von Jahren und bilden schließlich oft bizarre, bewunderswerte Formationen. In diesen Schächten finden sich nur kleine, aber

MUSEO DE POESIA

Liebhaber von Werken des gefeierten Dichters Juan Crisóstomo Lafinur aus Carolina und anderen spanischsprachigen Dichtern werden ihre Freude in diesem Museum haben, das sich hoch oben in den Hügeln befindet. Lafinur wurde im Januar 1797 in Carolina geboren, starb aber im Exil in Chile. Seine sterblichen Überreste wurden nach San Luis gebracht. Interessanterweise ist der international bekannte Autor Jorge Luis Borges mit Lafinur entfernt verwandt. Das mag nicht jeden Besucher interessieren, doch wer die spanische Sprache und seine Dichter liebt, ist hier richtig.

Mina Clavero (S. 240)

ÜBERNACHTEN IN LA CAROLINA

Rincón del Oro Hostel
Ein verstecktes Juwel (wird momentan renoviert) mit günstigen Zimmern und einem netten Essbereich. $

El Refugio Carolina
Hütten mit netten und bequemen Betten, eigenem Bad und mehr Privatsphäre als in den nahen Hostels. $$

Hostal El Tomolasta
Netter Ausblick, saubere, spartanische Zimmer und äußerst preiswert. $

Parque Nacional Quebrada del Condorito (S. 242)

in einigen Tausend Jahren werden die Tropfsteinformen viel spektakulärer sein. Touren können aus Sicherheitsgründen, beispielsweise aufgrund von Starkregen, abgesagt werden.

Am ersten Wochenende im Januar findet in der Stadt das **Gold Festival** statt, das gleich zum Jahresbeginn für ein paar Tage Spaß verspricht. Zu den Events zählen altersgerechte Schatzsuchen, die den Goldsucher in jemandem wecken.

Abkühlen in El Volcán

Ein einstiges Sommerresort

Im Gegensatz zu vielen anderen Städten der Region wurde **El Volcán** relativ spät gegründet, und zwar im Jahr 1949. Geplant war es als Sommerresort für Einwohner von San Luis, um der großen Hitze für eine Weile zu entfliehen . In mancherlei Hinsicht hat sich seit damals nicht viel geändert: Es ist noch immer ein guter Ausgangspunkt für Wanderungen in die Berge, Abkühlung im Fluss inklusive. Interessanterweise gab es, trotz des Namens und hartnäckiger Gerüchte, keinerlei Hinweise darauf, dass hier jemals ein Vulkan existierte. Trotzdem behaupten die Leute, dass die Gegend von oben betrachtet aussieht wie das Zentrum eines Vulkans, und

LABERINTO DE LAS PIEDRAS

Nicht weit vom **Museo de la Poesía**, wenn man das kleine Bachbett überquert und auf der anderen Seite weitergeht, liegt ein kleines **Felslabyrinth** mit etwa 1 m hohen Mauern, das dem Schriftsteller Jorge Luis Borges gewidmet ist. Im Zentrum befindet sich ein kleines Denkmal. Erwachsene sind vielleicht etwas unterfordert, aber Kinder werden jede Menge Spaß haben. Vorsicht: Es wird nicht leicht, die Kids wieder vom Labyrinth wegzulotsen! Da die Mauern nicht zementiert sind, sollte man keine Steine entfernen oder die Struktur irgendwie verändern.

ESSEN IN LA CAROLINA

Huellas Cafe-Bar
Ein nettes Lokal fürs Mittag- oder Abendessen neben dem Huellas Turismo. **$$**

El Bodegón de Oro
Hier gibt es das vielleicht beste Essen der Stadt, mit Crêpes und Hauptgerichten. **$$**

Lo de Chacón
Dieses freundliche Restaurant serviert leckere Suppen, Pasta und Herzhaftes. **$**

TRINKEN ODER NICHT TRINKEN

Auf einer Wanderung ist es verführerisch, alle Bedenken in den Wind zu schlagen und von dem scheinbar klaren Wasser zu trinken. Allerdings können einige sehr gefährliche Keime in dem scheinbar harmlosen Schluck Wasser lauern. In Argentinien ist Trinkwasser weit verbreitet. In den meisten Hotels kann das Leitungswasser bedenkenlos getrunken werden. Bei Fließgewässern aber besteht die Gefahr einer Kontamination durch Kot von Füchsen oder anderen Säugetiere, die zu schweren Erkrankungen führen kann. Bei einer Infektion mit Giardien, u.a. aufgrund hygienischer Bedingungen, kann der Urlaub schnell vorbei sein. Am besten trinkt man nur Leitungs- oder Mineralwasser .

La Cumbrecita (S. 250)

die Farbe der Steine und die Tiefe des Flusses sollen weitere Beweise für vulkanische Aktivitäten sein. Womit wir wieder bei der Leichtgläubkeit der Menschen wären, damals und heute. Ob man sich nun dafür entscheidet, an den Vulkan zu glauben, oder einfach nur die Augen verdreht, diese Geschichte verleiht dieser Ortschaft, die ansonsten vielleicht ein wenig langweilig erscheint, auf jeden Fall einen mystischen Hauch. Diese Aussage ist jedoch keineswegs negativ gemeint: Dieser zauberhafte und verschlafene Flecken eignet sich nämlich großartig, um loszulassen, an der Badestelle La Hoya zu liegen, sich im kühlen Wasser und vielleicht bei einem ebenso kühlen Bier zu entspannen.

Viele Leute behaupten, dass das Wasser des Flusses Volcán trinkbar wäre. Allerdings sollte man auch hier skeptisch bleiben, da nicht viel dazugehört, um sich Giardien (gefährliche Darmparasiten) einzufangen. Der Fluss fließt – untypischerweise für die Region – von Osten nach Westen. Im Gegensatz zu vielen anderen Flüssen, die in den heißen Sommermonaten von November bis März oftmals trockenfallen, führt er das ganze Jahr über Wasser.

ÜBERNACHTEN IN LA CUMBRECITA

Hostel Cumbrecita Planeta
Zauberhafter Ausblick, gutes Frühstück und hilfsbereite Angestellte. Es gibt Schlafsäle und Einzelzimmer. **$$**

Hotel La Cumbrecita
Perfekt für Balkonliebhaber. Das Hotel gilt als das beste Haus am Platz. **$$$**

Hospedaje El Ceibo
Die Zimmer sind schlicht, aber der Ausblick ist herrlich; gutes Essen. **$$**

Plantschen am Balneario La Hoya

Ein spektakuläres Naturbecken

Jeder, der etwas Zeit in El Volcán verbringt, wird irgendwann der Versuchung nachgeben, in die Badeklamotten schlüpfen und ins kühle Nass des **La Hoya** springen. Die herrliche Badestelle ist eine der Hauptattraktionen der Stadt; man schwimmt in der Nähe von mehreren kleinen Wasserfällen. Rutschfeste Stufen erleichtern den Einstieg, das Wasser ist erfrischend, aber nicht eisig kalt. Das Wasser ist je nach Jahreszeit unterschiedlich tief, manchmal reicht das Wasser nur bis zur Hüfte, manchmal bis zum Hals. Unabhängig davon bietet ein Bad im Fluss die gewünschte Abkühlung, vor allem in den Sommermonaten, wenn es glühend heiß ist. Die Felsen eignen sich perfekt für ein Sonnenbad, weshalb man sie ziemlich sicher mit anderen teilen muss. Familien, Pärchen, Alleinreisende, gelegentlich ein Reiher oder ein Eichhörnchen – die Badestelle ist bei allen beliebt. Außerdem kann man hier gut Selfies machen, denn normalerweise ist es hier seicht genug, dass man mit dem Handy sicher ein Stück weit durchs Wasser waten und all die Posen machen kann, die einem in den Sinn kommen, ohne das man sich eine wasserdichte Handyhülle besorgen muss. Nur fallen lassen sollte man das kostbare Stück natürlich nicht!

Regenbogenforelle

ANGELN

Angler sollten ihre Ausrüstung nicht vergessen, wenn sie nach Argentinien reisen. Wer Lebendköder verwendet, wird sie vielleicht gegen eine hungrige Schildkröte verteidigen müssen. Hier lebt eine ganze Reihe von Fischarten; die interessantesten Edelfische haben wir aufgelistet:

Pejerrey
Eine der besten Fischarten; sie hält sich sowohl im seichten als auch im tieferen Gewässer auf.

Forelle
Regenbogenforellen sind für alle Angler ein beliebter Fang; hübsch anzusehen und ebenso lecker.

Karpfen
Nicht sehr begehrt, aber oft ist der Karpfen ein Kämpfer und daher reizvoll zu fangen.

ESSEN IN LA CUMBRECITA

Bar Suizo
Das rustikale Lokal ist berühmt für seine Spätzle und einer der Haupttreffpunkte in La Cumbrecita. **$**

La Colina
Hier gibt es Schweinskoteletts mit Apfelmus, oder man nippt einfach an einem Importbier. **$$**

Edelweiss
Deutsches Essen wie Würstchen und Schnitzel und andere herzhaftes Kost; außerdem köstlicher Tee. **$$**

Ein Stückchen Schweiz

Das erstaunliche La Cumbrecita

Wer plant, nach Córdoba zu reisen, wird über kurz oder lang gefragt werden, ob er auch La Cumbrecita besucht – und wer es bis dahin nicht auf dem Schirm hatte, wird spätestens jetzt aufmerksam werden auf dieses Juwel, das auf allen Seiten von Bergen umgeben ist. Man fühlt sich wie in einem Skiresort in der Schweiz ... nur ohne Ski. Viele der Häuser wirken sogar charakteristisch schweizerisch, und manche der Unternehmen werben auch damit. Dabei hat La Cumbrecita durchaus auch seine eigenen Vorzüge. Eine der Hauptattraktionen ist der Fluss, der kristallklar ist; es gibt etliche Naturbecken und einige Wasserfälle, die dem Ganzen einen sehr malerischen Anblick geben. Der Fluss bietet auch einige wundervolle, seichte Buchten mit netten Stränden.

Bemerkenswert ist La Cumbrecita außerdem für eine weitere Besonderheit: Es ist autofrei, ein „pueblo peatonal", d. h. eine „Stadt für Fußgänger". Wer mit Mietwagen anreist, muss außerhalb parken und zu Fuß in die Stadt laufen. Was übrigens sehr angenehm ist, sodass man sich unwillkürlich fragt, warum sich das Konzept nicht schon in mehreren Städten durchgesetzt hat.

Neben einer kleinen besuchenswerten Kirche gibt es einige längere Wanderwege zu hübschen Badestellen am Fluss, beispielsweise **La Olla** („Der Topf"). Rund um die Stadt stößt man auf skurile Holzfiguren, die wahrscheinlich nicht jedermanns Geschmack sind, aber auf jeden Fall zu der schrulligen Einzigartigkeit des Städtchens beitragen.

La Cumbrecita

MIRADOR DE LOS CONDORES

Wer nicht wie ein Kondor fliegen kann, fühlt sich wenigstens wie einer, wenn er eine der folgenden Freizeitaktivitäten wahrnimmt.

Ziplining
Fast wie Fliegen, trotz ausreichender Sicherung.

Hängebrücken
Mit Sicherheitsgurten geht es zentimeterweise über die Brücke; nur hinunterschauen sollte man nicht.

Klettersport
Wer es die Felsen hinaufschafft, wird mit einer herrlichen Aussicht belohnt.

Wandern
In den Hügeln gibt es Vieles zu entdecken.

Fotografieren
Drohnen braucht man hier nicht, um das Panorama zu genießen.

ÜBERNACHTEN IN MERLO

Merlo Hostel
Ein zentral gelegenes Hostel mit Pool, Hängematten und nettem Biergarten. **$**

Parque y Sol Hotel
Eine motelartige Unterkunft in der Nähe des Casinos, mit großem Pool; kinderfreundlich. **$$**

Epic Hotel
Etwas protzig ausgefallen, aber mit netten Zimmern, großartigem Frühstück und beheizten Pools. **$$$**

Mirador de los Condores

Reserva Natural de Merlo

Ein Adlerauge riskieren: von Wildtieren umgeben

Einen netteren Fleck kann es kaum geben, um sich mit Freunden zu treffen und einen *mate* zu teilen: umgeben von Natur, mit Blick über die trockenen Hügel und die wunderbare Ebene, die zu Füßen liegt. Ein rauschender Bach begleitet die Wanderer den Großteil des Weges. Unterwegs trifft man vielleicht auf den *aguila mora* (Andenbussard) oder den einen oder anderen zutraulichen Fuchs. Doch Vorsicht: Zahme Füchse gibt es nicht. Es ist ein Wildtier, und deshalb sollte man sich nicht von der süßen Fellnase in Versuchung führen lassen. Auch sollte man einen Fuchs keinesfalls füttern, da sich sonst eine Abhängigkeit zum Menschen entwickeln würde. Bitte auf Abstand bleiben.

Im Verlauf der Wanderung werden die Bäume größer, man trifft vermehrt auf Nadelgehölze, allerdings verschwinden diese mit zunehmender Höhe. Dort kann man mit etwas Glück auch Andenkondore sichten, und weiter oben liegt der **Mirador de los Condores**.

Mit mindestens zwei Stunden ist zu rechnen, je nachdem, ob man die Wanderung als Streifzug, oder als sportliche Unternehmung plant. Es gibt wenig Schatten unterwegs, also ausreichend Sonnenschutz und Trinkwasser mitnehmen, am besten in einer Mehrwegflasche.

GUT ESSEN IN MERLO

In diesem Städtchen befinden sich die besten Speiselokale rund um den Hauptplatz, die Plaza Sobremonte, wo einige kleine Tante-Emma-Läden Sitzplätze im Freien haben. Abends verkaufen einige Händler mit Schubkarren Snacks und Süßigkeiten. Berühmt ist die Stadt zwar nicht für ihre kulinarischen Events, aber es ist nett, hier zu Abend zu essen, während man dabei die Passanten beobachtet.

Pulpería Lo de Urquiza
Seit 1880 werden schlichte Gerichte wie Suppen, Pasta und leckere Empanadas serviert.

Franchesca Resto
Auf der Plaza mit Tischen im Freien; es gibt Burger, Pasta, Pizza usw.

El Nazareno
Ein Süßwarenladen mit Schokolade und Gebäck. Lust auf *medialunas*?

Capilla del Monte
La Cumbre
Die Sierras
Córdoba
Mina Clavero
Alta Gracia
Rio Secundo
Villa Dolares
Rio Tercero
Villa Rumipal
Papagayos

Rund um die Sierras

Die Bergwelt der Sierras ist reizvoll, aber die Gegend hat viel mehr zu bieten.

UNTERWEGS VOR ORT

Ein Mietwagen ist empfehlenswert, aber es gibt auch Busverbindungen zu den größeren Städten. In den Hotels hilft man oft bei der Vermittlung von Touren oder Fahrern. Kleinere Städte wie Capilla del Monte kann man leicht zu Fuß erkunden.

TOP TIPP

Karten besser aufs Handy runterladen, um sie offline nutzen zu können; die Internet-Verbindung ist oft schlecht.

Die Sierras verlaufen in Nord-Süd-Richtung durch die Provinzen Córdoba und San Luis. Am Fuße der Berge liegen Städte und Sehenswürdigkeiten, die man auf einer Tagestour vom Hotel in der Sierra aus besuchen kann. Die Landschaften reichen von bewaldet bis kahl, von reißenden Flüssen bis zu *arroyos* (trockene Wasserläufe, die aber auch noch Wasser führen können). Die Gegend ist vielfältig, mit skurilen Touristenattrakionen und einer wundervollen Natur.

Capilla del Monte (S. 254)

DANIELA RENCELJ/SHUTTERSTOCK ©

Paragliding

La Cumbre

AB CÓRDOBA: 1½ STD.

Gleitschirmfliegen in La Cumbre

Manche Leute bleiben lieber mit beiden Beinen fest auf dem Boden. Wenn man aber den Drang verspürt, es den fliegenden Vögeln gleichzutun, dann ist Gleitschirmfliegen in La Cumbre definitiv eine Überlegung wert. Die kleine Stadt erlangte 1994 internationalen Ruhm als Austragungsort des World Paragliding Cup. Der Startplatz ist großartig, beinahe 400 m oberhalb des Tals des Río Pinto (es werden auch Tandemflüge angeboten). Für alle, die mehr wollen, findet sich hier außerdem ein breites Angebot an Kursen, oder auch Einzelunterricht und Ausrüstung, die man ausleihen kann. Wenn man sich dafür entschieden hat, macht man sich auf zum Startpunkt und wartet (ein bisschen wie ein Kondor) am Rand der Klippe auf einen günstigen Aufwind ... und schon geht es ab in die Lüfte.

Wer sich mit der Terminologie nicht auskennt, fragt sich vielleicht, was genau Gleitschirmfliegen bzw. Paragliding ist. Womöglich dasselbe wie Parasailing? Und wenn ja, inwiefern unterscheidet es sich vom Drachenfliegen? Die Antworten sind relativ simpel: Beim Parasailing und Paragliding wird ein weicher, fallschirmähnlicher Gleitschirm benutzt, um abzuheben. Beim Parasailing wird man in die Höhe gezogen,

PARAGLIDING-ANBIETER

Einen Gleitschirmflug (auf Spanisch *parapente*) bucht man am besten bei einem erfahrenen Anbieter.

Voler Paragliding School
Eine etablierte Schule mit jahrelanger Erfahrung.

Parapente Capilla del Monte
Ein Tandem-Unternehmen im Norden von La Cumbre.

Vuelos Tandem de Parapente
Der Name verrät es: angeboten werden Tandemflüge.

Parapente Marcos
Ein Ein-Mann-Unternehmen in La Cumbre.

ÜBERNACHTEN IN CAPILLA DEL MONTE

Monte Adentro
Schöne Hütten, eine davon mit Pool. Zimmer mit Bergblick, perfekt bei Sonnenuntergang. **$$$**

Dos Aguas
Jede Menge UFO-Spirit gibt es in diesen abgefahrenen (aber schicken!) Schlafräumen. **$$$**

Posada del Árbol
In dieser netten, gehobenen Unterkunft könnte man von kleinen grünen Männchen am Eingang begrüßt werden. **$$**

CARACARA PLANCUS

Natürlich ist die Versuchung groß, jeden Vogel im Himmel über einem für einen Adler, Falken oder Kondor zu halten. Es könnte sich aber auch um einen Schopfkarakara handeln. Die großen, falkenähnlichen Vögel zeigen einige Charakteristika, anhand derer man sie leicht unterscheiden kann. Sie haben eine schwarze Haube, einen scharfen, hakenförmigen Schnabel, ein nacktes rotes Gesicht. Lange, leuchtend gelbe Beine, schwarze Schwingen und eine weiß marmorierte Brust sind weitere Erkennungsmerkmale.

Wandern, Capilla del Monte

normalerweise von einem Motorboot, und ist mit einer langen Schnur mit dem Fahrzeug verbunden. Beim Gleitschirmfliegen ist man frei wie ein Vogel, ebenso beim Drachenfliegen, aber mit anderem Equipment: einem deltaförmigen Drachen aus Gestänge und Segel, das durch das Geschick des Piloten in der Luft gehalten wird. Mit einem Paraglider dagegen gibt es nicht viel zu tun, bis man den Boden erreicht; er fliegt praktisch (fast) von allein ...

Capilla del Monte

AB CÓRDOBA: 1¾ STD.

Augen nach oben!

Fans von *Akte X* sollten etwas Zeit einplanen in Capilla del Monte: Wer weiß, wann das nächste UFO auftaucht. Erste Sichtungen soll es in den 1930er-Jahren gegeben haben. Die damals unbekannte Stadt hatte gegen ein wenig internationale Aufmerksamkeit natürlich nichts einzuwenden. Seither ist es ein beliebtes Ziel von UFO-Jägern; manche Theorien machen nicht bei Energiestrahlungszentren halt. Sie reichen vom Heiligen Gral über Voltán, den Gott der Comechingones, bis hin zu UFOs, die in einer unterirdischen Stadt landen wollen.

Uritorco heißt der nahe gelegene Gipfel, das Ziel der UFO-Enthusiasten, aber die Sichtungen scheinen ausschließlich für Aluhut-Träger reserviert zu sein. 1986 behaupteten einige

ESSEN IN CAPILLA DEL MONTE

Buddhi
Viel vegane Gerichte, außerdem eine bunte Auswahl an asiatischer Fusionsküche. $

Sabia que venias y prepare un pastel
Ein reizendes Café mit skurrilen Namen für die Hauptgerichte, Gebäck und Kaffee. $$

Alfonsina Parrilla Gourmet
Fleischesser kommen hier auf ihre Kosten, aber es gibt viel mehr als Gegrilltes. $$$

Einheimische, die Landung eines Raumschiffs beobachtet zu haben, das eine 122 mal 64 m große Brandspur auf dem Boden hinterließen haben soll. Huella del Pajarillo wurde es genannt, und obwohl die Behauptung mittlerweile widerlegt ist, lebt der Mythos fort, ebenso wie die Sichtungen. 300 Personen sahen angeblich einige Jahre später ein Fahrzeug, das eine Spur von 41 m Durchmesser hinterlassen haben soll. 1991 wurde eine Brandspur entdeckt, die laut Geologen die Steine darunter auf etwa 3000 °C erhitzt haben muss.

Natürlich haben all diese Geschichten jede Menge Alien-interessierter Touristen angelockt. Im Februar gibt es ein Festival mit den üblichen Verdächtigen (Leute mit Geigerzählern, und kostümierte Charaktere aus *Star Wars*, *ET* und *Dr. Who*). In der Stadt hat niemand etwas gegen diesen Rummel einzuwenden, denn die „Aliens" sorgen für gutes Geld.

Papagayos

AB CÓRDOBA: **4 STD.**

Eine unerwartete Oase

Es mag seltsam klingen, aber hier in der Region gibt es Palmenoasen. In Papagayos finden sich Caranday-Palmen von schöner, graugrüner Farbe, an denen – obwohl sie als Kokospalmen klassifiziert werden – keine Kokosnüsse wachsen. Wenn sie blühen, bilden sie kleine hellgelbe, traubenähnliche Blüten. In Papagayos, da es an einem *arroyo* liegt, sind sehr viele zu sehen. Wer noch auf der Suche nach einem Souvenir ist, sollte über die hübschen Handarbeiten nachdenken. Sie werden aus dem Holz der Palmen gefertigt, die nur in diesem Gebiet von San Luis und einigen wenigen anderen Orten in Argentinien und Paraguay wachsen.

Schopfkarakara

KLEINE PFLANZENFIBEL

Die aride Region bietet eine überraschend große Vielfalt an Pflanzen.

Nopal
Der Paddelkaktus ist einzigartig, leicht zu erkennen und essbar.

Agave
Spitze, scharfe Blätter. Die Blütenstängel können 10 m hoch werden.

Kinnkaktus
Der langsam wachsende *gymnocalycium* hat schöne pinkfarbene und gelbe Blüten.

Siphocampylus
Die Pflanzen mit ihren häufig farbenfrohen Blüten sind beliebt bei Kolibris.

Mesquite
Ein dorniger Busch, der Baumgröße erreichen kann, mit Pfahlwurzeln, die selbst tief in der Erde Wasser finden.

Mendoza & die Zentralen Anden

WEINLAND UND ANDINES HOCHGEBIRGE

Der Weinbau, ein Abendessen in einer Bodega und Bergsport in den Anden liegen in Mendoza nah beieinander.

Die westliche zentrale Region umfasst mit den Provinzen Mendoza – Argentiniens bedeutendster Weinbauregion – und San Juan ein fantastisches Gebiet für Weinkenner und Feinschmecker, während Extremsportler die Eroberung der Anden wagen können.

Die Hauptstadt Mendoza, 1561 gegründet, ist die lebhafteste Stadt der zentralen Anden, ihre baumbestandenen Plätze und Bewässerungskanäle gehen auf vorspanische Zeiten zurück. Die andine Schneeschmelze ist das Lebenselixier der Stadt und der Region, sie versorgt Weinhänge und Menschen mit Wasser und sichert ihre Existenz, die in dieser halbtrockenen Steppenlandschaft sonst kaum möglich wäre.

Beim Verlassen der Hauptstadt kommen auf beiden Seiten der RN40 bald Weingüter in Sicht; Vergangenheit und Gegenwart des Weinbaus zeigen sich in jahrhundertealten Ziegelbauten, die ihr Terroir mit modernen Bodegas (Weingütern) teilen. Die Genussabenteuer beginnen in den faszinierenden Tälern von Luján de Cuyo und Valle de Uco, wo die Rebflächen grenzenlos und die Anden zum Greifen nah erscheinen.

Wenn der Aconcagua, der höchste Gipfel der südlichen Hemisphäre, unüberwindbar zu sein scheint, die nahen Berge zum Wandern, Wildwasserbootfahren oder Reiten sind eine gute Alternative. Ob beim Kajakfahren nahe San Rafael oder beim Verkosten eines Malbec in Barreal – das Rückgrat Südamerikas ist allgegenwärtig.

WESTEND61/GETTY IMAGES ©

NICHT VERSÄUMEN

MENDOZA (STADT)
Historische Provinzhauptstadt.
S. 262

LUJÁN DE CUYO
Bikes und Bodegas.
S. 270

VALLE DE UCO
Weingüter von Weltrang.
S. 280

PROVINZ SAN JUAN
Tor zu surrealen Landschaften.
S. 292

ALEXANDR VLASSYUK/SHUTTERSTOCK ©

Links: Malbec-Trauben, Mendoza; oben: Weingut, Mendoza

Erste Orientierung

In Mendoza und San Juan im Westen Argentiniens liegen rund 90 % aller Weingüter des Landes. Beide Provinzen sind zwar groß, lassen sich aber gut mit dem Auto bereisen, auch wenn man in San Juan häufiger ein Off-Road-Fahrzeug benötigt. Die hier präsentierte Auswahl gibt einen Überblick über die Weinkultur der Region.

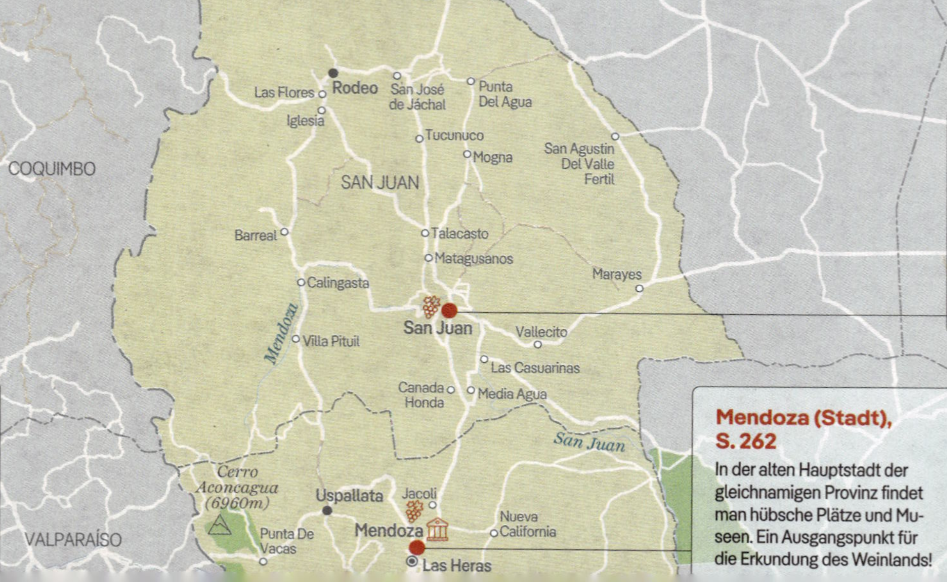

Provinz San Juan, S. 292

Einfache Weine und Mondlandschaften in einer weitgehend vom Tourismus unberührten Provinz in den zentralen Anden.

Luján de Cuyo, S. 270

Im Kernland des Malbec bieten Weingüter von Weltrang Verkostungen vor prächtiger Anden-Kulisse an.

Mendoza (Stadt), S. 262

In der alten Hauptstadt der gleichnamigen Provinz findet man hübsche Plätze und Museen. Ein Ausgangspunkt für die Erkundung des Weinlands!

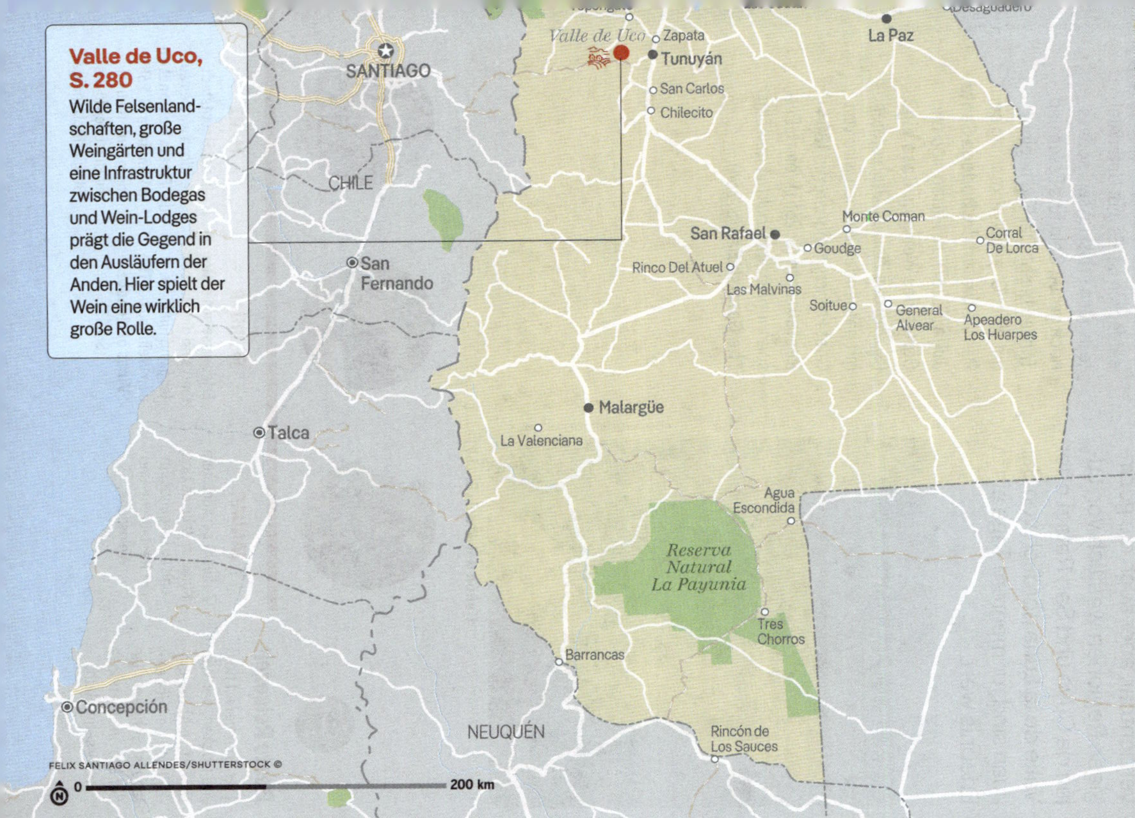

Valle de Uco, S. 280

Wilde Felsenlandschaften, große Weingärten und eine Infrastruktur zwischen Bodegas und Wein-Lodges prägt die Gegend in den Ausläufern der Anden. Hier spielt der Wein eine wirklich große Rolle.

AUTO

Die Weinregionen von Mendoza und San Juan lernt man am besten mit dem Auto kennen. Wer auf den *rutas provinciales* höher hinauf in die Anden fahren möchte, sollte sich ein Fahrzeug mit Allradantrieb besorgen. Alternativ kann man ein Auto mit Chauffeur mieten.

STRASSENBAHN

Zwischen der Hauptstadt Mendoza und Maipú gibt es eine gute Straßenbahnverbindung *(metrotranvía)*. Dank der einspurigen Strecke mit 17 km Länge und 26 Haltestationen ist man damit nie weit von seinem Ziel entfernt.

BUS

Wer in der Hauptstadt Mendoza übernachtet, kann Maipú und Luján de Cuyo auch per Bus erreichen, vorausgesetzt, man besitzt eine passende SUBE-Smartcard (S. 483). Nach Valle de Uco, San Rafael oder in die Stadt San Juan fährt ein Doppeldeckerbus *(micro)*.

Perfekte Tage

Ein Besuch der Weingüter ist unverzichtbar, aber auch die gebirgigen Regionen westlich von Luján de Cuyo und San Rafael oder Valle de la Luna nördlich von San Juan sind für mehrere Tage ein Erlebnis wert.

GUAXINIM/SHUTTERSTOCK ©

Cañón del Atuel (S. 289)

Wenig Zeit

- Foodies können Mendoza für eine Nacht zu ihrer Basisstation machen. In der Nähe liegen eine Handvoll Bodegas in **Godoy Cruz** (S. 265) und **Maipú** (S. 267), bei denen Mendoza kulinarisch zu entdecken ist. Es gibt Unterkünfte in allen Preisklassen, sodass noch genug Geld fürs Essen und Trinken bleibt. Der Tag beginnt mit einer Olivenölverkostung bei Pan y Oliva auf der **Bodega Santa Julia** (S. 267); zu Mittag sind die Gärten des Weinguts **Casa Vigil** (S. 268) das Ziel; ein Probiermenü mit passenden Weinen wird von Chef Francis Mallmann im **1884 Restaurante** (S. 265) kreiert, Entspannung beim Cocktail gewährt **The Garnish Bar** (S. 264)

UNTEN: JAVARMAN/SHUTTERSTOCK ©, RAOTA/SHUTTERSTOCK ©, T PHOTOGRAPHY/SHUTTERSTOCK ©

Beste Reisezeit

Der Sommer ist heiß und trocken, der Winter kalt; in Abhängigkeit von der Höhenlage ist Schneefall in der Provinz Mendoza wahrscheinlich.

JANUAR

Zuflucht bei kühlerem Klima in Valle de Uco und Luxusgenuss in der Restaurant- und Weinszene.

FEBRUAR

Erlebnisse aus erster Hand sind die Traubenlese und Einblicke in den Weinbau bei **The Vines of Mendoza** (S. 283).

MÄRZ

In der Hauptstadt Mendoza wird es auf der **Fiesta Nacional de la Vendimia** (S. 265), dem Erntefestival mit Umzügen in den Straßen, lebendig.

Drei Tage für eine Rundfahrt

- Mit einer Unterkunft in **Luján de Cuyo** (S. 270) ist die Geschichte des Weinbaus in diesem Tal leicht erfahrbar, mehrere moderne und historische Bodegas sind zu besichtigen; sie sind auf Radtouren zu erreichen, z. B. **Carmelo Patti** (S. 274) und **Bodega Lagarde** (S. 270). Mittagsmahlzeiten mit Andenpanoramen bieten **Riccitelli Bistró** (S. 275) oder **5 Suelos – Cocina de Finca** (S. 271). Mit einem großen Budget lässt sich der Luxus von **Cavas** (S. 272) oder **SB Winemaker's House** (S. 272) genießen.

- Vor einer gewaltigen Bergkulisse locken Abenteuer im **Wildwasser-Rafting** (S. 277) auf den Stromschnellen des Río Mendoza nahe Potrerillos.

Mehr als eine Woche

- Nach ein paar Tagen der kulinarischen Entdeckungsreise in Luján de Cuyo warten im Süden Andenpanoramen und offenes Weinland in Valle de Uco. Seine prunkvolle Seite zeigt das Tal in den Architekturstilen von **Zuccardi** (S. 283) und **Clos de los Siete** (S. 287); ein Abendessen im Einklang mit den Mondphasen ist bei **Sitio La Estocada** (S. 282), ein Mittagessen in entlegener Gegend bei **Ruda** (S. 282) möglich.

- In Andennähe lohnt ein Reitausflug mit den Gauchos von **La Quebrada del Cóndor** (S. 284).

- Eine entspannte Fahrt zu Weingütern ergibt sich weiter südlich; nach einer Übernachtung in **San Rafael** (S. 289) sind Kondore zu beobachten, der **Cañón del Atuel** (S. 289) kann mit dem Kajak bezwungen werden.

APRIL

In den klaren Nachthimmel blicken: am **Complejo Astronómico El Leoncito** (S. 297) nahe Barreal, San Juan.

JUNI

Dem Befreier Südamerikas, José de San Martín, ist in **Manzano Histórico** (S. 286) ein Denkmal gewidmet.

JULI

Die unberührten Schneehänge von **Las Leñas** (S. 290) auf Skiern oder Snowboards bewältigen.

OKTOBER

Die Frühlingsblüte rund um die hoch gelegene **Rancho 'e Cuero** (S. 285) vom Pferderücken überblicken.

Mendoza (Stadt)

UNTERWEGS VOR ORT

Die Innenstadt von Mendoza ist leicht zu Fuß zu erschließen, nur der Weg zum San-Martín-Denkmal ist mit einem steilen Aufstieg verbunden. Es gibt Busse, die im Stadtgebiet verkehren, und Straßenbahnen, die außerhalb nach Maipú, Godoy Cruz und Las Heras fahren. Autofahrer finden Parkplätze in einem *estacionamiento*, zu erkennen an einem großen E; Gebühren werden stunden- oder tageweise erhoben. Mit dem Mietwagen ist es einfacher, die Weingüter außerhalb der Stadt zu besuchen.

TOP TIPP

Der Flughafen El Plumerillo ist in 20 Autominuten von der Innenstadt Mendozas erreichbar. Bus 680 führt vom Terminal zur Plaza Independencia im Stadtzentrum, dafür ist eine SUBE-Karte notwendig; einfacher geht es mit dem Taxi oder Mietwagen.

Mendoza ist die lebendigste und größte Stadt der zentralen Andenregion und trotz ihrer Größe leicht zu erkunden. Die Hauptstadt der gleichnamigen Provinz wurde 1561 gegründet, war ursprünglich Teil der spanischen Kolonie Chile und wurde vom General José de San Martín befreit. Drei Jahrhunderte später sollte Präsident Domingo Sarmiento einen französischen Agronomen damit beauftragen, den Anbau von Wein in der Region zu begründen. Zu den Bordeaux-Reben, die in diesen fruchtbaren Boden versetzt wurden, gehört die Malbec-Traube, der Star unter den roten Rebsorten des Landes.

Die Region ist ein Erdbebengebiet, das verheerendste Beben ereignete sich 1861. Nach dem Erdbeben wurde Mendoza zum größten Teil wiederaufgebaut, die geraden Straßen werden von *acequias* (Bewässerungskanälen aus vorspanischer Zeit) durchzogen und von Platanen und Bergahornen gesäumt; sie spenden den *mendocinos* Schatten in den Sommermonaten. Die Stadt liegt in einer flachen Ebene, die Anden sind in Sichtweite.

Plazas und Parks von Mendoza

Grüne Räume zu Fuß entdecken

Die vielen Grünflächen der Stadt und ihr relativ flaches Terrain machen einen Spaziergang durch die Innenstadt angenehm. Der zentrale Platz, **Plaza Independencia**, ist der gesellschaftliche Mittelpunkt. Die grüne Weite macht Lust auf den Handwerksmarkt an Wochenenden oder das Verweilen auf einer Parkbank im Schatten von Akazien und Magnolien, die im Sommer herrlich duften. Die Plaza feiert die Geschichte Argentiniens mit Springbrunnen und einem Wandbild mit Hochreliefs, in denen das historische Ereignis der Unabhängigkeit nacherzählt wird. Ein stolzes, 17 m hohes Landeswappen wird bei Nacht illuminiert. Wie fünf Augen auf einem Würfel wurden um die mittlere Plaza nach dem Entwurf des Landschaftsarchitekten Julio Gerónimo Ballof-

SEHENSWERTES
1 Espacio de Fotografía Máximo Arias
2 La Enoteca – Centro Temático del Vino
3 Memorial a la Bandera del Ejército de los Andes
4 Museo Carlos Alonso
5 Museo de Arte Moderno de Mendoza
6 Parque General San Martín
7 Plaza España
8 Plaza Independencia
9 Plaza Italia
10 Plaza San Martín

ESSEN
11 Azafrán
siehe 11 Centauro
12 Fuente y Fonda

AUSGEHEN & FEIERN
13 Chachingo
14 La Central Vermutería
15 The Garnish Bar

fet vier weitere Plätze angelegt. Drei von ihnen sind nach den größten Einwanderergruppen aus Spanien, Italien und dem Nachbarland Chile in Mendoza benannt, der vierte ist dem Gedenken an den General José de San Martín gewidmet, der in einem Reiterstandbild aus Bronze verewigt ist. Mit Keramikfliesen aus Andalusien, Springbrunnen und Denkmälern ist die **Plaza España** der hübscheste Platz. Ein Fries, der die **Plaza Italia** umgibt, stellt Szenen bäuerlicher Arbeit dar, die zur Blüte der Region im 19. Jh. beitrug, die Bänke an der **Plaza Chile** sind ein farbenfroher Verweis auf die Landesfahne.

Von der Plaza Independencia führt ein ansteigender Weg (30 Min.) westlich zum **Parque General San Martín**, dann noch steiler zum **Cerro de la Gloria**, dem 1700 m hohen Berg des Parks, mit einer weiten Aussicht über die Stadt bis zu den Anden. Der Landschaftsarchitekt Charles (Carlos) Thays legte den Park in strengem französischen Stil an, in dem ein Rosengarten sowie von Platanen und Palmen gesäumte Avenuen liegen. Eine grüne Lunge dank der rund 50 000 Bäume; hier gibt es auch einen See, Reit- und Tennisclubs, Restaurants und ein Amphitheater. Auf dem Gipfel steht **El Monumento al Ejército de Los Andes** (das Denkmal für die Andenarmee).

DIE SPRACHE DES WEINES

Eine *degustación* ist eine Weinprobe. Verkostet werden *vino tinto* und *vino blanco*, Rot- und Weißwein. Autofahrer sollten nach einem *espiter* (Degustationsbehälter) fragen.

Beim Besuch einer Bodega oder eines Weinguts werden die *viñedos* (Weinberge) und der *cava* (Keller) besichtigt.

Ein junger Wein wird *un vino joven y fresco* genannt. Ein *vino con un paso por barrica* ist in Eichenfässern gereift.

Argentinien besitzt einen guten Anteil an Weinen mit *cien puntos* (100 Punkten), einem Referenzmaßstab, der von Kritikern angewandt wird.

MAGISCHER MALBEC

Der Erfolg des berühmtesten argentinischen Weines ist zwei französischen Immigranten zu verdanken: Michel Aimé Pouget und dem Malbec. Im Auftrag des Präsidenten Domino Sarmiento wandte sich der Agronom Pouget seinen Wurzeln in Bordeaux zu, erforschte noble Varietäten und kehrte 1853 mit einem Malbec-Rebe nach Mendoza zurück. Ein Stern war geboren.

Unter den vielen Rebsorten, die Pouget importierte, ist die Malbec-Traube heute die führende. Winzer begannen vor 30 Jahren mit neuen Ansätzen beim Anbau der Reben zu experimentieren, bauten sie in noch höheren Lagen an oder ließen die Weine in kleineren Fässern reifen. Dabei erwies sich ihre Vielseitigkeit: Es gibt junge Weine, 15 Jahre alte, im Fass gereifte Raritäten, Rosé- und Schaumweine und sogar weiße Varianten des Malbec-Weines.

FELIX SANTIAGO ALLENDES/SHUTTERSTOCK ©

Cerro de la Gloria (p263)

Museumsbummel

Wein, Patriotismus und Kunst

Mendoza ist eine Hauptstadt der Kultur; Sehenswürdigkeiten und Museen erlauben das Eintauchen in eine von Genuss, Kunst und Patriotismus durchwirkte Atmosphäre. Ein genussvolles Highlight ist **La Enoteca – Centro Temático del Vino** südlich der Innenstadt. Ehemals eine Lehranstalt für Weinbau, dokumentiert sie heute die Geschichte des argentinischen Weinbaus. Auf der Dachterrasse ist eine Weinprobe möglich, ein besonderer Genuss am Abend, wenn die Sonne hinter den Anden untergeht.

Ihre nationale Geschichte betreffend, sind die *mendocinos* mächtig stolz auf General José de San Martín, gebürtig in Corrientes, der eine bedeutende Gestalt des argentinischen Unabhängigkeitskampfes war. Das **Memorial a la Bandera del Ejército de los Andes** südlich des Stadtzentrums birgt die Flagge der Andenarmee von 1816.

Die künstlerische Seite betont der **Espacio de Fotografía Máximo Arias** westlich der Innenstadt, in dem der verstorbene Fotograf geehrt wird, der mit seiner Kamera die Mühsal und soziale Ungleichheit in Mendoza festhielt. Sehenswert ist auch das **Museo de Arte Moderno de Mendoza**, das unterhalb der Plaza Independencia zu finden ist, es zeigt

AUSGEHEN IN MENDOZA (STADT)

The Garnish Bar
Erfrischung finden die Gäste dieser Cocktailbar bei Gin und Tonic oder einer Spezialität des Hauses. $

La Central Vermutería
Gäste kommen wegen der soliden, im Fass gereiften Wermutauswahl vorbei. $

Chachingo
Craftbier gibt es in dieser Brauerei, in der Grenzen überschritten und mit Trauben und Fassreifung gespielt wird. $

Werke zeitgenössischer argentinischer Künstler wie Antonio Berni. Das **Museo Carlos Alonso** zeigt hunderte Illustrationen dieses Malers in der Mansión Stoppel. Nach einer Fahrt (15 Min.) in östlicher Richtung, in Guaymallén, ist **La Casa del Escultor Roberto Rosas** zugänglich. In der Werkstatt des Bildhauers wird dessen Lebenswerk geehrt.

Die Feier der heiligen Traube

Wo Erntefeste auf den Karneval treffen

Eine ausgeprägte Karnevalsstimmung herrscht bei der jährlichen **Fiesta Nacional de la Vendimia** (Weinfest), wenn Umzüge die Straßen der Provinzhauptstadt im Spätsommer und Frühherbst füllen. Die 17 Departamentos der Provinz präsentieren ihr landwirtschaftliches Können.

Die *mendocinos* feiern ihre Ernte seit mehr als 80 Jahren auf diese Weise. Ist auch der Schönheitswettbewerb, der mit der Krönung der Weinkönigin endet, etwas unzeitgemäß, macht die überall herrschende Feststimmung den Aufenthalt in der Stadt zu etwas Besonderem. Feiernde folgen einer Prozession von Festwagen, Traktoren und Gauchos, die sich in ihre besten Anzüge geworfen haben, aus dem Parque San Martín über die Avenuen zu den Klängen von Volksmusik. Zur Einstimmung auf die weinselige Fröhlichkeit macht es Spaß, ein paar der Früchte und Gemüse aufzufangen, die von „Prinzessinnen" aus den Wagen herabgeworfen werden. Das Auffangen von Cantaloupe-Melonen gehört zum gelegentlich klebrigen Vergnügen. Das Finale ereignet sich im Amphitheater des Teatro Griego (nur mit Eintrittskarte), wo ein fantastisches Fest mit Musik, Tanz und Oper seinen Abschluss in der Krönung der Königin und einem Feuerwerk findet, das über der ganzen Stadt leuchtet.

BODEGAS RUND UM DIE HAUPTSTADT

Wer sich für Bodegas interessiert, aber wenig Zeit hat, erreicht nach einer 15-minütigen Fahrt von der Plaza Independencia eine gute Adresse.

Los Toneles in Guaymallén wurde 1922 gegründet. Heute werden nicht nur Führungen durch das Gut geboten: Gäste können einen Tisch im Restaurant Abrasado reservieren und trockengereiftes Rindfleisch genießen.

In einer ehemaligen Autowerkstatt und Lackiererei im nahen Godoy Cruz wird die **Casa Tano** betrieben.

Im hauseigenen Capannina Bistró wird zum dreigängigen Probiermenü ein Orange-Wein angeboten. Heute gehört das 1884 Restaurante der **Escorihuela Gascón** dem Chefkoch Francis Mallmann. Hier wird ein romantisches Abendessen in 140 Jahre alten Adobe-Mauern zelebriert.

DER GESCHMACK ARGENTINIENS

Die Weinvarietäten von Mendoza wie Malbec und Cabernet Sauvignon sind die bekanntesten, doch gibt es Weine aus allen Landesteilen zu entdecken. Näheres siehe unter **Argentinischer Wein** auf S. 506.

ESSEN IN MENDOZA (STADT)

Azafrán
In diesem Restaurant gibt es ein Degustationsmenü mit fachmännischer Weinbegleitung. **$$$**

Centauro
Die Zutaten stammen aus den Ökoregionen Mendozas, wie es dem Konzept dieser Neueröffnung von 2023 entspricht. **$$$**

Fuente y Fonda
Ein farbenfrohes Restaurant der Stadt, in dem Tischgerichte wie *milanesa* und Lasagne, serviert werden. **$$**

Las Heras
Mendoza
Bodega Santa Julia
Maipú
Luján de Cuyo
Chachingo

Rund um Mendoza (Stadt)

Außerhalb der Hauptstadt Mendoza kann man die traditionellen Ursprünge des Weinlandes in ländlichen Bodegas entdecken, die ihre Kultur lebendig erhalten.

UNTERWEGS VOR ORT

Die Straßenbahn *(metrotranvía)* verkehrt zwischen dem Stadtzentrum Mendozas und Maipú, einfacher sind die Weingüter mit dem Auto zu erreichen. Uber und Cabify gibt es in Mendoza, aber für die Fahrt aufs Land hinaus ist man länger als 30 Min. unterwegs. Ein Wagen kann gegen eine Extragebühr reserviert werden.

TOP TIPP

Die Stadtmitte von Maipú ist per metrotranvía (Straßenbahn) zu erreichen, einfacher ist eine Fahrt zu den Weingütern mit dem Auto,

Auf der Fahrt südöstlich von Mendoza auf Zona Este zu geht die urbane Landschaft allmählich in offenes Bauernland über. Diese Weinregion – die mit Luján de Cuyo (S. 270) zur Primera Zona gehört – war lange Zeit eine der ertragreichsten Weinbaugebiete der Provinz Mendoza, viele Weingüter liegen in der Region Maipú. Hundertjährige Weingüter teilen ihr Terrain mit Apfel- und Pfirsichgärten, Olivenhainen und Bodegas. Die Fahrt über kurvenreiche Landstraßen gibt ein farbiges Bild des ländlichen Lebens: Traktoren und Lieferwagen rumpeln vorbei, Hunde schlafen in der Mittagssonne, ein paar Ziegen sind zu sehen – hier lässt sich leicht ein ganzer Tag verweilen.

Bodegas López

Maipú

AB MENDOZA (STADT): **20 MIN.**

Weingüter mit Geschichte

Die Provinz Mendoza gilt allgemein als Erzeugerland von Bergweinen, eine Ausnahme stellt **Maipú** dar, einer der wichtigsten Anbauregionen der Zona Este, deren Lage mit 650 m über dem Meeresspiegel die tiefste der Provinz ist. Hier ist das Klima arid und der Boden tonig. Die bedeutendsten Rebsorten des Gebiets sind Cabernet Sauvignon, Bonarda und Malbec mit langsam reifenden roten Trauben, die vom heißen und trockenen Klima profitieren. Einige der hundertjährigen Weingüter kultivieren diese Varietäten und beziehen ihren Stolz aus dem Bewahren und Hervorheben ihrer traditionellen Weinbaumethoden.

Ein Weingut von 1898, **Bodegas López**, drei Nebenstraßen von der Straßenbahnstation Gutiérrez entfernt, bietet Führungen und auch Weinproben an. In der vierten Generation setzt die Familie López, unter der Leitung von Carlos López und seinem Bruder Eduardo, die Tradition der immens großen (bis zu 40 000 l) französischen Eichenfässer zur Reifung klassischer Raritäten fort, z. B. die rote Montchenot-Cuvée. Bei einem Rundgang sind Handpressen und landwirtschaftliches Werkzeug sowie Riesenfässer zu sehen.

Noch ein Weingut in Maipú, das in vierter Generation geführt wird, ist **Luigi Bosca**, 1901 von der Familie Arizú gegründet. Eine dreistündige Führung mit Verkostung (reservieren!) findet in der **Finca El Paraíso** der Familie nahe Barrancas statt. Inbegriffen ist ein Spaziergang durch einen reizvollen Abschnitt der 500 ha großen Rebflächen und Olivenhaine. Der Spaziergang, von Vogelgesang, Appetithappen und einer Verkostung von nativem Olivenöl begleitet, endet bei einem viergängigen Mittagessen mit Weinraritäten in einem schönen Herrenhaus.

WEINBAU-LEKTION

Neben gut gealterten Jahrgangsweinen mit abblätternden Etiketten zeigt das bedeutende **Museo Nacional del Vino y la Vendimia** von Maipú eine Fülle von Werkzeugen und Gerätschaften des Weinbaus, z. B. Handpressen, manche sind über 100 Jahre alt. Noch interessanter sind die beiden Gebäude selbst, in denen die Sammlungen aufbewahrt werden. Ursprünglich im Besitz berühmter Winzerfamilien, der Gargantinis und Giols, wurden die Herrenhäuser im italienischen Jugendstil *(stile floreale)* erbaut. Buntglasfenster wurden wundervoll restauriert, wie auch die Treppen aus Carrara-Marmor.

Bodega Santa Julia

AB MENDOZA (STADT): **30 MIN.**

Olivenöl in jeder Form

Eine 20-minütige Fahrt nordöstlich von Maipú entfernt liegt die **Bodega Santa Julia** der Familie Zuccardi in der Region Santa Rosa. Das 300 ha große ökologische Weingut wird in dritter Generation von Miguel Zuccardi betrieben, der auch Olivenbäume kultiviert – aus ihnen geht Zuelo hervor, die preisgekrönte Produktlinie nativer Olivenöle erster Güte. Eine Mischung italienischer und spanischer Sorten, darunter Genovesa, Coratina, Frantoio und Picual, werden auf dem Terrain erzeugt; aber auch die älteste in Argentinien kultivierte Olivenölsorte, die würzige Arauco. Die Olivenernte findet im Herbst statt: Gäste können (nach Buchung) an der Ernte teilnehmen, an den Bäumen rütteln, damit die Oliven herunterfallen, und alle Schritte der Ölherstellung genau verfolgen. Die unvergleichlichen Aromen der ersten Pressung des naturbelassenen Olivenöls werden in einer guten halben Stunde aus den frischen Früchten gewonnen.

WEIN AUF DER SCHIENE

Auf einer Fahrt über die Landstraßen Mendozas zwingen gelegentliche Hindernisse zum Langsamfahren, u.a. holprige Eisenbahngleise. Vor 100 Jahren wurde Wein von Mendoza nach Buenos Aires transportiert, Bodegas und Lagerhäuser wurden in beiden Städten in günstiger Nähe zu den Gleisen verlegt (das Lagerhaus Palermo Soho der Bodegas López ist noch heute in Betrieb). Bei der Ankunft wurde der Wein häufig in Tanks gelagert, in Demijohns (riesige Korbflaschen) abgefüllt und verkauft. Eines der anschaulichsten Beispiele einer alten Bahnstrecke befindet sich in Trapiche, wo die alten Waggons bei den einstigen Laderampen abgestellt wurden. Seit 1963 ist der Transport von Wein in Großtanks verboten.

Bodega Trapiche

Eine andere Art, das Land kennenzulernen, ist es mit dem Fahrrad durch die Olivenhaine zu fahren. Wer kräftig in die Pedale tritt, erreicht mit großem Appetit das **Pan y Oliva**, das Gutsrestaurant in mediterranem Stil. Die Köche verwenden das hauseigene Olivenöl zu jedem Gericht – es wird über das Rindfleisch-Carpaccio geträufelt und kommt auch in der hausgemachten Eiscreme vor.

Casa Vigil, Chachingo

AB MENDOZA (STADT): **30 MIN.**

Herrlicher Weinberg im Nirgendwo

Der Name Chachingo ist für die *mendocinos* gleichbedeutend mit „nirgendwo“. Das verträumte Dorf ist trotzdem ein beliebtes Reiseziel für Feinschmecker, nachdem das Weingut

ESSEN IN DER ZONA ESTE

Casa del Visitante
Wer auf das Frühstück verzichtet, hat Kapazitäten frei für das Gegrillte Restaurant der Bodega Santa Julia. **$$**

Casa Agostino
Viele der Zutaten, die für die italienisch-mediterranen Speise verwendet werden, kommen aus dem Biogarten. **$$**

Mil Suelos
Ribeye, Short Ribs und Flanksteaks harmonieren perfekt mit einem der Spitzenweine. **$$**

und Restaurant **Casa Vigil (El Enemigo)** mit einem Michelin-Stern ausgezeichnet wurde.

Chachingo ist von Obstgärten, Weinbergen und Olivenhainen umgeben, ein bäuerliches Umfeld, das der Winzer Alejandro Vigil und seine Frau Maria Sance zu ihrem Familiensitz wählten. Nach der Gründung von El Enemigo erfolgte die Eröffnung des Restaurants **Casa Vigil**, eine wunderbare kulinarische Destination in diesem Teil der Zona Este. Ursprüngliche hatte das von Weingärten umgebene Restaurant Platz für 30 Gäste. Hier kamen Forellen-Empanadas, langsam gegartes Ribeye-Steak und vorzüglicher Wein auf den Tisch. Bald schon musste aufgrund des großen Besucherandrangs auf 200 Plätze erweitert werden. Wer etwas über den Weinbau erfahren möchte, kann die Kreidezeichnungen an den riesigen eiförmigen Betontanks zu entziffern versuchen.

Es ist eines der wenigen Gutsrestaurants in der Provinz Mendoza, wo man fürs Mittag- und auch fürs Abendessen einen Tisch reservieren muss. Vor dem Essen steigen Besucher in den Keller, wo in den von Kerzen beleuchteten Gängen auch Gemälde von Osvaldo Chiavazza und Sergio Roggerone aus Mendoza zu sehen sind. Gäste, die ein Gericht à la carte oder ein Probiermenü gewählt haben, werden von einem Sommelier beraten. Wie wäre es mit einer Rarität, beispielsweise mit einem Gran Enemigo Cabernet Franc Gualtallary?

Museo Nacional del Vino y la Vendimia (S. 267)

JON G. FULLER/VWPICS/ALAMY STOCK PHOTO ©

WELT DER MATERIE: LEHM, EICHE UND BETON

Bei einem Besuch einer Bodega bekommt man viele Gerätschaften und Werkzeuge zu sehen, die man traditionell im Weinbau in Argentinien benötigte.

Alles begann im 16. Jh., als Jesuiten den Saft der „Missionsrebe" in Beuteln aus Tierhäuten oder Lehmkrügen gären ließen. Im späten 19. Jh. reifte der Traubensaft in riesigen Eichenfässern, die 50 000 l oder mehr fassen konnten.

Für kleinere Gefäße (225 l) wurde Mitte des 20. Jhs. französisches oder amerikanisches Eichenholz verwendet.

Heutzutage reift der Wein in gewaltigen Edelstahltanks. Auf den Tisch kommt er aber in schönen Tonkrügen.

DIE BESTEN BODEGAS IN DER ZONA ESTE

Trapiche
Gäste können eine Führung durch diese Bodega im Renaissancestil buchen und den Wein probieren.

Trivento
Die Weinverkostung findet in dieser Bodega zwischen malerischen Malbec-Rebstöcken statt.

Tempus Alba
Neben einem herkömmlichen Besuch kann man auch bei der *vendimia* (Weinlese) mitmachen.

Luján de Cuyo

UNTERWEGS VOR ORT

Die Region Luján de Cuyo mit ihren 15 Bezirken ist gut mit dem Bus zu erreichen, ein Besuch der Weingüter, Weinkeller und Restaurants ist mit dem Mietwagen praktischer. Ein Wagen von Uber oder Cabify sollte man vorab reservieren, um in den entlegeneren Gegenden Wartezeiten zu vermeiden.

TOP TIPP

Fast alle Bodegas erwarten eine rechtzeitige Reservierung, ohne die ein Besuch eher unwahrscheinlich ist. Viele haben nur zur Mittagszeit geöffnet.

Fast 19 km südlich der Hauptstadt Mendoza, in der Stadt Luján de Cuyo und der gleichnamigen Region, kommt man den Anden immer näher. Überall an den Hängen sind Weinreben zu sehen – hier ist der Weinbau zu Hause.

Schnurgerade Straßen führen an alten Bodegas und modernen Weingütern vorbei. Viele von ihnen betreiben gut geführte Besucherzentren, die Verkostungen von Wein oder Olivenöl anbieten, ebenso Mittagessen, eine Weinverkostung, einen Rundgang durch das Anwesen oder eine Radtour.

In dieser großen Region sind viele der bekanntesten Weingüter nur 20–30 Autominuten voneinander entfernt. Es ist eine gute Idee, einen Tag für das Essen und Trinken in den Bezirken von Luján de Cuyo – wie Vistalba, Mayor Drummond, Agrelo, Chacras de Coria oder Las Compuertas – einzuplanen.

Das Kernland des Malbec

Was sich hinter DOC verbirgt

Obwohl der Malbec überall im Land verbreitet ist, liegt die argentinische Wiege des berühmten Weines in der Stadt Luján de Cuyo – das perfekte Ziel, um Bodegas und Weingüter kennenzulernen, deren Fokus auf der gefeierten roten Rebsorte liegt. Hier erfährt man, warum sie seit 1989 das Qualitätssiegel der Denominación de Origen Controlada (DOC) trägt, das zum ersten Mal an einen Wein Südamerikas vergeben wurde. In einigen der namhaftesten Weingüter des Landes, die zu diesem Gütesiegel beigetragen haben, ist ein Malbec DOC zu verkosten.

Bei **Nieto Senetiner** in Vistalba bekommt man einen rustikalen Roten, den fantastischen Andenblick inklusive – wie es der Fotograf Martín Orozco aus Mendoza empfiehlt. In der **Bodega Lagarde** in Mayor Drummond lässt sich ein Glas unweit der hundertjährigen Malbec-Weinstöcke genießen. In der

SEHENSWERTES
1 Bodega Alta Vista
2 Bodega Bressia
3 Bodega Casarena
4 Bodega Catena Zapata
5 Bodega Chandon siehe 12 Bodega Gieco
6 Bodega Lagarde
7 Bodega Luigi Bosca
8 Bodega Mendel
9 Bodega Norton
10 Bodega Viamonte
11 Bodega Vistalba
12 Bodegas San Huberto
13 Bodega Trivento
14 Museo Provincial de Bellas Artes
15 Museo Regional y Americanista
16 Nieto Senetiner Bodega
17 Otero Ramos
18 Riccitelli Wines
19 Susana Balbo Wines

ESSEN
siehe 18 Riccitelli Bistró

1895 erbauten **Bodega Norton**, die ihren Sitz in Perdriel hat, bewundert man neben dem Malbec DOC auch die großartige Architektur des Backsteinkellers. Andere Bodegas in Luján de Cuyos sind **Luigi Bosca**, **Otero Ramos** und **Chandon**; alle bieten Führungen und Verkostungen an.

In den letzten dreißig Jahren sind weitere Weingüter, darunter **Casarena**, **Vistalba**, **Mendel**, **Bressia** und **Trivento**, dem DOC-Club von Luján de Cuyo beigetreten. In den Restaurants von Casarena und Vistalba kann man einen Mittagstisch reservieren, bei den anderen sind nur Verkostungen möglich.

GENUSSVOLLE AUSSICHTEN

Auf manchen der Weingüter von Luján de Cuyo blickt man auf die Andenkette Cordón del Plata, die nach Schneefällen magisch wirkt.

Ein Mittagsmahl mit gutem Wein verbindet sich mit dem Anblick der Gipfel zu einem bleibenden Erlebnis. Im **Quimera Bistró** auf dem Weingut Achaval Ferrer im Bezirk Agrelo werden kleine Speisen auf der Terrasse serviert, z.B. Endiviensalat und Kalbsbries zu einem kräftigen Rotwein.

Mitten in den Weinbergen bietet **5 Suelos – Cocina de Finca** auf dem Weingut Familia Durigutti im Bezirk Las Compuertas ein 14-gängiges Menü an. Empanadas und Ribeye-Steaks werden serviert im **Ramos Generales by Francis Mallmann** der Bodega Kaiken (Bezirk Vistalba).

DIE BESTEN LUXUS-LODGES AUF WEINGÜTERN

Cavas Wine Lodge
Private Casitas in einem Weinberg bei Agrelo. Mit Pools, Dachterrassen und einem gut gefüllten Weinkeller. **$$$**

Entre Cielos
Die beste Unterkunft des Hotels in Vistalba ist ein Ufo-artiges Wohnobjekt auf Stelzen mit Blick auf Malbec-Rebstöcke – es gibt auch behagliche Weinbergshütten. Ein Besuch im Spa wirkt erholsam. **$$$**

SB Winemaker's House & Spa Suites
Die Winzerin Susana Balbo betreibt ein Luxushotel mit sieben Suiten mitten in Chacras de Coria. **$$$**

JAQUELINE DE L/SHUTTERSTOCK ©

Catena Zapata

Legendäre Namen

Die Früchte der großen Namen ernten

Manche der berühmtesten Bodegas Argentiniens werden in der dritten oder vierten Generation geführt. Die Vorfahren dieser Famlien gehörten der ersten Einwanderungswellen aus Italien und Spanien an; viele dieser Winzerfamilien erzählen gern ihre Geschichte.

Luján de Cuyo ist die Heimat vieler klangvoller Namen, so auch die **Bodega Catena Zapata** (2023 kam sie unter die 50 weltbesten Weingüter). Seit Langem können Besucher in dem pyramidenförmigen Gutshaus von Catena Zapata an Weinverkostungen teilnehmen. Die neueste Errungenschaft der Bodega ist das Restaurant **Angélica Cocina Maestra** (Agrelo), wo Laura Catena in vierter Generation die Spitzenweine des Hauses präsentiert; Chef Iván Azar kreiert dazu erstklassige Gerichte.

Roberto de la Mota von **Mendel Wines** in Lunlunta tritt in die Fußstapfen seines Vaters Raúl, der für seine Arbeit als Winzer hochgeschätzt wurde. Gemeinsam arbeiteten Vater und Sohn bei Chandon (S. 271). Heute stellt Roberto Semillón und Cabernet Sauvignon von Weltklasse her.

Innovativ wirkt auch Susana Balbo, die als erste Frau Argentiniens zur Önologin ausgebildet wurde. Mit ihrem Sohn

DIE BESTEN ÖKO- UND BIO-WEINGÜTER

Alpamanta
Die Gäste treffen eine Auswahl von 18 Weinen zum mittäglichen Picknick. in der Nähe von Ugarteche gelegen.

Krontiras
Lamas säumen den Weg zur Verkostung des ersten Malbec-Naturweines Argentiniens. Ausritte in die Weinberge.

L'Orange
Kostproben von ökologisch und biodynamisch erzeugten Weinen von Ernest Catena.

José Lovaglio leitet sie **Susana Balbo Wines**. 2022 eröffnete sie mit ihrer Tochter Ana Lovaglio ein Luxushotel.

Der Großvater von Sofía Pescarmona kaufte die **Bodega Lagarde** von 1897. Heute führt sie das Gut in Mayor Drummond in der dritten Generation weiter und wacht über die wenigen verbliebenen Flaschen des legendären 1942er Semillón der Bodega Lagarde. Zudem betreibt sie zwei Restaurants, Fogón und Zonda; nebenbei produziert sie Olivenöl und kultiviert einen Biogarten. Die charaktervolle rote Cuvée der Bodega wurde nach ihrem Vater Henry benannt, wobei Sofia zusammen mit ihrer Schwester Lucila auch Chardonnay und Pinot Noir kultiviert.

Matías Riccitelli in Las Compuertas gehört einer neuen Winzergeneration an: Er produziert maischevergorene Weine bei **Riccitelli Wines**; er nahm sich dabei seinen Vater Jorge zum Vorbild. Er produziert eine kräftige Cuvée aus Malbec und Cabernet Franc, Schwester Verónica leitet das Bistro.

Besichtigungen können bei allen erwähnten Weingütern vorab gebucht werden.

Auf dem Rad

Radtouren zwischen Bodegas und Weinhängen

Auf zwei Rädern zwischen den zahlreichen Bodegas von Luján de Cuyo unterwegs zu sein ist eine gute Möglichkeit, die ländliche Gegend kennenzulernen – als Lohn für die Bewältigung andiner Steigungen wartet ein Glas Malbec (inkl. Degustationsbehälter). Die 110 km langen Radwege (*ciclovía*) in der Provinz Mendoza führen an zahlreichen Weinhängen und Adobe-Bauernhäusern, Pappelalleen und verschneiten Berggipfeln vorbei.

Bei **Vistalba Bikes** in Vistalba oder **Baccus Biking** in Chacras de Coria können Fahrräder ausgeliehen werden, sie stehen für eine beliebige Dauer zur Verfügung. Die Anbieter stellen gern Routen zusammen und besorgen Wegekarten und Helme. Die Radtouren lassen sich gut mit Besichtigungen und Verkostungen auf eher unbekannten Gütern verbinden, beispielsweise **Bodega Gieco, Bodega Viamonte, Bodega Alta Vista** und die jahrhundertealten **Bodegas San Huberto**. Bei sorgfältiger Planung können mehrere Besichtigungen inklusive Mittagsmahl und Tee wahrgenommen werden; die meisten Bodegas verfügen über Restaurants oder Foodtrucks. Warum nicht eine Platte mit Aufschnitt bei der einen und eine Käseauswahl bei der nächsten probieren? Sollte ein bestimmter Spitzenwein zum Kauf reizen, kann der Fahrradverleih die Ware abholen lassen und sie bei der Rückgabe der Räder übergeben.

DIE SCHÖNSTEN FOTOMOTIVE

Martín Orozco, Fotograf bei Estudio 365, gibt Empfehlungen zu den besten Ausblicken auf die Weinberge vor der Kulisse der Anden in Luján de Cuyo.

Anaia Wines
Die Aussicht von diesem neuen Verkostungsraum des Weinguts in Agrelo ist spektakulär – aufgrund einer optischen Täuschung scheint der Weingarten bis zu den Bergen zu reichen.

Nieto Senetiner
Welchen Standort man auch wählt: das Eingangstor (1888), das Restaurant oder die Weinberge – der Blick auf die Anden ist fantastisch. Ein gelungenes Foto klappt hier immer.

Catena Zapata
Das Weingut von Agrelo bietet das schönsten Panorama von den Weinhängen bis zu den Anden. Nur wenige Bodegas können so etwas vorweisen.

DIE BESTEN ASADOS

Nieto Senetiner
Ein traditionelles Barbecue erwartet die Gäste dieses Weinguts, wo große Mengen Fleisch gegrillt werden. **$$**

Ramos Generales by Francis Mallmann
Es ist ein Erlebnis wie das Team von Francis Mallmann arbeitet. **$$**

Fogón
Verschiedene Garmethoden garantieren ein spannendes und feuriges kulinarisches Erlebnis am Abend. **$$**

EINE UNKONVENTIONELLE VERKOSTUNG BEI CARMELO PATTI

Viele Weingüter betreiben eine glamouröse Gastlichkeit, die sich speziell an ausländische Besucher richtet; die Ankunft auf dem unscheinbaren Weingut Carmelo Pattis – nicht viel mehr als ein Lagerhaus – ist daher äußerst erfreulich. Es gibt auch kein Schild in der Hauptgeschäftsstraße San Martín in Mayor Drummond, das auf den Parkplatz verweist. Bekannt für seine im Fass gereiften Cabernet Sauvignon und Malbec, fühlt Carmelo Patti sich der Tradition verpflichtet; erst nach Jahren gibt er seine Spitzenweine frei. Gäste können drei Weine kostenlos probieren.

HEMIS/ALAMY STOCK PHOTO ©

Bodegas Norton (S. 271)

Sternegastronomie

Speisen unter Michelin-Sternen

Ein Degustationsmenü in Verbindung mit einem *asado* ist in Luján de Cuyo kulinarischer Standard. Aber auf manchen Gütern setzt man sich jedoch über Steak- und Barbecue-Traditionen hinweg – kein Wunder angesichts der herausragenden Qualität von Obst und Gemüse in der Region. Die neue kulinarische Welle hat die Aufmerksamkeit des Guide Michelin auf sich gezogen, bei dem ein erster Argentinienführer im November 2023 erschien.

DEGUSTATIONSMENÜS

Angélica Cocina Maestra
Die Gerichte werden in Übereinstimmung mit den Spitzenweinen der Bodega Catena Zapata ausgewählt. **$$$**

Brindillas
Der Keller des Restaurants von Chacras de Coria lässt den Sommeliers viel Spielraum. Nur Abendessen. **$$**

Osadía de Crear
Die Sommeliers im Restaurant von Susana Balbo Wines beziehen ihre Auswahl aus einem umfangreichen Keller. **$$**

Die Gäste sind mit Degustationsmenüs und passenden Spitzenweinen leicht zu überzeugen, doch bei **Zonda** in der Bodega Lagarde in Mayor Drummond werden sie darüber hinaus ins Geschehen einbezogen, durchwandern die jahrhundertealten Semillón- und Malbec-Weingärten sowie schattige Olivenhaine bis zum Biogarten, wo sie Kräuter und Gemüse ernten können. Im eleganten Restaurant Zonda unterweisen freundliche Köche die Gäste beim Zubereiten von Rindfleisch-Empanadas mit den frisch gepflückten Zutaten.

Der Sommelier wählt aus dem Keller der Bodega Lagarde Spitzenweine der 1970er- und 1980er-Jahre und die aktuellen Jahrgänge zu einem Menü, das aus acht Gängen besteht. Tisch können fürs Mittag- oder Abendessen reserviert werden. Im **Riccitelli Bistró** in Las Compuertas betont Chef Juan Ventureyra seine Liebe zu den Pflanzen, die Zutaten für saisonale, fünfgängige Degustationsmenüs. Der Garten befindet sich nahe bei den Malbec-Weinstöcken: Hier gedeihen alte Sorten von Tomaten, Auberginen, Karotten und Kräutern. Zu den Gerichten gehören Pasta mit Kartoffelfüllung oder Sellerie mit einer Beurre monté, Zwiebel-Tempura mit einer Gremolata aus Petersilie, Frühlingszwiebeln und Mandeln, dazu Spitzenjahrgänge des Winzers Matías Riccitelli, z. B. Old Vines from Patagonia Semillón und Kung Fu Criolla. Eine Weinverkostung ist vor oder nach dem Mittagessen möglich.

Kulturelle Wurzeln

Kunst und Archäologie im Weinland

Neben der alten Weinbautradition gibt es in Luján de Cuyo zwei sehenswerte Museen, sofern man etwas Abwechslung nötig hat. Im **Museo Provincial de Bellas Artes** in Mayor Drummond zeigt eine Dauerausstellung Wandbilder und andere Werke des Bildhauers Fernando Fader sowie eine Sammlung von Werken der in Mendoza gebürtigen Künstler Roberto Azzoni, Antonio Bravo und Fidel De Lucía.

Das **Museo Regional y Americanista** führt die Geschichte der Region mit der des amerikanischen Kontinents zusammen. Es beherbergt eine interessante archäologische Sammlung zu den indigenen Gemeinden der Region sowie Nachbildungen in Originalgröße von Friesen, Stelen und Skulpturen der Hochkulturen der Olmeken, Maya und Azteken in Mittelamerika. Die im Jahr 1908 erbaute Villa, in dem das Museum untergebracht ist, ist selbst von historischem bzw. architektonischem Interesse.

AUS EIGENER RÄUCHEREI

Eine einer Spezialität von Mendoza sind Sandwiches mit Räucherschinken.

Foodtruck an der RN7
Edgardo Campos produziert und verkauft ein einziges Gericht: ein enorm großes Schinkensandwich aus eigener Räucherei. Sein Foodtruck steht an der RN7 und an der Cobos-Straße. **$**

La Jamonería
Ein Mittagsrestaurant der Bodega Vistalba. Spezialitäten sind *bondiola* (Schweineschulter) und *jamón crudo* (Schinken nach Serrano-Art). Miguel Martín bereitet sie meisterhaft zu. **$**

Puesto jamonero an der RN40
Auf der Fahrt zum Valle de Uco fällt ein grüner Lastwagen auf: Hier gibt es Marcelo Gianuzzos hausgeräucherten Schinken, mit Olivenöl beträufelt und Oregano bestreut. Von der Ortsmitte von Chacras de Coria sind es 20 Minuten Richtung Süden. **$**

DIE BESTEN HOTELS

Casa de Coria
Nahe beim Hauptplatz von Chacras de Coria steht das Haus mit geräumigen Zimmern und einem großen Garten. **$$**

Casa Naoki
Jeder Gast wird individuell betreut, vom Infinitypool geht der Blick auf die Weinberge und Gehöfte. **$$$**

Finca Adalgisa
Aus einem Bauernhaus wurde ein Boutiquehotel; die Weinreben wachsen direkt neben dem Pool. **$$$**

Rund um Luján de Cuyo

UNTERWEGS VOR ORT

Tourenveranstalter können Teilnehmer einer Wildwasserbootstour von der Unterkunft abholen. Für Fahrten in die Berge ist ein Mietwagen praktisch.

Die Landschaft verändert sich radikal auf der Weiterreise zu hohen Bergen und zu den tiefen Flusstälern.

Wer die schönen Bodegas von Luján de Cuyo bei der Weiterfahrt nach Chile – 45 Minuten auf der RN7, auch als Ruta Alta Montaña bekannt – hinter sich gelassen hat, nähert sich den schroffen Andenausläufern und einer eher kargen Landschaft. In dieser Gegend von Luján erhebt sich der Aconcagua, der höchste Berg der südlichen Hemisphäre. Der Aufstieg zu seinem 6962 m hohen Gipfel ist erfahrenen Bergsteigern vorbehalten, aber dafür gibt es andere, einfachere Sportmöglichkeiten. Die Stromschnellen des Río Mendoza versprechen rasante Bootstouren, der stille Potrerillos-Stausee eignet sich zum Kajakfahren und Stand-Up-Paddling. Im Sommer lohnen sich Fahrten über den Uspallata-Pass mit Blick auf den Aconcagua.

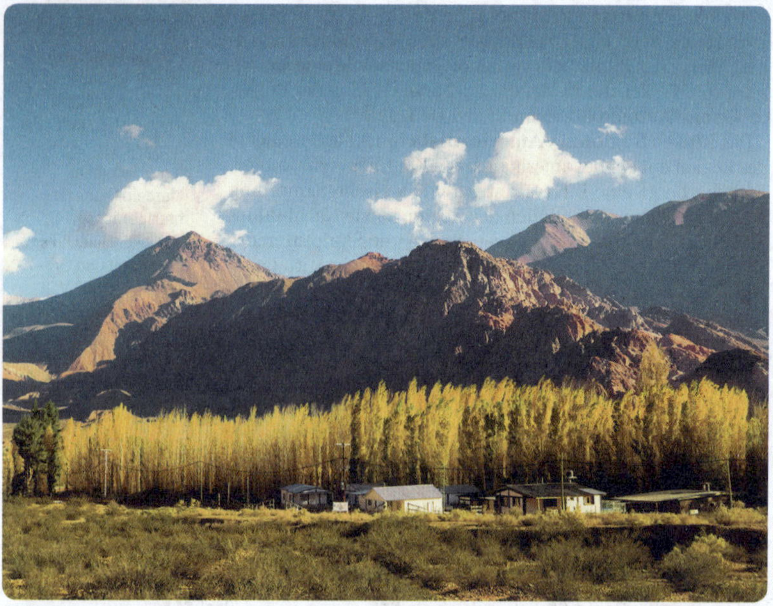

Uspallata (S. 278)

SOBREVOLANDO PATAGONIA/SHUTTERSTOCK ©

Wildwasser-Rafting, Cañón del Atuel (S. 289)

Potrerillos

AB LUJÁN DE CUYO: **45 MIN.**

Wildwasserbootfahren auf dem Río Mendoza

Die Schneeschmelze der Anden speist Flüsse wie Río Mendoza und Río Diamante und versorgt nicht nur die Weinberge, sondern auch die in der Region lebenden Menschen mit dem nötigen Trinkwasser.

Ein spannender Wassersport ist Wildwasser-Rafting in einem Schlauchboot, das sich auf einem ungezähmten, felsenumsäumten Bergfluss und dessen Stromschnellen vorwärts bewegt. Die am besten organisierten Ausflüge starten nahe bei **Potrerillos**, dem Hotspot des Abenteuersports der Provinz Mendoza. Wassersportabenteuer bieten **Potrerillos Explorer** oder **Argentina Rafting**, beide sind in 45 Autominuten von der Ortsmitte Luján de Cuyos, unweit vom Potrerillos-Stausee, zu erreichen.

Der Río Mendoza entfaltet seine größte Kraft in den Sommermonaten, wobei dynamischere Fahrten möglich sind. Es gibt Optionen für alle Schwierigkeitsgrade, z. B. eine 5 km lange Fahrt (Grad II; Dauer 1 Std.; eine Ganztagestour oder zwei Tage mit Übernachtung auf einem Zeltplatz. Eine Ganztagestour bedeutet eine Fahrt mit moderatem Schwierigkeitsgrad (4 Std.), die rund 30 km durch die Stromschnellen führt. Die Anden sind stets in Sichtweite; die Bootsfahrt führt durch den Cordón del Plata. Tourenveranstalter stellen die nötige Ausrüstung, z. B. Schwimmwesten und Schutzhelme, zur Verfügung.

Weniger aufregende Wassersportarten bieten sich auf der ruhigen Wasserfläche des Potrerillos-Stausees an. Die Ausrüstung für Standup-Paddling oder Kajakfahren sind von denselben Anbietern zu bekommen, das überwältigende Andenpanorama gibt es inklusive dazu.

TOP TIPP

Zur Vorbereitung auf die schroffe Landschaft der majestätischen Anden dient bequeme Kleidung, Kopfbedeckung und ein guter Sonnenschutz..

FÜR DEN ADRENALINPEGEL

Abseilen
Die Auswahl an Felswänden ist groß, an denen sich Bergsteiger abseilen können. Die Touren dauern mehrere Stunden und verbinden Trekking mit Abseiling; eine fantastische Rundwanderung des Tourenveranstalters **Kahuak** führt zu Wasserfällen, z. B. in der Quebrada del Salto.

Seilrutschen
In Argentinien wird es auch *canopy surfing* genannt und kommt dem Gefühl, wie ein Andenkondor am Himmel zu schweben, ziemlich nahe. Eine Tour (2 Std.) trägt Teilnehmer etwa 1,4 km weit über den Río Mendoza hinweg; kürzere Touren dauern rund 1 Stunde.

Fliegenfischen
Die Spannung steigt für passionierte Angler beim Anblick der Forellen im Potrerillos-Stausee und in den Bergbächen. Die Saison dauert von September bis Mai; Potrerillos Explorer sorgt für die Ausrüstungen.

TANZEN IM MONDSCHEIN

Der Sonntagabend ist nicht mehr wie er früher war, seit **Las Palapas** Soundsysteme und Tanzzelte bei einem Weinberg am Potrerillos-Stausee installiert hat; der Eingang liegt beim Hotel Potrerillos. Von 15 bis 22 Uhr sorgen DJs für den Partysound; malerisch spiegeln sich die Berge im Wasser und verbinden sich mit der elektronischen Tanzmusik zu einem einzigartigen Erlebnis. Die Gäste sollten sich elegant, aber auch warm kleiden.

Unweit der Innenstadt von Luján de Cuyo richtet die **Bodega Maal Wines** Partys mit elektronischer Tanzmusik im Weinberg Las Compuertas aus. Die Atmosphäre ist festlich; die Gäste sind extravagant gekleidet. Das Weingut **Family Durigutti** ist seit auch für elektronische Tanzmusikpartys bekannt.

AUTUMN SKY PHOTOGRAPHY/SHUTTERSTOCK ©

Parque Provincial Aconcagua

Uspallata

AB LUJÁN DE CUYO: **90 MIN.**

Allein schon die Ausblicke entlang der RN7 zum Parque Provincial Aconcagua sind atemberaubend; das gilt erst recht auch für das hoch gelegene Uspallata, 90 Autominuten vom Zentrum von Luján. Wanderern dient der kleine Ort als Basisstation für Wanderungen in den Park; außerdem sind Reitausflüge in die Berge möglich, wo am Uspallata-Pass, der Argentinien mit Chile verbindet, verlassene Bergwerke zu entdecken sind. In der Nähe steht ein kurioses Denkmal – die Kuppelöfen von Las Bóvedas in San Alberto, einer Schmelzhütte zur Eisenherstellung aus der Zeit um 1800; im Innern befindet sich ein winziges Museum. In westlicher Richtung führt der Weg am Cementerio de los Andinistas vorüber zur Puente del Inca, einer natürliche Brücke aus rotem Fels mit gelben Schwefelablagerungen. Eine Legende berichtet von einem Inka-Häuptling, der hier durch das Thermalwasser geheilt wurde.

Parque Provincial Aconcagua

AB LUJÁN DE CUYO: **2 STD. 45 MIN.**

Aufstieg zum höchsten Gipfel der südlichen Hemisphäre

Wer von der Hauptstadt Mendoza über Uspallata nach Westen fährt, erreicht in wenigen Stunden den Parque Provincial Aconcagua, das schneebedeckte Herz der Anden. Im Sommer zieht der Park Bergsteiger aus aller Welt an, die auf einer dreiwöchigen Expedition den gleichnamigen Berg bezwingen wollen. Mit seiner Höhe von 6962 m gilt er als der höchste Gipfel der südlichen und westlichen Hemisphäre. Die RN7 – der Highway zwischen Argentinien und Chile – führt durch

Cacheuta, das für therapeutische Thermalquellen und Bäder bekannt ist, vorbei am Potrerillos-Stausee und am fruchtbaren Tal von Uspallata. Die Fahrt endet an der beeindruckenden natürlichen Brücke und den schwefelhaltigen heißen Quellen von Puente del Inca, nahe beim Basislager des Aconcagua. Im Winter sollten Wettervorhersagen vor dem Aufbruch in den Park beachtet werden; heftige Schneefälle erschweren das Fahren.

Genehmigungen zum Aufstieg am Aconcagua sind verpflichtend und am einfachsten durch einen spezialisierten Tourenveranstalter zu erhalten. Die Saison reicht von Mitte November bis Mitte März. Wenn die argentinischen Sommerferien auf den Januar fallen, ist dies die meist frequentierte und teuerste Reisezeit. Von den drei Aufstiegsrouten ist die westliche Plaza de Mulas am zugänglichsten; erfahrene Bergsteiger werden anspruchsvollere Routen wählen, z. B. Glaciar de los Polacos oder die Basislager Plaza Francia und Los Horcones. Bergsteiger, die sich an gemäßigten Höhen versuchen wollen, können sich für den Cerro Catedral (5335 m) und Cerro Tolosa (5432 m) entscheiden.

Jedes Jahr kehrt eine Handvoll Bergsteiger von ihrem Versuch, den Aconcagua zu bezwingen, nicht zurück; er zählt zu den extremsten Gipfeln der Erde. Zum Gedenken dient der **Cementerio de los Andinistas**.

Eine zehnminütige Autofahrt westlich vom kleinen Ort Los Penitentes und 1 km von Puente del Inca führt zu dem Friedhof, der im späten 19. Jh. für Eisenbahnarbeiter angelegt wurde, die unter den schweren Arbeitsbedingungen an der Ferrocarril Trasandino zu Tode kamen; die Bahnstrecke verband Mendoza mit Chile. Seit der Wende zum 20. Jh. fanden andere Zivilpersonen und später auch Bergsteiger hier ihre letzte Ruhe. Ein QR-Code-Projekt vermittelt einige ihrer Geschichten in dem Bestreben, die Erinnerung lebendig zu erhalten.

Bergsteiger im Parque Provincial Aconcagua

SAFETY FIRST

Kleidung
In den Anden unterwegs zu sein bedeutet, mit schnell wechselndem Wetter zurechtzukommen. Am besten geeignet sind mehrere Lagen von Kleidungsstücken, außerdem und Sonnenschutz.

Vorbereitung
Autofahrer sollten besonders im Winter über den Straßenzustand informiert sein und sich mit dem Automobilclub oder Tourismusamt in Verbindung setzen.

Tankfüllung
Auf der Strecke zum Parque Provincial Aconcagua sind Tankstellen rar; das Auto sollte vor der Abfahrt vollgetankt sein.

Licht und Wasser
Reichlich Trinkwasser, warme Decken und eine Taschenlampe helfen, falls der Aufenthalt länger als geplant dauert.

QR-Code für weitere Infos zum Cementerio de los Andinistas.

Valle de Uco

UNTERWEGS VOR ORT

Valle de Uco ist 90 Autominuten von der Hauptstadt Mendoza entfernt. Ein eigenes Auto ist praktisch, um die weit verstreut liegenden Weingüter, Hotels und Restaurants zu erreichen. Wer den Degustationsbehälter umgehen möchte, kann einen Chauffeur engagieren: Uber und Cabify bieten sporadische Fahrdienste ins Valle de Uco an. Gäste mit einer Unterkunft in Mendoza nehmen den Vitivinicola-Bus, der einige Haltestellen in der Stadt ansteuert und einmal pro Woche nach Valle de Uco fährt.

TOP TIPP

Im Fassraum der Bodega Salentein finden alljährlich am 17. April, dem Welttag des Malbec, Konzerte klassischer Musik statt.

Der Weinanbau geht in Valle de Uco auf das späte 19. Jh. zurück. Nach der Wende zum 20. Jh. erkannten europäische Weinbauern und Investoren das Potenzial des Tals, heute werden hier seltene Hochlagenreben kultiviert. Außer den fabelhaften Jahrgängen ist auch der Baustil der Gutshäuser bemerkenswert – in Valle de Uco vollendet sich die Weinkultur der Provinz.

Von Luján de Cuyo sind es 30 Minuten südlich nach Tupungato im nördlichen Valle de Uco; weiter südlich liegen Tunuyán (60 Min.) und San Carlos (90 Min.). Dies sind die drei hauptsächlichen Departamentos im Tal. Beim Näherkommen öffnet sich die Landschaft, schneebedeckte Berge rücken näher. Wenn der 6570 m hohe Vulkan Tupungato in Sicht kommt, ist Valle de Uco – mit guten Gelegenheiten zum Wandern oder Reiten – in erreichbarer Nähe.

NICK PHOTOWORLD/SHUTTERSTOCK ©

Weinberge, Valle de Uco

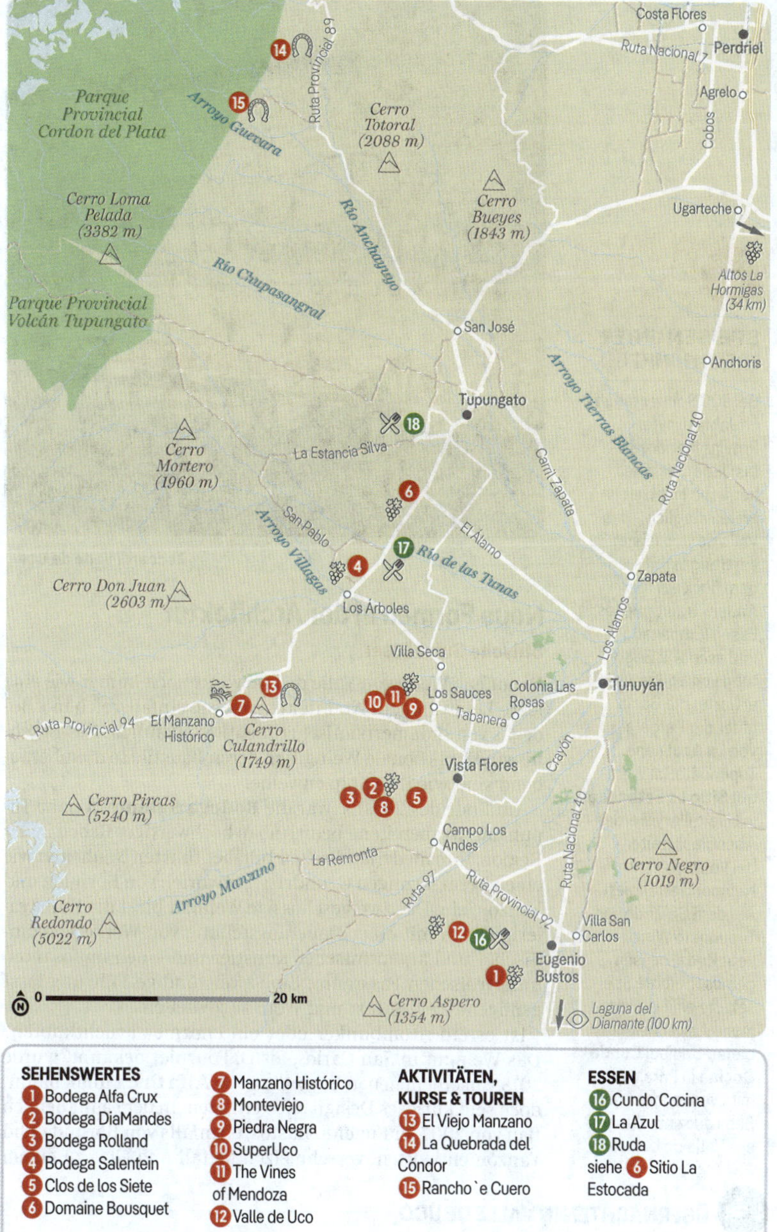

SEHENSWERTES
1 Bodega Alfa Crux
2 Bodega DiaMandes
3 Bodega Rolland
4 Bodega Salentein
5 Clos de los Siete
6 Domaine Bousquet
7 Manzano Histórico
8 Monteviejo
9 Piedra Negra
10 SuperUco
11 The Vines of Mendoza
12 Valle de Uco

AKTIVITÄTEN, KURSE & TOUREN
13 El Viejo Manzano
14 La Quebrada del Cóndor
15 Rancho `e Cuero

ESSEN
16 Cundo Cocina
17 La Azul
18 Ruda
siehe 6 Sitio La Estocada

PABLO DUCROS/SHUTTERSTOCK ©

Zuccardi Valle de Uco

SPEISEN UNTER FREIEM HIMMEL

Bei 300 Sonnentagen im Jahr ist in der Provinz Mendoza fast jederzeit eine herrliche Mahlzeit im Freien möglich – das Valle de Uco leistet ein Übriges mit stetigem Blick auf die Anden. Traditionelles Essen (Empanadas und *asado*) in Begleitung von Volksmusik erwartet die Gäste unter der Pergola von **La Azul** nahe Tupungato. Im Weingut **Sitio La Estocada** in Gualtallary werden Abendmahlzeiten bei Vollmond und Neumond arrangiert. Auf dem Gelände von Tupungato Winelands liegt **Ruda**, dessen gemüsebetonte Speisekarte eine willkommene Abwechslung bietet. Und bei **Cundo Cocina** in Paraje Altamira verwendet Chef Seba Juez nur Zutaten aus Valle de Uco.

Neue Formen in der Architektur

Stilvolle Gutshäuser

Die offene Weite von Valle de Uco wirkt noch immer wie eine leere Leinwand auf Architekten, die sie einfallsreich mit Bodegas von südamerikanischer Identität ausfüllen. Das Ergebnis sind funktionale Weingüter, deren Baustile so atemberaubend sind wie ihre Spitzenweine.

Am Ende des 20. Jhs. war die **Bodega Salentein** nahe Tupungato wegbereitend beim Anbau hochwertiger Reben in der Region, ihre niederländischen Inhaber führten Neuheiten wie einen kreuzförmigen Grundriss, entworfen von Bórmida und Yanzón, ein. Das zweigeschossige Weingut birgt die Kunstgalerie Killka mit einer Dauerausstellung von Werken holländischer und argentinischer Künstler und einen imposanten unterirdischen Fassraum. Eine zweistündige Führung lässt genügend Zeit, Kunst und Wein zu genießen.

Ist es ein Atombunker oder ein enormer Fruchtknoten? Das Weingut in San Carlos, als O. Fournier bekannt, wurde 2018 von einem neuen Eigentümer in **Alfa Crux** umbenannt, doch sein kurioses Design blieb erhalten. In dem auffallenden Bau von 2007, in Eugenio Bustos, ebenfalls von Bórmida und Yanzón entworfen, verschmelzen Metall und Glas zu einem

ÜBERNACHTEN IN VALLE DE UCO

Casa de Uco
Eine Suite oder geräumige Villa mit zwei Zimmern gibt es in diesem Hotel inklusive Andenblick und Wellness. **$$$**

La Morada Lodge
Eine friedliche Zuflucht, von Weinbergen umgeben. Die Hütten sind winzig klein. **$$**

Alpasión
Sechs Glamping-Zelte inmitten von Bioweinbergen stehen in Los Chacayes zur Auswahl; drei mit Badefässern. **$$$**

vorspringenden Schirmdach aus Stahl. Während das Äußere ein deutliches Statement ist, wirkt das Interieur eher zurückgenommen: Der Fassraum, über einen Laufsteg zugänglich, ist eine Oase der Stille.

Nicht alle Bodegas verfügen über ein Millionenbudget. Bei **SuperUco**, in den Vines of Mendoza nahe Tunuyán gelegen, sind ökologische Anbaupraktiken die Leitidee des Familienbetriebs, der von den vier Michelini-Brüdern geleitet wird. Die Reben werden in einem kreisförmigen Muster kultiviert, das Gutshaus selbst ist wie ein Achteck geformt, eine Verneigung vor den Lebenszyklen. Nach dem Entwurf ihres Vaters Rufino Julio Michelini entstanden, hat SuperUco zahlreiche Auszeichnungen für Nachhaltigkeit gewonnen.

Die Kunst der Gastlichkeit

Zu Gast bei Familie Zuccardi

Gastlichkeit fällt den *mendocinos* nicht schwer – sie müssen nur ein Feuer machen, einen guten Jahrgangswein entkorken und ein *asado* vor unbeschreiblicher Bergkulisse veranstalten. Bei **Zuccardi Valle de Uco** wird sie auf ein neues Niveau gehoben. Die Winzerfamilie Zuccardi wurde von 2019 bis 2021 dreimal als weltbestes Weingut ausgezeichnet. Die Bodega der Familie, Uco Valley in Paraje Altamira, wurde 2016 eröffnet und ist auch als Piedra Infinita bekannt. Sie wurde von den Architekten Eugenia Mora, Fernando Raganato und Tom Hughes entworfen, die sich von den schroffen Andengipfeln inspirieren ließen – das Dach sollte den Konturen am Horizont folgen. Tausende Tonnen von Gestein, die vom Terroir entfernt wurden, um den Boden für Reben vorzubereiten, fanden in den Gebäuden eine neue Verwendung. Die Landschaftsgestaltung wie auch der innovative Baustil wurden vielfach ausgezeichnet.

In dritter Generation sorgt Julia Zuccardi – nach der die Bodega Santa Julia (S. 267) benannt ist – für die kleinen Extras bei Zuccardi Valle de Uco, sei es ein Hut als Schutz vor der Sonnenhitze beim Weingenuss oder eine Lammwolldecke bei untergehender Sonne. Bei einer Führung werden die eiförmigen Reifungstanks aus Beton gezeigt, deren Gehalt bei der Probe oder der Mahlzeit verkostet wird.

Letzteres ist ein herzhaftes viergängiges Mittagsmahl mit Spitzenweinen wie Emma Bonarda und Finca Piedra Infinita Gravascal. Der Blick auf die Anden steigert den Genuss von Kürbishummus und enormen T-Bone-Steaks. Beim Spaziergang durch das Gelände sind Rebstöcke der Sorten Malbec, Cabernet Franc, Bonarda und Tempranillo vor dem Hintergrund der wolkenumhüllten Gipfel zu sehen.

WELTFERNE UNTERKÜNFTE IN VALLE DE UCO

Im Departamento La Carrera in Tupungato finden sich einige entlegene Übernachtungsmöglichkeiten.

Bella Viña
Von zwei charmanten Ferienhütten reicht der Blick bis zur Bergkette Cordón del Plata. Wenn Jeff und Veronica Mausbach gerade nicht im Weingarten arbeiten, vermieten sie ruhige Unterkünfte.

Estancia El Totoral
Der Weg über die Berge zu dieser kolonialzeitlichen Lodge, die über sechs Zimmer mit eigenen Bädern verfügt, ist ein Abenteuer mit dem Geländewagen. Zu den Highlights gehören ein von Gauchos zubereitetes *asado* und Ausritte über das Anwesen.

Rancho 'e Cuero
In atemberaubender Höhe von 2500 m liegt die große Ranch, seit 250 Jahren im Besitz der Familie Palma, in der es gemütliche Zimmer gibt.

ÜBERNACHTEN IN VALLE DE UCO

Posada Salentein
Die einsam gelegene Lodge des Weinguts hat 16 große Zimmer umgeben von Weinreben und Gärten. $$

Huentala
Das Hotel in Gualtallary kann mit Kunstinstallationen und einer spektakulären Sicht auf den Tupungato glänzen. $$

The Vines of Mendoza
Der reine Luxus ist eine Villa des Hotels Los Chacayes, das beispielhaft für die Gastlichkeit des Valle de Uco steht. $$$

WARUM ICH VALLE DE UCO LIEBE

Paula Palma, Inhaberin der Estancia El Totoral

Ich liebe Ausritte in Valle de Uco, weil sie mich an meine Kindheit und an die Pferdeausflüge mit der Familie erinnern. Es macht mir Freude zu wissen, dass es anderen, die zum Reiten hierherkommen, auch so geht, wenn auch nur für die Dauer ihres Aufenthalts. Ich mache gern andere Menschen mit der Kultur von Mendoza und den Empfindungen bekannt, die hier zu erleben sind: Spannung, Leidenschaft, Liebe zu dem Ort, zu dieser Landschaft. Es ist ein zauberhaftes Tal. Ich komme so oft wie möglich her, um die Berge zu sehen – vor allem, wenn sie schneebedeckt sind – und genieße sogar das andersartige Klima; hier ist es immer 10 °C kälter.

Ein eigenes Weingut

Der Traum vom Weinberg

The Vines of Mendoza ist ein gutes Beispiel für ein gastfreundliches Weingut in der Provinz dank einer Lodge mit 28 Villen, dem Restaurant Siete Fuegos unter der Leitung von Chefkoch Francis Mallmann, und einem Spa. Die Anfänge ebneten den Weg für jene, die lange vom eigenen Weinberg geträumt hatten. Heute gibt es rund 180 private Winzer, die zusammen mehr als 300 Jahrgangsweine erzeugen.

Auch wer nicht über die nötigen Mittel verfügt, ein paar Hektar eines Terroirs zu erwerben, kann Einblick in die Arbeit eines Winzers gewinnen. Besucher – und Gäste einer Lodge – können bei der Arbeit mithelfen, die unter der heißen Sommersonne ziemlich anstrengend sein kann.

Die gröbsten Arbeiten fallen während der Weinlese an (Feb.–März), mit einer Leseschere geht es an die Pflückarbeit. Die Auswahl der Trauben ist dabei so wichtig wie das Probieren und Schneiden an den richtigen Stellen, wobei sich der Metallkorb allmählich mit Trauben füllt. Der gefüllte Korb wird gutgeschrieben, dann beginnt die Arbeit wie bei echten Erntearbeitern von vorn.

Zu einem Vormittag im Weinberg gehört auch das Stampfen der Trauben nach alter Art mit bloßen Füßen. Helfer können ihren eigenen Spitzenwein von Hand abfüllen.

Die harte Arbeit lässt sich umgehen, wenn man einfach einen Tisch im Restaurant Siete Fuegos mittags oder abends reserviert und einem guten Tropfen bestellt.

In die Anden reiten

Ausritte in den Sonnenauf- und Sonnenuntergang

Ausritte aller Schwierigkeitsgrade in die Berge von Valle de Uco sind möglich: vom Ausreiten mit Gauchos in die Andenausläufer bei Sonnenaufgang und einem Frühstück mit *medialunas* und einem Tee aus *yerba mate*, bis zu einer ausgewachsenen Andenexpedition von fünf Tagen.

Die Gauchos von **La Quebrada del Cóndor** in La Carrera führen kleine Gruppen durch Weideland auf einem zweistündigen Ausflug in die Anden auf ruhigen Pferden, die in einer Höhe von 2000 m an steilen Hängen gehörig ins Schnaufen kommen können. Von oben ist der Blick unbeschreiblich und vermittelt einen Eindruck von der Weite des Tals – vielleicht zeigen sich Wildpferde oder Kondore. Auch eine Fußwanderung ist möglich (Sneakers sind dafür gut geeignet) – in jedem Fall wartet zur Belohnung ein köstliches *asado* und ein Glas Wein in einer Blockhütte.

DIE BESTEN ÖKO- UND BIOWEINGÜTER

Domaine Bousquet
Nachhaltigkeit steht auch in diesem Weingut unter französischer Leitung an erster Stelle.

SuperUco
Das Weingut in Familienhand gehört zu den Vines of Mendoza und wurde mit Preisen für Nachhaltigkeit ausgezeichnet.

Sitio La Estocada
Das Projekt von Matías Michelini und seinen Kindern ist das nach den Kriterien des Ökolandbaus geführte Weingut.

CAVAN IMAGES/ALAMY STOCK PHOTO ©

Reiterin in Mendoza

Gaucho Nino Masi von **El Viejo Manzano** startet zu seinen Pferdeausflügen im Dorf Manzano Histórico; für Gäste der Casa de Uco oder der Vines of Mendoza sind es 20 Autominuten. Auf einem frühmorgendlichen Ausflug zum Tal Pampa del Durazno erweist sich die Zuverlässigkeit der vierbeinigen Gefährten, wenn die Morgendämmerung anbricht und die steilen Abhänge deutlich sichtbar werden.

Die Gauchos von **Rancho 'e Cuero** in La Carrera kennen die Berge wie ihre Hosentasche. Ein Tagesausflug in den Anden führt an Steilfelsen, Flusstälern und Wiesen vorbei zum höchsten Punkt auf 2500 m Höhe.

VERKAUFSRÄUME DER BESONDEREN ART

Canopus Vinos
In kühleren Lagen kultiviert Gabriel Dvoskin einen Pinot Noir, der neben einem Malbec direkt im Weinberg von El Cepillo in San Carlos probiert werden kann.

Corazón de Sol
In diesem Weingut, das aus den Vines of Mendoza hervorging, hilft Mutter Natur bei der Arbeit: Flaschen mit Lagenweinen aus den Sorten Semillón und Grenache werden im Wasser eines nahen Bachs gekühlt.

Cundo Tasting Room
Nur kleine Mengen aus dem Valle de Uco werden im Verkaufsraum in Paraje Altamira zur Probe angeboten. Betrieben von Suárez Lastra.

DEDÉ VARGAS/GETTY IMAGES ©

Laguna del Diamante

Geübte Reiter können eine fünftägige Andenüberquerung beim Abenteuertourenveranstalter **MacDermott's Argentina** aus Buenos Aires buchen.

Die Siesta San Martíns

Ein historischer Rastplatz

Obwohl er aus der Provinz Corrientes stammte, sind die *mendocinos* mächtig stolz auf José de San Martín, den General, der Argentinien von der spanischen Herrschaft befreite. Plätze und Straßen sind nach ihm benannt, doch gibt es noch eine Erinnerung an einem ruhigen Ort in Valle de Uco. Wo die RP94 von Los Chacayes rechts abzweigt und nach Norden führt, stand ein Apfelbaum, der dem Dorf **Manzano Histórico** seinen Namen gab. Unter dem besagten Apfelbaum *(manzano)* soll der siegreiche General mit seiner Armee nach der Befreiung Chiles und Perus 1823 gerastet haben. An der Stelle des ursprünglichen, abgestorbenen Baums wurde erneut ein Apfelbaum gepflanzt, nahebei steht das Denkmal *Retorno a la Patria*, ein Werk des Künstlers Luis Periotti. In der Nähe wird eine Handwerksmesse abgehalten. Als Naturschutzgebiet ist die Gegend das Tor zu den Anden: Reitausflüge starten dort, auch kurze Wanderungen an felsigen Bächen und Wasserfällen, z. B. Puente del Salto, entlang.

Fremde Gewächse

Eine neue Welle im Weinbau

Die Weinbautradition in Valle de Uco reicht mehr als 150 Jahre zurück, doch erst am Ende des 20. Jhs. wurden europäische Weinbauern, zuerst Franzosen und Niederländer, auf

WAS BEDEUTET IGP?

Bevor eine Weinregion das Qualitätssiegel DOC (siehe S. 506) erhalten kann, muss es zunächst die Anforderungen der Indicación Geográfica Protegida (IGP) erfüllen. Mehrere „Weine mit geschützter geographischer Angabe" aus Valle de Uco sind Aspiranten für das Gütesiegel. Vier Regionen wurden zuletzt durch das Instituto Nacional de Vitivinicultura (INV) anerkannt: San Pablo und Pampa El Cepillo (beide 2019), Los Chacayes (2017) und Paraje Altamira (2016).

Die Qualitätsstufe IGP ist hilfreich bei der Beurteilung der in den Regionen kultivierten Rebsorten. San Pablo und Pampa El Cepillo sind herausragende Herkunftsbezeichnungen für Sauvignon Blanc, Chardonnay, Malbec, Cabernet Franc und Pinot Noir.

die Region aufmerksam. 1992 erkannte der holländische Geschäftsmann Mijndert Pon das Potenzial des hoch gelegenen Tunuyán und kultivierte Malbec, Chardonnay und Pinot Noir. Die Weine der Bodega Salentein erreichen regelmäßig Bestnoten, doch ist Pons größter Verdienst vielleicht das Weingut selbst, das mit seinem modernen und doch unaufdringlichen Baustil mit dem Terroir verschmilzt.

Um dieselbe Zeit vereinte der renommierte Flying Winemaker Michel Rolland seine Fähigkeiten mit anderen französischen Weinbauspezialisten, um das aus vier Weingütern bestehende **Clos de los Siete** in Los Chacayes aufzubauen. **DiamAndes**, **Monteviejo**, **Cuvelier Los Andes** und Rollands eigene **Bodega Rolland** erzeugen Weltklasseweine nach dem Vorbild des Bordeaux aus argentinischen Trauben, die in Fässern reifen; alle vier Bodegas bieten Verkostungen an; die beiden erstgenannten sind mittags geöffnet.

Französische Einflüsse macht auch François Lurton geltend, dessen Gut **Piedra Negra** in Los Chacayes 2023 das 30. Weinlesefest feierte. Anne Bousquet und Ehemann Labid Al Ameri leiten das Bioweingut **Domaine Bousquet**. Der italienische Weinbauspezialist Alberto Antonini war ab der ersten Stunde bei **Altos Las Hormiga**s dabei; der Amerikaner Michael Evans war 2004 Mitbegründer von **The Vines of Mendoza**. Alle Güter können besichtigt werden.

Das Abenteuer der Laguna del Diamante

Regionales Schutzgebiet Laguna del Diamante

Die dreistündige Autofahrt von Tunuyán nach Pareditas mit weiteren 60 km auf einem unbefestigten Fahrweg im südlichen Teil des Departamento San Carlos mit dem Ziel der Laguna del Diamante ist ein spannender Ausflug.

Nach dem diamantförmigen Spiegelbild, das der Vulkan Maipo im kobaltblauen Wasser erzeugt, erhielt die Lagune ihren Namen, die im gleichnamigen Schutzgebiet liegt. Ihre Lage in 3325 m Höhe bedingt intensive Wettererscheinungen, z. B. heftige Windböen, gegen die passende Kleidung hilft.

Auf einer leichten Wanderung von ein oder zwei Stunden ist eine Guanakoherde – ein dominantes Männchen wacht über sie auf erhöhtem Grund – in ihrem überwältigend schönen Lebensraum zu beobachten, dann kann ein windgeschützter Platz für ein Picknick gesucht werden. Mit einem Fernglas lassen sich auch Füchse und Flamingos im Schutzgebiet beobachten.

Geübte Wanderer können eine anspruchsvolle, 17 km lange Strecke zum ersten Vulkan unternehmen, dessen Gipfel 5323 m hoch ist. Der Aufstieg dauert etwas über vier Stunden und wird mit prachtvollen Aussichten über die Lagune belohnt. Auf beiden Routen ist es unwahrscheinlich, vielen anderen Wanderern zu begegnen. Das Schutzgebiet ist nur im Sommer zwischen Januar und April geöffnet.

GUTE KULTURVERANSTALTUNGEN

Wine Rock
Alljährliches Rockfestival im Weingut Monteviejo mit dem Winzer und Gitarristen Marcelo Pelleriti und den besten Rockmusikern Argentiniens. Im Spätherbst.

Rally de las Bodegas
Im März treten Oldtimer-Freunde in ihren Lieblingskarossen auf einer 700 km langen Rallye, die seit 30 Jahren stattfindet, gegeneinander an.

Música Clásica por los Caminos del Vino
Große Anziehungskraft geht bei den Feiern zur *vendimia* (Weinernte) im März von den Konzerten klassischer Musik aus, die in Bodegas stattfinden.

Rund ums Valle de Uco

UNTERWEGS VOR ORT

Ein Mietwagen ist praktisch, um die Weingüter und Unterkünfte leichter zu erreichen, ebenso für Ausflüge in die Region. Busse verkehren zwischen San Rafael und Malargüe; Busse fahren auch vom Busbahnhof in San Rafael nach Valle Grande und El Nihuil ab.

TOP TIPP

In vielen der traditionellen Bodegas von San Rafael gelten feste Besuchsprogramme, sie können auch große Reisegruppen aufnehmen, Reservierungen sind daher in der Regel nicht notwendig. Diese Region steht vielmehr für entspannten Weingenuss als für Investitionsobjekte.

Einem langsameren Lebensrhythmus in einer anderen Andenlandschaft folgen: Die Städte San Rafael und Malargüe sind gute Stützpunkte.

Von Tunuyán in Valle de Uco sind es zwei Autostunden nach San Rafael und Malargüe, die Hauptorte der südlichen Provinz Mendoza. Bei Pareditas führt die RN40 weiter nach Malargüe und zum Skigebiet Las Leñas oder in einer Abzweigung auf der RN143 nach San Rafael.

Der Lebensrhythmus verlangsamt sich in diesem südlichen Teil der Provinz, die Landschaften öffnen sich. Dutzende historischer Weingüter können in San Rafael besichtigt werden, der Ort ist auch eine gute Basis für größere Touren, z. B. Rafting im Cañon del Atuel oder zu den Vulkanen von Malargüe.

San Rafael

AB DEM VALLE DE UCO: **2 STD.**

Entspannte Lebensart in San Rafael

Lässt man Valle de Uco hinter sich, verwandelt sich die Szenerie während der Fahrt auf der RN40 nach San Rafael bald in eine Trockensteppe mit eher flachen Erhebungen. Beim Blick in den Rückspiegel wird es deutlich – die Anden sind nicht mehr zu sehen.

San Rafael ist eine große Stadt und zugleich ein Abbild der Provinzhauptstadt mit Bewässerungskanälen und von Bäumen beschatteten Avenuen. Das Lebensgefühl ist entspannt – hier schlafen Leute tatsächlich während der Siesta. Die Gegend ist als Weinbaugebiet bekannt; nach einer 15-minütigen Fahrt vom Stadtzentrum erstrecken sich Bauernland und Weingärten, der Weinbau wird traditionell betreiben. Es ist erfreulich, wenn der Wein einmal nicht als kommerzielle Ware gehandelt wird. Weiß getünchte Hauswände und jahrhundertealte landwirtschaftliche Geräte sind in den nah beieinander liegenden Bodegas entlang der RP173, auch Calle Cubillos genannt, zu

GUAXINIM/SHUTTERSTOCK ©

Cañón del Atuel

sehen. Die meisten bieten Führungen zu festen Zeiten (gratis oder gegen eine geringe Gebühr) an, beispielsweise **Finca El Nevado, Bodega 1920** und **Bodega Labiano** (Letztere mit einem Springbrunnen im Malbec-Farbton). Das warme Klima bringt kräftige Rotweine wie Cabernet Sauvignon, Bonarda und Malbec hervor.

Große Namen wie **Bianchi** und **Suter** prägen die Weinproduktion von San Rafael; in beiden Gütern sind Besucher willkommen. Ein modernes und luxuriöses Anwesen ist **Algodón Wine Estates**, Reisende mit großem Budget können hier übernachten.

Cañón del Atuel

AB DEM VALLE DE UCO: **2 STD. 30 MIN.**

Wasser und Berge treffen im Cañón del Atuel aufeinander

Mit dem Auto sind es 40 Minuten von San Rafael zum **Cañón del Atuel**, dessen schroffe Felsen zwei aquamarinblaue Stauseen umschließen. Viele Outdoor-Sportarten sind möglich. Die Fahrt auf der RP173 durch Valle Grande an Villa El Nihuil vorbei wird immer interessanter, wenn die Straße kurvenreicher wird, Felsen emporragen und Pfefferbäume und Trauerweiden den Weg zum Río Atuel säumen. Die Stauseen Embalse Valle Grande und Embalse El Nihuil sind menschengemacht. Die natürlichen Felsformationen, von denen sie eingeschlossen sind, bilden schöne Reflektionen auf den Wasserflächen.

Beim Restaurant **La Barra** gibt es Parkplätze, gleich hinter der Brücke des Embalse Valle Grande. Von dort führt ein Wanderweg an den Ufern entlang. Ebenso entspannend ist ein Nachmittagsausflug mit einem Katamaran auf dem Embalse Valle Grande zum sandigen Strand der Playa Portal del Atuel. Dieses und andere Outdoor-Abenteuer – Wildwasserfahrten, Schluchtenwandern, Klettertouren und spannende

DAS ERSTE ÖKOLOGISCHE WEINGUT ARGENTINIENS

Obwohl in vielen Bodegas von San Rafael der Fokus eher auf Quantität als auf Qualität liegt, ist in der Region auch das erste für den ökologischen Weinbau zertifizierte Weingut in Argentinien ansässig. Nach langjähriger Mitarbeit im Familienbetrieb hat der Winzer Alejandro Bianchi in dritter Generation sein eigenes Projekt gestartet. Heute ist **Finca La Encantada**, die er eigenhändig gebaut hat, eine charmante Lodge mit vier Zimmern, die wie **Finca Dinamia** mit Japanischen Wollmispeln und Weinreben auf einem jahrhundertealten Bauernhof steht. Das ökologische Weingut liegt 15 Autominuten südwestlich von San Rafael.

Alejandro Bianchi hat sich auf Malbec spezialisiert und produziert zwei Weine, die in eiförmigen Betontanks und französischen Eichenfässern in La Encantada reifen; der Winzer führt auch Gäste durch die kleine Produktionsanlage. Außerdem wird auf dem Gelände Bioschokolade hergestellt.

Wildwasserfahrten und Trekking-Ausflüge bei Nacht – können beim Tourenveranstalter **Portal del Atuel** gebucht werden. Da Kondore im Cañón del Atuel heimisch sind, können Vogelfreunde die Fahrt zum Mirador de los Cóndores fortsetzen (8 Min. von La Barra). Die mächtigen Andenvögel lassen sich von Luftströmungen tragen, sie bewegen kaum ihre Schwingen, bis sie sich plötzlich fallen lassen oder hoch in den Himmel aufschwingen. Die Vögel brüten im Canyon – die Chancen, einen zu sehen, stehen nicht schlecht.

Die Bergstraße führt am Embalse Valle Grande entlang südwestlich in einer Stunde zum zweiten Stausee, Embalse El Nihuil. Hier ist der beste Platz zum Kitesurfen; ein geeigneter Veranstalter ist **Nihuil Kite & Aventura**.

RUND UM SAN RAFAEL

Bodega Tornaghi
Das älteste Weingut in San Rafael ist ohne Unterbrechung seit 1883 in Betrieb; zur Freude der Gäste gibt es einen leichten Malbec.

Laberinto de Borges
Ein Labyrinth voller literarischer Anspielungen zum Gedenken an den argentinischen Dichter und Nobelpreisträger Jorge Luis Borges.

Salinas del Diamante
Die alten Salinen werden seit 100 Jahren bewirtschaftet; Fahrten durch die schneeweiße Landschaft können gebucht werden.

Malargüe

AB DEM VALLE DE UCO: **2 STD. 40 MIN.**

Was dem kleinen Malargüe an großstädtischer Dynamik fehlt, macht es mit eindrucksvollen vulkanischen Landschaften wett; überdies ist es ein guter und preiswerter Ort für Übernachtungen und relativ nahe (70 km) zum Skigebiet Las Leñas. Eine faszinierende Nachbarschaft von Parks, Lagunen und sogar einer Hexenhöhle bildet die Umgebung, die am besten mit dem Mietwagen zu erkunden ist.

Vogelfreunde finden in der Reserva Provincial Laguna de Llancanelo ihr Revier: einen malerischen hohen Bergsee 60 km südöstlich von Malargüe, Lebensraum von Enten, Schwarzhalsschwänen, Möwen und Krickenten sowie 100 weiteren Spezies; außerdem sind Andenflamingos zu beobachten. Vulkanologen sind im spektakulären Parque Provincial La Payunia, 200 km südlich von Malargüe, genau richtig. Der 4500 km^2 große Park besitzt die höchste Dichte von Vulkankegeln auf der Welt (über 800) – eine Szenerie wie auf einem anderen Planeten. 65 km von Malargüe liegt die Caverna de las Brujas; die 5 km lange „Hexenhöhle" besteht aus Kalkstein und ist voller Stalaktiten und Stalagmiten, ein nationales Naturdenkmal. Bei einem Tourenveranstalter, z. B. Karen Travel, können zwei- oder dreistündige Touren gebucht werden.

Las Leñas

AB DEM VALLE DE UCO: **3 STD.**

Schneesaison in Las Leñas

Es gehört zu Argentiniens exklusivsten Skigebieten: Zwischen Juni und September kommen *mendocinos* in großer Zahl nach **Las Leñas**, um ein Wochenende im Schnee zu verbringen, ebenso *porteños* (Leute aus Buenos Aires), die mit dem Flieger vom Aeroparque Jorge Newbery am Flughafen San Rafael landen und ins 200 km entfernte Skigebiet fahren. Es ist

ÜBERNACHTEN RUND UMS VALLE DE UCO

Finca La Encantada
Charmante Lodge mit vier Zimmern; der Winzer Alejandro Bianchi hat sie aus wiederverwerteten Materialien gebaut. $

Algodon Wine Resort
Eine Lodge umgeben von Weinbergen und dem gleichnamigen Weingut. Mit einem Golfplatz. $$$

El Nevado
Am Rand von Malargüe wird das preiswerte, aber behagliche Hotel von gastfreundlichen Inhabern geführt. $

Snowboard fahren, Las Leñas

darüber hinaus ein gefragtes Trainingsgebiet für Profisportlern aus der nördlichen Hemisphäre. Aus welcher Himmelsrichtung sie auch kommen: Die Anziehungskraft geht vom trockenen Pulverschnee dieser Andenhänge aus.

Der Ferienort Las Leñas liegt 2240 m hoch, der Berg erreicht eine Höhe von 3430 m und besitzt 30 Ski- oder Snowboard-Pisten, es gibt also ausreichend Platz. In der Skischule werden Anfänger auf die Abfahrt vorbereitet, erfahrene Skifahrer werden vom Lift El Marte in schwieriges Terrain mit Schwarzen Pisten gebracht. In den letzten Jahren hat sich im Zuge des Klimawandels die Dauer der Skisaison erheblich verkürzt, sodass häufig auch Schneemaschinen in Las Leñas zum Einsatz kommen.

Es gibt fünf Hotels und mehrere Aparthotels mit Zimmern für Selbstversorger, die bis zu sechs Gäste aufnehmen können (mit Zimmerservice). Die Hotels haben zwar Pauschalangebote inklusive Skipässe; preiswerter ist jedoch ein Zimmer oder eine Ferienhütte in **Los Molles**, eine Autostunde von Las Leñas entfernt.

DIE SCHÖNSTEN NATURWUNDER

La Payunia
Guanakos und *ñandús* streifen durch den Parque Provincial La Payunia.

Flug der Kondore
Mit dem Fernglas sieht man die Kondore über dem Cañón del Atuel viel besser.

Pozo de las Ánimas
Zwei fast identische türkisfarbene Seen machen sich gut als Fotomotive auf der Fahrt nach Las Leñas.

Provinz San Juan

UNTERWEGS VOR ORT

Die Provinz San Juan und ihre weit verstreut liegenden Sehenswürdigkeiten sind am besten mit dem Mietwagen zu bereisen – für Fahrten über steinige Bergstraßen und Schotterwege ist ein Geländewagen zu empfehlen.

TOP TIPP

Die Provinzhauptstadt San Juan ist eine charmante Stadt, die sich leicht zu Fuß durchqueren lässt. Wer über Nacht bleibt, kann den ruhigen Takt der Stadt wahrnehmen. Für weitere Fahrten in die Provinz ist ein Mietwagen, vorzugsweise mit Allradantrieb, notwendig.

Eine entspanntes Lebensgefühl herrscht in der ruhigen Provinz San Juan, ihrer gleichnamigen Hauptstadt und in den umgebenden Tälern – die Natur ist voller Überraschungen für entdeckungsfreudige Reisende. Tradition und Siesta wirken besänftigend nach den visuell fordernden Weingütern und Restaurants von Mendoza; die Provinz San Juan bleibt in vielem erfreulich weit hinter ihrer Nachbarprovinz zurück.

Auf den langen, schattigen Boulevards der Provinzhauptstadt entlang zu schlendern ist eine angenehme Art, die Batterien wiederaufzuladen. Mit ihren guten Restaurants und einigen Museen, darunter ein Weinmuseum, ist die Stadt ein guter Standort für Fahrten durch die rauen Landschaften der weiteren Region, da es auch einige Hotels gibt. Sogar eine Ruta del Vino bietet sich – weniger kommerziell als in Mendoza – zur Entdeckung an, das bedeutet auch weniger Gedränge und die Möglichkeit, mit den Winzern in näheren Kontakt zu kommen.

Die Stadt ist im Flugzeug (1¾ Std.) von Buenos Aires oder im Auto (2¾ Std.) von Mendoza (Stadt) auf der RN40 erreichbar.

Plaza 25 de Mayo

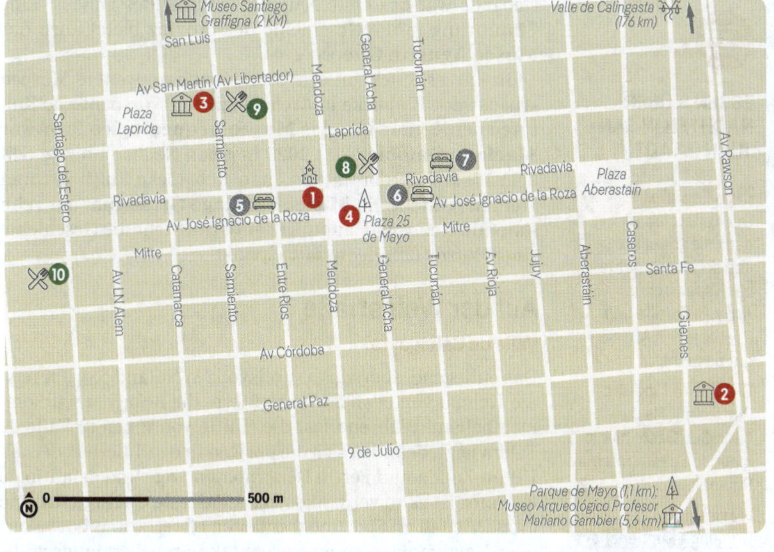

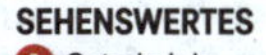

SEHENSWERTES
1 Catedral de San Juan Bautista
2 Museo Agustín Gnecco
3 Museo y Biblioteca Casa Natal de Sarmiento
4 Plaza 25 de Mayo

SCHLAFEN
5 Del Bono Central Hotel
6 Hotel Provincial
7 Hotel Selby

ESSEN
8 Club Español
9 Club Sirio Libanés
10 Mesa Uno

Das Zentrum der Hauptstadt San Juan

Am Wohnsitz der Sonne

Die Innenstadt von San Juan ist leicht zu Fuß zu erkunden. 1562 wurde die Stadt von spanischen Siedlern gegründet, ihre niedrigen Bauten, Aushängeschilder und Ladenfronten zeugen von ihrer Vergangenheit. Der weitläufige **Parque de Mayo** und die Plazas gewähren Ruhepausen in den heißen Sommermonaten – der Beiname Residencia del Sol verweist auf die durchschnittlich 300 Sonnentage im Jahr.

Ein Spaziergang kann am grünen Hauptplatz **Plaza 25 de Mayo**, dem Standort der **Catedral de San Juan Bautista** beginnen, deren Baustil überraschend modern ist – aus triftigem Grund. Die Stadt liegt in einem Erdbebengebiet. Aus diesem Grund sind nur wenige Bauwerke älter als 80 Jahre. Nach dem verheerenden Beben von 1944 wurde die Kathedrale rund dreißig Jahre später im Baustil der damaligen Zeit (1979) wiederaufgebaut. Der Backsteinturm kann bestiegen werden, von dort hat man einen herrlichen Panoramablick über die Stadt und das Flusstal des Río San Juan.

Das **Museo y Biblioteca Casa Natal de Sarmiento** ist nach dem Erzieher und Journalisten Domingo Faustino Sarmiento benannt, der auch Präsident Argentiniens war. In seinem Geburtshaus erfährt man viel über dessen Leben; das

DIE BODEGAS VON SAN JUAN

Die Provinz San Juan erstreckt sich über mehrere Weintäler; am bekanntesten sind Pedernal, Calingasta, Zonda, Ullum-Zonda, Iglesia und Jáchal. Jedes trägt das Qualitätssiegel der IGP, das die geschützte Herkunft der Weine bestätigt. In **Valle de Tulum** liegen die meisten Bodegas dieses Gebiets nah beieinander. Hier gibt es traditionelle und namhafte Weingüter wie **Augusto Pulenta**, **Argus**, **Callia** und **Champañeria Miguel Más**. Führungen und Verkostungen werden angeboten.

ESSEN & ÜBERNACHTEN IN SAN JUAN (STADT)

Club Español
Der Kellerclub ist dank niedriger Preise und solider Gerichte nach spanischer Art, z.B. Tortilla und Paella, jeden Abend gut besucht.

Club Sirio Libanés
Platten mit Mezze genießen Gäste hier in maurisch gestalteten Räumen.

Mesa Uno
Der junge Küchenchef arbeitet mit Bauern der Region zusammen, um aus ihren Erzeugnissen z.B. gebratenen Salat und gekochte Rinderzunge zu kreieren.

Hotel Provincial
Abseits der Plaza 25 de Mayo bietet das Hotel eine behagliche Unterkunft. Mit eigenem Parkplatz.

Hotel Selby
Einfache und gut proportionierte Zimmer, dazu in zentraler Lage.

Del Bono Central Hotel
Zeitgemäßes Design, ein Swimmingpool auf dem Dach und ein Spa sind Pluspunkte dieses Hotels.

Gebäude war das erste Nationaldenkmal des Landes. Eine Einführung in die Geschichte der Provinz bietet auch das **Museo Agustín Gnecco**.

Ein kurzes Stück entfernt sind noch zwei weitere Museen sehenswert. Einblicke in Archäologie und vorspanische Kulturen der Region, gibt das **Museo Arqueológico Profesor Mariano Gambier**, das 2023 in einen Neubau umzog. Seit dem 16. Jh. werden in San Juan Rebstöcke kultiviert und Wein hergestellt; im **Museo Santiago Graffigna**, nur zehn Autominuten vom Hauptplatz entfernt, steht die Geschichte einer Winzerfamilie im Mittelpunkt.

Auf der Weinstraße

Valle de Calingasta

Das entlegene, aber äußerst reizvolle Weinland San Juan ist die Heimat von etwa 25 Weingütern, die Besucher willkommen heißen. Während fast die Hälfte von ihnen in Valle de Tulum liegt, befinden sich die übrigen in den Tälern Pedernal, Ullum-Zonda und Fértil. Der erhöhten Lage und dem Río de los Patos ist es zu verdanken, dass **Valle de Calingasta** eine große Vielfalt an Sportmöglichkeiten bietet, z. B. Wildwasser- oder Kajakfahrten in einer spektakulären Berglandschaft; auch Weinproben und Führungen durch Bodegas sind möglich.

Das attraktive Tal ist auf einer vierstündigen Autofahrt, die teilweise über unbefestigte Wege führt, von der Hauptstadt San Juan zu erreichen. In sanften Kurven führt die Fahrt an sieben überwältigend schönen Gipfeln der Cordillera de Ansilta vorbei; vielleicht ist der Aconcagua in der Ferne zu sehen. In Valle de Calingasta sind sieben gastfreundliche Bodegas in den Dörfern Sorocayense, Villa Pituil und Barreal ansässig. Im letztgenannten sind Weinproben bei **Cara Sur**, **Los Dragones**, **Entre Tapias** und **Finca Basin** möglich; die ersten beiden produzieren Bio- und Naturweine. Barreal liegt 20 km vom **Parque Nacional El Leoncito** (S. 294) entfernt, ein schönes Ziel für einen Halbtagesausflug. In Sorocayense gibt es Kostproben bei **Alta Bonanza de los Andes** oder Aufschnittspezialitäten mit Verkostung von drei Weinen bei **35.cinco** in Villa Pituil. Die meisten Bodegas erzeugen Rotweine wie Malbec und Bonarda, bei Cara Sur werden alte Rebsorten wie Criolla Blanca und Criolla Negra kultiviert.

ÜBERNACHTEN IN CALINGASTA

Posada de los Patos
Einen Aufenthalt in einer von zehn Suiten in Adobe-Bauweise ermöglicht das Refugium südlich von Barreal. $$$

Acrux Barreal
Nach der Nachtruhe in einem geräumigen Zimmer genießt man ein Frühstück mit Andenblick. $$

Posta Celestino
Ein behagliches Hotel mit einfacher Raumgestaltung; zu den Annehmlichkeiten gehört ein Swimmingpool im Freien. $$

JAMES BRUNKER/ALAMY STOCK PHOTO ©

Valle de Calingasta

Rund um San Juan

Mondlandschaften und Saurierfossilien sind die Anziehungspunkte dieser eher unbekannten Provinz in der zentralen Andenregion.

UNTERWEGS VOR ORT

Die wunderbaren Parks und Landschaften von San Juan lassen sich am besten mit dem Mietwagen, vorzugsweise mit Allradantrieb, bereisen. Eine gute Alternative ist eine Tour zum Parque Provincial Ischigualasto (Ausgangspunkt ist in der Stadt San Juan); die Touristeninformation gibt Auskunft.

TOP TIPP

Große Entfernungen und holprige Straßen machen eine sorgfältige Planung (Tankfüllung, Tankstellen und Restaurants entlang der Fahrtroute) notwendig. An warme Kleidung, Wasser und Sonnenschutz ist außerdem zu denken.

Surreale Mondlandschaften und stilles Weinland machen eine Reise in die Tiefe der Provinz San Juan zu einem Erlebnis. Entstammt die Weinproduktion Argentiniens auch zum größten Teil aus der Nachbarregion Mendoza, beansprucht San Juan immerhin einen Anteil von 16 %.

Die Anden sind hier näher, weniger schneebedeckt als felsig-karg. Besucher dieser spärlich besiedelten Gegend können sich wie die einzigen Bewohner des Planeten fühlen. Eine Herausforderung sind die *rutas provinciales*; diese langen Strecken führen durch raues Terrain, doch die schönen Ziele – der **Parque Provincial Ischigualasto** und der **Parque Nacional El Leoncito** – sind die Mühe wert.

© GUAXINIM/SHUTTERSTOCK

Parque Provincial Ischigualasto

SUNSINGER/SHUTTERSTOCK ©

Valle de la Luna

Parque Provincial Ischigualasto

AB SAN JUAN: **3 STD. 30 MIN.**

Ein Traumziel für Geologen und Paläontologen

Wer schon einmal davon geträumt hat, auf dem Mond spazieren zu gehen, kommt diesem Traum im **Parque Provincial Ischigualasto** ziemlich nah. Der Name bedeutet „Land ohne Leben" in der Sprache der indigenen Diaguita; gebräuchlicher ist der Name Valle de la Luna (Tal des Mondes). 3½ Std. dauert die Fahrt nördlich von San Juan auf der RN40 – mit einer Übernachtung im kleinen Ort San Agustín del Valle Fértil, der 70 km vom Park entfernt liegt (via RP150).

Das Wüstental ist die Fundstätte von Fossilien, die etwa 230 Mio. Jahre alt sind; in dem Park, von der Unesco zum Weltnaturerbe erklärt, sind zahlreiche Ablagerungen aus der Trias (Erdzeitalter) zu finden. Im hiesigen Museum sind Fossilien der Saurier Herrerasaurus und Eoraptor lunensis zu sehen. Im Besucherzentrum ist eine Eintrittsgebühr zu zahlen, wo auch Führungen mit einem Parkranger vereinbart werden können.

Die Fahrt (3 Std.) im Mietwagen wird vom Ranger begleitet und führt durch fremdartige Felsformationen aus rotem Sandstein, Vulkanasche und Lehm, die alle ziemlich skurrile Namen tragen, z. B. **El Gusano** (Der Wurm), **El Submarino** (Das Unterseeboot) und **El Hongo** (Der Pilz). Die beiden letztgenannten zählen zu den am häufigsten fotografierten Sehenswürdigkeiten des Parks. Von den fünf feststehenden Routen gleicht Diurno Tradicional am ehesten einer Mondreise, während Quebrada de la Peña physisch am anspruchsvollsten ist. Vollmondwanderungen durch den Park oder Mountainbike-Touren sind unter www.ischigualasto.gob.ar im Voraus zu reservieren. In diesem „Land ohne Leben" sind Herden von Guanakos heimisch, die auf einer Fahrt durch Gestrüpp und Felsen zu sehen sind.

PARQUE NACIONAL EL LEONCITO

Der **Parque Nacional El Leoncito** hat dank einer geringen Lichtverschmutzung einer der klarsten Sternenhimmel der Welt – ein erstrangiges Ziel des Astrotourismus; der Eintritt in den Park ist frei. Eine Autofahrt (4 Std.) westlich der Stadt San Juan auf der RN40 und RP149 (35 km von Barreal entfernt) liegt die Einrichtung **Complejo Astronómico El Leoncito**. Hier befinden sich zwei Observatorien von Weltrang mit einem großen Spiegelteleskop, das nach dem argentinischen Astronomen Jorge Sahade benannt ist. Sternbeobachter sollten ihren Besuch um Neumond herum planen, da es bei Vollmond zu hell ist; nächtliche Besuche in der Sternwarte müssen weit im Voraus unter https://reservascasleo.com gebucht werden. Es gibt Übernachtungsmöglichkeiten in Schlafsälen, die bei der Reservierung (inkl. Abendessen und Frühstück) mitgebucht werden können.

CATHARINA VAN DELDEN/SHUTTERSTOCK ©

Oben: Asado, San Antonio de Areco (S. 304); rechts: Mar del Plata (S. 334)

Die Pampas & die Atlantikküste

GAUCHO-LAND, ESTANCIAS UND STRANDWÄLDER

Weideflächen von *estancias*, Poloclubs und Ruinen hinter gezähmten Dünen an der Küste – hier erwarten paranormale Aktivitäten, Sommerpartys und Craftbier die Besucher.

Dieses Gebiet umfasst die gesamte Provinz Buenos Aires, die bevölkerungsreichste Region des Landes. Das fruchtbare Weideland, Heimat von 40 % des argentinischen Nutzviehs, geht im Westen in die Sierras de Tandil über, im Süden erstrecken sich Küstenwälder, im Norden ein Salzsee und im Osten die architektonisch reizvolle Provinzhauptstadt La Plata.

JENIFER ROMAY/GETTY IMAGES ©

Das Criollo-Pferd und das Argentinische Polopferd kommen von hier, aber auch Kolonien aus Flamingos und Seelöwen sowie einsame Sumpfhirsche sind zu sehen. Als die Spanier ab dem 16. Jh. Argentinien besiedelten, brachten sie die Pferde mit, die berühmte Pferdeflüster-Technik entwickelten jedoch indigene Gruppen (Querandíes, Pampas und Tehuelche waren hier ursprünglich zu Hause). Zahlreiche Poloclubs und *estancias* (Farmen) bieten Touristen die Möglichkeit, das Landleben kennenzulernen, samt *asados* (Grillmahlzeiten) und Reitausflügen mit Gauchos (Cowboys der Pampas).

Bei Mar del Plata an der Küste ist ein Weinanbaugebiet entstanden, viel besser bekannt ist die Stadt aber als Geburtsstätte des argentinischen Craftbiers und als sommerliche Partydestination.

Die Provinz ist auch das religiöse Kerngebiet des Landes. Relativ häufig sind hier Pilgergruppen zu sehen, und man erzählt sich Geschichten über paranormale Ereignisse – ob Entführungen durch Außerirdische oder Geistererscheinungen im Wald.

DIE WICHTIGSTEN ZIELE

SAN ANTONIO DE ARECO
Die Gaucho-Stadt schlechthin.
S. 304

TANDIL
Wanderrouten und Feinkostläden von Weltformat.
S. 312

LA PLATA
Prächtige Archtitektur und Museen.
S. 326

MAR DEL PLATA
Strände, Partys und Brauereien.
S. 334

Erste Orientierung

Die Provinz Buenos Aires ist mit 307 571 km² die größte des Landes. Die Durchquerung per Bus kann über zehn Stunden dauern und die Fahrt an der 1200 km langen Küste entlang noch viel länger.

AUTO

Mit dem Mietwagen ist man unabhängig und gelangt leicht an Ziele im Norden, wo kaum Busse verkehren. Und man kann viele Ortschaften besuchen, in die sich ausländische Touristen nur sehr selten verirren.

BUS

In der Region verkehren Fernbusse zwischen den größeren Orten und Buenos Aires. Alle größeren Städte der Provinz haben ein öffentliches Bussystem.

ZUG

Mar del Plata, La Plata und einige andere Orte werden von der Eisenbahn angefahren – das ist eine der einfachsten Möglichkeiten, von Buenos Aires an diese Ziele zu gelangen.

San Antonio de Areco, S. 304

Rund um die schöne Stadt der Silberschmiede und Gauchos bieten *estancias* Urlaub auf dem Bauernhof mit herzhaften Mahlzeiten und Ausritten.

La Plata, S. 326

Die Hauptstadt der Provinz Buenos Aires ist eine Planstadt mit Freimaurer-Symbolik, einer Rockmusikszene, Brauereien und akrobatische Tanzshows.

Tandil, S. 312

Die Großstadt mit Kleinstadtseele bietet moderate Wandertouren und Feinkostläden mit den besten Wurst- und Käsesorten des Landes.

Mar del Plata, S. 343

In Argentiniens beliebtestem Badeort sind tagsüber Sonnenanbeter und abends Clubgänger unterwegs, die in der Saison Konzerte und Theater besuchen.

Perfekte Tage

San Antonio de Areco und La Plata bieten sich für einen Tagesausflug von Buenos Aires aus an, aber für die Strände, Ruinen und Berge ist unbedingt mehr Zeit einzuplanen.

ALEXANDR VOROBEV/SHUTTERSTOCK ©

Epoca de Quesos (S. 316)

Wenig Zeit

- In der Stadt **San Antonio de Areco** (S. 304) lässt sich Argentiniens Gaucho-Kultur erleben. An einem Tag auf einer *estancia* stehen ein Ausritt, eine *Asado*-Grillmahlzeit und eine Folklore-Show auf dem Programm. Wer über Nacht bleibt, kann am nächsten Tag noch die Stadt selbst besichtigen.

- Bei einem Bummel durch die Ateliers der Silberschmiede ein Messer, Schmuck oder eine Mate-Kalebasse mit Silberintarsien kaufen. Mittags gibt es in einer der rustikalen Bars leckere Mahlzeiten in großen Portionen. Eine kurze Fahrt führt dann nach **Luján** (S. 310) zu Argentiniens Schutzpatronin, oder man nimmt an einer Weinprobe im Weingut in **Campana** (S. 311) teil.

UNTEN: MAGAIZA/SHUTTERSTOCK ©, LAUTARO SOTO/SHUTTERSTOCK ©, MAXYM/SHUTTERSTOCK ©

Beste Reisezeit

Im Sommer herrscht an den Stränden von Mar del Plata Hochbetrieb. Im Herbst und im Frühling ist Wandersaison in Tandil.

JANUAR

In Mar del Plata und den umliegenden Strandorten beginnt die Sommersaison mit Konzerten, Theater und Partys.

MÄRZ

An Ostern pilgern Tausende durch den Wald zu den Kreuzwegstationen an Tandils **Vía Crucis** (S. 317).

JULI

100 Biere von lokalen Brauereiverbänden bietet La Platas **Festival de la Cultura Cervecera Platense** (S. 327).

Fünf Tage

- Einen Tag sollte man für **La Plata** (S. 326) einplanen, um die architektonischen Schätze wie die von Le Corbusier entworfene Casa Curutchet zu bestaunen und im Museo de La Plata die riesige Sammlung aus Knochen prähistorischer Tiere zu würdigen.

- Für **Tandil** (S. 312) sollte man ein paar Tage in Betracht ziehen, um in den zahlreichen Feinkostläden *picada* zu probieren und auf den Bergpfaden zu wandern. Ein Sessellift schwebt durch den Kiefernwald, und bei warmem Wetter sind am See manchmal Wasserschweine zu sehen.

- Den Abschluss bildet ein Ausflug zu den Ruinen von **Epecuén** (S. 318) und eine Übernachtung im nahen **Carhué** (S. 322) – samt Bad in den Thermen.

Länger als eine Woche

- **Mar del Plata** (S. 334) lockt zum Surfen, Sonnenbaden und Feiern mit Seafood und Craftbier. Die Wälder von **Villa Gesell** (S. 340) und **Miramar** (S. 229) sowie das Küstenweingut im Hipster-Dorf **Chapadmalal** (S. 341) sind einen Besuch wert.

- Weiter geht es nach **Bahía Blanca** (S. 319) mit Museen und möglichen Alien-Sichtungen und dann ins Landesinnere zu Wanderungen im **Parque Provincial Ernesto Tornquist** (S. 323) und auf den **Cerro Tres Picos** (S. 324).

- Wenn es zu kühl ist, dann bleibt man besser der Küste fern und besucht stattdessen die *estancias* bei **San Antonio de Areco** (S. 304) und **La Plata** (S. 326) oder übernachtet in einem Landgut in **Lobos** (S. 333) und lernt in **Cañuelas** (S. 332) das Polospielen.

AUGUST

Die Flamingos bei den Ruinen von **Epecuén** (S. 318) besuchen, danach lockt ein warmes Bad in den nahe gelegenen Thermen.

SEPTEMBER

Auf einer Wanderung im **Parque Provincial Ernesto Tornquist** (S. 323) ist der seltene Iguana de Cobre zu sehen.

OKTOBER

Bei der **Peregrinación a Pie de la Juventud** (S. 310) wandern über eine Million Pilger nach Luján zu Argentiniens Schutzpatronin.

NOVEMBER

Gauchos feiern auf der **Fiesta de la Tradición** (S. 307), und Cineasten versammeln sich auf dem Mar del Plata International Film Festival.

San Antonio de Areco

UNTERWEGS VOR ORT

Es gibt zwar öffentliche Busse, aber die meisten Attraktionen (außer den *estancias*) liegen nahe beieinander. Ein Auto ist ideal für die *estancias* und Orte in der Umgebung. Oder man bucht bei den *estancias* direkt oder in einer der *Remise*-Agenturen eine Transportmöglichkeiten. In der Stadt gibt es mehrere Fahrradverleihe, viele Einwohner sind mit Rädern oder Mopeds unterwegs.

☑ TOP TIPP

Zwischen 12 und 15 Uhr ist fast alles in der Siesta geschlossen. Nicht alle Lokale sind täglich geöffnet. Freitags, samstags und sonntags gibt es die meisten Freizeitangebote und Speise-Optionen. Rund um die Feiertage werden die Öffnungszeiten geändert.

An San Antonio de Arecos gepflasterten Straßen befinden sich *pulperías* (Gaucho-Saloons), viele Silberschmiede, die *facones* (Gaucho-Messer) und *rastras* (Gaucho-Gürtel) anfertigen, und ein Laden für selbst gemachte Schokolade. In den hübschen, baumgesäumten Straßen treffen Tradition, Qualität und Beschaulichkeit aufeinander. Wer hier neu ankommt, fühlt sich sofort entspannter und ruhiger.

Hier verschwimmt die Grenze zwischen Realität und Fantasie. Der Autor des Gaucho-Romans *Don Segundo Sombra*, Ricardo Güiraldes, schuf seine Hauptfigur Don Segundo nach dem Vorbild des hiesigen Gauchos Segundo Ramírez, der auch die Zeichnungen von Osvaldo Gasparini inspirierte. San Antonio de Areco ist das Tor zu den majestätischen Pampas, ein Aufenthalt auf einer *estancia* am Stadtrand ist eine tolle Gelegenheit, in die Welt der Volklslieder, Pferdeflüsterer und *asados* einzutauchen.

SUNSINGER/SHUTTERSTOCK ©

Gauchos, Fiesta de la Tradición (S. 307)

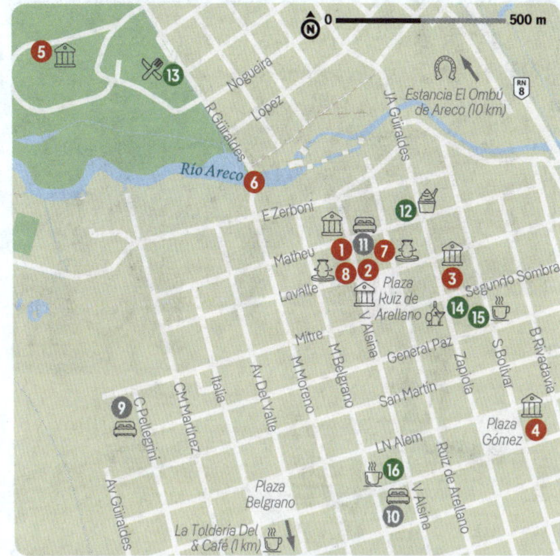

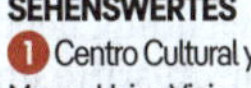

SEHENSWERTES
1 Centro Cultural y Museo Usina Vieja
2 Mariano Draghi Orfebre
3 Museo de Arte La Recova
4 Museo Evocativo Osvaldo Gasparini
5 Parque Criollo y Museo Gauchesco Ricardo Güiraldes
6 Puente Viejo

AKTIVITÄTEN, KURSE & TOUREN
7 Alquimia
8 El Fogón

SCHLAFEN
9 Estancia La Cinacina
10 Hostel Casa Suri
11 Hotel Draghi

ESSEN
siehe 3 Almacén de Ramos Generales
12 La Olla de Cobre
13 Pulpería lo de Tito

AUSGEHEN & FEIERN
14 Boliche de Bessonart
15 La Vieja Soderia
16 Tucano

URSPRÜNGE DER DOMA INDIA

Pferde waren einst nicht in Argentinien heimisch. Als die Spanier sie im Zuge ihrer Besiedlung der Pampas einführten, brachen ein paar aus und vermehrten sich in der Wildnis. Daraus entstand die Criollo-Rasse. Als die indigenen Völker sie einfingen, entwickelten sie eine Art des Pferdeflüsterns – sie zähmten sie mithilfe von Pfiffen, Rufen und Knüffen, heute als „Doma India" bekannt. Die Gauchos übernahmen dies für die Zähmung ihrer Pferde. Sie trainieren jedoch nicht alle ihre Pferde mit dieser Methode, sondern nur diejenigen, die sie behalten wollen.

Ausritte & Pferdeflüsterer

El Ombú de Areco

Ein Tag oder eine Nacht auf einer *estancia* ermöglicht es, die Pampas so zu erleben, wie sie vor Hunderten von Jahren waren: Hier sind die alten Bräuche wie Singen, Grillen und Reiten lebendiger Alltag. Ursprünglich waren die *estancias* eine Art Landgeschenke an spanische Siedler. Nach mehreren Umgestaltungen wurden sie schließlich verkleinert, aber immer noch betreiben sie wohlhabende Familien, die für die Farmarbeit Gauchos beschäftigten. Dies beendete deren Nomadenleben, bot ihnen aber auch mehr Stabilität.

Die **Estancia El Ombú de Areco** ist die teuerste *estancia* in San Antonio de Areco, ist aber ihr Geld (Vollpension pro Person ab 375 US$) wert; Gäste ohne eigenen Wagen werden auf Anfrage abgeholt. Die Option *día del campo* (eintägiger Landausflug) ist preiswerter. Al-

GAUCHO-GUIDE

Mehr über die Geschichte der **Gauchos** und deren bedeutenden Einfluss auf die argentinische Kultur erfährt man auf Seite 510.

SCHOKO-STOPP

Ein kleines Ziegel-Holz-Haus in der Matheu-Straße ist bei einem Besuch in San Antonio de Areco für jeden Argentinier ein Muss: **La Olla de Cobre** (Der Kupfertopf). Die Schokoladen- und *Alfajores*-Fabrik wird von einer Familie betrieben und ist vor allem für ihre *alfajores* (Doppelkekse mit *dulce de leche* und Schokoüberzug) bekannt. Die Theke im Laden präsentiert *marroc* (Schokolade und Erdnussbutter), weiße Schokolade mit Mandeln, Rumrosinen im Schokomantel und viele andere Leckereien. Einfach probieren, den Schokoduft genießen und durch das Fenster in die Küche blicken, in der die Schokoträume per Hand hergestellt werden. Besonders die *alfajores* sind großartige Geschenke für argentinische Freunde.

SUNSINGER/SHUTTERSTOCK ©

Fiesta de la Tradición

lerdings gibt es bei einer Buchung mit Übernachtung neben denselben Aktivitäten mehr Mahlzeiten, mehr Ausritte und ein ländlich-elegantes Zimmer mit Holzofen in einem im italienischen Stil errichteten Gutshaus (1880).

Nach der Ankunft gibt es einen kurzen Rundgang und einen Vortrag über die Geschichte des Anwesens, ehe zu Mittag gegrilltes Rind-, Schweine- und Hähnchenfleisch serviert wird. Dazu spielt eine Folkloregruppe Lieder mit Gaucho-Geschichten und lädt die Gäste zum Tanzen ein. Nach einer Doma-India(Pferdeflüsterer)-Vorführung folgt ein von Gauchos begleiteter Ausritt über das 300 ha große Gelände, auf dem viele Nutztiere grasen. Abendessen, Frühstück und ein weiterer Reitausflug am Morgen runden den Aufenhalt ab.

Die Ateliers der Silberschmiede

Messer, Schmuck und Kalebassen – von Hand gefertigt

Die Silberschmiedekunst in der Provinz Buenos Aires geht auf das 16. Jh. zurück und wurde vor allem von spanischen und portugiesischen Einwanderern populär gemacht. San Antonio de Areco ist mit rund 100 Silberschmieden der beste Ort, um z. B. Gaucho-Dolche, Schmuck und *Mate*-Sets (silberverzierte Kalebassen und *bombillas*, Trinkröhrchen mit Siebeinsatz) zu kaufen.

ÜBERNACHTEN IN SAN ANTONIO DE ARECO

Hostel Casa Suri
Zentral gelegenes, sauberes Hostel mit netten Besitzern, guten Vibes und schnurrenden Katzen. **$**

Hotel Draghi
Hier schlafen die Gäste in luxuriösen Stallungen hinter einer Silberschmiede. **$$**

Estancia La Cinacina
Die 180 Jahre alte *estancia* befindet sich nur zehn Gehminuten vom Stadtzentrum entfernt. **$$$**

Die bedeutendsten Silberschmiede sind die Familie Draghi, die am Hauptplatz ein Atelier und ein Museum, **Mariano Draghi Orfebre**, besitzt. Das Museum (Eintritt 2 US$) präsentiert Ausstellungen zur Geschichte der Silberschmiedekunst in Argentinien (Beschriftung in Spanisch und Englisch). Im Atelier können Besucher den Silberschmieden bei der Arbeit zusehen. Sie fertigen traditionelle Gaucho-Messer, aber auch Ringe und Halsketten an. Mehrere vorgefertigte Artikel werden im Vorraum zum Kauf angeboten, Kunden können aber auch individuelle Stücke in Auftrag geben.

Auch zwei weitere Silberschmiedateliers lohnen den Besuch. Eines ist das alternativer angehauchte **Alquimia** an der Arellano, das auf zarten, kreativen Schmuck aus Silber, Kupfer und Bronze spezialisiert ist und viele von Ginkgoblättern inspirierte Stücke anfertigt. Und **El Fogón** in der Alsina-Straße bietet alles Mögliche rund um *mate* (der riesige *Mate*-Kessel im Laden ist ein tolles Fotomotiv). In vielen Läden und Ateliers kann man mit den Künstlern persönlich sprechen. Die Preise variieren beträchtlich – je nachdem, wonach man sucht und welche Details gewünscht sind und ob man sich mit vorgefertigten Artikel zufriedengibt oder etwas Individuelles möchte. Für alle, die auf der Suche nach einem hochwertigen, aber preiswerten Souvenir sind, bietet sich eine *bombilla* (etwa 2 US$) an.

DER GAUCHO-ERZÄHLER

Ricardo Güiraldes schrieb sein berühmtes Buch, *Don Segundo Sombra*, auf La Porteña, seiner Familien-*estancia* in San Antonio de Areco. Der Coming-of-Age-Roman handelt von einem gestandenen Gaucho, Don Segundo, der einem Jungen Weisheit und Arbeitsmoral beibringt. Don Segundo basierte auf Segundo Ramírez, einem echten Gaucho, der auf La Porteña arbeitete. Güiraldes gewann 1925 den Nationalpreis für Literatur, und San Antonio de Areco wurde zum beliebten Touristenziel. Laut dem Schriftsteller Jorge Luis Borges, einem Freund von Güiraldes, ist der Roman von Rudyard Kiplings *Kim* und Mark Twains *Huckleberry Finn* beeinflusst; er ist deshalb aber nicht weniger argentinisch.

Die Fiesta de la Tradición

Ein echtes Gaucho-Fest

In San Antonio de Areco findet einer der größten Gaucho-Events Argentiniens statt: die **Fiesta de la Tradición**. Das dreitägige Festival zollt der Geschichte der Gauchos, dem Criollo-Pferd und den Traditionen der Pampas Tribut. Seit 1939 steigt das Fest alljährlich am Geburtstag von José Hernández, dem Autor des epischen Gedichts „Martín Fierro", das die Gaucho-Kultur unsterblich machte.

2000 Gauchos mit *boinas* (Baskenmützen) und *bombachas* (Gaucho-Hosen) reiten durch die Straßen von San Antonio de Areco – die Parade ist am besten an der Plaza Ruiz de Arellano, dem Hauptplatz, zu sehen. Doch die meisten Veranstaltungen des Festivals finden im **Parque Criollo** am **Museo Gauchesco Ricardo Güiraldes** statt, etwa die Pferderennen und die *carrera de sortija*, bei der die Gauchos versuchen, im schnellen Ritt ein Stäbchen durch einen aufgehängten kleinen Metallring zu stecken. An einer riesigen Grillstation können sich die hungrigen Zuschauer Steaks und Steaksandwiches aussuchen. Zu den weiteren Attraktionen der Fiesta de la Tradición gehören beliebte folkloristische Lieder,

ESSEN & TRINKEN WIE EIN GAUCHO

Boliche de Bessonart
In dem 200 Jahre alten Laden, der zur Kneipe umgebaut wurde, hat schon der echte Don Segundo Sombra gegessen. $

Almacén de Ramos Generales
Das täglich geöffnete Restaurant bietet fachmännische Grillgerichte, viel Wein und antikes Landhausdekor. $$

Pulpería lo de Tito
In dem Lokal beim Fluss gibt es *empanadas*, *picada* und Bier. Nur von Freitag bis Sonntag geöffnet. $$

dargeboten von Gruppen in Gaucho-Kostümen, ein Handwerkermarkt und Gaucho-Barden.

Das Tagesticket ist unterschiedlich teuer, kostet aber in der Regel nicht mehr als 2 US$. Die Unterkunft für diese größte Veranstaltung in San Antonio de Areco ist freilich weit im Voraus zu buchen. Sonnenschutz und viel Wasser mitbringen, weil die meisten Events im Freien stattfinden. Das gesamte Programm wird auf sanantoniodeareco.com veröffentlicht – wer davon überfordert ist, kann sich bei **BA Cultural Concierge** (baculturalconcierge.com) eine individuelle Tour rund um die Fiesta organisieren lassen.

DIE PAMPAS & DIE ATLANTIKKÜSTE

Christine Gilbert, Autorin

„Ich liebe die Pampas und die Atlantikküste, weil sie voller Geschichten sind. Von geisterhaften Zwergen im Wald von Miramar bis zu den Menschen, die mit mir ihre Erinnerungen an den Untergang von Epecuén teilten – diese Region flüstert: ‚Sag mir, was du über Argentinien zu wissen glaubst, und ich zeige dir etwas völlig anderes.' Es ist eine Region der Träumer, der Verrückten, die die Dünen zähmen wollten, und der Pilger, die an göttliche Hilfe glauben. Die Menschen lieben Kunst und Qualität, manchmal sehen sie Außerirdische. Gauchos knuddeln ihre Pferde. Jeder isst gut, vor allem in Tandil, und wenn man sich mit jemandem unterhält, hört er wirklich zu."

San Antonio de Arecos Museen

Gaucho-Kunst und ein Flugzeug

San Antonio de Areco gilt offiziell als Argentiniens Hauptstadt der Traditionen, und in den hiesigen Museen wird den Besuchern klar, warum das so ist.

Der **Parque Criollo y Museo Gauchesco Ricardo Güiraldes** ist ein Museum, das sich dem Autor von *Don Segundo Sombra*, Ricardo Güiraldes, widmet und in einem nachgebauten *casco* (Ranchhaus) und der restaurierten *pulpería* (Laden mit Ausschank) **La Blanqueada** untergebracht ist. Zu sehen sind Güiraldes' Schreibtisch und Gaucho-Ornamente und -Werkzeuge, und auch die Bar dient nur noch als Exponat, getrunken wird hier nicht mehr. Der rosarote **Puente Viejo**, der auf das Gelände führt, ist ebenfalls ein historisches Nationaldenkmal. Die 1857 errichtete Konstruktion war Argentiniens erste Mautbrücke.

Wer auf der Suche nach erschwinglichen Gaucho-Gemälden ist, sollte das **Museo Evocativo Osvaldo Gasparini** besuchen. Gasparinis Sohn und Enkel, beide selbst Künstler, erzählen während der Führung durch das kleine Museum wunderbare Episoden aus ihrer Familiengeschichte. Wenn man an den Bildern Gefallen findet: Das **Museo de Arte La Recova** präsentiert weitere Werke von Gasparini.

Gleich hinter dem Hauptplatz befindet sich im alten Kraftwerk das **Centro Cultural y Museo Usina Vieja**, das sich mit der Geschichte von San Antonio de Areco selbst befasst. Im Garten sind Metallskulpturen und Holzschnitzereien von Gauchos und Pferden ausgestellt, im Inneren verschiedene Artefakte wie etwa die Arequero G1, ein Experimentalflugzeug, das Aroldo Gómez, seines Zeichens Erfinder und Gründer des hiesigen Flugclubs, in den 1980er-Jahren eigenhändig gebaut hat.

GUTER KAFFEE IN SAN ANTONIO DE ARECO

Tucano
Die hervorragende Kaffeebar serviert köstlichen Kuchen. Ideal zum Lesen. **$**

La Toldería Deli & Café
Exzellente Lattes, *alfajores* von La Olla de Cobre, eine Spielecke aus Holz und starkes WLAN. **$**

La Vieja Soderia
Typisch argentinische Bar mit Café in einer alten Limonadenfabrik. Zum Kaffee schmecken Churros. **$$**

Rund um San Antonio de Areco

Im Norden der Provinz mischt sich Weinland mit religiösem Tourismus und artenreichen Feuchtgebieten.

Im Nordosten und Südosten von San Antonio de Areco liegen Äcker, Industriestädte und schließlich der Fluss Paraná mit seinen massigen Sumpfhirschen und leuchtend blauen Spinnen. Die Region ist vom religiösen Tourismus geprägt, denn das ganze Jahr über pilgern Gläubige zur Statue der Jungfrau von Luján. Sogar ein paar Vorväter von Argentiniens Unabhängigkeit, die Generäle Manuel Belgrano und José de San Martín, baten hier um göttliche Hilfe im Krieg gegen Spanien. Hinter den aufwendigen religiösen Festen und skurilen Bräuchen verbirgt sich ein subtiler Mystizismus und tiefer Glaube, der im ganzen Land immer wieder zu Hoffnung inspiriert.

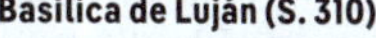

Basílica de Luján (S. 310)

UNTERWEGS VOR ORT

Mit dem Mietwagen oder einer bestellten *remise* (etwa von Remis Sol, 02326 45-5444) gelangt man am einfachsten von San Antonio de Areco nach Luján und Campana. Oder man bucht von Buenos Aires aus eine Tour direkt zum Weingut (hier stehen mehrere öffentliche Verkehrsmittel zur Auswahl). Wer die Wallfahrt von Buenos Aires nach Luján zu Fuß machen möchte, kann mit dem Bus oder dem Zug in die Metropolregion Buenos Aires zurückkehren, die Bahnlinie Sarmiento etwa fährt nach Liniers.

TOP TIPP

Die Buslinie 228d verbindet Luján und Campana, mit einem Mietwagen ist die Fahrt aber angenehmer.

DER SELTENE SUMPFHIRSCH

Am Stadtrand von Campana liegt einer von nur zwei Nationalparks in der Provinz Buenos Aires: der **Parque Nacional Ciervo de los Pantanos** (Sumpfhirsch-Nationalpark), benannt nach dem mittlerweile gefährdeten Sumpfhirsch, der mit bis zu 1,27 m Schulterhöhe größten Hirschart Südamerikas. Seine Hufe eignen sich besonders gut zum Schwimmen im Fluss des Parks; zudem verhindern sie, dass er im Sumpf einsinkt. Auf mehreren Pfaden im Park sind diese Hirsche und andere Wildtiere wie Otter, Wasserschweine und blaue Vogelspinnen zu erspähen. Zudem leben in diesem Park rund 200 Vogelarten, darunter Guane und Eisvögel.

Basílica de Luján

Luján

AB SAN ANTONIO DE ARECO: **1 STD.**

Wallfahrt zur Marienstatue

In der Provinz Buenos Aires finden mehrere Pilgerreisen statt, die berühmteste ist aber die Peregrinación a Pie de la Juventud (Fußwallfahrt der Jugend) von der Stadt Buenos Aires nach Luján. Bis zu 2 Mio. Pilger beteiligen sich an dieser größten Wallfahrt des Landes am ersten Sonntag im Oktober. Die 60 km lange Strecke führt vom Santuario de San Cayetano in Buenos Aires' Stadtteil Liniers zur Basílica de Luján. In der kleinen neugotischen Basilika mit 106 m hohen rosaroten Türmen ist die Virgen de Luján, Argentiniens Schutzheilige, untergebracht.

Viele Pilger machen sich in der Morgendämmerung auf den Marsch, der etwa 15 Stunden dauert; er ist zwar ermüdend, aber alles andere als langweilig. Unterwegs sind etwa Straßenhändler mit Wäscheleinen voller Socken an behelfsmäßigen Ständen zu sehen oder Priester, die in tragbaren Beichtstühlen die Beichte abnehmen, eine Segnungsstation und Karren voller Rosenkränze, die man kaufen kann. Viele Anwohner lassen die Pilger gegen eine kleine Gebühr ihre Toiletten benutzen, und Freiwilligengruppen bieten ihnen Wasser, Tee und andere Getränke an.

WEITERE FESTIVALS IN LUJÁN

Luján Flota
Beim Heißluftballon-Fest am 26. August können die Besucher in den Ballons mitfahren.

Ostern
Massenfußwaschungen, Orchesterkonzerte, Feuerwerke und die Verbrennung eines Judasbildes.

Peregrinación Boliviana
Teils bolivianisches Tanzfest, teils Wallfahrt vor der Basilika, immer Anfang August.

Auch abseits der Wallfahrt dient die Basilika als Zentrum für Veranstaltungen (wie etwa das Fest am Tag der Unbefleckten Empfängnis), und die Marienstatue steht immer hinter dem Hauptaltar. Auch die Krypta der Basilika lohnt den Besuch, weil hier eine Sammlung aus Marienstatuen aus der ganzen Welt zu sehen ist.

Campana

AB SAN ANTONIO DE ARECO: **1 STD.**

Edle Rebensäfte auf dem Land

Eine knappe Autostunde von San Antonio de Areco entfernt ist die **Bodega Gamboa** in Campana das der Stadt Buenos Aires am nächsten gelegene Weingut – damit ist sie eine gute Wahl für Besucher, die keine Zeit haben, um in die Weinregionen in Mendoza oder Salta zu fahren.

Das Weingut in Familienhand produziert ausschließlich aus den Trauben ihrer eigenen Reben jährlich rund 1000 Flaschen Wein, nämlich Malbec, Pinot Noir, Cabernet Franc und einen Verschnitt. Da in so kleinen Mengen produziert wird, sind diese Weine fast nur vor Ort zu verkosten, in der Regel werden sie nicht außerhalb des Weinguts angeboten. Am besten bucht man über die Website bodegagamboa.com eine ganztägige Tour (40 US$ pro Person), aber auch Agenturen wie Viator haben Ausflüge zur Bodega Gamboa im Programm (149 US$ pro Person inkl. Transport).

Die Führungen beginnen mittags mit einem Glas Schaumwein und einer Tour durch das Weingut, bei der ein Guide den Teilnehmern alles über die zehn hier angebauten Traubensorten erzählt. Dann geht es weiter ins Weinlager, in dem die Rebensäfte in Eichenfässern reifen, ehe die Gäste drei Weine verkosten dürfen (mind. einer davon ist immer ein Malbec), dazu gibt es Käse. Den Abschluss bildet ein Drei-Gänge-Menü aus saisonalen Produkten, mit Steak, Fisch oder Portobello-Champigons als Hauptgang.

Die Bodega Gamboa ist von Mittwoch bis Sonntag geöffnet, kann aber nur nach vorheriger Reservierung besucht werden. Am schönsten ist es hier im Frühjahr, wenn die Weinreben in voller Blüte stehen und das Gelände am fotogensten ist.

Virgen de Luján

DIE GESCHICHTE DER MUTTERGOTTES VON LUJÁN

In Argentinien sind Bilder der Virgen de Luján überall gegenwärtig, sogar in der U-Bahn, wo die Passanen kurz zu einem Gebet anhalten. Die Statue der Unbefleckten Empfängnis – Maria in einem blau-weißen Kleid steht auf einem Halbmond – soll heilende Kräfte haben und sich aus eigenem Willen fortbewegen. 1630 bestellte sich ein portugiesischer Landbesitzer in Santiago del Estero eine Marienstatue aus Brasilien. Unterwegs blieb der Ochsenkarren mit der Statue in Luján am Fluss stecken. Erst als die Statue heruntergenommen wurde, fuhr er weiter. Die Marienstatue kam in einen Schrein und später in die Basílica de Luján.

Tandil

UNTERWEGS VOR ORT

Mit den öffentlichen Bussen erreicht man die meisten Sehenswürdigkeiten. Busse verkehren von 6.30 bis 23 Uhr, meist muss man 10–30 Minuten warten. Für Ziele am Stadtrand empfiehlt sich ein Mietwagen, oder man bucht bei einem *Remise*-Unternehmen wie Remis Tandil (0249 442-3333), denn Taxis sind Mangelware. Für Selbstfahrer: Teilweise ist die Parkgebühr via SUMO-Touristenkarte zu entrichten, die es an Kiosken mit gelbem SUMO-Zeichen gibt.

TOP TIPP

Die Plaza Independencia ist Tandils Hauptplatz. Gegenüber, in der General-Rodriguez-Straße, befindet sich die Touristeninformation (Mo–Sa 9–17, So 9–13 Uhr).

In Tandil ist es nie weit zu gutem Essen oder Grünflächen. Die Stadt in den feuchten Pampas zählt zwar knapp 138 00 Einwohner, fühlt sich aber wie eine Kleinstadt an, in der weltberühmte Feinkostläden feine *picada* (Wurstwaren) verkaufen. Das Wandern in den Sierras de Tandil, einer rund 2,5 Jahrmillionen alten Bergkette rund um die Stadt, ist hier ein Volkssport.

Überall finden sich Zeugnisse der Geschichte der Ureinwohner wie der europäischen Einwanderer. Der Name „Tandil" ist eine Kombination aus zwei Mapuche-Wörtern, die „stürzen" und „Fels" bedeuten – eine Anspielung auf den berühmten Felsen Piedra Movediza, der einst am Rand eines Abgrunds wankte. Dafür, dass Tandil Argentiniens *Picada*-Hauptstadt ist, haben italienische und baskische Immigranten gesorgt, die hier Salami und Käse herstellten, die sehr bald als die besten im Land galten. Auch viele europäische Steinhauer kamen, um in den Steinbrüchen zu arbeiten, die man auf Wanderungen noch sehen kann.

Sessellift auf den Cerro El Centinela

Legenden und ein keltisches Horoskop

Vom Parkplatz aus führt ein kurzer Spaziergang bergauf zu dieser Felsformation, nach der der **Cerro El Centinela** (Wachtpostenberg) benannt ist. Der Legende nach wartete Yanquetruz, ein junger indigener Mann, auf dem Berg auf seine Liebste Amaiké – er wusste nicht, dass sie von den argentinischen Soldaten gefangen genommen worden war. Von seiner Liebe und Hingabe bewegt verwandelten die Götter seinen Geist in diesen Felsen.

Ein **Sessellift** (5 US$ pro Person) führt auf den Gipfel des Cerro El Centinela (298 m) hoch. Nach einer neunminütigen Fahrt durch den Kiefernwald helfen Mitarbeiter aus den Sit-

SEHENSWERTES
1 Cerro El Centinela
2 Monumento a Don Quijote de La Mancha
3 Mulita Footgolf de Tandil
4 Parque Independencia

AKTIVITÄTEN, KURSE & TOUREN
5 Monte Calvario
6 Valle del Picapedrero

SCHLAFEN
siehe 8 Hostel B&B Tandil
7 Hotel Roma
siehe 7 Mulen Hotel Tandil

ESSEN
8 Almacén Serrano
9 Bello Abril
10 Bistro Verde
11 El Banqueano Tandil
12 Época de Quesos
13 Huellas del Tandil
14 La Quesería
15 Ladran
16 Sydquet

zen. Links geht es zum **Keltischen Horoskop**, einem Garten mit über 20 Baumarten, die den verschiedenen Mondphasen, keltischen Gottheiten und ihren Eigenschaften entsprechen. Es gibt zwar eine Karte, es macht aber mehr Spaß, auf eigene Faust seinen Geburtsbaum zu finden, denn die Bäume sind gut markiert. Rechts vom Sessellift führt ein 450 m langer Weg zu einem felsigen Abhang und durch den Wald zu einer Quelle.

In der Hauptsaison wird der Sessellift täglich betrieben (11–17 Uhr), sonst nur samstags, sonntags und an Feiertagen. Beim Parkplatz gibt es einen Mountainbike-Verleih und Wasserrutschen, Ausritte werden angeboten. Unten und auf dem Gipfel gibt es jeweils ein Restaurant.

Cerro El Centinela

WANDERUNG UM DEN LAGO DEL FUERTE

Für die Wanderung rund um den Lago del Fuerte (Festungssee) braucht man eine gute Stunde, sie kann aber auch zwei Stunden dauern, je nachdem wie lange man sich an den einzelnen Punkten aufhält.

Startpunkt ist der 1 **Jardín Vertical Tandil**, eine vertikale Anpflanzung, die den Schriftzug „Tandil" ergibt. Hinter diesem beliebten Fotomotiv dösen an warmen, sonnigen Tagen Wasserschweine am Ufer. Den besten Blick auf den See bietet der Betondamm, 2 **Dique del Fuerte**. An dessen Ende steht das 3 **Monumento al Fundidor**, eine Eisenskulptur, die einen der Arbeiter darstellt, die einst Tandil aufgebaut haben. Dann folgt man dem befestigten Pfad bergabwärts zu einer Insel. Dort kann man angeln oder im 4 **Centro Náutico del Fuerte** Kajaks ausleihen. Der nun flache Weg verläuft bis zu einer Abzweigung nach links; dort geht es dann 20 Minuten bergauf zum 5 **Monumento al Quijote**, einer weißen Metallskulptur von Don Quijote und Sancho Panza neben einer großen Windmühle. Danach geht es den gleichen Weg zurück und am See links entlang zum 6 **Puñon Mapuche**. Hier ist neben dem in einen Fels gehauenen Mapuche-Gesicht einiges über die Geschichte der einheimischen Mapuche zu lesen. Dann führt der Pfad nach unten, um einen Spielplatz herum bis zur roten Metallbrücke des 7 **Paseo de los Españoles**; wo ein Heckenlabyrinth darauf wartet, betreten zu werden. Im Anschluss geht es weiter hügelaufwärts zu 8 **El Mirador Drinks & Food** für eine herzhafte Mahlzeit und einen Kaffee.

HUGO BRIZARD - YOUGOPHOTO/SHUTTERSTOCK ©

Burg, Tandil

Auf den Spuren der Steinmetze

Wandern in den Sierras de Tandil

Die sanften Hügel und aufgegebenen Steinbrüche machen Tandil zu einem Traum für Querfeldeinläufer und gemächlichere Wanderer. Die beliebtesten Routen führen meist zu irgendeinem überraschenden Denkmal oder Bauwerk, und fast alle Wanderwege sind kostenlos.

Eine Felsentreppe führt auf den **Cerro Movediza** mit einer 300 Tonnen schweren metallenen Nachbildung des schaukelnden Felsens, dem Tandil den Namen verdankt (die Trümmer des Originals liegen weiter unten); der Hin- und Rückweg ist in 30 Minuten absolviert. Beliebt ist auch eine Wanderung oder Fahrt durch den **Parque Independencia** – mit Panoramablick auf Tandil – zur maurischen Burg.

Wer außerhalb der Stadt wandern möchte, steuert den 1 km langen Rundweg **La Cascada** an, dessen Startpunkt beim Amaike Hotel Gold & Spa liegt. Hinter dem Metalltor am Parkplatz weisen Schilder auf den Weg zur Virgen de Fatima hin. Es geht in die entgegengesetzte Richtung durch das andere Tor, an Bäumen vorbei und den Hügel hoch zum Wasserfall. Wer die Wanderung etwas verlängern möchte, setzt sie fort bis zur Virgen de Fatima.

Auch der gut markierte, 6 km lange Rundweg **Sendero de las Animas** mit mehreren Aussichtsplätzen lohnt sich. Der **Paseo de los Pineros** führt auf den Cerro del Mate, auf dem man die alten Steinbrüche überblickt.

TANDILS BESTE DELIS

Sydquet
Das für hohe Qualität und gute Preise bekannte Sydquet bietet handgemachten Käse, Schinken und Sandwiches. **$$**

El Banqueano Tandil
Der kleine Laden beim Cerro El Centinela verkauft Craftbier, Salami, Marmelade und Spirituosen. **$**

Huellas del Tandil
Die verpackten *picadas*, Aufstriche und Weine eignen sich als Souvenirs oder für ein Picknick. **$$**

Almacén Serrano
Die Salamis mit Gewürzkruste passen wunderbar zu den Spirituosen wie dem heimischen Picapedrero-Wermut. **$$**

La Quesería
In diesem Käseladen gibt es *dulce de leche*, Salami, Marmelade und *alfajores* sowie *Picada*-Zubehör, z. B. Messer und Schneidebrettchen. **$**

SCHLAFEN IN TANDIL

Mulen Hotel Tandil
Das zentral gelegene, stilvolle Mulen hat große Betten, ein gutes Frühstücksbüfett, ein Hallenbad und eine Sauna. **$$**

Hostel B&B Tandil
Sauberes Hostel mit glutenfreiem Frühstück (optional), ein paar Blocks vom Parque Independencia gelegen. **$**

Hotel Roma
Das familiengeführte Hotel, nur zwei Blocks vom Hauptplatz entfernt, bietet seinen Gästen erstklassigen Service. **$**

DONQUICHOTTERIE

Wer längere Zeit in Tandil verbringt, dem fallen die vielen Don-Quijote-Kunstwerke auf: das Monumento a Don Quijote de La Mancha über dem Lago del Fuerte, das Wandgemälde von Don Quijote nahe der Kreuzung von Maipú und General Paz, die Sancho-Panza-Statue in Ladran u.v.m. Der Grund dafür ist, dass das von der Unesco zur „Cervantes-Stadt" erklärte Azul nur 90 Autominuten entfernt liegt. Dort findet jedes Jahr das Miguel de Cervantes Festival statt; die Bibliothek Casa Ronco besitzt die landesweit meisten Ausgaben von *Don Quijote*.

Época de Quesos

Picada im Época de Quesos

Ein Traum für Käse- und Wurstliebhaber

Eine *Picada* ist in Tandil ein Muss. Der beste Ort, um ein mit Wurst- und Käsesorten üppig beladenes Brett zu bestellen, ist **Época de Quesos** (tgl. 9–23 Uhr). Ursprünglich war das 1860 erbaute Haus ein Rastposten für Fuhrleute auf der Durchfahrt von Buenos Aires. Später war es ein Gemischtwarenladen und wurde unter Denkmalschutz gestellt; in den 1990er-Jahren wurde es zum Restaurant mit Laden umgebaut. Beim Eintreten hat man das Gefühl, eine Zeitmaschine habe einen weit in die Vergangenheit gebeamt. Salami, Schinken und über 100 Käsesorten in Form großer und kleiner Laibe auf Tischen und Regalbrettern dienen als Verkaufsware und Dekoration zugleich. Im Feinkostladen vorne gibt es auch aromatisiertes Salz, *mate* mit Lavendel und eingeschweißte *picada*. Am besten probiert man hier zuerst ein paar der Köstlichkeiten, ehe man im Restaurant ein Mittag- oder ein Abendessen zu sich nimmt.

Tische mit altmodisch gemusterten Tischdecken befinden sich in den kühlen, dunklen Räumen oder in dem efeuberankten sonnigen Innenhof. Hier laufen Hühner zwischen einem rostigen Oldtimer und einem alten Brunnen herum, Motorradtouristen bestellen Sandwiches oder teilen sich *picadas*.

OUTDOOR-FAMILIENAKTIVITÄTEN IN TANDIL

Valle del Picapedrero
24 ha großer Abenteuerpark im alten Steinbruch mit Ziplines, Kletterwänden und einer Hängebrücke.

Mulita Footgolf de Tandil
Beim Footgolf werden Fußbälle in die Löcher im Rasen gekickt.

Cabalgatas El Penacho Familia Heredia
Ausritt mit einer Gaucho-Familie durch die Sierras. Reservierung unter 0249 463-1975.

Zudem gibt es Wein, Bier, Fondues und Desserts. Man sollte etwas Zeit und Geduld haben, denn die Rechnung lässt zuweilen auf sich warten. Hinterher kann man sich im Laden noch etwas für zu Hause mitnehmen.

Ausspannen in der Estancia Ave María

Luxus und Reitausflüge

Ein kurzer Aufenthalt auf dem Land rundet die Reise nach Tandil wunderbar ab. Für gutes Essen, viel Komfort und Natur empfiehlt sich eine Reservierung in einer der vielen *casas del campo* (Landhäuser) oder *estancias* (zu Gasthöfen umgewandelte Gutshäuser) gleich vor der Stadt. Die **Estancia Ave María** (Zimmer ab 80 US$), etwa 20 Autominuten von Tandil entfernt, ist ganz besonders gastfreundlich.

Die Besitzerin Asunción, die auf dem Gelände leicht zu finden ist (ein kleines Rudel aus Jack-Russell-Terriern folgt ihr auf Schritt und Tritt), vermietet in dem französisch anmutenden Haus elf sonnendurchflutete, komfortable Zimmer (einige mit Kamin und Himmelbett), die nach Mitgliedern ihrer Familie benannt sind. Ansunción erwarb die um 1960 von der wohlhabenden Immigrantenfamilie Santamarina errichtete *estancia* in den 1990er-Jahren und restaurierte sie eigenhändig.

Die Gäste können über die Felder und Wiesen mit Magnolien und Eichen reiten. Die Ausritte werden von einem Gaucho begleitet, auch Anfänger sind willkommen. Die Szenerie ist ein Idyll, der Wind pfeift hier aber ordentlich – zum Aufwärmen lädt danach das Wohnzimmer mit seinem ständig brennenden Kamin ein. Frühstück und Abendessen sind im Zimmerpreis inbegriffen; es gibt Fleisch sowie Kürbisse, Rhabarber und Paprika aus dem eigenen Garten. Die Gäste können auch den Pool im Garten nutzen und Massagen buchen.

SALAMI PAR EXCELLENCE

Tandils weltberühmte Salami gehört zu den acht argentinischen Produkten mit dem Siegel Denomination of Origin (DOT), das für hohe Qualität des Nahrungsmittels und der Produktionsbedingungen steht. Die Ursprünge der Salami gehen auf italienische und baskische Einwanderer im 19. Jh. zurück. Die Qualität und der Geschmack der Würste sind nicht nur den fähigen Wurstmachern zu verdanken, sondern auch den robusten Tieren und Tandils kühlem Klima. Das DOT-Siegel stellt sicher, dass die Wurst ein immer gleiches Fleischverhältnis aufweist (zwei Teile grasgefüttertes Rindfleisch, ein Teil Schweinefleisch, ein Teil Speck) und in Tandil hergestellt wurde.

Wallfahrt auf den Monte Calvario

Tausende pilgern auf dem Kreuzweg

Der Monte Calvario, ein von Eukalyptus- und Kiefernbäumen bestandener Hügel, ist an Ostern Ziel Tausender Pilger, die die Vía Crucis (Kreuzweg) absovieren. Am Weg befinden sich 14 Stationen der Passion Christi sowie die Capilla de Santa Gemma, eine Kapelle, in der Chorkonzerte den ganzen Wald in A-capella-Harmonien tauchen. Von der Kapelle führt eine Steintreppe zu einer Hügelgrotte mit einem Amphitheater davor, in dem in der Karwoche Vorführungen gegeben werden. Den Rest des Jahres ist es sehr ruhig auf diesem Gelände; hier stehen Laternenpfähle und ein Steintisch, der an Szenen aus *Der König von Narnia* erinnert.

ESSEN IN TANDIL

Bistro Verde
Restaurant, Hotel und Künstlerhaus in einem – hier gibt es vegetarische Küche, Cocktails und Mocktails. **$$**

Ladran
Auf der herrlichen Terrasse werden Steaks, Pasta, *picada* und eine großartige Mousse au Chocolat serviert. **$$$**

Bello Abril
Zu den kreativen Angeboten des Bello Abril gehören Seafood, Pasta, Ramen und Rotweineis. **$$$**

Rund um Tandil

Die Küstenstadt Bahía Blanca, Thermalbäder, Ruinen und die Berge des Parque Provincial Ernesto Tornquist prägen die Umgebung von Tandil.

UNTERWEGS VOR ORT

In dieser Gegend kommt man am besten mit dem Auto voran. Täglich fährt ein Bus von Tandil nach Bahía Blanca und mehrmals täglich von Bahía Blanca nach Sierra de la Ventana und Tornquist (in diesen Orten steigen die meisten Wanderer ab, die den Cerro Tres Picos und den Parque Provincial Ernesto Tornquist zum Ziel haben). Von Tornquist fahren den ganzen Tag Busse zum Fuß des Cerro de la Ventana (die Buslinien sind auf plataforma10.com.ar zu finden).

Carhué ist öffentlich am schwersten zu erreichen, aber mehrmals täglich verkehren Grupo-Plaza-Busse zwischen Carhué und Bahía Blanca (aktuelle Infos siehe termasdecarhue.gov.ar).

In der Gegend westlich von Tandil befinden sich einige der abwechslungsreichsten Attraktionen der Provinz Buenos Aires. Hier sind bei einer Wanderung nach Tres Picos im bergigen Teil der Pampas Guanakos zu sehen, und in Bahía Blanca steht in einer zum Museum umgewandelten ehemaligen Fabrik ein UFO. Fotografen schätzen die geringe Lichtverschmutzung und die imposanten Ruinen von Epecuén. Wellness-Urlauber baden in den Thermen von Carhué. Bei Epecuén wurden mehrere Horrorfilme und ein Biking-Video gedreht. Und der Kassenflop *There Be Dragons* entstand bei Sierra de la Ventana. Außerdem gibt es hier Art-déco-Schlachthöfe und -Friedhöfe sowie Glamping-Kuppelzelte.

GUILLERMO CAFFARINI/SHUTTERSTOCK ©

Epecuén

Museo Taller Ferrowhite

Bahía Blanca

AB TANDIL: 4½ STD.

Historisches & Mysteriöses am Hafen

Im 4½ Autostunden von Tandil entfernten Bahía Blanca gibt es interessante Museen. Am Hafen stehen nahe beieinander das Museo Taller Ferrowhite und das Museo del Puerto. Ersteres ist eine Museumswerkstatt mit Exponaten zu Argentiniens Schifffahrts- und Eisenbahngeschichte, und Letzteres widmet sich den Einwanderern, die sich hier am Hafen ihre Existenz aufbauten. Zu sehen sind Stadtmodelle, Kleidung, Briefe und rekonstruierte Gebäude wie ein Schulhaus und ein Friseursalon. Beide Museen sind kostenlos und täglich geöffnet (nur das Museo del Puerto hat montags geschlossen).

Von den drei Gebäuden des Museo Taller Ferrowhite fällt am meisten das einstige Kraftwerk auf, das italienische Immigranten in den 1930er-Jahren errichteten. Derzeit wird nur ein kleiner Teil dieses burgähnlichen Bauwerks als künstlerische Werkstätte genutzt, bald sollen aber weitere Teile öffentlich zugänglich werden. Besucher können sich auf dem Gelände frei bewegen und durch zerbrochene Fenster nach UFOs Ausschau halten oder in der Wartungshalle gegenüber die eigentlichen Exponate bewundern, darunter ein kugelförmiges Rettungsboot.

Der beste Tag für einen Besuch des Museo del Puerto ist der Sonntag, wenn ein spezielles Menü serviert wird, das jede Woche eine andere Landesküche zum Tema hat.

Für beide Museen sind etwa drei Stunden einzuplanen. Am besten vom Zentrum aus ein Taxi nehmen, denn der Weg ist weit.

TOP TIPP

Fernbusse fahren selten und sind nicht gut vernetzt. Unterkünfte in den Bergorten sind im Voraus zu buchen, vor allem in den Ferien.

ALIEN-SICHTUNGEN IN BAHÍA BLANCA

Nicolás Testoni, Direktor des Museo Taller Ferrowhite, der in Bahía Blanca aufwuchs, erzählt ein paar Geschichten über paranormale Ereignisse im alten Kraftwerk.

„1975 wurde der Eisenbahner Carlos Diaz unweit des heutigen Museums – zwischen den Gleisen des Hafens von Ingeniero White – angeblich von einem UFO entführt. Diaz sagte später, die Außerirdischen wären mit ihm nach Buenos Aires geflogen und hätten ihn dort abgeworfen. Kürzlich sahen die Hausmeisterin des Museums und ihre Tochter eines Nachts farbige Lichtkugeln über der Fabrik schweben. Sie riefen die Polizei, aber die konnte nicht feststellen, was das war."

SMILEPHOTOARG/SHUTTERSTOCK ©

Telefonnummer für WhatsApp-Nachricht, um nach Preisen und Öffnungszeiten zu fragen: +54 29 2342-7092

TOP-SEHENSWÜRDIGKEIT

Villa Epecuén

Der Kurort Villa Epecuén lag am Lago Epecuén, dessen Wasser so salzig wie das Tote Meer ist. 1985 überschwemmte der See die Ortschaft, und die Einwohner wurden rechtzeitigevakuiert. Bei einer weiteren Flut ging Epecuén dann vollständig unter. 20 Jahre später wich das Wasser zurück und gab die salzgebleichten Ruinen und versteinerten Bäume frei, die heutige beliebte Fotomotive sind .

NICHT VERSÄUMEN

- Complejo Balneario Municipal
- Matadero
- Cementerio Abandonado de Carhué
- Centro de Interpretación y Museo de las Ruinas
- Avenida de Mayo
- Casa de Pablo Novak
- El Cristo

Planung & Anfahrt

Von der nächstgelegenen Stadt Carhué aus ist Epecuén leicht zu Fuß, mit dem Fahrrad oder dem Auto zu erreichen. Die meisten Ruinen liegen in einem kostenpflichtigen Areal, aber der Friedhof, das Kruzifix, der Matadero, die versteinerten Bäume und die Schaukel *(hamaca)* sind gratis zugänglich. Auf dem Camino Epecuén/Carhué (der Straße, die den See umrundet) gelangt man zu den meisten der kostenlosen Stätten; der Friedhof liegt jedoch näher an Carhué am Ende der Laprida-Straße, gleich hinter dem Deich. Um alles zu besichtigen, sind fünf Stunden einzuplanen.

Matadero

Der Matadero, der Schlachthof, ist eines der besterhaltenen Bauwerke. Entworfen wurde er vom italienischen Architekten Francisco Salome, dessen Art-déco-Werke in der ganzen Provinz Buenos Aires Kirchplätze, Friedhöfe und Stadthäuser zieren. Die hohen gewölbten Mauern des Matadero sehen wie Skelette aus, das einzige Geräusch, das man hier vernimmt, ist das Krächzen der Vögel, was ein unheimliches Gefühl vermittelt, das durch den versteinerten Eukalyptuswald daneben nur noch verstärkt wird.

Cementerio Abandonado de Carhué

Auf dem Friedhof wurden viele der Toten umgebettet, als sich das Wasser zurückgezogen hatte. Auf einigen der zerbrochenen Gruften und Gräber liegen frische Blumen von Menschen, die hier immer noch ihre Lieben besuchen. Über den Friedhof verteilt stehen viele beeindruckende Figuren auf Grabsteinen, die das Salz gebleicht hat.

Centro de Interpretación y Museo de las Ruinas

Vor dem kostenpflichtigen Bereich lohnt ein Halt im Interpretationszentrum und Museum, um mehr über die Gründe zu erfahren, die zu der Überschwemmung geführt haben. Auch die Geschichte von Epicuén wird beleuchtet, von den indigenen Ursprüngen bis zu seiner Blütezeit als Kurort (allerdings ist alles nur in Spanisch beschriftet). Zu sehen sind auch aus den Fluten gerettete Gegenstände, die Skulpturen der Pizzeria, ein Vintage-Badeanzug und Fensterscheiben aus dem Schloss.

Flamingos & salzige Strände

Bei Epecuén gibt es ein Naturschutzgebiet, in dem zeitweise 22 000 Flamingos – eine der größten Kolonien in ganz Argentinien – leben. Das einzige Tier, das im Wasser des Sees lebt, der Salinenkrebs (*Artemia salina*), ist eine Leibspeise der Flamingos. Die Vögel sind überall in Epecuén zu sehen, der beste Platz, um ihnen beim Fressen zuzuschauen, ist aber gleich südwestlich der Schaukel.

Avenida de Mayo

Dies war die Hauptstraße, die damals zum Städtischen Bäderkomplex (Complejo Balneario Municipal) von Epicuén führte. Heute sind hier nur noch die salzgebleichten und salzverkrusteten Überresten von Wasserrutschen und der alten Zisterne zu sehen, an der eine Linie anzeigt, wie hoch das Wasser damals stand. An der Avenida de Mayo stehen einige der am besten erhaltenen Gebäude wie das alte Schulhaus, das Hotel Monte Real und die einsame Treppe der Confitería Corradini.

Casa de Pablo Novak

Nur ein paar Blocks vom kostenpflichtigen Areal entfernt befindet sich das Haus von Pablo Novak. Der 90-Jährige ist gegenwärtig Epicuéns einziger Einwohner, man kann ihm einen Besuch abstatten oder ihn beim Gassigehen mit seinem Hund treffen. Er erzählt sehr gern Geschichten aus seiner Jugend in Epecuén und über seine Erinnerungen an die furchtbare Überschwemmung.

DIE TOTEN UND DIE FLUT

Alicia Pazos, Besitzerin der Departamentos Jacarandá in Carhué, erinnert sich: „Nach der Überflutung des Friedhofs trieben einige Särge an die Oberfläche. Taucher wurden beauftragt, Särge aus den Gruften herauszuholen, damit die Toten andernorts bestattet werden konnten. Mein Bruder musste die Genehmigung der Stadt einholen, um unseren Vater zu bergen."

TOP TIPPS

- Da es in Epecuén kaum Lichtverschmutzung gibt, ist es ideal für Astrofotografie , vor allem am Matadero.
- Das beste Licht für Fotos bei Tag bietet der späte Nachmittag.
- Den Friedhof hat man nach Regen meist für sich.
- Der kostenpflichtige Bereich liegt ungeschützt – im Winter wird es kalt, im Sommer heiß. Entsprechende Kleidung und Wasser mitnehmen.
- Norma Berg (normabergturismo@hotmail.com) ist eine englischsprachige Führerin.
- Autofahrer, Vorsicht vor Schlaglöchern in der Straße zu Pablo Novaks Haus und beim Museum!

GESUNDBRUNNEN LAGO EPECUÉN

Indigene Völker wie die Tehuelche und Araukaner badeten im Lago Epecuén lange vor der Ankunft der Spanier, aber erst in den 1880er-Jahren untersuchte ein italienischer Chemiker die mineralischen Eigenschaften des Sees. Das Wasser enthält u.a. Kalzium, Magnesium, Natrium, Kalium, Kupfer, Zink und Kieselerde. Ein Bad im See soll die Hautregeneration unterstützen und bei Schlaflosigkeit, Muskelkrämpfen, Arthrose, rheumatoider Arthritis, Schuppenflechte und Ekzemen helfen. Einheimische raten, das Wasser auf der Haut trocknen zu lassen, bis sich eine Salzkruste bildet, und mit dem Salz die betroffene Stelle zu peelen, bevor man erneut in das Wasser eintaucht.

Cerro Bahía Blanca

Carhué

AB TANDIL: **4½ STD.**

Lago Epecuén, ein postapokalyptisches Spa

Das Wasser des Epecuén-Sees, das einen ähnlich hohen Salzgehalt wie das Tote Meer hat, wird in die Pools der Spa- und Campinganlagen der Stadt Carhué gepumpt, die gleich oberhalb des Deichs hinter den Ruinen von Epecuén liegt. Wellness-Urlauber baden in diesem heilkräftigen Wasser. In der Stadt gibt es Bäder in unterschiedlichen Preiskategorien: von Spa Cabañas y Camping Levalle (10–20 Uhr) für den schmaleren Geldbeutel bis hin zu luxuriösen Badelandschaften wie Complejo Termal & Lúdico Mar de Epecuén (11–19 Uhr) mit mehreren Pools und Attraktionen.

Um die Bäder zu nutzen, muss man nicht in den Anlagen übernachten – ein Tagespass (ab etwa 4 US$) gewährt Zugang zu mehreren Pools. Gegen einen entsprechenden Aufpreis ist es auch möglich, zusätzliche Leistungen zu buchen, beispielsweise Fangopackungen (mit Schlamm aus dem Lago Epecuén), Massagen oder Körpermasken aus Schokolade.

Da das Wasser direkt dem See entnommen, ist es trübe und kann einen grünlichen Schimmer haben. Das salzige Wasser sollte nicht in die Augen gelangen, weil es sonst brennt. Falls

ESSEN & AUSGEHEN IN BAHÍA BLANCA

Casamonte
In dem farbenfrohen Café werden Sandwiches, Suppen und große Kuchenstücke serviert. **$$**

Coffee Tiger Co
Der Coffeeshop verkauft neben der Hausmarke auch Bohnen anderer argentinischer Röster. **$**

El Dorado
Das Speakeasy und Restaurant ist für Currys, Cocktails und Gnocchi bekannt; nur abends geöffnet. **$$$**

es doch passiert, sofort aus dem Wasser gehen und die Augen auswaschen. Es lässt sich aber leicht vermeiden, da man sich in den Becken an Schwimmelementen und Handläufen festhalten kann.

Viele Anlagen bieten klimatisierte Hallenbäder, es gibt aber auch die Möglichkeit, direkt im See zu baden, und zwar am Eco Sustainable Beach in Epecuén selbst. In allen Bädern gibt es Fango in Tiegeln zu kaufen – ein interessantes, wenn auch reichlich schweres Souvenir.

Parque Provincial Ernesto Tornquist

AB TANDIL: **3½ STD.**

Ein Wanderparadies

Der 67 km² große Parque Provincial Ernesto Tornquist, von Tandil in weniger als vier Stunden zu erreichen; er ist ein wunderbares Wanderziel mit zahlreichen Unterkünften in den nahe gelegenen Ortschaften Sierra de la Ventana, Tornquist und Villa de la Ventana.

Die meisten Wege sind leicht bis mittelschwer und beginnen an einem der zwei Parkeingänge: Base de Cerro de la Ventana und Base de Cerro Bahía Blanca. Die Tore öffnen um 9 Uhr, um 16.30 Uhr werden die Wege gesperrt. Ein Tagespass (0,60 US$) gewährt Zutritt an beiden Eingängen. Die Facebook-Seite des Parks bietet aktuelle Informationen über die Wanderwege: facebook.com/ParqueProvincialTornquistCerroVentana.

Die beliebteste, mittelschwere Wanderroute führt auf den 1150 m hohen Cerro de La Ventana (Felsenfenster). Die sechsstündige Tour ist nur mit einem (gebuchten) Guide möglich. Für den parkeigenen Führer müssen Besucher samstags um 9 Uhr an der Rangerstation beim Parkplatz erscheinen, oder sie heuern einen externen Guide an. Eine weitere, ebenfalls sechsstündige Wanderung mit Guide führt durch Gebirgsausläufer und eine Schlucht zur Garganta del Diablo, einem 15 m hohen Wasserfall. Die Wanderrouten, die auf eigene Faust bewältigt werden können, sind kürzer: Ein einstündiger Rundweg an einem Bach entlang führt etwa zum kleinen Wasserfall Garganta Olvidada.

Am Eingang Cerro Bahía Blanca befindet sich das Centro de Visitantes mit Informationen zur Flora und Fauna des Parks, darunter eine endemische Eidechsenart. Hier beginnen Wanderungen, für die man keinen Guide benötigt, etwa eine zweistündige Rundtour auf den 1400 m hohen Cerro Bahía Blanca und die Claro-Obscuro-Route durch einen Wald aus Kiefern- und Eukalyptusbäumen.

ESSEN & AUSGEHEN BEIM PROVINCIAL ERNESTO TORNQUIST

Modesto Cafe
Das Café in Tornquist serviert guten Kaffee und Karottenkuchen, sogar während der Mittagssiesta. **$**

El Molino de La Casa Azul
Das Restaurant in der Sierra de la Ventana experimentiert erfolgreich mit argentinischen Klassikern. **$$**

Puente Blanco Restaurant
Das Lokal auf dem Glampingplatz Puente Blanco bietet Grillsteaks, Fisch und Vegetarisches. **$$**

Kupinski Restobar Usina del Arte
Kaffee, Gebäck und anregende Gespräche mit dem Besitzer gibt es in dieser künstlerisch angehauchten Resto-Bar. **$**

Obrador
Die Bäckerei bietet neben leckeren Croissants und Espresso-Variationen auch glutenfreie Mittagsgerichte. **$$**

ESSEN IN CARHUÉ

Pizza Epecuén
Die wohl beliebteste Pizzeria der Stadt ist für ihre Pizzas und Empanadas prämiert worden. **$$**

Hado
Im ganztags geöffneten Eis- und Backwarenladen wird der beste Kaffee der Stadt gemacht. **$**

La Cambacita
Die Keksfabrik, die nach der Überschwemmung von Epecuén nach Carhué zog, verkauft tolle *alfajores*. **$**

WANDERUNG

Am höchsten: Cerro Tres Picos

Der Cerro Tres Picos, mit 1239 m über dem Meer der höchste Punkt in der Provinz Buenos Aires, ist vom Parque Provincial Ernesto Tornquist aus schnell mit dem Auto zu erreichen. Der von der Fundación Funke (bei der sich Wanderer vorher über das Online-Formular anmelden müssen) verwaltete Weg ist in 7–9 Stunden zu bewältigen. Wanderer können auch am Weg campen, um die 21 km hin und zurück auf zwei Tage zu verteilen – ob mit oder ohne Bergführer.

1 Camino a Glorieta (Glorieta-Weg)

Mit dem Mietauto oder einer *remise* kommt man zur Estancia Funke. Nach dem Check-in und einer Einweisung (7.30–8.30 Uhr für Tageswanderer) geht es zu Fuß oder mit dem Auto zum Parkplatz des Camino a Glorieta. Vom Tor aus ist rechts der Cerro Tres Picos zu sehen.

Die Route: Auf dem unbefestigten Weg durch das Tor, über den Bach und an den Stieren vorbeigehen. Nach etwa 3,5 km ist der Kiefernwald zu sehen.

2 Bosque de Pinos (Kiefernwald)

Am Wald eine Pause einlegen, um sich zu erfrischen, denn dieser Teil des Weges weist die größte Steigung auf. Wahrscheinlich spürt man den Anstieg auf 996 m Höhe schon in den Knochen.

Die Route: Etwa eine Stunde nach dem Ausgangspunkt geht der Weg am Waldrand in Schotter über. Am Drahtzaun nach Osten und dann an der Weggabelung links gehen.

NICOLAS MARTEL/SHUTTERSTOCK ©

Cerro Tres Picos

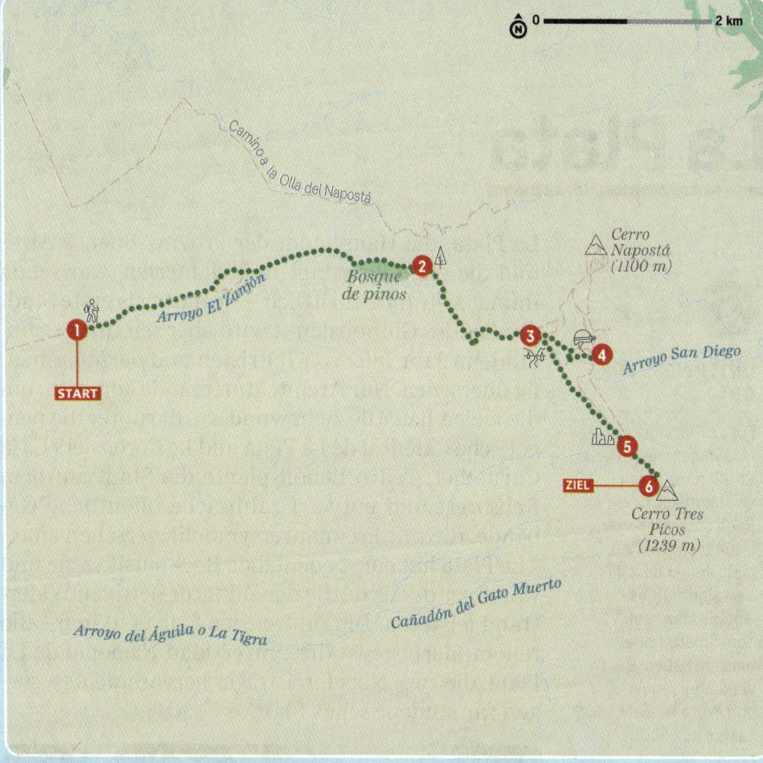

❸ Paso Dinamitado (Gesprengter Pass)

Nach dem Paso Dinamitado ist bei klarem Wetter das Felsenfenster des Cerro de la Ventana in der Ferne zu erkennen. Der Pass ist auch ein Campingareal für Wanderer, die übernachten wollen.

Die Route: Vom Drahtzaun sind es zum Paso Dinamitado rund 45 Minuten. Auf diesem Weg weitergehen und sich an der Gabelung bei der Einpferchung erneut links halten.

❹ Cueva Guanacos (Guanako-Höhle)

Hier gibt es Guanakos zu sehen, im Bach unterhalb der Höhle kann man die Wasserflasche auffüllen. In der Höhle darf man campen und durch ihre breite Öffnung lässt sich der Sonnenuntergang und -aufgang über dem Tal bestaunen.

Die Route: Nach den Felsenkämmen hinter der Einpferchung an der ersten Gabelung nach rechts und an der zweiten nach links gehen. Wer nicht campen will, kann diesen Abschnitt auslassen und stattdessen an der zweiten Gabelung nach rechts Richtung Gipfel gehen.

❺ Piedra Bote (Bootsfelsen)

Hier lohnt ein Stopp für Fotos auf dem bootsförmigen Felsen. Dann steht die Klettertour auf den Gipfel an.

Die Route: Von der Höhle zum Bootsfelsen sind es etwa 45 Minuten. Über die in der Karte vom Check-in eingezeichnete Abkürzung zum Hauptweg zurückgehen.

❻ Cumbre (Gipfel)

Dieser windige Abschnitt bietet einen Panoramablick über die Sierra. Für das obligatorische Foto auf dem Gipfel steht ein Metallhocker bereit.

La Plata

UNTERWEGS VOR ORT

Für La Plata ist kein Mietwagen nötig: Die Straßen verlaufen symmetrisch, sind flach und fußgängerfreundlich. Weil sie nicht immer beschildert sind, hilft es, Google Maps auf dem Smartphone parat zu haben. Busse verkehren regelmäßig und in großer Zahl, Taxis sind billig. Mitfahr-Apps wie Cabify und Uber funktionieren in La Plata. Die SUBE-Karte, mit der man in Buenos Aires Tickets bezahlt, kann man auch hier für Busse und den Zug Tren Universitario verwenden.

TOP TIPP

Von der Plaza Moreno im Zentrum ist jeder Teil der Stadt innerhalb des Straßennetzes in maximal 40 Gehminuten zu erreichen. An der Plaza Moreno treffen sich zwei Hauptstraßen, die Diagonal 73 von Ost nach West und die Diagonal 75 von Nord nach Süd.

La Plata, die Hauptstadt der Provinz Buenos Aires und die erste Planstadt in Südamerika, war schon immer sehr fortschrittlich – sie hatte als erste Stadt des Landes Glühbirnen –, wird aber seit ihrer Gründung im Jahr 1882 von Touristen und *porteños* häufig übersehen. Nur Architekturfreunde kommen, um die vielen Baustile zu bewundern, darunter die neugotische Catedral de La Plata und Le Corbusiers Casa Curutchet. Pedro Benoit plante die Stadt auf dem Reißbrett und entwarf zahlreiche öffentliche Gebäude, die mit Freimaurersymbolik versehen sind.

La Plata hat eine bedeutende Rockmusikszene und war einer der Orte, die der Diktatur heftigen Widerstand leisteten. Die zahlreichen Universitäten – die renommierteste ist die Universidad Nacional de La Plata, die zwei Nobelpreisträger hervorbrachte – sorgen für studentisches Flair.

KAROL KOZLOWSKI PREMIUM RM COLLECTION/ALAMY STOCK PHOTO ©

Museo de La Plata

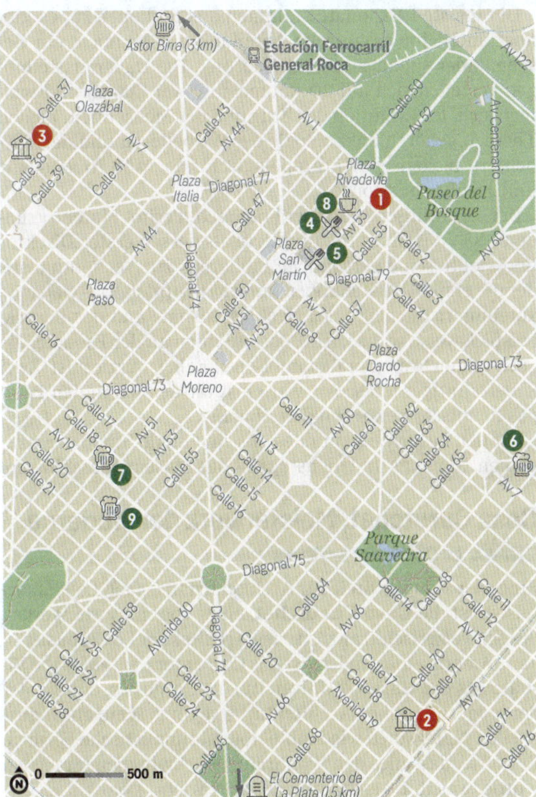

SEHENSWERTES
1 Casa Curutchet
2 Centro Cultural Estación Provincial
3 Museo de La Plata

ESSEN
4 Carne
5 Lebrel

AUSGEHEN & FEIERN
6 Amsterdam Cervecería
7 Fisher
siehe 7 Laurus
8 Llama Coffee Roasters
9 Walden

Eine Geschichte der Welt

Museo de La Plata

Ein Muss unter La Platas vielen Museen ist das naturgeschichtliche **Museo de La Plata**, in dem Besucher einen Meteoriten berühren und die versteinerte Haut eines Riesenfaultiers sehen können. Bruce Chatwin schrieb in seinem Reiseroman *In Patagonien*, dass er das Museum nur wegen dieser Haut aufsuchte, um das Rätsel um die Herkunft eines prähistorischen Fells im Besitz seiner Großmutter zu lösen. Das Museum besitzt 3,5 Mio. Objekte, von Knochen von Dinosauriern und anderen prähistorischen Giganten wie etwa einem Rudel Glyptodons (gewaltigen Gürteltieren ähnlich) bis zum Skelett eines riesigen Faultiers, das als Fotomotiv beliebt ist.

BESTE BARS FÜR CRAFTBIER

Astor Birra
Preisgekrönte Biere und Pop-ups von Gastköchen. **$$**

Walden
Biere aus lokalen Brauereien, darunter die Sauerbiere der Hausmarke Desobediencia Civil. **$**

Laurus
Diese Brauerei produziert erstklassige Sauer-, Stark- und IPA-Biere. **$**

Amsterdam Cervecería
Hier gibt es mehr als 20 Biersorten, darunter auch glutenfreie. **$$**

Fisher
Eines der 20 Biere vom Fass ist das vom Besitzer gebraute Bullying Beer. **$$**

FESTIVALS IN LA PLATA

Festival de la Cultura Cervecera Platense
Drei Tage im Juli gibt es über 100 Biere lokaler Craftbrauereien zu probieren.

Aniversario de La Plata
Im November wird mit Konzerten, Tanz und bildender Kunst der Jahrestag der Stadt gefeiert.

Museos a la Luz de la Luna
Die Museen bieten an einem Samstag im November bis Mitternacht Konzerte, Workshops und Vorträge.

Die meisten Exponate stammen aus Südamerika, es gibt aber auch eine ägyptische Abteilung mit Mumien, ein Geschenk der sudanesischen Regierung. Die Dauerausstellungen verteilen sich auf 20 Räume auf zwei Etagen und widmen sich der Evolution der Erde und der Menschheit. Zu den Themen gehören die Zoologie der Wirbellosen und der Wirbeltiere, biologische Anthropologie, Ethnografie, Archäologie und Jesuitenmissionen.

Der argentinische Forscher Francisco „Perito" Moreno gründete 1884 das Museum, fungierte als dessen erster Direktor und stellte seine persönliche Bibliothek zur Verfügung, aus der die ersten Ausstellungen kuratiert wurden. Das Gebäude kombiniert Elemente des Neoklassizismus und des Barock, beispielsweise sechs korinthische Säulen an der Fassade, die auch mit mehreren präkolumbischen Reliefs verziert ist. Zwei Säbelzahntiger (diese Art war einst tatsächlich in den Pampas heimisch) bewachen den Eingang.

Für den Besuch sind mindestens eineinhalb Stunden einzuplanen. Montags und dienstags ist das Museum geschlossen.

ARGENTINIENS TANZPIONIERE

Die argentinische Theater-Performance De La Guarda trug dazu bei, dass die Kombination aus Aerial Dance und Theater Anerkennung fand, seit sie ab den 1990er-Jahren durch die Welt tourte. Bei der Show standen die Zuschauer im Raum, während die Darsteller die Wände über und um sie herum erklommen und sie hie und da mit Wasser bespritzten. Nach Auftritten in Seoul, Berlin und London gab die Truppe in sechs Jahren 2475 Off-Broadway-Shows in New Yorks Daryl Roth Theatre. Obwohl sich das Ensemble aufgelöst hat, beeinflusst es noch Produktionen wie die beliebte Show Fuerza Bruta in Buenos Aires und die Cuerda Producciones, die ehemalige De-La-Guarda-Mitglieder ins Leben riefen.

Casa Curutchet, Meisterwerk der Moderne

Hier war Le Corbusier am Werk

Einer der Hauptgründe für Architekurfans, nach La Plata zu reisen, ist die **Casa Curutchet**, eines von nur zwei Werken des schweizerisch-französischen Architekten Le Corbusier in ganz Amerika (das andere ist das Carpenter Center for the Visual Arts der Harvard University). Le Corbusier, ein Pionier der modernistischen Architekturbewegung, schuf aus industriellen Materialien wie Stahlbeton minimalistische Formen. Er hoffte, dass dies den Wohnraum erschwinglicher machen würde, was ihm als Stadtplaner sehr wichtig war.

Der argentinische Chirurg Pedro Curutchet gab das Haus 1948 in Auftrag; nachdem Le Corbusier seine Pläne geschickt hatte, beaufsichtigte Amancio Williams, Designer von Mar de Platas berühmter Casa Puente, die Bauarbeiten. 2016 erklärte die Unesco das Haus – neben 16 weiteren Le-Corbusier-Werken – zum Weltkulturerbe.

Die Casa Curutchet ist ein Beispiel für Le Corbusiers „Fünf Punkte einer neuen Architektur": freier Grundriss, Langfenster, frei gestaltbare Fassade, Pfosten und Dachgarten. Das funktionale Gebäude mit klaren Linien verfügt über eine Rampe und vier Ebenen, die durch eine Wendeltreppe verbunden sind, mit einer Pappel in der Mitte. Auf der Treppe hat man das Gefühl der Schwerelosigkeit – auch dafür sind seine Entwürfe bekannt.

ESSEN & AUSGEHEN IN LA PLATA

Lebrel
Argentiniens erste *focacceria* bietet üppig belegte Sandwiches aus frisch gebackenem Brot. Dazu passt Wermut. **$$**

Carne
Das gehobene Burgerlokal betreibt der in La Plata geborene Sternekoch Mauro Colagreco. **$$**

Llama Coffee Roasters
Das Café mit selbst geröstetem Kaffee hat mehrere Niederlassungen in der Stadt. **$**

Heute wird die Casa Curutchet vom Colegio de Arquitectos (Berufsverband der Architekten von Buenos Aires) verwaltet, mit dem man eine kurze Führung vereinbaren kann, die manchmal auch auf Englisch stattfindet (E-Mail: info@capba.org.ar). Danach darf man das Haus auf eigene Faust erkunden. Für die Besichtigung allein ist keine Anmeldung erforderlich, Führungen sind jedoch nur nach vorheriger Absprache möglich. Das Haus ist von Donnerstag bis Sonntag geöffnet.

Schwereloser Tanz die Mauer hinab

Aerial Dance auf der Estación Provincial

Typisch argentinisch: Man nehme ein altes Gebäude, funktioniere es um und füge ein künstlerisches, überraschendes Element hinzu. Genau das trifft auf die „Lufttanz"-Kurse des Caro Aérea zu: Die Teilnehmer werden mit Gurtzeug und Seil an mehreren Punkten auf dem Dach des **Centro Cultural Estación Provincial** gesichert und laufen dann wie Spiderman an der Mauer des alten Provinzbahnhofs nach unten.

Die Gründerin von Caro Aérea, Carolina Castillo, leitet ein leichtes Aufwärmtraining am Boden (mit Bewegungen, die später in der Luft wichtig sind), dann folgt ein Vortrag über Sicherheitsmaßnahmen und der Ausrüstungs-Check durch den Rigger (Höhenarbeiter in der Veranstaltungstechnik). Der Kurs (30 US$; 10–15 Uhr) eignet sich für Neulinge und erfahrene Lufttänzer – jeder Teilnehmer absolviert dabei zwei oder drei Tanzsessions mit Erholungspausen dazwischen. Wenn alle mit dem horizontalen Laufen, Drehen und Schnellen vertraut sind, können sie einfache Zweier- und Dreier-Choreografien ausprobieren und sehen dann von unten betrachtet wie ein Schwarm majestätischer Leguane aus. Das Bahnhofsgebäude dient heute als Kulturzentrum, in dem die Kursteilnehmer verschiedene Ausstellungen besuchen und sich über die Geschichte des Bahnhofs informieren können, während sie darauf warten, dass sie dran sind.

Der Kurs findet etwa einmal im Monat statt (Infos caroaerea.store/index.html), die Verständigung läuft hauptsächlich auf Spanisch. Vom Zentrum sind es 35 Gehminuten, oder man nimmt den Bus 237.

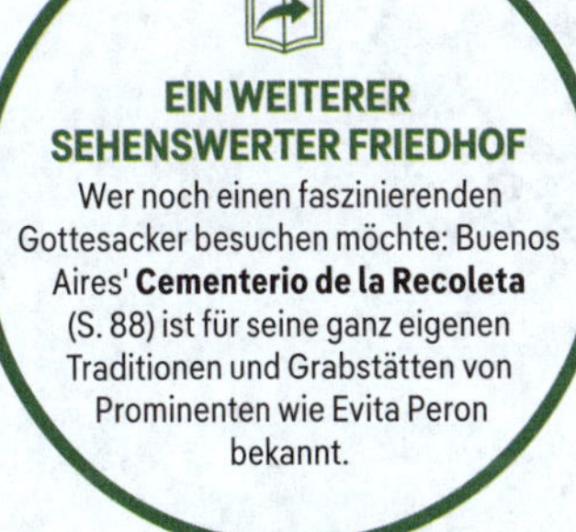

EIN WEITERER SEHENSWERTER FRIEDHOF

Wer noch einen faszinierenden Gottesacker besuchen möchte: Buenos Aires' **Cementerio de la Recoleta** (S. 88) ist für seine ganz eigenen Traditionen und Grabstätten von Prominenten wie Evita Peron bekannt.

MINIATURSTADT & FREIMAURER-SYMBOLIK

El Cementerio de La Plata (Friedhof von La Plata) wurde von Pedro Benoit, dem argentinischen Architekten von La Plata, entworfen. Der Friedhof ist eine Art Miniaturausgabe der Stadt, mit diagonalen Straßen, kleinen Plätzen und den gleichen Stilen wie La Platas Gebäude: Neoklassizismus, Art déco, Neugotik sowie ägyptische Moderne. Benoit war Freimaurer, und Führer weisen die Besucher auf die Freimaurersymbolik hin, die überall zu finden ist, u.a. die Lage des Friedhofs am Ende der Diagonal 74, die am Río de la Plata beginnt. Wasser steht für Geburt und Leben, und das Ende der Straße, die Richtung Osten zum Friedhof führt, steht für den Tod.

ARCHITEKTUR-SPAZIERGANG DURCH LA PLATA

Diese zweistündige Tour führt zu La Platas berühmtesten Gebäuden aus unterschiedlichsten Baustilen. Wer mit dem Zug aus Buenos Aires anreist, kann gleich nach dem Aussteigen losmarschieren.

Start ist die 1 **Estación del Ferrocarril Roca**. Mit seiner gewaltigen grünen Kuppel mit runden Fenstern wirkt der Bahnhof selbst wie ein großer Zug, und Jugenstildächer in Blätterform umrahmen die Eingänge. Man geht die Avenida 1 entlang und rechts auf die Avenida 53 zur 2 **Casa Curutchet** (S. 328), Le Corbusiers einzigem Werk in Lateinamerika. Dann geht es über die Avenida 53 zur Plaza San Martín mit der 3 **Residencia de Gobierno**, die der Belgier Jules Dormal im Stil der Neorenaissance gestaltete, mit korinthischen Säulen, großem Balkon und roten Ziegelmauern. Ganz in der Nähe befinden sich der 4 **Paseo Dardo Rocha**, ein früherer Bahnhof im Stil der italienischen Neorenaissance, und der 5 **Palacio de la Legislatura**, ein Beispiel deutscher Renaissancearchitektur. Von der Plaza geht ihr an der Avenida 51 zum 6 **Teatro Argentino**. Dass dieses brutalistische Bauwerk nicht ganz zu La Platas Ästhetik passt, liegt daran, dass es nach einem Brand neu erbaut wurde. Weiter die Avenida 51 entlang erreicht man die Plaza Moreno. Hier stehen der 7 **Palacio Municipal**, das Rathaus im Stil der Renaissance, und die neugotische 8 **Catedral de La Plata**, die höchste Kirche des Landes. Auf dem grünen Platz lässt es sich gut relaxen und die Elemente der Fassade bestaunen: Wasserspeier, Buntglasfenster und Reliefs, die von Heiligen erzählen.

Rund um La Plata

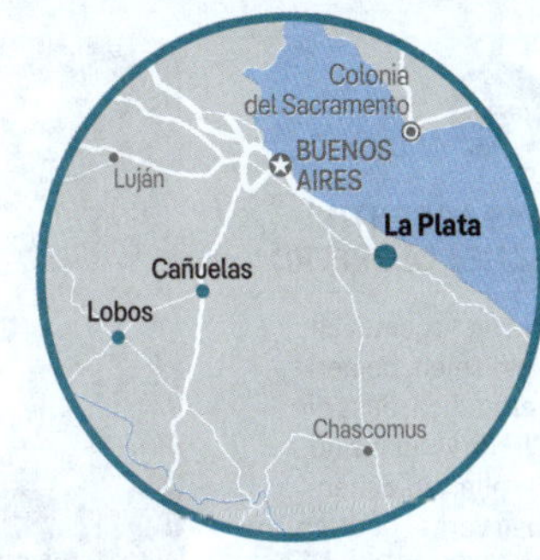

Westlich von La Plata erstreckt sich ein Land der *estancias*, Poloclubs und des Extremsports.

In dieser Gegend, die im Umkreis von zwei Autostunden von La Plata liegt, wurde die *dulce de leche* erfunden und Argentiniens einflussreichster Präsident, Juan Domingo Perón, geboren. Cañuelas verzeichnet die landesweit größte Konzentration von Poloclubs, darunter La Dolfina, das Projekt von Adolfo Cambiaso, einem der besten Polospieler der Welt. Hier kann man in der *estancia* und im Poloclub Puesto Viejo selbst das Polospiel erlernen. Lobos weiter westlich ist Argentiniens Fallschirmspringer-Kapitale; hier bieten sich andere Sportarten an, beispielsweise Wind- und Kitesurfen. Möglich ist eine Übernachtung in einem Schloss, der Estancia La Candelaria, die freilich auch ein Poloclub ist.

Estancia La Candelaria (S. 333)

SOFTDELUSION66/SHUTTERSTOCK ©

UNTERWEGS VOR ORT

Die schnellste Option ist ein Mietwagen, mit dem man auch die kleineren Ortschaften zwischen Cañuelas und Lobos erreicht. Fernbusse fahren von La Plata direkt nach Lobos und Cañuelas sowie zwischen Cañuelas und Lobos. Etwas für Geduldige ist die Anfahrt von La Plata aus mit öffentlichen Verkehrsmitteln (Bussen und Zügen); das dauert aber viel länger, und man muss mehrere Male umsteigen.

TOP TIPP

Individuelle Touren zu einer der *estancias* buchen oder beide mit dem Mietwagen besuchen.

DAS ARGENTINISCHE POLOPFERD

Wer in Argentinien Polo spielt, bemerkt vermutlich, dass die Pferde kleiner sind als alle, auf denen man vorher geritten ist. Kleinere Pferde sind für den Sport besser geeignet, damit die Spieler mit den Schlägern den Boden erreichen, und da das Argentinische Polopferd (Polo Argentino) besonders begehrt ist, ist das Land einer der weltgrößten Exporteure für Polopferde. Das Polo Argentino ist eine Kreuzung aus Criollo-Pferd und englischen Vollblütern. Dadurch hat es die Anpassungsfähigkeit und Ausdauer des Criollo und die Schnelligkeit der Vollblüter. Es zeichnet sich dadurch aus, dass es im Wettkampf sehr zäh ist, aber unter Druck außergewöhnlich ruhig bleibt

Polo, Argentinien

Cañuelas

AB LA PLATA: **1 STD.**

Ein Polotag in Puesto Viejo

Als sich Briten in den Pampas ansiedelten, spielten sie auf den Grasebenen gerne Polo. 1892 wurde die River Plate Polo Association gegründet, 1922 dann die Asociación Argentina de Polo. Heute sind 80 % der weltbesten Polospieler Argentinier; die Pampas sind ein beliebtes Ziel fürs Training außerhalb der Saison der nördlichen Hemisphäre, weil hier das ganze Jahr Polo gespielt werden kann. Auch Urlauber nutzen die preiswerte Gelegenheit, sich im Polo zu versuchen.

In Cañuelas, etwa eine Autostunde von La Plata entfernt, liegt Puesto Viejo, eine *estancia* mit Poloclub, in dem man den Sport erlernen kann. Für die Kurse in Englisch oder Spanisch sind keine Reitkenntnisse nötig. Die Teilnehmer bekommen das Equipment – Helm, Schläger und Pferd – und lernen die richtige Schwungtechnik und wie sie auf einem Hocker stehend den Ball treffen, ehe sie aufs Pferd steigen. Der Lehrer zeigt, wie sie das Pferd reiten und zum Stehen bringen, und erklärt alle Grundlagen, dann setzen die Teilnehmer auf dem Feld all diese Puzzleteile zusammen. Nach dem Kurs gibt es ein Mittagessen, und man kann bei einem Polospiel zusehen, im Infinitypool baden oder mit Fahrrädern das Gelände er-

ABENTEUERURLAUB IN LOBOS & CAÑUELAS

Argentina Extrema
Die ländliche Fahrradtour führt vom Bahnhof Cañuelas über Nebenstraßen nach Uribelarrea.

Laguna de Lobos
Viele Campingplätze verleihen Kajaks sowie Wind- und Kitesurfausrüstung für die Lobos-Lagune.

Skydive Lobos
Dies ist eine der ältesten Schulen für Fallschirmspringer in ganz Argentinien.

kunden. Solch ein Polotag kostet 195 US$ pro Person, inklusive Abholung von Buenos Aires und Rückfahrt. Der Polokurs allein kostet 80 US$.

Lobos

AB LA PLATA: **2 STD.**

In einem Schloss nächtigen

In der Provinicia de Buenos Aires gibt es mehrere Schlösser, aber nur eines, in dem man die Nacht verbringen kann: La Candelaria, eine *estancia* mit Poloclub bei Lobos, zwei Autostunden von La Plata entfernt. Das 123 Jahre alte Bauwerk wurde errichtet, als die frisch vermählten Adeligen Manuel Fraga Calveyra und Rebeca del Mármol in den 1890er-Jahren, nach ihren Flitterwochen in Europa, beschlossen, dass sie ein eigenes Schloss bräuchten. Nach fünf Jahren war das große Château im Stil der französischen Neorenaissance fertiggestellt, und viele Jahre später war dies die erste *estancia* in Argentinien, die ihre Tore für Touristen öffnete – darunter die Rolling Stones und Prinz Harry.

Der Preis fürs Zimmer (Buchung unter estanciacandelaria.com) beinhaltet alle Aktivitäten auf der *estancia*: Ausritte, Radfahren und Baden im Pool. Zudem gibt es tagesabhängige Angebote wie Empanada-Kochkurse, Vorträge über die Geschichte des Schlosses und eine Folkloreshow. Ebenfalls im Preis inbegriffen sind drei Mahlzeiten und Snacks zur Teezeit sowie der Zugang zu den Wanderwegen im Wald mit Araukarien, Zedern und Kiefern.

Gegen eine zusätzliche Gebühr kann man Wellness-Angebote (Yoga, Klangbäder, Massagen und kosmetische Gesichtsbehandlungen) in Anspruch nehmen. Die Übernachtung kostet ab 80 US$, für die zusätzlichen Angebote ist mit einem höheren Preis zu rechnen. Eine andere Option ist ein Tagesticket (Día de Campo) für das Schloss inklusive Aktivitäten und Mittagessen – und viel Zeit, um Fotos zu machen. Besonders Familien kommen in La Candelaria auf ihre Kosten, da es viele Attraktionen für Kids sowie (gegen Aufpreis) Kinderbetreuung gibt.

Iglesia de Nuestra Señora de Luján, Uribelarrea

EVITA-FILMKULISSE

Teile von Alan Parkers Kinofilm *Evita* (1996) mit Madonna und Antonio Banderas wurden in Uribelarrea, 30 Autominuten von Cañuelas entfernt, gedreht. Wer den Film gesehen hat, erkennt die Kirche Iglesia de Nuestra Señora de Luján aus der Szene, in der Evita in die Kirche flieht, um ihren verstorbenen Vater zu küssen. Für den Film wurde die Kirche mit Buntglasfenstern ausgestattet, die es noch immer gibt. Vielleicht erkennt man auch manche Trauergäste aus dem Film wieder, denn einige der Statisten waren Einwohner von Uribelarrea.

Mar del Plata

Mar del Plata ist eine Großstadt an Argentiniens Atlantikküste. Mitte des 20. Jhs. machte Präsident Juan Perón den Ort berühmt, und noch immer ist er in der Ferienzeit im Januar und Februar Argentiniens wichtigster Badeort – manchmal ist es schwer, am Strand einen Platz fürs Handtuch zu finden. Obwohl hier auch in der Nebensiason mehr los ist als anderswo an der Küste, fühlt es sich irgendwie dörflich an, da einige Läden für die Mittagssiesta schließen. Mardel, wie die Anwohner ihre Stadt nennen, war zu verschiedenen Zeiten Literatur- und Glücksspielzentrum und hat viele Veränderungen erlebt – zuletzt in den 1990er-Jahren, als es sich als Argentiniens Craftbier-Kapitale etablierte. Beliebt sind aber auch Seafood, Surfen und nicht zuletzt Gebäck, denn von hier stammt die weltbekannte *Alfajores*-Marke Havanna.

UNTERWEGS VOR ORT

In Mar del Plata verkehren zwar Busse, aber wegen langer Wartezeiten geht es zu Fuß häufig schneller. Taxis und Mitfahrdienste wie Uber und Cabify sind die schnellste Art, um ohne Mietwagen voranzukommen. Da Mitfahr-Apps eine rechtliche Grauzone sind, wird man oft vom Fahrer gebeten, vorne zu sitzen, damit es nach einer privaten Fahrt aussieht. Selbstfahrer sollten auf die aggressive Fahrweise der Einheimischen achten. Parkplätze gibt es im Zentrum und beim Paseo Güemes selten.

TOP TIPP

Das Touristenbüro neben dem Casino Central an der Avenida Patricio Peralta Ramos informiert über aktuelle Festivals, Vorträge und Konzerte. Im Sommer bieten die Strände im Süden das meiste Tageslicht und die besten Partys.

Refugium der Seelöwen

Am Hafen unterwegs

Der Seelöwe ist eine Art Wahrzeichen von Mar del Plata und ist hier sowohl live zu sehen – ganze Rudel von Seelöwen sonnen sich am Hafen und im Naturschutzgebiet – als auch in Form von Kunstwerken: Steinerne Seelöwen bewachen den Strand von Playa Bristol, und der gewaltige goldene Seelöwe am Museo Mar war einst von Havanna-*alfajores*-Packungen überzogen. Echte Seelöwen sind an den **Banquina de Pescadores** am **Puerto Mar del Plata** zu sehen. Die Tiere schlafen, raufen und bellen am Rand des Kais, wo es auch Stände mit frittierten Meeresfrüchten, Bier und Hotdogs gibt. Oder man kauft frisch gefangenen Fisch, um ihn später zuzubereiten, oder aber Fischdosen als Souvenir.

Wenn man genug hat von den Urlaubermassen und Schulklassen: Zum **Seelöwenschutzgebiet** ist es von hier aus eine kurze Autofahrt oder ein längerer Spaziergang. Das Reservat entlang des Stegs beginnt gleich hinter der Werft des Hafens. Die Seelöwen sind zu riechen, bevor man sie zu sehen bekommt. Hier halten sich noch mehr auf als bei den Imbissbuden, und deren Schnarchen klingt fast harmonisch.

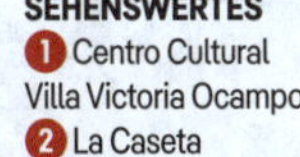

SEHENSWERTES
1 Centro Cultural Villa Victoria Ocampo
2 La Caseta
3 Denkmal für San Salvador
4 Acantilados
5 Playa Bristol
6 Playa Grande
7 Playa Helena
8 Playa Varese
9 Playa Waikiki
10 Punta Mogotes

AKTIVITÄTEN, KURSE & TOUREN
11 Banquina de Pescadores
12 Sea Lion Reserve

SCHLAFEN
13 Hotel Sainte Jeanne
14 Hotel Sirenuse
15 Los Arcos

ESSEN
16 Havanna
17 Lo de Fran
18 Sarasanegro
19 Yin & Toni

AUSGEHEN & FEIERN
20 Antares
21 Bohr Bar
22 Hops
23 Kiva Café
24 Proyecto Bar

SPAZIERGANG ZU MAR DEL PLATAS WAHRZEICHEN

Auf dieser eineinhalbstündigen Wanderung, die an der Küste entlangführt und im Zentrum endet, sind viele von Mar del Platas Attraktionen zu sehen.

Startpunkt ist die 1 **Playa Varese**. In der Nebensaison lässt sich hier geruhsam ein Morgen-*mate* am Meer genießen, im Sommer jedoch ist hier viel los. Am Strand entlang geht es zum Balneario Bahía Varese und dann hügelaufwärts, um über Almirante Brown zur Calle Mendoza und zum 2 **Torre Tanque** zu gelangen. Auf den 88 m hohen Wasserturm, der wie ein Burgturm aussieht, führen 194 Stufen zu einem Panoramablick über Stadt und Hafen. Auf der Mendoza geht man zurück bis zur Avenida Colón, dann links zum 3 **Museo Municipal de Arte Juan Carlos Castagnino**, mit seinen Firsten und Zinnen ein Mix aus französischem Herrenhaus und anglonormannischer Architektur. Am Ende der Carlos Alvear steht der 4 **Torreón del Monje**, ein von Ernesto Tornquist finanzierter Turm, der heute ein Restaurant, einen Souvenirladen und Ausstellungen beherbergt. Weiter geht es auf der 5 **Playa Las Toscas** oder auf der Promenade, die Primero Jesús de Galindez entlang, zur 6 **Playa Bristol**, dem zentralen Strand der Stadt. Nach einem Fotostopp beim 7 **Monumento Lobos Marinos** (Seelöwendenkmal) geht man am Casino vorbei und über die Straße, um bei 8 **Havanna** *alfajores* zu kaufen. Hier wurde 1948 die inzwischen weltweit vertretene Keksfabrik Havanna gegründet. Beim nächsten Halt, 9 **Manolo**, gibt es leckere Churros. Den Abschluss bildet die neugotische 10 **Basílica de los Santos Pedro y Cecilia** in der Fußgängerzone Plaza San Martín.

Dann geht es weiter die Mole entlang und man erreicht das gewaltige **Monumento a San Salvador**, ein Denkmal für den Schutzpatron der Fischer. Von hier blickt man auf Mar del Platas Küste und die Wellen, die sich an den Felsen brechen – die perfekte Location für ein paar Fotos im Stil von *Arielle, die Meerjungfrau*. Sowohl der Hafen als auch das Naturschutzgebiet sind rund um die Uhr kostenlos zugänglich.

Mar del Platas Gastronomie

Kulinarische Schätze aus dem Wasser

Mar del Platas Gastroszene ist schon immer eng mit dem Wasser verbunden: natürlich mit dem Meer – die Stadt hat den größten Fischereihafen des Landes –, aber auch mit den grundwasserführenden Gesteinsschichten, aus denen die Stadt ihr Süßwasser bezieht. In ganz Argentinien herrscht Einigkeit darüber, dass die Qualität dieses natürlichen Trinkwassers zu Mar del Platas grandioser Küche beiträgt, insbesondere zu den köstlichen Backwaren (auch wenn einige davon nur mit Milch hergestellt werden).

Die Churros werden hier mit *dulce de leche* gefüllt, am Samstagmorgen stehen viele *marplatenses* in den Straßen Schlange vor ihrem favorisierten Churroladen. Mar del Plata ist auch ein Synonym für *medialunas*, dem Croissant ähnliche Gebäckteilchen, die mit Schmalz oder Butter gebacken werden. Auf einer Fahrt von Buenos Aires nach Mar del Plata ist es für jeden Argentinier Pflicht, zwischen den beiden Städten am Parador Atalaya anzuhalten, um *medialunas* zu kaufen. Darüber, welcher Laden in Mar del Plata selbst der beste ist, lässt sich streiten, aber die **Confitería Boston** und **La Fonte D'Oro** gehören auf jeden Fall zu den beliebtesten Bäckereiketten der Stadt. Am besten sollte man selbst einmal probieren, indem man jeden Tag eine andere Bäckerei aufsucht. Das Gebäck jedoch, das Mar del Plata auf die gastronomische Weltkarte gehievt hat, sind *alfajores*: Der *Alfajores*- und Schokoladenladen **Havanna**, heute eine weltweit tätige Franchise-Cafékette, hat hier seine Wurzeln.

Für Liebhaber von Fisch und Meeresfrüchten gibt es in den Restaurants an der Küste Calamari, Muscheln, Garnelen, Paella und vieles mehr. Einige der berühmtesten und touristischsten Restaurants befinden sich am Hafen.

Antares, heute eine nationale Craftbier-Marke, wurde ebenfalls in Mar del Plata gegründet. Der ursprüngliche Standort befindet sich in Los Troncos. Ansonsten gibt es viele Brauereien und Craftbier-Bars in der Avenida Constitución und in der Calle Olavarría, in die man einkehren kann.

MAR DEL PLATAS BIERSZENE

Alayh Rivera, der Besitzer von Celebra Tequeños, das über 25 Bars in Mar del Plata mit Lebensmitteln beliefert, gibt Tipps zur hiesigen Bierkultur:

„**Bohr Bar** und **Hops** haben ein rotierendes Bierangebot verschiedener Brauereien. Probiert Escondido IPA, Cachalotes Session-IPA und – für mich das beste Bier in ganz Argentinien – Jamming IPA. Einheimische mögen das Cream Ale von La Paloma. **Antares** war die erste Brauerei der Stadt, aber ich empfehle auch die **Proyecto Bar** mit Events sowie tollem Essen und Bier."

NACHTLEBEN IN MAR DEL PLATA

The Center
Innerhalb des Dreiecks Plaza Mitre, Plaza Colón und Plaza San Martín gibt es zahlreiche Bars und Clubs.

Playa Grande
Einige Restaurants hier verwandeln sich abends in sehr populäre *boliches*.

Güemes Centro
Ideal fürs Barhopping oder ein entspanntes Date in einem der vielen Restaurants.

DIE BESTEN RESTAURANTS & CAFES IN MAR DEL PLATA

Sarasanegro
Mit der beste Fisch und der größte Weinkeller in Mar del Plata. **$$$**

Lo de Fran
Bei Fran hat schon Maradona Oktopus gegessen. **$$$**

Sao
Medialunas in vielen Variationen – ob klassisch, süß oder pikant oder üppig beladen wie die *chocotorta*. **$**

Yin & Toni
Hinter verschlossenen Türen wird hier afrikanische Küche serviert – eine Seltenheit in Mardel. **$$$**

Kiva Café
In der Kaffeebar im japanischen Stil trifft man vielleicht auf einen Hund als Barista. **$**

Mar del Platas Strände

Sonnenbaden, Surfen und Gleitschirmfliegen

Ein Strandbesuch ist in Mardel die beliebteste Freizeitbeschäftigung im Sommer. Die Einwohner buchen schon am Saisonende für den nächsten Sommer Plätze in *balnearios* (Strandbäder mit Sonnenschirmen, Liegen und Zelten zum Mieten), weil es im Voraus billiger ist. Man kann tageweise bezahlen, aber wenn man einen längeren Aufenthalt plant, sollte man nach einem günstigeren Tarif fragen.

Der zentralste Strand ist die **Playa Popular**, auch als **Playa Bristol** bekannt, gleich hinter dem Casino und den Seelöwenstatuen. Dies ist ein öffentlicher Strand und der meistbesuchte in Mar del Plata. Er liegt zwar sehr praktisch, ist aber alles andere als der sauberste oder schönste Strand; immerhin gibt es hier einen hervorragenden Skatepark. An der unweit gelegenen **Playa Varese** bietet der **Mar del Plata Surf Club** (@mdp.surf.club) Surfkurse und Ausrüstungsverleih (auch SUP-Boards). Weiter südlich liegt die schicke, bei Surfern und Kitesurfern beliebte **Playa Grande** mit vielen Restaurants und Clubs. Ein weiterer populärer Surfspot ist die **Playa Waikiki** gleich neben der breiten **Punta Mogotes**, einem der familienfreundlichsten Strände mit vielen Dienstleistungen. Noch weiter die Küste runter liegen die **Playa Helena**, an der im Sommer viele Konzerte stattfinden, und **La Caseta**, der Lieblingsstrand der argentinischen Prominenten, mit Massagen und Yogakursen. Noch weiter im Süden, Richtung Chapadmala, findet man den einsamsten Strand, die **Playa Acantilados**, die von einer hohen Klippe überragt wird, die Gleitschirmflieger als Startrampe nutzen.

Die Ocampo-Schwestern

... und ihre prominente Literatenfamilie

Die Familie Ocampo war Mitte des 20. Jhs. eine bedeutende literarische Kraft in Argentinien. Victoria Ocampo gründete die Literaturzeitschrift *Sur*, eine Art Bindeglied zwischen der argentinischen Literatur und der internationalen Literaturszene. Ihre Schwester Silvina Ocampo war eine preisgekrönte Schriftstellerin. Zum Kreis der Schwestern gehörten Virginia Woolf, Graham Greene, Jorge Luis Borges und viele andere Dichter und Denker. Victoria mochte Hüte und offensichtlich auch Badewannen, denn davon gibt es viele in der **Villa Victoria**, dem Sommersitz der Familie im Viertel Los Troncos. Heute ist das Haus ein Kulturzentrum mit persönlichen Gegenständen der Familie, literarischen und musikalischen Events und einem Garten voller Lavendelstauden.

SCHLAFEN IN MAR DEL PLATA

Los Arcos
Nur ein paar Blocks vom Strand entfernt gibt es hier kleine, aber saubere Zimmer inklusive Frühstück. **$**

Hotel Sirenuse
Das familiengeführte, zentral gelegene Hotel ähnelt einem Bergdomizil und verfügt über starkes WLAN. **$$**

Hotel Sainte Jeanne
Luxuriöses Boutiquehotel mit Spa an der Playa Grande. Verwöhnung pur! **$$$**

Rund um Mar del Plata

Villa Gesell
Coronel Vidal
Balcarce
Mar del Plata
Yraizoz
Chapadmalal
Miramar

Diesen Teil der Atlantikküste prägen Wälder und unterschiedliche Badeorte, von Hippie bis hip.

Bei Mar del Plata entstanden rund um die Areale, an denen geschäftstüchtige Unternehmer Wälder pflanzten, um wandernde Dünen zu stabilisieren, zahlreiche Küstenorte. Die Landschaft ist einzigartig: Die Pampa reicht bis an den Wald, und dann ist da plötzlich das Meer. In dieser Region von Miramar, 46 km südlich von Mardel, bis Pinamar, 126 km nördlich, waren schon Albert Einstein und Che Guevara – aus völlig unterschiedlichen Gründen. Im Sommer (Januar und Februar) steigen die meisten Events, während im Winter die Strände verlassen sind. Jeder Ort hat sein eigenes Flair: Chapadmalal mit seiner coolen Surferszene, Miramar mit seinem mystischen Wald und das feierwütige Villa Gesell.

Villa Gesell

UNTERWEGS VOR ORT

Ein Mietwagen macht Ausflüge an die Küste einfacher, vor allem im Winter, wenn die Busse nicht regelmäßig verkehren. Ein eigener Wagen ist häufig auch die einzige Möglichkeit, in die kleineren Badeorte wie Mar de las Pampas, Mar Azul und Cariló zu gelangen. Costa-Azul-Busse fahren alle 30 Minuten von Mar del Plata nach Miramar (Nr. 212), andere Buslinien verbinden Mar del Plata mit Villa Gesell und Pinamar. Die Fahrpläne gibt es per WhatsApp unter 2233 02-4560. Mar del Platas Bus 511 fährt in rund 50 Minuten nach Chapadmalal.

TOP TIPP

Wer im Sommer kommen möchte, sollte die Unterkunft weit im Voraus buchen. Mancherorts werden Zimmer nur wochenweise vermietet.

ARGENTINIENS FKK-STRÄNDE

In ganz Argentinien gibt es nur zwei Nacktbadestrände: Die **Playa Escondida** und die **Playa Querandí**, die beide abgelegen an diesem Abschnitt der Küste liegen. Die Playa Escondida, die leichter zu erreichen und besser erschlossen ist, befindet sich 25 km von Mar del Plata entfernt an der RP11 zwischen Chapadmalal und Miramar. Hier gibt es Strandbars, Spas und Holztreppen, die zum Strand führen. Es gilt zwar ein Verhaltenskodex, dennoch sollte man den Wald hier meiden, da sich dort viele zum Stelldichein treffen. Die Playa Querandí hat keine Infrastruktur und gehört zum Schutzgebiet beim Leuchtturm von Villa Gesell, 5 km hinter Mar Azul.

Wald, Villa Gesell

Villa Gesell

AB MAR DEL PLATA: **1½ STD.**

Waldvielfalt: Reserva Pinar del Norte

Die **Reserva Pinar del Norte**, dort wo Villa Gesell entstand, begann als Aufforstungsprojekt des Erfinders und Geschäftsmanns Carlos Gesell, der damit die Wanderdünen stabilisieren wollte. Die Dünen waren so unberechenbar, dass er auf jeder Seite seines Hauses eine Tür einbaute, damit er es zu jeder Zeit betreten konnte, ohne vom Sand behindert zu werden. Nachdem sein Geschäftspartner Héctor Manuel Guerrero weiter die Küste hoch durch Dünenbepflanzung Cariló geschaffen hatte, zog Gesell auf das Gelände, wo sich heute das Reservat befindet. In knapp zehn Jahren ließ er Kiefern, Akazien, Pappeln und Eschen anpflanzen sowie in speziell angefertigten Röhren Sonnenblumen, Gemüsepflanzen und Gewürz-

ESSEN AN DER KÜSTE

El Viejo Hobbit
Fleisch- und Bierfans und auch Vegetarier schätzen die großen Portionen im Hobbit-Restaurant der Villa Gesell. **$$**

Tante
Deutsch inspirierte Küche vom Apfelstrudel bis zum Geschnetzelten und eine große Teeauswahl in Pinamar. **$$$**

Casa Oxalis
Das leger-luxuriöse Brunchlokal in Pinamar bietet Buddha Bowls, frisch gepresste Säfte und mehr. **$**

nelken, um den Sand zu zähmen. Durch den Wald verlaufen heute mehrere Wege, außerdem befinden sich hier ein Imkerverein und eine Gärtnerei – und alles völlig ohne Flugsand.

Im Naturschutzgebiet, das von Dienstag bis Sonntag kostenlos zugänglich ist, stehen auch Gesells frühere Wohnhäuser, die inzwischen anderen Zwecken dienen: Das Museo y Archivo Histórico Municipal de Villa Gesell erzählt die Geschichte der Familie Gesell; in dem Chalet de Don Carlos, heute ein Kulturzentrum, werden Kunstvorträge und -kurse veranstaltet. Und dann befinden sich hier noch das Bohème-Café El Tinglado und der Taller Municipal de Ceramica de Villa Gesell, der Töpferkurse anbietet (Informationen siehe Facebook-Seite der Werkstatt: facebook.com/TMCVillaGesell). Diese Gegend ist im Sommer sehr beliebt, im Winter sollte man sich aber besser im Voraus über die Öffnungszeiten des Cafés und der Werkstatt erkundigen, da sie in dieser Zeit zuweilen geschlossen sind.

Neben vielen schönen Picknickplätzen gibt es hier auch ein Museum über den Falklandkrieg, ein paar kitschige Holzbauten, die aussehen, als wären sie von Comic-Elfen errichtet worden, und öffentliche Toiletten.

Circo del Aire

Ein artistisches Spektakel

Wenn in Villa Gesell die Sommersaison beginnt, wird die Stadt von Performances schier überschwemmt. Straßenkünstler jonglieren an jeder Ecke, während im Teatro Municipal Theaterstücke, Folkloreshows und sogar Opern aufgeführt werden (Programm siehe gesell.tur.ar). Eine der sommerlichen Hauptattraktionen ist der Circo del Aire, der seit 2009 jede Saison in der Villa Gesell gastiert. Der Zirkus unter der Leitung von Maria del Aire, einer Säule der Zirkusgemeinde in Buenos Aires, ähnelt den Vorstellungen des Cirque du Soleil, ist aber rustikaler, romantischer – und umweht von einer Meeresbrise vom nur wenige Blocks entfernten Ozean. In der Show gibt es keine Dressurnummer.

Chapadmalal

AB MAR DEL PLATA: **1 STD.**

Weinanbau an der Küste

Chapadmalal, eine knappe Autostunde südlich von Mar del Plata, ist die aufstrebende Weinregion an der Atlantikküste. Costa & Pampa, das dem Meer am nächsten gelegene argentinische Weingut und Mitglied der renommierten Bodega-Trapiche-Familie, befindet sich 6 km von Chapadmalals Strän-

ARGENTINIEN UND DER ZIRKUS

Der Zirkus hat in Argentinien eine lange Geschichte, in den großen Städten gibt es zahlreiche Zirkussubkulturen. Argentinien hat seine eigene Zirkusart, Circo Criollo, eine Kombination aus Theater und Zirkus mit dem Gaucho als zentrale Figur. Im 19. Jh. brachten Zirkusensembles den Zirkus ins Land. Doch erst nach seinem Wiederaufleben nach der Diktatur, in den 1980er-Jahren, wurde er akademisch. Heute ist der Zirkus ein Fachgebiet an den Universitäten von Buenos Aires und Rosario; Studenten können ihren Abschluss in den Zirkuskünsten machen. Einige Zirkusartisten sind bereits in der TV-Show *Got Talent Argentina* aufgetreten.

SCHLAFEN IN VILLA GESELL

Hotel del Cine
Zentrales Hotel mit Filmthema, eigenem Minikino und Pool. Das Frühstück ist im Zimmerpreis inbegriffen. **$$**

Hostería Santa Barbara
Das makellose Boutiquehotel bietet große, helle Zimmer mit Balkon, umgeben von viel Grün. **$$**

La Deseada Hostel
Dieses farbenfrohe Hostel hat Schlafsäle und Doppelzimmer, eine Küche und einen Grillbereich im Freien. **$**

VOGELPARADIES

Zwischen Mar del Plata and Villa Gesell liegt der verschlafene Küstenort Mar Chiquita mit dem Unesco-Biosphärenreservat Albúfera Mar Chiquita. Die 35 km lange Lagune ist die einzige ihrer Art im Land – sie bezieht Salzwasser aus dem Atlantik und Süßwasser aus den Bergbächen der Sierras de Tandil. Der daraus resultierende schwache Salzgehalt des Wassers sorgt dafür, dass in dieser Lagune mehr als 200 Vogelarten heimisch sind – damit ist sie der beste Platz für Vogelbeobachter an der Küste. Sehr beliebt ist hier auch das Sportangeln, denn in der Lagune tummeln sich mehr als 55 Fischarten.

den entfernt an einer holprigen Schotterpiste. Die Winzerei produziert leichte, frische Weine mit sehr komplexen Aromen, die die Besucher bei zwei unterschiedlichen Weinproben verkosten können. Die Option „Mar y Montaña“ (10 oder 15.30 Uhr, 12 US$ pro Person) beinhaltet vier Weine, zwei davon von Costa & Pampa, und eine Führung über das Anwesen inklusive Weinkeller. Die Option „Mundo Costa & Pampa“ (11.30 oder 13.30 Uhr, 15 US$ pro Person) ist für echte Weinliebhaber die bessere, weil es ausschließlich auf dem Weingut hergestellte Tropfen zu verkosten gibt (3 Weiß- oder Roséweine und 1 Schaumwein), darunter einen fruchtigen Pinot Noir. Danach können die Besucher abgefüllte Costa-&-Pampa- und Trapiche-Weine aus Mendoza kaufen. Manchmal steht auf dem Anwesen ein Foodtruck – ideal für ein Picknick nach der Führung auf dem Weingut.

Miramar

AB MAR DEL PLATA: **1 STD.**

Magnetfelder im Bosque Energetico

Nur eine Stunde von Mar del Plata, an der Ruta 11, strahlt Miramars Bosque Energetico (Energiewald) einen seltsamen Magnetismus aus, der Wissenschaftler, Hellseher und Touristen anzieht, die auf den Pfaden schlendern, Experimente durchführen und zuweilen Bäume umarmen. Ein gängiges Experiment ist es, einen zugespitzten Stock in die Erde zu stecken und einen leicht gewölbten Stock darauf zu platzieren, sodass sie ein „T“ bilden – dann schaut man dabei zu, wie die Stöcke ohne Zutun in der Balance bleiben. Außerdem kann man in dem 500 ha großen Waldgebiet wandern, Vögel beobachten, Rad fahren, meditieren und Yoga praktizieren.

Seltsame Kreaturen im finsteren Wald

Wer lehnt denn da am Baum?

Die Äste der Bäume im Bosque Energetico bilden ein für das Sonnenlicht undurchdringliches Blätterdach. Wegen dieses Phänomens, „finsterer Wald“ genannt, ist die Luft in Bodennähe frisch und kühl. Es heißt, dass in diesem Teil des Waldes mystische Wesen leben sollen. Nachdem man unter dem dunklen Blätterdach ein paar Fotos geschossen hat, kann man diese betrachten, ob irgendwelche schemenhafte Erscheinungen zu erkennen sind, die beim Fotografieren nicht zu sehen waren. Es soll Aufnahmen geben (sowohl von Film- als auch von Digitalkameras), auf denen kleine menschenähnliche Gestalten an Bäumen lehnen oder an diesen hochklettern. Die Einheimischen meinen, dass das Zwerge seien, weil sie auf den Fotos meist kleine Hüte tragen ...

HIPSTER-STRÄNDE IN CHAPADMALAL

Bai Bai
In dem schicken Café und Surferhostel sind sogar die Hunde cool. Prima zum Mittagessen.

Satori Yoga
Yoga, Klangbehandlungen und Massagen – in diesem ganzheitlichen Zentrum fühlt sich jeder wohl.

Luva Café
Auf Palettentischen werden stylischen Strandfaulenzern Kaffee und Avocadotoast serviert.

Reiher, Mar Chiquita

Bariloche & das Seengebiet

ATEMBERAUBENDE LANDSCHAFT UND ABENTEUERLICHE FAHRTEN

Das Abenteuer wartet in einem der spektakulärsten Landstriche Argentiniens. Gewaltige Gipfel, ausgedehnte Wandergebiete und Seen in allen Grün-, Blau- und Grautönen.

Der Name Bariloche & das Seengebiet für diese Region täuscht etwas. Natürlich liegt der Fokus auf Bariloche, denn es ist wirklich ein magischer Ort und man versteht gut, warum es eines der Top-Ziele für Touristen in Argentinien ist. Aber genauer gesagt, bezieht sich dieses Kapitel auf die Region Nordpatagonien – vom höchsten Gipfel der Region im Norden, Volcán Domuyo (auch bekannt als Dach Patagoniens), bis zur Regionshauptstadt Neuquén im Osten, der Grenze zu Chubut im Süden bei El Bolsón und El Hoyo und den Anden, die den Westen begrenzen. Es gibt Seen (überall), aber auch Vulkane, abgelegene Steinritzungen, mächtige Flüsse, uralte Bäume und in jeder Ecke mit Bergen übersäte Landschaften.

Die Provinz Neuquén bedeckt den größten Teil des Gebiets, eine Region mit großen Mapuche- und Pehuenche-Gemeinden, dazu kommt die jüngere Vergangenheit mit der „Wüstenkampagne" im 19. Jh. Als die indigenen Bewohner von ihrem Land vertrieben wurden, kamen Schweizer und deutsche Einwanderer aus Chile nach Argentinien und ließen sich in Orten wie Bariloche und San Martín de los Andes nieder. Das verschachtelte Netzwerk der Wander-*refugios*, die Schokolade und die alpine Architektur sind nur einige der Überreste aus dieser Zeit.

DIE WICHTIGSTEN ZIELE

BARILOCHE
Himmelhohe Berge und tolles Essen.
S. 350

EL BOLSÓN
Hippie-Märkte und endlose Sommer.
S. 361

SAN MARTÍN DE LOS ANDES
Genussvolles Reisen, Trekking und Vulkane.
S. 370

NEUQUÉN
Wüstenlandschaft, Weingüter und Dinosaurier.
S. 381

Links: Wanderer, Volcán Domuyo (S. 389); Oben: Cerro Campanario (S. 356)

Erste Orientierung

Nordpatagonien, das sich über drei Provinzen erstreckt – Neuquén, Río Negro und Chubut –, ist riesengroß. Die beiden wichtigsten Verkehrsknotenpunkte sind die Städte Neuquén und Bariloche.

Neuquén, S. 381
In der Wüstenhauptstadt, der größten Stadt Patagoniens und Zusammenfluss von Limay und Neuquén, finden sich nicht nur Dinosaurierspuren, sondern auch Pinot Noir.

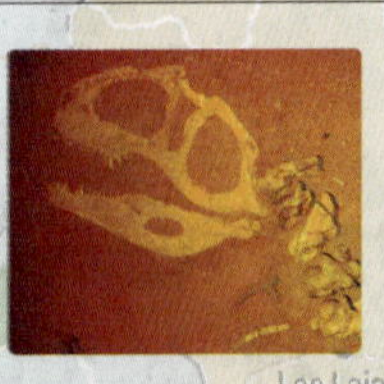

San Martín de los Andes, S. 370
Paradies für Abenteurer am Lago Lacár mit vielen Bergen, Vulkanen, Wandertouren, Seestränden und einsamen Stromschnellen abseits von Bariloche.

Bariloche, S. 350
Eine der schönsten Städte Argentiniens mit Postkartenansichten von hohen Gipfeln und glitzernden Seen, dazu kommt eine erstklassige Food-Szene.

El Bolsón, S. 361
Entspannter Ort in einem Tal mit Bio-Landwirtschaft, Hippie-Kunsthandwerkermarkt und großem Wanderwegenetz am Cajón del Azul.

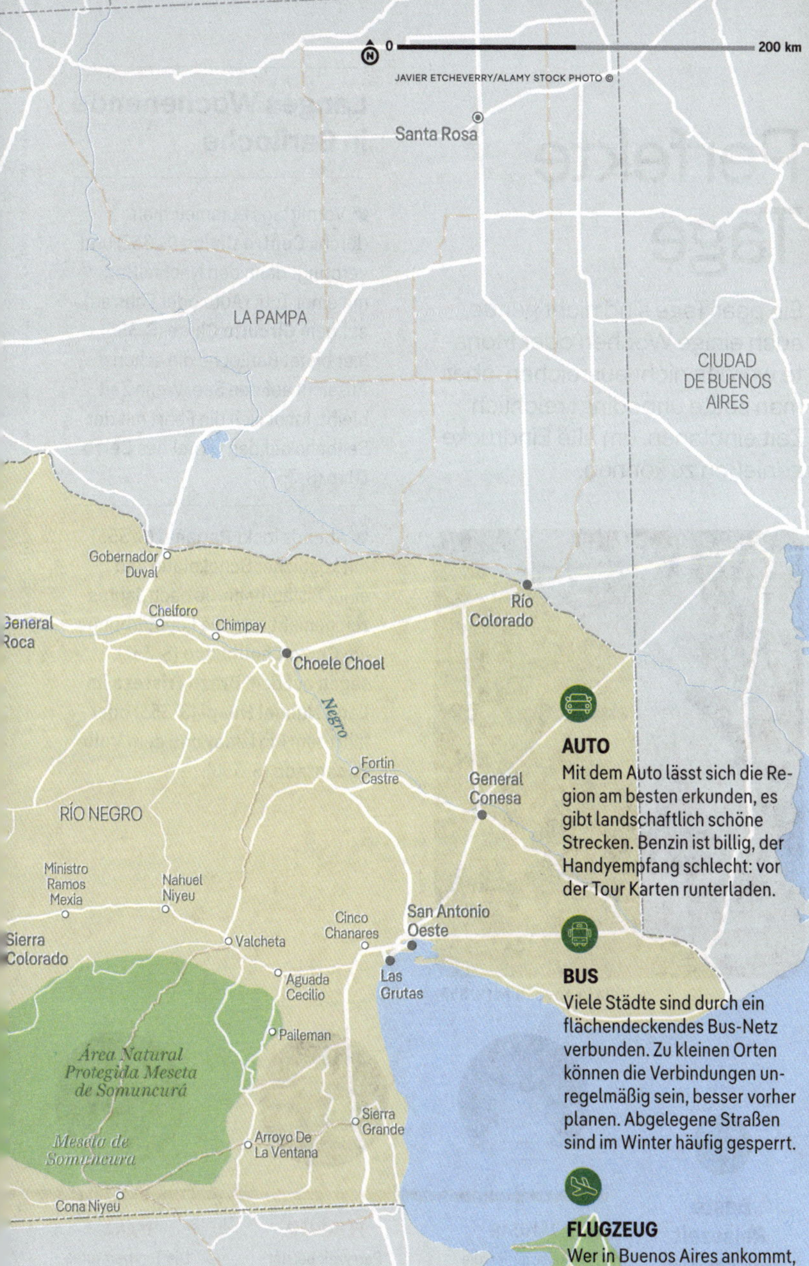

AUTO

Mit dem Auto lässt sich die Region am besten erkunden, es gibt landschaftlich schöne Strecken. Benzin ist billig, der Handyempfang schlecht: vor der Tour Karten runterladen.

BUS

Viele Städte sind durch ein flächendeckendes Bus-Netz verbunden. Zu kleinen Orten können die Verbindungen unregelmäßig sein, besser vorher planen. Abgelegene Straßen sind im Winter häufig gesperrt.

FLUGZEUG

Wer in Buenos Aires ankommt, hat Anschlussflüge nach Bariloche, Neuquén, San Martín de los Andes, El Bolsón und Chos Malal. Zwischen diesen Flughäfen gibt es keine Direktflüge.

Perfekte Tage

Ein paar Tage sind nicht genug, auch einige Wochen oder Monate werden nicht ausreichen, aber man sollte unbedingt reichlich Zeit einplanen, um alle Eindrücke genießen zu können.

PAULO DE ABREU/SHUTTERSTOCK ©

Villa la Angostura (S. 353)

Langes Wochenende in Bariloche

- Vormittags bummelt man durchs **Centro Cívico** (S. 352) und verbringt dann den Nachmittag mit einer Tour (Auto oder Fahrrad) auf dem **Circuito Chico** (S. 356), hier bietet Bariloche die schönste Aussicht auf den See. Wenn Zeit bleibt, lohnt sich die Fahrt mit der Seilbahn auf den Gipfel des **Cerro Otto** (S. 352).

- Abends lockt **Rapanui** (S. 353) mit köstlicher Schokolade und einer Eislaufbahn. Je nach Jahreszeit genießt man die Laubfärbung am **Cerro Challhuaco** (S. 352), segelt auf dem **Brazo Tristeza im Lago Nahuel Huapi** (S. 353) oder fährt zum Río Limay und dem **Valle Encantado** (S. 358).

UNTEN: PAULO DE ABREU/SHUTTERSTOCK ©, STONE36/SHUTTERSTOCK ©, DEDÉ VARGAS/SHUTTERSTOCK ©

Beste Reisezeit

Jede Jahreszeit ist einzigartige. Im Sommer beeindruckt der Sonnenuntergang, im Herbst das bunte Laub.

JANUAR

Hochsommer, die Seen sind wärmer! Lavendelernte an der **Villa Llanquín** (S. 358) am Río Limay und das Flair von El Bolsón genießen.

FEBRUAR

Partyzeit bei der **Fiesta Nacional de la Confluencia** (S. 388) in Neuquén und großes Hopfenerntefest in El Bolsón.

MÄRZ

Die Temperaturen sinken und die Zahl der Touristen nimmt ab. Traubenlese in den Weingütern in **Neuquén** (S. 386).

Eine Woche in Bariloche

- Nachdem man die Klassiker (siehe links) abgehakt hat, geht's entweder nach **Pampa Linda** (S. 359) oder zum Wildwasserrafting auf dem gewaltigen **Río Manso** (S. 359).

- Anschließend für einige Tage nach Norden auf die Rundtour nach **Villa la Angostura** (S. 353) und zurück über **San Martín de los Andes** (S. 370) und **Villa Traful** (S. 379). Unbedingt einen Blick wert sind die alten zimtfarbenen Bäume im **Parque Nacional de los Arrayanes** (S. 353) und die beeindruckende Szenerie auf der **Ruta de los Siete Lagos** (S. 378).

- Wer noch einen Tag übrig hat, besucht La **Feria Regional Artesanal** in El Bolsón (S. 363).

Zwei Wochen oder mehr zum Reisen

- Man verbringt einige Zeit in **Neuquén** (S. 381) und besucht die Dinosaurierfunde und Weingüter, dann geht es abseits der Touristenrouten nach **Chos Malal** (S. 389) und zum *techo* (Dach) von Patagonien, dem **Volcán Domuyo** (S. 389).

- Wer nicht genug an Vulkanen bekommen kann, besteigt den Gipfel des **Volcán Batea Mahuida** (S. 380) – von dort sieht man acht Vulkane entlang der Grenze. Im Sommer besucht man die Zwillingsstädte **Copahue und Caviahue** (S. 388), hier raucht der Volcán Copahue und in der Erde blubbern heiße mineralhaltige Quellen.

APRIL
Ostereiersuche und der weltweit größte Schokoriegel beim Schokoladenfest in **Bariloche** (S. 352).

JULI
Der erste Schnee fällt und Skifahrer bevölkern die Skigebiete Cerros Catedral, Chapelco, Perito Moreno und **Caviahue** (S. 388).

OKTOBER
Zeit für das einwöchige Food-Festival „Bariloche a la Carta“ mit kulinarischen Genüssen aus Patagonien.

DEZEMBER
In **San Martín de los Andes** (S. 370) ist nicht nur Weihnachten, sondern auch das Mapuche Tanz- und Musikfestival Trabún.

Bariloche

BUENOS AIRES

UNTERWEGS VOR ORT

Bariloches Zentrum ist überschaubar, aber steil, teilweise mit Treppen. Radfahren eignet sich gut für längere Strecken.

Ein Auto ist nützlich um die Umgebung zu erkunden, der Verkehr auf der Av. Exequiel Bustillo und der Av. de los Pioneros, kann stark sein. Keine Wertsachen sichtbar liegen lassen.

Busse fahren nach Colonia Suiza (10), Puerto Pañuelo (20) und Cerro Catedral (55), sind aber in der Hauptsaison sehr voll und langsam. Eine SUBE-Karte ist sinnvoll, da sie in Bariloche oft nicht vorhanden sind. Die Touristeninformation (tgl. geöffnet) hat Busfahrpläne. Hier gibt es auch aktuelle Informationen, wo man die SUBE-Karte aufladen kann; der Automat im Centro Civico akzeptiert nur Mercado Pago.

San Carlos de Bariloche („Bari" genannt) liegt am Südufer des Lago Nahuel Huapi, des größten und tiefsten Sees der Region. Die spektakuläre Bergkette von mehreren 2000ern sorgt stets für Begeisterungsstürme. Es bringt keine Atempause für Touristen, denn hier ist immer Saison – Schnee im Winter, milde Temperaturen und klare Tage zum Wandern im Sommer, bunte Laubfärbung im März und unzählige Wildblumen im Frühling. Und wer im Urlaub nicht aktiv sein möchte – die Stadt bietet zahlreiche kulinarischer Genüsse und Craftbier. Einfach zurücklehnen und entspannen.

Hier ist das Zentrum des Seengebietes und sowohl für einheimische als auch für Touristen aus aller Welt ist es eines der Top-Ziele Argentiniens. Die Klassiker sind gut besucht, aber wer sich Zeit nimmt, findet Stille und Einsamkeit in Argentiniens ältestem Nationalpark, dem Parque Nacional Nahuel Huapi.

Kathedrale, San Carlos de Bariloche

TOP TIPP

In den beiden letzten Juliwochen (Schulferien) und im Januar ist Hauptsaison. Im September ist das Ende der Skisaison und im März locken warme Tage und wenig Besucher. Mai ist ein ruhiger Monat, viele Touristenziele werden gewartet und können geschlossen sein.

SEHENSWERTES
1 Aerosilla Cerro Campanario
2 Balseiro Institute
3 Centro Civico
4 Cerro Catedral siehe 26
Chemamull
5 INVAP
6 Lago Nahuel Huapi
7 Museo de la Patagonia
8 Parque Ecoturistico Cerro Viejo
9 Puerto San Carlos
10 Secretaria de Turismo Bariloche
11 Teleférico Cerro Otto
14 Cerro Otto
15 Feria Artesanal Bariloche
16 Playa Sin Viento

AKTIVITÄTEN, KURSE & TOUREN
12 Brazo Tristeza
13 Cerro Catedral

SCHLAFEN
17 Hospedaje Penthouse 1004
18 Hotel Tirol
19 Selina

ESSEN
20 Chimi Deli Cocina
21 La Cabrona
22 Mamushka
23 Manush
24 Manush
25 Rapanui

INFORMATION
26 Catedral Nuestra Señora del Nahuel Huapi

Puerto Panuelo (8 km)
0 — 5 km
Av del Campanario
Cerro Campanario (1048 m)
Ruta Vieja al Llao Llao
Lagos Moreno
Isla Huemul
Lago Nahuel Huapi
Cerro Bayo (72 km)
Cahiu
San Carlos de Bariloche
Av Exequiel Bustillo
Av Comandante Luis Piedrabuena
EL CONDOR
Av de los Pioneros
See Bariloche Enlargement
Cerro Bella Vista (1791 m)
Ruta Provincial 82
Cerro Otto (1420 m)
Bariloche
Cerro San Martín (1274 m)
Arroyo Ruacó
Diente de Caballo (2183 m)
Lago Gutiérrez
Cerro Challuaco (15 km)
Parque Nacional Nahuel Huapi
Cerro Catedral Sur (2383 m)
El Bolsón (121 km)
Ruta Nacional 40
Cerro de La Ventana (1938 m)
Lago Nahuel Huapi
Av Juan Manuel de Rosas
Av 12 de Octubre (Costanera)
Centro Cívico
Plaza Italia
French
Av Bartolomé Mitre
Urquiza
Quaglia
Villegas
Rolando
Perito Moreno
Juramento
20 de Febrero
Morales
Elflein
0 — 200 m

BEST SKI & DIE BESTEN SKI- & SCHNEEORTE

Cerro Catedral
Der Ort in Argentinien zum Ski- und Snowboardfahren und Wandern mit vielen Liften und Abfahrten und toller Infrastruktur.

Cerro Otto
5 km von der Stadt entfernt; eine Seilbahn fährt hoch zum Gipfel zum Kinderskizirkus. Unbedingt eigene Handschuhe fürs Rodeln *(culipatin)* mitnehmen.

Cerro Challhuaco & Refugio Neumeyer
Ideal für Anfänger im Skitourengehen. Im Winter nur mit Allradantrieb erreichbar oder auf einer gebuchten Tour. In warmen Monaten übernachtet man in Kuppelzelten.

Cerro Bayo
Auf der gegenüberliegenden Seeseite; kleines, exklusives Skigebiet.

SAIKO3P/SHUTTERSTOCK ©

Centro Cívico

Das Centro Cívico erkunden

Architektur, Museen & Schokolade

Start ist im Zentrum des **Centro Cívico**, hier sieht man die bekannten Steinhäuser des Architekten Ernesto de Estrada von 1940. Die Plaza ist ein wichtiger kultureller und sozialer Treffpunkt für Einheimische und Touristen, spätnachmittags trifft man sich vor der Kulisse des **Lago Nahuel Huapi** zu Gesprächen und *mate*. Das ausgezeichnetet **Secretaria de Turismo Bariloche** befindet sich am Rand der Plaza, das **Museo de la Patagonia** (am Wochenende geschlossen) hat eine ausgezeichnete naturgeschichtliche Ausstellung und Mapuche-Artifakte.

Wer Natur und Kultur sucht, spaziert durch den Park, vorbei an den Holztotems **Chemamull** des chilenischen Mapuche-Künstlers Bernardo Oyarzún, zum Seeufer. Auf der Promenade geht es bis zu den Ausstellungen im **Puerto San Carlos**. Weiter geht's auf der Av. 12 de Octubre einige Blocks nach Osten bis zur unvollendeten, weißen **Catedral Nuestra Señora del Nahuel Huapi**, das der Architekt Alejandro Bustillo, ebenso wie das Hotel Llao Llao, entwarf.

Zum Einkaufen und Essen bummelt man auf der **Calle Mitre** vorbei an Steinbögen und Souvenirgeschäften. Hektisch, aber lohnend sind die traumhaften Schokoladengeschäfte wie

ESSEN IN BARILOCHE

La Cabrona
Die Einheimischen strömen zu diesem Food-Truck am See mit saisonalem Angebot. Nicht verpassen. $

Chimi Deli Cocina & Chimi Bar de Choris
Feinkostladen mit Salaten und Veggie-Essen, gegenüber gibt es Bier und *choripán*. $$

Manush (Centro & Km 4)
Einheimische *cervecería* mit leckeren Burgern und Kneipengerichten. $$

Rapanui (mit eigener Eislaufbahn) und **Mamushka** (angeblich das beste Geschäft) – lange Wartezeiten sollten einkalkuliert werden. Lokales Kunsthandwerk gibt es auf dem Berg bei **Feria Artesanal Bariloche**, hier verkauft auch die **Zuem Mapuche Cooperative** hochwertige Textilien. Wer an Essen denkt, findet viele gute Restaurants auf der **Calle Ada Maria Elflein**.

Der tiefblaue See

Uralte Wälder, mythische Gestalten

Wohin man auch blickt, der **Lago Nahuel Huapi** ist überall, deswegen sollte man ihn auch aufsuchen. Er liegt 767 m über dem Meeresspiegel und ist 425 m tief; außerdem lebt hier **Nahuelito** – Bariloches Antwort auf Loch Ness (und Thema einer Dokumentation des Filmemachers Miguel Ángel Rossi aus Bariloche).

Bootsfahrten starten in **Puerto Pañuelo** bei Llao Llao, 30 Minuten Fahrt von Bariloche entfernt. Exkursionen gibt es zum beeindruckenden **Puerto Blest** und dem Wasserfall **Cascada de los Cantaros** oder zur **Isla Victoria** und dem absolut sehenswerten **Parque Nacional de los Arrayanes** (S. 379). Die Bootstour bietet nur eine begrenzte Zeit an Land, wer also sowohl die beeindruckenden uralten Bäume sehen möchte als auch die Felszeichnungen sollte besser nach **Villa la Angostura** fahren und auf eigene Faust durch den Park wandern. Das Boot um 10 Uhr ist nicht so voll.

Ein exklusiveres Erlebnis bietet eine Tour nach **Brazo Tristeza** auf dem kleinen Schiff *Kaikén Patagonia*. Man bucht im Voraus und geht in Bahía Lopez an Bord, einer beeindruckenden Bucht am Circuito Chico. Zur Tour gehört ein Besuch beim Wasserfall **Cascada del Arroyo Frey** und eine einstündige Wanderung, bei der man vielleicht einen Kondor sieht.

Zum Kajakfahren, SUP oder Tauchen bietet sich die geschützte **Playa Sin Viento** am **Lago Moreno** an (auch am Circuito Chico). Sonst sollte man Einheimische um Rat fragen und dicht am Ufer bleiben – in der Mitte des Lago Nahuel Huapi ist das Wetter unberechenbar.

Schwindel & Newtons Apfel

Wissenschaft am See

Bariloche ist ein Tummelplatz für Wissenschaftler, zum Teil dank eines peinlichen Versagens des früheren Präsidenten Juan Perón. Der österreichische Wissenschaftler Ronald Richter überredete Perón in ein Kernfusionsprojekt zu investieren, das sich als Schwindel entpuppte. Richters verlassene

SCHÖNE AUSSICHT (OHNE WANDERUNG)

Teleférico Cerro Otto
An einem klaren Tag fährt man mit der Seilbahn hoch und wird mit spektakulärer Aussicht auf den See belohnt.

Aerosilla Cerro Campanario
Der Circuito-Chico-Sessellift schwebt über Wildblumenwiesen zum Gipfel.

Cerro Catedral Telecabina Amancay & Telesilla Diente de Caballo
Die Hänge und der Gipfel des Catedral sind ganzjährig zugänglich. Hoch geht es mit Seilbahn und Sessellift.

Parque Ecoturistico Cerro Viejo
Direkt im Ort; mit dem Sessellift geht es hoch und auf der Riesenrutsche runter.

ÜBERNACHTEN IN BARILOCHE

Hospedaje Penthouse 1004
Eines der ersten Hostels in Bariloche und immer noch angesagt. Geräumig, hell und mit fantastischer Sicht. **$**

Selina
Gesellige Atmosphäre mit hilfsbereiten Mitarbeitern in einem Wald am Rand des Stadtzentrums. **$$**

Hotel Tirol
Reizendes, zentrales Hotel. Die Zimmer zum See bieten Aussicht und weniger Straßenlärm. **$$$**

UMSTRITTENE STATUE

Das Reiterstandbild im Zentrum des Centro Cívico stellt den früheren argentinischen Präsident General Julio Argentino Roca dar. Bekannt als Vater des modernen Argentinien soll er während der „Wüstenkampagne“ im 19. Jh. an einem Genozid beteiligt gewesen sein. Bei der Militäraktion wurde die indigene Bevölkerung aus der Region vertrieben und somit der Weg für europäische Einwanderer aus Chile freigemacht. 2023 beschloss der Stadtrat von Bariloche, die Statue von Roca zu entfernen, aber der Beschluss wurde vom Gericht aufgehoben. Ein komplexes und umstrittenes Thema in Argentinien, wo die Vergangenheit aufgearbeitet wird. Das ist auch in Bariloche ein Thema – trotz der alpenländischen Architektur (und den Bernhardinern).

YGNACIO MIGUEL/SHUTTERSTOCK ©

Mit dem Kajak auf dem Lago Nahuel Huapi

Bunker befinden sich auf der Isla Huemul im Lago Nahuel Huapi und obwohl die Insel eigentlich gesperrt ist, werden Halbtags-Kajaktouren dorthin angeboten; sie starten an der **Playa Bonita** am Km 8, Av. Bustillo.

Es gibt nicht nur schlechte Nachrichten: Richters kostspielige Posse führte zu einer bedeutenden Investition für die wissenschaftliche Zukunft Argentiniens. Heute sind in Bariloche einige der führenden argentinischen Wissenschaftsinstitute beheimatet – das weltweit angesehene **Balseiro Institute** (für experimentelle Physik und Kerntechnik, im Garten der Bücherei steht ein angeblicher Ableger von Newtons Apfelbaum), das **Bariloche Atomic Centre** und **INVAP**, eine Privatfirma, die Weltraumtechnik wie Satelliten und Flugradar entwirft und fertigt. Seit Corona ist das Bariloche Atomic Centre nicht mehr für Besucher geöffnet, aber **Historias de Bariloche Walking Tours** (online werden Touren auf Englisch angeboten) bietet eine faszinierende Tour (Perón in Bariloche) in der Umgebung für alle, die mehr wissen wollen. Führungen bei INVAP sind möglich, man muss aber lange vorher buchen und per Mail anfragen (visitas@invap.com.ar). Antworten können dauern.

Rund um Bariloche

Den Andenkondoren auf der Spur sein in einer außerirdisch wirkenden Landschaft und den türkisfarbenen Wassern des Río Limay.

Bariloche ist nicht nur Schokolade, Seen und alpenländische Architektur, auch die Umgebung hat ihren Reiz. Der Parque Nacional Nahuel Huapi ist ungefähr 8000 km² groß – es gibt hier sehr viel zu sehen, mehr als man in kurzer Zeit schaffen kann. Man fährt ins Zentrum des Parks nach Pampa Linda und nähert sich dem Cerro Tronador, den gewaltigen „Donnerberg". Abenteuersportler lockt der mächtige Fluss Manso; das Wasser kommt von einem der sieben Gletscher des Tronador, Stromschnellen der Klasse III und IV führen bis zur chilenischen Grenze. Einsamer ist es im Süden, hier kann man die riesigen Andenkondore sehen.

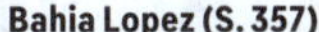

Bahia Lopez (S. 357)

DIEGO GRANDI/SHUTTERSTOCK ©

UNTERWEGS VOR ORT

Von Bariloche fahren Busse in die größeren Städte, aber wer zum Río Limay, Valle Encantado, Villa Llanquín, Las Buitreras oder Pampa Linda möchte, braucht einen Mietwagen oder muss eine Tour buchen. Im Sommer bieten Transitando lo Natural und Travel Light Turismo einen Transfer nach Pampa Linda an. Die RN237 ist gut ausgebaut, aber ohne Handyempfang. Man muss sich in Bariloche mit Benzin, Essen und Wasser eindecken und Karten runterladen. Die Piste RN82 nach Pampa Linda ist in schlechtem Zustand (im Winter geschl.), ebenso die Piste nach Las Buitreras.

TOP TIPP

Außerhalb der Orte gibt es wenig Tankstellen und Handyempfang. Bargeld, Landkarten, Snacks und Wasser mitnehmen.

AUSFLUG

Circuito Chico

Diese Rundtour im Seengebiet ist *un clásico!* Mit dem Auto, zu Fuß oder Rad – die 60 km sind in einigen Stunden oder an einem Tag zu schaffen. Wenig Zeit? Hier macht man die besten Fotos von der Seenlandschaft Bariloches. Radler sollten wegen der Steigungen im Uhrzeigersinn fahren. Busse 10 und 20 bedienen einen Teil der Strecke.

1 Bariloche

Man beginnt in der Stadt bei Km 0, besorgt sich für unterwegs leckere *alfajores* bei der Bruncherie Food Truck (Km 4,5) oder legt eine Badepause an der Playa Bonita (Km 8) ein.

Die Strecke: Auf der Av. Bustillo am Seeufer Richtung Westen.

2 Cerro Campanario

Mit dem Sessellift oder zu Fuß (30 Min.) geht's zum Gipfel mit einem tollen Rundumblick über Bariloche.

Die Strecke: Bei Km 17,5 befindet sich der Eingang. Frühmorgens ist es nicht so voll.

3 Punto Panoramico

Der erste der *miradores* (Aussichtspunkte) mit einer atemberaubenden Sicht über den See und Umgebung. Bei Wind hört man die Bäume rauschen.

Die Strecke: Am Kreisel hinter dem Cerro Campanario biegt man links auf die RP77, hier beginnt der eigentliche Circuito Chico. Der Aussichtspunkt liegt auf der rechten Seite hinter der Brücke.

Blick vom Cerro Campanario

4 Patagonia Cervecería & Parque Nahuelito

Die Pause in einer der bekanntesten Brauereien ist ein Muss. Man kann bummeln oder einfach nur entspannen. Die Lage ist fantastisch, aber es ist hier oft überlaufen. Auf der anderen Straßenseite bietet der Parque Nahuelito einstündige Wanderungen durch den Dinosaurierwald – ein herrliches Vergnügen, ganz besonders für Kinder.

Die Strecke: Der Parque Nahuelito liegt auf der linken Seite der RP77 bei Km 24,5. Patagonia liegt rechts.

5 Bahía Lopez

In den Sommermonaten hält man hier an, um in der Bucht baden zu gehen. Hier beginnt auch der gute 1,5 km lange Wanderweg zum Mirador Brazo Tristeza. Er gilt zwar als einfach, hat aber auch steile Stellen. Aus diesem Grund werden Wanderschuhe empfohlen.

Die Strecke: Man hält bei Km 32 und parkt links vom Hotel Alun Nehuen. Hinter dem Strand beginnt in einem Wäldchen der Wanderweg.

6 Cerro Llao Llao

Längere Wanderwege bietet der Abschnitt zwischen Bahía Lopez und Llao Llao mit dem Parque Municipal Llao Llao (der Eintritt ist frei, zahlreiche familienfreundliche Wege).

Die Strecke: Man parkt auf einem der vielen Parkplätze und läuft los. Informationen über mögliche Strecken gibt es auf einer Tafel, etwa 800 m vor dem Eingang nach Puerto Pañuelo.

7 Llao Llao Resort & Puerto Pañuelo

Hier befindet sich Argentiniens bekanntestes 5-Sterne-Hotel (wer den fantastischen Nachmittagstee genießen möchte, sollte unbedingt reservieren); die Schiffstouren nach Puerto Blest und Isla Victoria starten hier.

Die Strecke: Zum Llao Llao Resort biegt man rechts ab, bergauf.

DIE BESTEN CAFÉS ZUM NACHMITTAGSTEE

Bruncherie Patagonia Truck & Bruncherie Café & Deli
Man hat die Wahl zwischen dem Food-Truck am See oder dem Gartencafé; die *alfajores* sind ein Muss. $$

Bellevue Salón de Té
Gut besuchte *casa de té* im Wald. $$

Chiado Restaurante & Casa de Te
Skurriles, gemütliches Café; die beste Terrasse auf dem Circuito Chico. $$

Blanco es Negro
Originelle Karte und exzellenter Kaffee; die süßen Leckereien sind fast perfekt. $$

Winter Garden im Llao Llao Resort
Das 5-Sterne-Hotel bietet köstlichen High Tea mit fantastischer Aussicht. $$$

JACINTO ESCARAY/SHUTTERSTOCK ©

Río Limay

Río Limay

AB BARILOCHE: **1 STD. BIS VALLE ENCANTADO**

Felsformationen & Lavendel

Ein wenig besuchtes, landschaftlich schönes Gebiet liegt nördlich von Bariloche; erreichbar über die Ruta Nacional 237 (RN237). Am Ostende des Lago Nahuel Huapi fließt der Río Limay aus dem See Richtung Atlantik, dabei schlängelt er sich zuerst durch die patagonische Steppe Richtung Neuquén. Der umwerfend blau-grüne Fluss bildet einen Kontrast zu den erdfarbenen Bergen. Im Sommer blühen gelbe und violette Wildblumen am Ufer.

Dieser Teil der Straße gehört zum Circuito Grande (Gegenstück zum Circuito Chico auf der Westseite von Bariloche), aber hier sind weniger Touristen unterwegs. Unbedingt am Aussichtspunkt Amphitheater die unglaubliche Szenerie genießen. Die Straße verläuft am Fluss bis zum Zusammenfluss mit dem Río Traful, eine Stunde Fahrt von Bariloche entfernt. Im Sommer hält man im einzigen kleinen Dorf an der Straße, Villa Llanquín. Hier kann man in die Vergangenheit reisen und sein Auto mit der kostenlosen Floßfähre über den Fluss in die Provinz Río Negro bringen (oder nur zusehen) und Lavandas del Limay (im Winter geschl.), eine Lavendelfarm, besuchen. Es gibt auch eine Fußgängerbrücke. Wer einheimi-

LUXUSUNTERKÜNFTE RUND UM BARILOCHE

El Casco Art Hotel
5-Sterne-Hotel mit moderner argentinischer Kunst und Skulpturengarten. $$$

Charming Luxury Lodge & Private Spa
Boutiquehotel an der Playa Bonita mit einzigartigem Blick auf den Cerro Catedral. $$$

Estancia Peuma Hue
In der luxuriösen Öko-Unterkunft entkommt man der Hektik und genießt die Natur. $$$

sche Familien oder Bauern besuchen möchte, sollte sich mit Cultura Rural Patagónica in Verbindung setzen.

Nur fünf Minuten weiter zeigt sich das spektakuläre Valle Encantado – gewaltige, zerklüftete Vulkanformationen (hier sind häufig Kletterer zu sehen). Bei Kairos Patagonia kann man Exkursionen buchen mit geführten kurzen, steilen Wanderungen auf die Berge und in die Höhlen hinein – mit Blick auf den Fluss.

Der Río Limay eignet sich gut für Regentage in Bariloche (da gibt es einige!); aber hier ist es trockener, obwohl die Entfernung nur 60 km beträgt. Und vielleicht sieht man das eine oder andere Guanako.

Cerro Tronador & Pampa Linda

AB BARILOCHE: **2 STD.**

Schwarze Gletscher & brausende Flüsse

Der Cerro Tronador ragt aus dem Parque Nacional Nahuel Huapi hervor. Der erloschene Vulkan ist 3554 m hoch und liegt auf der argentinisch-chilenischen Grenze. Tronador bedeutet „Donnerer", ein Verweis auf das krachende Geräusch der Gletscher, von denen es sieben gibt. Die Besteigung des Tronador erfordert viel Erfahrung, aber man kommt ihm auch auf andere Weise nahe. Die Fahrt nach Pampa Linda und ins Zentrum des Parque Nacional Nahuel Huapi dauert zwei Stunden – man fährt auf der RN40 nach Süden und biegt hinter Villa Mascardi rechts auf die berüchtigte enge RP82. Wer den Ausflug an einem Tag machen möchte (nur im Sommer), sollte die Cascada de los Alerces vor 10 Uhr besuchen, danach kommen die Touristenmassen.

Zuerst fährt man Richtung Pampa Linda und erblickt den Río Manso (toller Gletscherfluss zum Wildwasserrafting), Ventisquero Negro (der schwarze Gletscher ist 6 km von Pampa Linda entfernt, eine 1-stündige Wanderung) und die Basis des Cerro Tronador. Achtung: Die Straße wird um 14 Uhr für einfahrende Autos gesperrt.

Im Sommer genießt man in Bariloche die langen Tage, die Sonne geht erst um 22 Uhr unter. Im Winter macht man den Ausflug besser mit einem Veranstalter, denn die Straße ist nur mit Allradantrieb und Ketten passierbar. Wer im Park übernachten möchte, muss im Refugio Otto Meiling oder Agostino Rocca im Voraus buchen, man kann in Pampa Linda campen oder leistet sich das exklusive Hotel Tronador (geöffnet Nov.–April).

WANDERN IM PARQUE NACIONAL NAHUEL HUAPI

Argentiniens ältester Nationalpark Parque Nacional Nahuel Huapi wurde 1922 gegründet. Das Land wurde von Perito Francisco Moreno gestiftet, der für seine Verdienste um die Grenzziehung zwischen Chile und Argentinien Grundbesitz erhielt.

Im Büro des Parque Nacional Nahuel Huapi in Bariloche (Sa & So geschl.) bekommt man Karten, Tipps und Infos; unter barilochetrekking.com muss man sich registrieren, wenn man im Park wandern will. Der Club Andino Bariloche gibt keine Auskunft mehr.

Nahuel Huapi bietet eine große Auswahl an Wandertouren – von einfachen kurzen Wanderungen bis zu anstrengenden mehrtägigen Trekkingtouren. Achtung: Ans Kleingeld für den Parkeintritt denken oder vorher online bezahlen (via Bariloche Trekking).

ESSEN RUND UM BARILOCHE

La Luna Bar & Inefable Libros & Cafe
Tagsüber Buchladen und vegetarisches Café, abends Cocktailbar und Livemusik. **$**

Lupino
Erstklassige Pizza und Bio-Weine aus Argentinien und Chile, die Besitzer stammen aus Buenos Aires. **$$**

Casa Cassis
Intimes Genusserlebnis mit Besichtigung des Küchengartens und Gespräch mit Küchenchefin China Müller. **$$$**

Cerro Las Buitreras

Cerro Las Buitreras

AB BARILOCHE: **45 MIN.**

Hoch im Himmel

Nach 45-minütiger Fahrt Richtung Süden findet man sich auf einem anderen Planeten wieder. Hier erhebt sich eine von Wind und Wasser erodierte Landschaft (wie riesige Ameisenhaufen aus Sand) und wer nach oben blickt sieht, dass der Cerro Las Buitreras ein Tummelplatz für viele Andenkondore ist.

Die Fahrt führt im Schneckentempo auf einer Schotterpiste zum Eingang von La Lucha, die *estancia* gehört der Familie Crespo. Am Eingang wird man von Quela empfangen, meldet sich an und zahlt einen kleinen Obolus. Las Buitreras ist ein sensibles Ökosystem und wird manchmal kurzfristig geschlossen. Der 8 km lange Rundweg bietet einige Varianten und ist nicht schwierig, aber eine Grundfitness sollte vorhanden sein. Im Sommer kommt man besser gegen Abend hierher, wenn die Sonne die Berge in schöne Farben taucht; um die Vogelwelt zu schützen, sollte man auf Drohnen verzichten. Wasser und Snacks mitnehmen, es gibt keinen Handyempfang.

Im Winter sind Wanderungen nur mit einem Guide möglich, allerdings ist das Gelände oft wegen schlechter Straßenverhältnisse geschlossen. Im Sommer sollte man zwischen 9 und 16 Uhr hier ankommen (Di und Mi geschl.). Wer ohne einen Guide unterwegs sein möchte, muss vorher bei Quela Crespo via WhatsApp (+54 294 4597230) um Erlaubnis fragen.

Wer in dieser magischen Umgebung die Sterne betrachten möchte, kontaktiert Daniel Chiesa bei Astropatagonia, um das nahe gelegene Observatorium in Ñirihuau Arriba zu besuchen.

IN DER FREIEN NATUR

Gabriella Chavez, Fotografin und Mitgründerin von *@Kairos.Patagonia*, verrät ihre Lieblingstouren.

Ich fühle mich jeden Tag wie eine Touristin in meiner Stadt, denn Bariloche hat das gewisse Etwas – man kommt an und will nicht mehr weg!

Drei, vier oder fünf Tage sind nicht genug, um das Beste von Bari zu sehen. Nach den Top-Sehenswürdigkeiten sollte man auch Bergwandern und in *refugios* übernachten. Die Wahrnehmung der Stadt ändert sich, wenn man die Umgebung kennenlernt. Einer meiner Lieblingsorte ist Mirada del Doctor nahe Cerro Tronador. Von dort oben bieten sich ein unglaubliches Panorama .

El Bolsón

El Bolsón ist ein beliebter Tagesausflug von Bariloche – man fährt auf der Ruta 40, besichtigt die ausgedehnte Feria Artesanal, wirft einen Blick auf den Lago Puelo und danach geht es zurück nach Bari. Wanderfreunde fahren mit dem Fernbus direkt nach El Chaltén und lassen den Ort links liegen. Aber El Bolsón verdient mehr Aufmerksamkeit. Wenn man einige Sommertage in dem fruchtbaren Tal verbringt, erkennt man schnell den Grund. El Bolsón mit seiner Hippie-Vergangenheit (und Gegenwart) ist die unbekümmerte Schwester von Bariloche. Hunderte von *chacras* (kleinen Farmen) liegen im Tal, man findet Himbeeren, Erdbeeren, Pilze, Trüffel und Hopfen (für die heimische Craftbier-Szene). Im Sommer gibt es Erntefeste, man geht wandern und übernachtet in den *refugios* im Cajón del Azul oder man entspannt sich einfach am Cerro Piltriquitrón.

El Bolsón

UNTERWEGS VOR ORT

Man kann nach El Bolsón fliegen oder ab Bariloche, Neuquén oder Esquel mit dem Bus fahren. Im Sommer sind die Verbindungen gut, außerhalb der Saison verkehren Busse nur sporadisch. Grado 42 bietet Ausflüge nach Bosque Tallado und Cerro Piltriquitrón an. Die Busse nach Wharton (zum Cajón del Azul) starten an der Plaza Pagano. Fahrpläne gibt es in der Touristinfo. Man kann auch ein Taxi bis zum Start des Wanderweges nehmen. El Bolsón lässt sich gut zu Fuß erkunden.

TOP TIPP

In El Bolsón ist im Sommer richtig viel los – man muss die Unterkunft weit im Voraus reservieren, besonders Campingplätze. Im Winter ist der Ort verschlafen (und verregnet), viele Hostels, Campingplätze und Aktivitäten haben zu.

SEHENSWERTES
1 El Bosque Tallado
2 Granja Larix
3 Humus de la Montaña
4 Lumina

AKTIVITÄTEN, KURSE & TOUREN
5 Cajón del Azul
6 Earthship Patagonia Eco Hostel
7 La Confluence Lodge & Farm

SCHLAFEN
8 Hostel La Casita Naranja
9 La Aguada Bed & Breakfast
10 La Casona de Odile Hostel

ESSEN
11 El Tablón Pizza a la Piedra
12 Iori
13 Restaurante Pirque

AUSGEHEN & FEIERN
siehe 3 Heladería Humus

SHOPPEN
14 Feria Franca
15 La Feria Regional Artesanal

MILOSZ MASLANKA/SHUTTERSTOCK ©

Mate-Becher, El Bolsón

Buntes El Bolsón

Auf dem Markt

Wer an einen Markttag (Di, Do, Sa, So & Feiertage) hier ist, möchte für immer in El Bolsón bleiben. Im Schatten des Cerro Piltriquitrón und beim allgegenwärtigen Trommeln der *tambores* haben Hunderte von Künstlern und Kunsthandwerkern ihre Stände auf der **La Feria Regional Artesanal** am Ostrand der Plaza Pagano aufgebaut. Ein Überbleibsel von El Bolsóns Hippie-Vergangenheit (der erste Ort Lateinamerikas, der sich zur atomwaffenfreien Zone erklärte), der Markt entstand in den 1970er-Jahren als die ersten Künstler ihre Sachen im Park anboten. Heute ist er größer denn je und trotz aller Veränderungen existiert der Geist von damals immer noch – alle angebotenen Produkte müssen handgemacht sein. Von handgeschnitzten *Mate*-Kalebassen und *bombillas* bis zu Kinderspielzeug, Kunst, Textilien, Ponchos, Strickwaren und Messer – das Angebot ist riesengroß, vieles ist einzigartig. Während der Erntezeit gibt es auch viel frisches Obst

DIE BESTEN NEW-AGE-ERLEBNISSE

Lumina
Eine Ikone in El Bolsón; Lumina bietet spirituelle Seminare und befindet sich in einem pinken Gebäude.

La Confluence Lodge & Farm
Die nachhaltige Lodge nahe am Cajón Del Azul bietet Yoga, Wim-Hof-Intensivkurse sowie Tai Chi- und Meditation.

Earthship Patagonia Eco Hostel
Mit Liebe und dem Geist der Hippiezeit; das alteingesessene Hostel bietet ganzheitliche Yogafreizeiten und Gemeinschaftsessen.

El Bosque Tallado
Meditatives Waldbaden umgeben von 60 Skulpturen, die von lokalen und internationalen Künstlern aus Baumstümpfen gefertigt wurden, die bei den Waldbränden am Piltriquitrón stehen geblieben sind.

ESSEN IN EL BOLSÓN

El Tablón Pizza a la Piedra
Lieblingslokal der Einheimischen; klassische argentinische Holzofen-Pizzas in einer gemütlichen Sports Bar. **$**

Iori
Kreatives asiatisches Restaurant mit tollen Sushi, veganen Gerichten, leckeren Ramen und grandiosen Gin Tonics. **$$**

Restaurante Pirque
Pirque ist wie ein Zuhause; man möchte wiederkommen. Unbedingt *lomo con morillas* probieren. **$$**

PILZE

Jedes Jahr von September bis Oktober beginnt die Suche nach einem besonderen Pilz – dem *hongo del ciprés* (Zypressenpilz oder Morchel), in Argentinien auch als *morilla* bekannt. Da eine kommerzielle Zucht nicht möglich ist, ist die seltene wilde *morilla* sehr teuer. Sie wächst in den Wäldern rund um El Bolsón und hat eine markante Form und einen ebensolchen Geschmack. Die Einheimischen sammeln diese Delikatesse; der Preis liegt bei Hunderten von Dollar für ein Kilogramm frischer Morcheln, getrocknete mehrere Tausend Dollar pro Kilogramm. In der *comarca andina* steht sie oft auf der Speisekarte; die *morillas* im Restaurante Pirque in El Hoyo sind besonders gut.

Cajón del Azul

zusammen mit hier vor Ort hergestellten Marmeladen, Gebäck, Käse und Craftbier.

Auch wenn man kein Geld ausgeben möchte, ist die Stimmung fantastisch, besonders an Sonnentagen wenn über 400 Stände auf der Plaza stehen. Samstags ist der Höhepunkt der Marktwoche, sonntags sind nur halb so viel Stände da.

Der Geschmack der Stadt

Beeren, Bier und Chacras

Die frischen, regionalen Produkte aus El Bolsón sind kein Wunder. Das Tal ist fruchtbar und besitzt ein besonderes Klima, das ideal für Himbeeren, Erdbeeren, Hopfen und Pilze ist. El Bolsón ist die *lúpulo* (Hopfen-)Hauptstadt Argentiniens, im nahen El Hoyo gedeihen Beeren aller Art. Marmeladen und saftige Erd- und Himbeeren werden sowohl auf der **Feria Regional Artesanal** als auch auf dem Bauernmarkt **Feria Franca** angeboten. Wer *chacras* erleben möchte, kann sich einer Tour zur Bio Beeren- und Milchfarm **Humus de la Montaña** anschließen (Mo, Mi & Fr 17 Uhr; Reservierung erforderlich). Nur fünf Minuten Fahrt vom Ort entfernt produziert der kleine Bauernhof köstlichen Käse und *dulce de leche* – der Hofladen ist täglich geöffnet. Außerdem gibt es im

ÜBERNACHTEN IN EL BOLSÓN

Hostel La Casita Naranja
Günstiges Hostel; in einer ruhigen Straße etwas außerhalb der Stadt. $

La Casona de Odile Hostel
Das Haus am Fluss ist eines der besten Hostels Argentiniens (Sept.–April geöffnet). $

La Aguada Bed & Breakfast
Kleines B & B mit modernen Zimmern, schöner Umgebung und Blick auf den Cerro Piltriquitrón. $$$

Hofcafé, der **Heladería Humus** (Do–Sa), nachmittags eine der besten Eiscremes Argentiniens.

Im Februar feiert El Bolsón die Hopfenernte mit der großen **Fiesta Nacional del Lúpulo**, einem kostenlosen Musik- und Genussfest im Aerodrome. Das Fest dauert vier Tage und bietet tolle Möglichkeiten, das große Angebot an Craftbieren, für die der heimische Hopfen verwendet wird, zu probieren – der Rest wird exportiert.

El Bolsón ist auch für seine Forellenfarmen bekannt, manche können besichtigt werden. Eine der ältesten, **Granja Larix**, bietet kostenlose Besichtigungen der Zuchtanlagen an; im kleinen Laden können geräucherte Forellen gekauft werden.

Cajón del Azul

Ausgedehntes Hüttennetz

In Nach-Corona-Zeiten wurde El Bolsón bekannt durch den **Cajón del Azul**, einer Wanderung und Sehenswürdigkeit, die mit ihren *pasarelas* (schwankende Holzbrücken) über dem fantastischen Blau des **Río Azul** absolut Instagram-tauglich ist. Die sechsstündige Tour ist so beliebt, dass es inzwischen eine Begrenzung auf 1000 Personen am Tag gibt (Online-Registrierung bei ANPRALE). In der Hochsaison muss man Geduld mitbringen, denn es kann immer nur eine Person über die *pasarela* gehen. Aber es gibt noch mehr Sehenswertes – hier gibt es das größte Netz von *refugios* in ganz Südamerika mit insgesamt 13 Schutzhütten. Cajón del Azul ist nur eine dieser Wanderungen und mit gleichnamigem *refugio* – um die anderen kennenzulernen, müsste man wochenlang wandern, zudem ein bis zwei Nächte dort verbringen.

Das ganze Hüttennetz ist gut zugänglich, gut in Schuss und gut organisiert; einige *refugios*, wie die **Casa del Campo**, sind besser ausgestattet. Ein spektakulärer Ort ist auch das einfache *refugio* **Hielo Azul,** das man gut von **Camping Hue Nain** aus erreicht. Vom *refugio* führt eine zweistündige Wanderung bergauf zum Gletscher Hielo Azul mit einem herrlich grünen See. Bei guten Bedingungen (im *refugio* fragen), kann man auch die Eishöhlen besuchen, die 30 Minuten von der Hütte entfernt liegen. Bei der Planung sollte man gut überlegen; Cajón del Azul ist auf jeden Fall eine schöne Wanderung, aber eine weitere Wanderung lohnt sich immer.

Reife Erdbeeren

CERRO PILTRIQUITRÓN

Soraya Parra, geboren und aufgewachsen in El Bolsón, erzählt über das Leben mit dem Berg.

Piltriquitrón bedeutet in der Mapuche-Sprache „aus den Wolken hängen". Er ist imposant und ist so präsent, dass man sich an seine Gesellschaft sehr gewöhnen kann. Wenn ich den Piltriquitrón nicht sehen kann, werde ich nervös! Ich bin nicht gerne lange am Meer oder im Flachland. El Bolsón bildet zusammen mit dem Cerro Piltriquitrón eine Hommage an das Leben! Sie sorgen immer für eine herzliche Begrüßung ihrer Besucher, egal, ob sie hier leben oder Ferien machen.

Rund um El Bolsón

UNTERWEGS VOR ORT

Mit einem Auto ist man flexibler, aber auch die Busverbindungen rund um El Bolsón sind gut, in der Nachsaison verkehren weniger Busse. Von El Bolsón starten Busse nach El Hoyo; alternativ nimmt man ein Taxi. Lokale Veranstalter bieten Ausflüge und Transfers zum Lago Puelo, Cerro Perito Moreno und Mallín Ahogado an.

TOP TIPP

Man braucht Zeit. Die Ruta 40 bietet eine spektakuläre Szenerie, ist aber voller Schlaglöcher und Lkws.

Sich im Labyrinth in El Hoyo verlaufen, am Lago Puelo zelten oder am Perito Moreno Ski fahren.

Wer von El Bolsón Richtung Süden fährt, kommt über die Provinzgrenze nach Chubut. Aber jedes dieser kleinen Dörfer gehört zu La Comarca Andina del Paralelo 42 (von Bariloche im Norden bis Esquel im Süden). Die Einheimischen fühlen sich eher der *comarca* verbunden als der Provinz. El Hoyo liegt nur 15 Minuten von El Bolsón entfernt. Nachdem man sich in Südamerikas größtem Labyrinth verlaufen hat, kann man hinterher einen Cider trinken oder Leckereien aus dem Garten genießen. Im Winter lockt Skifahren am Cerro Perito Moreno, einem entspannten Ferienort.

NICHOLAS TINELLI/ALAMY STOCK PHOTO ©

Ruta 40

DANTE PETRONE/SHUTTERSTOCK ©

Parque Nacional Lago Puelo

Parque Nacional Lago Puelo

AB EL BOLSÓN: **30 MIN.**

Lange Sommertage

Nur 20 Minuten dauert die Fahrt von El Bolsón zum Ort Lago Puelo (jenseits der Provinzgrenze in Chubut). Auf einem Umweg über die RP16 mit Halt bei Pasarela Río Azul lässt sich die hölzerne Hängebrücke über den Blauen Fluss bewundern. Man kann die Motoco-Cadenas-Gemeinde besuchen und in 20 Minuten zum Wasserfall Cascada Motoco Cadenas wandern. Im Winter führt er besonders viel Wasser. Es gibt auch einen einfachen 2 km langen Weg zum Mirador del Río Blanco. Nach weiteren 10 Minuten Fahrt erreicht man den türkisen See, Namensgeber des Parque Nacional Lago Puelo.

Es ist ein idealer Ort, um Kajak zu fahren oder schwimmen zu gehen (im Sommer erwärmt sich ein wenig das Wasser) oder um sich auf dem Kiesstrand zu entspannen. Das Wasser ist im Uferbereich noch seicht, was sich recht schnell ändert – die Berge im Hintergrund bilden eine unglaubliche Kulisse. Es gibt viele Campingplätze, im Januar und Februar ist Hauptsaison. Mit einem Mountainbike lässt sich das Gebiet gut erkunden. Wer gerne Vögel beobachtet, der sollte den Bra-

DIE WASSERSCHEIDE

Entlang der argentinischen Seite der Anden gibt es riesige Seen – manche entwässern Richtung Chile zum Pazifik, andere zum Atlantik. Der Lago Puelo entwässert in den Pazifik (die Wasserscheide liegt zwischen Lago Gutiérrez und Lago Mascardi), ebenso der Lago Lacár (S. 373) in San Martín de los Andes. Es war der Forscher Perito Moreno, der das Grenzgebiet erkundete. Er widerlegte den chilenischen Anspruch, dass die kontinentale Wasserscheide auf der Südhalbkugel in Chile läge, indem er nachwies, dass viele patagonische Seen, trotz Abflüsse in den Pazifik zum Einzugsgebiet des Atlantiks gehören.

ÜBERNACHTEN RUND UM EL BOLSÓN

Villa Escondida
Vierzehn Hütten für Selbstversorger mitten in der Natur auf tollem Privatgelände in El Hoyo. **$$**

Linaje Boutique Hotel
Adults-only Hotel am Lago Puelo auf einer 20 ha großen Farm; tolle Anlage, Pool und Frühstück. **$$$**

La Confluencia Lodge & Farm
Tipp für große Gruppen; es gibt Bio-Essen, Wellness und Wanderwege direkt vor der Haustür. **$$$**

**BEST COMARCA
DIE BESTEN COMARCA ANDINA FESTE**

Fiesta Nacional de la Fruta Fina (Januar)
Beim Erntefest in El Hoyo werden die Früchte gefeiert.

Fiesta Nacional del Lúpulo (Februar)
Das große viertägige Hopfenerntefest mit Musik und Essen wird in El Bolsón begangen.

Fiesta Nacional del Bosque (Februar)
Kunst- und Musik-Festival in Lago Puelo.

Fiesta Provincial de la Chicha (April)
Das traditionelle Fest für die *chicha*, das Getränk der Inka, findet in Mallín Ahogado statt.

Fiesta de la Tradición (November)
Fest im *Criollo*-Stil in El Bolsón mit einer Gauchos-Parade.

Laberinto Patagonia

zo Desemboque, hier mündet der Río Neuquén in den See, aufsuchen. Um zur Flussmündung zu gelangen, muss man den Campingplatz betreten und Eintritt zahlen – alternativ übernachtet man hier. Nautica Puelo hat unterschiedliche Touren auf dem See im Programm, darunter auch einen Segelausflug zur chilenischen Grenze. Angeboten werden auch Transfers zu Campingplätzen sowie Angeltouren. Auch Reitwanderungen sind möglich.

El Hoyo

AB EL BOLSÓN: **15 MIN.**

El Hoyo & das Labyrinth

El Hoyo erlebte 2021 ein schreckliches Buschfeuer. Wenn man den 15 Minuten von El Bolsón entfernten Ort erreicht, sieht man noch verbrannte Landschaft und provisorische Unterkünfte. An der Ruta 40, direkt hinter dem Aussichtspunkt, ist die Einfahrt zum Restaurante Pirque. Das kleine Restaurant der Gegend wird von Köchin Gabriela Smit geführt. Dort

HEIMISCHE GETRÄNKE IN EL BOLSÓN & UMGEBUNG

AWKA
Winzige, aber gute Kneipe mit AWKAs Craftbier; auch zum Mitnehmen.

Valkyria Gin
Rodrigo Carbajals selbst hergestellter Bio-Gin in Exportqualität; die Destillerie liegt am Rand der Stadt.

Sidrería Laberinto
Cider-Verkostung (wenn man den Weg aus dem Irrgarten gefunden hat) aus hauseigenen Äpfeln.

hat man eine herrliche Sicht auf den Cerro Pirque und das Tal darunter. Und das Essen? Gabriela und ihr Sohn Manuel bieten exzellente Kost aus ihrer eigenen *huerta* (Gemüsegarten) und sind liebenswerte Gastgeber. Man könnte es schlechter treffen als hier jeden Tag zu essen. Im Sommer sollte man unbedingt reservieren.

Nur 3,5 km von El Hoyo entfernt befindet sich der Laberinto Patagonia (Dez.–April geöffnet), Südamerikas größtes Garten-Labyrinth. Geschaffen wurde es 1996 von Doris Romera (sie lernte mit Francis Mallmann in der Gastronomie) und Claudio Levi. Das Design ist ein Mix aus Kabbala-Symbolen, Geometrie und Mythologie. Zum gesamten, gut durchdachten Anwesen gehören ein Café, in dem Macarons, Kuchen, frische Säfte und sonstige Speisen – viele Zutaten kommen aus dem hauseigenen Garten – serviert werden. Außerdem gibt es einen digitalen Kunstraum, GAL genannt. Hier lässt sich leicht ein ganzer Tag verbringen.

Im Sommer kann man in 30 Minuten weiter bis nach Puerto Patriado am Lago Epuyen fahren. Die Einheimischen behaupten, dass dies der wärmste See zum Schwimmen, Kajakfahren oder für SUP sei.

Cerro Perito Moreno

AB EL BOLSÓN: **40 MIN.**

Hippie-Skifahren am Cerro Perito Moreno

In den letzten Jahren wurde die Straße zum Cerro Perito Moreno (nicht zu verwechseln mit dem gleichnamigen großen Gletscher in Santa Cruz!) ausgebaut und neue Sessellifte errichtet, jetzt beginnt der Wintertourismus auch in El Bolsón. Laderas, das Skigebiet bei Perito Moreno, ist ein verborgenes Juwel, hier gibt es sehr günstige Preise für Skipässe und Skiausrüstung, dazu kommt eine warme, freundliche Atmosphäre (man denke an Hippies auf den Pisten). Perito Moreno ist ein toller Ort, um Skifahren zu lernen (besonders für Kinder). An den Wochenenden finden Familienprogramme statt, die Stimmung ist sehr entspannt.

Auch die Bedingungen für Fortgeschrittene sind gut, in den höheren Lagen herrschen gute Bedingungen für Tiefschneefahren und Freestyle-Spaß. Für Nicht-Skifahrer lohnt sich ein Besuch der Basisstation mit einem tollen Blick über das Tal. Zurzeit gibt es keine Unterkünfte am Berg – abgesehen von dem einfachen Refugio Cerro Perito Moreno – deswegen übernachten die meisten in El Bolsón und fahren jeden Tag 40 Minuten. Es gibt Pläne für ein Ski-Resort, aber das wird noch einige Jahre dauern. Die Firma ist mit dem britischen Magnaten Joe Lewis assoziiert, der ein (umstrittenes) Luxusanwesen in der Gegend sein eigen nennt.

Seit 2021 ist in Laderas auch im Sommer Betrieb, der Sessellift bringt Besucher zu Aussichtspunkten auf 1650 m Höhe. Wanderwege werden angeboten, Ausritte in Pampa de Ludden sowie Mountainbiken. Außerdem gibt es einen Erlebnispark mit herausfordernden Hindernissen für alle Mutigen über acht Jahren.

MALLÍN AHOGADO

Mallín Ahogado, 10 Minuten von El Bolsón entfernt, ist ein fruchtbares Tal, in dem viel Obst und Gemüse für El Bolsón angebaut wird, dazu gehören auch große Felder mit *lúpulos* (Hopfen) für den Export. Der ausgeschilderte Circuito de Mallín Ahogado führt zu vielen Farmen und zu Trufas del Mallín Ahogado (Trüffelzucht), wo man nach Anmeldung an einer Führung teilnehmen kann.

Im Ort lebt auch eine kleine Gemeinde von Sufi-Muslimen, hier steht Argentiniens südlichste Moschee. Wer das Gelände der Mezquita Sufi (in der Sheik Raúf Abdul Felpete *chacra*) besichtigen möchte, sollte mittags hierherkommen – dann ist immer jemand anwesend.

San Martín de los Andes

UNTERWEGS VOR ORT

Der Flughafen Chapelco bietet regelmäßig Flüge nach Buenos Aires, Córdoba und Rosario. Das Terminal de Omnibus liegt nur einen Block vom Lago Lácar entfernt, ab hier gibt es täglich Verbindungen nach Bariloche, Buenos Aires, Neuquén, Villa la Angostura, Zapala und Paso Mamuil Malal mit Weiterreise nach Chile. Wer nach Aluminé möchte, muss in Zapala oder Junín de los Andes umsteigen. San Martín de los Andes (SMA) ist gut zu Fuß oder mit dem Rad zu erkunden. Busse fahren häufig (im Winter seltener) nach Hua Hum, Playa Catrite und Lago Lolog. Wer nicht im Sommer anreist, sollte ein Auto mit Allradantrieb mieten. Im Winter sind Schneeketten Pflicht. Im Parque Nacional Lanín besteht meistens kein Handyempfang, außerdem muss man sich mit Benzin, Wasser und Snacks versorgen.

Wer es lieber etwas kleiner und ruhiger als in Bariloche mag, ist in San Martín de los Andes richtig. Das kleine *centro civico* liegt am Südufer des Lago Lacár. San Martín ist ein guter Ausgangspunkt für Wanderungen oder um kristallklare Seen und die schwelenden Vulkane des Parque Nacional Lanín zu erkunden. Im Winter bietet Cerro Chapelco ein gut erschlossenes Skigebiet nur 20 km von der Stadt entfernt. Im Sommer bevölkern Touristen das azurblaue Wasser des Lago Lacár oder gehen zum Rafting und Fliegenfischen an den nahen Río Chimehuín.

San Martín de los Andes liegt nur 45 km von der chilenischen Grenze entfernt, hier leben *pueblos originarios* von beiden Seiten der Grenze, Nachfahren europäischer Einwanderer und Holzfällerfamilien aus dem 19. Jh., Soldaten, *paisanos*, Polospieler, New-Wave-Abenteurern und *porteños*, die sich nach der Corona-Epidemie hier angesiedelt haben.

San Martín de los Andes

TOP TIPP

San Martín de los Andes hat gleich zweimal Hochsaison – im Januar (Sommer) und im Juli und August (Skisaison). Sonst ist es ein ruhiger kleiner Ort, besonders verglichen mit Bariloche. Beste Besuchszeiten sind Anfang Dezember oder Ende Februar mit warmen Tagen und wenig Besuchern.

SAN MARTÍN DE LOS ANDES

SEHENSWERTES
1 Cascada Chachin
2 Espacio TRAMA
3 La Pastera Museo del Che
4 La Reserva Natural Urbana Cotesma
5 Lago Lacár
6 Lago Queñi
7 Lidaura Chapitel
8 Museo del Parque Nacional Lanín
9 Plaza San Martín
10 Quila Quina
11 Regional Patagonian Vinos & Sabores

AKTIVITÄTEN, KURSE & TOUREN
12 Artesanías Neuquinas
13 La Islita
14 Playa Yuco
15 Termas de Queñi

SCHLAFEN
16 Adventure Bed & Bike
17 Bike Hostel
18 Hotería Boutique La Casa de Eugenia
19 La Posta del Cazador
20 Rotui Apart Hotel

ESSEN
21 Mamusia

AUSGEHEN & FEIERN
22 Café Montés

UNTERHALTUNG
23 Centro Cultural Cotesma

SHOPPEN
24 La Oveja Negra
siehe 22 Tintal

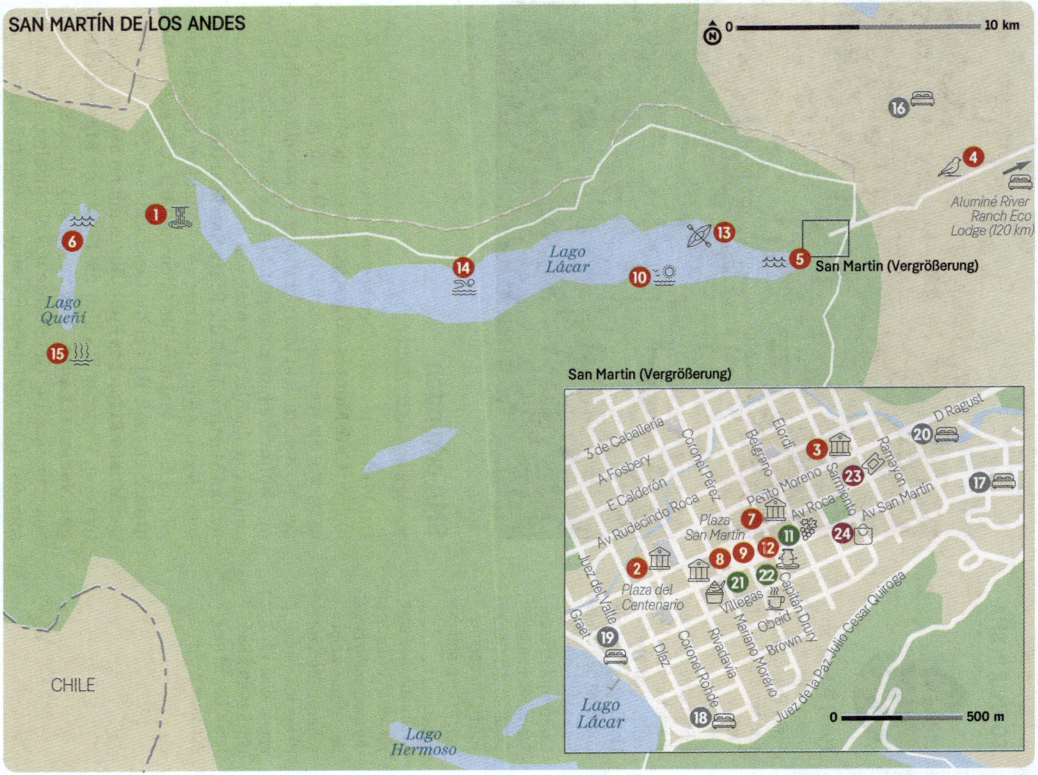

SOMMER IN SMA

Mauri Spisso, ein Übersiedler aus La Plata, Buenos Aires, teilt seine Liebe für SMA.

Ich möchte den Rest meines Lebens hier verbringen. Mein Lieblingsort ist Lago Lacár mit den langen Stränden – die Campingplätze, der Sternenhimmel im Sommer, der Geruch von Holzfeuer und lange Gespräche am Feuer.

Ich liebe die Fahrt zur Arbeit in der Stadt, die großen Pinienwälder und die weißen, schneebedeckten Berge. Ich denke immer, dass ich durch ein gemaltes Bild fahre. Das ist mein Zuhause.

Lago Lacár

SMA erkunden

Museen und toller Kaffee

Das Wichtigste zuerst: Den besten Kaffee der Stadt gibt es im kleinen **Café Montés** (So geschl.), der einzige Minuspunkt ist, es ist wie die meisten Geschäfte in SMA während der Siesta geschlossen. In dem übersichtlichen *centro cívico* gibt es einige kulturelle Einrichtungen. Einen Besuch wert ist der unabhängige Buchladen **Tintal**, von dort erreicht man über die Av. San Martín schnell die **Plaza San Martín**, an deren Ostseite liegt das Verkehrsamt, wo es nützliche Informationen gibt. Schöne Mapuche-Textilien sind bei **Artesanías Neuquinas** zu finden. Über die Geschichte von SMA informiert das **Museo Primeros Pobladores** mit archäologischen Artefakten. Weiter geht's über die Plaza zum **Museo del Parque Nacional Lanín** (Sa & So geschl.); das kleine Museum dokumentiert die Geschichte des Nationalparks Lanín zusammen mit einer Literatursammlung (nur mit Anmeldung).

Kunst und Kultur stehen im neu eröffneten **Espacio TRAMA** und dem traditionsreichen **Centro Cultural Cotesma** (dazu gehört das Kino SMA) im Mittelpunkt – beide bieten ein vielseitiges Programm mit Musik- und Theatervorstellungen an. Ausgezeichnete lokale und regionale zeitgenössische Kunst wird bei **Lidaura Chapitel**, einem kommunalen

ÜBERNACHTEN IN SAN MARTÍN DE LOS ANDES

Rotui Apart Hotel
Großzügige Zimmer in einer Holz-Lodge mit gepflegtem Garten und einem kleinen Bach. **$$**

Río Hermoso Hotel de Montaña
Boutiquehotel 30 Min. von SMA entfernt, neben dem „schönen Fluss". **$$$**

Hostería Boutique La Casa de Eugenia
Historisches Haus mit bequemen Betten, Pool und ruhigem Garten. **$$$**

Ausstellungsraum, gezeigt. Nach dem Kunstgenuss geht man zurück zur Av. San Martín, kauft sich bei **Mamusia** ein Eis und bummelt ans schattige Ufer und zum Pier des Lago Lacár.

Sommer rund um Lago Lacár

Verträumte Strände

Am **Lago Lacár** findet man einige wunderbare Badestellen, die Wassertemperaturen sind selbst im Sommer noch ziemlich frisch. Auf der Ruta 40 sind es nur fünf Autominuten (1 Std. zu Fuß) von der Stadt bis zur Abzweigung zur **Playa Catritre**. Man biegt rechts auf die Schotterpiste ab und kommt zu einem kleinen Kiesstrand mit Campingplatz und einem Bach. Wer 30 Minuten weiter fährt (auf der RN108) kann den Tag in **Quila Quina** verbringen, einem Strand der Mapuche-Curruhuinca-Gemeinde mit Restaurant und Grünfläche. Vom Pier in San Martín de los Andes fahren regelmäßig Boote von Naviera zum Strand. Oder man leiht ein Kajak und paddelt an den riesigen Granitklippen des Sees vorbei Richtung **La Islita**, die Felsnase liegt 5 km vom Ort entfernt.

Playa Yuco an der Westseite des Lacár bietet kristallklares Wasser in einer stillen von Felsen gesäumten Sandbucht. Auf der Schotterpiste RP48 oder mit dem Bus erreicht man Hua Hum; von der Bushaltestelle ist es nur ein kurzer Fußweg zum See. Die Fahrt nach Hua Hum lohnt sich – hier fließt der **Río Hua Hum** aus dem Lago Lacár nach Chile und weiter in den Pazifik. Wildwasserrafting ist bis an die chilenische Grenze möglich, alternativ wandert man 3 km zur **Cascada Chachin**, einem beeindruckenden Wasserfall inmitten eines gemäßigten Regenwaldes.

Die meisten beliebten Badeplätze sind im Sommer bewacht. Der Eintritt muss bar bezahlt werden.

San Martín de los Andes

DIE BESTEN GESCHÄFTE

Mamusia
Süße Leckereien zum Mitnehmen aus San Martíns Schokoladen- und Eisgeschäft.

Tintal
Gut sortierter Buchladen mit Kinderbüchern, lokaler Kunst und Workshops.

Artesanías Neuquinas
Mapuche-Kooperative mit hochwertigen Textilien und Schnitzereien; neben der Touristeninformation.

Regional Patagonian Vinos & Sabores
Erstklassige Weine aus Argentinien, patagonisches Bier und Gin.

La Oveja Negra
Seit 1982 in SMA, außergewöhnliche Wollwaren für den Winter und lokale handgefertigte Geschenke.

ÜBERNACHTEN IN SAN MARTÍN DE LOS ANDES

Bike Hostel
Nicht nur für Radfahrer; in dem netten Hostel gibt es helle, luftige Schlafsäle und Einzelzimmer. $

Adventure Bed & Bike
Geräumig, mit Ruhezonen, ideal für große Gruppen. Für Gäste gibt es einen Shuttle nach SMA. $

La Posta del Cazador
Rustikal und charmant, Hotel im Alpenstil mit freundlichem Service; einen Block vom Lago Lacár entfernt. $$

VOGELBEOBACHTUNGEN IN SMA

Nur 7 km vom Zentrum von SMA entfernt liegt an der Ruta 40 das 38 ha große Wildreservat **La Reserva Natural Urbana Cotesma**, das geführte Touren zur Vogelbeobachtung anbietet; zudem gibt es eine Schutzhütte. Buchungen unter rnu.cotesma.com.ar.

Fährt man weiter, kommt man zum **Observatorio De Cóndores**, einer Aussichtsplattform an der Ruta 40 (20 Min. von Junín de los Andes entfernt Richtung La Rinconada), hier lässt sich der scheue Andenkondor blicken. Die besten Chancen dafür sind am frühen Morgen oder am späten Nachmittag. Man braucht etwas Geduld, aber dafür kann man ausführlich die beeindruckende Landschaft genießen – ein magischer Ort für die Vogelbeobachtung.

YASEMIN OLGUNOZ BERBER/SHUTTERSTOCK ©

La Pastera Museo del Che

Vertriebene & Revolutionäre auf der Durchreise

Pablo Neruda und Che

Während ihrer prägenden ersten Reise durch Lateinamerika (sie inspirierte Che zum *Tagebuch einer Motorradreise*), erreichten Ernesto „Che" Guevara und Alberto Granado San Martín de los Andes auf ihrem Motorrad *La Poderosa II*. Der Direktor des Parque Nacional Lanín gab dem hungrigen, müden Reisenden Essen und bot ihnen eine alte Scheune zum Schlafen an. Heute befindet sich in der alten Scheune **La Pastera Museo del Che**, ein kleines Museum über das Leben Ches und ein Buchladen mit Büchern über den Revolutionär.

Einige Jahre früher, 1948, suchte der chilenische Dichter Pablo Neruda Zuflucht in Argentinien. Er überquerte die Anden hoch zu Ross und landete am **Lago Queñi**, einem einsamen, beeindruckenden See südlich des Lago Lácar. Wer seinen Spuren folgen und in den heißen Quellen **Termas de Queñi** (nur Dez.–April) baden möchte, fährt auf der Straße nach Hua Hum nahe der chilenischen Grenze (Neruda überquerte sie am Paso Lilpela) und weiter zum Lago Queñi. Die enge Schotterpiste schaffen nur Autos mit Allradantrieb. Da ein Bach überquert werden muss, ist die Piste von Mai bis Dezember gesperrt, dann ist das Tor geschlossen. Die 4 km lange Wanderung (1½ Std. gemäßigtes Tempo) zu den Quellen beginnt beim Campingplatz und dem Parkranger. Belohnung für das Abenteuer ist ein entspannendes Bad in den kleinen Wasserbecken – Achtung: Eines ist viel heißer als die anderen! Verglichen mit den Reisen von Che, Alberto und Neruda ist es ein Klacks, aber der Weg ist das Ziel.

Rund um San Martín de los Andes

Volcán Batea Mahuida
Zapala
Villa Pehuenia
CHILE
Villarica
ARGENTINA
Volcán Lanín
San Martin de los Andes
Cerro Chapelco
Lago Hermoso

Alte *Pehuén*-Bestände, religiöse Stätten, Fliegenfischen und zahlreiche Vulkane.

Einsame Landschaft wie aus dem Bilderbuch wartet auf alle, die von San Martín de los Andes nach Norden fahren. Junín de los Andes lockt Pilger und Fliegenfischer gleichermaßen. Es ist auch ein guter Standort für Mutige, die den Volcán Lanín besteigen wollen, die Hauptattraktion des Parque Nacional Lanín. Oder man geht zum Rafting auf den Río Chimehuín (Stufe III) . Weiter nördlich liegt Villa Pehuenia, hier kann man auf dem ruhigen Circuito Pehuenia fahren (eintägige Rundfahrt um die Seen); oder man zählt die Vulkane vom Gipfel des Volcán Batea Mahuida.

Volcán Lanín

UNTERWEGS VOR ORT

Transfer gibt es zum Cerro Chapelco und Lago Hermoso Ski. Busse fahren regelmäßig nach Villa Pehuenia, Junín de los Andes und Río Chimehuín, im Sommer auch zum Lago Huechulafquen. Wer weiter nach Norden möchte, braucht ein Auto. Vorher die Straßenverhältnisse prüfen und im Winter Ketten mitführen. Es gibt viele Schotterpisten, u.a. die Strecke von Zapala nach Villa Pehuenia sowie die RP61 nach Puerto Canoa und zum Nationalpark am Volcán Lanín.

TOP TIPP

Je weiter man sich von San Martín de los Andes Richtung Norden entfernt, desto weniger Menschen sind unterwegs.

RELIGIÖSER TOURISMUS

Das 40 Autominuten von San Martín de los Andes entfernte Junín de los Andes ist viel zurückhaltender, hier stehen Pilgerreisen im Vordergrund. Viele Christen kommen nach Junín um auf der Vía Christi zu pilgern, sie führt vorbei an 23 Stationen mit Kreuzskulpturen hoch zur nüchternen Iglesia Nuestra Señora de las Nieves, die auch der seligen Laura Vicuña gewidmet ist.

Etwa 60 km von Junín entfernt befinden sich beim architektonisch beeindruckenden Santuario de Ceferino die sterblichen Überreste von Ceferino Namuncurá. Der Mapuche, der 2007 selig gesprochen wurde, soll 1901 mit Carlos Gardel in Buenos Aires im Chor des Colegio Pío IX gesungen haben.

Skifahrer, Cerro Chapelco

Cerro Chapelco & Lago Hermoso

AB SAN MARTÍN DE LOS ANDES: **20 MIN.**

Huskies, Ausritte & Tetrathlons

In den 1970er-Jahren wurde Cerro Chapelco für den Wintertourismus erschlossen. Das Skigebiet liegt nur 20 Minuten von San Martín de los Andes entfernt. Chapelco, das weniger überlaufen ist als andere Skigebiete der Region, bietet viele unterschiedliche Abfahrten mit Blick zum Volcán Lanín und Lago Lacár. Wer nicht Ski fahren möchte, fährt mit der Gondel auf 1600 m Höhe und unternimmt Schneewanderungen oder setzt sich aufs Snowmobil. Oder man jagt mit einem Führer und einem Huskie-Gespann durch El Bosque de los Huskies – eine tolle Erfahrung für Klein und Groß. Für Sportler steht in Chapelco jeden September der Tetra Chapelco an, den Tetrathlon gibt es seit fast 40 Jahren. Teilnehmer fahren 17 km Ski, 44 km Mountainbike, 10 km mit dem Kajak im eiskalten Wasser von Lacár und laufen zum Schluss 17 km. Puh! 25 Minuten Fahrt von SMA entfernt befindet sich an der Ruta de los Siete Lagos ein kleineres, exklusiveres Gebiet, Lago Hermoso Ski. Hier kann man auch Ausritte im Schnee unternehmen. Tipp: Unbedingt Bargeld mitnehmen, ausländische Kreditkarten werden oftmals nicht ange-

ESSEN IN SAN MARTÍN DE LOS ANDES

Vieja Deli
Belebtes Lokal am See mit dem üblichen Angebot, besonders gut sind die *milas*. **$$**

Pizza Cala
In dem gemütlichen, warmen Restaurant gibt es die beste Holzofenpizza und Empanadas. **$$**

Morphen
Kleines und sehr beliebtes Restaurant in SMA, weshalb man reservieren muss. **$$**

nommen. Einige Restaurants akzeptieren Mercado Pago nur bei Inhabern eines argentinischen Kontos.

Volcán Lanín

AB SAN MARTÍN DE LOS ANDES: **1½ STD.** BIS ZUR NORDSEITE DES VOLCÁN LANÍN

Lanín von allen Seiten

Der bekannteste Gipfel im Parque Nacional Lanín ist der gleichnamige 3776 m hohe Volcán Lanín. Wegen seiner Größe und des markanten Kegels ist er überall zu sehen (sogar von der RN237 auf der Fahrt nach Neuquén). Der beste Blick ohne einen Aufstieg bietet sich vom größten und gut zugänglichen See im Park, dem Lago Huechulafquen. Im Sommer fahren Busse von San Martín und Junín zum See, sonst muss man sich einer Tour anschließen oder die kurvige Schotterpiste RP61 von Junín nehmen mit tollen Ausblicken auf den Vulkan (2½ Std. ab San Martín de los Andes).

Entlang des Sees gibt es viele von Mapuche betriebene Campingplätze; Bootstouren starten ab Puerto Canoa oder man fährt auf dem ruhigen Wasser Kajak. Andestrack bietet fünftägige Kajaktouren mit Camping an drei Seen südlich des Lanín an, dazu gehören auch die abgelegenen Lagos Epulafquen und Paimún. Die Besteigung der Nordseite des Lanín steht bei vielen ganz oben auf der Wunschliste. Die zweitägige Tour ist sehr anstrengend, für trainierte Wanderer mit einem erfahrenen Guide aber machbar (das Parkbüro in San Martín hat ein Verzeichnis der zugelassenen Guides).

Vor der Wanderung muss man sich unter pnlanin.org.ar registrieren. Wer wenig Zeit hat, sollte die zweistündige (recht steile) Tour zum *mirador* an der Basis der Nordflanke machen. Der Parkplatz ist an der Rangerstation an der RP60 (1½ Std. ab San Martín de los Andes), der Weg bietet fantastische Ausblicke auf den Vulkan und Lago Tromen. Beste Zeit ist von November bis April.

Volcán Lanín

EXTREMSPORT

San Martín de los Andes ist für seine Extremsport-Events bekannt. Jedes Jahr im April findet der Patagonia Run statt, ein Ultramarathon über 110 oder 100 km (und die Strecke ist nicht eben!). Seit rund 40 Jahre gibt es den Tetra Chapelco am Cerro Chapelco: Er besteht aus Ski- und Radfahren, Laufen und Kajakfahren. Wassersportler locken die Stromschnellen (Stufe III) des Río Chimehuín nördlich von San Martín de los Andes. Kletterer zieht es zu den Felsen bei Villa Meliquina. Erfahrene Radfahrer machen sich auf den patagonischen „Beer Trail", die 350 km lange Tour führt von SMA nach El Bolsón.

FESTE IN SAN MARTÍN DE LOS ANDES

Fiesta de Fundación
Umzug im Februar, gefeiert wird das Stadtjubiläum.

Fiesta Nacional del Montañés
Ein Holzfäller-Spektakel im August; Beginn der Skisaison.

Trabún
Chilenische und argentinische *pueblos originarios* begehen dieses Fest im Dezember mit Volksmusik und Tanz.

GUAXINIM/SHUTTERSTOCK ©, GEGENÜBER: ELENA ODAREEVA/SHUTTERSTOCK ©

PRAKTISCH

QR-Code für Routeninfos (englisch) scannen.

TOP-SEHENSWÜRDIGKEIT

Ruta de los Siete Lagos

Der ikonischste Teil der Ruta 40, La Ruta de los Siete Lagos (Sieben-Seen-Tour), ist ein 110 km langer, landschaftlich faszinierender Abschnitt von San Martín de los Andes nach Villa la Angostura, der an sieben Seen vorbeiführt. Jeder Argentinier ist sie schon gefahren und jeder Tourist möchte es.

NICHT VERPASSEN

- Playa Quina Quela
- Mirador Pil Pil
- Lago Machónico
- Río Pichi Traful
- Cascada Ñivinco
- Lago Espejo
- Río Correntoso

Einen Tag … oder mehr

Einfach Zeit nehmen und überall anhalten können, wandern, am Strand sitzen oder plaudern. Touristen neigen dazu, die Tour „abzuarbeiten", aber man sollte sie auch genießen. Es gibt viel zu sehen, wenn man unterwegs oder am Ziel übernachtet.

Radfahren

Die Tour ist bei Radfahrern sehr beliebt, es gibt viele Campingmöglichkeiten und die Distanzen sind genau richtig für eine mehrtägige Tour. Die Straßen sind gut, auch die Pisten – einziger Knackpunkt sind die 1500 Höhenmeter. Es ist eine Feuerprobe, gleich der erste Abschnitt ab San Martín ist eine Steigung. Fahrräder können in San Martín geliehen und in Villa la Angostura zurückgegeben werden.

Cascada Ñivinco

Vom Parkplatz führt eine 30-minütige Wanderung zum beeindruckenden Wasserfall, im Sommer ist es ziemlich überlaufen. Einige Wege wurden kürzlich gesperrt, denn hier lebt eine Kolonie von Sturzbachenten. Die Enten siedeln in den Anden neben schnell fließenden Gewässern und reagieren leicht auf Umweltveränderungen. Sie sollten aus diesem Grund nicht gestört werden!

Sieben Seen oder mehr

Tatsächlich sind es mehr als sieben Seen, einige liegen unweit der Straße. Lago Hermoso ist ein herrlicher See – manche sagen, der schönste – und es ist nur ein kleiner Abstecher von der Hauptstraße dorthin. Zum fantastischen Lago Traful ist es ein wenig länger, aber der Anblick des Bosque Sumergido – eine Ansammlung aus 60 Zypressen im kristallklaren Wasser – ist sehenswert. Lago Espejo Chico ist nur 2 km entfernt und ein Muss.

Winter auf der Strecke

Von Juli bis September müssen Fahrzeuge Ketten anlegen und dürfen wegen der Schneeverhältnisse nur zwischen 9 und 18 Uhr fahren. Vor der Abfahrt den Straßenzustand prüfen. Der schneebedeckte Strand und das Ufer von Lago Faulkner sind ein fantastisches Bild. Die Landschaft zwischen Faulkner und Lago Machónico ist im Winter besonders schön – mit grünen Flechten bedeckte Bäume, graue Felsen, rote Zweige und weißer Schnee bilden einen Regenbogen alpiner Farben. Wildtiere und Farmtiere kreuzen den Weg.

Parque Nacional de los Arrayanes

Er gehört nicht zur Ruta de los Siete Lagos, ist aber am Anfang oder Ende der Tour von Villa la Angostura leicht zu erreichen. Die meisten Touristen nehmen das Schiff ab Bariloche zur Isla Victoria, um den Bestand an 650 Jahre alten Bäumen zu sehen. Man darf nur eine begrenzte Zeit im Wald sein. Wer einen Tag bei den seltenen alten Bäumen verbringen möchte – um die indigenen Felszeichnungen zu sehen –, sollte den Park von der Landseite betreten. Die Bäume stehen am Südende der Halbinsel. Wer nur wenig Zeit hat, nimmt die Fähre ab Puerto Quetrihué in Villa la Angostura.

Parque Nacional de los Arrayanes

EIN ABSTECHER

Wer eine Rundfahrt macht (von Bariloche nach San Martin de los Andes und zurück), sollte auf der Rückfahrt nach Villa Traful fahren. Der kleine Ort lohnt einen Halt und wenn die Straße beim Zusammenfluss von Traful und Limay wieder auf die RN237 trifft, wird man mit dem Anblick des Valle Encantado (S. 358) belohnt.

TOP TIPPS

- Sich einfach Zeit nehmen. Man kann die Tour in zwei Stunden schaffen. Aber warum nur?
- Man kann nur die einfache Strecke, aber auch hin und zurück fahren; die Aussichten sind grundverschieden. Das gilt auch für die unterschiedlichen Jahreszeiten. Und auch im Winter lohnt sich die Fahrt; die Seen bieten einen spektakulären Anblick im Schnee.
- Wer Campen möchte, sollte den Sonnenaufgang am Lago Espejo mitnehmen – dann weiß man, warum er „Spiegelsee“ genannt wird.
- Schon gewusst? Der Río Correntoso soll der kürzeste Fluss der Welt sein.

ALFREDO CERRA/SHUTTERSTOCK ©

Volcán Batea Mahuida

Circuito Pehuenia & Volcán Batea Mahuida

AB SAN MARTÍN DE LOS ANDES: **3½ STD.**

Acht Vulkane & alte Bäume

Wer von San Martín de los Andes Richtung Norden fährt, merkt bald, dass hier weniger Touristen unterwegs sind. Der idyllische Ort Villa Pehuenia am See, 3½ Std. Fahrt von San Martín de los Andes entfernt, ist Ausgangspunkt für den Circuito Pehuenia, einer 120 km langen Rundfahrt auf Schotterpisten zu mehreren Seen – Lago Moquehue, Lago Ñorquinco (Nordgrenze des Parque Nacional Lanín), Lago Pulmarí, Lago Aluminé – und zu den alten Araukarien *(pehuén)*, die der Region den Namen gaben. Es gibt bizarre Felsformationen, scheinbar unberührten Landschaften und eine Vielzahl von Wanderwegen, u.a. den 14 km langen Weg zum Aussichtspunkt Cascada Coloco, der an der Rangerhütte am Südende des Lago Ñorquinco beginnt.

Zwischen Dezember und März lohnt die 30-minütige Fahrt weiter nach Norden zum leicht zugänglichen Volcán Batea Mahuida. Hier parkt man das Auto am Fuß des Vulkans und wandert in zwei Stunden bis zum Gipfel (1948 m) hoch. Von oben erblickt man eine Kette von acht Vulkanen, die sich entlang der Grenze zwischen Argentinien und Chile erheben – vom Lanín im Süden bis Copahue im Norden. Im Krater des Batea Mahuida liegt ein herrlich blauer See. Im Winter kann man im familienfreundlichen Batea Mahuida Parque de Nieve Ski fahren. Es gibt einige Abfahrten, die Preise für die Skipässe sind vernünftig; die Saison dauert von Juni bis Oktober. Unbedingt Schneeketten mitnehmen, im Winter können die Straßen verschneit sein; in Villa Pehuenia wird ein Taxi-Transfer angeboten.

DER AFFENBAUM

Die Araukarie (*pehuén* oder Affenbaum) gab es bereits in der Jurazeit vor über 45 Milo. Jahren. Die langsam wachsenden Bäume werden bis zu 48 m hoch und gelten als lebende Fossilien. Für die *pueblos originarios* sind von großer kultureller Bedeutung. Sie verarbeiten die *piñones* (Samen) zu Mehl, das glutenfrei ist. Oder sie rösten die schmackhaften Samen, die viel Magnesium und Kalzium enthalten. Umfangreiche kommerzielle Ernte ist verboten um die Art zu schützen. Der heilige Baum wird während der Fiesta Nacional del Pehuén in Aluminé (April) und der Fiesta del Piñonero y del Artesano Mapuche in Villa Pehuenia (Januar) gefeiert.

Neuquén

Neuquén ist die größte Stadt Patagoniens und eigentlich kein typischer Touristenort. Aber das ganzjährig trockene Klima, die spektakuläre Landschaft und Dinosaurierfunde locken immer mehr Besucher an. Hier fließen Río Limay und Neuquén zusammen und bilden den Río Negro; dank des guten Bewässerungssystems gedeiht Obst, vor allem Äpfel und Birnen, auf großen Plantagen. Neuquén ist wegen der reichen natürlichen Ressourcen ein Zentrum der Öl- und Erdgasindustrie, viele Bohranlagen stehen in der wüstenhaften Landschaft. Aber der Untergrund hat weit mehr zu bieten – im 20. Jh. wurden mehrere Dinosaurierfossilien freigelegt, darunter der über 35 m lange *Argentinosaurus huinculensis*, der unweit der Plaza Huincal ausgegraben wurde, und der fleischfressende *Gigantosaurus carolini* (Fundort Villa El Chocón).

UNTERWEGS VOR ORT

Neuquén ist ein Knotenpunkt für die nationale und internationale Luftfahrt. Zudem gibt es ein gutes Busnetz. Züge verkehren zwischen Plottier und Neuquén, u.a. auf der Strecke Tren del Valle; sie halten am Terminal de Omnibus Neuquén und am Flughafen. Am Terminal de Omnibus Neuquén starten Busse nach Plaza Huincal, El Chocón und Rincón de los Sauces. Wer zum Centro Paleontológico Lago Barreales oder den Weingütern bei San Patricio del Chañar möchte, braucht ein Auto oder nimmt an einer Tour teil.

TOP TIPP

Beste Reisezeit ist von März bis Mai, dann herrschen milde Temperaturen. Im Sommer wird es heiß, es gibt kaum Schatten. Das Angebot an Unterkünften ist groß, es gibt viele gute Hotels und Apartments für Geschäftsleute aus der petrochemischen Industrie.

Vereinigung der Flüsse

Gewaltige Gewässer und wilde Tiere

Der **Río Limay** ist ein Abfluss des den Lago Nahuel Huapi in Bariloche und fließt dann bis Neuquén, wo er sich mit dem **Río Neuquén** vereint und den **Río Negro** bildet, der dann nahe Viedma in den Atlantik mündet. Vom **Paseo a la Costa**, einem schönen Park zum Laufen oder Radfahren, lässt sich der Zusammenfluss sehr gut beobachten. Am Eingang zum **Parque Sur** an der Av. Río Negro stehen viele Food-Trucks, die auch Craftbier anbieten – ein guter Platz für einen schönen Sommerabend. An der Uferseite des großen Bürogebäudes befindet sich **Tecim Eco Navegación**, die Firma bietet Bootsausflüge auf dem Fluss an.

Am Ende der Uferpromenade erreicht man das Info-Center für das neu errichtete Schutzgebiet **Península Hiroki**. 1927 kam der junge Tomizu Hiroki aus Japan nach Argentinien.

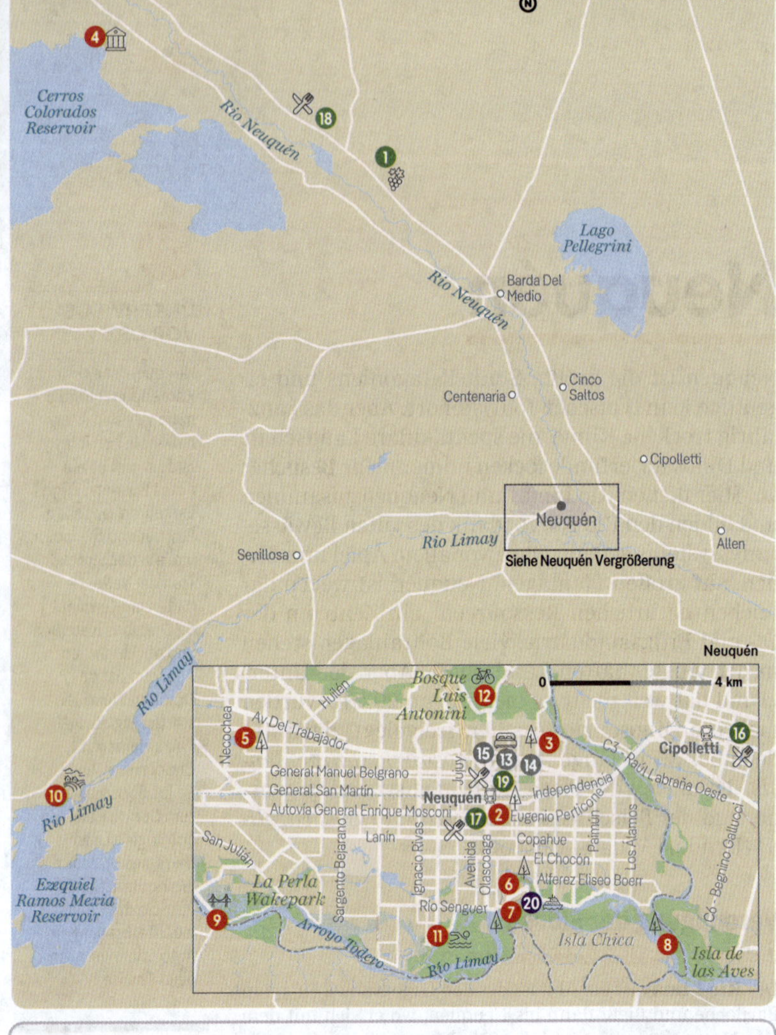

SEHENSWERTES
1 Bodega Familia Schroeder siehe 18 Bodega Malma
2 Parque Central
3 Parque Este
4 Parque Geopaleontológico Proyecto Dino
5 Parque Oeste
6 Parque Sur
7 Paseo a la Costa
8 Península Hiroki
9 Puente Las Perlas
10 Villa El Chocón

AKTIVITÄTEN, KURSE & TOUREN
11 Balneario Sandra Canale
12 Dirt World
Fly Park siehe 12 Parque Norte

SCHLAFEN
13 Cyan Soho Neuquén Hotel
14 La Morada Petit Hotel
15 Punto Patagonico Hostel

ESSEN
16 Casa Tinta siehe 10 La Posada del Dinosaurio
17 La Toscana
18 Malma Restaurant
19 Restaurante Estación Q

TRANSPORT
20 Tecim Eco Navegación

KUNST, GESCHICHTE & DIE STERNE VON NEUQUÉN

Los geht's am Nachmittag ins 1 **Museum Nacional de Bellas Artes**, um die aktuellste Ausstellung in der Außenstelle des Museums für bildende Künste in Buenos Aires zu besichtigen. Danach folgt ein Spaziergang durch den 2 **Parque Central** zum Ausstellungsraum für moderne Kunst, die 3 **Sala de Arte Emilio Saraco**. Sie befindet sich in einem Eisenbahnschuppen der britischen Buenos Aires Great Southern Railway von 1911; hier werden Arbeiten von lokalen Künstlern gezeigt. Im Anschluss legt man eine Pause an der 4 **Tranquera de los ingleses**; es ist eine Kopie eines Tores, das von der britischen Eisenbahngesellschaft erbaut worden war. 1936 befahl der damalige Bürgermeister Amaranto Suarez das Tor abzureißen. Weiter geht's entlang der Gleise zum 5 **Museo Gregorio Álvarez** (So & Mo geschl.), einem weiteren renovierten historischen Eisenbahngebäude mit einer ausgezeichneten lokalen ethnografischen Sammlung. Den Nachmittagsdrink nimmt man oben bei 6 **Antares** ein und genießt den Sonnenuntergang über dem Park in einem einzigartigen historischen Wohnhaus, das von ukrainischen Einwanderern gebaut wurde. Es war eines der wenigen Häuser mit Buntglasfenstern. Der Weg führt zurück zur Av. Argentina bis zur schlichten 7 **Catedral de Neuquén María Auxiliadora**. Auf der Av. Argentina geht es weiter bis zur 8 **Feria de los Artesanos**, einem Markt, der 1979 entstand als die Hippies auf ihrem Weg nach El Bolsón im Süden in Neuquén einen Stopp einlegten. Weiter den Berg hinauf kommt man zur 9 **Plaza de las Banderas**. Der Tag endet im kleinen 10 **Observatorio Astronómico de Neuquén**, wo man den Sternenhimmel über der Wüste betrachten kann.

KOSTENLOSE STADTRUNDFAHRTEN

Die Stadt Neuquén bietet kostenlose Minibustouren und Führungen zu vielen Sehenswürdigkeiten an. Die Reiseleiter machen die Tour zu einem Erlebnis. Die Minibusse fahren am Ufer des Río Limay entlang, halten an verschiedenen Aussichtspunkten und an einigen historischen Wahrzeichen von Neuquén, wie den gespenstischen Ruinen des Torre Talero (19. Jh.) und dem ehemaligen Gefängnis Ex Carcel U9. Es gibt einen Rundgang entlang der Stadtmauern und zu den historischen Eisenbahngebäuden der Linie Neuquén-Buenos Aires. Buchungen erfolgen über Eventbrite. Auf @turismo.neuquen.capital finden sich viele Links oder man besucht die Touristeninformation am Bahnhof im Parque Central. Die Minibusse sind rollstuhlgeeignet.

JAVIER ETCHEVERRY/ALAMY STOCK PHOTO ©

Villa El Chocón

Er kaufte sich ein etwa 50 ha großes Stück Land am Zusammenfluss, um dort Erdbeeren, Himbeeren und andere Früchte anzubauen. Zudem pflanzte er viele Bäume und versuchte so das Überschwemmungsgebiet urbar zu machen. Später vermachten Hirokis Kinder der Stadt etwa 8 ha Grund und Boden. Heute ist es eine Ruheoase inmitten von Neuquén, ideal zum Wandern, Entspannen sowie zum Beobachten von Vögeln und Wildtieren, beispielsweise die Nachkommen des *gato montés*, einer Wildkatzenart, die hier seit 2023 heimisch ist.

In der Umgebung von Neuquén existiert ein gutes Bewässerungssystems. Zu verdanken ist dies dem Hydraulikingenieur César Cipolletti. Inzwischen wird der gesamte Obstanbau im Alto Valle des Río Negro künstlich bewässert; u. a. werden Äpfel, Birnen, Trauben, Mandeln, Tomaten, Pfirsiche und Pflaumen geerntet.

Für eine Tour durchs Tal fährt man über die Brücke in Neuquén nach Cipoletti (in der Provinz Río Negro) und weiter Richtung Nordwesten nach Cinco Saltos und Südosten nach Allen und General Roca. Viele Farmen bieten Führungen an, besonders während der Ernte. Im Februar wird in Allen das Birnenfest gefeiert und in General Roca das Apfelfest.

ESSEN IN NEUQUÉN

Restaurante Estación Q
Nettes Eckrestaurant mit klassisch argentinischer Küche und tollem Service. **$$**

Casa Tinta
In dem kleinen Restaurant bietet Küchenchefin Emma Leiva leckere heimische Gerichte. *Chivito* probieren! **$$**

La Toscana
In der Außenstelle der lokalen Käserei Quesería Ventimiglia gibt es ausgezeichnete Käseplatten und Steaks. **$$$**

Raus ins Grüne der Stadt

Parks und Wanderwege für viele Tage

In allen Himmelsrichtungen in und außerhalb der Stadt finden sich Parks, es gibt kilometerlange Wanderwege und schöne Aussichten direkt vor der Tür, die die *neuquinos* das ganze Jahr genießen können. Der Eingang zum **Parque Norte** (Nordpark) liegt auf dem Berg, zu dem die Av. Argentina führt; dort gibt es einen 4,5 km langen Rundweg, das **Observatorio Astronómico de Neuquén** (Eintritt 1000 AR$, nur Bargeld) und den **Balcon del Valle**, ein toller Aussichtspunkt mit Blick auf die Nachbarorte und die Plantagen von Cipoletti, Centenario und Cinco Saltos. Unterhalb des Observatoriums befindet sich der **Dirt World Fly Park**, ein Kurs für BMX-Räder. Der **Parque Sur** (Südpark) liegt am Ufer des Río Limay und am **Paseo a la Costa**, unweit davon liegt der **Balneario Gustavo A. Fahler**, ein beliebter Badeplatz. Wer mit dem Rad unterwegs ist, kann den **Balneario Sandra Canale** besuchen oder auf den 15 km langen ebenen Wegen neben dem Río Limay Richtung Süden nach **Puente Las Perlas** fahren. Der im Westen liegende **Parque Oeste** (Westpark) bietet einen Skatepark und einen kleinen Teich (Vorsicht Mücken!). Der **Parque Central** (Zentralpark) verläuft entlang der Eisenbahn mitten in der Stadt; vom **Parque Este** (Ostpark) bietet sich ein schöner Blick auf den Río Neuquén.

Auf den Spuren der Dinosaurier

24 Stunden in El Chocón

Eine Stunde Fahrt von Neuquén entfernt liegt **Villa El Chocón**, ein beliebter Tagesausflug mit interessanten Dinosaurierfunden. Folgt man den gemalten Dinosaurierspuren auf dem Weg, gelangt man zum kleinen, aber guten **Museo Municipal Ernesto Bachmann**, das die Überreste des riesigen *Gigantosaurus carolini* zeigt, der 1993 vom Fossiliensammler Rubén D. Carolini gefunden wurde. Damals galt er als der größte fleischfressende Dinosaurier, größer noch als der berühmte *Tyrannosaurus rex*. Das Museum hat ausgezeichnete Mitarbeiter und bietet Informationen auf Spanisch und Englisch. Wer noch mehr wissen möchte, folgt auf der Hauptstraße der Beschilderung zum **Parque Náutico** und Aerodrome bis man das lila Schild nach **Las Huellas** (Fußabdrücke) erblickt. Am Ufer des Reservoirs gibt es zwei Aussichtsplattformen, von denen man die großen, schweren Fußabdrücke der prähistorischen Dinosaurier sehen kann. Fährt man weiter, kommt man zu einem kleinen felsigen Strand mit Schutzhütte. Vorsicht beim Parken – überall sind Dinospuren;

DIE BESTEN DINO-ORTE

Neben El Chocón gibt es auch noch diese Dino-Hotspots:

Museo Municipal Carmen Funes, Plaza Huincul
Zu bestaunen ist die Kopie eines *Argentinosaurus huinculensis*, der Dinosaurier wurde 1989 von einem Einheimischen gefunden.

Parque Geopaleontológico Proyecto Dino, Lago Barreales
Die Ausgrabungsstätte liegt etwas abgelegen. Touren (zweimal täglich) im Voraus buchen. Ein lohnender Abstecher auf dem Weg zu den Weingütern.

Museo Municipal Argentino Urquiza, Rincón de los Sauces
Das abgelegene Museum zeigt die einzigen Fossilien eines *Titanosaurus* und Dino-Eier.

ÜBERNACHTEN IN NEUQUÉN

Punto Patagonico Hostel
Zentrales Haus mit viel Nachtleben in der Umgebung; mit Pool und Patio. **$**

La Morada Petit Hotel
Helle Zimmer mit Terrasse, Gartenblick, Pool und kostenlosem Parkplatz. Kinder ab sechs Jahren willkommen. **$$**

Cyan Soho Neuquén Hotel
Moderne Standardzimmer mit Restaurant im Haus; mit Wellness-Center. **$$**

die Einheimischen haben die Fundstätten mit Kieselsteinen markiert. Im Winter ist es hier sehr ruhig, aber im Sommer wimmelt es von Badegästen. Links vom Ort befindet sich die beeindruckende Staumauer des **Embalse Ezequiel Ramos Mexía**, hier wird das größte Wasserkraftwerk Patagoniens betrieben. Man fährt über die Brücke und dann 30 Minuten auf der Schotterpiste weiter bis **Los Gigantes** – eine beeindruckende rostfarbene Felsformation im blauen Wasser.

Unterwegs zu den Weingütern in Neuquén

Oben Trauben, unten Dinos

Eine Autostunde nördlich der Hauptstadt Neuquén liegen in der Nähe von San Patricio del Chañar einige Weingüter, die in den letzten Jahrzehnten großartige Arbeit geleistet haben. Zwei der Bodegas del Neuquén – **Bodega Familia Schroeder** und **Bodega Malma** – bieten Führungen durch ihre Weingüter an und haben neben einem Verkostungsraum auch exzellente Restaurants. Beide lohnen einen Besuch. Die Bodega Familia Schroeder ist etwas familienfreundlicher, denn hier gibt es Dinosaurier! In den Anfangstagen des Weinguts wurde Fossilien des *Panamericansaurus schroederi* entdeckt. Hier bekommt man auch ein Saurus-Picknick, das man im Weinberg genießen kann (beide Weingüter Mo geschl.; nur mit Reservierungen für Besichtigung und Lunch). Wer an einer englischsprachigen Führung teilnehmen möchte, sollte einige Tage im Voraus buchen. Im März wird **La Vendimia Neuquina** (Weinlese) gefeiert. Das größte Weingut Patagoniens, die Bodega del Fin del Mundo, hat in der Region auch einen Weinberg, ist aber nicht mehr für Besucher geöffnet. Wer vor oder nach einer Besichtigung noch Zeit hat, sollte den **Parque Geopaleontológico Proyecto Dino**, 45 Minuten nördlich am **Lago Barreales** besuchen, eine paläontologische Ausgrabungsstätte mit Museum. Die dreistündigen Touren (10 & 15 Uhr, Mo geschl.) müssen im Voraus gebucht werden. In wärmeren Monaten nimmt man die RP51 und legt am Reservoir **Mari Menuco** eine Badepause ein – hier sieht man auch Bohranlagen für die petrochemische Industrie.

PINOT NOIR

Trockenes Klima und große Temperaturunterschiede (Hitze im Sommer, Nachtfrost im Winter) sind zusammen mit den beständigen patagonischen Winden ideal für den Anbau eines einzigartigen Pinot Noir rund um Neuquén. Wegen der hellen Farbe erscheint er wie ein Rosé. Einer der bekanntesten biodynamischen Pinot Noirs kommt vom bekannten italienischen Winzer Piero Incisa della Rocchetta und seiner Bodega Chacra im Alto Valle del Río Negro. Hier werden die preisgekrönten Pinots Chacra 55 und Chacra 32 produziert. Sie haben zwar einen stolzen Preis, aber es lohnt sich.

Los Gigantes

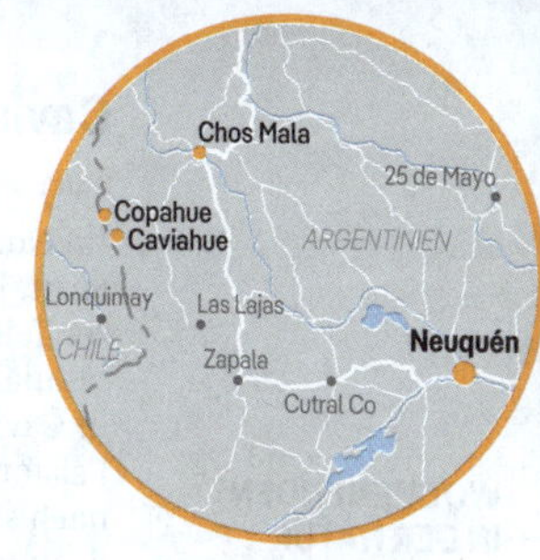

Rund um Neuquén

In heißen Schlammbädern neue Kraft tanken oder den *techo* (Dach) von Patagonien, den mächtigen Volcán Domuyo, bezwingen.

Ein Ausflug in den abgelegenen nördlichen Teil von Neuquén lohnt sich durchaus, man könnte hier einige Wochen verbringen. Im Winter liegt in Caviahue reichlich Schnee zum Skifahren. Im Sommer stehen Wandertouren auf dem Programm, ebenso ein Besuch der heißen Quellen in Copahue mit den mineralhaltigen Schlammbädern. Weiter nördlich liegt die frühere Hauptstadt Chos Malal, eine hübsche kleine Oase und das Tor zum höchsten Berg Patagoniens, dem 4702 m hohen Volcán Domuyo – man kann den Aufstieg wagen oder mit dem Mountainbike die Gegend erkunden.

Wasserfall, Copahue

UNTERWEGS VOR ORT

Am besten besorgt man sich einen Mietwagen, es fahren auch oft Busse von Neuquén nach Caviahue und Chos Malal. Im Sommer verkehren regelmäßig Busse zwischen Caviahue und Copahue. Cautivar Patagonia in Neuquén organisiert Touren in den Norden. Auf vielen Straßen in Neuquén gilt im Winter Kettenpflicht. Man sollte sich täglich über den Straßenzustand informieren. Nach dem Besuch in Caviahue und Copahue kann man Richtung Süden nach San Martín de los Andes und Bariloche fahren oder nach Chos Malal im Norden. Nach Norden führt die unbefestigte RP21; die RN6 ist besser als die RN4.

☑ TOP TIPP

Die Entfernungen sind groß im nördlichen Neuquén. Straßenzustand prüfen und voll tanken. Snacks, Wasser und Karten mitnehmen.

Caviahue & Copahue

AB NEUQUÉN: **4½ STD.**

Pulverberge & heiße Quellen

Im Nordwesten der Provinz, etwa 4,5 Std. von Neuquén entfernt, liegen die beiden Städte Copahue und Caviahue. Dieser Teil Argentiniens ist nur wenig besucht, bietet aber spektakuläre Landschaften. Zwanzig Minuten vor der Ankunft in Caviahue sieht man Los Riscos Bayos, eine faszinierende Felsformation in den Bergen links der RP26. Der Legende nach sind sie „Vulkantränen" – ein sehr seltenes Phänomen, das nur bei einer speziellen Form von vulkanischen Aschewolken entsteht.

Im Winter lockt Caviahue mit einer fünfmonatigen Saison mit Pulverschnee, das Klima ist besonders kalt und trocken. Das Skigebiet liegt nur 1 km von der Stadt entfernt und bietet unterschiedliche Abfahrten und Ausflüge, darunter Touren mit dem Motorschlitten zum gefrorenen Wasserfall Cascada Congelada del Valle de Jara. Im Sommer locken zahlreiche Wanderwege und herrliche Aussichten. Der Salto del Agrio wirkt wie ein Wasserfall aus einer anderen Welt mit beeindruckenden Farben, rostrotem und grünem Wasser, was am mineralhaltigen Untergrund liegt. Dahinter erhebt sich der rauchende Volcán Copahue. Er liegt etwa 30 Minuten von der Stadt entfernt (via RP26 und RP27). Im Sommer finden sich hier zahlreiche Besucher ein. Mittags zeigt der Vulkan sich bei hohem Sonnenstand in den schönsten Farbtönen.

Wer es etwas abenteuerlicher mag, wandert zum Puente de Piedra, einer natürlichen Felsbrücke am Ufer des Lago Caviahue. Wegen der steilen Abschnitte am Anfang, ist die Wanderung schwierig; unbedingt feste Schuhe tragen und im Sommer an Sonnenschutz denken. Dorthin kommt man auf der RP26 Richtung Loncopue (3,5 km ab Caviahue), hier beginnt der Wanderweg. Der Wind ist oft sehr stark.

Copahue ist nur von Dezember bis Ende April zugänglich, sonst ist es eingeschneit; im Sommer tummeln sich hier Scharen von Argentiniern in den Termas de Copahue (Thermalquellen). Dampfende Becken und ein blubbernd-heißer Schlammteich (Laguna del Chancho, was Schweineteich bedeutet) liegen in einer natürlichen Senke mit den Bergen im Hintergrund. Weitere Thermalquellen befinden sich in Las Maquinas außerhalb von Copahue auf einer verfallenen Militärbasis. Vorsicht beim Betreten!

Steinbrücke, Caviahue

ALFREDO CERRA/SHUTTERSTOCK ©

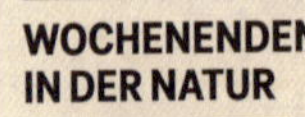

WOCHENENDEN IN DER NATUR

Paola Carazo, Fotografin und Lehrerin, erzählt, warum sie Neuquén liebt.

Ich liebe das Wetter; man kann die Jahreszeiten genießen und die Natur. Im Sommer oder Winter gibt es fantastische Orte, die man besuchen kann, und Sportmöglichkeiten in der Natur – an Flüssen oder Seen, in den Bergen oder am Meer. Alles ist gut zu erreichen, auch für ein Wochenende. Ich liebe die Vögel, die Blumen im Frühling und Winter, die Bäume – unsere *pehuenes* (Araukarien) sind wunderschön. Wir essen gut und saisonal, viele einheimische Früchte und Gemüse. Ein toller Ort mit freundlichen Mitmenschen.

FESTE IN UND UM NEUQUÉN

Fiesta de San Sebastián
Religiöse Prozession und Fest im Januar in Las Ovejas.

Fiesta Nacional de la Confluencia
Großes, kostenloses Musikfestival in der Hauptstadt Neuquén im Februar.

Fiesta Nacional del Chivito, la Danza y la Canción
Tausende versammeln sich im November in Chos Malal, um zu singen und zu tanzen.

Chos Malal & Nord-Neuquén

AB NEUQUÉN: **4½ STD.**

Ein touristischer Geheimtipp

Auf der wenig befahrenen Ruta 40 Richtung Norden erreicht man nach 4,5 Stunden Fahrt Chos Malal. Der größte Ort der Region liegt am malerischen Zusammenfluss der Flüsse Neuquén und Curi Leivú und ist eine gute Ausgangsbasis für Touren im Norden. Er ist auch einer der wenigen Orte mit einer verlässlichen Tankstelle (unbedingt hier tanken, die Tankstellen in Andacollo, Varvarco oder Las Ovejas akzeptieren nur Bargeld und haben oft eingeschränkte Öffnungszeiten und/oder Benzinvorräte). Wer weiter in den Norden fährt, entdeckt einige wunderbare, wenig besuchte Sehenswürdigkeiten wie heiße Quellen und Geysire, den Volcán Domuyo (Patagoniens höchster Berg) und eine archäologische Stätte mit Felskunst der *pueblo originario*.

Die Fahrt nach Norden belohnt mit spektakulären Aussichten. Nicht nur der Cerro Domuyo zeigt sich in der Ferne, man sieht auch den Volcán Tromen (4114 m) und den Cerro Wayle (mit einem kleinen Skigebiet). Zwei Stunden nördlich von Chos Malal, oder 17 km südlich von Varvarco, liegt der beeindruckende Parque Arqueológico Colomichicó mit wunderbarer Felskunst der Pehuenche. Die geheimnisvollen Gravuren können zwischen Januar und April auf einer dreistündigen Wanderung mit einem lokalen Guide besichtigt werden. Die Touren starten um 6 und 8 Uhr.

Die kleine Siedlung Varvarco ist ideal als Basis für eine Tour in den Norden der Region. Eine Stunde nördlich von Varvarco locken die Termas Aguas Calientes (Thermalquellen) am Fuß des Volcán Domuyo. Auch die Felsen können sehr heiß sein, also geeignete Schuhe tragen. Auf der Fahrt lohnt sich ein Abstecher nach Los Bolillos, hier haben Wind und Wetter eine felsige mondähnliche Landschaft geschaffen. Westlich der heißen Quellen liegt Los Tachos mit Geysiren, die bis zu 2 m in die Höhe schießen. Der Weg in den Canyon dauert nur 20 Minuten und mit ein wenig Glück zeigt sich der mächtige Andenkondor.

Mitten im Park Sistema Domuyo liegt der *techo*, das Dach von Patagonien: der 4702 m hohe Volcán Domuyo. Abenteuerlustige können den Aufstieg wagen, alternativ begibt man sich mit Andestrack Patagonia auf eine sechstägige Mountainbike-Tour, die in Varvarco beginnt und auch zu den heißen Quellen, Los Bolillos und dem See Varvarco Tapia mit seinen Rosaflamingos führt.

LAGUNA BLANCA & DER SCHWAN

Der kaum besuchte Nationalpark Laguna Blanca ist nur 30 km von Zapala entfernt und ein netter Abstecher auf der Ruta 40 Richtung Norden oder nach Westen. Dieser raue, trostlose Landstrich ist sehr abgelegen. Ein Grund warum dieses Feuchtgebiet, Heimat vieler Vogelarten unberührt geblieben ist. Die Laguna Blanca ist ein seichter See, gebildet von Lavaströmen, der zwei kleine Bäche aufstaute. Auf dem See schwimmt oft eine große Schar von Schwarzhalsschwänen – daher der Name. Am schönsten ist ein Besuch zwischen November und März, wenn sich hier zahlreiche Vögel aufhalten und der Wind etwas abgeflaut ist. Einfaches Zelten ist möglich.

BADEN IN HEISSEN QUELLEN

Termas de Copahue
Große, moderne Anlage mit Pools und Schlammbecken. Nur von Dezember bis April geöffnet.

Termas Aguas Calientes
Reich an Mineralien. Die heißen Quellen liegen in der Nähe des Volcán Domuyo.

Termas Caviahue
Im Winter wird das Thermalwasser nach Caviahue gepumpt, damit die Skifahrer heiß baden können.

DEYAN DENCHEV/SHUTTERSTOCK ©

Oben: Perito-Moreno-Gletscher (S. 421); Rechts: junger Seehund, Patagonien

Patagonien

ZERKLÜFTETE GEBIRGE, GLETSCHER UND MEERESSÄUGER

Südkaper-Wale an der Küste beobachten, über schneebedeckte Andengipfel wanderen und durch die patagonische Steppe reiten.

Patagonien präsentiert Besuchern zwei sehr unterschiedliche geografische Regionen: Im Westen locken schneebedeckte, zerklüftete Andengipfel sowie gemäßigte Waldzonen und im Osten das blaue Meer mit hohen Klippen an der Küste. Die Tierwelt ist sehr artenreich. Im Ozean schwimmen Wale, begleitet von Pinguinen, Seelöwen und See-Elefanten. Guanakos, Schafe und Rinder weiden auf der Steppe, die von Gras und Wüstensträuchern bedeckt ist. Auch die Geschichte ist interessant. Hier jagten schon die Tehuelche Nandus und Guanakos. Im späten 19. Jh. besiedelten Waliser die Gegend und hinterließen Kirchen sowie die Afternoon-Tea-Tradition. In Trelew gibt es ein exzellentes Dinosauriermuseum. In den Provinzen Chubut und Santa Cruz gibt es Millionen Jahre alte versteinerte Wälder. Patagonien nimmt mehr als ein Drittel der Landesfläche ein, wird aber von weniger als zwei Millionen Menschen bewohnt. Diese dünn besiedelte Region ist deshalb ideal, um mal richtig rauszukommen. Einige Orte sind aber auch ziemlich belebt. Im Januar und Februar genießen die meisten Argentinier ihren Sommerurlaub. Viele Leute fahren dann zum Perito-Moreno-Gletscher oder zum Wanderresort El Chaltén. Keine Massen finden sich in Bahía Bustamante und Cabo Raso an der meist unasphaltierten RP 1 im östlichen Chubut. Wo immer man hinfährt, es warten Stille, Abenteuer und eine tiefe Verbundenheit mit dem Land, dem Bruce Chatwin ein ganzes Buch gewidmet hat.

DIE WICHTIGSTEN ZIELE

PUERTO MADRYN
Seelöwen, Pinguine und Wale beobachten.
S. 396

ESQUEL
Flüsse, Seen, Wandern und Skifahren.
S. 408

EL CALAFATE
Der berühmteste Gletscher des Landes.
S. 419

EL CHALTÉN
Berge prägen Argentiniens Wandermetropole.
S. 429

Erste Orientierung

Patagonien erstreckt sich über ein Drittel des achtgrößten Landes der Erde. Entsprechend lang sind die Reisezeiten vor Ort. Flüge können teuer sein, sind allerdings das effizienteste Transportmittel in der Region.

Puerto Madryn, S. 396
Die wichtigste Touristenstadt der Küstenregion von Chubut lädt ein zum Wale beobachten und Fisch essen. Außerdem geht es von hier auf die Península Valdés. Die Gewässer sind sehr artenreich.

Esquel, S. 408
Kristallklare Flüsse voller Forellen sowie eines der besten Skigebiete des Landes und 1000 Jahre alte Alerce-Bäume locken Outdoorfans in den wilden Westen Patagoniens.

El Calafate, S. 419

Das Highlight der Stadt ist einer der weltberühmtesten Gletscher. In der Gegend gibt es aber auch erstklassige und sehr abgelegene *estancias*.

El Chaltén, S. 429

Am Fuße der Anden führen zahlreiche Wander-Trails von der Bergstadt El Chaltén zu wunderbaren Gletscherseen und schneebedeckten Gipfeln mit fantastischem Ausblick.

AUTO

Mietwagen sind der beste und empfehlenswerteste Weg, um die einsame Schönheit der patagonischen Landschaft zu erkunden. Viele Straßen sind nur geschottert und können deshalb leicht von Regen oder Schnee beeinträchtigt werden – darum immer die Straßenverhältnisse vor der Abfahrt checken.

BUS

Die Fernbusse sind komfortabel und normalerweise günstiger als Flüge. Eine Reihe von Unternehmen, darunter Andesmar und Don Otto, verkehrt von Buenos Aires zu verschiedenen Zielen in Patagonien. Die Busse von Marga Taqsa verbinden während der Hochsaison im Januar/Februar Esquel mit El Calafate.

FLUGZEUG

Sehr nützlich, wenn man nur wenig Zeit hat. Die Region wird von Buenos Aires über mehrere Routen gut bedient. Anbieter sind u.a. Aerolíneas Argentinas und Flybondi. Flüge innerhalb der Region sind viel seltener und im Allgemeinen teurer.

Perfekte Tage

Für Patagonien muss man sich ausreichend Zeit nehmen. Die Region ist riesig und man braucht viel Zeit unterwegs, vor allem, wenn man nur mit Bus oder Auto weiterkommt.

Perito-Moreno-Gletscher (S. 421)

Wenig Zeit

- Von El Calafate kann man Patagoniens Topattraktion besuchen, den unwiderstehlichen Perito-Moreno-Gletscher (S. 421) im Parque Nacional Los Glaciares. Entweder man schließt sich einer Tour an oder fährt selbst. Der massive Eisblock rückt jeden Tag 2 m vor. Immer wieder brechen Stücke ab und fallen in den milchig-graublauen Lago Argentino.

- Weiter geht es nach El Chaltén (S. 429), von wo aus man einige Tage lang die zahlreichen Trails der Umgebung erkundet – von leichten Tageswanderungen bis zu mehrtägigen Klettertouren.

Beste Reisezeit

Patagonien bietet zu jeder Jahreszeit etwas – Wandern und Reiten im Frühjahr und Sommer, Wale beobachten und Skifahren im Winter.

JANUAR

Im Hochsommer strömen die Urlauber massenhaft nach **El Calafate** (S. 419) und **Puerto Madryn** (S. 396).

FEBRUAR

Im winzigen Dorf **Cholila** (S. 417) steigt die Fiesta Nacional del Asado, eine riesige Barbecueparty mit gebratenem Lamm.

MÄRZ

Die Fiesta Nacional del Trekking steigt in **El Chaltén** (S. 429) mit Kletter- und Holzfäller-Wettbewerben.

Sechs Tage

- Nach Puerto Madryn (S. 396) fliegen für den Zugang zu einem der besten Wildlife-Hotspots des Landes. An der Ostküste der Provinz Chubut leben Wale, Pinguine und See-Elefanten.

- Zwischen Juni und Dezember lohnt ein Besuch der Playa El Doradillo (S. 398), um Südkaper-Wale und ihre Jungen aus nächster Nähe zu sehen.

- Dann geht es nach Süden zum Punta Loma (S. 399), um die einsame und beeindruckende Küste zu erkunden. Vom Aussichtspunkt sieht man, wie die starke patagonische Sonne auf den kobaltblauen Atlantik scheint, während Seelöwen auf dem Strand liegen.

Mehr als eine Woche

- Mit ausreichend Zeit und einem eigenen Transportmittel geht es auch in entfernte Winkel. Von Puerto Madryn (S. 396) kommt man mit einem Mietauto nach Süden zum Cabo Raso (S. 406): Fernab der modernen Welt gibt es kein WLAN oder Handyempfang, nur eine endlos lange Küste, eine See-Elefanten-Kolonie und den Atlantik.

- In einem alten Stadtbus übernachten oder unter dem Sternenhimmel zelten. Weiter im Süden war Camarones (S. 407) früher ein geschäftiger Hafen für Wolle. Die entspannte Stadt ist ein perfektes Standquartier für das einsame Cabo Dos Bahías (S. 407), die Heimat für Tausende Pinguine. Man sollte nicht überrascht sein, wenn man hier ganz allein ist mit den putzigen Seevögeln.

JULI

Die Walsaison beginnt in **Puerto Madryn** (S. 396). Vom Strand lassen sich Südkaper-Wale und ihre Jungen sehen.

OKTOBER

Das Eisteddfod del Chubut ist seit 1875 ein walisisches Musik- und Literaturfestival in **Trelew** (S. 405).

NOVEMBER

Es wird wärmer. Bis März ist dies die beste Zeit für eine Fahrt auf der Ruta Nacional 40.

DEZEMBER

Eine gute Zeit für **El Calafate** (S. 419). Der Sommer hat begonnen, alles ist günstiger und weniger überlaufen als im Januar.

UNTERWEGS VOR ORT

Puerto Madryn ist sehr fußgängerfreundlich, die Orientierung im Stadtzentrum ist leicht, da sich alles auf zwei parallele Straßen konzentriert, Roca und 25 de Mayo, sowie die Costanera, die am Ufer verläuft. Viele Hotels und einige Touranbieter verleihen Räder, wenn man z.B. zu den umliegenden Stränden fahren möchte. Es gibt viele Taxis und Remisen. Dies sind Taxis mit festen Tarifen, die telefonisch reserviert werden müssen. Fahrziele sind die Playa El Doradillo nördlich der Stadt, um die Südkaper-Wale zu beobachten, sowie Punta Loma mit den Seelöwen südlich der Stadt. In Puerto Madryn verkehren wenige Busse.

TOP TIPP

Für eine Wal-Safari sollte man mindestens 3–4 Tage einplanen. Schiffstouren sind wetterabhängig und das kann in Patagonien an mehreren Tagen in Folge alle Aktivitäten unterbinden. Falls eine Tour ausfällt, versuchen die Anbieter es normalerweise am nächsten Tag.

Puerto Madryn

Puerto Madryn liegt am Golfo Nuevo im Nordosten der Provinz Chubut. Dies ist der zweitgrößte Fischereihafen Argentiniens und der Zugang zur Reserva Faunística Península Valdés. Im Naturschutzgebiet leben Wale, Guanakos, Nandus, Pinguine, Seelöwen und See-Elefanten. Die Stadt wurde 1886 von walisischen Siedlern gegründet und ist Patagoniens wichtigstes Ziel, um das Meeresleben zu erkunden. Hierhin kommen die Südkaper-Wale, um zu kalben. Man kann sie vom Strand Playa El Doradillo sehen. Seelöwen tummeln sich an der Küste bei Punta Loma. Ein Highlight ist es, mit Seelöwen zu schwimmen.

ALEXIS FIORAMONTI/GETTY IMAGES ©

Südkaper-Wal, Península Valdés (S. 399)

HIGHLIGHTS
1 Punta Loma
2 Reserva Faunística Península Valdés
SEHENSWERTES
3 Caleta Valdés
4 Estancia La Ernestina
5 Playa El Doradillo
6 Playa Las Canteras
7 Puerto Pirámides
8 Punta Cantor
9 Punta Delgada
10 Salina Chica
AKTIVITÄTEN, KURSE & TOUREN
11 Madryn Buceo
SCHLAFEN
12 Estancia El Pedral
13 Estancia Rincón Chico
14 Hotel Territorio
15 La Calandria B&B
16 La Tosca Hostel
ESSEN
17 Chona
18 Hotel Península Valdés
19 Hotel Tolosa
siehe 17 Matilde
AUSGEHEN & FEIERN
20 FEIERN Bar de Tapas
21 Cervecería Artesanal Kaiser
22 Cervecería Cerro Parva
23 James Bar

0
40 km
Playa Balandra Columba
Golfo Nuevo
Playa Tomás Curti
Yrigoyen
28 de Julio
Belgrano
9 de Julio
Sarmiento
Av Gales
San Martín
Gobernador Maiz
25 de Mayo
Av Roca
Blvr Brown
Storni
Mitre
Lugones
Albarracín
Perlotti
Puerto Madryn
Parque Marino Provincial Golfo San José
Reserva Faunística Península Valdés
Puerto Pyramides
El Tehuelche Airport
Siehe Puerto Madryn Vergrößerung
Punta Loma
Punta Tombo (160 km); Bahia Bustamante Lodge (370 km)

SÜDKAPER-WALE

Südkaper-Wale, bzw. *Ballena Franca Austral*, verfügen über riesige Köpfe, die bis zu einem Drittel ihres kompletten Körpers ausmachen können. Sie wurden zwischen dem 17. und 19. Jh. wegen ihres Öls und ihrer Barten gejagt. Letztere sind die Filter, die sich anstelle von Zähnen in ihren Mäulern finden. Ihr englischer Name „Southern Right Wale" verweist auf den Glauben, dass sie die „richtigen" Wale zum Jagen waren, weil ihre Ausschlachtung einen hohen Gewinn versprach. Heute bieten ihnen die geschützten Gewässer des Golfo Nuevo und Golfo San José auf beiden Seiten der Península Valdés perfekte Bedingungen, um ihren Nachwuchs zur Welt zu bringen und aufzuziehen. Deshalb kommen Anfang Juni rund 500 Wale und bleiben bis Anfang Dezember, bevor sie nach Süden Richtung Feuerland (Tierra del Fuego) aufbrechen.

Seelöwen, Patagonien

Orcas und Wale

Puerto Madryns Meeressäuger bewundern

Puerto Madryn ist Patagoniens Topziel für einzigartige Beobachtungsmöglichkeiten in freier Natur. Es ist schlicht atemberaubend, vom braun-beigen Kieselstrand am Golfo Nuevo nördlich der Stadt direkt vor einem die Südkaper-Wale bei Hochwasser im Meer spielen zu sehen. Jedes Jahr Mitte Juni kommen die riesigen Meeressäuger an die Ostküste von Chubut, um Nachwuchs zu bekommen. Für besonders spektakuläre Sichtungen geht es per Auto oder Taxi zur **Playa El Doradillo,** rund 11 km nördlich von Puerto Madryn, sowie zur **Playa Las Canteras**, einige Kilometer weiter. In der Taxigebühr ist immer ein 90-minütiger Aufenthalt am Strand inklusive. Man kann während der Saison bei Hochwasser durchaus auch vom Hafen in der Stadt aus Wale sichten.

Zwischen Mitte Februar und Mitte April lohnt die Fahrt zur Península Valdés und zur Punta Norte. Dort jagen Orcas (Schwertwale), indem sie auf den Strand gleiten, um sich arglose Seelöwen-Jungen zu schnappen. Auch wenn man sie nicht an Land sieht, so erkennt man doch die Orca-Finnen im Wasser – ein spannendes Erlebnis. Bevor man aufbricht, soll-

ÜBERNACHTEN IN PUERTO MADRYN

Hotel Tolosa
Modernes und helles Hotel mit freundlichen Mitarbeitern. Tolles Frühstücksbüfett mit Eiern und kleinen Desserts. **$$**

Hotel Territorio
Südlich des Stadtzentrums in Strandnähe; alle Zimmer haben Seeblick. **$$$**

La Tosca Hostel
Sauberes und geräumiges Hostel mit einem netten Garten und einer gut ausgerüsteten Gemeinschaftsküche. **$**

te man immer schauen, wann Hochwasser ist. Viele Hotels hängen einen wöchentlichen Gezeitenkalender am Fahrstuhl oder an der Rezeption aus. Auch die hilfsbereite Touristeninformation an der Av. Roca verfügt über einen.

Die Península Valdés erkunden

Wale beobachten, Kajaktouren und Pinguine

Für die Erkundung der **Reserva Faunística Península Valdés** mietet man am besten ein Auto. Einfach ein paar Tage Zeit nehmen, um den Ausblick von den Sandsteinklippen zu genießen, den Rufen der Seehunde am Ufer zuhören oder im März/April den jagenden Orcas in **Punta Norte** zuschauen. Von Mitte Juni bis Mitte Dezember strömen Besucher nach Puerto Pirámides. Die einzige Stadt im Reservat wurde nach einer markanten Klippe in der Bucht benannt. Mit einem Boot lassen sich die Südkaper-Wale beobachten, die hier ihre Jungen zur Welt bringen. Es gibt fünf lizenzierte Touranbieter, die alle denselben Preis verlangen. Southern Spirit bietet aber eine Fahrt mit dem halbtauchbaren Yellow Submarine, das bei guter Sicht auch Unterwasserbeobachtungen der riesigen Tiere ermöglicht.

Jenseits von Puerto Pirámides lässt sich das Reservat in drei Bereiche unterteilen: Punta Norte im Norden, **Punta Cantor** im Osten und **Punta Delgada** im Süden. Gute Standquartiere sind Puerto Pirámides und die **Estancia Rincón Chico** unmittelbar südwestlich von Punta Delgada. Im Übernachtungspreis enthalten ist dort ein geführter Besuch des Privatstrandes der *estancia*. Dorthin kommen jedes Jahr zwischen Dezember und März rund 10 000 See-Elefanten und bis zu 3500 Seelöwen, um ihre Jungen zur Welt zu bringen. Delfine, Orcas, Wale und Pinguine tummeln sich auch an der 16 km langen Privatküste. Von Punta Delgada führt die ungeteerte RP 2 ins Hinterland. Zwischenstopps lohnen in den

DIE BESTEN ORTE, UM TIERE ZU BEOBACHTEN

Península Valdés
Einer der berühmtesten Orte in Patagonien, um Wale zu beobachten, darunter Orcas und Südkaper-Wale.

Punta Tombo
Mit rund 1 Mio. Magellan-Pinguinen ist dies ihr größter Brutplatz auf dem südamerikanischen Kontinent.

Bahía Bustamante
Private *estancia* mit reicher Tierwelt, darunter Delfinen und der endemischen Weißkopf-Dampfschiffente.

Punta Loma
Südlich von Puerto Madryn ist das kleine Naturreservat die Heimat einer agilen Seelöwen-Kolonie.

Cabo Dos Bahías
Wie am Punta Tombo viele Magellan-Pinguine, aber ohne Touristenmassen.

Pinguin, Chubut

ESSEN IN PUERTO MADRYN

Matilde
Die beste und bekannteste Parrilla in der Stadt. Unbedingt das saftige patagonische Lamm probieren. $$

Chona
Ausführliche Speisekarte mit Pasta, Fleisch und etwas Seafood, wie z.B. Krabben mit Butter und Knoblauch. $$

Hotel Tolosa Restaurante
Preislich moderates Restaurant im Hotel Tolosa. Die Fleisch-Empanadas sind ein Muss. $$

TICIANA GIEHL/SHUTTERSTOCK ©

TOP-SEHENSWÜRDIGKEIT

Reserva Faunística Península Valdés

PRAKTISCHES

QR-Code scannen für weitere Infos.

Eine Autostunde nördlich von Puerto Madryn bietet die Reserva Faunística Península Valdés eine magisch blaue Küste, wo Pinguine, Südkaper-Wale und See-Elefanten ihre Nachkommen aufziehen. In Argentinien ist dies der beste Ort, um die maritime Tierwelt zu beobachten. Zudem ist dieses weltweit bedeutende Marine-Reservat der einzige Ort auf der Erde, an dem Orcas auch an Land jagen.

NICHT VERSÄUMEN

- Puerto Pirámides
- Punta Pirámides
- La Ernestina
- Punta Norte
- Punta Delgada
- Caleta Valdés

Planung & Anfahrt

Für eine Erkundung der Halbinsel übernachtet man am besten in Puerto Pirámides und mietet ein Auto. So kann man früh aufbrechen und schneller als die Menschenmassen da sein. Wer in Puerto Pirámides übernachtet, muss zudem den Eintritt ins Reservat nur einmal zahlen. Als Erstes sollte man sich überlegen, welche Tiere man wirklich sehen möchte und dementsprechend planen. Für Orcas, die auf dem Strand jagen, gibt es zwei Jahreszeiten: Im März/April kommen sie nach Punta Norte, um dort jungen Seelöwen aufzulauern; von Oktober bis Dezember jagen sie den See-Elefanten-Nachwuchs in Caleta Valdés, 30 km von Punta Norte. Das Reservat mag auf der Karte klein aussehen, aber man kann hier locker mehrere Tage verbringen: einen Tag für den Norden, einen zweiten für den Osten und einen dritten in Puerto Pirámides für eine Waltour. Das unberechenbare Wetter kann zudem alle Pläne über den Haufen werfen. Die Schiffe fahren nicht, wenn der Wind zu stark ist, und die Ranger schließen Straßen, wenn der Regen besonders heftig war.

Seelöwen-Kolonie, Península Valdés

Puerto Pirámides

Puerto Pirámides ist die wichtigste Stadt auf der Península Váldes. Von hier starten auch die Wal-Safaris. Normalerweise ist dies ein ruhiger Ort, aber nicht, wenn ganze Busladungen mit Touristen zwischen Juni und Dezember ankommen, um Südkaper-Wale zu beobachten. Für Übernachtungen gibt es eine Reihe solider Optionen. Außergewöhnlich ist ein Strandbesuch bei Dunkelheit, um den Walen draußen im Meer zu lauschen. Im Nordwesten der Stadt beginnt eine 5 km lange Wanderung rund um die Landspitze zur Punta Pirámides. Dies ist vor allem im Januar ein guter Ort, um Seelöwen zu sichten. Man kann dorthin auch fahren.

Punta Norte

An der Nordspitze liegt Punta Norte etwas weniger als 80 km nördlich von Puerto Pirámides an einer Schotterpiste. Dies ist der beste Platz, um Orcas zu beobachten, wie sie junge Seelöwen im März/April sogar auf dem Strand jagen. Im restlichen Jahr sieht man hier auch Magellan-Pinguine und See-Elefanten. Vorsichtig fahren, weil Tiere frei herumlaufen. Auch sollte man ausreichend Proviant für den Tag mitnehmen, weil es keine Läden oder Tankstellen gibt, sondern nur Toiletten.

Caleta Valdés

Caleta Valdés liegt im zentralen Küstenbereich des Reservats, rund 75 km über eine Schotterpiste von Puerto Pirámides. Ungefähr von Ende September bis Mitte April sieht man hier Magellan-Pinguine. An der Südspitze von Caleta Valdés, auch bekannt als Punta Cantor, lebt eine Gruppe See-Elefanten auf dem Strand. Vor Ort gibt es Toiletten, eine Info-Tafel sowie Wanderwege entlang der Küste.

ÜBERNACHTEN

Es gibt nicht viele Unterkünfte außerhalb von Puerto Pirámides, die meisten behaupten, dass es in Punta Norte gar keine gibt. Aber das stimmt nicht ganz, denn die Schaffarm La Ernestina vermietet sechs Zimmer und ist Sitz von Punta Norte Orca Research. Die Farm hat also einen perfekten Zugang zu den vielen Stränden, an denen die Orcas jagen.

TOP TIPPS

- Straßenzustand checken bei den Rangern am Eingang des Reservats oder im Centro de Visitantes Istmo Carlos Ameghino.
- Die RP2 von Puerto Madryn nach Puerto Pirámides ist geteert. Alle anderen Straßen sind nur geschottert.
- Es ist üblich, dass die Ranger nach heftigem Regen/Schnee oder Wildunfällen Straßen sperren.
- Auf Touren von Puerto Madryn wird Punta Norte normalerweise nicht angesteuert; falls doch, achten sie nicht auf die Gezeiten, was für Orca-Sichtungen auf dem Strand wichtig wäre.
- Wer Orcas sehen möchte, sollte sich ein Fahrzeug mieten.

DIE BESTEN PLÄTZE ZUM ÜBERNACHTEN AN DER KÜSTE VON CHUBUT

Bahía Bustamante
Privates Naturparadies mit heimischen Vögeln, Pinguinen, Walen und Seelöwen. Den besten Blick bieten die Hütten am Meer. **$$$**

Cabo Raso
Einsames *refugio* mit kilometerlangem Küstenstreifen für Camping, B&B und Übernachtungen in alten Stadtbussen. **$-$$**

Estancia Rincón Chico
Abgeschiedene Ranch auf der Península Valdés mit Blick über die patagonische Steppe. **$$$**

Estancia El Pedral
Alte Ranch aus den 1920er-Jahren (Vollpension inkl.). Im September kommen Magellan-Pinguine. **$$$**

La Calandria B&B
Einige Kilometer vom Playa El Doradillo bietet das adrette B&B gemütliche Bungalows inmitten von Lavendelfeldern. **$$$**

CHRISSTOCKPHOTOGRAPHY/ALAMY STOCK PHOTO ©

Estancia El Pedral

Salzwüsten **Salina Grande** und **Salina Chica**, die 42 m unter dem Meeresspiegel liegen. Damit gehören sie zu den weltweit tiefstgelegenen Landflächen.

Seafood und patagonisches Lamm genießen

Regionale Spezialitäten probieren

Patagoniens wichtigster Fischereihafen Puerto Madryn bietet natürlich frischen Fisch und leckere Meeresfrüchte. *Arroz con mariscos* ist die örtliche Version der spanischen Paella und wird mit Reis, Krabben, Tintenfisch und Muscheln zubereitet. Dazu kommt ein kaltes Glas Chardonnay. An der Uferpromenade bietet eine Reihe von Restaurants auch andere Meeresspezialitäten. Aber vor Ort serviert praktisch jedes Lokal mindestens eine oder zwei Seafood-Optionen, sogar die *earrillas* (Grillhäuser). In der **Barrika Bar de Tapas** stehen Sushi sowie kleine, tapasähnliche Gerichte auf der Speisekarte. Lecker ist die Tortilla mit panierten Garnelen sowie der Tintenfisch *escabeche*. Mit einer traditionellen spanischen Methode wird das gekochte oder eingelegte Essen in einer sauren Soße mariniert.

Gratinierte Jakobsmuscheln mit einem kalten Glas Pinot Grigio schmecken am Fenster des Restaurants im **Hotel Península-**

AUSGEHEN IN PUERTO MADRYN

James Bar
Populäre Cervecería in der Nähe des Kreuzfahrtanlegers. Süffige IPAs frisch gezapft.

Cervecería Cerro Parva
Bier aus reinem Quellwasser vom Parva-Gipfel im Zentrum der Provinz Chubut.

Cervecería Artesanal Kaiser
Kleines, freundliches Bierhaus mit eigenen IPAs, Porter-Bieren und Ales; Happy Hour 18–20 Uhr.

la Valdés besonders gut. Seit 1977 findet in Puerto Madryn das Lammfestival Fiesta Nacional del Cordero statt, um die regionale Fleischspezialität zu feiern. Der Bratenduft zieht Mitte Februar drei Tage lang durch die Gassen. Beliebt bei den Gästen sind auch Schafschur-Wettbewerbe der Gauchos sowie die Krönung der Lammkönigin (La Reina del Cordero). Ganzjährig kann man in Puerto Madryn gegrilltes Lamm von den örtlichen *estancias* im **Matilde** probieren. Dazu passt eine Flasche eines roten Cuvée. Die Portionen sind groß – ein Grillteller für zwei Personen reicht locker für drei oder vier.

Den Tieren nah sein

Mit Seelöwen schnorcheln

Puerto Madryns Küste ist die Heimat für viele Seelöwen. Dies ist also der Ort, um mit den verspielten und neugierigen Meeressäugern zu schwimmen. In den Küstengewässern tummeln sich südamerikanische Seelöwen, die durch sehr kurze Fellhaare auffallen. Sie sind normalerweise braun, mit einem orange gelben Bauch. Für Begegnungen aus der Nähe organisiert **Madryn Buceo** Touren. Diese beinhalten eine kurze Einweisung in Schnorcheln, einen englischsprachigen Tauchlehrer sowie die Bootstour nach Punta Loma, 20 km südlich von Puerto Madryn. Dort lebt eine Kolonie von rund 500 Seelöwen.

Der Touranbieter weist die Gäste an, einen respektvollen Abstand zu halten. Die Seelöwen sollen selbst näherkommen können und nicht umgekehrt. Je nach Wetterlage gibt es täglich Touren, die man 24 Stunden im Voraus buchen sollte. Der Trip dauert gut 2½ Stunden, davon verbringt man 45 Minuten im Wasser mit den Seelöwen. Wer über ein PADI-Zertifikat verfügt, kann mit ihnen auch tauchen. Das kostet extra, lohnt sich aber für ein noch intensiveres Erlebnis. **Costas de Patagonia** ist im Golfo de San José an der Península Valdés tätig.

Lamm, traditionell gegrillt

DIE PATAGONISCHE KÜSTE

Madelaine Triebe, Autorin

Nachts unter dem Sternenhimmel an der patagonischen Küste sitzen, dem Atlantischen Ozean lauschen und sich von den Wellen beruhigen lassen – das ist eine meiner eindrücklichsten Reiseerfahrungen. Wir fuhren mit dem Auto über die ungeteerte RP 1 zum Cabo Raso und wussten nicht wirklich, was uns erwartete. Wir hatten ein Gefühl von Abenteuer und Freiheit, spürten den Kick, ins Unbekannte zu fahren, so wie das bei jeder Fahrt in Patagonien ist. Am Ziel schauten wir uns um. Wir fühlten uns wie in einem Film, in dem die Erde von den Menschen verlassen wurde. Genau das mag ich an der patagonischen Küste – sie ist einsam und anscheinend frei von menschlichem Einfluss.

Rund um Puerto Madryn

In Puerto Madryn finden sich walisische Teehäuser, ein Dinosauriermuseum, ein versteinerter Wald und eine Küste mit einzigartiger Tierwelt.

Von Puerto Madryn muss man nicht weit fahren, um ein ganz anderes Patagonien zu erleben. 65 km südlich ist Trelew für walisische Kultur und das liebevoll eingerichtete Museo Paleontológico Egidio Feruglio bekannt. Hier sind große Dinosaurier-Skelette und -Eier zu sehen. Einige Autostunden auf der RP 1 weiter südlich erstreckt sich die trockene patagonische Steppe. Hier leben aber auch Pinguine und es finden sich abgeschiedene Unterkünfte und *estancias* – eine sogar mit einem eigenen 60 Mio. Jahre alten versteinerten Wald. Das ist perfekt, um nahe am Meer zu übernachten, ohne irgendjemandem zu begegnen. Verbunden mit der Natur wölbt sich der beeindruckende Himmel über der patagonischen Küste.

UNTERWEGS VOR ORT

Ein eigenes Auto ist wichtig, da der ÖPNV stark eingeschränkt ist. Auch wenn die Städte regelmäßig von Regionalbussen angesteuert werden, so gilt dies nicht für Touristenziele.

MAF/ALAMY STOCK PHOTO ©

Museo Paleontológico Egidio Feruglio

DESIGN PICS INC/ALAMY STOCK PHOTO ©

Ty Gwyn

TOP TIPP

Mit einem Mietauto kommt man am besten vorwärts, um auch abgelegene Orte zu erkunden.

CHUBUTS WALISISCHES ERBE

1865 kamen erste walisischen Einwanderer nach Patagonien, um religiöse und politische Freiheit zu genießen. Aber das Leben in Südamerika erwies sich zunächst als sehr hart. Das Land, das den 150 Siedlern nach ihrer fast 13000 km weiten Reise versprochen worden war, um ihre Kultur und Sprache zu wahren, gehörte eigentlich den indigenen Tehuelche und war nicht fruchtbar. Getreideanbau war angesichts von Dürren und Überschwemmungen zwecklos. Aber dank eines Bewässerungssystems und mit Hilfe der Einheimischen, die ihnen das Jagen beibrachten, konnten die Waliser überleben. Sie siedelten an der Ostküste von Chubut und gründeten Puerto Madryn und Trelew.

Trelew

AB PUERTO MADRYN: **50 MIN.–1 STD.**

Selbst gebackene Kuchen und Scones nach Waliser Art

Die Küstenregion von Chubut ist für die meisten Argentinier ein Synonym für walisische Kultur. Denn ausgerechnet hier landeten Ende des 19. Jhs. Neuankömmlinge aus Wales. Sie wollten der Not zu Hause entkommen und ihre Kultur und Sprache bewahren, die sie bedroht sahen. Sie siedelten im Chubut-Tal, kultivierten das Land und gründeten später Puerto Madryn und **Trelew**. Heutige Besucher bekommen einen kleinen Eindruck des walisischen Erbes, wenn sie eine der vielen *casas de té* betreten, die noch immer einen üppigen, traditionellen Afternoon Tea servieren. Die bekannteste und größte Auswahl an Teehäusern findet sich in **Gaiman**, einem winzigen Dorf in einem Flusstal 20 km außerhalb von Trelew.

Voller Stolz erzählen die Einheimischen, wie Prinzessin Diana den Ort besuchte und ihren Tee trank. Jedes Jahr wird am Todestag der ehemaligen Prinzessin von Wales zu ihren Ehren eine Kerze angezündet. Zwei der besten und vor Ort beliebtesten Teehäuser sind das **Ty Gwyn** und das reizende **Plas y Coed**. Hier hängen Fotos und walisischsprachige Poster an den Wänden. Die Teekännchen sind groß, dazu gibt es selbst gebackene Scones sowie Brot und Kuchen, inklusi-

ÜBERNACHTEN IN TRELEW & GAIMAN

La Casona del Río (Trelew)
Reizende *posada* mit hilfsbereiten englischsprachigen Besitzern sowie Garten und Zimmer mit Parkettböden. **$$**

Posada Los Mimbres (Gaiman)
Üppige Landschaft knapp außerhalb der Stadt rund um das Gasthaus mit geräumigen, hellen Zimmern. **$$**

Hostería Gwesty Plas y Coed (Gaiman)
Walisischen Kuchen und Scones gibt es im Tearoom nebenan. **$**

DIE TEHUELCHE

Bevor die Europäer eintrafen, bewohnten die Tehuelche die Ebenen des östlichen Patagoniens.

Sie waren Nomaden und teilten sich in nördliche und südliche Stämme auf, die alle über eine eigene Kultur und Dialekte verfügten.

Man nimmt an, dass sie mehr als 3000 Jahre lang nur zu Fuß jagten. Im frühen 18. Jh. brachten die Spanier Pferde in die Neue Welt; diese wurden zu einem integralen Bestandteil ihres Lebens.

Die Europäer brachten auch Krieg und Krankheiten mit sich, was zu einer rapiden Dezimierung der indigenen Bevölkerung führte. Ende des 19. Jhs. gab es nur noch 1500 Tehuelche.

Die Tehuelche gelten heute als ausgestorben. Die letzten Nachfahren starben in der Provinz Santa Cruz. Es gibt aber noch einige Orte, die sich dem Tehuelche-Erbe verpflichtet fühlen.

La Ernestina

ve der obligatorischen Torta Negra, einem dunklen Kuchen mit vielen Fruchtstücken. Zur besseren Verdauung empfiehlt sich anschließend ein Spaziergang durch das Stadtzentrum, vorbei an den Steinhäusern und Rosengärten.

Cabo Raso und La Ernestina

VON PUERTO MADRYN BIS CABO RASO: **3 STD. 25 MIN.**

VON PUERTO MADRYN BIS LA ERNESTINA: **2 STD. 30 MIN.**

Patagoniens berühmt-berüchtigte Schotterpisten

Die Gegend rund um Puerto Madryn bietet atemberaubend einsame Orte. Das verwundert nicht, weil in Patagonien mehr Schafe als Menschen leben, obwohl die Region mit 673 396 km^2 praktisch die gesamte Landfläche im Süden Argentiniens einnimmt. Um diese abgeschiedene Schönheit und die blaue Küste zu erkunden, benötigt man ein Mietauto, denn öffentlicher Nahverkehr ist rar. Von Trelew geht es über die unbefestigte, aber gut befahrbare RP 1 nach Süden, bis **Cabo Raso** erreicht ist. Die frühere Siedlung von Schaffarmern wurde in den 1950er-Jahren verlassen und dient nun als Refugium, das von einem liebenswerten Paar aus Trelew geleitet wird.

Übernachten lässt sich in wunderbar renovierten Zimmern im Gästehaus oder aber in einem der Steinhäuser. Für

ESSEN IN TRELEW & GAIMAN

Sugar (Trelew)
An Trelews Hauptplatz serviert das Restaurant elegant zubereitete Fleisch- und Fischgerichte. **$$$**

Restaurante de Hotel de Libertador (Trelew)
Klassisches Restaurant mit Fleisch- und Fischgerichten; große Weinkarte. **$$$**

Na Petko (Gaiman)
Speisen zum Rauschen des Chubut River in dieser reizenden Gastrokneipe; selbst gemachte Pizza. **$$**

Budget-Reisende gibt es umgebaute Busse ohne Strom oder Heizung. Geschlafen wird in Stockbetten, während draußen der patagonische Wind heult. Der Zeltplatz liegt an einem *quincho* (überdachter Grillbereich). Nach Norden gelangt man von Puerto Madryn zur Península Valdés. Die abgelegene Schaffarm **Estancia La Ernestina** ist eine ideale Unterkunft für einige Tage. Fast am Ende der Schotterpiste RP 47 Richtung Punta Norte kannst du 20 km private Küste genießen. Die Zeit verfliegt, wenn man versucht, Orcas beim Jagen zu beobachten.

Richtung Süden

AB PUERTO MADRYN: **3 STD. 40 MIN.–9 STD.**

Jenseits der Massen

Verlässt man Puerto Madryn Richtung Süden, ist es ziemlich leicht, Begegnungen mit diversen Meerestieren zu erleben. Man benötigt dafür jedoch Zeit und ein Auto. Zunächst geht es über die RN 3 und dann nach links über die RP 30 zu dem verschlafenen Fischerdorf **Camarones**, wo man übernachten kann. Morgens geht es 30 km nach Südosten zum **Cabo Dos Bahías**, einem Naturreservat, wo man Guanakos, Nandus und Füchse trifft, aber nur selten Menschen. Auch eine Kolonie Magellan-Pinguine brütet hier im südamerikanischen Frühling und Sommer. Ein Bohlenweg führt hinab zum Strand.

Im Winter kann man sich in Puerto Pirámides zusammen mit 40 anderen Leuten für eine Schwimmweste und ein Regencape anstellen, bevor es auf ein Boot geht, um Wale zu beobachten, oder in einer Menschenmenge am Punta Tombo Magellan-Pinguine zu bewundern: Hier scheint eine andere Welt zu sein. Noch weiter südlich liegt **Bahía Bustamante**, eine 80 ha große private *estancia* mit Pinguinen und Seelöwen an der einsamen Küste. Die Ausflüge hier sind nur für Gäste und werden von englischsprachigen Naturfreunden geleitet. Nach einer Fahrt von Puerto Madryn (9 Std.) wartet eine weitere einsame Naturperle: die Mündung des **Río Deseado**. Hier tummeln sich Delfine, Seevögel und Felsenpinguine.

Guanako, Península Valdés

DIE BESTEN MUSEEN RUND UM PUERTO MADRYN

Museo Paleontológico Egidio Feruglio
Das Museum in Trelew beherbergt eine der wichtigsten paläontologischen Sammlungen Amerikas; 300 Mio. Jahre Erdgeschichte.

Centro de Visitantes Istmo Ameghino
Das Besucherzentrum der Reserva Faunística Península Valdés bietet viele Infos zur hiesigen Tierwelt.

Museo Pueblo de Luis
Im ehemaligen Bahnhof von Trelew erzählt das Museum die Geschichte der Mapuche und Tehuelche sowie der walisischen Siedler.

Museo Historico Regional Gales
Gaimans regionales Museum konzentriert sich auf die Geschichte der walisischen Dorfgemeinschaft und ihrer Hinterlassenschaften.

Museo de la Familia Perón
Mehrgeschössiges Museum zum Leben des argentinischen Präsidenten, der das Land von 1946 bis 1955 regierte.

Esquel

UNTERWEGS VOR ORT

In Esquel ist man gut zu Fuß unterwegs. Die Stadt ist klein und übersichtlich, weil sie in quadratische Blöcke aufgeteilt ist. Wenn man es eilig hat, nimmt man ein Taxi. Preisgünstiger sind die drei Stadtbuslinien 1, 2 und 3. Dafür benötigt man eine Prepaid-Buskarte, die man in einem *kiosko* in der Stadt kaufen kann.

Esquel im Nordwesten der Provinz Chubut ist eine schlichte Stadt, dafür bietet die Umgebung wahre Naturschönheiten. Weil es nur 45 km nach Osten zum Parque Nacional Los Alerces sind und der Patagonische Andenwald auch nicht weit entfernt liegt, nutzen die meisten Touristen Esquel als Standquartier. Ein Erlebnis ist zudem die Fahrt mit *La Trochita,* einer der beliebten Dampfloks Patagoniens. Die Stadt wurde 1906 von walisischen Einwanderern gegründet. Rundum erstreckt sich die trockene Meseta Patagónica. Das Plateau macht den Norden Patagoniens aus und wird von Gras und Sträuchern bedeckt. Im Gegensatz zum üppigen Wald mit seinem relativ feuchten Klima sind die Sommer in Esquel trocken. Im Winter sind die Andengipfel schneebedeckt und locken Skifahrer zum Cerro La Hoya.

TOP TIPP

Im Sommer (Dez.–Feb.) und Winter (Juli–Aug.) sind Unterkünfte in Esquel und Umgebung besonders teuer. In der Nebensaison bekommt man große Preisnachlässe. Viele Einrichtungen im Parque Nacional Los Alerces schließen aber nach Ostern und öffnen meistens erst wieder im November.

La Trochita

HIGHLIGHTS
1 La Hoya
2 Parque Nacional Los Alerces

SEHENSWERTES
siehe 12 Beviamo Wine House
3 Glaciar Torrecillas
4 La Hoya
5 La Trochita
6 Lago Futalaufquen
7 Lago Krüger
8 Lago Menéndez
9 Nahuel Pan
siehe 2 Parque Nacional Los Alerces
10 Puerto Chucao
11 Villa Futalaufquen

AKTIVITÄTEN, KURSE & TOUREN
12 Patagonia Verde
13 Rossi Ski Rental

SCHLAFEN
14 Carrileufu River Lodge
15 Dormís Acá
siehe 22 Hostería Canela B&B
16 Hostería Cumbres Blancas
17 Ibai Ko Mendi
18 Laguna Larga Lodge
s. 12 Las Bayas

ESSEN
19 Coolibreat
20 Don Chiquino
21 PilPil Sabores de la Patagonia

AUSGEHEN & FEIERN
22 La Gintonería de Cinco Cerros
23 Rider Brewing Bar

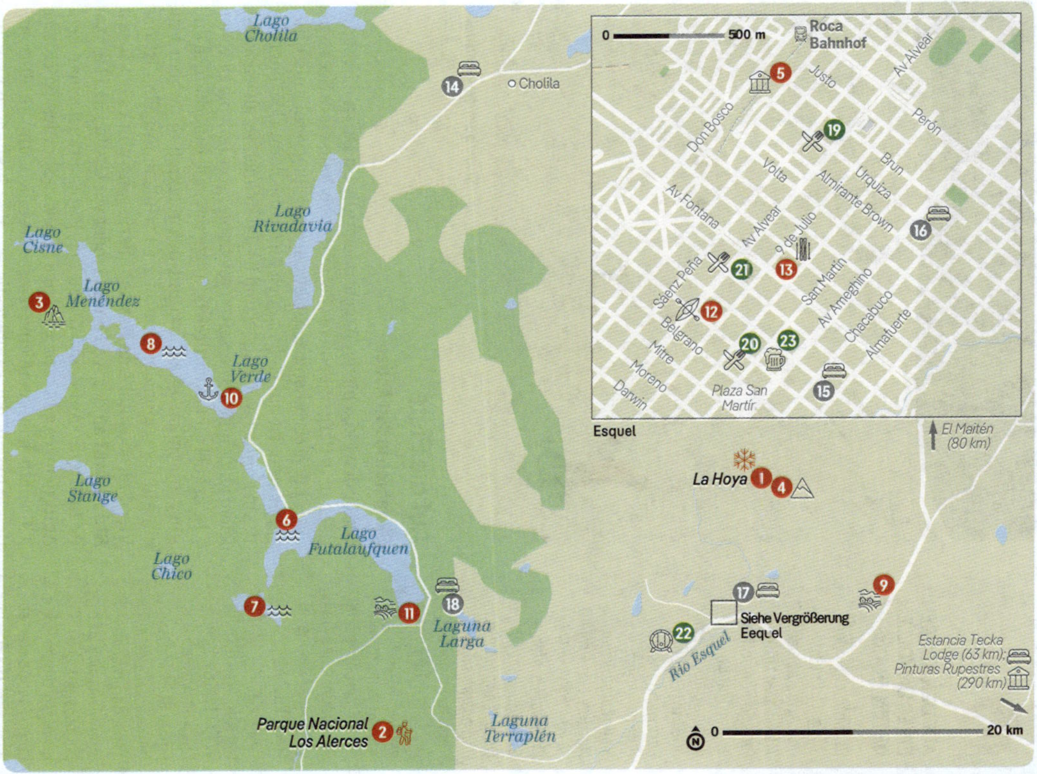

AUF DEN SPUREN EINES UNVOLLENDETEN TRAILS

Es gibt Schwedens Kungsleden oder den Appalachian Trail in den USA – in Patagonien sollte es den Huella Andina geben, einen 600 km langen Fernwanderweg durch die fünf Nationalparks im Norden. Das Projekt wurde 2008 von dem Ehepaar Estefanía Chereguini und Walter Oszust angestoßen und es gab sogar Regierungsgelder. Doch ab 2016 bekam der Tourismusverband kein Geld mehr von der Regierungspartei. Der Traum eines Trails von Lago Aluminé in Neuquén bis nach Lago Bagillt in Chubut platzte. Die offizielle Website ist schon lange inaktiv, aber einige Strecken und Wegweiser existieren noch, darunter das letzte Teilstück zum Lago Bagillt. Die herausfordende 15 km lange Etappe startet an der RN 259, 55 km südwestlich von Esquel.

Snowboarden, Esquel

Auf die Piste

Skifahren in den Anden

Unter den Skigebieten Argentiniens gilt **La Hoya** – benannt nach dem Berg mit einem Gletscher oberhalb eines Sees – als eines der preisgünstigsten. Obwohl die Schneeverhältnisse hier super sind, ist das Gebiet doch recht unbekannt. Es liegt nur 12 km nördlich von Esquel und ist damit auch vergleichsweise leicht zugänglich. Die Saison reicht hier von Juni bis Oktober.

In Esquel gibt es zahlreiche ansprechende Unterkünfte und Ausgehmöglichkeiten, um mit den relaxten Snowboardern ein kühles regionales Craftbier zu trinken. Ein Tipp ist das Vier-Sterne-Hotel **Las Bayas**; Ausrüstung gibt es bei **Rossi Ski Rental** an der Av. Fontana (oder vor Ort bei **Ski Rental de la Hoya**). Auf dem Weg zu den Pisten braucht man kein Auto, denn es gibt viele günstige Minivan-Shuttles der Hotels. Alternativ kann man eine *remise* bestellen, um die 20-minütige Fahrt auf einer unbefestigten, aber breiten und normalerweise gut gepflegten Straße zurückzulegen.

La Hoya bietet 30 Pisten für alle Ansprüche. Abenteuerlustige wählen Routen jenseits der Pisten und zahlreiche kurze Wanderungen führen zu einigen der besten Abfahrten in der Region. Für Anfänger gibt es eine kleine Skischule. Wer keine

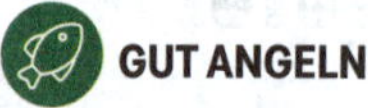

GUT ANGELN

Río Futaleufú
Chiles türkisblauer Fluss fließt durch die Anden nach Argentinien, wo er auch Río Grande heißt.

Río Pico
Rund 2½ Autostunden südlich von Esquel lockt der kleine Fluss, der für große Forellen bekannt ist.

Arroyo Pescado
Ein Quellbach komplett auf Privatgrund, rund 40 Autominuten südöstlich von Esquel.

Menschenmassen mag, sollte nicht im Juli kommen, wenn in Argentinien Winterferien sind. Dann strömen Familien mit Kindern auf die Pisten.

Natur erleben

Wandern und campen

Um die großartige Umgebung Esquels kennenzulernen, sollte man die Campingausrüstung packen, denn in den klimatisch angenehmen Wäldern des eher wenig frequentierten **Parque Nacional Los Alerces** gibt es ruhige Zeltplätze an sauberen, grünen Flüssen mit gut zugänglichen Wanderwegen. Der Park – mit dem öffentlichen Nahverkehr erreichbar – schützt den größten Wald Patagoniens mit der endemischen Baumart Alerce, der Patagonischen Zypresse. Während der Hauptsaison verkehren von Esquels Busbahnhof zwei Busse täglich; den Fahrplan gibt es bei der Touristeninformation. Natürlich kann man wie fast überall in Patagonien auch mit einem Mietwagen anreisen.

An der Straße werden oftmals regionale Leckereien verkauft, wie z. B. Käse und selbst gemachte Marmeladen. Dennoch sollte man genug Proviant für den gesamten Aufenthalt mitnehmen. **Villa Futalaufquen** liegt im Nationalpark, gut 12 km von Centro Portada entfernt, einem der drei Zugänge. Hier gibt es nur einige sehr kleine Läden. Ideal zum Zelten ist das Ufer des türkisblauen **Lago Futalaufquen** auf dem gleichnamigen Campingplatz. Rund um den See locken eine ganze Reihe an Tageswanderungen. Leicht zugänglich ist die **Pinturas-Rupestres-Route**, die an 3000 Jahre alten indigenen Malereien vorbeiführt. Anstrengender ist die Wanderung zum Campingplatz und zur Hütte am Südende des **Lago Krüger**. Dafür muss man sich im Besucherzentrum in Villa

Lago Futalaufquen

WEIN IN CHUBUT

Mendoza mag das Zentrum der Weinproduktion in Argentinien sein, aber es gibt auch im Süden des Landes Weingüter. Chubut in Patagonien ist einer der südlichsten Orte der Welt, um Chardonnay, Sauvignon Blanc, Pinot Noir und Torrontés anzubauen. Zu den wenigen Weingütern zählen **Viñas del Nant y Fall** im Trevelin-Tal sowie **Otronia** in Sarmiento in der Nähe des Lago Chubut. Die Winter sind hier imeist kalt, Minustemperaturen sind normal. Dehalb liegen alle Weingüter an großen Flüssen und Seen, weil Wasser die Temperaturen mildert.

AUSGEHEN IN ESQUEL

La Gintonería de Cinco Cerros
Bar mit Esquels Gin-Marke Bräse; gelegentlich gibt es Livemusik.

Rider Brewing Bar
Cervecería mit breiter Auswahl an regionalen Craftbieren vom Fass; Happy Hour 18–21 Uhr.

Beviamo Wine House
Schicke Bar mit einer großartigen Auswahl an Boutique-Weinen in der Flasche oder im Glas.

GUT ÜBERNACHTEN IN ESQUEL

Hostería Canela B&B
Komfortables und freundliches B&B wenige Kilometer außerhalb der Stadt; mit Kamin und Bergblick. **$$**

Ibai Ko Mendi
Gemütliche Hütten mit Küche und eigenem Bad/WC; vor Ort auch beheizter Innen-Pool und Sauna. **$$**

Hostería Cumbres Blancas
Reizende Unterkunft mit Andenblick und Restaurant; unmittelbar an der Hauptstraße von Esquel. **$$**

Las Bayas
Sechs schicke und helle Suiten mit großen Betten; neben einer Wein- und Tapas-Bar. **$$$**

Dormis Acá
Modernes und minimalistisches Hostel im Stadtzentrum mit ansprechenden Betten, großen Schlafsälen und vielen Gemeinschaftsräumen zum Relaxen. **$**

LAURA VANMORLEGAN/SHUTTERSTOCK ©

Lago Menéndez

Futalaufquen vor dem Start registrieren. Ohne Zwischenübernachtung dauert die Wanderung lange 12 Stunden. Unterwegs kann man auch am Playa Blanca zelten. Der Rückweg erfolgt über dieselbe Route oder mit dem Schiff.

Auf Abenteuersuche

Einen Adrenalinkick bekommen

Die hohen Berge, die wilde und einsame Landschaft sowie die offenen Ebenen Patagoniens locken Abenteuersportler aus aller Welt an. Das gilt auch für die kleine Region rund um Esquel. Wildwasser-Rafting auf dem **Río Corcovado** verspricht einen echten Adrenalinkick, genau wie Kajaktouren auf dem **Río Grande** oder eine Wanderung zu den Berggletscherseen unterhalb der Andengipfel. Es gibt viele Optionen, um den Adrenalinlevel zu pushen. Der Parque Nacional Los Alerces (S. 411) liegt ganz in der Nähe. Über die RO 259 sind es nur 45 km nach Südosten und dann über die RP 71 nach Westen, bis Centro Portada erreicht ist, der Hauptzugangsort zum Park.

Um die sauberen Flüsse und Seen sowie die Wälder und Berge zu erkunden, wählt man einen der Wanderwege, die von leicht bis schwierig jeden Schwierigkeitsgrad abdecken. Mehr Infos gibt es in der Touristeninformation von Esquel

ESSEN IN ESQUEL

Don Chiquino
Eines der beliebtesten Lokale in Esquel; viel Pasta, darunter Lamm-Ravioli. **$$$**

PilPil Sabores de la Patagonia
Regionale Zutaten stehen in diesem Restaurant im Vordergrund; sowohl Lamm als auch Forelle. **$$$**

Coolibreat
Junge und lebhafte Pasta-Bar, in der hippe Barkeeper leckere und attraktive Cocktails mixen. **$$$**

an der Av. Alvear. Die Mitarbeiter sprechen kaum Englisch. Zur Not hilft die gute Website weiter. Im Winter geht nichts über ein Off-Piste-Skiabenteuer am Cerro La Hoya, während im Sommer Schiffe von **Puerto Chucao** am **Lago Menéndez** nach **Puerto Nuevo** fahren. Von dort sind es zwei Stunden bergan durch die Alerce-Wälder zum Gletscher **Glaciar Torrecillas**. **Patagonia Verde** gibt es schon über 30 Jahre und bietet Rafting-Touren. Radtouren über ungeteerte Straßen sowie Seilrutschen sind das Metier von **EPA Expediciones**.

Den Alten Patagonien-Express besteigen

Nimm einen Dampfzug

La Trochita lässt sich übersetzen als „Kleine Schmalspurbahn". Der Zug ist eine beliebte Touristenattraktion und einer der Bahnklassiker Südamerikas. Ursprünglich war die Bahn Teil der Ferrocarriles Patagónicos – eines Schienennetzes, das sich zwischen 1945 und 1993 von der Provinz Río Negro im Süden bis nach Esquel erstreckte. Geblieben ist ein reizender Touristenzug, der durch das offene Grasland von Chubut dampft. Von Esquel geht es über das Landgut eines der größten Landbesitzer Patagoniens, der italienischen Modefamilie Benetton. An den Fenstern zieht die weite trockene Steppe im Norden von Chubut vorbei. Unterwegs sieht man Guanakos, Maras und mit etwas Glück sogar Kondore.

International berühmt wurde *La Trochita* durch die Novelle *Der alte Patagonien-Express* von Paul Theroux. Er beschreibt die Bahn als einen Zug knapp vor dem Ende der Welt. Dies ist nicht ganz richtig, weil es auch weiter südlich in Argentinien noch Bahnstrecken gibt. Aber diese Dampflokomotive mit ihren Waggons mit Holzbänken und offenen Fenstern fühlt sich an wie in einem Wildwestfilm. Deshalb wird an bestimmten Tagen im Jahr (meist im Mai und Sept.; siehe Website unten) die spektakuläre Show Asalto al Tren aufgeführt. Dann überfallen berittene Räuber den 100 Jahre alten Zug.

Die meisten Touristen unternehmen von Esquel einen Halbtagesausflug zum kleinen Dorf **Nahuel Pan**, das rund 20 km entfernt liegt. Aber es gibt auch ganzjährig Fahrten von **El Maitén** zur Grenze der Provinz Río Negro und wieder zurück. Den Fahrplan und die Zugtickets gibt es auf latrochita.org.ar.

HIGHLIGHTS IN ESQUEL UND UMGEBUNG

El Abuelo
Ein gigantischer 2600 Jahre alter, 57 m hoher Alerce-Baum.

La Trochita
Schmalspurbahn, die von Esquel nach Nahuel Pan und von El Maitén nach Ñorquincó und zurück verkehrt.

Playa Blanca
Schöner Strand im Parque Nacional Los Alerces zum Zelten (Parkerlaubnis erforderlich).

El-Dedal-Rundwanderung
Ziemlich steiler Aufstieg zum El Dedal mit wunderbaren Panoramablicken; 6–7 Std. lange Rundwanderung.

Los Vascos
Laden von 1926 mit Holzregalen und -leitern; verkauft wird alles, von Hüten bis zu Lebensmitteln.

Rund um Esquel

UNTERWEGS VOR ORT

Nur die kleinen Städte werden von Regionalbussen angesteuert. Für die Highlights und abgelegenen Gebiete braucht man einen Mietwagen.

TOP TIPP

Während der Nebensaison (Sept.–Nov. & März–April) sind die Unterkünfte meist günstiger. Während der Semana Santa (Osterwoche) gehen die Preise durch die Decke.

Kristallklare Seen, dichte Wälder und walisisches Erbe – die Region rund um Esquel bietet einen Mix aus Natur und Siedlergeschichte.

Zwischen den tiefen Wäldern und den Seen am Fuße der Anden sowie der patagonischen Steppe bietet die Umgebung von Esquel weites offenes Buschland, üppige Kiefernwälder sowie Flüsse und Seen voller Forellen. In den Gewässen lässt sich gut angeln, während es nur einige Stunden mit dem Auto auf der RN 40 bis ins kleine Cholila sind, wo man auf den Spuren von Butch Cassidy und Sundance Kid wandelt. Beide siedelten sich hier in den 1900er-Jahren an. Eine 30-minütige Fahrt von Esquel über die RN 250 nach Südwesten führt nach Trevelin, der einzigen walisischen Siedlung im Hinterland von Patagonien. Weiter westlich leben in den Anden die vom Aussterben bedrohten Südandenhirsche, die Huemuls.

SUID/SHUTTERSTOCK ©

Tulpen, Trevelin (S. 416)

Piedra Parada

Ruta Nacional 40

Indigene Kultur und ihre glorreiche Geschichte erleben

Auf diesem berühmten Highway kann man indigene Kultur und Geschichte erkunden sowie einige unbekanntere Highlights. Mit einem Mietauto aus Esquel geht es zunächst über die RP 259 Richtung Nahuel Pan, nach 12 km dann rechts auf die RN 40 und nach weiteren 3 km am Restaurant Sabor de Mapuche nach links. Nach 1 km geht es links zum Museo de Culturas Originarias Patagónicas. Das Museum erläutert die Geschichte, Kultur und das Handwerk des Mapuche-Volks von Chubut. Es orientiert sich am Fahrplan von *La Trochita* (S. 413) und öffnet auch bei Sonderveranstaltungen. Für weitere Eindrücke der indigenen Geschichte geht es über die RN 40 weiter nach Norden zum Besuch des Landguts Estancia Leleque, das zu den größten des Landes zählt. Es gehört der italienischen Modefamilie Benetton. Das Museo Leleque liegt an der RP 15 etwas abseits der RN 40 in einem reizend restaurierten Gebäude. Es ist der einzige öffentlich zugängliche Teil des Landguts.

In vier Räumen wird die Geschichte der Tehuelche und ihre Beziehung zu den europäischen Einwanderern erzählt. Nicht verpassen sollte man den Laden und das Café, wo man umge-

ANGEL-UNTERKÜNFTE RUND UM ESQUEL

Fliegenfischen rund um Esquel ist sehr populär. Die Angler übernachten in speziellen Lodges, die aber auch Nicht-Angler aufnehmen.

Carrileufu Valley Lodge (Cholila)
Hochwertig eingerichtete Lodge mit Holzwänden, hohen Decken und einem großen Kamin im Carrileufu-Tal. **$$$**

Estancia Tecka Lodge
Schaffarm mit WLAN, großen Zimmern und mehr als 150 km privatem Land, um Forellen zu angeln. **$$$**

Laguna Larga Lodge
Hotel an einem See im Parque Nacional Los Alerces. Mit Privatstrand und Pier. **$$$**

WEITERE ATTRAKTIONEN

Viñas de Nant y Fall
Das erste Weingut der Gegend produziert exzellenten Pinot Noir. Es gibt auch ein Gasthaus und einen Zeltplatz.

Piedra Parada
Der 200 m hohe Fels mitten in der patagonischen Steppe lockt erfahrene Kletterer an.

El Campo de Tulipanes
Tulpenfelder in verschiedenen Farben im Tal Nant y Fall (geöffnet Okt.–Anfang Nov.).

DER SÜDANDEN-HIRSCH

Die Südandenhirsche (Huemuls) sind mit einer Schulterhöhe von etwas weniger als 1 m eher klein. Sie leben in Argentinien und Chile und sind vom Aussterben bedroht. Aufgrund der Waldrodungen, der landwirtschaftlichen Nutzung, der illegalen Jagd und einem massiven Habitatverlust leben heute knapp 1500 Exemplare in freier Wildbahn, zwei Drittel davon in Chile. In Argentinien sind nur noch im patagonischen Parque Nacional Los Alerces welche zu sehen. Im kalten Winter kommen sie zur Futtersuche aus den Bergen zur Playa El Francés ans Ufer des Lago Futalaufquen.

Butch Cassidys und Sundance Kids ehemalige Farm

ben von alten, liebevoll bewahrten Gegenständen etwas essen und trinken kann. Vom Museum geht es weiter über die RN 40 bis El Maitén – einer weniger bekannten Haltestellen von *La Trochita*. Hier befinden sich ein Eisenbahnmuseum sowie eine Werkstatt, wo man sieht, wie die Schmalspurbahn in Schuss gehalten wird. Für die Rückkehr nach Esquel braucht man 30 Minuten (RN 1S40, dann links auf die RN 40).

Trevelin

AB ESQUEL: **30 MIN.**

Walisischer Kuchen und Kulturkampf in Patagonien

Die meisten walisischen Siedlungen liegen in der Nähe der patagonischen Küste. Einzige Ausnahme ist **Trevelin**, ein kleines Dorf 24 km südlich von Esquel. Die ersten Weißen waren Oberst Fontana von der argentinischen Armee sowie der walisische Siedler John Evans, der 1885 hier ankam und bald darauf das Dorf gründete. Auf Walisisch bedeutet der Name „Stadt“ (*tre*) und „Mühle“ (*velin*). Das bezieht sich auf die Kornmühlen, die von den Pionieren gebaut wurden. Die heutigen Bewohner sind stolz auf ihr Erbe. Ende Oktober wird das Kulturfestival Eisteddfod gefeiert. Ganzjährig haben die beiden *casas de té* (Teehäuser) auf. Das Bessere von beiden ist das **Nain Maggie** aus dem späten 19. Jh. Hier

CAMPINGPLÄTZE RUND UM TREVELIN

Complejo La Balsa
Gut geführter Campingplatz mit WC und heißen Duschen im üppigen Grün am Río Futaleufú. $

Puerto Ciprés
Familiengeführter Platz für Wohnmobile und Zelte; nur im Sommer geöffnet. $

Aiken Leufú
Haustier- und familienfreundliche Option rund 12 km von Trevelin; entspannt und mit WLAN sowie Kajakverleih. $

werden leckerer Tee und Kuchen serviert. Das **La Mutisia** ist bekannt für große hausgemachte Portionen.

Es war hier allerdings nicht immer so ruhig. In der Gegend gab es Zusammenstöße zwischen den indigenen Völkern und den Neuankömmlingen. Als Evans und seine argentinischen Truppen in einen blutigen Kampf mit den Mapuche verwickelt wurden, starben alle außer dem Waliser. Mehr zur Geschichte präsentiert das **Museo Cartref'Taid**, wo Clery, die Urenkelin von Evans, lebt. Dessen Geschichte wird von Bruce Chatwin in seinem Reisebuch *In Patagonien* erzählt. Clery führt das kleine Museum mit Andenken aus der Anfangszeit der Kolonisierung. Sie erzählt auch gerne stundenlang die Geschichte ihrer Vorfahren – allerdings nur auf Spanisch.

Cholila

AB ESQUEL: **1 STD. 40 MIN.**

Das Haus von Butch Cassidy und Sundance Kid besuchen

1901 flüchteten Butch Cassidy und Sundance Kid nach einer Serie von bewaffneten Banküberfällen aus dem Wilden Westen der USA, weil ein Kopfgeld auf sie ausgesetzt war. Sie wollten zusammen mit Etta Place, die Partnerin von Sundance Kid, in Patagonien ein neues Leben starten. Von 1902 bis 1907 führten sie in der Provinz Chubut unmittelbar außerhalb von Cholila eine Farm, die man noch heute besuchen kann. Sie liegt ganz in der Nähe der RP 15 und besteht aus drei teilweise renovierten Hütten. Noch immer kommen einige neugierige Besucher hierher, auch wenn man meistens ganz allein ist. Der Eintritt ist kostenlos und außer einigen wenigen Infotafeln gibt es nicht viel zu sehen. Während man sich umschaut, kann man sich fragen, wie einige der bekanntesten Bankräuber der US-Geschichte in diesem winzigen patagonischen Städtchen gelebt haben, von dem praktisch niemand jemals etwas gehört hat.

Teehaus, Trevelin

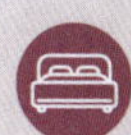

GUT ÜBERNACHTEN RUND UM ESQUEL

Arroyo Escondido (Trevelin)
Wunderschöne Bungalows mit privatem Whirlpool inmitten des patagonischen Waldes; atemberaubendes Panorama. **$$**

Challhuaquen Lodge (Trevelin)
Luxuriöse Lodge direkt am Río Futaleufú; mit Pool und Sauna. **$$$**

Lemuria Cabañas & Habitaciones (Epuyén)
Erschwingliche *hostería* in der Nähe des Lago Epuyén mit Zimmern und Hütten sowie einer Gemeinschaftsküche. **$**

Huemules Reserva de Montaña (Esquel)
Im komfortablen Kuppelzelt inmitten der Natur; 23 km nordwestlich von Esquel. **$$$**

Piuke Mapu Patagonia Hostel (Cholila)
Reizendes Hostel mit großartigem Panoramablick auf die Anden; herzlicher Service. **$**

GUT ESSEN RUND UM ESQUEL

Nikanor (Trevelin)
Selbst gemachte Ravioli und Fleischgerichte; heller Raum mit unverputzten Ziegelwänden. **$$$**

Restaurante Ruta 71 (Trevelin)
Restaurant fast direkt an der RP 71. Serviert werden Fleischgerichte, darunter Lamm; auch Pizza sowie selbst gebackenes Brot. **$$$**

Fonda Sur (Trevelin)
Chefköchin Paula Chiaradía komponiert anspruchsvolle Gerichte, z.B. *tagines* mit Trockenobst und Lammpastete mit Passionsfrucht. **$$$**

La Perla (Trevelin)
Tolle Stimmung, feiner Gin & Tonic sowie selbst gemachte Pasta und Fleischklöße. **$$$**

Laguna Larga (Parque Nacional Los Alerces)
Exzellentes Restaurant mit einer großen Weinkarte – es gibt mehr als 100 handverlesene Flaschen. **$$$**

ROCIOSANTAR/SHUTTERSTOCK ©

Lago Epuyén

Epuyén und Lago Epuyén

Bergdörfer und blaues Wasser

Zwischen El Bolsón und Cholila wird an der RN 40 das kleine Dorf **Epuyén** von den meisten Touristen ausgelassen. Nur in den Sommermonaten Januar und Februar kommen Touristen hierhin, um die Berge und den See zu genießen. Epuyén ist das perfekte patagonische Dorf, um zu entspannen und die Gegend für einige Tage zu erkunden. Im Sommer lädt das klare, blaue Wasser des **Lago Epuyén** zu Kajaktouren ein, um die ruhige Atmosphäre einzuatmen. **Kayak Puerto Bonito** vermietet Kajaks. Sie organisieren während der Hauptsaison auch Gruppentouren auf dem See. An einem heißen Sommertag ist der kleine **Playa Las Rocas** perfekt für einen erfrischenden Sprung ins Wasser.

Nach dem Bad lohnt ein Abstecher zu der kleinen Holzhütte, in der Kunsthandwerk und selbst gemachte Marmeladen verkauft werden. Die Hütte gehört zum viel größeren **Centro Cultural Antu Quillen** mit Blick über den See. Im März verfärben sich die Blätter an den Bäumen herbstlich rot und gelb. Die Temperaturen sind angenehm. Der Lago Epuyén lädt dann zu entspannenden Wanderungen am Ufer ein. Von **Puerto Bonito** führt ein 10 km langer Weg zur **Bahía Las Percas**. Es geht durch die Pinienwälder am Seeufer entlang bis zu einer abgeschiedenen Bucht.

El Calafate

Laut einer Legende soll man nach dem Genuss der Calafate-Beeren definitiv nach Patagonien zurückkehren. El Calafate in der Provinz Santa Cruz wurde nach dieser Beere benannt. Unwiderstehlich für alle Besucher ist der Reiz des Perito-Moreno-Gletschers. Diese atemberaubende gigantische Eismasse hat den verschlafenen Ort in den 1960er-Jahren in eine der wichtigsten Touristenattraktionen des Landes verwandelt. Heute gibt es hier erstklassige Restaurants, Steakhäuser, Cafés, luxuriöse Hotels und gut ausgebuchte Hostels. Zahlreiche Reisebüros bieten eine breite Palette an, von Schiffstouren auf dem Lago Argentino bis zu Ausflügen mit Allradfahrzeugen im Parque Nacional Los Glaciares. Es gibt Souvenirshops und *cervecerías*. Der Ort ist angenehm, einladend und gesellig (vor allem, wenn man in einem Hostel übernachtet). Er ist damit das perfekte Standquartier, um den Gletscher und die wunderbare Umgebung zu erkunden.

UNTERWEGS VOR ORT

El Calafate ist zu Fuß gut zu erkunden. Es gibt in der Stadt keinen ÖPNV. Deshalb muss man, sofern man nicht laufen möchte, ein Taxi nehmen.

TOP TIPP

In der Nebensaion (Sept.-Nov. & März-April) sind die Unterkünfte normalerweise günstiger. Während der Semana Santa (Osterwoche) ist es besonders teuer.

Perito-Moreno-Gletscher (S. 421)

R.M. NUNES/SHUTTERSTOCK ©

HIGHLIGHTS
1 Glaciar Perito Moreno
2 Parque Nacional Los Glaciares

SEHENSWERTES
3 Glaciar Spegazzini
4 La Trinchera Wine & Beer
5 Lago Argentino

AKTIVITÄTEN, KURSE & TOUREN
6 Hielo & Aventura

SCHLAFEN
7 America del Sur Hostel
8 Estancia Nibepo Aike
9 Hostería Alta Vista
10 Hostería La Soberana
11 Hotel Kosten Aike
12 Madre Tierra Patagonia
13 Posada Larsen

ESSEN
14 Estancia Alice
15 La Bahía
16 La Posta
17 La Tablita
18 Mako Fuegos y Vinos
19 Volpi Bistró Puertas Adentro

AUSGEHEN & FEIERN
20 Bar Borges & Alvarez
21 La Zorra Taproom

MEUNIERD/SHUTTERSTOCK ©

Ausflugsboot beim Perito-Moreno-Gletscher

Ein weltberühmter Gletscher

Den Perito-Moreno-Gletscher bestaunen

Der **Perito-Moreno-Gletscher** ist einer der wenigen noch wachsenden Gletscher weltweit. Er dehnt sich jeden Tag um 2 m aus. Wenn große Eisblöcke vom Gletscher in das milchigblaue Wasser darunter abbrechen, ist das ein unvergessliches Erlebnis. Nicht weniger als 450 000 Besucher jährlich machen den Gletscher zu einer der meistbesuchten Attraktionen des Landes. Er liegt im südlichen Bereich des **Parque Nacional Los Glaciares**, 80 km südwestlich von **El Calafate**. Der Gletscher-Aussichtspunkt liegt unweit des Haupteingangs zum Nationalpark.

Das faszinierende Naturspektakel lässt sich vom Aussichtspunkt, mit dem Schiff oder bei einer Gletscherwanderung bewundern. Letztere ist eine einzigartige Möglichkeit, um den mächtigen Eiskörper quasi hautnah zu erleben. Da die Plätze begrenzt und gefragt sind, muss man unbedingt vorab reservieren. **Hielo & Aventura** ist der einzige lizensierte Anbieter für Gletschertouren. Angeboten werden eine kurze zweistündige Wanderung und eine anspruchsvollere vierstündige Tour. Etwas weiter entfernt liegen weniger bekannte, aber ebenfalls eindrucksvolle Gletscher. Der **Glaciar Upsala** zählt zu

DIE BESTEN ESTANCIAS

Estancia Nibepo Aike
Rinderfarm einer kroatischen Familie mit einem wunderschönen Farmhaus; 60 km außerhalb von El Calafate. **$$$**

Estancia Hostería Helsingfors
Komfortable und geräumige Zimmer mit altmodischen Möbeln; drei Stunden außerhalb von El Calafate. **$$$**

Estancia Cristina
Zugang nur per Schiff von Puerto Punta Bandera. Ein Aufenthalt auf dieser fantastischen *estancia* beinhaltet Vollpension und eine geführte Exkursion zum Upsala-Gletscher. **$$$**

Estancia El Condor
Abgelegen und mit starkem Fokus auf Naturschutz; es gibt sogar ein eigenes Naturreservat. **$$$**

Hostería Alta Vista
Riesige Schaffarm aus den 1920er-Jahren mit sieben schönen Gästezimmern. **$$$**

ESSEN IN EL CALAFATE

La Posta
Elegantes Hotelrestaurant mit einer umfangreichen Speisekarte; auch Fleisch- und Pasta-Gerichte. **$$$**

Volpi Bistró Puertas Adentro
Das einzige Gourmet-Erlebnis in El Calafate erfordert eine Reservierung; im Haus von Koch Volpi. **$$$**

La Bahía
Feines Essen mit Highlights wie Guanako-Salami und patagonisches Lamm. **$$$**

den größten Gletschern Südamerikas. Er ist rund 7 km breit und 60 km lang. Er bedeckt damit eine Fläche, die dreimal so groß ist wie Buenos Aires. Die gigantische Eisfläche lässt sich von einem Katamaran auf dem Brazo Upsala bestaunen. Noch größer ist der beeindruckende **Glaciar Spegazzini** mit einer Eismauer, die zwischen 80 und 135 m hoch ist. Genau wie der Upsala-Gletscher ist er nur per Boot zu erreichen. Die Schiffe verkehren zwischen den Eisbergen in den Kanälen des **Lago Argentino**.

DIE CALAFATE-BEERE

Die Berberitze heißt auf Spanisch Calafate. Der immergrüne Strauch wird 1–2 m hoch, die gelben Blüten überziehen im September die patagonische Landschaft. Die Berberitzen sind im südlichen Argentinien und in Chile heimisch und gelten als Symbol für diese raue Landschaft. Der Legende nach kommt jeder, der die Beere isst, schnell wieder zurück nach Patagonien. Vor Ort werden sie frisch verzehrt oder zu Marmelade verkocht. Gelegentlich werden sie auch zu einem süßen, dunkelroten Likör verarbeitet. Da sie antioxidantisch sind, sollen sie sehr gesund sein. Bereits die Tehuelche schätzten die Beere.

Saftiges Lamm und regionale Kultur

Ein wichtiger Bestandteil der patagonischen Kultur

Lammfleisch ist typisch für die patagonische Küche und El Calafate ist der perfekte Ort für eine Kostprobe. In den *parrillas* der Stadt werden die Lämmer über dem Feuer am Spieß gebraten. Wenn das Fleisch gar ist, wird es in Stücke geteilt und den hungrigen Gästen serviert. Das Fleisch ist knusprig und saftig zugleich. Wenn man es vom Knochen abtrennt, tropft das Fett herunter. Für Touristen gibt es mehrere Optionen; z. B. einen Tisch in El Calafates berühmtestem und populärem Steakhaus **La Tablita** reservieren. Zum patagonischen „Nationalgericht" passt eine gute Flasche Malbec. Für höhere kulinarische Ansprüche ist das **Mako Fuegos y Vinos** ein gutes Ziel. Wie wäre es mit Lammbries, gefolgt von zarten Rippchen mit Kartoffeln und Caesar Salad?

Auf der Speisekarte stehen auch herzhafte Lamm-Eintöpfe mit Portobello-Pilzen sowie Pancetta und selbst gemachte Ravioli gefüllt mit Lammfleisch. In der Provinz Santa Cruz gibt es viele Schaffarmen, die Touristen willkommen heißen. Die **Estancia Nibepo Aike** liegt 1½ Std. südwestlich von El Calafate an der RP 15. Sie bietet einen guten Einblick in das tägliche Farmerleben – Transfer nach/von El Calafate gegen Aufpreis. Vor Ort werden Schafe geschoren und es wird ein traditionelles rustikales Mittagessen mit gegrilltem Lamm serviert. Auf dem Weg zum Perito-Moreno-Gletscher liegt die **Estancia Alice**, 22 km westlich El Calafate. Hier kann man den Tag damit verbringen, Kelpie-Schäferhunde und Border Collies zu beobachten, wie sie die Schafe hüten, und wie die erfahrenen Gauchos die dichte Wolle der Schafe scheren. Zum Abschluss gibt es auf der Ranch Lammrücken.

Reiten in den Anden

Gaucho-Kultur, Berge und Pferde

El Calafate bietet sich auch für Reitausflüge an. Diese *cabalgatas* werden von mehreren Reisebüros in der Stadt organisiert.

WEITERE ATTRAKTIONEN UND EVENTS IN EL CALAFATE

Laguna Nimez
Naturreservat mit Flamingos und rund 100 anderen Vogelarten; nur 15 Gehminuten außerhalb der Stadt.

Cerro Frías
Berggipfel mit fantastischem Ausblick an klaren Tagen auf den Cerro Fitz Roy und die Torres del Paine.

Festival del Lago Argentino
Patagoniens größtes Festival findet Mitte Februar statt; viele Kulturevents und Livemusik.

Zum Auftakt geht es im Stadtzentrum ins 1 **Museo Regional** an der Av. Libertador. Das winzige, eintrittsfreie Museum zeigt Fossilien, archäologische Funde, indigenes Kunsthandwerk sowie Fotos der Stadtgründer. Nach Nordwesten geht es über die Av. Libertador weiter und dann rechts auf die José Pantin. Nach 350 m windet sich die Straße leicht nach links und wird zur Gobernador Moyano. Direkt danach geht es rechts wieder auf die José Pantin. Im 2 **Paseo de Compras** lohnt ein Zwischenstopp für einen *café con leche* und *medialunas*. Von hier sind es 10 Gehminuten über die José Pantin und die Almirante G. Brown bis zum 3 **Centro de Interpretación Histórica Calafate**. Es präsentiert Patagoniens Natur- und die Siedlungsgeschichte. Hier erfährt man auch, welch verheerenden Einfluss die Europäer auf die indigenen Kulturen hatten. Andere Themen sind der Arbeiterstreik von 1920/21, die Gletscher und die Dinosaurier. Zurück im Stadtzentrum wartet ein herzhaftes Mittagessen im 4 **Isabel Cocina al Disco**. Die sättigenden Eintöpfe werden in tiefen schwarzen Pfannen (in Argentinien *al disco* genannt) über dem Feuer zubereitet. Danach fährt ein Shuttle-Bus vom Parkplatz an der Calle 1 de Mayo zum 5 **Glaciarum**. El Calafates modernes Gletscher-Zentrum ist multimedial aufgemacht. In Argentiniens erster Eisbar, der 6 **Glaciobar**, kann man einen Cocktail bestellen. Etwas wärmer ist das Café, wo es auch Rotwein und Lamm-Empanadas sowie einen schönen Blick auf den Lago Argentino gibt. Mit dem Shuttle wird man in die Stadt zurückgebracht. Zum Abschluss des Tages wartet ein guter Tropfen von der umfangreichen Weinkarte im schicken Restaurant 7 **La Zaina**.

Einige dauern nur wenige Stunden, andere den ganzen Tag (inkl. Mittagessen). Wer mehr zahlt, bekommt normalerweise auch bessere Pferde und besseres Sattelzeug. Ausgerüstet mit Stiefeln und einer windfesten Regenjacke (Helme werden in Argentinien zumeist nicht gestellt) geht es mit einem Gaucho in die raue Landschaft hinaus. Die kräftigen und zuverlässigen Pferde, *caballos de campo* genannt, gehören keiner speziellen Rasse an. Auf den weichen, angenehmen Schafsfellen und mit den Zügeln in den Händen geht es über Felder und die Grassteppe, die von dornigen Calafate-Büschen bedeckt ist. Unterwegs sieht man grasende weiße und braune Guanakos, während es langsam den Cerro Frías hinaufgeht.

Der Gipfel ist schnell erreicht, von dort oben wird man mit einem wunderbaren Panoramablick belohnt – bis zu den Schneebergen des Parque Nacional Los Glaciares sowie den Lago Argentino. Der eisblaue Gletschersee des Parks ist mit einer Länge von 125 km auch das größte Gewässer. An einem klaren Tag kann man in der Ferne sogar die chilenischen Torres del Paine sowie El Chalténs Cerro Fitz Roy sehen. Für einen Ausritt wird man von **Cabalgatas del Trekking** morgens am Hotel abgeholt und zur **Estancia del Roca** gefahren. Eine Stunde geht es von dort auf dem Pferderücken bergan, ohne einer Menschenseele zu begegnen. Oben weht der patagonische Wind durch das Haar und man kann den Perito-Moreno-Gletscher und einige Seen bewundern.

GUT ÜBERNACHTEN IN EL CALAFATE

Hotel Kosten Aike
Unweit von El Calafates Hauptstraße liegt das alpine Hotel mit Restaurant. **$$**

Hostería La Soberana
Direkt am See, außerhalb der Stadt, bietet die neue Unterkunft guten Service und saubere Zimmer. **$$**

Posada Larsen
Reizendes Ziegelsteingebäude mit Holzdetails und Blick auf den Lago Argentino. Die gehobenen Zimmer haben große Fenster. **$$**

Madre Tierra Patagonia
Boutique-Hotel mit cooler Innen-Deko und freundlichen Mitarbeitern. Alle Suiten mit modernen Badezimmern und Holzböden. **$$$**

America del Sur Hostel
Populäres und geräumiges Hostel; mit Waschmaschine und Außenterrasse. **$**

Reiter bei El Calafate

Rund um El Calafate

Estancia El Condor
Estancia Hostería Helsingfors
ARGENTINIEN
Estancia Cristina
CHILE
El Calafate
Parque Nacional Torres del Paine

Entlang der Andenkette bieten sich inmitten der wilden Natur fantastische Panoramablicke auf türkisblaue Seen und verschneite Gipfel.

Mit Moos bewachsene Buchenwälder, hohe Schneegipfel, abgelegene *estancias*, Gletscherseen und eisblaue Flüsse – am Fuße der Anden ist das ungezähmte patagonische Hinterland ideal für Abenteuerlustige. Einige Autostunden westlich von El Calafate liegt in Chile der atemberaubende Nationalpark Torres del Paine mit Gletschern, azurblauen Seen sowie hochaufragenden Gipfeln. Rund um El Calafate gibt es zahlreiche *estancias*. Ungeachtet der Abgeschiedenheit und des harschen Klimas schaffen die Farmen es seit Jahrzehnten, Rinder und Schafe zu züchten. Viele Farmen werden noch betrieben und einige haben sich dem Tourismus zugewandt. Einige wenige, wie die Estancia El Condor, bieten Reitexkursionen an.

Torres del Paine

UNTERWEGS VOR ORT

Sobald man El Calafate verlässt, benötigt man einen Mietwagen, um das Hinterland nach eigenem Gusto erkunden zu können. Es gibt aber auch einige organisierte Touren.

TOP TIPP

Man sollte reichlich Zeit einplanen, weil die Entfernungen zu den Sehenswürdigkeiten größer werden und die Naturlandschaft zum Entspannen einlädt.

BRUCE CHATWINS „IN PATAGONIEN“

In Patagonien wurde in den 1970er-Jahren geschrieben und ist für viele das Reisebuch zu Argentinien schlechthin. Der britische Autor Bruce Chatwin durchbrach mit dem Buch seinerzeit die Grenzen konventioneller Reiseliteratur. Er begann seine Reise in Chile und Argentinien, nachdem er seinen Job als Korrespondent der Sunday Times gekündigt hatte. Chatwin verfasste eine Reihe von Anekdoten und Geschichten, die alles mögliche behandeln – von der Farm Butch Cassidys und Sundance Kids bei Cholila bis zur Geschichte der walisischen Siedler, wie z. B. John Evans. Dieses Buch lockt noch immer zahlreiche Fans zu den fernen Orten, die er einst besuchte.

PANTHER MEDIA GMBH/ALAMY STOCK PHOTO ©

Estancia Cristina

Der ferne Westen von Santa Cruz

AB CALAFATE: **3 STD.**

Mehrere Tage im Sattel verbringen

Außerhalb von El Calafate empfiehlt sich ein Aufenthalt auf einer der abgeschiedenen *estancias* im äußersten Westen der Provinz Santa Cruz. Nur dort kann man inmitten der dramatischen und einsamen Landschaft übernachten, ohne auf den gewünschten Komfort verzichten zu müssen. Einige Farmen liegen innerhalb des Parque Nacional Los Alerces. Die **Estancia Hostería Helsingfors** und die **Estancia Cristina** verbinden schicken Luxus mit Angeboten für Abenteuerlustige. Seit Mitte der 1990er-Jahre kommen Besucher hierher. Das Helsingfors ist eine frühere finnische Pionierranch, die mit einer herrlichen Lage am Ufer des Lago Viedma gesegnet ist sowie einem großartigen Blick auf den Cerro Fitz Roy.

Es gibt nur neun Zimmer, die Atmosphäre ist familiär und entspannt. Nach einem langen Wander- oder Reittag erholen sich die Gäste im Wohnzimmer vor dem Kamin. Die einsame Estancia Cristina wird von Puerto Punta Bandera per Schiff auf dem Weg zur schönen Bahía Cristina angesteuert. Die Hütten sind hell und bieten fantastische Ausblicke. Die Wandermöglichkeiten gehören zu den besten der Region. Im Übernachtungspreis ist auch eine Bootstour zum Upsala-Gletscher inbegriffen.

WEITERE ATTRAKTIONEN

Lago Roca
Der Südzipfel des Lago Argentino wird nur von wenigen Touristen besucht; hier gibt es 3000 Jahre alte Felsenbilder.

Torres del Paine
Der schönste Nationalpark des Kontinents liegt auf der chilenischen Seite der Grenze.

Cerro Cristal
Eine ungefähr fünfstündige Wanderung führt von der RP 15 auf diesen Gipfel; toller Blick auf die Torres del Paine.

Auto-Abenteuer

Über Argentiniens Route 66 fahren

Der patagonische Teil der epischen **Ruta Nacional 40** (RN 40) ist eine Autostrecke wie aus dem Bilderbuch. Argentiniens berühmteste Fernstraße verläuft von Santa Cruz im Süden bis nach Salta im Norden. Sie ist mit 5200 km die längste Nationalstraße des Landes. Einige Leute verbringen ihre ganze Reise auf der südamerikanischen Antwort zur Route 66 in den USA. Aber auch die Fahrt über ein Teilstück ist schon ein Erlebnis. Dafür braucht man ein Auto und ausreichend Zeit. Reisen in diesem Teil der Welt können anstrengend sein, aber das ist natürlich in vielfacher Hinsicht genau das Verlockende.

Es ist beeindruckend, wenn man stundenlang fährt, ohne ein Haus zu sehen, umgeben nur von der flachen Steppe. Von El Calafate geht es nach Süden. Und wer schon so weit gekommen ist, kann auch gleich mal die Grenze nach **Chile** überqueren. Auch mit einem Mietwagen ist dies ziemlich einfach. Man benötigt nur die entsprechenden Papiere des Autoverleihers. Dann geht es über die RN 40 nach **Puerto Natales**, 3½ Std. von El Calafate, nicht eingerechnet die Wartezeit an der Grenze. In Chile empfiehlt sich eine Übernachtung im **Wild Patagonia** – einem freundlichen Hostel mit hübschen Zimmern und einer Feuerstelle im Hof. Am Morgen geht es dann Richtung **Torres del Paine** – einem der schönsten und berühmtesten Nationalparks Südamerikas.

Estancia El Condor & Umgebung

AB EL CALAFATE: **5 STD.**

Ausritte in den Bergen

Es gibt viele einsame Gegenden jenseits von El Calafate, wo man herrliche Ausritte erleben kann. **Cabalgatas Andora** bietet z. B. sechstägige Treks ab der **Estancia El Condor**. Der Transfer von El Calafate am ersten Morgen bis zur *estancia* dauert gut fünf Stunden. 150 km geht es über eine geteerte Straße, der Rest ist Schotterpiste. Dabei kann man gut das Pferd kennenlernen. Die erste Nacht wird in den komfortablen Zimmern der *estancia* verbracht, wo es sowohl noch fließendes Wasser wie auch Strom gibt. Am zweiten Tag wird es deutlich rustikaler.

Sobald die Satteltaschen mit der nötigen Ausrüstung für mehrere Tage gepackt sind, geht es durch Buchenwälder und vorbei an hohen Gipfeln Richtung **Laguna Corazón**. Hier wird das Camp für die Nacht aufgeschlagen und abends wird unter dem Sternenhimmel gegessen. Am nächsten Morgen

FÜR DIE RN 40 PLANEN

Wer ein Stück auf der legendären RN 40 fahren möchte, sollte einige Dinge beachten. Man sollte genug Zeit einplanen. Für Eile ist hier kein Platz, denn das Wetter kann vor allem im Süden sehr wechselhaft sein, z.B. können Seitenwinde sehr gefährlich werden. Fast die gesamte Strecke ist mittlerweile befestigt, dennoch lohnt sich ein Allradfahrzeug, denn viele Nebenstrecken sind noch unbefestigt. Wer nicht selbst fahren möchte, kann sich den Minivan-Touren mehrerer Anbieter anschließen, darunter El Chaltén Travel (von El Calafate via El Chaltén nach Bariloche). Für Hartgesottenere bietet Ruta 40 zwischen Oktober und April zehntägige Exkursionen auf dem Highway an.

ÜBERNACHTEN RUND UM EL CALAFATE

Camping Lago Roca
Erstklassiger Campingplatz mit Restaurantbar, Spielezimmer sowie Rad- und Angelverleih. **$**

Eolo
Relais & Châteaux-Hotel in der Steppe mit einem Außen-Whirlpool, einer Sauna und Reitangeboten. **$$$**

Aguas Arriba
Lodge am Ostufer des Lago del Desierto; in dieser Region lebt der Südandenhirsch. **$$$**

sitzt man sieben Stunden im Sattel, mit einer Mittagspause am **Río Grande**. Am darauffolgenden Tag geht es zum westlichen Ende der 400 km² großen *estancia* und zur chilenischen Grenze. Hier ist man in der echten patagonischen Wildnis, abends wird das Zelt mit Blick auf den großen **Lago San Martín** und den **O'Higgins-Vulkan** in Chile aufgeschlagen. Am fünften Tag reitet man durch Schluchten und Lagunen, es kann auch geangelt werden. Am sechsten und abschließenden Tag reitet man am Lago San Martín entlang.

Chiles Parque Nacional Torres del Paine

AB EL CALAFATE: 3½ STD.

Wandern in einem spektakulären Nationalpark

Unmittelbar hinter der Grenze auf chilenischer Seite, westlich von El Calafate, liegt einer der schönsten Nationalparks von Südamerika, der einzigartige Parque Nacional Torres del Paine. Hier ringen türkisblaue Flüsse und Gletscher, azurblaue Seen und smaragdgrüne Wälder um die Aufmerksamkeit der Besucher. Alles wird von den drei gigantischen Torres del Paine überragt. Anstatt alles in einen dicht gedrängten Tagesausflug von El Calafate zu packen, ist es besser, mit einem Mietwagen nach Puerto Natales in Chile zu fahren und dort einige Tage zu bleiben. Eine exzellente Unterkunft ist das Vinnhaus. Dort startet man den Tag mit einem guten Kaffee, bevor es in den Nationalpark geht. Die 112 km Richtung Norden führen zum Haupteingang Portería Sarmiento. Torres del Paine kann zu Fuß, auf dem Pferderücken, auf einem Katamaran oder mit dem Auto erkundet werden.

Zu den zwei beliebtesten Wanderrouten zählt der Circuito Grande, der zu den Hauptattraktionen des Parks führt. Der Ausblick auf den Glaciar Dickson und das Southern Ice Field ist grandios. Der Sendero W ist eine viertägige Wanderung entlang einer W-förmigen Route, die zu drei der wichtigsten Highlights des Parks führt: zu den Torres del Paine, ins Valle del Francés und zum Glaciar Grey. Wer den Lago Nordenskjöld auf einer kürzeren Wanderung kennenlernen will, sollte die einstündige Wanderung (einfacher Weg) zum Mirador Nordenskjöld wählen. Von der Guardería Pudeto passiert der Trail den Wasserfall Salto Grande.

Parque Nacional Torres del Paine

AUFSATTELN

Vater und Tochter **Andy und Mara Pavlovsky** bieten Reitexkursionen an. Hier einige Tipps und Hinweise.

Ein mehrtägiger Ausritt ist in Patagonien ein einzigartiges Erlebnis. Der Kontakt mit den argentinischen Criollo-Pferden sowie die türkisblauen Seen und die Andenkette machen das Reiten sehr speziell. Außerdem ist man in einer menschenleeren Gegend unterwegs. Auf unseren langen Exkursionen sehen wir Orte, die nur mit dem Pferd zu erreichen sind. Die Landschaft ist wild und unverfälscht. Das ist sicher eine Herausforderung. Auch sollte man daran denken, dass wegen der steilen Auf- und Abstiege langsam geritten wird. In den Tälern ist auch mal Galopp möglich.

El Chaltén

El Chaltén ist für Wanderer und Abenteurer ein Muss auf einer Argentinien-Reise. Der beliebte Ort liegt auf der RN 40 nur drei Autostunden von El Calafate entfernt. Die Gründung 1985 war ein erfolgreicher Versuch, im umstrittenen Grenzgebiet zu Chile das Territorium fest für Argentinien zu beanspruchen. Mittlerweile ist der Ort ein boomendes Touristenziel mit vielen Unterkünften und Restaurants. El Chaltén liegt umgeben von den zerklüfteten und schneebedeckten Bergen, in der Nähe gibt es zahlreiche Wanderwegen und Kletterrouten im nördlichen Bereich des Parque Nacional Los Glaciares. Hier befindet sich auch der höchste Gipfel des patagonischen Teils der Anden, der 3405 m hohe Cerro Fitz Roy. Auch wenn einige das unkontrollierte Wachstum beklagen, hat sich die Stadt eine relaxte und freundliche Atmosphäre bewahrt.

Cerro Fitz Roy

UNTERWEGS VOR ORT

El Chaltén ist sehr klein und alles ist fußläufig zu erreichen, auch wenn der Ort während seiner 40-jährigen Existenz beständig gewachsen ist. Las Lengas fährt mit Minivans zum Lago del Desierto. Wer die Umgebung selbst erkunden will, nimmt einen Mietwagen.

TOP TIPP

Auch wenn man nicht damit rechnet, die besten Wetterbedingungen für Wanderungen rund um El Chaltén bieten nicht der Sommer und die Hochsaison im Januar/Februar. Im patagonischen Herbst gibt es weniger Wind und es kommen weniger Leute. Deshalb sind März und April zu bevorzugen.

SEHENSWERTES
1 Cerro Fitz Roy
2 Cerro Torre
3 Laguna Capri
4 Laguna de los Tres
5 Paso del Cuadrado
6 Río Electrico

SCHLAFEN
7 Chalten Camp
8 Hostería El Puma
9 Hostería Senderos

ESSEN
10 B&B Burger Joint
11 Fuegia Bistro
12 La Senyera Cocina Argentina
13 La Tapera
14 Parrilla La Oveja Negra
15 Restaurante Ahonikenk Chalten Fonda Patagonia

AUSGEHEN & FEIERN
16 La Cerveceria Artesanal El Chaltén
17 Tundra Beer & Wine

MOCHILAOSABATICO/SHUTTERSTOCK ©

Piedra del Fraile

Auf Abenteuersuche

Bergerlebnisse voller Adrenalin

El Chaltén ist das perfekte Standquartier für alpine Abenteuersportler. Im Angebot stehen im Umkreis einer Autostunde Felsklettern, Eistrekking und Mountainbiken. Am besten besucht man die Touristeninfo am Eingang der Stadt. Dort bekomm man einen Überblick, was gegenwärtig möglich ist. Für ernsthafte Bergtouren, wie den Aufstieg zum Cerro Fitz Roy oder zum Cerro Torre, ist ein Bergführer Pflicht und auch ratsam. Die Wetterbedingungen mit Sturmböen und Schneestürmen können extrem sein.

Es gibt zahlreiche Wanderungen – El Chaltén ist de facto Argentiniens Wanderhauptstadt. Einer der weniger bekannten Trails mit tollen Ausblicken führt zur Schutzhütte **Piedra del Fraile** und ist eine gute Option auf mittelschwerem Niveau. Los geht es mit einer 15-minütigen Minibus-Fahrt von El Chaltén. Der Anbieter Las Lengas fährt zum Lago del Desierto. Kurz vor der Brücke über den **Río Electrico** an der RP 23 steigt man aus. Der gut ausgeschilderte Pfad startet zur Linken des Flusses. Langsam entfernt man sich vom Fluss ins Río-Blanco-Tal und durch den subantarktischen Wald des Río-Electrico-Tal. Schließlich gerät der Marconi-Gletscher

DIE BESTEN TREKS

Laguna de los Tres
Für Wanderer mit guter Kondition eine 10 km lange Tour durch windreiche Wälder zu einem Gletschersee.

Laguna Capri
Dreistündige Wanderung, um einen atemberaubenden Blick auf den Cerro Fitz Roy werfen zu können.

Chorrillo del Salto
Kurzer und einfacher Trail zu einem 20 m hohen Wasserfall in der Mitte einer Gebirgskette.

Laguna Torre
Eine 18 km lange Wanderung durch hügeliges Gelände zu einem See, in dem sich je nach Wetterlage der Cerro Torre widerspiegelt.

Mirador Maestri
40-Minuten führen vom Laguna-Torre-Pfad zu spektakulären Ausblicken auf den Cerro Torre und den Cerro Grande.

DIE BESTEN TOUR GUIDES

Chaltén Mountain Guides
Bergführer für Treks sowie Felsklettern im Parque Nacional Los Glaciares; auch Kletterkurse.

Casa de Guías
Bietet Tageswanderungen und längere Expeditionen.

Patagonia Aventura
Organisiert Bootsausflüge auf schönen Seen wie dem Viedma und dem Del Desierto; arrangiert auch Angeltrips.

NACH CHILE WANDERN

Wer genug Kondition und Erfahrung für die Querung des Südlichen Eisfelds besitzt, kann sogar bis nach Chile wandern. Los geht's am Lago del Desierto, 33 km nordöstlich von El Chaltén. Das Ziel ist Candelario Mancilla auf der chilenischen Seite. Von dort kann man eine Fähre nach Puerto Bahamondes nehmen und dann mit dem Bus weiter nach Villa O'Higgins fahren, dem letzten Halt an Chiles Carretera Austral. Der Trip dauert ein bis drei Tage, je nachdem, ob man ein Schiff nimmt oder auf bestimmten Abschnitten wandert. Die Grenze ist von November bis März offen. Man muss Verpflegung, den Reisepass, Chilenische Pesos und Regenkleidung dabeihaben. Weitere Infos gibt es in der Touristeninfo von El Chaltén.

Cerro Fitz Roy

wunderbar ins Blickfeld. An der Schutzhütte *(refugio)* Piedra del Fraile gibt es auch einen Zeltplatz.

Sehr erfahrene Bergsteiger können von hier zum **Paso del Cuadrado** weitergehen. Hin und zurück sind es von Piedra del Fraile sechs bis sieben Stunden (1200 Höhenmeter). Oben muss man auf den unnachgiebigen Wind achten. Der Ausblick gehört jedoch zu den dramatischsten im ganzen Nationalpark: Zu sehen sind der **Cerro Torre**, der **Fitz Roy** und der **Polone**. Erfahrene Bergführer werden vermittelt von **El Chaltén Mountain Guides** und **Fitz Roy Expediciones**.

Die Wanderstiefel schnüren

Argentiniens Wanderzentrum Nr. 1

Die monumentale Andenkette ragt über El Chaltén auf. Höchster Gipfel hier ist mit 3405 m Höhe der schneebedeckte **Cerro Fitz Roy**. Die indigenen Tehuelche nannten ihn El Chaltén („Rauchender Berg"). Beeindruckend ist auch der **Cerro Torre**. Die Wanderungen führen durch Wälder, Schluchten und Flüsse, immer wieder kann man mit atemberaubenden Ausblicken rechnen. Manchmal sind verschneite Gipfel oder Gletscherseen zu sehen, manchmal Wasserfälle oder Flusstäler. Es gibt Routen für alle Schwierigkeitsgrade und in alle Richtungen. Vorab informiert man sich am besten im National-

ÜBERNACHTEN IN EL CHALTEN

Hostería Senderos
Geschmackvoll eingerichtetes Drei-Sterne-Hotel mit Bergblick, Weinbar und Zimmern mit gemütlichen Betten. **$$$**

Hostería El Puma
Helle, schicke Zimmer mit großen Betten und Andenblick. **$$$**

Chalten Camp
Luxuriöses Glamping jenseits der Stadtgrenze auf der anderen Seite des Río Las Vueltas. **$$$**

parkbüro, 1 km südlich der Stadt. Hier gibt es Tipps, welche Wanderungen am besten passen könnten. Die Wanderroute **Laguna de los Tres** startet an einer Packstation mit einem gelben Dach und ist ziemlich herausfordernd. Der 10 km lange Trail ist wunderschön und führt zu einem Gebirgssee. Nach ungefähr vier Stunden Wanderzeit (einfache Strecke) wird man mit einem der fotogensten Orte des gesamten Nationalparks belohnt: ein stiller Gletschersee mit Blick auf den Cerro Fitz Roy. Wer für diese Wanderung lieber auf zwei Tage erweitern möchte, kann nach rund einer Stunde Wanderzeit vom Startpunkt aus auf dem kostenlosen Zeltplatz an der **Laguna Capri** übernachten. Etwas kürzer ist die 18 km lange Rundwanderung über den Laguna-Torre-Trail. Dieser beginnt an der Av. San Martín am Viento-Oeste-Shop und folgt dem markierten Pfad am Fuße des Hügels. Am Ende wartet ein See. An klaren Tagen spiegelt sich der Cerro Torre im Wasser.

Ausgehen in der Stadt

Ausgehen & Feiern

Einen Abend essend und trinkend durch El Chaltén zu ziehen, ist eine gute Methode, während der Hochsaison im Januar und Februar die freundliche und quirlige Atmosphäre zu genießen. Dann füllt sich das kleine Bergstädtchen mit Besuchern aus aller Welt. Da die meisten Restaurants und Bars gegen 18 Uhr öffnen, aber im Gegensatz zu Buenos Aires normalerweise spätestens um Mitternacht schließen, sollte man früh losgehen, um den Abend voll auskosten zu können. Eine gute Grundlage sind einige Fleisch-Empanadas und Pintas bei **Tundra Beer and Wine** (mit DJ). Zwischen 18 und 20 Uhr ist Happy Hour. Weiter geht's zum **B&B Burger Joint** für einen saftigen Grillburger mit geschmolzenem Käse, Schinkenspeck und karamellisierten Zwiebeln obendrauf. Es gibt auch eine gute Auswahl an Fassbieren, darunter Stouts sowie rote und blonde Ales von regionalen Mikrobrauereien, z. B. Cervecería Esquel. Als Nächstes lockt nebenan das **B&B Tacos y Burritos**. Das kleine Lokal serviert Tacos und leckere Drinks, z. B. eiskalte Margaritas. **La Cervecería Artesanal El Chaltén** braut ein erfrischendes Pils. Die Mitarbeiter sprechen auch Englisch, was in Argentinien nicht üblich ist.

Patagonischer Lammeintopf

GUT ESSEN IN EL CHALTÉN

La Tapera
Exzellentes Restaurant, das in der Hochsaison schnell voll ist. Lecker, leicht und frisch sind die Salate. **$$$**

Restaurante Ahonikenk Chalten Fonda Patagonia
Es gibt Lamm-Empanadas und herzhaften Linsen-Eintopf; nur einen kurzen Fußweg von El Chalténs Hauptstraße entfernt. **$$$**

La Senyera Cocina Argentina
Familiengeführtes Restaurant mit frisch zubereiteten, leckeren und großen Portionen. **$$**

Fuegia Bistro
Mittags und abends geöffnet; gutes Lokal für Steak, Forelle, Lammragout und Wein. **$$$**

Parrilla La Oveja Negra
Steakhaus in einer hübschen Holzhütte; fleischlastiges Abendessen. **$$$**

Rund um El Chaltén

UNTERWEGS VOR ORT

Wie in den meisten Regionen Patagoniens ist es nahezu unerlässlich, ein eigenes Auto zu haben, um auch abgelegene Ziele erkunden zu können. Es gibt Busse zwischen El Calafate und El Chaltén, aber kleinere Ziele wie die Reserva Los Huemules oder der Bosque Petrificado Sarmiento sind nur per Auto oder Taxi zu erreichen. Für den Perito-Moreno-Nationalpark ist ein Auto ein Muss. Viele *estancias* organisieren nach Vorabbuchung auch Transfers.

TOP TIPP

In den einsamen Weiten Patagoniens sind Städte und Versorgungsmöglichkeiten rar, d.h. reichlich Proviant mitnehmen und stets volltanken. Manchmal haben die Tankstellen kein Benzin mehr, sodass man grundsätzlich einen Reservekanister haben sollte.

Ein 65 Mio. Jahre alter versteinerter Wald, einer der faszinierendsten Nationalparks Argentiniens und prähistorische Felsenmalereien.

Patagonien ist riesig und die Attraktionen „rund um El Chaltén" können von der Stadt mehrere hundert Kilometer entfernt liegen – aber die Mühe lohnt sich. Von beeindruckenden Nationalparks und prähistorischer Kunst bis zu versteinerten Wäldern, die vom internationalen Tourismus noch unberührt sind, warten Ruhe und Highlights abseits der Touristenpfade.

Entlang der Andenkette liegt 450 km nördlich von El Chaltén einer der ältesten Nationalparks des Landes, der Parque Nacional Perito Moreno. Obwohl die Berge und Seen beeindruckend schön sind, kommen nur überraschend wenige Besucher hierhin – rund 1000 jährlich. Weiter im Hinterland, rund 500 km von Argentiniens Wanderhauptstadt entfernt, gewinnt die Cueva de las Manos Pintadas im patagonischen Outback den Preis für Südamerikas schönste Felsenzeichnungen. Weitere 800 km auf der RN 40 nordwärts und dann ostwärts befindet sich außerhalb der Kleinstadt Sarmiento in einer mondähnlichen Landschaft ein versteinerter Wald.

BERND ZILLICH/SHUTTERSTOCK ©

Bosque Petrificado Sarmiento (S. 438)

R.M. NUNES/SHUTTERSTOCK ©

Cueva de las Manos Pintadas

Cueva de las Manos Pintadas

Ein Canyon und Felsenmalereien

Als eines der schönsten Beispiele für Felsmalereien in ganz Südamerika ist die **Cueva de las Manos Pintadas** ein Muss – auch wenn die Anfahrt von El Chaltén acht Stunden dauert. Die Höhle liegt in der dünnbesiedelten Gegend zwischen den Kleinstädten Bajo Caracoles und Perito Moreno (nicht verwechseln mit dem dem Glaciar Perito Moreno oder dem Parque Nacional Perito Moreno). Der Name bedeutet „Höhle der gemalten Hände" und er leitet sich von den Handabdrücken auf den Felswänden ab. Diese sind wahrscheinlich 9500 bis 13 000 Jahren alt. Die Welterbestätte kann mit dem Auto über eine ziemlich rumplige Nebenstraße unmittelbar nördlich von Bajo Caracoles angesteuert werden. Empfehlenswerter ist die Wanderung durch den angrenzenden Canyon, den wunderbaren **Cañón del Río Pinturas**. Die Tageswanderung hat zwei

RESERVA LOS HUEMULES

Die Reserva Los Huemules ist ein privates Naturreservat mit 25 ausgeschilderten Wanderrouten, die viel ruhiger sind als jene rund um El Chaltén. Zur Auswahl stehen leichte, aber auch anstrengende Routen, wie z.B. Loma del Diablo. Die vierstündige Wanderung führt durch Lenga-Südbuchen-Wälder. Geboten werden atemberaubende Blicke auf den Cerro Fitz Roy. Gemäßigter ist die Wanderung zur Laguna Diablo (3 Std. einfache Strecke), die an einem See mit Blick auf den Glaciar Cagliero endet. Übernachten kann man in der Berghütte direkt am See (vorab reservieren). Im Reservat leben Pumas, Rotfüchse und die bedrohten Südandenhirsche, die Huemules.

ÜBERNACHTEN RUND UM PERITO MORENO

Camping Municipal
Schlichter Campingplatz für Budget-Reisende; im Süden der Stadt. $

Hostería & Cabañas Río Fénix
Kurze Distanz zu Fuß vom Busbahnhof in Perito Moreno; gemütliche und große Zimmer. $$

Hostería Cueva de las Manos
Frühere Estancia mit Doppel- und Dreibettzimmern unweit der RN 40, 60 km von Perito Moreno. $$-$$$

AUTOTOUR

Parque Nacional Perito Moreno

Unerschrockene Reisende lieben den Parque Nacional Perito Moreno, weil er wild und naturbelassen ist. Er liegt 450 km von El Chaltén entfernt an der Grenze zu Chile. Der Park lässt sich in zwei Tagen mit einem Allrad-getriebenen Fahrzeug erkunden. Highlights sind die schönen Seen, die mächtigen Kondore, die grasenden Guanakos, die großartigen Panoramablicke und die ungestörte Einsamkeit.

1 Gobernador Gregores

Vor der Fahrt in den Park versorgt man sich in der Kleinstadt Gobernador Gregores mit Proviant und Benzin. Es gibt keinen Service im Park selbst, abgesehen von einigen lokalen *estancias*.

Es gibt einige schlichte Zeltplätze, man muss alles selber mitbringen und darf kein Feuer machen. Für warmes Essen braucht man einen Gaskocher.

Die Route: Von Gobernador Gregores geht es über die RN 40 Richtung Nordwesten nach Las Horquetas, dann über die unbefestigte RP 37. Vom Nationalparkbüro geht es einige Kilometer weiter zur Estancia Belgrano und von dort nach Westen zum Lago Belgrano.

2 Lago Belgrano

Das unglaublich intensive türkisblaue Wasser dieses großartigen und für Besucher zugänglichen Sees ist ein echtes Naturwunder. Im Gegensatz zu vielen anderen Gewässern in Patagonien blieb diesem hier die Einführung von invasiven Arten erspart. Deshalb schwimmen in diesem

GALYNA ANDRUSHKO/SHUTTERSTOCK ©

Lago Belgrano

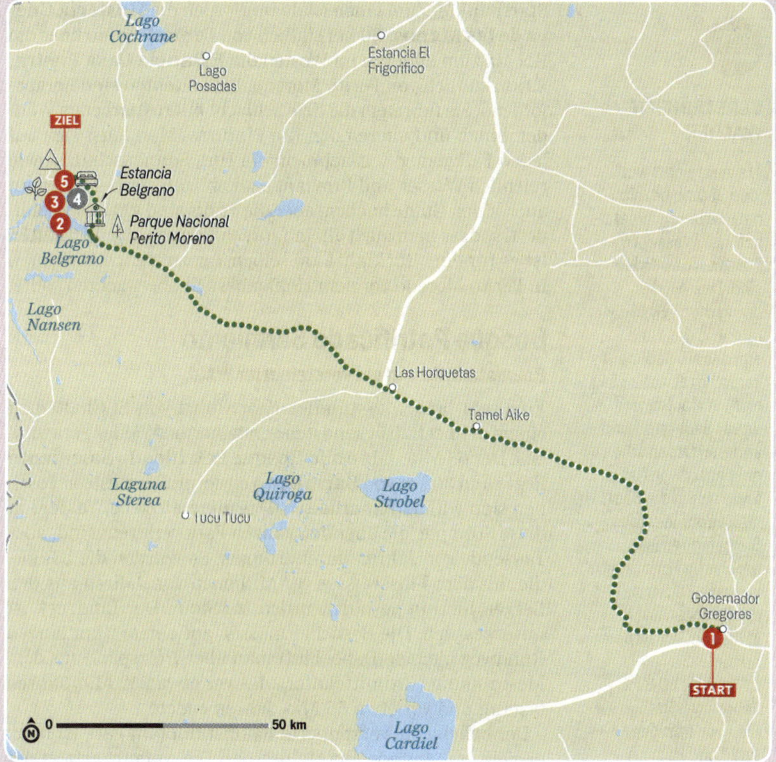

See nur heimische Fischarten. Angeln ist aber verboten.

Die Route: Von der Estancia Belgrano geht es 8 km nach Westen bis zur Península Belgrano. Der Zugang ist ein Fußweg über eine Landenge, der Parkplatz befindet sich unmittelbar davor.

3 Península Belgrano

Die Península Belgrano ist von Sträuchern bedeckt. Von den hier weidenden Guanako-Herden werden die Pumas immer wieder angelockt. Der drei- bis vierstündige Rundweg Circuito Chico führt durch *mata negra* (schwarze Büsche) vorbei an anmutigen Vikunjas und Guanakos – sowie an Knochen, die von Raubtieren hinterlassen wurden. Zelten kann man am Refugio Caleta Huala, 900 m vom Parkplatz entfernt. Der Seeblick ist fantastisch.

Die Route: Es geht zurück nach Osten, vorbei an der Estancia El Belgrano, dann links auf die RP 37 Richtung Norden. Ziel ist der deutlich markierte Abzweig zur Estancia La Oriental.

4 Estancia La Oriental

Die reizende Farm ist eine der wenigen Unterkünfte weit und breit. Sie liegt in einem friedlichen Tal mit Blick auf den Lago Belgrano. Es gibt einige Wanderwege, die zu unvergesslichen Aussichtspunkten führen. 3½ Std. sind es zum 1434 m hohen Gipfel des Cerro León, von wo man das ganze Zentrum des Parks überblickt.

Die Route: Rund 3 km weiter nördlich liegt der Cerro de Los Cóndores. Um den Ausblick von dort zu genießen, parkt man an der Estancia La Oriental und wandert 1,5 km zum Aussichtspunkt La Condorera.

5 Cerro de Los Cóndores

Die Felsen sind das Brutgebiet für rund 30 Kondore. Die Chancen stehen gut, einen dieser Vögel zu sehen, weil die Elterntiere regelmäßig ihre Jungtiere füttern. Den Park überblickt man gut vom Cerro León; die Wanderung von der Estancia La Oriental dauert 3½ Stunden.

VERSTEINERTE WÄLDER

Als versteinert werden Bäume bezeichnet, die durch mineralhaltiges Wasser zu Fossilien geworden sind. Das Wasser drang durch Hohlräume in das Holz ein, das als Sediment verschüttet war und nicht verfaulte, weil es vor Sauerstoff und anderen Organismen geschützt war. Am Ende sehen die Bäumen versteinert aus. Sie behielten ihre natürliche Form, man kann die Zellstruktur der Pflanzen noch Millionen Jahre später erkennen.

Vor über 60 Mio. Jahren war Patagonien von üppigem Wald und Palmen bedeckt. Das Land sah ganz anders aus als die heutige es trockene Steppe. Im Tertiär wurden die Anden aufgefaltet, sodass sich die Wolken bereits an der Westseite der Anden abregneten. So änderte sich nicht nur die Landesnatur, sondern auch das Klima. Zur gleichen Zeit kam es zu Vulkanausbrüchen, die die alten Wälder unter einer dicken Ascheschicht begruben. Das war der Startpunkt für den chemischen Prozess, der die Holzstümpfe zu Stein werden ließ.

Startpunkte: Zum einen ist da im Norden die **Hostería Cueva de las Manos**, 60 km südlich von Perito Moreno über die RN 40, zum anderen im Westen die **Estancia Casa Piedra**, 82 km südlich von Perito Moreno. Beide Routen sind herausfordend. Sie führen in die tiefe Schlucht mit rostfarbenen Wänden hinab und queren den Río Pinturas. Man muss sich auf jeden Fall genug Zeit nehmen; ein Hut, Sonnenschutz sowie reichlich Wasser und Proviant sind obligatorisch. Man kann auch einen Guide buchen, aber die Trails sind gut ausgeschildert, sodass man auch alleine zurechtkommt. Von El Chaltén ist es für eine Rückfahrt am selben Tag zu weit, sodass man in Perito Moreno vor dem Höhlenbesuch übernachten sollte.

Bosque Petrificado Sarmiento

Baumstümpfe und ein versteinerter Wald

Eine sehr lange, 12-stündige Fahrt führt von El Chaltén zu einem der beeindruckendsten versteinerten Wälder Patagoniens. Der 65 Mio. Jahre alte **Bosque Petrificado Sarmiento** liegt rund 30 km von **Sarmiento** entfernt. Die riesigen Fossilien sind wunderbar erhalten. Das mineralreiche Wasser hat diese Stümpfe, die über den ganzen Park verstreut sind, über Tausende von Jahren durchdrungen. So wurden die Bäume, die mit dem Flusswasser vor Millionen von Jahren aus den Bergen hierhin gespült wurden, zu Stein. Der Eindruck ist unvergesslich. Die Besucher müssen auf einem 2 km langen Rundweg bleiben. Dabei läuft man über Holzspäne aus dem Mesozoikum (Erdmittelalter), das vor etwa 252 Mio. Jahren begann und vor etwa 66 Mio. Jahren endete.

Der beliebteste versteinerte Baumstumpf im Park ist hohl, er sieht fast aus wie ein Abflussrohr. Die Anfahrt erfolgt per Auto oder man bucht bei der Touristeninformation an der Calle Pietrobelli in Sarmiento eine *remise*. Mit ausreichend Zeit lohnt ein Verweilen bis zum Sonnenuntergang, wenn der **Cerro Abigarrado** und die umliegenden runden Hügel im versteinerten Wald in rot- und orangefarbenes Licht getaucht werden. Es gibt Toiletten, aber keinen weiteren Service. Deshalb muss man reichlich Wasser, Sonnencreme und einen Hut mitbringen sowie ausreichend Proviant, wenn man länger bleiben möchte. Guides werden über das Touristenbüro in Sarmiento vermittelt. Dort gibt es auch Karten und Informationen zu Unterkünften.

CHRISTIAN HANDL/GETTY IMAGES ©

Bosque Petrificado Sarmiento

Tierra del Fuego

DAS SÜDLICHE ENDE DER ERDE

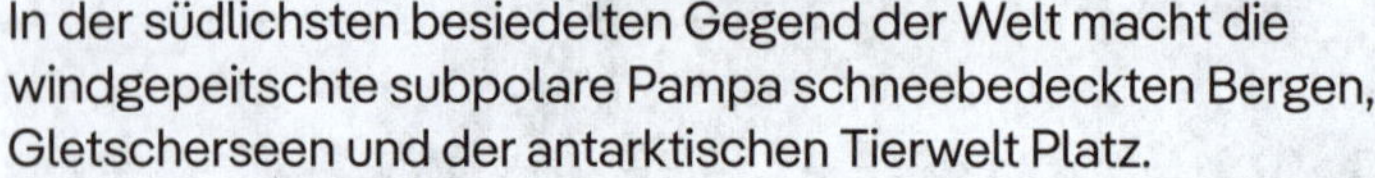

In der südlichsten besiedelten Gegend der Welt macht die windgepeitschte subpolare Pampa schneebedeckten Bergen, Gletscherseen und der antarktischen Tierwelt Platz.

Gefährliche Reisen, tückisches Meer und unglaubliche Meisterleistungen: Tierra del Fuego (Feuerland) ist eine der bemerkenswertesten maritimen Regionen der Welt. Ein subpolarer Archipel mit Schiffswracks und Abenteurern, Entdeckern und Schurken und einem subantarktischen Ozean vor schneebedeckten Bergen – nur wenige Orte vereinen eine so epische Szenerie mit berühmten Geschichten. Der südlichste Punkt Amerikas, die Isla Grande (Große Insel), wurde vor etwa 6000 Jahren vom Festland getrennt, als das Wasser der abschmelzenden Gletscher die Magellanstraße überfluteten. In der zweiten Hälfte des letzten Jahrtausends erforschten Entdecker wie Captain Cook, Sir Francis Drake und Charles Darwin das mysteriöse „Land des Feuers" – so nannte es der erste Europäer hier, Ferdinand Magellan, als er den Rauch der Feuerstellen der indigenen Bevölkerung sah.

Wegen der milderen Temperaturen ist der Archipel von Dezember bis Februar am besten zu bereisen – zahllose südamerikanische Touristen sind in dieser Zeit hier. Bei Temperaturen um die 15 °C herrschen dann gute Wanderbedingungen. Im Winter verwandelt sich das tiefgekühlte Ushuaia in eine Art „Nussknacker"-Schneekugel, Pinguine und Wale ziehen nordwärts, sodass die ideale Reisezeit hier Herbst und Frühjahr sind.

Wie viele andere zuvor wird man hier am Ende der Welt Wunder und Abenteuer erleben und es mit einem tieferen Verständnis für unseren Planeten verlassen.

LEONARD ZHUKOVSKY/SHUTTERSTOCK ©

DIE WICHTIGSTEN ZIELE

USHUAIA
Schneekugel am Ende der Welt.
S. 446

RÍO GRANDE
Steppenwildnis und Kulturhauptstadt im Norden.
S. 461

TOLHUIN
Unberührte Gletscherseen und sanfter Tourismus.
S. 471

SAIKO3P/SHUTTERSTOCK ©

Links: Ruta 3 (S. 468); oben: Alice Island (S. 448)

REISEZIELE

TIERRA DEL FUEGO

Erste Orientierung

Die argentinische Hälfte von Feuerland erstreckt sich über gut 21000 km². Die Ruta 3 verbindet die chilenische Grenze mit San Sebastián im Norden und führt an den Ortschaften der Insel entlang nach Ushuaia.

Río Grande, S. 461
Die Hauptstadt des Nordens bietet fortschrittliche Kultur, erstklassige Reiter, eine wunderbare Vogelwelt und menschliche Wärme in kalten Gefilden.

Ushuaia, S. 446
Am Ende der Welt erhebt sich eine schneekugelgleiche Traumwelt – ein Kaleidoskop von Naturwundern, eisbedeckten Bergen und subpolarer Tierwelt.

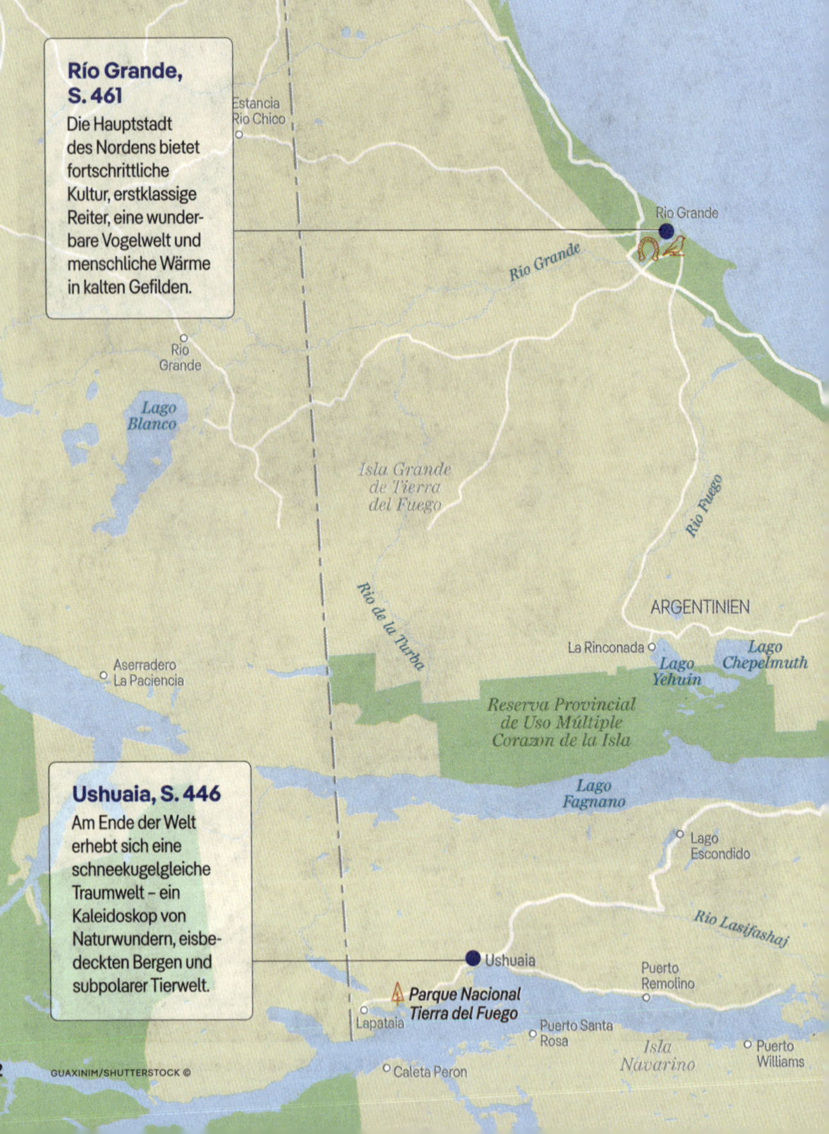

ÜBERREGIONALER VERKEHR

Zuverlässige Minibusse von Monciel und Lider verbinden zwölfmal täglich von frühmorgens bis abends die Städte Río Grande und Ushuaia mit Halt in Tolhuin. Bus Sur fährt täglich von Río Grande nach Punta Arenas in Chile.

AUTO & MOTORRAD

Ein Auto oder Motorrad ist für die Erkundung der Insel optimal. Von der im Winter gut gestreuten Ruta 3 winden sich mehrere kleinere *rutas complementarias* zu abgelegeneren Ortschaften. Für diese Straßen ist im Winter Allradantrieb erforderlich.

FAHRRAD & BOOT

Das ebene Terrain der Steppe im Norden ist ideal zum Fahrradfahren. Um die Orte entlang des Beagle-Kanals zu erkunden, kann man im Sommer ab Ushuaia an Bootstouren teilnehmen.

ATLANTISCHER OZEAN

Tolhuin, S. 471

Das volkstümliche Herz der Insel bietet imposante Gletscherseen, große Kreativität, eine aufkeimende Gastro-Szene und naturnahen Tourismus inmitten einer herrlichen Szenerie.

Estancia Río Ewan
Cabo San Pablo
Tolhuin
Río Bueno
Río Moat
Río Lopez
Beagle-Kanal
Isla Picton

0 50 km

Perfekte Tage

Ushuaia verfügt über die meisten Attraktionen und Reisebüros auf der Insel. Die Stadt bietet sich deshalb als Ausgangsbasis für Ausflüge Richtung Osten und Norden an.

POLA DAMONTE/SHUTTERSTOCK ©

Zug, Parque Nacional Tierra del Fuego (S. 450)

Kurztrip

- Von Ushuaia, Argentiniens südlichster Stadt, geht es mit dem **Tren del Fin del Mundo** (S. 450) in den **Parque Nacional Tierra del Fuego** (S. 450), wo man inmitten der wunderschönen Berglandschaft mit ihren Wäldern, Seen und Lagunen eine Wanderung oder eine Kanutour unternimmt.
- Danach gibt es eine Mahlzeit aus *centollas* (Königskrabben) in **La Cantina Fueguina de Freddy** (S. 454) oder aus *merluza negra* (Schwarzem Seehecht) im **Volver** (S. 454), ehe – auf den Spuren von Darwin und Captain Cook – eine Bootstour im **Archipel des Beagle-Kanals** (S. 457) auf dem Programm steht.
- Den Abschluss des Tages bilden echt *ushuaiense* (in Ushuaia hergestellte) **Schokolade** (S. 453) und **Bier** (S. 454).

UNTEN: LARISSA CHILANTI/SHUTTERSTOCK ©, GOLDILOCK PROJECT/SHUTTERSTOCK ©, DIEGO O. GALEANO/SHUTTERSTOCK ©

Beste Reisezeit

Der Sommer hier ist relativ mild, der Winter bringt viel Schnee. Die Hauptsaison reicht von Dezember bis Februar.

JANUAR

In der Hochsaison – wenn es am wärmsten ist – machen viele Südamerikaner hier Urlaub.

APRIL

Am Ende der Zwischensaison wandern die subantarktischen Meeresbewohner nach Norden, einige Touristenspots schließen.

JUNI

Der Winter beginnt, die Tage werden kürzer, im Süden fällt Schnee, und die Wintersportorte öffnen für die Besucher.

Verlängertes Wochenende

- Einchecken in einer Berg-*cabaña*, auf einem Campingplatz oder in einem Hotel. Am nächsten Morgen, nach einem Glas Gletscherwasser in der frischen, sauberen Luft, wird man vom Shuttlebus abgeholt, um an einer Wanderung in den Anden teilzunehmen und den **Vinciguerra-Gletscher** (S. 457) zu erkunden.

- Abends gibt es in **La Cabaña Beerpoint** (S. 449) auf dem **Cerro Martial** (S. 448) unter dem eindrucksvollen Sternenhimmel Craft-Gin zum Aufwärmen. Das Ziel des nächsten Tages ist die **Estancia Harberton** (S. 460). Im Besucherzentrum sind die Skelette von Meerestieren zu sehen, auf der **Isla Martillo** (S. 448) Pinguine.

- In **Puerto Almanza** (S. 457) gibt es subantarktisches Seafood zu essen.

Eine Woche auf der Isla Grande

- Entlang der berühmten **Ruta 3** (S. 468) ist der Norden und Osten der Insel zu erkunden. Obligatorischer Halt auf dem Weg zum **Lago Fagnano** (S. 469) ist der Paso Garibaldi mit hinreißendem Blick auf den **Lago Escondido** (S. 477) unter den schneebedeckten Anden.

- Nach dem Mittagessen in einem von **Tolhuins Hüttenrestaurants** (S. 475) geht die Fahrt Richtung Osten, um ein paar Nächte auf einer *estancia* an der Ruta Complementaria A zu verbringen und um das **Wrack der Desdemona** (S. 478) in San Pablo zu bestaunen.

- Dann geht es nordwärts zur **Reserva Costa Atlantica** (S. 461), wo man neben der subpolaren Vogelwelt spazieren kann. Nach der Erkundung des Río Grande kehrt man per Flugzeug oder Auto über die Grenze bei San Sebastián aufs argentinische Festland zurück.

JULI

Am zweiten Wochenende im Juli steigt die **Fiesta Nacional del Invierno** mit Feierlichkeiten, gutem Essen und Live-Musik.

AUGUST

Die **Bajada de Antorchas** ist eine magische nächtliche Fackelabfahrt auf den Skipisten des Cerro Martial.

OKTOBER

Beginn der Urlaubssaison. Der Schnee taut, die Tage werden länger, die Tiere kehren zurück, und saisonale Attraktionen öffnen.

NOVEMBER

In der **Noche de los Museos** sind Museen und Kulturzentren bis Mitternacht offen, es gibt viele Events und Ausstellungen.

UNTERWEGS VOR ORT

Wer eine Unterkunft im Zentrum hat und an organisierten Touren teilnimmt, braucht kein eigenes Fahrzeug. Alle Museen und die meisten Restaurants befinden sich nahe der Avenida San Martín. Die Agenturen holen ihre Kunden für Tagesausflüge am Hotel ab; Boote legen am Puerto Turístico ab. Shuttlebusse fahren von der Kreuzung der Avenidas Maipú und Juana Genoveva Fadul zu Zielen wie Glaciar Martial, Tren del Fin del Mundo, den Wintersportorten und den Wanderwegen der Laguna Esmeralda. Der größte Taxistand befindet sich an der Kreuzung Avenidas Maipú und Comodoro Augusto Lasserre Sur.

Ushuaia

Der Landeanflug auf Ushuaia (in der indigenen Sprache Yaghan „tiefe Bucht") – über Wolken, Berggipfel und der stürmischen See – gehört zu den spektakulärsten der Welt. Die kleine, aber ständig wachsende Stadt ist eine Mixtur aus Tiroler, Pseudo-Tudor- und skandinavischer Architektur an den Hängen der schneebedeckten Zinnen der Martial-Gebirgskette. Sie wurde als Siedlung zwischen dem gemäßigten (relativ gemäßigten, wir sind hier schließlich der Antarktis ganz nahe), fruchtbaren Bergland und dem Beagle-Kanal gegründet, wo die Yamana als Seenomaden lebten.

Heute ist Ushuaia Ausgangspunkt für Aktivitäten in der Natur – Wandern, Bergsteigen, Antarktis und Beagle-Kanal – und Heimat einer gehobenen Gastro-Szene. Wenn einem die vielen Souvenirläden, die lauten Reisegruppen und Menschen in Pinguinkostümen zu viel werden, dann sollte man einfach den Blick auf das erstaunliche Panorama aus Bergen und Meer richten, um sich daran zu erinnern, dass man sich am Rand der Welt befindet.

TOP TIPP

Die meisten Restaurants schließen am Nachmittag. Mittagessen gibt es zwischen 12 und 15 Uhr, Abendessen zwischen 19 und 23 Uhr. Am besten einen Tisch reservieren, um nicht warten zu müssen. Cafés sind den ganzen Tag geöffnet. Unterkünfte sind weit im Voraus zu buchen, vor allem für die Hauptsaison oder rund um Feiertage.

Ushuaia

SEHENSWERTES
1 Bridges Island
siehe 16 Canopy Ushuaia
2 Cascada de los Amigos
3 Cerro Alarkén Nature Reserve
4 Galería Temática Historia Fueguina
5 La Antigua Casa de Gobierno
siehe 4 Museo del Fin del Mundo
6 Museo Marítimo de Ushuaia
7 Parque Nacional Tierra del Fuego
8 Paseo de los Antiguos Pobladores
9 Plaza Islas Malvinas
10 Reserva Natural Urbana Bosque Yatana

AKTIVITÄTEN, KURSE & TOUREN
11 Alice Island
12 Centro Invernal
13 Cerro Castor
14 Cerro Martial
15 Club Andino Ushuaia
16 Escuela de Esquí
17 Llanos del Castor
18 Piratour
19 Ushuaia Divers

ESSEN
20 Ana é Juana
21 Chocolates Edelweiss
22 Jeremy Button Gintonería
23 Kaupé
24 La Cantina Fueguina de Freddy
25 La Casa de los Mariscos
26 Laguna Negra
27 Ramos Generales el Almacén
28 Tante Sara
29 Volver

AUSGEHEN & FEIERN
30 Chloe Casa de Té
31 Garibaldi
Cerveza de Montaña siehe 16 La Cabaña
Beerpoint siehe 16 La Cabaña Casa de Té

TRANSPORT
32 Puerto Turístico

Bootsfahrt auf dem Beagle-Kanal

Polartiere und subantarktische Inseln

Im Archipel des legendären Beagle-Kanals kommt man der Antarktis am nächsten, ohne Argentinien zu verlassen. Er ist ein guter Grund für eine Reise nach Feuerland, beherbergt er doch eine faszinierende Meeresfauna, ikonische Attraktionen und eine subpolare Fauna, wie es sie sonst nirgendwo gibt. Bootsausflüge beginnen zweimal am Tag, morgens und nachmittags, am **Puerto Turístico**.

Auf **Alice Island** besucht man die Südamerikanischen Seelöwen; auf der **Isla Pajaros** ist eine Kormorankolonie heimisch, aber zuweilen auch Robben), hier ist auch der berühmte, rund 100 Jahre alten Leuchtturm **Les Eclaireurs** zu besichtigen. Bei Ebbe zeigt sich manchmal das Wrack der MS *Monte Cervantes*.

Auf einer Wandertour auf **Isla Bridges** genießt man die herrlich frische Luft. Der Radiokarbondatierung nach war die Insel bereits von den Yaghan besiedelt – es gibt eine nachgebaute Hütte und Informationen über die indigene Geschichte und die endemische Fauna vor einem brillanten 360-Grad-Panoramablick über Ushuaia und die Isla Navarino.

Im Sommer – wenn auf dem Törn entlang der gebirgigen Küste von Amerikas südlichstem Punkt auch Wale und Robben zu sehen sind – fahren Boote zur Isla Martillo, wo eine *pinguinera* (Pinguinkolonie, S. 448) zu Hause ist. **Piratour** ist die einzige Agentur, die die Genehmigung hat, die Pinguinen zu besuchen und die Insel das ganze Jahr über anzufahren (Magellan-Pinguine ziehen auf die Halbinsel Valdés, wenn es kälter wird, aber die Eselspinguine bleiben hier). Vor Kurzem wurden auf Isla Martillo auch Königspinguine gesichtet. **Ushuaia Divers** bietet Tauchgänge im Beagle-Kanal an, bei denen die Teilnehmer mit Seelöwen schwimmen und die berüchtigten Wracks am Grund des Kanals erkunden.

BESTE ABEND-AKTIVITÄTEN

Huskys vorneweg
Mit Hundeschlitten rasant durch die verschneiten Wälder des Valle Tierra Mayor sausen.

Feuer und Eis
Im Spa des Arakur Resort bei einer abendlichen Open-Air-Hydrotherapie kalte Luft, Thermalwasser und herrliche Aussicht genießen.

Sternenhimmel
An der Playa Larga die schillernden subantarktischen Sternbilder bestaunen.

Mitternachtsessen
Die Patagon Mountain Agency bietet nächtliche Wanderungen mit Skistunde und Essen in einer Kuppel im Wald an.

Glitzerndes Wasser
Von Ushuaia gibt es Ausflüge zum Lago Escondido mit einer Kajaktour bei Sonnenuntergang.

Bergzauber auf dem Martial

Gletscher in der Stadt und Mikro-Skigebiet

Die Straße, die sich auf die schneebedeckten Gipfel des **Cerro Martial** hochwindet, bietet weiten Blick auf den Beagle-Kanal. Die gut ausgeschilderte Wanderung zum Kargletscher ist nach einem anfänglichen steilen Anstieg relativ einfach und dauert hin und zurück rund drei Stunden. Allerdings ist die Aussicht über die umliegenden Berge und den Beagle-Kanal beeindruckender als der Gletscher selbst.

Am Fuß des Skigebiets gibt es Läden für Wander- und Skiausrüstung. Die traditionsreiche **Escuela de Esquí** bietet in

AUSGEHEN IN USHUAIA

La Cabaña Beerpoint
Die Gäste dieses Blockhauses am Fuß des Cerro Martial genießen am Lagerfeuer im Garten Craftbier.

Dublin Pub
Die typisch irische Bar befindet sich abseits der Hauptstraße und ist bis frühmorgens geöffnet.

Club 1210
Der Club in Ufernähe bietet jeden Abend Elektro-Beats bis zur Morgendämmerung.

der Saison auch Ski- und Snowboardkurse. 2023 wurde in der ehemaligen Sesselliftstation das **Centro de Montana Glaciar Martial** eröffnet, zu dessen geführten Touren auch Nachtwanderungen gehören.

Abenteuerlustige können sich an die neun Ziplines von **Canopy Ushuaia** wagen oder mit **Francisco Jerman** Langlauftouren unternehmen. Er gehört dem alteingesessenen **Club Andino Ushuaia** an, bei dem man auch Kurse im Snowboarden, Bergsteigen oder Schlittschuhlaufen buchen kann.

Danach reiht man sich in die Warteschlange vor **La Cabaña Casa de Té** ein. Diese muntere, in Pastelltönen gehaltene Teestube kommt in Südamerika dem dänischen „Hygge" am nächsten. Wer lieber ein Bier trinken möchte, ist am Kamin oder im Garten des Blockhauses **La Cabaña Beerpoint** genau richtig. Für die Rückfahrt stehen Taxis bereit, auch Busse fahren am Nachmittag stündlich ins Tal. Wenn man es nicht selbst Gletscher schafft, dann gibt es eine Alternative: Der Glaciar Martial liefert nämlich den Großteil von Ushuaias Leitungswasser.

TIPPS FÜR BERGSTEIGER

Wer die Berge ringsum nicht nur sehen, sondern auch besteigen möchte, blättert weiter zur Seite 457 mit den besten Bergtouren auf der **Isla Grande**.

Urbane Natur

Stadtwanderungen mit Bergblick

Die Wanderungen durch Naturgebiete mitten in der Stadt, samt herrlichem Bergblick, dienen als Training für ganztägige Touren. Hinter dem Arakur Ushuaia Resort führen Wege durch das **Naturschutzgebiet Cerro Alarkén**, an gelb und blau markierten Bäumen vorbei; die rot markierte Route ist anspruchsvoller. Das Reservat liegt auf einem Bergsporn mit Blick auf Cinco Hermanos, Monte Olivia und, bei klarem Wetter, den Vinciguerra-Gletscher.

Etwa auf halber Strecke derselben unbenannten Straße markiert ein Schild an einem Parkplatz den Anfang der 8 km langen, vierstündigen Rundwanderung zur **Cascada de los Amigos**, die aus großer Höhe ins Tal des Río Chico hinabstürzt. Bis zur Gabelung weitergehen und dort die linke Abzweigung nehmen, den Fluss überqueren und durch den Wald bis zum Fuß des Wasserfalls wandern.

Ein paar Blocks nördlich der Avenida San Martín liegt der großartige Wald der **Reserva Natural Urbana Bosque Yatana**. Im dortigen Kunsthandwerkszentrum mit Installationen, Nachbauten indigener Unterkünfte und Infos über die Fauna finden Kurse und Events statt – eine wunderbare Einführung in die hiesige Natur und ein Fest für die Seele.

NUR STEHPLÄTZE

Sich mit anderen Passagieren um einen Blick auf die subarktische Tierwelt zu drängeln, ist ein unvergessliches Erlebnis ... Terramar Turismo und Rumbo Sur bieten Touren in großen Gruppen für diejenigen, die sich im Pulk wohlfühlen. Ché Turismo, Tierra Turismo und Tierra del Fuego Aventura sind auf Touren mit kleineren Fahrzeugen und Booten für kleine Gruppen (10–20 Pers.) spezialisiert. Sie können die Routen auf optimale, ruhigere Zeiten abstimmen und Tiere aus der Nähe zeigen. Last-minute-Tickets und einen Überblick über die verschiedenen Touren und Anbieter bekommt man an den Ständen neben dem Puerto Turístico.

AUSGEHEN IN USHUAIA

Moat
Die schicke Cocktailbar im Speakeasy-Stil unter einem Tapaslokal serviert tollen Gin. Dienstags geschlossen.

The Birra
Unten Getränkeladen, oben noble Kneipe mit Craftbieren der Superlative.

Cervecería Grut '84
Das Blockhaus im Stadtteil Dos Banderas schenkt aus hölzernen Zapfanlagen lokale Biere aus.

MATYAS REHAK/SHUTTERSTOCK ©

TOP-SEHENSWÜRDIGKEIT

Parque Nacional Tierra del Fuego

MEHR INFOS

Für weitere Informationen diesen QR-Code scannen:

Der meistbesuchte Ort des Archipels bietet je nach Alter, Wetter, Fitnessgrad und Vorlieben für jeden etwas. Die fast 700 km² große Unesco-Welterbestätte, die sich bis an die Grenze zu Chile erstreckt, ist ein Mikrokosmos von Argentiniens Highlights und lädt zu einer Zugfahrt oder einer mehrtägigen Wanderung in der Einsamkeit zwischem subpolarem Meer, schneebedeckten Gipfeln, Gletscherseen, smaragdgrünen Lagunen und Tälern mit Ponyweiden ein.

NICHT VERSÄUMEN

- Bahía Lapataia
- Tren del Fin del Mundo
- Lago Acigami
- Kanufahrt auf dem Lago Roca
- Bahía Ensenada Zaratiegui
- Beagle-Kanal
- Laguna Verde

Tren del Fin del Mundo

Im Allgemeinen ist an jedem Ort in Ushuaia, der als das „Ende der Welt“ angepriesen wird, Vorsicht vor Bauernfängerei angebracht. Doch diese stimmungsvolle Dampflokomotive, die sich zwischen Lengawäldern und schneebedeckten Bergen dahinschlängelt, wird dem Hype gerecht. Diese Nachbildung der 7 km langen Zugfahrt, die einst die erste Einwanderungswelle der Stadt zurücklegte – verurteilte Straftäter, die um die Wende zum 20. Jh. in die Strafkolonie Ushuaia verbannt wurden, um das Land für den Bau der Stadt vorzubereiten –, windet sich vom nachgebauten Bahnhof in Richtung Parque Nacional Tierra del Fuego. Aufschlussreiche Kommentare über die Gefängnisgeschichte Ushuaias in vier Sprachen werden unweigerlich von den Ausblicken auf wilde Pferde, die in der von Gletscherflüssen durchzogenen Tundra grasen, auf den Wasserfall La Macarena, Fotoshootings mit Gefängnisinsassen (verkleideten Darstellern) und das Bergpanorama in den Hintergrund gedrängt.

Wandern am Wasser und in den Bergen

Hier führen Wege durch Lenga-Wälder (eine Buchenart) an Gletschergewässern und unter hoch aufragenden schneebedeckten Bergen entlang, von Küstenspaziergängen zwischen Meer und See bis zu anstrengenden Bergwanderungen und kurzen Abstechern zu Wasserfällen. Der Weg Senda Costera (Mai–Nov. gesperrt) von der Bahía Ensenada Zaratiegui zum Lago Acigami führt am westlichen Beagle-Kanal-Ufer entlang durch Wälder zu versteckten Buchten und Stränden. Der Cerro Guanaco ist eine herausfordernde Bergtour, die mit Blick auf das Meer auf der einen und die Anden auf der anderen Seite belohnt wird (für diese Tour muss man sich im Voraus beim Alakush-Besucherzentrum anmelden), während der Wasserfall Río Pipo in einem 15-minütigen leichten Abstieg zu erreichen ist. Die Wandertour über die Berge zur Laguna del Caminante und zum Lago Superior beginnt im Nationalpark und dauert mehrere Tage.

Wasserwunder

Wie ein Mondkrater liegt der kreisrunde Lago Acigami da – eine unberührte Fläche aus Gletscherwasser vor der Kulisse imposanter, eisbedeckter Bergkämme und das Nachbarland Chile in Sichtweite. Um den halbmondförmigen Kiesstrand führen mehrere Wege – der Hito-XXVI-Pfad reicht bis an die chilenische Grenze; unterwegs laden Bänke am Seeufer zur Kontemplation ein. Mit Kanufahrten im Sommer (die einzige offiziell erlaubte Aktivität im Nationalpark) und Camping bietet der Lago Acigami neue Möglichkeiten, das Herz des Parque Nacional Tierra del Fuego kennenzulernen. Kurze, um die zehn Minuten lange Wanderungen auf Holzstegen säumen die Lapataia-Bucht, Endpunkt der Panamericana. Eine halbe Stunde weiter ist die smaragdgrüne schimmernde Laguna Verde erreicht.

Post vom Ende der Welt

Das schön gelegene große Alakush-Besucherzentrum präsentiert eine kleine Ausstellung über die glaziale, anthropologische und bautechnische Entwicklung des Nationalparks, außerdem gibt es eine geräumige Cafeteria mit Panoramablick und offenem Kamin. Von der Terrasse hinten rechts sind die eisbedeckten Berge am Lago Lapataia zu sehen.

Um eine Postkarte vom Ende der Welt abzuschicken, ist Bahía Ensenada Zaratiegui die letzte Möglichkeit! Als wir da waren, war das Postamt geschlossen; es wurde erzählt, dass der 70-jährige Postmeister Carlos de Lorenzo, selbst ernannter Premierminister der gegenüberliegenden Republik Rhodonda (der Insel, auf der sich das Postamt früher befand), immer häufiger durch Abwesenheit glänzt. Dennoch: Die verzierte Hütte am Ende eines Stegs ist ein unverzichtbarer Fotostopp. Achtung: Wer seinen Reisepass zum Abstempeln mitgebracht hatte, sei gewarnt: Hier verteilte Markierungen können das Dokument ungültig machen!

LEBENSZEICHEN

Wanderer sehen vermutlich Silberfüchse, Biber und unzählige Vögel. An der Küste gibt es Erdhügel – es könnten Müllhaufen der Yaghan sein, die einst hier lebten. Ausschau halten nach Alakush-Dampfschiffenten, nach denen das Besucherzentrum benannt ist, und am Cerro-Guanaco-Weg nach Guanakos und Kondoren.

TOP TIPPS

- Stätten wie die Lapataia-Bucht am besten morgens oder spätnachmittags besuchen.
- Vor oder nach der Hinfahrt mit dem Tren del Fin del Mundo den Park zu Fuß erkunden.
- Bahía Ensenada, Lago Roca, Laguna Verde, Río Pipo und Bahía Ensenada Zaratiegui bieten Campingplätze.
- Einige Wege sind im Winter gesperrt.
- Bei unserem Besuch war im Winter nach der Zugfahrt eine gebuchte Tour obligatorisch.
- Busse fahren morgens von Ushuaia stündlich in den Park. Es gibt sechs Haltestellen, darunter Bahía Ensenada Zaratiegui, das Alakush-Besucherzentrum und die Lapataia-Bucht.

ALEX. SHEVCHENKO/SHUTTEESTCOCK ©

Galería Temática Historia Fuegina

ZIMMERPREISE

Tierra del Fuego hat das zweithöchste Pro-Kopf-Einkommen Argentiniens und gehört zu dessen wohlhabendsten Regionen. Deshalb und angesichts des Ende-der-Welt-Tourismus ist Ushuaia ein teures Pflaster. Unsere $$-Kategorie entspricht hier einer preiswerten Unterkunft und $$$ einem Mittelklassehotel. Für Luxushotels ist hier genauso viel zu bezahlen wie in Städten und Ferienorten in Westeuropa und den USA – Unterkünfte, die eher dem landesweiten Preisniveau entsprechen, findet man in und um Tolhuin und Río Grande.

WEITERE ATTRAKTIONEN IN USHUAIA

Museen im Ostteil der Stadt

Ushuaias Museums-Triptychon

Vorträge eines Yaghan-Dozenten, ein nationales Museum in einem Panoptikum und eine audiovisuelle Tour durch Ushuaia im Lauf der Jahrtausende: Die wichtigsten Museen der Stadt befinden sich östlich der Avenida San Martín.

Jeder der fünf Flügel des **Museo Marítimo de Ushuaia** widmet sich einem anderen faszinierenden Thema – von der Geschichte der Seefahrt auf der Magellanstraße über die Antarktis bis zu den Yaghan. Am stimmungsvollsten ist die Hintergrundgeschichte von Ushuaia und dem Panoptikum aus dem 19. Jh., in dem sich das Museum befindet – einem ehemaligen Straflager, das als „Sibirien des Südens" bezeichnet wurde und in dessen Zellen einst die berüchtigtsten Verbrecher Argentiniens einsaßen.

In der **Galería Temática Historia Fuegina** kann man etwa zwei Stunden verbringen, u.a. gibt es audiovisuelle Dioramen über die Geschichte Feuerlands von den indigenen Gemeinden, die hier um 4000 v. Chr. lebten; ebenso über die Expeditionen von Shackleton und Darwin.

SCHLAFEN IN USHUAIA

Los Acebos
Das Schwester- und Nachbarhotel von Las Hayas bietet ein tolles Restaurant und sehr guten Service. $$$

Arakur Mountain Resort
Luxuriöses Bergresort mit Open-Air-Hydrotherapie, Ausritten, Wanderwegen und schöner Aussicht. $$$

Los Cauquenes
Das Luxushotel am Meer, etwas außerhalb des Zentrums, bietet ein umfangreiches Freizeitprogramm. $$$

Täglich um 11 Uhr hält Victor Vargas Filgueira, Mitglied von Ushuaias kleiner indigener Paliakola-Gemeinde und Sohn von Cristina Calderón (gest. 2022), der letzten Yaghan-Sprecherin der Welt, einen Vortrag auf Spanisch über die indigene Geschichte und Kultur der Region. Auf Wunsch zeigt er Korbwaren und anderes Kunsthandwerk seiner Vorfahren, ehe man im **Museo del Fin del Mundo** die spannenden Ausstellungen über die Tierwelt der Antarktis und die Geschichte der Menschen in Feuerland erkundet. Das Museum verteilt sich auf zwei alte Gebäude an der Avenida Maipú. Eines davon, die 1890 errichtete **La Antigua Casa de Gobierno**, erzählt anhand von Originalaufnahmen und Zeitzeugenberichten vom Untergang der MS *Monte Cervantes*. Da die Tickets für dieses Museum und das Museo Marítimo de Ushuaia mehrere Tage gelten, kann man sie mehrmals besuchen.

BLICK VON OBEN

Aus der Vogelperspektive sind die schönsten – und unzugänglichsten Attraktionen der Region zu bestaunen. Über der Laguna Esmeralda schweben, Ushuaias höchsten Gipfel, Monte Olivia, aus der Nähe sehen, den chilenischen Teil Feuerlands überfliegen und auf dem Cerro Alvear aussteigen, wo auch Heliskiing angeboten wird. Auf schnellstem Weg gelangt man zum Mittagessen nach Puerto Almanza und zur Península Mitre. HeliUshuaia fliegt mit Hubschraubern über Ushuaia und die Anden. Der Aeroclub Ushuaia befördert seine Passagiere in Leichtflugzeugen über die Isla de los Estados (und den Leuchtturm, der Jules Verne zu seinem *Leuchtturm am Ende der Welt* inspirierte), die Cordillera Darwin und Kap Hoorn.

Süßes gegen die Kälte

Außergewöhnliches Konfekt

Von den zahlreichen Chocolatiers an der Avenida San Martín bis hin zu den Teestuben in den Bergen – Ushuaias Angebot an Kuchen- und Schokoladenläden ist schwindelerregend.

An der Avenida San Martín gibt es acht patagonische Schoko-*providores*. **Laguna Negra** führt Süßwaren der Superlative sowie – wie die meisten anderen – heiße Schokolade, während das traditionelle **Chocolates Edelweiss** ein Juwel ist. Die *chocotortas* und andere Kuchen der Konditorei **Tante Sara's** sind so beliebt, dass sie inzwischen elegant-traditionelle Cafés an der Avenida San Martín und in Río Grande hat. **Ana é Juana** ist eine moderne patagonische Bäckerei für kunstvolle südamerikanische Naschereien.

Im **Ramos Generales el Almacén** an der Avenida Maipú herrscht viktorianisches Flair; es ist zugleich Museum mit alten Spielsachen, Registrierkassen und Schatztruhen sowie Café mit köstlichen Süßspeisen hinter Glastheken. **La Cabaña Casa de Té** mit ihrem Souvenirladen ist pastellfarbene patagonische Perfektion pur, während im **Chloe Casa de Té** (Reserv. oblitagorisch) hausgemachte Tees mit Blick auf den Beagle-Kanal serviert werden.

Köstlichkeiten aus Neptuns Reich

Sensationelles subantarktisches Seafood

In Ushuaias altehrwürdiger Gastro-Szene sind großartige Fischgerichte und Meeresfrüchte obligatorisch. *Centollas* (Zentoscha ausgesprochen, Königskrabben) können bis zu 19 cm lang und bis zu 30 Jahre alt werden. Viele landen nach einem

ESSEN IN USHUAIA

Mercado del Jardín
In dem Food-Court im Tiroler Architekturstil an der Avenida Martín gibt es alles von Sushi bis Pizza. $

Isla Vegana
Die Bäckerei bei der Avenida Maipu serviert exzellente Burger, Sandwiches, Kuchen und Salate – alles fleischlos. $

Xpresso
Ganztägig gut besuchtes Café an der Avenida Martín mit Smoothies, Backwaren und Blick auf den Beagle-Kanal. $

TANGO AM ENDE DER WELT

Tango tanzen am südlichsten Ort der Welt! Masdanza, ein Tanzstudio mit verschiedenen Kursen, befindet sich gleich hinter der Avenida San Martín. Fans von Argentiniens Nationaltanz können im Tango B&B die Nacht verbringen. Die Unterkunft wird von einer Musikerfamilie betrieben, die ihren Gästen auch Konzerte und Akkordeonkurse anbietet. Auch im Cavas del Fin del Mundo, Erlebnisgastronomie, Supper Club und Museum in einem, nehmen Tango und Musik einen prominenten Platz ein. Eine umfassende Einführung in die Welt des Tangos bieten die speziellen Abendveranstaltungen (Mi & Fr) im Theaterraum des Onírico Sur. Diese Events umfassen Vorführungen, Abendessen und Tanz.

JOEL REYERO/DPA/ALAMY LIVE NEWS ©

Cerro Castor

Aufenthalt in den vielen Aquarien der Restaurants auf dem Teller. Am besten sollen sie roh oder mit Parmesan überbacken schmecken – eine regionale Spezialität.

Für Fischfans gehört der fette Lachs aus dem Beagle-Kanal zu den besten der Welt; die Delikatesse *merluza negra* (Schwarzer Seehecht) wird von Tauchern tief im Kanal gefangen – das Fleisch schmeckt nach Antarktis.

Gute Fischrestaurants sind **La Casa de los Mariscos** und **La Cantina Fueguina de Freddy** in der Avenida San Martín. Das behagliche **Volver**, Avenida Maipú, das an eine Fischerhütte erinnert, wird von einem umjubelten Küchenchef geleitet und ist für sein Ceviche berühmt, während das **Kaupé** schon mehrfach für seine makellosen und fantasievollen Seafood-Gerichte ausgezeichnet wurde.

Gute Tropfen

Handwerklich Gebrautes und Destilliertes

Wer Ushuaias köstliches, reines Trinkwasser erstmals probiert hat, glaubt an die Liebe auf den ersten Schluck. Wo sonst kann man subantarktisches Gletscherwasser nicht nur aus der Leitung trinken, sondern auch darin baden? Und seit etwa zehn Jahren beflügelt es auch die hiesige Craft-Brennerei- und Brauereiszene.

SCHLITTSCHUHLAUFEN

Laguna del Diablo
Die Lagune im Zentrum verwandelt sich in ein riesiges Eishockeyfeld, sobald das Wasser gefriert.

Cerro Castor
Mit einem Skipass ist der Eintritt für die einzige Eisbahn des Wintersportgebiets kostenlos.

Carlos Tachuela Oyarzún
Die städtische Freiluft-Eisbahn an der westlichen Küste ist bei den Einheimischen beliebt.

In Feuerland ist Bier nicht nur eine Erfrischung, sondern eine Obsession. Immer mehr Mikrobrauereien produzieren Bier aus Gletscherwasser, patagonischem Hopfen und Bergkräutern. Das berühmteste, Cerveza Beagle, gibt es in jedem Getränkeladen und jeder Bar von Ushuaia; bei **Garibaldi Cerveza de Montaña** wird Bier vor Ort gebraut.

Wer etwas Stärkeres mag, kann den Gin 3005 in Haruwens **Museo Moto Cafe 3005** probieren (beim Eintreten gibt es für jeden Gratis-Shots). Die **Jeremy Button Gintonería**, eine gut besuchte Bar und Ginbrennerei am Meer, ist nach einen Yaghan benannt worden. Dieser wurde angeblich für einen Knopf verkauft und dann von Robert FitzRoy gekidnappt wurde, um in England vorgeführt zu werden, ehe er einige Jahre später mit Darwin an Bord der HMS *Beagle* zurückkehrte. Wer ebenfalls zurückkehren möchte, sollte ein Bier oder einen Schnaps mit *calafate* (Berberitze) probieren – es heißt, dass jeder, der diese patagonische Beere gekostet hat, zur Rückkehr bestimmt ist.

Pulverschnee & Schlittenhunde

Abenteuer in den Wintersportzentren

Das Tierra-Mayor-Tal wurde, wie der größte Teil der Ebenen im Süden von Tierra del Fuego, von einem gewaltigen Gletscher geschaffen, der sich vor 25 000 Jahren vom Darwin-Gebirge löste und die flache, backformähnliche Senke eingrub, die die umliegenden Gipfel so dramatisch hervorhebt.

Zwischen Juni und September ist dies ein wahres Winterwunderland, in dem Besucher vom **Centro Invernal** aus mit Hundeschlitten durch Lenga-Wälder fahren oder auf einen gefrorenen Wasserfall klettern möchten; oder mit Schneemobilen durch das 5 ha große verschneite Tal bei **Llanos del Castor** rasen und auf den 19 Pisten des einzigen Skigebiets im äußersten Süden Amerikas, **Cerro Castor**, hinuntersausen. Das Unternehmen eines ehemaligen Olympioniken bietet Sessellifte, Restaurants, Après-Ski-DJs und Unterkünfte. Einige Pisten werden künstlich beschneit und garantieren gute Bedinungen ab dem Saisonstart am Tag nach der Wintersonnenwende. Besonders schön ist es hier abends, wenn glitzernde Lichter und heiße Schokolade den Kontrast von Nachthimmel und Schnee noch verstärken. In den Restaurants an den Pisten gibt es ausgezeichnete *parrilla*.

Nächster Halt: Antarktis

Kreuzfahrt in den äußersten Süden

Von Oktober bis März nehmen Kreuzfahrtschiffe auf dem Weg in die Antarktis in Ushuaia Passagiere auf, ehe sie zum siebten Kontinent weiterfahren. Die Fahrt kostet etwa 10 000 US$ – Last-minute-Plätze für ca. 4000 US$ verkaufen Agenturen wie 4x4 Ushuaia und Rumbo Sur. Die Reise in die Antarktis dauert mindestens fünf Tage (zu den South Georgia Islands, hin & zurück), meist ist man aber mindestens zwei Wochen unterwegs. Von Punta Arenas in Chile gibt es von Dezember bis Februar Flüge nach King George Island – das Angebot reicht von eintägigen Rundflügen bis zu Flug-plus-Schiff-Paketen. Kreuzfahrten werden von den Reisebüros in der Avenida San Martín angeboten.

FEUERLANDS LAMMFLEISCH

Auf Tierra del Fuego ist der Ursprung der argentinischen Schafzucht. Viele *parrillas* servieren frisches Lamm von den *estancias* der Insel. Feuerländische *cazuelas* (Schmorgerichte) sind eine herzhafte, langsam gegarte Spezialität. Isabel Cocina al Disco in Ushuaias Avenida Maipú – mit Blick auf den Beagle-Kanal – ist für große Portionen zum Teilen bekannt. Die *cazuela* im Restaurant Kuar ist eine wahre Aromenexplosion. Die Estancia la Parrilla sowie Moustachio offerieren stets gutes Lammfleisch am Spieß. Die absolute Farm-to-table-Frische bieten aber die *parrillas* in Tolhuin und Río Grande direkt vor den Toren von Tierra del Fuegos *estancias*.

Rund um Ushuaia

UNTERWEGS VOR ORT

Von der Shuttlestation in Ushuaia fahren regelmäßig Minibusse zur Laguna Esmeralda und zu den Centros Invernales. Für Taxis gibt es eine Liste mit Fixpreisen für Fahrten nach Harberton, Almanza und alle Ziele außerhalb der Stadt. Schneestangen, Steigeisen und anderes Equipment gibt es in den Centros Invernales und Läden in der Stadt. Im Sommer werden Bootstouren auf dem Beagle-Kanal und Ausflüge zur Estancia Harberton angeboten, ganzjährig nach Puerto Almanza. Für die Ruta Complementaria J sind sicheres Fahren und im Winter Allradantrieb erforderlich.

TOP TIPP

Im Winter, wenn heikle Bedingungen herrschen können, ist für Wanderungen oder Fahrten abseits der gesicherten Wege und Straßen 20–50 % mehr Zeit einzuplanen .

Im Norden laden herrliche Berge zu ambitionierten Wanderungen auf atemberaubende Gletscher ein. An der Südküste warten Restaurants und historische Siedlungen.

Wenn Ushuaia der Einstieg ist, dann ist die Umgebung die Offenbarung. Die höheren Gefilde sind ganzjährig schnee- und eisbedeckt, Wanderungen führen nahe an die ikonischen Gipfel des Cinco Hermanos und des Monte Olivia in den Anden heran. Dies ist ein eisiges Reich mit marineblauen Lagunen, hohen Gipfeln, tiefen Grotten, versteckten Gletschern und rauschenden Wasserfällen. Die Südküste gen Osten präsentiert ein überraschendes Sea-to-table-Feinschmeckerparadies, majestätische Meeresbewohner sowie Feuerlands erste *estancia*, deren Gründer in der Entwicklung von Ushuaia eine wichtige Rolle spielten. Und Puerto Williams liegt so nah, dass sich das Handy ins chilenische Netz einwählt.

Valle Carbajal

Valle Carbajal

FAHRZEIT VON USHUAIA: **20 MIN.**

Gletschertour in den Bergen

Die Gletscher der Anden, mit die größten Attraktionen bei Ushuaia, haben sich in Zehntausenden von Jahren geformt und geben einen Vorgeschmack auf die Eisriesen in der Antarktis rund 1000 km weiter südlich. Stunden- oder tagelange Bergabenteuer beginnen in Tälern in der Stadt selbst oder nur 20 Autominuten entfernt.

Ushuaias anspruchsvollste Tagesmärsche für Einsteiger führen zu den umliegenden Gletschern. Zum Vinciguerra-Gletscher geht es hinter dem Tor in Camino del Valle ins Valle Andorra und einen steilen Anstieg durch Waldwege hinauf zur Laguna de los Tempanos. Die türkisblaue Lagune rechts umrunden, um zum Gletscher zu gelangen; im Winter sind dafür ein Bergführer und Ausrüstung erforderlich. Die Eishöhlen des Vinciguerra sind begehbar – aber ohne einen Führer oder einen offiziellen Sicherheitsbescheid, wird strikt davon abgeraten. Ende 2022 wurde an der Jimbo-Höhle in dieser Gegend eine Person von herabstürzendem Eis erschlagen.

Der Aufstieg zum Alvear-Gletscher gehört zu den beschwerlichsten – und herrlichsten – in dieser Region und erfordert eine Zeltübernachtung auf deren dritthöchstem Berg. Erfahrene Bergführer der Compañia de Guías de Patagonia leiten dieses und andere Unternehmungen und können sie auf persönliche Fähigkeiten und Vorlieben anpassen. Der Ojo del Albino, einer der spektakulärsten Gletscher hier, ist nur im Winter zugänglich, wenn die Laguna Esmeralda zugefroren ist. Selbst dann braucht man Steigeisen und Eispickel. Dasselbe gilt für den 1326 m hohen Monte Olivia.

FEUERLANDS HÖCHSTE BERGE

Der Monte Olivia ist mit 1326 m der höchste von Ushuaia aus sichtbare Gipfel, der wie das Matterhorn über der Stadt und den umliegenden Berge thront. Sein Gletscher ist nach dem Salesianer-Missionar Alberto de Maria Agostini benannt, der den Monte Olivia 1913 als Erster bestieg.

Der 1280 m hohe ikonische Cinco Hermanos wiederum ist wegen seiner fünf Gipfel nach den fünf Söhnen von Thomas Bridges benannt. Für die anspruchsvolle Route, die 867 m an seiner Gebirgswand hochführt, sind hin und zurück 4½ Stunden einzuplanen.

Feuerlands höchster Berg ist mit 2488 m der Monte Darwin in der chilenischen Eislandschaft der Cordillera Darwin.

Puerto Almanza nach Harberton/Beagle-Kanal-Küste

FAHRZEIT VON USHUAIA: **1½ STD.**

Der Fang des Tages

1½ Autostunden hinter Ushuaia, vorbei an Waldwegen, Lago Victoria, Gaucho-*refugios* und Viehweiden, liegt das Fischerdorf Puerto Almanza. Die Ruta Complementaria K, auch als La Ruta de la Centolla bekannt, zweigt von der Ruta J ab und ist von idyllischen Restaurants am Beagle-Kanal gesäumt, mit Blick hinüber auf Puerto Williams auf der Isla Navarino (sie ist so nahe, dass sich das Handy ins chilenische Mobilfunknetz einwählt). Die empfehlenswerten Restaurants La Mesita de Almanza und La Sirena y el Capitán haben jeweils nur ein Dutzend Plätze. Vom mehrfach prämierten La Sirena blickt man auf die Fischer, die den Fang des Tages an Land holen. Manchmal helfen die Gäste dabei.

BERGFÜHRER & -TOUREN

Arpon Turismo
Exzellente Agentur in Familienhand für Touren in kleinen Gruppen zum Vinciguerra- und zum Ojo-del-Albino-Gletscher.

Canal Fun
Renommiertes Unternehmen mit einer ganzen Reihe von Tageswanderungen und Touren für kleine Gruppen.

Patagon Mountain Agency
Abenteuerlustige und abwechslungsreiche Tageswanderungen zu Gletschern; Eisklettertouren und mehr.

AUSFLUG ZUR SMARAGDLAGUNE

Ausgerüstet mit wasserfester Kleidung, Wander- oder Gummistiefeln, Trinkwasser und Proviant (fürs Picknick an der Lagune) nimmt man in Ushuaia den Shuttlebus um 10 Uhr zum 1 **Valle de Lobos**, 19 km östlich an der Ruta 3. Die vier- bis fünfstündige Rundwanderung beginnt am Schild mit der Nr. 1 – in Richtung Norden geht es auf dem Plankenweg etwa 1 km durch hoch aufragende Lenga-Wälder.

An einer Lichtung mit herrlichem Blick auf das Valle Carbajal und die Berge im Hintergrund geht man nach rechts am Fluss entlang und nach 700 m wieder in den 2 **Wald** hinein. Dann folgt man hier den blauen Zeichen an den Bäumen (oder dem Guide) bergaufwärts. Unterwegs auf Silberfüchse und Biber achten! Nach 1,3 km, am Waldende, folgt ein 3 **Torfmoorgelände**. Dies ist der anspruchvollste – aber auch ein für Feuerland typischer – Abschnitt des Aufstiegs; hier kommt es leider häufig zu Stürzen. In der Regel ist es auf der linken Seite am wenigsten prekär; am besten hält man Ausschau nach einer Wandergruppe, um zu sehen, welchen Weg die Profis nehmen.

Danach geht es wieder am Río Esmeralda entlang (im Flusswasser kann man die Stiefel und Hände waschen). Unterwegs sollte man sich unbedingt umdrehen, um das Berg-und-Tal-Panorama zu bewundern! Es geht nun 1 km steil bergan, die Farbe des Flusses wird dunkler und fließt an Felsen vorbei. Wenn man einen besteigt, lässt sich nun der herrliche Blick auf die 4 **Laguna Esmeralda** genießen – das smaragdgrüne Wasser hebt sich förmlich von den umgebenden Berge ab. Beeindruckend ist auch der 5 **Ojo-del-Albino-Gletscher** dahinter, dann macht man sich auf den Weg zurück zum Ausgangspunkt.

Alma Yagan, 5 km hinter dem kleinen Hafen, ist eine Kochschule unter der Leitung der einzigen weiblichen Kapitänin Feuerlands, die ihren Gästen in ihrer gemütlichen Wald-*cabaña* am Beagle-Kanal die Zubereitung von Seafood-Gerichten beibringt, ehe alle zusammen die (Meeres-)Früchte ihrer Arbeit genießen. Weiter die Küste entlang, hinter dem winzigen Dorf Punta Parana, liegt Puerto Pirata. Das Restaurant gleichen Namens ist fast so dekorativ wie die Gourmetküche, die hier serviert wird. Nach dem Essen können sich die Gäste auf einem Spaziergang zur Cascada del Duende die Beine vertreten. Im Beagle-Kanal sollte man Ausschau nach Walen und verspielten Seelöwen halten, die zweifellos auch wegen der leckeren Meeresfrüchte hierherkommen.

Tierra del Fuegos erste Estancia

Lucas Bridges' bahnbrechende Autobiografie *Ultimo confine del mondo* liest sich wie ein Thriller und erzählt von der Gründung von Ushuaia in den 1870er-Jahren. Die Geschichte wäre ohne sein Tagebuch vermutlich in Vergessenheit geraten. Sein Vater Thomas, der erste europäische Siedler in Feuerland, wollte als Missionar die Yamana zum Christentum bekehren und verfasste das einzige Wörterbuch ihrer inzwischen archaischen Sprache. Als er 1886 seine kirchliche Funktion aufgab, wurde ihm rund 75 km von Ushuaia entfernt (an der heutigen Ruta J) ein Stück Land zugesprochen. Seine Nachkommen betreiben die Ansammlung malerischer Gebäude mit roten Dächern sowie die umliegenden Inseln und Weideflächen am Beagle-Kanal nach wie vor als Museum, Restaurants und Pension.

Die Gästezimmer befinden sich in den schlichten Häuschen der Estancia Harberton – von Übernachtung mit Frühstück

FRISCH AUS DEM MEER

Die besten und frischesten Königskrabben der Insel gibt es im aufstrebenden Feinschmecker-Fischerdorf **Puerto Almanza** (S. 457), wo der Fang des Tages in den Restaurants am Meer serviert wird.

NICHT DAS ENDE DER WELT

Selbst die letzte Stadt der Welt bekommt Konkurrenz: 2019 erklärte Chile die Isla Navarino (deren Hauptstadt Puerto Williams nur 5 km von Puerto Almanza entfernt ist) zur Stadt, nun trägt sie den Titel „südlichste Stadt der Welt". Die Kanalüberquerung zwischen Argentinien und Chile war während der Pandemie eingestellt, aber nun verkehren die Boote ab Ushuaia wieder (Nov–März tgl.). Das ganze Jahr über ist Isla Navarino über Punta Arenas in Chile zu erreichen, per Flug mit DAP Airlines oder mit der Yaghan-Fähre über das Gletschertal der Cordillera Darwin. Auf der Insel gibt es die weltweit größte Yaghan-Gemeinde, den Wanderweg Dientes de Navarino – von dem ein Teil nach einem Lonely-Planet-Autor benannt ist. In der Ferne liegt Kap Hoorn.

SCHLAFEN AN DER RUTA K

Oveja Verde B&B y Cabañas
Zur rustikalen *posada* in Puerto Parano gehört ein eigenes Restaurant. **$$**

Refugio Punta Parana
Abgeschiedenes Blockhaus mitten in der Natur mit schlichter Ausstattung und tollem Meerblick. **$**

Biblioteca Rural José Larralde
Gleich hinter Puerto Pirata heißt die kleine Farm mit Bibliothek Übernachtungsgäste willkommen. **$**

DAS ENDE DER STRASSE

Rund 20 km östlich der Estancia Harberton, am Ende der Ruta J, erstreckt sich die riesige Estancia Moat, die einst ein Missionsbruder von Thomas Bridges gründete. Das Gelände umfasst weite Abschnitte der Beagle-Kanal-Küste, Felder und Flüsse. Herden von Wildpferden und Guanakos sind typisch für den Osten der Insel. Von hier aus starten auch Touren zur Südküste der Peninsular Punta Mitre – dem geschichtsträchtigsten Teil dieses Schutzgebiets. Alma Calma Expediciones bietet eine dreitägige Wanderung von hier zum Cabo San Pio; Terre de Feu Authentique organisiert einwöchige Trecks.

Acatushun-Besucherzentrum

bis zur Vollpension, inklusive Ausflüge zu den Inseln. Tagesausflügler können im Acatushun-Besucherzentrum eine eindrucksvolle Sammlung von Skeletten und Fossilien bestaunen, die an der Küste der Inseln gefunden wurden, nachgebaute Yaghan-Hütten besuchen, eine Tour zur Isla Martillo buchen und mit Blick auf den Beagle-Kanal den Nachmittagstee genießen. Das Restaurant (Mi–Mo 14–19 Uhr, Reserv. obligatorisch) serviert mittags Feuerlands Feinschmeckerküche.

Die Estancia Harberton ist nur von Oktober bis Mai geöffnet, wenn aus Ushuaia viele Reisegruppen per Boot anreisen. Zum Programm der Tourunternehmen gehören Wanderungen auf Isla Gable, Kajakfahren, Mittagessen im nahen Puerto Almanza und – vielleicht das Highlight des Beagle-Kanals – ein Besuch bei der *pinguinera* (Pinguinkolonie) auf Isla Martillo. Piratours ist die einzige Agentur, deren Tourteilnehmer unter den Pinguinen umherlaufen dürfen – von den bis zu 20 Bootspassagieren dürfen dann jeweils zehn gleichzeitig aussteigen.

WEITERE EXZELLENTE ESTANCIAS

An der Ruta A zum **Cabo San Pablo** (S. 479), eine Autostunde von Río Grande entfernt, befinden sich herausragende *estancias* wie Las Hijas, San Pablo und Rolito, auf denen Gäste übernachten oder bei einem Tagesausflug den Alltag auf der Farm erleben können.

Río Grande

Río Grande, Hauptstadt der nördlichen Tierra del Fuego und Industriezentrum, kombiniert Großstadtflair mit der Wärme einer Kleinstadt. Sie ist der Gegenpol zu Ushuaia, sowohl bezüglich des Terrains – mitten in der Steppe – als auch durch die zweckmäßige Architektur und das rechtwinklige Straßennetz der 1950er-Jahre. Río Grande ist eine Art Lehrbuch der Stadtplanung. Die umliegenden *estancias* und die Misión gehen auf das späte 19. Jh. zurück, aber die Stadt selbst wuchs erst durch Gold, Vieh, Kohlenwasserstoff und die Steuerfreiheit im Norden Feuerlands. 1945 lebten hier nur ein paar Tausend Einwohner, doch dann verdoppelte sich die Bevölkerung bis in die 1980er-Jahre alle zehn Jahre, und heute leben hier 120 000 Menschen. Was Río Grande an Schönheit fehlt, macht es mit einer progressiven Kulturszene, Reitsport, subpolarer Vogelwelt und windgepeitschter Steppenküste wett.

UNTERWEGS VOR ORT

Río Grande ist am besten mit einem Fahrzeug zu erkunden. Der zentrale Busbahnhof an der Avenida Belgrano bietet Verbindungen innerhalb der Stadt und zu Orten wie Punta Delgada und Punta Arenas in Chile. Ziele außerhalb der Stadt sind auch mit dem Auto, Fahrrad oder Taxi zu erreichen. Hotels und andere Einrichtungen rufen für Gäste einen Taxidienst, der innerhalb von 15 Minuten vor Ort ist.

Dorado für Ornithologen

Vogelbeobachtung an der Küste

An der Nordostküste der Isla Grande erstreckt sich an der Flugroute zahlreicher interpolarer Zugvögel und patagonischer Seevögel das Vogelschutzgebiet Reserva Costa Atlantica.

Auf der Punta Mosconi über den Río Grande gelangt man zur **Punta Popper**, einem Naturschutzgebiet mit einzigartiger Vogelwelt. Wandert auf dem dunklen Sandstrand inmitten Hunderter Falken, Albatrosse, Austernfischer und Loicas, die an übergroßen pfirsichfarbenen Schneckenhäusern und arktischen Muscheln picken, zu den großen Schwärmen, die sich auf der vom Río Grande flankierten Nehrung versammeln.

Auf dem Rückweg ins Zentrum geht es an der Küste weiter gen Norden zum **Centro de Interpretación Ambiental** mit einer großen Vogelskulptur davor. Beobachte zwei Stunden lang das außergewöhnliche Spiel von Ebbe und Flut entlang des Strandpfads und bestaune unterwegs das Skelett eines gestrandeten Wals – oder nehme an einer kostenlosen Naturführung teil.

☑ TOP TIPP

Río Grandes Museen und Kultureinrichtungen sind am Wochenende zumindest teilweise geschlossen. Die Misión Salesiana und das Centro de Interpretación Ambiental sind Montag bis Freitag geöffnet; das Museo Virginia Choquintel hat am Wochenende (15–18 Uhr) auf, das Museo Fueguino de Arte Niní Bernardello ist sonntags geschlossen. Weitere Infos online oder in der Touristeninformation (Plaza Almirante Brown).

RIO GRANDE

SEHENSWERTES
1 Communidad Indigena del Pueblo Nación Selk'nam Rafaela Ishton
2 Museo Fueguino de Arte Niní Bernardello
3 Museo Virginia Choquinte
4 Punta Popper

AKTIVITÄTEN, KURSE & TOUREN
siehe 2 Centro Cultural Yaganes
5 Centro de Interpretación Ambiental
6 Club de Campo la Cimarrona
7 Club Náutico Ioshlelk Oten
8 Paseo Canto del Viento

SCHLAFEN
9 Hostel Motorcycle Fin del Mundo
10 Hotel Atlantida
11 Status Casino

UNTERHALTUNG
12 Magma Espacio Cultural

Die heimischen Flamingos fliegen von der **Laguna de los Patos** weg, wenn sie zufriert, dann können Besucher dort Schlittschuhlaufen. Ausritte sind in dem Naturschutzgebiet mitten in der Stadt ganzjährig möglich.

Einst schützte das **Cabo Domingo** Siedlungen der Selk'nam am Strand, heute stehen an seinem Fuß Dutzende von Schreinen für Gauchito Gil. Der (vorsichtige!) Aufstieg auf den 100 m hohen Felsen dauert samt Rückweg eine Stunde. Bei klarem Himmel sind durch das Objektiv Río Chico und die **Isla de los Lobos** zu sehen. Die Seelöweninsel ist zu Fuß, auf Ausritten von der **Misión Salesiana** und per Kajak vom **Club Náutico Ioshlelk Oten** zu erreichen.

UNTER PINGUINEN

Für Pinguinfans ist ein Besuch auf der Isla Martillo ein Muss. Die Insel im Beagle-Kanal-Archipel gehört zur **Estancia Harberton** (S. 460). Manchmal watscheln Pinguine auch auf den Stränden der Reserva Costa Atlantica entlang.

Seelöwen, Patagonien

BIS ZUM MOND

Eine Unterart des Knuttstrandläufers ist in Río Grande endemisch: 1995 bekam ein solcher Vogel am Cabo Domingo einen Sender, um zu sehen, wie weit er fliegt. Die Ergebnisse brachten B95 den Spitznamen „Mondvogel" ein, weil er bei seinen Flügen zwischen den Polarkreisen, entlang der Atlantikküste, insgesamt die Strecke zum Mond (und fast wieder zurück) zurücklegte. Er wurde 2013 letztmals gesichtet, und leider ist die Spezies gefährdet. Die endemische Hudsonschnepfe *(Limosa haemastica)* war aus Feuerland nahezu verschwunden, bis 1998 die Reserva Costa Atlantica (vom Cabro Nombre bis zum Río Ewan) gegründet wurde. Seitdem ist sie bei San Sebastián heimisch, wo noch andere seltene, teilweise gefährdete Gänsearten leben.

Museen, Mythen & Legenden

Die indigene Kultur des Nordens

Überall in Feuerland wird die Geschichte der Ureinwohner des Archipels gewürdigt. Die Selk'nam, oder Ona, zogen einst durch den Norden, die Yamana und Alacaluf die Südküste entlang, die Haush lebten auf der Halbinsel Mitre. Angeblich haben Seuchen, Vertreibung und Völkermord diese Völker nach 10 000 Jahren Siedlungsgeschichte dahingerafft.

Heute leben in Río Grande nur noch rund 400 Selk'nam. Im **Centro de Visitantes Zona Norte** in der Avenida Belgrano erklärt eine Ausstellung mit englischen Übersetzungen in prägnanter Form das indigene Erbe der Region. Im benachbarten **Centro Cultural Yaganes** gibt Professorin Margarita Maldonado Kurse in der traditonellen Korbflechtkunst der Selk'nam.

Ein paar Gehminuten entfernt befindet sich die **Comunidad Indigena del Pueblo Nación Selk'nam Rafaela Ishton** – das Herz aller Aktivitäten der indigenen Gemeinde. Auf dem Gelände sind nachgebaute Ona-Behausungen, Skulpturen, u. a. von Guanakos, sowie ein rosa gestrichenes und mit Bäumen bemaltes Haus zu sehen.

AUSGEHEN IN RÍO GRANDE

Doop Disco
Seriöser Club, in dem am Wochenende einheimische Bands auftreten und bis zum Morgen gefeiert wird.

NN
Nette schwarze Bar mit lauschigen Nischen, entspanntem Flair und Ranch-Küche.

Queen's
Das Queen's in der Barszene westlich der Avenida Belgrano bietet Billard, Bier und Livemusik.

ENGLAND GEGEN ARGENTINIEN

Jorge Luis Borges beschrieb den Konflikt als „Kampf zweier Glatzköpfe um einen Kamm". Überall auf den Inseln sind Gedenkstätten zu sehen. 600 km östlich von Feuerland liegen die Islas Malvinas – von den Briten Falklandinseln genannt –, die seit rund 200 Jahren von Großbritannien besiedelt werden und unter dessen Oberhoheit stehen. Am 2. April 1982 wollte Argentinien die Inseln einnehmen. Nach zehnwöchigen Kämpfen und mehreren Hundert gefallenen Soldaten gab Argentinien auf. Mit der Anerkennung des spanischen Namens seitens der EU, Denkmälern wie Héroes de Malvinas, Museo Malvinas e Islas Atlanticas Sur und den alljährlichen Feierlichkeiten zum Jahrestag ist der Konflikt noch immer sehr präsent.

Misión Salesiana

Das **Museo Virginia Choquintel** ist das angesehenste Museum im Norden. Die Beschreibungen sind leider nur auf Spanisch. Draußen gilt es, die Wandmalereien an der rosa Fassade und Installationen aus dem späten 19. Jh. zu bewundern. Drinnen werden in kreativen Ausstellungen Exponate aus der Region präsentiert – von Andenken an den Falklandkrieg über Modelle der ersten Gebäude der Stadt bis zu Skeletten von Vögeln und Meerestieren. Ein Drittel des weitläufigen Gewölbes nehmen historische Statuen, Kunstwerke und prähistorische Funde aus der Selk'nam-Zeit ein.

14 km von Río Grandes Zentrum entfernt taucht eine gepflegte Anlage aus imposanten alten Gebäuden auf: die **Misión Salesiana**, gegründet 1893 von Monsieur Fagnano. Ihre Mission? Die indigene Bevölkerung im Norden Feuerlands zum Christentum zu bekehren und später zu beschützen.

Auf einer Führung durch das Museum und das Gelände sind Ona-Artefakte, Dokumentarisches und Geschichtliches sowie Tierpräparate zu entdecken. Schüler der hiesigen Landwirtschaftsschule bieten in der Küche der Farm hausgemachte Köstlichkeiten an. Die Ausritte, die man hier unternehmen kann, sind unbedingt empfehlenswert: im Voraus buchen.

ÜBERNACHTEN IN RÍO GRANDE

Hostel Motorcycle Fin del Mundo
Die Zimmer des Strandmotels an der Ruta 3 haben Harley-Davidson zum Thema. $

Hotel Atlantida
Das frisch renovierte Atlantida liegt günstig für Strand- und Museumsbesuche und hat ein tolles Café. $$

Status Casino
Große, wenn auch veraltete Zimmer mit guter Aussicht in hervorragender Lage. $$

Kunst & Handwerk am Abend

Ein Wochenende in Río Grande

Das **Museo Fueguino de Arte Niní Bernardello** ist ein geschäftiges Kunstzentrum mit einer zweistöckigen Galerie, die in rotierenden Ausstellungen zeitgenössische Werke regionaler Künstler präsentiert. Am Wochenende gibt es abends Kunstkurse und Workshops zu den saisonalen Themen der Galerie, von Ökologie bis hin zu Geschlechtsidentität. Danach sollte man das Programm von **Magma Espacio Cultural** in Augenschein nehmen – hier werden Performances wie Contemporary-Tanz bis zu Stand-up-Comedy und Live-Musik geboten.

Ein obligatorischer Stopp ist der **Paseo Canto del Viento** (Sa & So 15–20 Uhr). In dieser quirligen *feria artesanal* –in einem blauen Gebäude hinter Radio Nacional an der Plaza Almirante Brown – verkaufen Kunsthandwerker und lokale Produzenten Geschenkartikel, Lebensmittel und Kleidung.

Verrückte Reitertrupps

Río Grande auf dem Rücken der Pferde

In Río Grande kann man seine Gymkhana- und Polokünste auffrischen oder Ausritte in die Natur unternehmen. Das Epizentrum von Feuerlands Gaucho-Herz und der Viehwirtschaft im Süden Patagoniens bietet ein breites Spektrum an Möglichkeiten, um sich im Sattel sitzend fortzubewegen.

Maria Behety ist eine der bekanntesten und beliebtesten *estancias* in Tierra del Fuego – trotz der ruchlosen Vergangenheit ihres Gründers. Das Gehöft besteht aus bilderbuchgleichen purpurroten Gebäuden und besitzt den größten Schafscherschuppen der Welt. Ganztägige Touren führen zum Cabo Domingo und zur Misión Salesiana, wo es ebenfalls Reitställe gibt, die Springreiten und Ausritte zu Naturattraktionen in der Gegend anbieten.

Im **Club de Campo la Cimarrona** auf einem 40 ha großen Gelände mitten im Zentrum kann man seine Reitkenntnisse aufpolieren. Die Kurse (Winter: Sa; Sommer: Mo–Fr abends) umfassen Springreiten, Polo und Reitkunst. Außerdem beinhaltet der 1½-stündige Kurs Fütterung, Pflege, Umgang mit dem Pferd und Satteln. In einem kleinen Teehaus werden Frühstück und Mittagessen serviert.

Hier steht auf spanisch: „Die Falklandinseln sind argentinisch"

DINIEREN IN RÍO GRANDE

Patio Balto
Weitläufiges Restaurant mit Bar, Disco-Beleuchtung, Strandkuppel, preisgekrönten Burgern und hie und da Live-Musik. **$$**

Grande Hotel
Das Restaurant im nobelsten Hotel der Stadt lockt mit Fisch und *parrilla* viele Einheimische an. **$$**

Nistro
In dem Restaurant in einem gehobenen Vorort an der Ruta 3 trägt der Meerblick zur Romantik bei. **$$$**

Posada de los Sauces
Renommiertes Lokal mit fantastischen Fischgerichten, wunderbaren Aperitifs und nettem Service. **$**

Chocolatería Mama Flora
In der gemütlichen Teestube in einem historischen Haus gibt es hausgemachte Schokolade. **$**

Rund um Río Grande

Hügelige Tundra-Horizonte verschmelzen mit den Wolken, unterbrochen von Mega-*estancias* und Ölbohrtürmen.

UNTERWEGS VOR ORT

Vom Busbahnhof in Río Grande fahren regelmäßig Busse in entlegenere Gebiete. Im Winter ist für Fahrten abseits der Ruta 3 Allradantrieb erforderlich – im Sommer sind Auto- und Radfahrten hier jedoch ein Genuss.

TOP TIPP

Die meisten *Estancia*-Unterkünfte und die Landgrenze zwischen Argentinien und Chile in Bella-Vista sind im Südwinter (Mai–Okt.) geschlossen.

Feuerlands Nordosten ist eine windgepeitschte Steppe aus subpolarer Pampa mit vielen Guanakoherden und stattlichen *estancias*. Am Río-Grande-Ufer im Landesinneren wurden viele *estancias* zu Unterkünften für Catch-and-Release-Forellenfischer umfunktioniert. Der Goldrausch, der nach Goldstaubfunden an der Bahía San Sebastián im späten 19. Jh. Siedler anlockte, ist inzwischen einer profitablen Ölindustrie gewichen. Die Reserva Costa Atlantica schützt die Vogelwelt vom Cabo Nombre bis hinunter zum Río Ewan; und das, was von der ehemaligen Hauptstadt San Sebastián noch übrig ist, dient heute als Grenzübergang nach Chile und als Landweg in den Norden Argentiniens.

BYDRONEVIDEOS/SHUTTERSTOCK ©, GEGENÜBER: LEONARD ZHUKOVSKY/SHUTTERSTOCK ©

Bahia Lapataia (S. 469)

Punta Páramo

FAHRZEIT VON RÍO GRANDE: **2 STD.**

Schwarzes Gold

Nördlich von Río Grande, entlang der Reserva Costa Atlantica und vorbei an Guanakos und Gänsen, erreicht man Punta Páramo. „Ein gewaltiger Wellenbrecher, der wie ein steinerner Arm siebeneinhalb Meilen um eine Bucht ragt", so beschrieb sie der chilenische Schriftsteller Francisco Coloane.

Die künstliche, 100 m breite Landzunge an der Bahía San Sebastián wurde von dem neureichen Julius Popper (er prägte eigene Goldmünzen, die er von einer Privatarmee bewachen ließ) in Auftrag gegeben, um die Gewinnung von Gold aus dem schwarzen Sand zu erleichtern. Heute suchen Besucher hier nach den Resten der einstigen Schienen, auf denen der Sand zum Festland transportiert wurde, nach ausrangierten Schmiedearbeiten (die meisten sind aber in der Misión Salesiana ausgestellt), riesigen Muscheln, dem Duft der subantarktischen Dünung, einem faszinierenden Panorama vom Meer bis zum Festland und einer betörenden Vogelwelt. Vor einer Wanderung zum zauberhaften Fischer-*refugio* an der Spitze der Punta Páramo nach den Gezeiten erkundigen!

Landeinwärts

FAHRZEIT VON RÍO GRANDE: **1½ STD.**

Netter Fang

Im Río Grande leben die größten Seeforellen der Welt. Begeisterte Angler steigen in luxuriösen Lodges auf Farmen ab und genießen atemberaubende Sonnenuntergänge und den Sternenhimmel in der Steppe. Der Río Grande ist unter Anglern für seine Catch-and-Release-Szene beliebt. Die Kau-Tapen-Gruppe – die auch Waffen für die Vogel- und Hirschjagd verleiht – betreibt die Lodges auf den ehemaligen *estancias* von José Menéndez, darunter Maria Behety, Aurelia Lodge und Villa Maria Lodge.

AUF DER KINOLEINWAND

Los Colonos, einer der antikolonialen Western, die 2023 in die Kinos kamen, handelt vom Genozid an den Selk'nam unter José Menéndez und wurde mehrfach ausgezeichnet. Er folgte Chiles Beitrag für die Oscars von 2018, *Blanco en Blanco*, in dem es ebenfalls um die Jagd auf die indigene Bevölkerung der nördlichen Isla Grande ging. Besser als der Film *Tierra del Fuego* über das brutale Massaker unter Julio Popper ist die Buchvorlage – Francisco Coloanes exzellente Kurzgeschichtensammlung handelt vom kurzen Goldrausch in Südpatagonien unter Popper, dem „König von Páramo".

Lago Escondido
(S. 469)

DIE BESTEN TAGESAUSFLÜGE AUF ESTANCIAS

Las Hijas
Die einladende *estancia* in Familienhand bietet einstündige Führungen über die Farm bis zu ganztägigen Programmen.

Estancia El Roble
Jeden März steigt auf den Weiden dieser *estancia* das Hütehund-Fest, Fiesta del Ovejura.

Estancia San Pablo
Die Reitausflüge zum Schiffswrack *Desdemona* enden mit der Besichtigung des Schafscherschuppens.

TOUR

Das Ende der Ruta 3

Die Panamericana, die sich von der Prudhoe Bay in Alaska über Nord- und Südamerika zieht, wird in Buenos Aires zur Ruta 3 und erreicht ihr aufregendes Ende in Feuerland. Die 295 km lange Fahrt durch die abwechslungsreichen Landschaften der Isla Grande, vorbei an faszinierenden Städten und Naturphänomenen, ist eines der spannendsten Road-Trip-Finales der Welt: das Ende der Ruta 3.

1 Bahía San Sebastián

Von Punta Delgada fährt man über Cerro Sombrero in Chile über die Grenze nach San Sebastián. Erstes Ziel ist der dem Wind ausgesetzte Strand gegenüber, wo sich der Arm der Punta Páramo in den Ozean streckt. Mit der beißenden Meeresluft in der Nase wandert man inmitten der Vögel der Reserva Costa Atlántica – dies ist ihr größtes Winterquartier auf der Isla Grande.

Die Route: Fahrt eine Stunde gen Süden – mit dem graugrünen Wasser des subantarktischen Ozeans zur Linken und vorbei an Ölbohrtürmen.

2 Río Grande

Für die Erkundung des Inselsüdens bucht man in der Stadt ein preiswertes Zimmer. Im Hostel Motorcycle Fin del Mundo direkt an der Ruta 3 bekommt man ein paar wertvolle Tipps für die Weiterfahrt. Hier sind alle willkommen, die die Panamericana bezwingen wollen.

Die Route: Weitere eineinhalb Stunden gen Süden fahren. In Tolhuin geht es an der Selk'nam-Statue vorbei, die auf die Einfahrt zum Stadtzentrum hinweist; nach der Überquerung des Río Turbio nimmt man die erste Abzweigung nach rechts.

Lago Fagnano

3 Lago Fagnano

See und Naturschutzgebiet sind ideal für Spaziergänge, interessant sind die rostigen Fahrzeuginstallationen im Camping Hain. Im Raíces Fueguinas im Zentrum gibt es inmitten Hunderter Nummernschilder Kaffee, und in La Unión Panadería kauft ihr Kuchen für unterwegs.

Die Route: Zurück auf der Ruta 3 geht es gen Süden. Nach etwa 50 km steigt der Pass auf den schneebedeckten Berg an, rechts unten schimmert der Lago Escondido.

4 Paso Garibaldi

Auf dem asphaltierten Pass in den Bergen parken und zu Fuß zum Aussichtspunkt hochgehen. Es bietet sich ein weiter Panoramablick über den Lago Escondido und den riesigen, tiefblauen Lago Fagnano und dem dazwischenliegenden Wald.

Die Route: In südlicher Richtung geht es in etwa einer Stunde über die Passhöhe zu den Tunneln, die durch die Hänge des Cerro Castor führen.

5 Museo Moto Cafe 3005

Das Museo Moto Cafe 3005 ist ein Meilenstein an der Ruta 3. Das mustergültige Motorradmuseum in Haruwen ist nach seiner Entfernung von Buenos Aires benannt: 3005 km. Es präsentiert die Geschichte und Fahrzeuge von Abenteurern und Pionieren, darunter auch die erste Person, die die Strecke zwischen den Polarkreisen mit dem Motorrad bewältigte. Hier kann man sich die Panamericana in den Pass stempeln lassen.

Die Route: Zum Nationalpark ist es eine weitere Stunde. Gen Westen geht es auf der Ruta 3 vorbei an Ushuaia und hoch zum (gebührenpflichtigen) Parque Nacional Tierra del Fuego.

6 Bahia Lapataia

Das Finale der Panamericana führt durch einige der schönsten Landschaften Argentiniens – und ganz zum Schluss ist ein Foto am Schild, das das Ende der Ruta 3 markiert, obligatorisch. Wer in Alaska losgefahren ist, hat gut 30 000 km zurückgelegt!

GRENZGÄNGER

Ein bis zwei Autostunden hinter Río Grande befinden sich die zwei Grenzübergänge zwischen Argentinien und Chile. Bella-Vista – der weniger frequentierte Checkpoint – ist nur im Südsommer offen. Er liegt etwa in der Mitte der Insel an der Ruta B. Über San Sebastián kann man ganzjährig nach Chile einreisen. Die Grenzüberquerung von der ehemaligen Hauptstadt des Nordens aus führt am Cerro Sombrero vorbei, dann folgt eine kurze Fährfahrt über die Magellanstraße nach Punta Delgada, ehe es weiter zum argentinischen Festland geht. Beide Grenzübergänge führen nach Porvenir, Hauptstadt der chilenischen Tierra del Fuego mit Bootsfahrten nach Punta Arenas und Flugverbindungen in den Rest des Landes. Radfahrer sollten bedenken, dass bei San Sebastián zwischen der chilenischen und der argentinischen Grenze 20 km liegen.

Schafherde, Tierra del Fuego

Die San Jose Lodge ist eine Unterkunft für Fliegenfischer mit Hütten in einer klassisch patagonischen *estancia* unweit des Bella-Vista-Grenzübergangs nach Chile. In der Nähe befindet sich die von einer Familie betriebene Despedida, die zu einer Viehranch gehört und Catch-and-Release-Angeln ermöglicht – die Seeforellen sind bis zu 15 kg schwer. *Asados* garantiert.

Der Süden

FAHRZEIT VON RÍO GRANDE: **1 STD.**

Ranch-Alltag

In der weitläufigen Steppe, in der Argentiniens Schafzucht ihre erste Blütezeit erlebte, liegen *estancias* in der Größe von Dörfern, samt Schulen, Fußballplätzen und Krankenhäusern. Kleinere Ranches laden Reisende herzlich dazu ein, diese Welt kennenzulernen – mit landwirtschaftlichen Tätigkeiten und gemeinsamen Mahlzeiten unter dem Sternenhimmel inmitten der herrlichen Abgeschiedenheit.

Die Estancia Las Hijas eignet sich ideal für einen Besuch oder eine Übernachtung auf einer Farm. Zum Programm gehören der Besuch einer der wenigen erhaltenen Selk'nam-Behausungen in der Nähe der Ranch, Ausritte und die Handhabung der Romney-Schafe.

Die schöne Estancia Viamonte wird seit Generationen von der gastfreundlichen Familie Bridges betrieben. Sie liegt an der Ostküste südlich von Río Grande. Es gibt schöne Zimmer und leckere Hausmannskost.

Die Ruta A gehört zu den reizvollsten *Estancia*-Routen auf der Insel – auf den Farmen Rolito und San Pablo sind Übernachtungen möglich. Tagesausflüge werden angeboten.

Tolhuin

Lebensgroße Selk'nam-Statuen begrüßen die Besucher dieser Stadt (10 000 Einw.). Wildhunde laufen über die Schotterstraßen, die vom Zentrum zu Waldseen und zum Ostufer des Lago Fagnano führen, der an der Stelle liegt, wo die tektonischen Platten der Antarktis und Südamerikas aufeinandertreffen. In Tolhuin, das 2022 seinen 50. Geburtstag feierte, steckt der Tourismus noch in den Kinderschuhen, anders als im benachbarten Ushuaia.

Überall ist Selk'nam-Kunst zu sehen, von den Wandmalereien an der Touristeninformation und Sägewerken bis zu der neuen Skulptur am Lago Fagnano, eine Hommage an das Erbe von Tolhuin und das Naturschutzgebiet vor der Stadt – das erste Stück Land in Argentinien, das 2020 offiziell an die indigene Bevölkerung zurückgegeben wurde. Tolhuin ist das volkstümliche „Herz" der Insel – so der Name der Stadt in der Sprache der Selk'nam (*tolwyn*). Hier sind die Menschen freundlich, die Kreativität vielfältig und der Fremdenverkehr so frisch wie Seeluft.

UNTERWEGS VOR ORT

Tolhuin hat keine öffentlichen Verkehrsmittel. Da es vom Zentrum zum See rund 4 km sind, bieten sich ein Mietwagen oder Fahrräder an – oder aber eine Unterkunft am Lago Fagnano. Hinter La Unión Panadería fahren täglich mehrere Minibusse nach Río Grande und Ushuaia.

Selk'nam-Statue

TOP TIPP

Für alle, die den Plan hegen, die Lagerfeuer im Schnee nachzustellen, die die ersten europäischen Entdecker so faszinierten: Zum Zeitpunkt unserer Recherche galt ein inselweites Feuerverbot. Ein Grund dafür war das verheerende Inferno, das im Winter 2022/23 monatelang in Tolhuins Reserva Corazón de la Isla wütete und die Wege zu den Seen Yehuin und Chepelmut unzugänglich machte.

TOLHUIN

Reserva Provincial Laguna Negra
Laguna Negra
Laguna Varela
A Laguna Negra
Lago Fagnano o Kami
Laguna del Indio
Reserva Provincial Rio Valdez
Khami
17 de Agosto
Chepach
Los Ñires
Tolhuin
Pedro Oliva
Gendarmeria Nacional
Hot Hol
Karen Kau
Presidente Arturo Illia
Ernesto Campos
Ruta Nacional 3
Ruta Provincial 261
Ruta Provincial 27
Fuegos del Sur Hosteria Boutique (55 km)
0 2 km

SEHENSWERTES
1 Casa de la Cultura
2 Cascada Porfiada
3 Lago Fagnano
4 Lago Khami
5 Laguna Negra

AKTIVITÄTEN, KURSE & TOUREN
6 Puero Khami Extremo

SCHLAFEN
7 Cabañas Laguna Negra
8 Cabañas Mirador del Tolhuin
9 Camping Hain
10 Hosteria Kaiken

ESSEN
11 El Rincón Mayorista
12 Enriqueta – Proveeduría de Sabores
13 La Ribero del Fagnano
14 La Unión Panaderia
15 Parrilla Rio Turbio

AUSGEHEN & FEIERN
siehe 14 Bar e Studio
16 La Antigua
17 Laumann Beer
18 Raíces Fueguinas
19 Rio Turbio Cerveceria

SHOPPEN
siehe 14 Kau Kren Artesanias
siehe 14 La Aldea de los Yoshi Duendes
20 La Familia

Radfahrer, Lago Fagnano

See-Idylle

Feuerlands Binnengewässer

Der **Lago Fagnano** wurde von dem prähistorischen Gletscher geschaffen, der einst große Teile des Inselsüdens bedeckte. Der See über der Magallanes-Verwerfung zwischen der Südamerikanischen und der Scotia-Kontinentalplatte erstreckt sich über den Parque Nacional Tierra del Fuego bis nach Chile und ist einer der größten Seen Argentiniens. Für die indigenen Inselbewohner hat der See große spirituelle Bedeutung – am Ufer wurden Hain-Zeremonien abgehalten, an die eine zum 50. Geburtstag der Stadt aufgestellte Statue erinnert.

Tolhuins Urlaubsresort am See – wo in der Natur *cabañas* mit Blick auf den See und die Gipfel der Südanden stehen – liegt am westlichen Stadtrand. Vom Strand aus verlaufen gut ausgeschilderte Wege, die Naturschutzgebiete, Lagunen, Flüsse und Wasserfälle passieren und für Vogelbeobachter, Geologen und Geschichtsinteressierte gleichermaßen interessant sind.

Die **Laguna Negra** mit ihrem dunklen Wasser ist entlang der Ostküste des Resorts zu erreichen. Vom Blockhaus **Cabalgatas Sendero Indio**, das auch Kurse im Springreiten und Polo anbietet, kann man mit Kanus oder auf Pferden den Kieselstrand entlang auf die schneebedeckten Anden zusteuern.

EISLAUFEN

Gleich nördlich vom Stadtzentrum liegt der **Lago Khami**. **Complejo del Ecotono** bietet hier im Winter, wenn der See zugefroren ist, Schlittschuhkurse und -verleih: Vorab sollte man sich nach den Wetterbedingungen erkunden und entsprechende Tipps befolgen. Sowohl Complejo del Ecotono als auch **Aventura Turismo** bieten im Sommer Kajaktouren auf dem Lago Khami an. Im Quartier des Complejo del Ecotono, einer Märchenhütte im Wald, gibt es auch Handgestricktes und -geschnitztes zu kaufen. Von hier führt ein informativer Weg (10–12 & 15–17 Uhr) durch Lenga-Wald und Torfmoore.

AUSGEHEN IN TOLHUIN

Bar Estudio
Erfahrene Gastronomen betreiben diese schicke, gut besuchte Bar mit einer super Auswahl an einheimischen Gins.

La Morada de el Flaco
In den Kuppeln und lila Gebäuden am Lago Fagnano gibt es Bier, Wein, Livemusik, Poetry Slams und vieles mehr.

La Antigua
Hippe, behagliche Gastlichkeit mit hervorragenden Craftbieren. Tätowierer und Friseur sind vor Ort.

DIE HAIN-ZEREMONIE

Die einst von allen indigenen Bewohnern Feuerlands praktizierte Hain-Zeremonie wird auf der ganzen Isla Grande mit Museen, Statuen und Namen von Restaurants, Unterkünften und sogar einem Theater gewürdigt. Bei dem tage- oder sogar wochenlangen Initiationsritual wurden heranwachsende Jungen von den Ältesten in einer eigens errichteten Zeremonienhütte im Fischen, Jagen und in spirituellen Ritualen unterrichtet. Die Jungen wurden am ganzen Körper bemalt, ihre Kleidung bestand aus Federn und Fellen, und der Übergangsritus wurde von Hain-Gesängen begleitet. Die Anthropologin Anna Chapman dokumentierte detailreich diese Zeremonie, die wahrscheinlich 1923 letztmals stattfand.

FREEDOM_WANTED/SHUTTERSTOCK ©

Laguna Negra (S. 473)

Puerto Khami Extremo verleiht Kanus für Fahrten auf der **Laguna del Indio** am südöstlichen Rand des Lago Fagnano. Die Aguas Blancas bieten auch Zugang zur **Cascada Porfiada**, die eine Felswand hinabstürzt. Um den ständig wachsenden Besucherzahlen gerecht zu werden, entwickelt sich hier nach und nach eine florierende Gastronomie- und Hotelszene. Am südwestlichen Binnenufer des Lago Fagnano wurde die neue Hotelanlage **Fuegos del Sur Hostería Boutique** errichtet.

Sammlerstücke

Echte Kuriositätenkabinette

Das 2022 eröffnete weitläufige Lagerhaus **Raíces Fueguinas** ist ein großartiges Projekt seines Besitzers, den eine leidenschaftliche Sammelwut auszeichnet. Riesige Glasvitrinen präsentieren alles Mögliche, von Tierpräparaten über Kerosinlampen bis zu Disney-Memorabilien. An einem der Glaskabinett-Tische lässt sich bei einem Kaffee oder einem Wein die Livemusik genießen.

KUNSTHANDWERK IN TOLHUIN

La Familia
Gaucho-Laden mit erschwinglicher handgefertigter *Estancia*-Tracht, *Mate*-Kürbissen, Schmuck, Mützen und mehr.

La Aldea de los Yoshi Duendes
Die spirituellen und volkstümlichen Requisiten dieser einzigartigen Boutique begeistern nicht nur New-Age-Fans.

Kau Kren Artesanías
Zauberhafte Auswahl handgefertigter Keramik- und Deko-Objekte hiesiger Künstler, die hier auch arbeiten.

Im Zentrum liegt hinter der kleinen **Casa de la Cultura** ein Garten mit geschnitzten Holzkreaturen, drinnen sind Selk'nam-Figuren zu sehen. Am Ufer des Lago Fagnano wurden zum 50. Jahrestag der Stadtgründung die Statuen zweier Teilnehmer eines Hain-Rituals enthüllt.

Am Seeufer weiter nördlich stößt man auf eine *Mad-Max*-Kulisse. Oh, sorry, ein Irrtum: Es handelt sich um **Camping Hain** – einen ganzheitlichen, kunstvollen Skulpturenpark, in dem alte Grünglasflaschen als Baumkronen, Holzfällerpfad und Minisauna eine neue Bestimmung fanden – ein Gast baute daran während der Pandemie drei Monate lang. Offensichtlich waren wir nicht die Ersten, die die teilweise vergrabenen Motorrad- und Hubschrauberleichen näher betrachten oder in einem der Selk'nam-Wigwams nächtigen wollten. Schilder verlangen eine kleine Gebühr für Selfies oder eine Tour über das Gelände unter Leitung des Vater-Sohn-Teams, das diesen Park geschaffen hat.

Sabores Superlativos

Authentische Erlebnisgastronomie mit Seele

Während Tolhuin das „Herz" der Insel ist, ist **La Unión Panadería** die Seele der Stadt. La Unión, häufig als „beste Bäckerei der Welt" bezeichnet, wird mit Theken voller appetitlicher Sahne- und Schokoladentorten diesem Superlativ absolut gerecht. Am späten Nachmittag ist hier am meisten los.

Für das Picknick oder die Mahlzeit in der *cabaña* bieten sich die Spezialitäten – selbst gemachte Saucen, handgefertigte Messer, hervorragende Weine und übergroße Käse – aus dem Feinkostladen **El Rincón Mayorista** an.

Am bewaldeten Ufer des Lago Fagnano hat sich eine Blockhaus-Gastro-Szene entwickelt. In der **Enriqueta – Proveeduría de Sabores** mit ihrem behaglichen Gastraum (Fr–So geöffnet, Tischreservierung empfehlenswert) wechseln sich Spitzenköche ab. Zuweilen finden auf dem Gelände auch Veranstaltungen statt. In **La Ribera del Fagnano** wählen nicht die Gäste aus, was sie essen möchten, vielmehr servieren die Wirtin und ihre Kinder das, was sie zubereitet haben. Auf Nummer sicher geht man hier nur mit einem Kaffee. Bei so vielen *estancias* in der Gegend ist *asado* in Tolhuin eine Art Religion. **Parrilla Río Turbio** und **La Casona 2**, die beide am Flussufer an der Ruta 3 liegen, sind besonders für das gegrillte Lamm berühmt.

Nach dem Essen gibt es Hopfensäfte von der etablierten Mikrobrauerei **Laumann Beer** nahe dem Lago Fagnano, oder man genießt Bier, *parrilla* und Livemusik in der neuen **Río Turbio Cervecería**.

DIE SCHÖNSTEN CABAÑAS

Hostería Kaiken
Die eleganteste Anlage Tolhuins bietet auf einer Klippe über dem Lago Fagnano moderne Zimmer und Hütten. **$$**

Cabañas Laguna Negra
Die idyllisch gelegenen Hütten an der Lagune beim Lago Fagnano haben Open-Air-Badewannen. **$$**

Camping Hain
Zeltplätze und nachgebaute Shelk'nam-Hütten am Lago Fagnano. **$**

Cabañas Khami
Die *cabañas* direkt am Strand bieten Hydrotherapie, Blick auf den See und einen Spieleraum mit Billard und Tischfußball. **$$**

Cabañas Mirador de Tolhuin
Dieses fest etablierte Hotel hat inzwischen auch Glamping-Kuppeln mit Holzfeuerstellen fürs Waldbaden. **$$**

Rund um Tolhuin

TOP TIPP
Da Feuerland dafür bekannt ist, dass es innerhalb von einer Stunde vier Jahreszeiten geben kann, empfiehlt sich der „Zwiebel-Look", um sich je nach Wetter an- und auszuziehen.

Raue, schroffe Natur, dramatische Berge, trostlos daliegende Schiffswracks und unerforschtes Terrain – die Isla Grande hat wirklich magische Regionen zu bieten.

Mit den Ausläufern der Andenkette und dem östlichsten Punkt Feuerlands bietet das Gebiet bei Tolhuin einige der spektakulärsten Landschaften und Naturphänomene der Isla Grande. Die Ruta A, die einzige Straße auf die seit Kurzem geschützte Península Punta Mitre, schlängelt sich durch eine der eindrucksvollsten Gegenden ganz Feuerlands, wo sich der Norden und der Süden der Insel in einem Land märchenhafter *estancias*, umherziehender Tiere und atemberaubender Meere, Schiffswracks und Klippen treffen. Westlich von Tolhuin erreicht das Seengebiet seinen dramatischen Höhepunkt: den von der Bergwelt der Anden umgebenen Lago Escondido – den „versteckten See", der sich gern in Wolken hüllt.

PATRICIA MATIAS GEO/SHUTTERSTOCK ©

Paso Garibaldi

WANDERUNG VON SEE ZU SEE

Am Anfang steht der weite Ausblick vom *mirador* auf dem 1 **Paso Garibaldi**, dem einzigen asphaltierten Pass durch die Anden Feuerlands. Unter den schneebedeckten Gipfeln schweben Wolken, ganz unten zeigt sich zuweilen der schimmernde Lago Escondido. Die Straße bergabwärts beginnt gleich links von der Aussichtsplattform. Mit der Felswand zur Rechten windet sich die Bergstraße an plätschernden Wasserfällen und Stalaktiten vorbei bis zum bewaldeten Gebirgsfuß am Ufer des 2 **Lago Escondido**.

Nach der Erkundung der verlassenen Ruine des früheren 3 **Hotel Petrel** und der *cabañas*, genießt man den Blick auf den glitzernden, von Bergen eingefassten See. Am Ufer geht es in nordöstlicher Richtung durch Lenga-Wald, unterwegs gibt es Gebäck und *mate* am 4 **Seeufer**. Schließlich steigt die Straße am Waldrand an. Dann folgt man der 5 **Ruta 3** etwa 2 km ostwärts – vorbei an der Polizeistation zur Linken und den Biberschäden zur Rechten. Am Río Milna angelangt geht man über die Brücke zu 6 **La Casona 2**, dort stärkt man sich mit leckeren Empanadas und köstlichem am Spieß gegrillten Feuerland-Lamm (Mo geschl., sonst 10–15.30 Uhr).

Danach geht es noch ein paar Hundert Meter auf der linken Seite der Ruta 3 weiter zu einer Straße, die linkerhand zum 7 **Waldeingang** führt. Im Wald folgt man den Schildern etwa 5 km zum 8 **Lago Fagnano**. Hier sind Silberfüchse, eine außergewöhnliche Vogelwelt, Scheinbuchen und wilde Minze heimisch. Schließlich sieht man an der Lichtung das Wasser durchschimmern – dann ist einer der größten Seen Argentiniens erreicht.

ENTDECKUNGSFAHRT

An der Ruta 3 markieren eine kleine Polizeistation und eine Anschlagtafel den **1 Beginn der Ruta A**. Nach einer halben Stunde ist die erste von mehreren *estancias* erreicht. Kaffee gibt es in Tepi. Die Kuppeln gegenüber sind die Glamping- und Fliegenfischerzelte von **2 Domos de la Estancia**. Nach weiteren 30 Minuten geht es über eine Holzbrücke zur **3 Estancia Rolito**. In dieser 100 Jahre alten Farm ist eine Führung und/oder eine Übernachtung möglich. In folgenden knapp zwei Stunden gilt es, heulenden Hofhunden, zotteligen Hereford-Rindern und glänzenden Stuten auszuweichen. Nach der Estancia Pirinaica folgt man der Sonne zum Río Ladrillero. Am Strand beim Schild **4 Sendero Faro San Pablo** steigt man aus und macht einen Spaziergang vorbei an den Guanakoherden. Dann nimmt man den Weg zur Rechten hoch zum Kap. Nach etwa 20 Minuten ist der windschiefe **5 Leuchtturm** erreicht. Von dort ist rechts unten das Wrack der *Desdemona* zu sehen. Zurück am Strand geht es ein paar Minuten gen Süden, am Kap vorbei und über den Río San Pablo. Alle Wege auf der linken Seite führen zur *Desdemona*. Die Schilder am ersten Abzweig weisen auf den Weg hin vorbei an der verlassenen Hostería San Pablo. Am nächsten Abzweig liegt ein Fischerdorf – Vorsicht vor den Wachhunden! Vorbei an Campingplätzen – **6 Miguel y Silvia** ist hier das einzige Speiselokal, das im Winter auf hat, aber super Aussicht – nimmt man den nächsten Weg links zum Strand. Wie aus dem Nichts taucht plötzlich das rostige Wrack der **7 Desdemona** auf. Der leckgeschlagene deutsche Frachter wurde 1985 vom Kapitän absichtlich auf Grund gesetzt, um das Leben der Mannschaft zu retten.

Península Mitre

AB TOLHUIN: **2 STUNDEN**

Die Küste der Schiffswracks

Darwin beschrieb Feuerlands östlichste Spitze als „zerbrochene Landschaft, ein instabiler Zusammenschluss loser Fragmente", als er 1832 hier landete. Die kaum erforschte, aber geschichtenumwobene Península Mitre (Lavoisier-Halbinsel) ist ein Land ursprünglicher, schroffer Schönheit, mit heulenden Winden und einem unbarmherzigen Meer. Die Halbinsel ist die größte Moorlandschaft der Welt und wurde Ende 2022 – nach jahrzehntelangen Kampagnen – unter Naturschutz gestellt.

Die Halbinsel ist im Norden von der Estancia Maria Luisa über Cabo San Pablo auf der Ruta A, der einzigen Straße nach Mitre, und im Süden über die Estancia Moat zu erreichen. Ausflüge im Pferdesattel beginnen an der Estancia Policarpo; von Ushuaia aus geht es zunächst per Auto los und dann zu Fuß weiter. Die Teilnehmer lernen den Ort kennen, an dem Captain Cook 1769 an Land ging, Schiffswracks auf weiten Sandstränden, zahlreiche *refugios*, Gauchos, in der Bahía Slugett die Zeugnisse des kurzen Goldrauschs sowie *estancias* am Ende der Welt. In Bahía Aguirre steht die Biblioteca Peninsula Haush, die nach der indigenen Bevölkerung im südöstlichen Feuerland benannt ist. Ein Fotograf restaurierte das verlassene Haus (Zeugnis einer fehlgeschlagenen Siedlungsgründung) in drei Jahren und eröffnete 2022 am Ende der Welt die Bibliothek, die übers Internet mit dem Rest der Welt in Verbindung steht. Abgesehen von einzelnen Gauchos ist keine Seele zu sehen, und ihr erlebt die Halbinsel so, wie die ersten Entdecker sie vorfanden: eine raue Landschaft mit Schiffswracks, Pinguinen, Kondoren, Guanakos und Leuchttürmen am Ende der Welt.

Wrack der Desdemona

FANTASTISCHER STERNENHIMMEL

Die Cumulonimbuswolken über Feuerlands sich ständig verändernder Landschaft sind zu jeder Zeit dramatisch und geheimnisvoll.

Laut den Haush, die die Halbinsel einst bewohnten, ist der östliche Himmel der schönste, aber auch trügerischste. Im Südwinter, wenn die Sonne schon um 17 Uhr unterzugehen beginnt, die Sternbilder heller leuchten, der Sonnenuntergang röter glüht und die Sterne näher erscheinen, ist es möglich, am subpolaren Horizont die Südlichter der Antarktis zu sehen – eine psychedelische Lichtshow, bei der grüne und rosafarbene Polarlichter am Himmel tanzen.

UNTERKÜNFTE AM ENDE DER WELT

Estancia Maria Luisa
Die schlichte *hostelería* am Ende der Ruta Complementaria bietet Reitausflüge über die Península Mitre.

Puesta la Chaira
Das Gaucho-Refugium, Teil der Estancia Policarpo, verleiht Quads und ist Mitres letzte Unterkunft mit Personal.

Rancho Ibarra
Bei Cabo San Pío an Feuerlands südlichstem Punkt beherbergt Gaucho Luis Andrade Gäste und bietet Touren an.

PRAKTISCHES

Dieser Abschnitt behandelt die wichtigsten Themen und Wissenswertes rund um Argentinien. Die Kapitel sind voller praktischer Informationen und wertvoller Einblicke, die helfen, Argentinien zu verstehen und sich zurechtzufinden, um das Beste aus der Reise herauszuholen.

Ruta 40 (S. 378)

Ankunft

Buenos Aires ist mit dem Aeropuerto Internacional Ministro Pistarini, auch bekannt als „Ezeiza" (etwa 35 km von der Stadt entfernt), das wichtigste Luftfahrtdrehkreuz Argentiniens. Internationale Flüge kommen im Terminal A an, Inlandsflüge im Terminal C. Der Aeroparque Internacional Jorge Newbery ist etwa 3 km vom Stadtzentrum entfernt und hat nur ein Terminal.

Visa

Die meisten Nationalitäten können ohne Einreisevisum bis zu 90 Tage bleiben, darunter Staatangehörige aus den USA, Kanada, Neuseeland, Australien, Japan und den meisten westeuropäischen Ländern.

Bargeld ziehen

Es gibt Geldautomaten hinter Starbucks im Terminal A des Ezeiza. Möglicherweise wird hier der offizielle Wechselkurs berechnet. Andere Optionen in der Stadt bieten oft bessere Kurse.

Weiterreise

Die Airline oder auch die argentinischen Einwanderungsbeamten können die Vorlage eines Tickets für die Weiterreise verlangen. Ein Flug-, Fähr- oder Busticket der jeweiligen Destination sollte ausreichen.

WLAN

In beiden Terminals gibt es kostenloses WLAN. Es ist ziemlich schnell und kann auch außerhalb des Terminals A im Abhol- und Absetzbereich im Netz von McDonald's genutzt werden.

Vom Flughafen in die Stadt

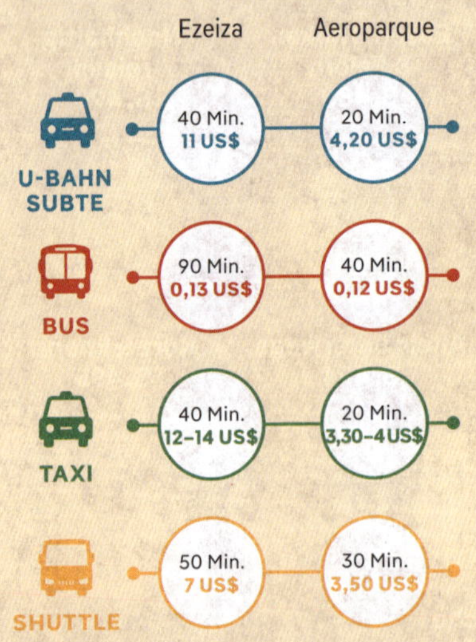

VISA-LAUFZEITEN

Ein bei Ankunft erhältliches 90-Tage-Visum schreibt keine bestimmte Anzahl von Tagen vor, die man warten muss, um nach Verlassen des Landes wieder einzureisen. Man erhält bei der Wiedereinreise weitere 90 Tage, auch wenn diese am darauffolgenden Tag erfolgt. Manche Reisende nutzen die fehlende Wiedereinreisesperre Argentiniens, indem sie während ihrer Reise einige Zeit in Uruguay verbringen (in der Regel einen Tagesausflug nach Colonia, auf der anderen Seite des Río de la Plata gelegen) und kurz danach zurückkehren, sodass sie länger als 90 Tage im Land bleiben können.

Unterwegs vor Ort

In den Städten sind die günstigen öffentlichen Verkehrsmittel die beste Wahl, aber in Patagonien und auf den Weinrouten ist ein Mietwagen ein Muss.

REISEKOSTEN

Mietwagen
ab 32 US$/Tag

Tanken
ca. 0,49 US$/l

SUBTE-Karte
1 US$

Leihrad
15 US$/Std.

STREIKS & PROTESTE

Streiks beeinträchtigen regelmäßig alle Arten von Verkehrsmitteln, besonders in Buenos Aires. Auch internationale Flüge können aufgrund von Flughafenstreiks verschoben werden. *Paros* (Streiks) können von der Gewerkschaft des öffentlichen Nahverkehrs, des Flughafenpersonals und anderen Syndikaten ausgerufen werden. Bei Großdemos werden oft ganze Abschnitte von Hauptstraßen gesperrt, vor allem in Buenos Aires.

Taxis & Remises

Taxis sind in der Regel günstiger als Mitfahrdienste, akzeptieren aber nur Bargeld. Uber, Cabify und DiDi sind in mehreren Städten vertreten und akzeptieren Bargeld und Karten. Weiters können die gängigen *Remises* (Funktaxis mit Festpreisen) direkt angerufen oder über WhatsApp gebucht werden und akzeptieren normalerweise nur Bargeld.

Mietauto & Tanken

Grundvoraussetzung sind ein Mindestalter von 21 Jahren und ein gültiger Führerschein. Für Fernfahrten sind unbegrenzte Kilometer hilfreich. Das Benzin heißt hier *nafta*, und man wird an den Tankstellen bedient. An unbeschilderten Kreuzungen hat der Schnellste Vorfahrt.

TIPP

Die Navigationshilfe-App „Como Llego" gibt in der Regel auch die genauesten Fahrzeiten an.

UNBEDINGT BEACHTEN

Rechtsverkehr.

Auf den meisten Straßen in der Stadt gilt ein Tempolimit von 30 km/h, auf der Autobahn 70 km/h plus.

0,8
Promillegrenze

Subte

Die Subte ist das U-Bahn-System von Buenos Aires. Aufladbare Fahrkarten sind an Subte-Stationen, Kiosken oder Lottobüros erhältlich. Die Subte ist die schnellste Transportmöglichkeit an Streiktagen.

Bus & Bahn

Bus- und Bahnreisen sind in Argentinien günstig. Das Land verfügt über ein umfangreiches Busverkehrsnetz. Züge im Großraum Buenos Aires (AMBA) verkehren häufig, während überregionale Züge weniger häufig fahren. Normalerweise müssen die Tickets im Voraus gekauft werden.

Flugzeug

Die nationale Fluggesellschaft in Argentinien, Aerolíneas Argentinas, bietet die meisten Inlandsflüge an. Flybondi und JetSMART können günstiger sein als Fernbusse und sind emissionsärmer als Aerolíneas-Flüge. An kleineren Flughäfen kommt es immer zu Verspätungen.

Geld

WÄHRUNG: ARGENTINISCHER PESO (AR$)

Karte vs. Bargeld

Immer mehr Unternehmen akzeptieren die gängigen Kreditkarten (Visa, Mastercard und American Express) bis auf einige Ausnahmen. Bargeld ist immer noch das bevorzugte Zahlungsmittel, vor allem bei kleineren Unternehmen. Einige Geschäfte gewähren bei Barzahlung 10 % Rabatt.

Digital bezahlen

Mercado Pago ist die gängigste Form der Digitalzahlung, allerdings nur gegen Vorlage eines DNI (Ausweisdokument für Ausländer mit vorübergehendem oder ständigem Aufenthalt), um ein Konto zu bekommen. Apple Pay und Google Wallet sind seit Kurzem auch hier erhältlich.

Trinkgeld

Viele Geschäfte können bei Kartenzahlung nichts draufbuchen; besser Pesos in bar geben.

Hotelpersonal und Lieferservice Dem Personal ein paar Scheinchen geben.

Restaurants und Spas Eine *Cubierto*-Gebühr (für Brot und Besteck) ist kein Trinkgeld. Standard sind 10 % extra.

Taxis Es wird kein Trinkgeld erwartet.

Geldautomaten

Geldautomaten sind allgegenwärtig. Die Abhebelimits können niedrig sein, und pro Transaktion werden Gebühren erhoben (plus Gebühren der Hausbank).

WIE VIEL KOSTET ...

Busfahrt
0,10 US$

Eintrittspreise für Museen
0–4 US$

Eintrittspreise für Nationalparks
0–19,50 US$

Subte-Fahrt
0,14 US$

WIE MAN... Dollars spart

Statt Geldautomaten zu nutzen, kann man sich über Western Union oder MoneyGram Geld überweisen lassen und in einer Filiale auszahlen lassen. Die Limits sind höher und manchmal sind die Gebühren niedriger. Außerdem bieten diese Dienste einen Wechselkurs, der mit dem MEP-Kurs vergleichbar ist.

LOCAL TIPP

Um den besten Kurs für sein Geld in Argentinien zu erhalten, sollte man 100-US$-Scheine mitbringen und sie persönlich in einer *cueva* (inoffizielle Wechselstube) zum blauen Kurs tauschen.

INFLATION & PARALLELE WECHSELKURSE

Argentinien hat eine komplizierte Finanzgeschichte, einschließlich der Finanzkrise von 2001 und der derzeitigen Dollarkontrollen. Diese Geschichte und die jährliche Inflationsrate von über 100 % haben dazu geführt, dass sich die Wechselkurse (der offizielle Kurs, der MEP-Kurs und der blaue Dollarkurs) und die Preise ständig ändern. Vor 2023 konnten Touristen die günstigeren Kurse nur durch Überweisungen und den Bargeldumtausch nutzen, aber jetzt ist die Nutzung des MEP-Kurses per ausländische Kreditkarte erlaubt, sodass man im Vergleich zum offiziellen Kurs fast doppelt so viel Geld erhält.

Übernachten

Estancias

Estancias sind Familienlandgüter, die meist Rinder und Pferde züchten. Einige sind an einen Poloclub angeschlossen. Sie können im Rahmen von Tagestouren besichtigt werden, aber wer dort übernachtet, bekommt in der Regel drei Mahlzeiten, Ausritte und Zugang zu den Sportanlagen vor Ort. Manchmal finden dort auch Gaucho-Reitvorführungen und folkloristische Darbietungen statt.

Refugios

Refugios (Berghütten) sind in Gegenden üblich, in denen Weitwandern beliebt ist, wie z. B. im Lake District, in Patagonien und in Córdoba. Eine Voranmeldung ist unbedingt notwendig. Einige bieten Mahlzeiten an, die man ebenfalls gleich mitbuchen muss. Manchmal bekommt man einen Schlafsack oder Handtücher gegen Gebühr, aber meist wird nur eine Matratze gestellt. Fließendes Wasser und Toiletten sind nicht garantiert.

Weingüter

In den argentinischen Weinregionen ist es möglich zu übernachten, manchmal sogar direkt auf dem Weingut, wie etwa in den Loft-Suiten des Entre Cielos Luxury Wine Hotel & Spa in Mendoza. In einigen dieser Unterkünfte sind Besichtigungen der Weingüter, Mahlzeiten und Verkostungen inbegriffen, wie zum Beispiel in der Bodega Colomé in Salta.

Hostels & Homestays

Hostels gibt es in ganz Argentinien, von luxuriösen Workation-Unterkünften und Privatzimmern bis hin zu einfachen Herbergen mit Schlafsälen. Auch Privatunterkünfte bei einer Gastfamilie sind verbreitet, vor allem für Teilnehmer an Spanischkursen; manchmal können sogar mit Mahlzeiten gebucht werden. In der Regel organisiert die Spanisch-Akademie die Unterbringung mit einer Liste von geprüften Homestay-Gastgebern, die ihre Wohnungen anbieten.

WIE VIEL KOSTET EINE NACHT IN …

Estancia
80–375 US$

Hostel-Bett
10 US$

Mittelklasse-Hotel
50–90 US$

Camping & Glamping

Wildcampen ist in Argentinien erlaubt, und in einigen Städten und auf dem Lande findet man sowohl kommunale als auch private Campingplätze. Das Glamping setzt sich langsam auch in touristischeren Gegenden durch und reicht von Campingplätzen mit luxuriöseren Bubbles bis hin zu stylischen Glampingplätzen in vielen Orten wie Ushuaia, Bariloche und rund um die Salinen von Jujuy.

HOCHSAISON & TOURISTENSTEUER

Hochsaison ist von Ende November bis Ende Februar und im Juli. Von Oktober bis November finden oft Schulausflüge nach Bariloche statt und die Stadt kann von Teenies überrannt werden. Im Januar und Februar ist es an der Küste am vollsten, und manche Orte nehmen nur Buchungen für mindestens eine Woche an. Es gibt eine Touristensteuer von 21 %, aber wenn man mit einer ausländischen Karte bezahlt, bekommt man diese „Mehrwertsteuer" in der Regel automatisch erstattet. Selbst dann kann der Bargeldpreis je nach Wechselkurs manchmal günstiger sein.

GEGEN DEN UHRZEIGER VON LINKS: ANDRZEJ ROSTEK/SHUTTERSTOCK ©, TANIAKITURA/SHUTTERSTOCK ©, ALEXANDER RATHS/SHUTTERSTOCK ©

Reisen mit Kindern

Argentinien ist extrem kinderfreundlich. Die Menschen nehmen ihre Kinder überall hin mit, auch wenn es nur darum geht, um 22 Uhr zu Abend zu essen. In Museen und anderen kulturellen Einrichtungen gibt es viele Aktivitäten, Veranstaltungen und Kunstkurse für Kinder. Auch die Nationalparks bieten Naturerlebnisse für die ganze Familie, von Tierbeobachtungen bis hin zu Kletterrouten.

Fahr- und Flugtarife

Subte Freie Fahrt für Kinder bis 4 Jahre (im Erwachsenen-Ticket enthalten).
Stadtbusse Kinder unter 3 Jahren fahren gratis mit.
Züge ab Bahnhof Retiro Kinder unter 3 Jahren fahren gratis mit.
Mar del Plata Train Kinder unter 3 Jahren fahren gratis mit. Ab 3 bis 12 Jahren gilt der halbe Tarif.
Aerolineas Argentinas Kinder unter 2 Jahren fliegen gratis; von 2 bis 11 Jahren gilt ein ermäßigter Tarif.

Ausstattung

- Ein leichter Kinderwagen mit dicken Rädern ist für unebene Straßen am besten geeignet.
- Wickelplätze gibt es in vielen Damen-WCs in Einkaufszentren, Touristengebieten und Flughäfen.
- Die meisten Hotels akzeptieren Kinder und manchmal wird auch Babysitting angeboten.
- In größeren Städten gibt es 24-Stunden-Apotheken.

Auswärts essen

Kinder sind in den meisten Restaurants in Argentinien willkommen. Auf der Kinderkarte stehen normalerweise Pasta, Pizza und Milanesa. In Cafés gibt es für Kids einen Submarino (heiße Milch mit Schoko-Stick)..

Bus & Subte-Etikette

Wer mit Kinderwagen in den Bus einsteigt, nimmt die mittlere Tür. Fahrgäste mit Kindern haben Anspruch auf Extra-Sitzplätze im Bus und in der U-Bahn. Das Stillen im Freien wird toleriert.

FÜR KINDER

Reserva Experimental Horco Molle (S. 200)

Kinder können an einer geführten Tour teilnehmen, um Tapire, Tukane, Ameisenbären und mehr in diesem Wildreservat zu sehen.

Parque Nacional Los Glaciares (S. 421)

Auch mit Kindern kann man Bootsfahrten zum kalbenden Perito-Moreno-Gletscher machen oder eine kinderfreundliche Eiswanderung buchen.

Museo Paleontológico Egidio Feruglio, Trelew (S. 407)

Kinder können bei der Pyjamaparty am Freitagabend die ausgestellten Dinosaurier in diesem Museum mit der Taschenlampe erkunden.

DÍA DE LAS INFANCIAS – TAG DES KINDES

Wer kann, sollte seine Reise so planen, dass sie mit dem argentinischen Día de las Infancias zusammenfällt, der jedes Jahr am dritten Sonntag im August im ganzen Land gefeiert wird. Restaurants, Bäckereien und Süßigkeitenläden (insbesondere Schokoläden) bieten Sonderaktionen für Kinder an. Auch Museen, Nachbarschaftsvereine und Kulturzentren bieten Veranstaltungen für Kinder an, u. a. Puppentheater, Konzerte, Zirkusvorstellungen, Kunstworkshops und Theaterstücke. Viele davon sind kostenlos. Das Museo Gardel in Buenos Aires bietet sogar einen Tango-Musik-Workshop für Kinder an: bildende Kunst in Kombination mit Bandoneon-Klängen.

Sicher reisen

WALDBRÄNDE: WANN UND WO SIE AUFTRETEN

In allen argentinischen Provinzen kam es in jüngerer Zeit zu Waldbränden, bei denen 561.165 Hektar Land brannten. Im Norden ist das Risiko von Juli bis Dezember besonders hoch, im Süden und in der Mitte des Landes ist es von Januar bis April „brandgefährlich". Corrientes im Nordosten Argentiniens ist eine der Provinzen, die am stärksten von Waldbränden betroffen ist.

Achtung, Taschendiebe!

Gewaltverbrechen kommen in Argentinien nicht oft vor, aber Taschendiebstähle, vor allem in den überfüllten Touristenspots von Buenos Aires, schon. Es ist bekannt, dass *motochorros* (Räuber auf Motorrädern) den Leuten die Handys aus der Hand reißen, vor allem an Straßenecken. Wenn man auf öffentlichen Plätzen im Freien sitzt, sollte man den Trageriemen von Handtasche oder Rucksack immer am Bein oder am Arm einfädeln.

Tückische Vogelkacke

In Buenos Aires bespritzen Betrüger Menschen mit weißem Schleim, sodass sie denken, ein Vogel hätte auf sie gekackt. Während eine Person anbietet, dem ahnungslosen Opfer zu helfen und es zu säubern, klaut eine Komplize die Brieftasche des Opfers. Wenn du bespritzt wirst, geh einfach weiter, und die Betrüger werden dich in Ruhe lassen.

CANNABIS

Medizinisches Cannabis ist hier legal. Cannabis offen auf der Straße zu rauchen, ist jedoch strafbar.

Rote Flagge
Schwimmen verboten, gefährliche Brandung!

Gelbe Flagge
Sturmwarnung

Hellblaue Flagge
Ruhiger Seegang

Schwarze Flagge
Gewitterwarnung; der Strand wird evakuiert.

Weiße Flagge
Kind vermisst

Dengue-Fieber

Diese Tropenkrankheit kann hohes Fieber und Gelenkschmerzen verursachen und ist in Argentinien auf dem Vormarsch. Obwohl die Zahl der Fälle noch relativ gering ist, wurden sie in 13 Provinzen und in Buenos Aires gemeldet. In der Unterkunft auf stehendes Wasser achten und es entsorgen, denn die Krankheit wird durch Aedes aegypti-Mücken verbreitet.

KRANKENVERSICHERUNG OPTIONAL

Man braucht nicht unbedingt eine Krankenversicherung, um nach Argentinien zu reisen, denn alle Menschen im Land (auch Touristen) haben das Recht auf kostenlose medizinische Versorung. Oft ist es jedoch sinnvoller, sich gegen Bezahlung in einem Privatkrankenhaus behandeln zu lassen, als mehrere Stunden in einem öffentlichen Krankenhaus zu warten.

Essen, Trinken & Feiern

Wann?

Desayuno (Frühstück, 7–10 Uhr) In der Regel *tostados* und *mate*

Almuerzo (Mittagessen, 12:30–15 Uhr) Besteht aus Vorspeise, Hauptgericht und Dessert oder etwas Zwangloserem (wie Empanadas, Pizza oder *Choripan*)

Merienda (Teestunde 17–19 Uhr) Kaffee oder Tee mit Gebäck

Cena (Abendessen, 21–23 Uhr) Ähnliche Anzahl von Gängen wie beim Mittagessen, aber mit aufwändigeren Gerichten

Wo?

Parilla Steakhaus

Panadería Bäckerei

Confitería Cafés, die leichte Mahlzeiten anbieten

Café Traditionelle Cafés sowie neuere Bars mit Kaffeespezialitäten

Tenedor libre All-you-can-eat-Restaurant mit großen Büfetts

Heladería Eisdiele

Empanadería Empanada-Laden

Bar de vino Weinbar

Comida por peso Essen zum Mitnehmen; nach Gewicht bezahlt

Puerta cerrada Illegale Restaurants in Wohnungen.

Pulpería Tante-Emma-Laden mit Bar.

Pizzería Pizzarestaurant.

KULINARISCHES

Cubierto Aufpreis für Brot und Besteck

Menú del día or Menú ejecutivo . Drei-Gänge-Mittagsmenü mit Getränk

Entrada Vorspeise

Plato principal Hauptgericht

Parrilla Asado-Lokal mit offenem Grill oder Steakhaus

Bife Rindersteak

Jamón Schinken

Milanesa Panierte Koteletts

Cordero Lammfleisch

Fideos dünne Nudeln

Postre Dessert

Agua con gas Sprudel

Sifón Sodaflasche

Agua sin gas Stilles Wasser

Gaseosas Limos, Spritz, Coca Cola

Vino tinto Rotwein

Vino blanco Weißwein

Menú degustación Degustationsmenü

Carta de vinos Weinkarte

Cerveza artesanal Craftbier

Pinta Pint

Café de especialidad Kaffeespezialität

Café con leche Milchkaffee

Cocina sin animales. Vegane Küche

Sin TACC Glutenfrei

Vegetariano/a Vegetarier

Vegano/a Veganer

WIE MAN... ein Steak bestellt

Man entscheidet zuerst, welches Fleisch man haben möchte. Das marmorierte *ojo de bife* (Rib-Eye) und das saftige *bife de chorizo* (Lende) sind zwei der beliebtesten und hochwertigsten Cuts des Landes. Das magere *lomo* (Lendenstück) liegt etwas weniger schwer im Magen. Weitere Optionen sind das *Vacío* (Flankenstück), das *Cuadril* (Rumpsteak) und das *Entraña* (Rocksteak). Als Nächstes gilt es die die Garstufe zu wählen: *punto* (mittel bis gut durch). Es ist nicht üblich, dass man in einem Steakhaus danach gefragt wird, es sei denn in einem Touristenrestaurant. Wer sein Steak blutig haben möchte, sollte es *vuelta y vuelta* bestellen. Für *halbgar* sagt man *jugoso* (obwohl es dann eher *rosa* ausfällt) und für *halbrosa* sagt man *pasado de punto*.

LINKS: MAFE PHOTOGRAPHY/SHUTTERSTOCK ©; RECHTS AUSSEN: FOODANDPHOTO/SHUTTERSTOCK ©

WIE VIEL KOSTET EIN(E) ...

Gourmet-Dinner
30–100 US$

Eis in der Waffel
1,75 US$

2 Medialunas
1 US$

Empanada
0,75 US$

Latte Macchiato oder andere Kaffeespezialitäten
1,40–2,40 US$

Zapfbier
1,50–2,25 US$

Glas Wein
1,5–5 US$

WIE MAN... Mate trinkt

Yerba mate oder *mate* ist ein Tee, der ungefähr so viel Koffein enthält wie Kaffee. Argentinien ist einer der größten Mate-Produzenten und -Konsumenten. Das Getränk wird überall im Land getrunken. Überall sieht man Menschen – in Parks, auf Konzerten und sogar in Büros –, wie sie diesen Tee mit einer *Bombilla* (einen Filter-Strohhalm) aus ausgehöhlten Kürbissen schlürfen. In der Regel trinkt man den Tee immer zusammen. Die Etikette ist wie folgt: Der *cebador* (Kellner) gießt heißes Wasser bis zum Rand der Kalebasse und reicht sie langsam weiter. Wenn man sie annimmt, sagt man nicht „Gracias". Nur wenn man nicht mehr trinken möchte, sagt man „Gracias". Die Bombilla ganz ruhig halten! Vorsichtig am Strohhalm ziehen, denn der *mate* wird sehr heiß getrunken. Zeit lassen und nicht zu viel trinken. Es gilt als daneben, wenn man den Kürbis zu lange festhält. Die Kalebasse ganz austrinken, bevor man sie zurückgibt. Den *cebador* die Kalebasse auffüllen lassen, wenn man weitertrinkt, es sei denn, er stellt die Thermoskanne hin und sagt, dass man sich selbst bedienen soll.

Mate

Kauf dir einen Kürbis, Yerba Mate, eine Thermoskanne und eine Bombilla im Supermarkt. Eine Holz- oder Kürbiskalebasse muss man vor Gebrauch aushärten (heißes Wasser einfüllen, Yerba dazu und 24 Stunden lang stehen lassen).

AUSGEHEN UND TANZEN

Ein typischer Wochenendabend in Argentinien beginnt gegen 22 Uhr, wenn die meisten Argentinier zum Abendessen gehen (selbst in kleineren Städten). Ein Abendessen kann leicht zwei Stunden dauern, vor allem, wenn man mit einer redseligen Gruppe zusammensitzt. Danach gehen die Leute in die Bars, die sehr unterschiedlich sind. In Städten wie Buenos Aires, Mar del Plata, Bariloche und La Plata ist es sehr beliebt, die Schankstuben einzelner Brauereien oder Bars mit Zapfhähnen mehrerer Craft-Brauereien zu besuchen. Wer etwas Eleganteres sucht, kann in Weinbars oder Speakeasy-Bars gehen (etwas versteckte Bars, meist im hinteren Teil oder unter einem Restaurant, für die man manchmal ein Passwort braucht). Die beste Gelegenheit, Leute zu beobachten, gibt es in den Kellerbars. Man kann auch an einem *kiosco* (Kiosk) Bier kaufen und einfach herumlaufen, da es kein Gesetz gibt, wonach Trinken aus Dosen oder Flaschen auf offener Straße verboten wäre. Andere verzichten ganz auf Bars und gehen zu kulturellen Veranstaltungen wie Theatervorstellungen und Konzerten und gehen „früh" nach Hause, vielleicht gegen 1 Uhr morgens. Diejenigen, die in den Bars ausgehen, bleiben bis 2 Uhr morgens (oder länger) und gehen dann gegen 3 Uhr in den Club, wenn es in den *boliches* (Nachtclubs) richtig losgeht. Die meisten Clubs haben eine lockere Kleiderordnung, aber einige, wie die Clubs in Palermo in Buenos Aires und Playa Grande in Mar del Plata, haben strengere Dresscodes. Im Club tanzen die Leute oder sehen sich Live-Musik an, wobei sie oft den Energydrink Speed als Aufputschmittel benutzen, um bis 6 Uhr morgens wach zu bleiben.

Nachhaltig reisen

Reisen & Klimawandel

Die Auswirkungen unseres Herumreisens lassen sich unmöglich ignorieren und es ist wichtig, im Rahmen des Möglichen etwas zu ändern. Lonely Planet fordert alle Reiselustigen auf, sich mit ihrem ökologischen Fußabdruck auseinanderzusetzen. Es gibt viele CO_2-Rechner im Internet, mit denen man seinen Impact abschätzen kann; siehe resurgence.org/resources/carbon-calculator.html. Viele Airlines und Buchungsportale bieten die Möglichkeit der CO_2-Kompensation, womit sie einen Beitrag zur Klimaneutralität in aller Welt leisten. Wir werden auch weiterhin den CO_2-Fußabdruck aller Reisen unseres Lonely Planet-Teams kompensieren, sind uns aber bewusst, dass dies das Problem zwar abschwächt, aber nicht wirklich bannt.

CO_2-neutrale Mitfahrgelegenheiten

Die Mitfahrzentrale Cabify ist in Buenos Aires und mehreren anderen Städten aktiv. Das Unternehmen realisiert seine CO_2-Kompensation durch eine Partnerschaft mit dem führenden Energieversorger Genneia, der sechs Windparks zwischen Buenos Aires und Chubut betreibt.

Ein Baum für jede Mütze

Trown ist ein Outdoor-Bekleidungsunternehmen, das für jede verkaufte Mütze einen Baum in Gebieten pflanzt, die von Waldbränden betroffen sind. Man kann sich an diesem Aufforstungsprojekt aktiv beteiligen (voluntarios@trown.com.ar).

Radle auf der Ruta National 40, der längsten Straße Südamerikas, durch ganz Argentinien.

Cero Market ist eine Zero-Waste-Kette, die in mehreren Städten unverpackte Ware verkauft.

SPEISEN IM DUNKELN

Erlebe die Beraubung und die Steigerung der Sinne im Teatro Ciego (Blindentheater), einem sozialen Unternehmen, das mit einer Truppe aus blinden und sehbehinderten Schauspielern Dinner-Theater in völliger Dunkelheit aufführt.

GASSI GEHEN

Mehrere Tierschutzorganisationen wie Gapra Refugio und Ayudacan in Buenos Aires brauchen freiwillige Hundeausführer, die mit Tierheimhunden Gassi gehen. Man findet beide Organisationen über ihre Facebook-Seiten. Man meldet sich direkt bei ihnen, um einen Termin für eine ehrenamtliche Mitarbeit zu vereinbaren.

WANDERWEGE SAUBER HALTEN

Vor allem in Bariloche können die Wege und Campingplätze in der Hochsaison mit Klopapier übersät sein, was vielen den Spaß am Wandern verdirbt. Der Umwelt zuliebe sollte man seinen Hygienemüll wieder mitnehmen.

Ein Centro Cultural besuchen

Centros culturales (Kulturzentren) sind im ganzen Land zu finden. Sie veranstalten Vorträge, Konzerte und lokale Kunstausstellungen, oft mit Schwerpunkt auf Subkulturen, lokale Kunstszenen oder das Erbe zugewanderter Ethnien.

In einem indigenen Skigebiet Wintersport treiben

Die indigene Mapuche-Puel-Gemeinschaft betreibt Batea Mahuida, ein erschwingliches Skigebiet auf dem Gipfel eines Vulkans in Neuquén – zum Langlaufen, Snowboarden und Eistauchen. Mapuche-Kunsthandwerk ist dort auch erhältlich.

Paläontologische Forschung finanzieren

Mit dem Eintritt in den Parque Geo-Paleontológico in Neuquén erhält man Zugang zum Dinosauriermuseum. Gleichzeitig wird dadurch die paläontologische Werkstätte auf dem Gelände mitfinanziert. Wer will beim beim Knochen-Entstauben mithelfen? Der Parque Geo-Paleontológico nimmt auch Freiwillige (@geoparqueproyectodino).

Für lokale Kunstprojekte spenden

Um ihre Selbstfinanzierung zu gewährleisten, bitten kommunale Kunstprojekte und Aufführungen manchmal um Spenden, anstatt Eintrittskarten zu verlangen. Das ist in der Regel das absolute Minimum für den Fortbestand dieser Projekte. Wenn möglich, sollte man hier etwas mehr spenden.

In Buenos Aires sollte man die Sehenswürdigkeiten des Dreißigjährigen Krieges (Parque de la Memoria, Plaza de Mayo und Espacio Memoria y Derechos Humanos ex Esma) besuchen und dabei mehr über die Desaparecidos (die Verschwundenen) erfahren.

Awasi, eine Luxus-Ökolodge in Misiones, schützt 340 Hektar einheimische Wälder in Iguazú und Patagonien, die 10.000 Tonnen CO_2 pro Jahr absorbieren und damit definitiv klimaneutral sind. Man findet sie unter awasiguazu.com

104

Im globalen Nachhaltigkeitsindex liegt Argentinien weltweit auf Platz 104. Obwohl sich das Land verpflichtet hat, bis 2050 kohlenstoffneutral zu sein, fehlt es an klar definierten Strategien, um dieses Ziel zu erreichen.

INFOS IM INTERNET

hpha.org.ar
Häuser bauen mit Habitat for Humanity Argentinien.

wwoofindependents.org/en/
Freiwilligenarbeit auf lokalen Bauernhöfen über WWOOF Argentinien.

worldpackers.com
World Packers bietet viele Arten von Freiwilligeneinsätzen an.

LGBTIQ+

Argentinien ist sehr LGBTIQ+-freundlich und eines der beliebtesten Reiseziele für Schwule weltweit. Es war das erste lateinamerikanische Land, das die gleichgeschlechtliche Ehe legalisierte, und Umfragen zeigen, dass über 70 % der Bevölkerung Homosexualität akzeptieren. Die LGBTIQ+-Community ist sehr sichtbar, mit vielen Clubs, Hotels, Cafés und *Milonga*-Tanzlokalen.

Trans*-Rechte

Argentinien hat mehrere Gesetze zum Schutz und zur Gewährleistung der LGBTIQ+-Rechte erlassen, darunter die Legalisierung der gleichgeschlechtlichen Ehe im Jahr 2010 und das Gesetz zur Geschlechtsidentität (2012), das es Transmenschen ermöglicht, ihr Geschlecht zu ändern, ohne vorher eine Hormontherapie machen zu müssen. Buenos Aires und Rosario stellen Diskriminierung unter Strafe. In Argentinien sind 1 % aller öffentlichen Stellen Trans*Menschen vorbehalten.

PRIDE IN BUENOS AIRES

Die Marcha del Orgullo LGBT findet jährlich im November statt. Sie beginnt auf der Plaza de Mayo vor der Casa Rosada und endet am Congreso. In der Woche davor finden in der ganzen Stadt Pride-Events wie Konzerte, Kunst-Popups, Fotoausstellungen und vieles mehr im Rahmen der Semana #OrgulloBA (Pride Week) statt.

Queeres Weinlesefest

Die Vendimia para Todos ist ein queeres Weinlesefest in Mendoza, das jedes Jahr Anfang März mit DJ-Sets, Bodypainting, Luftakrobatik und Drag-Queen-Vorführungen stattfindet. Auf facebook.com/vendimiaparatodosoficial findest du das Programm. Informationen werden in der Regel in letzter Minute gepostet.

BALLROOM-SZENE

Vogue-Bälle sind in Argentinien auf dem Vormarsch, besonders in Buenos Aires, wo man auch Voguing-Kurse besuchen kann. Auf den Laufstegen präsentieren sich lokale queere Designer. Socio Ballroom (@socioballroom) ist eine NGO, die hilft, diese Veranstaltungen in Buenos Aires zu organisieren und medizinische Versorgung für alle zu propagieren.

EHRENAMTLICHES ENGAGEMENT

Die Federación Argentina LGBT (FALGBT) setzt sich auf institutioneller Ebene für die Gleichberechtigung aller Mitglieder der queeren Community ein und organisiert außerdem inklusive Sport- und Kunstprogramme. Eine Teilnahme an kulturellen Aktivitäten ist jederzeit erwünscht (falgbt.org).

Coole Gay-Viertel

In Buenos Aires gibt es überall viele schwulenfreundliche Bars, Clubs und Cafés. Das Amerika, einer der größten Gay-Clubs in Südamerika, befindet sich in Almagro, und viele weitere der bekanntesten Gay-Geschäfte befinden sich in Palermo und San Telmo. Dort finden auch viele Events statt. In Córdoba, trifft sich die Szene im Güemes, und in Puerto Madryn im La Rambla.

Barrierefrei reisen

Argentinien ist ist in Sachen Barrierefreiheit nicht gerade gut aufgestellt, obwohl sich die Situation dank staatlicher und lokaler Initiativen ständig verbessert. Trotz des Mangels an Serviceleistungen wird man feststellen, dass die Bevölkerung behinderten Mitmenschen gegenüber sehr hilfsbereit ist.

Iguazù-Wasserfälle

90 % der Wege sind mit dem Rollstuhl befahrbar, die Schilder haben Blindenschrift, und für ältere Menschen wird ein motorisierter Transport angeboten. Behinderte Personen haben freien Eintritt. So muss es sein!

Flughafen

Am internationalen Flughafen Ezeiza sollte man vor Abreise über die Airline einen Mobilitätshilfeservice beantragen. Auf dem Rollfeld steht der AmbuLift zur Verfügung und der Flughafen verfügt über rollstuhlgerechte Toiletten und Aufzüge.

Übernachten

Buenos Aires, Puerto Madryn, Ushuaia, Calafate, Bariloche, Iguazú und Córdoba sind alles Städte, in denen man rollstuhlgerechte Hotelzimmer finden kann. Manchmal können die Bäder allerdings etwas eng sein.

TAKTILE KARTEN

Die Tourismusinformation Recoleta und Palermo-Seen und das Museum Casa Rosada in Buenos Aires haben alle taktische Stadtpläne in Blindenschrift sowie 3D-Modelle.

Kopfsteinpflasterstraßen

In den älteren Vierteln von Buenos Aires dominieren Kopfsteinpflasterstraßen, oft mit schmalen Bürgersteigen, die alles andere als rollstuhlgerecht sind. Eine Ausnahme bilden die breiten Bürgersteige in Recoleta.

Gemeinschaftstreff für Gehörlose

Die Asociación de Sordomudos de Ayuda Mutua (ASAM, Hilfsverein der Taubstummen) ist eine gemeinnützige Organisation in Buenos Aires, die als Treffpunkt für Gehörlose dient und Kurse in argentinischer Gebärdensprache anbietet.

ÖFFENTLICHE VERKEHRSMITTEL

Viele Busse in Buenos Aires haben eine manuelle Rampe an der Hintertür. Die Bushaltestellen sind jedoch nicht immer barrierefrei. Einige Subte-Stationen haben Aufzüge, viele aber sind für Mobilitätseingeschränkte nicht zugänglich. In einigen Städten wie Córdoba und Neuquén gibt es einige barrierefreie Busse, aber insgesamt sind Busse mit Rampen in Argentinien nicht garantiert.

WEITERE INFOS

Buenos Aires führt ein stets aktuelles **Verzeichnis** der zugänglichen Hotels, Restaurants, Tango-Lokale und Touristenattraktionen auf der staatlichen Website.

Ok Traslados ist ein rollstuhlgerechter Taxiservice, der Fahrten und Touren durch Buenos Aires und zur Atlantikküste anbietet.

Travel Xperience ist ein Anbieter, der sich auf barrierefreies Reisen nach Argentinien und darüber hinaus spezialisiert hat.

Allein unterwegs

Argentinien kann für **soloreisende Frauen** manchmal schwierig sein. Obwohl es eines der sichersten Länder Lateinamerikas ist, wird „frau" den Machismo trotz zunehmendem Feminismus auf offene und subtile Weise erleben.

Was man am besten anzieht

Die Mode kann von konservativ bis hin zu aufreizenden Oberteilen reichen, die Dessous ähneln. Man orientiert sich an dem, was man bei den Einheimischen sieht, aber im Allgemeinen kann man anziehen, was man will. Es ist hier viel akzeptabler, keinen BH zu tragen als in den nordamerikanischen Ländern, aber man wird auch nicht so viele Leute in Yoga-Leggings herumlaufen sehen wie in diesen Ländern.

Hygiene und Gesundheit

Tampons ohne Applikatoren und DivaCups (Menstruationstassen) sind in den großen Städten leicht erhältlich, ebenso wie Binden. Applikator-Tampons sind überhaupt nicht erhältlich. Die Pille danach ist leicht erhältlich, und Abtreibung ist bis zur 14. Woche legal (bei Lebensgefahr für die Schwangere auch länger). In Buenos Aires gibt es ausgezeichnete Gynäkologen, aber man braucht vielleicht eine Dolmetschbegleitung, wenn das Spanisch nicht gut ist.

Sicher unterwegs

Im Allgemeinen sind die öffentlichen Verkehrsmittel sicher. Achtung: Die U-Bahn fährt nicht die ganze Nacht und die Busse verkehren nachts nicht so häufig. Taxis sind in der Regel auch in Ordnung, die schnellste und sicherste Option aber sind Mitfahrgelegenheiten, bei denen man seinen Standort angeben kann. Uber, Cabify und Didi sind hierfür am besten geeignet. Man sollte sich bewusst sein, dass es hierzulande ungewöhnliche Berichte über Voyeurismus in öffentlichen Verkehrsmitteln gibt. Wenn man unerwünschte Aufmerksamkeit bekommt oder sich jemand entblößt, sollte man seinen Unmut lautstark kund tun und es dem Fahrer sagen – andere Fahrgäste werden zu Hilfe kommen.

Bitte!

Es ist normal, dass Männer Frauen die Tür aufhalten und sie zuerst in ein Taxi einsteigen lassen. Sie lassen Frauen auch auf dem Gehweg den Vortritt. Doch diese Galanterie gegenüber Frauen überträgt sich nicht immer auf das Bezahlen der Rechnung bei Dates.

PLUMPE ANMACHE

Catcalling ist in Argentinien weit verbreitet, besonders in Buenos Aires, wo Frauen mit Zischen, Hinterherpfeifen und *piropos* (oft vulgären Komplimenten) rechnen müssen. Die meisten Frauen stellen sich einfach taub (was im Allgemeinen effektiv und ratsam ist), während andere direkt mit einem scharfen „No me jodas!" (Lass mich in Ruhe!) reagieren. Wenn jemand versucht, dich anzumachen, und du die Aufmerksamkeit nicht willst, sag ihm ganz klar, dass du nicht interessiert bist und geh weg. Anmacher werden wahrscheinlich trotzdem weiterreden, aber es ist am besten, wenn du weggehst und dich nicht weiter darauf einlässt.

ÜBERNACHTEN

Einige Hostels bieten reine Frauenschlafsäle an und viele Hotels, Estancias und B&Bs nehmen auch gerne weibliche Alleinreisende auf. Wer etwas Langfristiges in Buenos Aires sucht, aber nur von anderen Frauen mieten oder mit ihnen zusammenleben willt, findet in der Facebook-Gruppe BsAs Girlfriends Group einen Thread, der potenzielle Mieterinnen und Vermieterinnen zusammenbringt.

Kurz & knapp

ÖFFNUNGSZEITEN

Banken Mo–Fr 8–15 oder 16 Uhr, Sa bis 13 Uhr

Bars 20 oder 21 Uhr bis 4 oder 6 Uhr morgens

Cafés tgl. 8 bis 20 Uhr

Clubs Fr–Sa ab 1 bis 2 Uhr bis 6 oder 8 Uhr früh

Restaurants 12 Uhr bis 15.30 Uhr und 20 Uhr bis Mitternacht oder 1 Uhr

Rauchen In allen öffentlichen Verkehrsmitteln und institutionellen Innenräumen, einschließlich Krankenhäusern, Museen und Theatern ist das Rauchen verboten.

Toiletten Bidets sind in Privathaushalten und Hotels weit verbreitet. Immer langsam aufdrehen, sonst könnte das Wasser bis zur Badezimmerdecke hochspritzen.

Leitungswasser Leitungswasser ist in Buenos Aires und den meisten Teilen Argentiniens unbedenklich und eignet sich zum Zähneputzen und auch zum Trinken.

Maße & Gewichte

In Argentinien gilt das metrische System. Dezimalstellen werden durch Kommas und Tausender durch Punkte getrennt.

GUT ZU WISSEN

Zeitzone
GMT-3

Ländervorwahl
+54

Notrufnummer
911

Einwohnerzahl
46.044.703

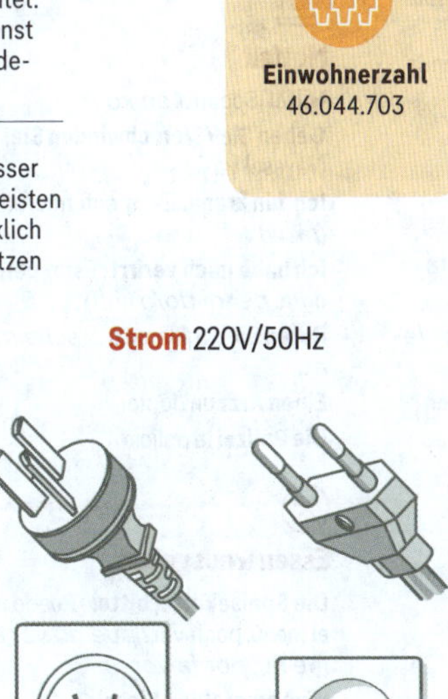

Strom 220V/50Hz

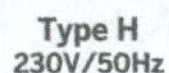

Type H
230V/50Hz

Type C
220V/50Hz

FEIERTAGE

In Argentinien gibt es 14 landesweite Feiertage. Einige Geschäfte und Behörden können geschlossen sein.

Neujahr 1. Januar

Karneval Montag und Dienstag im Februar/März; immer die Tage vor Aschermittwoch

Nationaler Gedenktag für Wahrheit und Gerechtigkeit 24. März

Osterwoche März/April; viele Geschäfte schließen am Gründonnerstag und Karfreitag

Tag der Veteranen und Gefallenen im Falkland-Krieg 2. April

Tag der Arbeit 1. Mai

Tag der Mai-Revolution 25. Mai

Flaggentag 20. Juni

Unabhängigkeitstag 9. Juli

Gedenktag zu Ehren des Generals José de San Martín 3. Montag im August

Tag des Respekts vor kultureller Vielfalt 2. Montag im Oktober

Nationaler Tag der Souveränität 4. Montag im November

Mariä Empfängnis 8. Dezember

Weihnachten (Navidad) 25. Dezember

Sprache

Spanisch ist die Landessprache Argentiniens und einige gängige Floskeln im Alltag sollte man einfach beherrschen, vor allem wenn man sich in ländlichen Gegenden bewegt. Allerdings hat das hohe Tourismusaufkommen aus Nordamerika dazu geführt, dass sich Englisch als Zweitsprache durchgesetzt hat.

Nützliches

Hallo. Hola. *o·la*
Tschüs. Adiós. *a·díos*
Ja. Sí. *si*
Nein. No. *No*
Bitte. Por favor. *por fa·vór*
Danke. Gracias. *gra·sias*
Pardon. Con permiso. *kon per·-mi·so*
Tut mir leid. Perdón. *per·don*
Wie heißen Sie? ¿Cómo se llama usted? *ko·mo se scha·ma u·ste*
Mein Name ist ... Me llamo ... *me scha·mo ...*
Sprechen Sie Englisch? ¿Habla inglés? *a·bla in·glés*
Ich verstehe nicht. No entiendo.

Unterwegs

Wo ist ...?
¿Dónde está ...? *don·de es·tá ...*
Wie lautet die Adresse?
¿Cuál es la dirección? *kual es la dir·rek·sión*
Können Sie das aufschreiben?
¿Podría escribirlo? *po·drí·a es·-kri·bír·lo*
Können Sie mir das (auf der Karte) zeigen?
¿Me puede enseñar (en el mapa)? *me pu'e·de en·se·njár ...*

Schilder

Abierto Offen
Cerrado Geschlossen
Entrada Eingang
Salida Ausgang
Servicios/Baños Toiletten/ WC

Uhrzeit & Datum

Wie spät ist es? ¿Qué hora es? *ke o·ra es*
Es ist (10) Uhr. Son (las diez).
Es ist halb (zwei).
Es (la una) y media.
Morgen / Vormittag. Mañana. *ma·nja·na*
Nachmittag. Tarde. *tar·de*
Abend. Noche. *no·che*
Gestern. Ayer. *a·jér*
Heute. Hoy. *oj*
Morgen. Mañana. *ma·nja·na*

Notfall

Hilfe! ¡Socorro! *so·ko·ro*
Gehen Sie / Verschwinden Sie!
¡Váyase! *va·ja·se*
Ich bin krank. Estoy enfermo/a. *(m/w)*
Ich habe mich verirrt. Estoy perdido/a. *per·di·do/a* (m/f)
Rufen Sie ...! ¡Llame a ...! *scha·me a ...*
Einen Arzt un doctor
Die Polizei la policía

Essen & ausgehen

Die Speisekarte, bitte! ¿Puedo ver el menú, por favor? *pue·do ver el me·nu, por fa·vor*
Was empfehlen Sie mir?
¿Qué me recomienda? *ke me re·ko·mien·da*
Prost! ¡Salud! *sa·lúd*
Das war köstlich!
¡Estuvo delicioso!
Zahlen, bitte! La cuenta, por favor.

ZAHLEN

1 **uno** *u·no*
2 **dos** *dos*
3 **tres** *tres*
4 **cuatro** *kua·tro*
5 **cinco** *sin·ko*
6 **seis** *se'is*
7 **siete** *si'e·te*
8 **ocho** *o·tscho*
9 **nueve** *nue·we*
10 **diez** *di's*

ANDERE LAUTE

Beachte, dass kh ein Kehllaut ist (wie das „ch" in Loch). „V" und „b" sind wie ein weiches „w" und das „r" wird stark gerollt.

HISPANISMEN

In die deutsche Sprache eingeflossen sind u. a. die Armada, das Embargo, der Machismus, der Patio u. v. m.

Sonderzeichen wie @!*# finden

Spanische und deutsche Tastaturen unterscheiden sich, weil die beiden Alphabete nicht ganz identisch sind. Das sollte normalerweise kein Problem sein, aber es gibt eine nervige Taste, die im Digitalzeitalter nur allzu nützlich ist. Das @-Symbol – auf Spanisch heißt es „la arroba" – ist auf den Tastaturen nicht unbedingt zu finden oder lässt sich nicht einfach mit den gewohnten Tasten eingeben. Versuche es mit der F2-Taste, verwende einen ALT-Code – oder bitte um Hilfe:

Wo ist die @-Taste? *¿Dónde está la arroba?* (don·de es·tá la a·ro·ba)

Lispeln oder nicht?

Wenn man mit dem europäischen Spanisch vertraut ist, wird man feststellen, dass Lateinamerikaner nicht „lispeln" - d. h. das „c" vor jedem „e" oder „i", ebenso wie das „z" werden nicht wie das englische „th" ausgesprochen, sondern als stimmloses „s".

Río de la Plata

Das Spanisch in der Region Río de la Plata unterscheidet sich von dem in Spanien und dem Rest Amerikas, vor allem in der Verwendung des informellen „Du". Anstelle von „tú" verwenden die Argentinier üblicherweise „vos", ein Relikt aus dem 16. Jh.

SPANISCH GLOBAL

Das argentinische Spanisch hat eine ganz eigenwillige Phonetik – das Konsonantenpaar „ll" (in den meisten Teilen Lateinamerikas als „ly" oder vereinfacht als „y" ausgesprochen) und das „y" werden in Argentinien wie „sch" ausgesprochen. Im sogenannten Yeísmo klingt [él] calló – [él] cayó (deutsch: [er] schwieg – [er] fiel) gleich. Man wird sich schnell daran gewöhnen, wenn man den Einheimischen zuhört und sie nachahmt.

STORYBOOK

Mit acht Reportagen tief in den argentinischen Alltag eintauchen

Traditionelle Gaucho-Kleidung, San Antonio de Areco (S. 304)

DIE GESCHICHTE ARGENTINIENS IN 15 ORTEN

Argentinien hat Krieg und Frieden erlebt sowie Hunger und Überfluss. Es gab eigentlich niemals einen langweiligen Moment in der turbulenten Geschichte. Die Geografie, uralte Fossilien, viele architektonische Stile sowie Kunst auf Höhlenwänden erzählen von der Reise durch die Zeit und dem Leben der Menschen. Die folgenden 15 Reiseziele verdeutlichen die Geschichte Argentiniens. Von Sorrel Moseley-Williams

DINOSAURIER-FOSSILIEN im Parque Provincial Ischigualasto belegen, dass es in Argentinien schon Leben gab, lange bevor die Jäger-und-Sammler-Kulturen, wie die Tehuelche ihre Handabdrücke auf den Höhlenwänden von Patagonien hinterließen. Über Tausende Jahre hinterließen antike Völker ihre Spuren im „Silberland". Zu den vorspanischen Völkern zählten die Quilmes – deren Wohnstätten in Ciudad Sagrada de Quilmes, Tucumán, zu sehen sind – sowie die Inka. Die archäologischen Ruinen ihrer Anden-Befestigungen, den Pucará, finden sich im Canyon Quebrada de Humahuaca in Jujuy. Aus jüngeren Jahrhunderten erzählen Literatur, Dichtung und Musik von den Menschen, die dieses kulturell reiche Land geprägt haben. Die Worte zeugen von der Leidenschaft der Autoren für ihr Heimatland. In Buenos Aires ist die Calle Caminito im Viertel La Boca ein Beispiel, wie die europäische Einwanderung im 19. Jh. Argentinien bereichert hat. Auch die Architektur ist großartig. Das im Brutalismus erbaute Theater in La Plata ist hingegen eine unauslöschliche Erinnerung an die Diktatur zwischen 1976 und 1983. Doch auf eine dunkle Vergangenheit können Triumph und Hoffnung folgen. So gewann Argentinien 2022 die Fußball-Weltmeisterschaft. Ein lebensgroßes 3D-Werk der Fußballlegende Lionel Messi erinnert am Caminito an diesen Sieg.

1. Parque Provincial Ischigualasto

MONDWANDERUNG IM VALLE DE LA LUNA

Das Wüstental, das San Juans Parque Provincial Ischigualasto ausmacht, ist bekannt als Valle de la Luna – Tal des Mondes. Das liegt an der beeindruckenden Mondlandschaft. Dies ist auch der einzige Ort auf der Welt, wo man jede Phase des 50,5 Mio. Jahre langen geologischen Trias-Zeitalters verfolgen kann. Der Park befindet sich zwischen sedimentären Gebirgszügen. Eine Wanderung fühlt sich wie ein außerirdisches Erlebnis an, da die Gegend aus rotem Sandstein, vulkanischer Asche und bizarren Gesteinsformationen besteht. Letztere haben Spitznamen wie El Gusano (der Wurm), El Submarino (das U-Boot) und El Hongo (der Pilz). Im Park finden sich auch 180 Mio. Jahre alte Fossilien – wirklich ein außerirdisches Erlebnis.

Mehr zum Parque Provincial Ischigualasto s. S. 296.

2. Museo Municipal Ernesto Bachmann

ALS DINOSAURIER-GIGANTEN PATAGONIEN BEHERRSCHTEN

Als die Dinosaurier die Erde dominierten, streifte einer der weltweit größten fleischfressenden Dinos, der *Giganotosaurus Carolinii*, durch das heutige Patagonien. Es fand sich bislang kein komplettes Skelett dieses Theropoden. Aber er wurde schätzungsweise bis zu 13 m groß und war bis zu 14 Tonnen schwer. Experten wie auch Amateure sind von den *Giganotosaurus*-Fossilien begeistert, die im Museo Municipal Ernesto Bachmann zusammengesetzt wurden. Das Museum in Villa El Chocón bei Neuquén wurde nach einem argentinischen Dino-Forscher benannt. In dieser Gegend war der Gigant einst zu Hause.

Mehr zum Museo Municipal Ernesto Bachmann s. S. 385.

3. Die Anden

DAS GEBIRGIGE RÜCKGRAT DES LANDES

Die Anden begleiten dich im Westen des Landes auf Schritt und Tritt, ob du nun zu den Salinas Grandes im Norden von Salta und Jujuy reist oder in den äußersten Süden nach Ushuaia. Im Gebirge gibt es Canyons wie den Quebrada de Humahuaca oder auch Skigebiete wie in Las Leñas. In dem 8900 km langen Gebirgszug findet sich auch der höchste Gipfel der südlichen Hemisphäre, der 6961 m hohe Cerro Aconcagua. Das Rückgrat Argentiniens und des südamerikanischen Kontinents bildet eine natürliche Grenze, die ihre heutige Form vor 6 bis 10 Mio. Jahren erhielt.

Mehr zu den Anden s. S. 390.

Quebrada de Humahuaca (S. 42)

4. Cueva de las Manos Pintadas

EINE ANTIKE HÖHLENKUNST-GALERIE

In einer entlegenen Ecke Patagoniens findet sich eine der ältesten Kunstgalerien der Welt. Die Felsenzeichnungen sollen zwischen 9500 und 13 000 Jahren alt sein. Das Jäger-und-Sammler-Volk der Tehuelche hinterließ die Umrisse von menschlichen Händen. Sie schufen auch Abbildungen von Guanakos sowie Jagdszenen. Die Hände wurden mit natürlichen Mineral-Pigmenten gemalt. Angesichts ihrer Lage am Eingang der Höhle wirken sie wie ein Willkommensgruß.

Mehr zur Cueva de las Manos Pintadas s. S. 435.

5. Ciudad Sagrada de Quilmes

DAS LETZTE PRÄKOLONIALE SCHLACHTFELD

Die rekonstruierte Ciudad Sagrada de Quilmes zeigt, wie das Leben für eine Gruppe des Diaguita-Volkes, die Quilmes, aussah. Sie lebten in dieser größten präkolonialen Siedlung Argentiniens. Die Blütezeit der Stadt war im 12. Jh. Sie schützte sich mit einer Festung und zwei kleineren Forts auf dem 2300 m hohen Cerro Alto del Rey. Rund 3000 Menschen lebten in Ciudad Sagrada selbst, während weitere 10 000 Quilmes in der Umgebung siedelten. Sie waren ein starkes und kämpferisches Volk und wurden erst nach 135 Jahren Widerstand 1665 als Letzte von den Spaniern besiegt. Die Siedlung steht Besuchern offen.

Mehr zur Ciudad Sagrada de Quilmes s. S. 204.

6. Quebrada de Humahuaca

WIE VORSPANISCHE VÖLKER LEBTEN

Der hoch gelegene Canyon Quebrada de Humahuaca war schon vor 10 000 Jahren bewohnt, zunächst von Jägern und Sammlern, dann von vorspanischen Völkern. Während der Inka-Zeit wurde der Canyon im frühen 15. Jh. als Handels- und Kommunikationsroute zwischen dem heutigen Argentinien und Bolivien genutzt.

Durch die Lage am Río Grande konnten die Bewohner Ackerbau betreiben. Mais, Kartoffeln und Quinoa werden noch immer angebaut. Wenige Pucará (Andenbefestigungen) blieben erhalten, auch wenn die meisten von den Spaniern geschleift wurden. Kleinstädte, wie Purmamarca, Tilcara und Humahuaca, beleben die Gegend.

Mehr zum Quebrada de Humahuaca s. S. 42.

7. El Shincal

DER EINFLUSS DER INKA-ZIVILISATION

Die Stärke und der Einfluss der Inka-Zivilisation zeigt sich in der Provinz Catamarca, vor allem im Dorf Londres. Für die kurze Phase zwischen 1457 und 1536 soll dies ein wichtiges politisches, religiöses und militärisches Zentrum in der Region gewesen sein. Die rund 100 Gebäude, die die archäologische Stätte El Shincal de Quimivil bilden, sind besonders bemerkenswert. Es gibt mehrere Lagerhäuser und eine zentrale Plattform. Viele der Ruinen sind von Shinqui-Sträuchern umgeben.

Mehr zu El Shincal s. S. 210.

8. Museo de Arqueología de Alta Montaña

BESTENS ERHALTENE MUMIEN

Das Museo de Arqueología de Alta Montaña liegt an Saltas zentraler Plaza 9 de Julio. Es präsentiert die Kultur der Bergvölker in der vorspanischen Zeit. Highlight der Sammlung sind die Niños Llullaillaco, drei mumifizierte Kinder von hochrangigen Inka-Familien, die vor rund 500 Jahren auf dem Gipfel des Vulkans Llullaillaco geopfert wurden. Das Blitzmädchen, der Junge und die Jungfrau wurden 1999 zusammen mit ihren Grabbeigaben, darunter kleinen zeremoniellen Objekten, entdeckt. Sie sind noch immer außerordentlich gut erhalten. Die Mumien werden kryokonserviert, um die ursprüngliche Begräbnisstätte in den Bergen nachzuahmen.

Mehr zum Museo de Arqueología de Alta Montaña s. S. 176.

9. San Ignacio Miní

EIN SUBTROPISCHER MISSIONSKOMPLEX

San Ignacio Miní in der nordöstlichen Provinz Misiones ist einer von 30 Missionsstandorten, die von den Jesuiten in Argentinien, Brasilien und Paraguay gegründet wurden. Der Komplex wurde im Barockstil erbaut, aber mit heimischen Motiven verziert. Die Jesuiten missionierten von hier die indigenen Guaraní und erbauten eine steinerne Kirche mit Holzausstattung, ein Krankenhaus und eine Schule. Die Missionare wurden oft von Einheimischen attackiert, die ihr Land verteidigten. Deshalb zogen die Jesuiten oftmals weiter, bevor sie hier 1696 ihre dauerhafte Zentrale im subtropischen Regenwald von Misiones errichteten. San Ignacio Miní ist eines der letzten erhaltenen Beispiele für einen derartigen Komplex in Südamerika.

Mehr zu San Ignacio Miní s. S. 139.

10. Casa de la Independencia

DER WEG ZUR POLITISCHEN UNABHÄNGIGKEIT

In der nordwestlichen Provinz Tucumán begann Argentiniens Weg zur Unabhängigkeit. Hinter den weiß gekalkten Mauern eines Gebäudes aus der Kolonialzeit wurde in der Casa de la Independencia am 9. Juli 1816 die Unabhängigkeit von Spanien erklärt. Die Politiker arbeiteten hier noch ein weiteres Jahr, bevor sie nach Buenos Aires umzogen. Teile des Hauses wurden im Laufe der Jahrzehnte zwar zerstört oder umgebaut, doch viele originale Elemente blieben erhalten. Dank der Rolle, die die Stadt spielte, wird San Miguel de Tucumán jedes Jahr am 9. Juli für einen Tag zur argentinischen Hauptstadt.

Mehr zur Casa de la Independencia s. S. 197.

11. Manzano Histórico

WO SICH EIN FREIHEITSKÄMPFER AUSRUHTE

In einer Ecke des Valle de Uco liegt auf 1700 m Höhe das Dorf Manzano Histórico in einem geschützten Naturreservat. Der Dorfname wurde geändert, um an einen historisch relevanten Apfelbaum (Manzano) zu erinnern. Unter seinen Zweigen soll sich der südamerikanische Freiheitskämpfer General José de San Martín 1823 mit seinen Truppen ausgeruht haben, als er Chile und Paraguay befreit hatte. Der General war schon 1812 der Anführer der argentinischen Revolution gegen die Spanier gewesen. Das steinere Denkmal Retorno a la Patria wurde von Luis Perlotti geschaffen und ist eine künstlerische Attraktion. Das Naturreservat ist zudem ein guter Zugang zu den Anden.

Mehr zum Manzano Histórico s. S. 286.

Caminito (S. 104)

12. Caminito

DIE BUNTESTE STRASSE DER HAUPTSTADT

Die Caminito-Gasse im Stadtviertel La Boca ist eine der berühmtesten Straßen Argentiniens. Die Wellblechfassaden der *Conventillos* (Mietshäuser) zeugen von der frühen Einwanderung ins Land. Es gab mehrere Wellen. So kamen Ende des 19. und Anfang des 20. Jhs. viele Europäer in den Hafen, vor allem aus der Gegend um Genua. Oftmals lebten Arbeiterfamilien unter einem gemeinsamen Dach der *Conventillo*-Häuser, die bunt angemalt waren. Heute ist die Straße ein Freilichtmuseum mit Wandgemälden und Büsten, die von dem bekannten Künstler Benito Quinquela Martín geschaffen wurden. Er gab dem Barrio von La Boca in den 1950er-Jahren seinen künstlerischen Ruf und benannte den Caminito nach einem Tango.

Mehr zum Caminito s. S. 108.

13. Museo Gauchesco Ricardo Güiraldes

DAS LEBEN EINES GAUCHO

Es ist angemessen, dass ein Museum, welches sich dem berühmten Rancher-Autoren Ricardo Güiraldes widmet, in der authentischen, 150 Jahre alten Pulpería La Blanqueada untergebracht ist. Güiraldes veröffentlichte 1926 die Gaucho-Novelle *Don Segundo Sombra*. Sie erzählt die Geschichte des gleichnamigen Cowboys. Die einstige Gaucho-Bar beherbergt heute in dieser Cowboy-Stadt das Museo Gauchesco Ricardo Güiraldes. Zu sehen sind eine Mühle, Stallungen sowie eine Silbersammlung und Exponate rund ums Pferd, die vom täglichen Leben in der Pampa erzählen.

Mehr zum Museo Gauchesco Ricardo Güiraldes s. S. 308.

14. Teatro Argentino

EINE ERINNERUNG AN DIE DIKTATUR

Das zweitprominenteste Theater Argentiniens (nach dem Teatro Colón in Buenos Aires) befindet sich in La Plata und ist das Symbol für die Zeit der Militärherrschaft zwischen 1976 und 1983. Erbaut wurde es 1887 im Neo-Renaissancestil. 1977 brannte es ab. Vieles hätte wiederaufgebaut werden können, doch die Militärjunta entschied sich, die Ruine abzureißen und einen neuen Kulturpalast im brutalistischen Stil zu errichten. Beton und Minimalismus siegten über klassische Elemente.

Mehr zum Teatro Argentino s. S. 330.

15. Lionel-Messi-Denkmal

WM-TRIBUT FÜR EINE FUSSBALLLEGENDE

Der 18. Dezember 2022 hat sich in das Gedächtnis aller Argentinier eingebrannt, weil das Land zum dritten Mal die Fußball-WM gewann. Fußballer Lionel Messi wurde zu einem Nationalhelden. Im ganzen Land entstanden als Würdigung Wandgemälde. Aber in der Hauptstadt ehrt eine lebensgroße Statue auf dem Caminito den Team-Kapitän und Spieler mit der Nr. 10. Für das bunte 3D-Werk wurden fast 700 Druckstunden benötigt. Es wurde 2023 zum 36. Geburtstag des Fußballers eingeweiht. Es zeigt den Moment, als Messi die WM-Trophäe in Katar in die Höhe hält.

Mehr zum Lionel-Messi-Denkmal s. S. 108.

TRIFF DIE ARGENTINIER

So mancher hat sich ob der vielfältigen Landschaften und Identitäten Argentiniens schon verloren gefühlt – keine Sorge: Die Argentinier sind hilfsbereit! Federico Perelmuter stellt seine Landsleute vor.

WIR ARGENTINIER KOMMEN von überall her: Unser Land folgte hinsichtlich der Gesamtzahl an Einwanderern von 1880 bis 1930 gleich auf die USA und stand pro Kopf gerechnet weltweit an erster Stelle. 1914 machten Einwanderer ein Drittel der Bevölkerung aus. Vor der Einwanderungswelle war Argentinien nach 100 Jahren politischer Instabilität mit Bürgerkrieg spärlich besiedelt; aufgrund der Auslöschung fast der gesamten indigenen Bevölkerung ließ sich die Verstädterung rund um Buenos Aires nicht korrigieren.

Auf Geheiß der Regierung kamen Einwanderer, überwiegend aus Süditalien und Spanien, auch jüdische Migranten aus Osteuropa und anderen europäischen Ländern, die sich in Orten wie Moisés Ville in Santa Fe niederließen. Ihr Einfluss in Kombination mit den bereits vorhandenen kolonialen, indigenen und afrikanischen Kulturen machte Argentinien zu einem kosmopolitischen Land und unsere Städte zu Zentren kultureller Diversität. Die Einwanderung hält bis heute an, aus Nachbarländern wie Paraguay, Peru und Bolivien, aber auch aus Südkorea und China sowie aus dem Senegal, Venezuela und Russland.

Wenn etwas die Argentinier eint, dann ist es die wilde Mischung an Lebensstilen, die gut zur Größe des Landes passt und zu unserer unterschiedlichen Herkunft. *Porteños* (Einwohner der Stadt Buenos Aires) sind für ihre arrogante Ironie bekannt (und Egomanie) und sollten nicht mit den *bonaerenses* aus der Provinz Buenos Aires verwechselt werden.

Wer & wie viele?

Von 46 Mio. Argentiniern leben 3,5 Mio. in der Stadt Buenos Aires und 11 Mio. in ihrem Einzugsgebiet. 92 % der Bevölkerung gilt als urban; die Landwirtschaft spielte in Argentinien allerdings immer eine große Rolle – das Land galt als „Getreidespeicher der Welt".

Cordobeses feiern gern, und ihre charakteristische *tonada* (Sprachmelodie) ist unnachahmlich. *Rosarinos* leben am Paraná, einem Zufluss des Río de la Plata – das Tor nach Nordargentinien. Wein und Berge bewirken, dass die Menschen Mendozas als klug und jovial gelten; in Tucumán, der dicht besiedelsten Provinz, wurde Argentinien gegründet und dort wachsen die besten Zitrusfrüchte. *Salteños* und *jujeños*, die Bewohner Saltas und Jujuys, sehen sich manchmal als Konkurrenten und sind bekannt für ihre Küche und freundliche Dickköpfigkeit.

Für wirtschaftliche Stabilität ist Argentinien nicht berühmt, und für politische Gelassenheit auch nicht, und doch herrschte 2023 seit 40 Jahren durchgehend Demokratie. Dass die Welt um uns unplanbar ist, macht die Argentinier enorm robust und solidarisch. Und wirklich ist Freundschaft die nobelste Tradition des Landes: Viele Argentinier bleiben bis zum letzten Atemzug mit ihren Jugendkameraden befreundet, bilden Gruppen, die oft Wochen miteinander verbringen und wie eine Familie sind. Freundschaft ist dem Argentinier unverbrüchlich. Sie wird in einem Land geschmiedet, in dem man alleine nicht leben kann, in dem sich von jetzt auf gleich alles ändern kann, in das viele in der Hoffnung auf bessere Chancen kamen. Wer sich mit einem von uns anfreundet, wird nie mehr auf sich gestellt sein. Zeig mir, wer deine Freunde sind, und ich sage dir, wer du bist: In Argentinien ist die Antwort einfach.

Bilder Im Uhrzeigersinn ab oben links: Gaucho, Cafayate (S. 183); Fußballanhängerin im Nationaltrikot Argentiniens (S. 512); beim Mate-Trinken (S. 47); junger Mann in Buenos Aires (S. 54)

ICH BIN ARGENTINISCH

Meine Angehörigen kamen in Argentinien zur Welt und wuchsen dort auf, und ich auch – bis die USA mir winkten. So lebte ich bis zu meinem Diplom in Philadelphia und New York, dann ging es in die vermisste Heimat zurück.

Ich bin jüdisch, und meine Großeltern wurden als erste Generation meiner Familie in Argentinien geboren: Meine Urgroßeltern emigrierten aus dem heutigen Russland, Moldawien, Polen und der Ukraine. Seitdem haben wir immer in Buenos Aires gelebt: Meine Vorfahren väterlicherseits lebten Anfang des 20. Jhs. im Einwanderer-Hotspot Avellaneda, mein Vater wurde in der Nachbarschaft Villa del Parque groß. Die Familie meiner Mutter wohnte im quirligen Arbeiterviertel Parque Patricios und später in Almagro. Ich kam in Villa Crespo zur Welt und wuchs in der Vorstadt Pilar auf.

Buenos Aires mit seiner Gigantomanie und historischen Bedeutung sollte nie mit Argentinien verwechselt werden, und ein *porteño* wie ich sollte nicht glauben, dass er über Argentinien alles zu erzählen weiß – das Land ist riesig.

Bodegas Etchart (S. 508)

YADID LEVY/ALAMY STOCK PHOTO ©

WEINBAU & REBEN

Nach 500-jähriger Geschichte hat sich die Weinindustrie Argentiniens in den letzten 30 Jahren flott und furios zu einem echten Global Player entwickelt. Von Sorrel Moseley-Williams

WEIN IST KULTUR. Wein ist Geschichte. Und per Dekret ist Wein das alkoholische Nationalgetränk der Argentinier. So sehr wir es auch schätzen, eine edle Flasche Malbec zu entkorken – die interessante Nachricht ist, dass Argentinien heute viel mehr als diesen beliebten Rotwein zu bieten hat.

Eine diverse Weinindustrie kultivieren

Weinproduzenten und Winzer haben es sich zum Ziel gesetzt, in Argentinien eine vielfältige Weinindustrie zu etablieren. Das Anbaugebiet ist ebenso umfangreich wie die Traubensorten und Produktionsmethoden. Mendoza steht weiterhin an erster Stelle hinsichtlich Qualität und Produktion, doch beschränkt sich das Terroir nicht mehr auf ein kleines Segment in den Anden – es erstreckt sich heute von den Valles Calchaquíes hoch oben in Salta bis zu den von Steppe umgebenen Weingärten von Río Negro in Nordwest-Patagonien. In der Absicht, das weitläufige Terrain zu erforschen und zu nutzen, kultivieren Weinproduzenten Weingärten immer noch höher oben in den Bergen wie beispielsweise in der Quebrada de Humahuaca in Jujuy, weiter im Süden Patagoniens, und gen Osten in Richtung Atlantik in den Provinzen Buenos Aires und Chubut, um Weine mit maritimer Note zu kreieren. Argentinien ist seit Langem der fünftgrößte Weinproduzent weltweit , doch noch nie wurden *Aficionados* mit einer solchen Auswahl an Weinen verwöhnt.

Vom Messwein zum Malbec

Argentiniens Beziehung zum Wein begann mit den Jesuiten, die die Trauben zum Keltern von Messwein benötigten. Manche behaupten, dass sich die ersten Weingüter in Baja California, Mexiko, befanden, andere in Peru oder Chile. Die erste *vitis vinifera* (Weinrebe) in Argentinien wurde jedenfalls im 16. Jh. in der Provinz Córdoba kultiviert. Als Industrie kam argentinischer Wein erst durch eine Vision Domingo Faustino Sarmientos ins Spiel. Der künftige Präsident Argentiniens rekrutierte einen französischen Agrarwissenschaftler, um 1853 eine Weinindustrie zu etablieren. Unter den Bordeaux-Weinen, die Michel Aimé Pouget mitbrachte, befand sich die rote Traube Malbec – heute die Starttraube Mendozas und der Nation. Ob Pouget ahnte, dass dieser unterschätzte Bordeaux

BODEGAS ETCHART

Bio-Weingärten, Mendoza (S. 256)

– den Önologen in Frankreich zur Intensivierung der roten Farbe und des Tannins nutzten – zur berühmtesten Weinsorte Argentiniens avancieren würde? Vielleicht hatte er das ungenutzte Potenzial von Mendoza im Blick. Vielleicht war es auch ein Lotteriespiel. Doch was auch immer seine Entscheidung beeinflusste, 100 Jahre später verhalf die Malbec-Traube Argentiniens Weinproduktion zu internationaler Anerkennung – wofür das Land Sarmiento und Pouget zu ewigem Dank verpflichtet ist.

Mendoza muss es sein

Die Provinz Mendoza ist und bleibt Argentiniens Weinzentrum; hier werden ca. 76 Prozent des gesamten argentinischen Weins und ein Fünftel der Sorte Malbec produziert. Obwohl in der Nachbarprovinz San Juan seit dem 17. Jh. Wein gekeltert wird und die Provinz der zweitgrößte Produzent des Landes ist, stammen nur 18 Prozent der Weinproduktion von hier. Und die historische Weinherstellung in Saltas Valle Calchaquíes – mit großen *bodegas* (Weingütern) wie Colomé (Argentiniens älteste Bodega, die seit 1831 in Betrieb ist), El Esteco und Etchart – erwirtschaftet nur winzige 1,5 Prozent.

Neben den weitläufigen Weingärten vor der Kulisse der Anden besteht die Schönheit Mendozas in der Vielfalt des Terroirs. Die Schlüsselregionen Luján de Cuyo, Maipú und Valle de Uco teilen sich in kleinere Unterbezirke auf. Allein in der Umgebung von Luján de Cuyo finden sich Unmengen davon – Mayor Drummond, Las Compuertas, Vistalba und Chacras de Coria. Und das bedeutet, dass man heute nicht mehr einfach sagen kann: „Mein Lieblingswein kommt aus Mendoza." Die Winzer geben die Herkunft ihrer Weinsorten sehr differenziert an und heben Charakteristika und Unterschiede der Distrikte hervor.

Trotz der Weinbautradition, die bis zur Jahrhundertwende zurückreicht, ist Valle de Uco momentan der Star in Mendoza; produziert werden edle Tropfen, die regelmäßig von den renommiertesten Weinkennern der Welt mit 100 Punkten, der Bestnote, prämiert werden. Zuccardi Valle de Uco, Catena Zapata, Per Se und El Enemigo haben in den letzten Jahren alle Topbewertungen erhalten. In Anbetracht des Engagements und des erstklassigen Knowhows hinter diesen und anderen Projekten werden sicherlich noch viele folgen.

Welches Weingut soll es sein?

In Sachen Weintourismus ist Mendoza die Region Argentiniens mit der besten Infrastruktur. An die 200 Bodegas öffnen ihre Pforten für Weinverkostungen, zum Mittag- oder Abendessen mit Weinprobe, für Ausritte und Workshops. Eine Reservierung ist fast immer erforderlich. Der Besuch selbst gestaltet sich mit dem eigenen Auto oder einem Wagen mit Fahrer unproblematisch. Wer wenig Zeit hat, nimmt an einem organisierten Tagesausflug teil oder steigt in einen Hop-on-hop-off-Bus; es werden mindestens drei Bodegas angefahren. Zu den Topweingütern, die eine Degustation mit anschließendem Mittagessen anbieten, zählen das prämierte Zuccardi Valle de Uco und Catena Zapata; bescheidenere Bodegas mit ähnlichem Angebot sind Mil Suelos, Bodega Lagarde und Riccitelli Wines. Ansonsten gibt Cafayate in den Valles Calchaquíes eine Alternative zu Mendoza ab, was es seinem Kleinstadtflair und den rund 20 traditionellen Bodegas verdankt. Empfehlenswert sind Verkostungen im El Porvenir de Cafayate und in der Estancia Los Cardones (reservieren). Zu den neuen Weindestinationen zählen Trevelin in der Provinz Chubut in Patagonien und Quebrada de Humahuaca in Jujuy. In Trevelin lassen sich im Ort drei Weingüter besuchen – Contra Corriente, Casa Yagüe und Nant y Fall; im zweiten Fall lohnt ein Halt an den Bodegas Kindgard, Fernando Dupont und El Bayeh.

ARGENTINIEN HAT KAUM PROBLEME, MIT DEN GLOBALEN WEINTRENDS MITZUHALTEN, UND TRENDFORSCHERN MACHT ES SPASS, SICH MIT DER ÖKO-BEWEGUNG IN SACHEN WEIN ZU BEFASSEN.

Weißwein, Cafayate (S. 183)

TITONELI FOTOGRAFIAS/SHUTTERSTOCK ©

Voll im Trend

Argentinien hat kaum Probleme, mit den globalen Weintrends mitzuhalten, und Trendforschern macht es Spaß, in die lebhafte Naturwein-Bewegung einzutauchen und biodynamische Weinbaumethoden, unter Boden angebaute Weine (mit Hefenote wie Sherry) und alle möglichen Rosé- und Orangeweine (auch: *vino naranjo* oder Skin-Contact-Wein) zu probieren. Dieser experimentelle Sprung nach vorn ist wichtig, wenn es um den Ruf des Landes als globaler Player geht.

Beim Besuch eines Weinguts werden die Gäste von einem Sommelier durch die Verkostung geleitet. Los geht es mit den Basics – wie Wein verkostet wird: Die Farbe ansehen, das Aroma riechen, den Wein schmecken. Die Bodegas bieten Degustationen in verschiedenen Preislagen an: Die einfachste Variante besteht aus mindestens drei Probiergläschen.

Die meisten Sommeliers in Argentinien sind angesehene Profis und arbeiten in Buenos Aires oder Mendoza, aber natürlich auch in Restaurants in anderen Landesteilen. Sie lassen sich als Informationsquelle zu aktuellen Trends nutzen, oder man folgt ihnen einfach in den Weinkeller. Als passionierte Weinkenner nehmen sie ihre Berufung sehr ernst, den Gästen alles über argentinischen Wein zu verraten. Und doch ist es ein Dialog. Man sagt, was einem gefällt und bis zu welchen Grad man weiter in die Materie einsteigen möchte – und wie hoch das persönliche Budget ist. Eine Verkostung in einem Weingut in Argentinien ist erschwinglicher als zu Hause. Abzuklären ist, ob der Wein per Schiff direkt ins Heimatland geliefert werden kann, denn Preise und Zoll hängen von der jeweiligen Destination ab.

Ob man nun ein Glas Wein in einer Weinbar in Buenos Aires probiert, im Valle de Uco an einer Verkostung teilnimmt oder zu Hause eine Flasche entkorkt– es bieten sich unzählige Möglichkeiten, einen *vino* aus Argentinien zu genießen. *¡Salud!*

IKONEN DER PAMPAS

Ikone, Sehnsuchtsobjekt, Antiheld – der Gaucho galoppiert durch Argentiniens Geschichte, wird heute verehrt und vermarktet und ist aus dem Land nicht wegzudenken. Von Victoria Gill

DAS 18. JH. brachte den englischen Dandy hervor. Ein Jahrhundert später zog der Cowboy die USA in den Bann. Wer erinnert sich noch an die Sharpies? Wir zum Glück nicht. All diese Strömungen dauerten nur ein paar Dekaden. Der Gaucho in Argentinien überstand sie alle und gilt heute als die älteste lebendige Subkultur der Welt.

Häufig bekommt man *puebleros* (Dorfbewohner) zu Gesicht, die in den Gassen von San Antonio de Areco Tanzschritte für den Mambo-Wettbewerb in Laborde üben, auch *puebleros*, die durchs Land reiten, um irgendwo den Día de la Tradición zu feiern. Manchmal sieht man einen Arm unterm Poncho hervorblitzen, der einen Mate-Behälter in der Wildnis Patagoniens leert.

Gauchos – definiert als Rancher oder Pferdekenner – kommen den US-amerikanischen Cowboys am nächsten. Ihr Name leitet sich vom Quechua-Wort *huacho* ab; es bedeutet „Waise" und wurde den einsamen Reitern im 18. Jh. verliehen. Sie streiften durch die Pampas, zähmten und trieben Handel mit Vieh und den Pferden, die die Konquistadoren zurückgelassen hatten, nachdem ihr erster Versuch, Buenos Aires zu erbauen, fehlgeschlagen war.

Den Gaucho am Aussehen erkennen

Das Aussehen des Gauchos ist uniform und unveränderlich. Als Mestizen haben sie den Poncho, ihr Faible für Mate und *boleadoras* (Lasso mit Kugeln) von den argentinischen Urahnen übernommen. Von den Criollos (Lateinamerikaner spanischer Abstammung) inspiriert sind *facónes* (Messer am Gürtel), Gitarre und Baskenmütze. *Bombachas* (Pumphose) und *chiripá* (Schärpe) gehören dazu. Einen Gaucho erkennt man sofort. Ihre Utensilien werden überall feilgeboten – von Fachgeschäften an der Plaza bis zu *ferias artesanales.*

Die Seele des Gaucho

Was macht den Menschen aus? Da wären die durchdringenden Augen des Gauchos, der Maßstab für seinen Gerechtigkeitssinn. Aus seinem Mund kommt Leidenschaftliches, seine Schultern tragen die Last der Entbehrung, sein Rückgrat das Gewicht der Loyalität. Sein Herz schlägt für die Freiheit, in seiner Berührung liegt die Wärme von Akzeptanz und Schutz, in seinen Armen Loyalität. Der Gaucho ist berühmt für seine Einsamkeit und Unabhängigkeit, und doch leidet er Seelenqualen. Was nicht überrascht in Anbetracht der Ungerechtigkeiten, die er erdulden musste. Die erste Welle Siedler, die so frei über das Land herrschte, musste später, als die Spanier im 19. Jh. die Pampas in befestigte *estancias* (Landgut) umwandelten, auf deren Ländereien arbeiten, wozu sie die erfahrenen Gauchos nutzten. Ihr angeborener Mut, ihre Reitkunst und Ehrbarkeit machten sie zu geborenen Kavalleristen, die dann in den Unabhängigkeitskrieg Argentiniens gezwungen wurden – mit heldenhaftem Erfolg. Sie stellten sich in den Dienst des *Gaucho caudillo* (Heerführer) Juan Manuel de Rosas, nur um eingezogen zu werden, um an den Grenzen und gegen ihre eigenen Leute zu kämpfen, die sie eigentlich hatten beschützen wollen. Aufgrund ihrer Unabhängigkeit, Loyali-

Gaucho mit Mate

tät und Rechtschaffenheit galoppierten viele davon, um mit der indigenen Bevölkerung zu leben und sie zu verteidigen, wobei die sich wiederum unter den Gauchos versteckte.

Und damit war der Ruf des gefallenen Gauchos als übler Schurke und Gesetzesloser im argentinischen Mainstream festgeschrieben. Charles Darwin teilte diese Einschätzung nicht. Am 26. November 1833 vermerkte der junge Biologe, nachdem er fast ein Jahr Südamerika bereist hatte, in seinem Tagebuch: „Die Gauchos als Männer vom Land sind den Städtern überlegen. Der Gaucho ist stets sehr zuvorkommend, höflich und gastfreundlich. Er ist bescheiden, zollt sich selbst und dem Land Respekt, ist aber gleichzeitig auch ein temperamentvoller, kühner Bursche."

Die Kunst des Gauchos

„Und das macht mich stolz: zu leben frei wie ein Vogel im Himmel", verkündet Martin Fierro, der Protagonist in José Hernandez' Epos. Die für die Unesco-Sammlung „Repräsentative Werke lateinamerikanischer Literatur" ausgewählte Ballade erzählt die Geschicke des gleichnamigen Deserteurs und gilt als das Standardwerk der *Literatura gauchesca*. Die Literaturbewegung (1870–1920) erlebte zur gleichen Zeit einen Aufschwung wie der Cowboy in Nordamerika. Die Schriftsteller in Buenos Aires thematisierten das Dilemma der Ausgestoßenen in Romanen und Gedichten sowie in volkstümlichen Versen (*cielctos*) in der ersten Person mit getragenem Rhythmus und trugen so zur Transformation des Gauchos vom Schurken zum Volkshelden bei. Zudem regten in dieser Epoche die Geschichte von Robin Hood und seinem Wandel vom Geächteten zum Menschenfreund sowie der wundersame Tod von Gauchito Gil die Fantasie der Nation an.

Der Gaucho heute

Die Zahl der Gauchos ist in Argentinien erheblich zurückgegangen, ihr Einfluss jedoch nicht: Ihre Geisteshaltung und ihre Bräuche prägen die Kultur und den Charakter des Landes. Wer jemanden als *gauchito* bezeichnet, meint damit einen netten, hilfsbereiten Menschen. Und wo nahm Argentiniens beliebtester Kochstil wohl seinen Anfang, das *asado*? In den Nächten am Lagerfeuer in den Pampas mit den Rinderherden natürlich, zum Klang von *payadas* (Gedichte zur Gitarre), dem Prototyp der argentinischen Volksmusik.

Es finden das ganze Jahr über Festivals im Land statt, die Gauchos von den *estancias* und *refugios* locken, um in den Ortschaften ihre Reitkünste vorzuführen. Das Vermächtnis von Gauchito Gil wirkt derart nach, dass der Wunsch laut wurde, ihn selig zu sprechen. Überall in Argentinien finden sich am Straßenrand Kultstätten des Volksheiligen. Unsere moderne Kultur passt sich diesen Zeiten samt ihren inhärenten, typischen *machista* (Macho)-Werten an. In den letzten Jahren erlebten weibliche Gauchos einen Aufstieg – Frauen, die nicht mehr nur weben und waschen wollten. Da die Familien seit ihrer Blütezeit im 19. Jh. kleiner wurden, kümmert sich der weibliche Gaucho heute mit den Brüdern und dem Vater um die Arbeit auf der *estancia*. Freiheitsliebe, das Leben von Nomaden, Weltschmerz, Hedonismus und die Tendenz, den Kopf zu betten, wo sich gerade ein Kissen bietet, Ungebundenheit und Offenheit allem und jedem gegenüber und die unergründliche Seele des Gauchos ergeben die Definition des Reisenden.

FUSSBALL IN ARGENTINIEN

Der Sport genießt in einem Land, das einige der besten Spieler aller Zeiten hervorgebracht hat, eine fast religiöse Verehrung. Von Federico Perelmuter

FUSSBALL WAR IN Argentinien nie nur ein Freizeitspaß. Er ist schon seit gut einem Jahrhundert ein fast religiöses Spektakel – der Sport eint das ganze Land. Wird ein wichtiges Spiel ausgetragen, kommt alles zum Stillstand, die Straßen sind wie leergefegt, und die Massen versammeln sich vor jedem verfügbaren Fernseher.

Sprungbrett zu sozialen Kontakten

Als sich der Fußball Anfang des 20. Jhs. zum Profisport entwickelte, fungierten die verschiedenen Clubs als Sprungbrett ins soziale Leben. Der Besuch eines Fußballspiels wurde zum Schlüsselritual, um die vielen Zuwanderer im Land zu integrieren, vor allem Männer aus der Arbeiterschicht;

Fans feiern in Buenos Aires nach dem Sieg Argentiniens bei der Fußball-Weltmeisterschaft 2022

außerdem boten die Fußballclubs Menschen gleicher Herkunft – aus Italien und Spanien sowie jüdischen, englischen und irischen Einwanderern – Raum für Geselligkeit. Für die meisten Argentinier wurde das Team, das sie unterstützten, zum zentralen Teil ihrer Identität.

Die fünf Grandes

Ein Spiel von gegnerischen Mannschaften (meist geografisch bedingt) heißt *clásico*, tritt River gegen Boca an, ist von einem *superclásico* die Rede, denn die beiden Teams sind die ältesten in Argentinien und verfügen über die größten Fangemeinden. Zwei der drei anderen *grandes*, Independiente und Racing, bekannt als Diablos Rojos (Rote Teufel) und La Academia (Die Akademie), haben ihre Stadien nur ein paar Blocks voneinander entfernt in der Arbeitervorstadt Avellaneda von Buenos Aires. Der letzte *grande*, San Lorenzo, wurde im zentralen Viertel Almagro gegründet, sein Stadion befindet sich derzeit jedoch im Arbeiterviertel Bajo Flores.

Jeder Club verfügt über seinen individuellen Mythos, seine Volkshelden und *ídolos* (Idole) aus vergangenen Zeiten, die Wände, Gedanken und als Tattoos sogar die Körper der *hinchas* (Fans) zieren. Im Lauf eines Jahrhunderts kreierte jede Mannschaft ein Repertoire an Schlachtrufen und Liedern, die – oft mit Trommeln und Blasinstrumenten – fast nonstop das Spiel unterstützen. Leuchtkugeln und Rauchbomben gehören mit dazu, ebenso eine Fülle von selbst gebastelten Fahnen.

Das Stadion von Boca Juniors (S. 113)

Zuwachs für den Fußball

In Argentinien ist Fußball eine Männerdomäne, dennoch hat sich der Frauenfußball in den letzten zehn Jahren entwickelt; seit 2019 ist die erste Frauen-Liga semi-professional. Die Zuschauer im Stadion bestehen allerdings weiterhin überwiegend aus Männern. Aufgrund der rückläufigen Gewalt in den Stadien und der Verschiebung der sozialen Normen in Richtung Sicherheit für alle lassen sich immer mehr Frauen und Kinder bei Fußballspielen sehen.

Die Mannschaft Nummer 1 in Argentinien

Argentiniens Nationalmannschaft relativiert die oft unverbrüchliche Treue zum eigenen Club. Als Argentinien 2022 in Katar unter Lionel Messi die Weltmeisterschaft gewann, strömte das ganze Land auf die Straßen zum Feiern. Wie schon bei früheren Siegen – als Gastgeber der Weltmeisterschaften 1978 und 1986 mit Diego Maradona als Kapitän – wurde jeder Augenblick dieser Weltmeisterschaft zum Stoff für Legenden.

Zu einem Spiel gehen

Es gibt nur eine Möglichkeit, die Leidenschaft und den Irrsinn der argentinischen Fußballkultur kennenzulernen – ein Spiel in der *cancha* (Stadion) mitzuerleben. Manche Mannschaften verkaufen Tickets online, bei vielen muß man am Spieltag eine Karte kaufen. In den Stadien gibt es generell zwei Platzkategorien: *populares*, Stehplätze für die enthusiastischsten *hinchas*, und *plateas* mit Sitzplätzen. Tickets für Boca und River sind oft schwer zu ergattern, doch für die meisten anderen Teams sind am Spieltag und online Tickets erhältlich. Man sollte sich auf Unmengen Sicherheitschecks einstellen. Jedes Spiel ist eine einzigartige kollektive Erfahrung, ein Ausdruck typisch argentinischer Kultur. Ein Verständnis des Landes ist ohne diese Erfahrung nicht möglich.

ROCKSTAR AUS ARGENTINIEN: CHARLY GARCÍA

Seine Musik schockierte die Zensur, rechnete mit der Diktatur ab und war das Sprachrohr einer verlorenen Generation junger Argentinier: Charly García und der Zeitgeist. Von Christine Gilbert

WIE EIN ROCKSTAR wirkt er nicht: Charly García ist groß, schlaksig, trägt als Markenzeichen einen halb weißen, halb braunen Schnauzbart – und macht allen Widrigkeiten zum Trotz seit den 1960er-Jahren Rockmusik. Manche halten ihn für den Vater des *rock nacional* – Argentiniens hausgemachtem Rock auf Spanisch. Mit Sicherheit ist er jedenfalls einer der einflussreichsten Musiker des Landes. Seit mehr als 50 Jahren sind seine Texte und Melodien der Soundtrack zu einigen der traumatischsten wie auch gefeiertsten Momente in der Geschichte Argentiniens.

Charly García

PATRICIO MURPHY/ZUMAPRESS.COM/ALAMY LIVE NEWS ©

Garcías Einfluss auf die Alltagskultur

Alle vier Jahre schaltet die Brauerei Quilmes eine TV-Werbung zur Fußball-Weltmeisterschaft. Vor dem Turnier in Katar 2022 hatte diese Werbung etwas von einer glücklichen Vorahnung, was im Dezember passieren würde. Der Spot zeigt Gespräche unter Freunden, Geschwistern und Arbeitskollegen über zufällige Parallelen zwischen 1986, als Argentinien zuletzt den Weltcup gewann, und 2022. Es ging um die offensichtliche Tatsache, dass das argentinische Team den besten Spieler der Welt hatte, 1986 Maradona und 2022 Messi, bis hin zu abwegigeren Spekulationen, dass Jupiter im Zeichen Fische stand und Robert De Niro Argentinien 1986 besuchte und 2022 noch einmal. Die Werbung war witzig, emotional und pointiert. Als Soundtrack wählte Quilmes den Klassiker „Hablando a tu corazón" (Zum Herzen sprechen), den Charly García und Pedro Aznar 1986 geschrieben hatten. Im Werbespot geben die beiden Musiker den Titel an die jungen Indie-Popstars Louta y Bandalos Chinos weiter, die das Video mit ihrer Version des Hits beenden.

Die Ballade wurde auf Garcías und Aznars LP Tango veröffentlicht. Doch ein Zufall ist der Titel des Albums nicht. Die Argentinier lieben eine kräftige Dosis Nostalgie. Man muss nur ein paar Tangos hören, um zu erkennen, dass das Schmachten nach der Heimat, der verlorenen Liebe und der Mutter die Kultur Argentiniens bis heute durchzieht. Charly García griff in seiner Diskografie Elemente von Tangomusik und -texten auf; seine anhaltende Beliebtheit ist seiner Fähigkeit geschuldet, sich auf den Zeitgeist einzustellen.

García findet zu seiner Stimme

Nachdem García als Teenager in den 1960er-Jahren mit seiner Band Walking die Beatles gecovert hatte, gründete er mit Nito Mestre eine der einflussreichsten *rock nacional*-Bands: Sui Generis; Lieder wie „Canción para mi muerte" (Song für meinen Tod) schafften es, eine junge Generation anzusprechen, die gegen den Militärdienst und patriarchale Institutionen rebellierte. Sui Generis war als Stimme der Gegenkultur maßgeblich von Folksängern der *nueva canción* wie Mercedes Sosa und dem Chilenen Victor Jara beeinflusst, der 1973 am Tag nach dem chilenischen Putsch gegen Präsident Allende auf tragische Weise verschwand.

Es herrschten gewalttätige und chaotische Zeiten. Im Jahr 1976 hatte die Militärdiktatur in Argentinien die Macht ergriffen. In Anbetracht der instabilen Verhältnisse löste sich Sui Generis nach zwei Konzerten mit 20 000 Zuhörern im Luna Park von Buenos Aires auf. Charly gründete eine neue Band, La máquina de hacer pájaros (Die Maschine zum Vögelmachen).

Und genau da trat Charlys Genie zutage. Zu einer Zeit, als junge Argentinier einfach „verschwanden" und jegliche Darstellung der Jugend in den Medien fehlte, trickste Charly die Zensur des Regimes aus, indem er deren Thesen mit Hilfe von Allegorien und Metaphern untergrub. In „Hipercandombe" (1977) singt Charly in der ersten Person für einen unbekannten Protagonisten – ein dem Tango entlehnter Kunstkniff.

Seine Verse sind poetisch und abstrakt, wenn er das Publikum bittet, das Gesicht und lange Haar zu bedecken. Doch zwischen den Zeilen wissen wir, dass er die Ängste der jungen Leute während der Militärdiktatur meint, ihre unsichtbaren Erfahrungen ans Tageslicht bringt. Er singt auch vom Río de la Plata, dem Fluss in Buenos Aires, in dem die Junta Leichen der Verschwundenen versenkte. Das Lied ist ein subversiver Aufruf, zu den Waffen zu greifen, mit der Aufforderung, doch einfach den Sender zu wechseln, wenn jemandem das Lied nicht passt. Und irgendwie ahnt das Lied auf tragische Weise auch das Jahr 1979 voraus, als Diktator Jorge Rafael Videla die Verschwundenen als weder tot noch lebendig definierte. Er sagte den Journalisten, dass sie nicht da seien.

Das Verschwinden der Dinosaurier

Gegen Ende der Diktatur sahen García und das übrige Argentinien nach einigen dunklen Tagen einen Hoffnungsschimmer. 1981 veröffentlichte García „No quiero volverme tan loco" (Ich will nicht so verrückt werden), ein Stinkefinger an die Autoritäten mit trotzigem Text, der davon handelt, nicht mehr paranoid zu sein, dass vielmehr die Zeit zum Loslassen gekommen sei. Die Diktatur war noch nicht vorbei, doch 1983, nur einen Monat vor dem Fall der Junta nach Argentiniens Niederlage im Falklandkrieg, veröffentlichte García als Solokünstler „Los dinosaurios" (Die Dinosaurier) in seinem Albumklassiker der 1980er-Jahre *Clics Modernos* (Moderne Clicks). Nie entsprach ein Song mehr dem Zeitgeist: Charly sang von den im Sterben begriffenen Diktatoren als bereits ausgestorbene, schwere, tote Dinosaurier. Im packendsten all seiner Texte spielt Charly behutsam mit der Grammatik, um zu bestätigen: Ja, unsere Freunde können verschwinden, aber die Dinosaurier werden verschwinden.

Mit seinen gut 70 Jahren tritt Charly nicht mehr auf, aber es bietet sich in Buenos Aires tagtäglich Gelegenheit, seine Musik zu hören. Wer nur lang genug zuhört, kann Charlys anhaltende Beliebtheit nachvollziehen. Die Straße in Palermo, wo er wohnt, wurde mittlerweile in Avenida Charly García umbenannt; oft kritzeln Fans eine Botschaft auf sein Haus als Hommage an ihr Idol.

In den ersten Monaten der Pandemie 2020 schufen die Nachbarn Garcías sogar eine 9 × 7 m große Wandmalerei auf der gemeinsamen Dachterrasse: das Oberheim-Keyboard, das Charly für die Aufnahme von „Yendo de la cama al living" (Vom Bett ins Wohnzimmer gehen) benutzte – ein weiterer Geniestreich Garcías, dass sein Lied aus dem Jahr 1982 später zur Pandemiehymne avancierte.

Pinguine, Punta Tombo (S. 399)

LAUZLA/GETTY IMAGES ©

TIERWELT IN PATAGONIEN

Als Heimat einer Fülle von Land- und Meerestieren beeindruckt Patagonien mit so ziemlich der abwechslungsreichsten Tierwelt Südamerikas. Von Madelaine Triebe

MIT ETWAS GLÜCK begrüßt einen bei der Ankunft in Patagonien die Tierwelt mit einer Willkommensfete. Magellan-Pinguine an der Atlantikküste, riesige See-Elefanten an der Península Valdés, Graufüchse, die über das trockene Land streifen, und in der Steppe grasende Guanakos – sie alle sind in der herrlichen Natur hier zu Hause. Weiter landeinwärts verändert sich entlang der Bergkette der Anden die Landschaft und auch die Fauna; an den baumbestandenen Berghängen ist es zudem schwieriger, Tiere zu sichten. Selten lassen sich Raubtiere wie Pumas als scheue Nachtjäger sehen oder auch die gefährdeten Südandenhirsche, die fern der Zivilisation leben. Was auch für den winzigen Pudú gilt: Die kleinste Wildart weltweit verbirgt sich in den gemäßigten Regenwäldern der Anden. Es lohnt jedoch auch ein Blick nach oben, um die vielen Vögel über Steppe und Bergen zu bestaunen wie den Langschwanz-Soldatenstärling, den legendären Andenkondor und den Magellan-Uhu mit seinen Ohrbüscheln.

Die vielfältigen Landschaften Patagoniens bieten Unmengen Gelegenheiten, Tiere in freier Wildbahn zu beobachten; dazu sind Geduld, das richtige Timing und Glück erforderlich. Zur Steigerung der Chancen, bestimmte Tiere zu sehen, sollte man zur richtigen Jahreszeit kommen. Von Juni bis Dezember lassen sich fast garantiert Südliche Glattwale an der Küste von Puerto Madryn und der Península Valdés sehen; von Ende November mit Januar laufen in der größten Magellan-Pinguinkolonie des Kontinents in Punta Tombo weiß-braun gefiederte Jungtiere herum.

Die Küste Patagoniens

Vom Ufer des Río Negro bis hinunter nach Tierra del Fuego (Feuerland) ist die Atlantikküste von Unmengen Tieren bevölkert. Im Parque Nacional Monte León, rund 200 km nördlich von Río Gallegos in der Provinz Santa Cruz, stehen 40 km Küste unter Naturschutz; hier leben Magellan-Pinguine, Guanakos und Pumas. Etwas weiter nördlich lassen sich an der Küste von Puerto San Julián viele Vogelarten sehen. Bei einem Schiffsausflug zur Bahía San Julián kann man noch mehr Magellan-Pinguine bestaunen – an die 130 000 Exemplare. Unternehmen vor Ort veranstalten die rund zweistündigen Ausflüge unter der Leitung eines Meeresbiologen.

Die beliebtesten Orte vor allem zur Beobachtung von Meeressäugetieren sind Puerto Madryn und die Península Valdés. Hier bringen die Südlichen Glattwale ihre Jungen zur Welt. Bei einem Spaziergang am Meer von Puerto Madryn sieht man die Kälber aus dem Wasser springen. Die Halbinsel Valdés ist der einzige Ort auf Erden, wo Orcas sich an Land hieven, um zu jagen. Dieses Phänomen mitzuerleben wäre schon ein Riesenglück. Die Chancen steigen durch einen Aufenthalt in La Ernestina (S. 407), denn der Inhaber und Orca-Ken-

ner Juan Copello unternimmt mit seinen Gästen Ausflüge zu diesen Killerwalen.

Patagoniens Wald und die Anden

Am Fuß der Anden gibt es die meisten faszinierenden, doch auch scheuen Tiere. Pumas leben an diesem Gebirgszug, werden aber nur selten gesichtet, ebenso die gefährdeten Südandenhirsche und Pudús, eine winzige Wildart mit einspitzigen Hörnern und kleiner Statur von nicht mehr als 38 cm Schulterhöhe. Am Himmel fliegt der emblematische Andenkondor – von allen Raubvögeln weist er die größte Flügelspanne auf. Zu beobachten, wie er über der patagonischen Hochebene aufsteigt und den Wind für seinen Segelflug nutzt, wird nie langweilig. Der Biber, den die Europäer in einem vergeblichen Versuch, den Pelzhandel zu etablieren, nach Tierra del Fuego mitbrachten, dem südlichsten Punkt der Anden, hatte verheerende Auswirkungen auf Natur und Umwelt: Er zerstörte große Teile des Waldes. Weiter im Norden Patagoniens, im Seengebiet, gibt es noch mehr eingeschleppte Arten wie Rotwild und Wildschweine, die nun im Wald und an den mit Gras bewachsenen Berghängen leben. Beide Tierarten halten viele für eine Plage.

Guanakos (S. 407)

MATT MUNRO/LONELY PLANET ©

Die Steppe Patagoniens

Die Steppe Patagoniens, eine Halbwüste mit Grasbestand, ist die Heimat der Guanakos – eine der vier in Argentinien heimischen Lama-Arten. Der endemische Mara (Großer Pampashase) und der Chilla (Grauer Andenfuchs) huschen gern an den Eingängen zu den Nationalparks herum. Wer diese Tiere wirklich sehen will, fährt am besten zur Península Valdés oder nach Punta Tombo. Dort lässt sich auch der Armadillo Peludo (Großes Behaartes Gürteltier) und der kleinere, endemische Pichi Armadillo (Zwerggürteltier) bestaunen – am weniger besuchten Cabo Dos Bahías auch.

Der Andenbussard ist ein Greifvogel mit breiten Schwingen, die es auf eine Spannweite von bis zu 2 m bringen. Er findet sich hoch oben in Bergwäldern oder kreist über der Steppe, wo er Jagd auf Viscachas und andere Kleintiere macht. Zu sichten ist er nur selten, da er kaum einen Ruf ertönen lässt. Der Nandu, der klassische Steppenvogel, ist eine flugunfähige Vogelart, die dem Strauß ähnelt, mit braunen Federn und drei Zehen. Es gibt ihn nur in der patagonischen Halbwüste und im Altiplano in Südamerika, wo er sich von Pflanzen, Wurzeln und Eidechsen ernährt.

Umweltbedrohungen

Wie in vielen Ländern ist auch in Argentinien die Kluft zwischen wirtschaftspolitischen Interessen und der Umwelt mitsamt ihren Tieren allgegenwärtig. Trotz des Netzes an Nationalparks – allen voran die Parques Nacional Perito Moreno, Los Glaciares, Los Alerces und Tierra del Fuego –, in denen weite Areale der Wildnis und auch die kostbare heimische Tierwelt unter Naturschutz stehen, stellt das Eindringen des Menschen in diese Region die größte Gefahr für die Fauna dar. Die in Planung begriffenen hydroelektrischen Staudämme am Río Santa Cruz hätten enorm negative Auswirkungen auf die endemischen Arten, die von den Feuchtgebieten in der Umgebung abhängig sind. Überweidung durch Viehwirtschaft verursacht Erosion im Parque Nacional Los Glaciares. Der geplante Bergbau in Chubut und die Entwaldung in Tierra del Fuego tragen zum Verlust von Lebensräumen auf Kosten der Artenvielfalt bei. Patagonien und seiner Tierwelt stehen große Herausforderungen bevor.

DAS HERZ DES TANGOS SCHLÄGT

Als Musik von Buenos Aires erlebt der Tango nach dem Boom der 1940er-Jahre gerade ein zweites Goldenes Zeitalter. Seine Wurzeln sind in den *milongas* und Kreationen junger Musiker noch lebendig. Von Diego Jemio

OB BEI EINER Show für Touristen oder einer kleinen *Milonga* (Tangoball) voller Einheimischer – wer je einem Tangopaar zugesehen hat, wird von der innigen Umarmung beim Tanz fasziniert sein. Es ist eine sinnliche, intime und stille Geste. Die Welt bleibt einen Augenblick stehen, bis Musik und Bewegung einsetzen. Was sicher einer der schönsten Aspekte dieses Tanzes ist.

Die Geschichte des Tangos

Wie bei vielen anderen Musikrichtungen, dauerte es eine Weile, bis sich die Geburtsstunde des Tangos bestimmen ließ. Viele Forscher sind sich jedoch einig, dass der Tango ein Abkömmling kosmopolitischer Improvisationen der zwei Länder auf beiden Ufern des Río de la Plata ist: Argentinien und Uruguay. Die Klänge griffen u. a. Candombe, Milonga (hier: Gaucho-Musik), die kubanische Habanera und Polka auf.

Diese neuen Musik- und Tanzgenres entstanden am Río de la Plata in der Mitte des 19. und Anfang des 20. Jhs., einer Epoche, die als La Guardia Vieja bekannt ist. Der Tangoboom begann dann nach einer Zeit des Erprobens und Formalisierens der Musik in den 1940er-Jahren. In den 1940ern wurden die Orchester zum Massenkonsum. Bei einem Spaziergang durch Buenos Aires war es an der Tagesordnung, einen Teenager auf dem Schulweg einen Tango pfeifen zu hören. Tanz lag im Trend, und Tango wurde von den Massenmedien verbreitet: Radio, Schallplatte und Kino.

Argentinien war ein blühendes Land – weitab von den brutalen Konflikten Europas. Tango war die Musik der Festivitäten, die in Cafés, Clubs, Salons und im Karneval erklang. Die Nationalakademie des argentinischen Tangos charakterisiert dieses Stadium mit einem Wort: exaltiert. Neben großer Beliebtheit hatte der Tango auch eine enorme expressive Reife erlangt.

Nach den 1950er-Jahren nahm die Popularität des Tangos langsam ab. Parallel dazu stieg als globales Phänomen der Rock 'n' Roll, als einheimisches Phänomen die argentinische Folklore auf, was der nationalistischen Kultur des Peronismus geschuldet war. Doch in genau dem Moment, als der Tango sich dem endgültigen Aus zu nähern schien, kam eine für die moderne Musik fundamental wichtige Figur ins Spiel: Astor Piazzolla.

Traditionalisten behaupten, dass seine Musik eigentlich gar kein Tango sei. Er konterte, sie sei die zeitgenössische Musik von Buenos Aires. Radiosender ignorierten seine Platten, und es brachten auch nur kleine Labels seine Aufnahmen heraus. Doch die Zeit hat ihr Urteil gefällt. Heute gilt

Astor Piazzolla weltweit als der einflussreichste Tangokomponist und -musiker. Und mit Sicherheit wird er von Künstlern anderer Genres am häufigsten interpretiert. Was nicht verwundert, beeinflusste der Jazz doch sein Leben. Und später diente er nicht nur Tangomusikern als Inspiration, sondern auch Rockmusikern. Der Komponist des „Libertango", von „Las cuatro estaciones porteñas" und „Adiós Nonino" verstarb 1992.

In den letzten Jahren des 20. Jhs. brach sich der Electrotango Bahn mit Gruppen wie Malevo, Gotan Project und Bajofondo. Anfangs bezeichneten die Medien den Electrotango als große Bereicherung für das Genre. Was als neue Errungenschaft durch die Decke ging, verschwand schnell in der Versenkung.

DIE TANGOSZENE IN BUENOS AIRES IST HEUTE SO VIELFÄLTIG UND INTENSIV, DASS SO MANCHER EXPERTE SCHON VON EINER ART ZWEITEM GOLDENEN ZEITALTER DIESES TANZES SPRICHT.

Eine Tangoveranstaltung besuchen

Wer eine Vorstellung von der Atmosphäre beim Tangotanzen in den 1940er-Jahren bekommen möchte, sollte der Villa Malcom, einem 1928 gegründeten Tangoclub im Viertel Villa Crespo, der auch Übungsabende anbietet, einen Besuch abstatten.

Tangosänger jeden Alters treffen sich im El Boliche de Roberto, einer Bar im Viertel Almagro, die 1893 ihre Pforten öffnete. Allabendlich wiederholt sich dasselbe Ritual, wenn die Sänger ohne Mikrofon mit einem Drink in der Hand ihre Tangos vortragen. Das alte Gemäuer hat schon Musik von Osvaldo Pugliese und Carlos Gardel gehört.

Ein anderes Lokal, in dem der Tango jenseits vom Rampenlicht der Shows weiterlebt, ist Los Laureles in Barracas, fast schon an der Stadtgrenze zum Vorort Avellaneda. Donnerstags, wenn hier ein Sängertreffen stattfindet, kommen Altstars und Jungvolk zusammen. Es herrscht eine familiäre Atmosphäre, und es ist ein Vergnügen, einen Abend lang diese tiefempfundenen Tangos zu hören und bei einem Blick durchs Fenster die Straßen mit altem Kopfsteinpflaster zu sehen – Nostalgie pur.

Eine weitere bedeutende *milonga* zum Verständnis der Welt des Tangos ist La Viruta in Palermo. Seit Beginn in den 1990er-Jahren hat es sich dieses Lokal zum Ziel gesetzt, den traditionellen *milonga*-Kodex flexibler zu gestalten. Außerdem bot La Viruta als Erste vor dem eigentlichen Tanzabend Unterricht an – mit dem Effekt, dass der elitäre Anstrich schwand.

La Catedral de Almagro bietet eine ähnliche Bohemien-Atmosphäre in rustikalem Ambiente. Neben Tangoabenden und Unterricht stehen hier auch Musikshows anderer Genres auf dem Programm. Im Maldita Milonga, im Traditionsviertel San Telmo, verschmelzen die Welt von klassischem und zeitgenössischem Tango. Jeden Donnerstag spielen Livebands auf, und es findet eine *milonga* statt.

Die Tangoszene in Buenos Aires ist heute so vielfältig und intensiv, dass so mancher Experte schon von einer Art zweitem Goldenen Zeitalter dieses Tanzes spricht. „In den letzten 20 Jahren hat der Tango erheblich zu neuen Sounds, Kreativität und zur Wiederbelebung traditioneller Stilrichtungen beigetragen. Heute gibt es in Buenos Aires Orchester, die wie in guten alten Zeiten spielen, aber auch welche, die innovative Ideen umsetzen. Junge Leute, die Tango tanzen und Tangomusik machen, erweitern das Repertoire und lassen Lieder vergangener Tage aufleben.", erklärt Gabriel Soria, der Präsident der Nationalakademie für argentinischen Tango.

Warum lieben Touristen den Tango so sehr wie die *porteños*? Das lässt sich nicht so genau sagen; vielleicht liegt es an der Tanzhaltung, an dieser intimen Umarmung, die anderen Kulturen fremd ist. Vielleicht ist es auch die Energie, die der Tango ausdrückt, oder die Möglichkeit, an einem Tanzabend Freundschaften zu schließen. Eines steht fest: Der Tango ist in Buenos Aires von dynamischer Lebendigkeit. Ihn in den Bars und *tanguerías* zu erkunden ist eine faszinierende Erfahrung.

Beim Tangotanzen in Argentinien

REGISTER

Karten **000**

B

O

„Buenos Aires ist es gelungen, seine alten Traditionen und die zauberhaften Winkel aus alten Zeiten zu bewahren.“

– DIEGO JEMIO

„Der südlichste noch wirklich bewohnte Landstrich der Welt ist eine Insel, auf der die subpolare Pampa in schneebedeckte Berge übergeht. Das Wasser stammt von den Gletschern, und die Tierwelt ist bereits antarktisch.“

– VICTORIA GILL

LINKS: DIONISIO IEMMA/SHUTTERSTOCK © RECHTS: UNMILLONEDEELEFANTES/SHUTTERSTOCK ©

ÜBER DIESES BUCH

Lonely Planet Global Limited

Digital Depot, Roe Lane (off Thomas Street)

Digital Hub

Dublin 8

D08 TCV4

Ireland

Verlag der deutschen Ausgabe:

MAIRDUMONT

Marco-Polo-Str. 1
73760 Ostfildern

www.lonelyplanet.de, www.mairdumont.com, lonelyplanet-online@mairdumont.com

Argentinien

8. deutsche Auflage Oktober 2024 übersetzt von *Argentina 13th edition*, Mai 2024, Lonely Planet Global Limited

Deutsche Ausgabe © Lonely Planet Global Limited, Oktober 2024

Fotos © wie angegeben 2024

Printed in China

Redaktion und technischer Support: CLP Carlo Lauer & Partner, Valley

Übersetzer: Matthias Eickhoff, Beatrix Gehlhoff, Eva Hochrath, Waltraud Horbas, Dr. Annegret Pago, Dr. Thomas Pago, Christiane Radünz, Jutta Ressel M.A., Beatrix Thunich, Karin Weidlich, Linde Wiesner

MIX
Paper from responsible sources
FSC® C124385

Dieses Buch wurde auf FSC® zertifiziertem Papier gedruckt. FSC® ist ein internationales Zertifizierungssystem für nachhaltigere Waldwirtschaft. Das Holz für diese Papier kommt aus Wäldern, die verantwortungsvoller bewirtschaftet werden.